Wirtschaftsuniversität Wien
Universitätsbibliothek.

am: **1 2. JUNI 2025**

AUSGESCHIEDEN

SV

André Kieserling
Kommunikation unter Anwesenden

Studien über Interaktionssysteme

Suhrkamp

Die Deutsche Bibliothek – CIP-Einheitsaufnahme
Kieserling, André
Kommunikation unter Anwesenden: Studien über Interaktionssysteme /
André Kieserling. - 1. Aufl. - Frankfurt am Main: Suhrkamp, 1999
ISBN 3-518-58281-X

Erste Auflage 1999
© Suhrkamp Verlag Frankfurt am Main 1999
Alle Rechte vorbehalten, insbesondere das der Übersetzung,
des öffentlichen Vortrags sowie der Übertragung
durch Rundfunk und Fernsehen, auch einzelner Teile.
Kein Teil dieses Werkes darf in irgendeiner Form
(durch Photographie, Mikrofilm oder andere Verfahren)
ohne schriftliche Genehmigung des Verlages reproduziert
oder unter Verwendung elektronischer Systeme
verarbeitet, vervielfältigt oder verbreitet werden.
Druck: Nomos Verlagsgesellschaft, Baden-Baden
Printed in Germany

1 2 3 4 5 6 – 04 03 02 01 00 99

Inhalt

Vorwort 7

Teil I: Interaktion als soziales System

1. Zur Einführung:
   Interaktionsbegriff und Systemtheorie 15
2. Differenzierte und undifferenzierte Sozialsysteme ... 32
3. Bestimmung der Systemgrenzen 62
4. Doppelte Kontingenz 86
5. Reflexive Wahrnehmung 110
6. Direkte und indirekte Kommunikation 147
7. Zur Funktion von Themen 179

Teil II: Interaktionen und andere Sozialsysteme

8. Interaktion und Gesellschaft 213
9. Konflikte in Gesellschaft und Interaktion 257
10. Klatsch in der Interaktion 303
11. Interaktion in Organisationen 335

Teil III: Wissenssoziologische Perspektiven

12. Zur historischen Semantik von Sozialität
    und Interaktion 391

Literatur 485
Register 513

Vorwort

Gegenstand der folgenden Untersuchung ist die Interaktion unter Anwesenden. Spätestens seit Erving Goffman rechnet diese in jeder Hinsicht anspruchsvolle Form von sozialer Ordnung zum festen Themenbestand der Soziologie, und schon seit längerem bildet sie einen der größeren Schwerpunkte der empirischen Forschung.
Forschungen dieser Art, die heute vorwiegend mit konversationsanalytischen oder ethnomethodologischen Mitteln instrumentiert werden, begreifen sich typischerweise nicht als Anwendung oder Prüfung einer bestimmten soziologischen Theorie. Sie treten eher als selbstbewußtes Kontrastprogramm zur theoretischen Einstellung auf. Die im großen und ganzen erfolgreiche Implementation dieses Programms hat inzwischen zu einer weitgehend auf sich selbst isolierten Forschungspraxis geführt, die zur theoretischen Entwicklung innerhalb der Soziologie kaum noch beizutragen versucht, umgekehrt aber auch Anregungen, wenn sie von dorther kommen, nicht aufgreift.[1]
Im Unterschied dazu laboriert die vorliegende Arbeit an der komplementären Einseitigkeit. Sie zeigt sich primär an den theoretischen Fragestellungen und Herausforderungen einer Soziologie der Interaktion unter Anwesenden interessiert. Sie verfügt über keine Grundlage in eigener Feldforschung. Sie zieht die publizierten Ergebnisse solcher Forschungen nur in hochselektiver Weise heran, und es versteht sich, daß sie sich in dieser Hinsicht der Kritik exponiert. Zwar wurden zum Ausgleich dafür (aber natürlich auch: aus theoretischen Gründen) wissenssoziologische Untersuchungen eingeblendet, die sich auf Kommunikationsprogramme, nämlich auf Begriffe beziehen und darin nach einer eigenen Art von Empirie suchen. Aber auch das wird, solange es an wissenschaftstheoretischer Unterstützung dafür noch fehlt, nicht sogleich überzeugen können.

---

1 Siehe aber für Vermittlungsversuche Heiko Hausendorf, Das Gespräch als selbstreferentielles System: Ein Beitrag zum empirischen Konstruktivismus der ethnomethodologischen Konversationsanalyse, in: Zeitschrift für Soziologie 21 (1992), S. 83-95; Wolfgang Ludwig Schneider, Objektive Hermeneutik als Forschungsmethode der Systemtheorie, in: Soziale Systeme 1 (1995), S. 129-152.

Diesem »Erkenntnisinteresse« liegt die Diagnose eines *unbalancierten Wachstums der soziologischen Theorie* zugrunde. Die Klassiker des Faches hatten sich primär um Theorien der Gesellschaft und der gesellschaftlichen Differenzierung bemüht. Erst in der Nachkriegszeit hatte man an und gegen die Vorlagen von Max Weber gelernt, zwischen Organisation und Gesellschaft zu unterscheiden. Seither sind auch Organisationen als legitimer Gegenstand soziologischer Theoriebildung anerkannt.[2] Die Entdeckung der Eigenlogik und Autonomie der Interaktion unter Anwesenden gehört gleichfalls zu den kognitiven Errungenschaften der Nachkriegssoziologie. Erst seither gilt die Beschränkung auf dieses Thema als legitime Spezialisierung. Erst seither gibt es Aufsätze, Bücher oder auch komplette Publikationskarrieren, die ausschließlich dazu beitragen wollen – und denen andere dies abnehmen, ohne über die mangelnde »gesellschaftliche Relevanz« dieses Themas zu klagen.[3] Aber anders als im Falle der Organisation gehören theoretisch anspruchsvolle Behandlungen der Interaktion immer noch zu den Ausnahmen. Immer noch wächst daher die soziologische Theorie als Gesellschaftstheorie und als Organisationstheorie rascher denn als Interaktionstheorie. Als Folge davon kommt auch die Selbstintegration einer facheinheitlichen Theorie (um von ihrer Abstimmung mit empirischen Forschungen völlig zu schweigen) nicht recht voran.

In dieser Lage hat jede theoretische Bemühung, die sich auf die Interaktion unter Anwesenden konzentriert, eine doppelte Aufgabe. Sie müßte zum einen Begriffe entwickeln und zur Diskussion stellen, mit denen man dieser *besonderen* Form einer sozia-

---

2 Siehe als Zusammenstellung neuerer Versuche Günther Ortmann/Jörg Sydow/Klaus Türk (Hrsg.), Theorien der Organisation, Opladen 1997.
3 Daß man von hier aus auch Vorgängerfiguren entdecken und in einen Traditionszusammenhang einbauen kann, versteht sich von selbst, ist aber hier nicht entscheidend, da diese Vorgänger sich selbst nicht in dieser Weise begriffen hatten. Sicher gibt es schon sehr früh soziologische Theorien, die an der Interaktionserfahrung entlangargumentieren. Aber die Interaktion stand hier nicht als ein *besonderer* Fall von sozialer Ordnung vor Augen, den man nach Maßgabe einer allgemeineren Theorie mit anderen Fällen hätte vergleichen können. Sie war vielmehr als Modell von Sozialität schlechthin begriffen. Da man auf diese Weise die moderne Gesellschaft nicht angemessen begreifen kann, wurden die heute klassischen Beschreibungen dieser Gesellschaft relativ unabhängig davon begonnen.

len Ordnung gerecht werden kann. Und sie müßte dies zum anderen in der Weise tun, daß der Zusammenhang mit den *anderen* Interessenrichtungen und Schwerpunkten der soziologischen Theoriebildung nicht abreißt, sondern umgekehrt erst einmal hergestellt und auf Alternativen gebracht wird, deren Entscheidung einen Erkenntnisgewinn verspricht. Man muß kaum betonen, daß ein Problem dieses Formats im Rahmen einer Einzelarbeit nicht wirklich »gelöst« werden kann. Die vorliegende Arbeit unternimmt immerhin den Versuch, jener doppelten Aufgabe gerecht zu werden. Sie akzeptiert dies als Kriterium ihres Gelingens. Und sie hält sich, mit eben dieser Begründung, an die Vorgaben einer allgemeine Theorie sozialer Systeme.[4]
Auch an dieser Theorie kehrt das Problem des unbalancierten Wachstums zunächst freilich nur wieder, nun aber unter anderen (und wie mir scheint: deutlich besseren) Bedingungen der Lösbarkeit.
Die Theorie sozialer Systeme erhebt bekanntlich den Anspruch einer allgemeinen Sozialtheorie. Bisher wurde dieses Programm jedoch vornehmlich am System der modernen Gesellschaft sowie an deren Organisationen erprobt. Eine auch nur annähernd gleich entwickelte Erprobung an Interaktionen steht aus. Dies Mißverhältnis hat zu dem Mißverständnis geführt, es handele sich primär oder vielleicht sogar ausschließlich um eine Gesellschaftstheorie, die interaktionssoziologisch wenig zu bieten habe. Die Folge davon ist, daß man über die Theorie *innerhalb* des Trennschemas von mikrologisch und makrologisch ansetzender Theoriebildung diskutiert und ihren Anspruch, dies Trennschema zu transzendieren, nicht ernst nimmt. Im Unterschied dazu soll in der hier vorgestellten Arbeit vorgeführt werden, daß die Systemtheorie einer mikrosoziologischen Ausarbeitung sowohl fähig ist als auch bedarf. Im Anschluß an die wenigen, aber sehr ergiebigen Beiträge von Niklas Luhmann dazu, die schon vorliegen,[5] soll gezeigt werden, daß auch die Interaktion unter Anwesenden mit Hilfe systemtheoretischer Mittel analysiert werden

---

4 Siehe dazu Niklas Luhmann, Soziale Systeme: Grundriß einer allgemeinen Theorie, Frankfurt 1984.
5 Siehe als Ausgangspunkt Niklas Luhmann, Einfache Sozialsysteme, in: ders., Soziologische Aufklärung 2: Aufsätze zur Theorie der Gesellschaft, Opladen 1975, S. 21-39.

kann. Man wird rasch bemerken, daß es dabei weder um eine *Alternative* zur Gesellschaftstheorie noch um einen von deren *Anwendungsfällen* gehen kann. Es geht vielmehr um einen Anwendungsfall der allgemeinen Theorie sozialer Systeme. Damit gerät das Gesamtunternehmen in die Abhängigkeit von theoretischen Vorentscheidungen, die anderswo schon getroffen und expliziert wurden. Das wirft nicht zuletzt *Darstellungsprobleme* auf und führt unter anderem vor die Frage, ob man nicht zunächst die allgemeine Theorie vorstellen müsse, ehe man nach Möglichkeiten ihrer Anwendung auf Interaktion fragen kann.[6] Ich habe davon bewußt abgesehen, weil dies auf so etwas wie ein Buch im Buch hinausgelaufen wäre. Diese Entscheidung ist mir insofern leichtgefallen, als man bei der gegenwärtigen Konjunktur der Systemtheorie ohnehin davon ausgehen kann, daß die Grundzüge einigermaßen bekannt sind und keiner nochmaligen Darstellung bedürfen. Andererseits habe ich an vergleichbaren Beiträgen den Eindruck gewonnen, daß es sich umgekehrt auch nicht empfiehlt, das eigene Verständnis von Systemtheorie völlig unexpliziert zu lassen, weil der Beitrag dann in genau dieser Hinsicht schwer einschätzbar bleibt. Ich habe mich daher für eine Mischform entschieden, die ohne Vorschaltung eines allgemeinen Theorieteils auszukommen versucht, aber dafür Begriffsfragen aufgreift, und zwar auch solche der abstrakteren Art, wann immer dies zur Klärung konkreter Argumente und Beobachtungen erforderlich scheint. Die unterschiedlichen Argumentationsmöglichkeiten der allgemeinen Systemtheorie und der daran anschließenden allgemeinen Sozialtheorie werden abwechselnd herangezogen und aktiviert. Die Folge davon ist, daß die Diskussion theoretischer Vorentscheidungen, die an sich noch gar keinen spezifischen Bezug auf Interaktionsfragen haben, nun häufig den Fluß der Argumentation unterbrechen. Daß auch dies keine besonders benutzerfreundliche Lösung ist, liegt auf der Hand.
Geboten wird *nicht* (um auch diesen »disclaimer« gleich anzubringen) eine systematisch voll durchdachte Konzeption, die es nach Anspruchsniveau, Ausarbeitungsgrad und Reichhaltigkeit

---

6 So hält es in seiner Anwendung der Theorie auf Reflexionsprobleme der modernen Gesellschaft Peter Fuchs, Die Erreichbarkeit der Gesellschaft: Zur Konstruktion und Imagination gesellschaftlicher Einheit, Frankfurt 1992.

der begrifflichen Instrumentierung mit den schon vorliegenden Anwendungen der Systemtheorie auf Gesellschaften bzw. auf Organisationen aufnehmen könnte. Ich beschränke mich darauf, einige der maßgeblichen Begriffsentscheidungen sowie einige ihrer schon jetzt absehbaren Konsequenzen vorzustellen und auszuprobieren. Entsprechend zielt der Anspruch eher auf so etwas wie Startplausibilität unter Prüfung und Eliminierung von Traditionshindernissen und sonstigen epistemologischen Blockaden als auf »Vollständigkeit« in der Sondierung des Terrains oder gar in der Erfassung der Sache selbst.

Viele Kollegen und Freunde haben den Fortgang dieser Arbeit beobachtet und ihren Autor durch Kommunikation von Kritik zu irritieren versucht. Bedanken möchte ich mich dafür zunächst bei Hartmann Tyrell, der mir mit seiner Gesprächsbereitschaft und mit der Wachheit seines Interesses am Thema aus mehr als nur einer Verlegenheit half. Für sachdienliche Hinweise auf diverse Schwächen in älteren Fassungen des Textes bin ich Dirk Baecker, Klaus Gilgenmann, Elmar Koenen und Georg Krücken sehr dankbar. Ich danke Marita Rohlfing und Johannes Schmidt, die mir mit zahlreichen Kommentaren zum Text, aber auch mit der Findigkeit ihrer Suche nach Tippfehlern, nach unvollständigen Quellenangaben, aber auch nach komplizierteren Nebensätzen, aus denen man nicht wieder herausfindet, behilflich waren. Bei Barbara Kuchler schließlich, die mich bei der bis zuletzt aufwendigen Arbeit am Text bis zuletzt unterstützt hat, möchte ich mich für all dies zugleich bedanken.

Mein Interesse an Interaktionsthemen sowie die Entscheidung, sie im Rahmen eines Dissertationsprojekts etwas ausführlicher zu behandeln, gehen auf Anregungen von Niklas Luhmann zurück. Ihm mehr als irgendwem sonst schulde ich Dank, und zwar nicht nur für die zahlreichen Texte von ihm, ohne deren unverdrossenen Beistand ich mir die vorliegende Arbeit nicht vorstellen könnte, sondern auch und besonders für das Vertrauen, mit dem er die Arbeit an der Arbeit begleitet hat, sowie für seine erstaunliche Geduld angesichts der mehrfachen Verzögerung ihres Abschlusses. Eine erste Fassung des Textes, die im März 1997 vorlag, wurde in der Zwischenzeit einer gründlichen Revision unterzogen.

München, im Mai 1999　　　　　　　　　　　　*André Kieserling*

Teil I:
Interaktion als soziales System

Kapitel 1
Zur Einführung: Interaktionsbegriff und Systemtheorie

I.

Ein Begriff für Interaktion, der heutigen Ansprüchen genügt, hat sich eigentlich erst in der Nachkriegszeit herausgebildet.[1] Außerhalb der Soziologie und erst recht außerhalb der Wissenschaft führt das Wort Interaktion auch heute noch viele Konnotationen mit sich, die mit den Regeln seines soziologischen Gebrauchs wenig zu tun haben. Die Massenmedien zum Beispiel sind alles andere als eine Interaktion und werden gleichwohl als »interaktiv« beschrieben.[2] Wir müssen daher zunächst etwas genauer angeben, was hier und im folgenden unter Interaktion zu verstehen ist.

Als ersten Punkt wollen wir festhalten, daß Interaktion hier nicht Wechselwirkung oder Sozialität schlechthin meint. Es geht also nicht um den Gegenstandsbereich der Soziologie im ganzen. Gemeint ist ein sehr viel spezifischer umschriebener Sachverhalt, der die Personen in Hörweite und ihre Körper in Griffnähe bringt. Eine Interaktion kommt nur zustande, wenn mehrere Personen füreinander wahrnehmbar werden und daraufhin zu kommunizieren beginnen. Das Ende dieses Kommunikationsprozesses markiert das Ende der Interaktion. Ein erneutes Zusammentreffen wäre demnach eine weitere Interaktion, auch wenn es unter denselben Personen sich abspielt.

Es geht also nicht um die mehr oder minder dauerhafte Beziehung, die unter den Beteiligten bestehen mag oder auch nicht, sondern um die konkrete Struktur dieser zeitlich begrenzten Zusammenkunft selbst. Interaktionen können auch als Einmalinter-

---

1 Wichtigste Einzelpublikation: Erving Goffman, The Presentation of Self in Everyday Life, New York 1959.
2 Siehe dazu, den soziologischen Sprachgebrauch mit demjenigen der Massenkommunikationsforschung vergleichend, Michael Jäckel, Interaktion: Soziologische Anmerkungen zu einem Begriff, in: Rundfunk und Fernsehen 43 (1995), S. 463-475.

aktion unter Unbekannten ablaufen, sofern nur gesellschaftliche Institutionen bereitstehen, die den Sicherheitswert der persönlichen Bekanntschaft ersetzen. Sämtliche Konnotationen der sozialen Nähe und wechselseitigen Vertrautheit, die dem Interaktionsbegriff zuweilen noch anhängen, müssen also neutralisiert werden, wenn man diesen Begriff soziologisch verwenden will. Es geht nicht um einen Gegenbegriff zu den unpersönlichen Aspekten der modernen Gesellschaft, und weder Bekanntschaft noch gar Freundschaft oder vertieftes Verstehen können als Konstitutionsprinzip von Interaktion gelten.

Diese Feststellung ist auch darum wichtig, weil sie von bedeutenden Traditionsvorlagen abweicht. Der alteuropäische Begriff der Gesellschaft hatte sich auf politisch konstituierte Sozialordnungen bezogen. An der Gesellschaft hatte man vor allem ihre Dauer sowie ihre strukturell gesicherte Unabhängigkeit gegenüber dem Schicksal des Einzelmenschen betont, der ja Gesellschaft in diesem Sinne immer schon vorfindet. Daneben gab es jenen Bereich relativ wahlfreier Kontakte, die in der Gesellschaft durch Entscheidung eingegangen werden können und aus denen man sich darum auch lösen kann, wenn sie den Erwartungen der Beteiligten nicht entsprechen. Die Form, in der solche Kontakte wiederholt werden können, wurde als Freundschaft begriffen und als Tugendfreundschaft unter zugleich ethischen und polisbezogenen Gesichtspunkten idealisiert.[3]

Spätestens von den Klassikern der Soziologie wurde diese komplexe Architektur in ihre verschiedenartigen Bestandteile zerlegt. Während der Hauptstrom der soziologischen Theorie sich mit Durkheim und Weber auf Überlegungen zum Thema der Gesellschaft und speziell der gesellschaftlichen Differenzierung (mit Politik als einem Fall neben anderen) konzentrierte, blieb die Interaktion in jenem älteren Sinne einer innergesellschaftlich kontingenten, auf Wahlfreiheit und zugerechneter Entscheidung beruhenden Form von Sozialität und blieb speziell die Interaktion unter Anwesenden mit der einen Ausnahme von Simmel so gut wie unbeachtet.[4]

---

[3] Siehe dazu Niklas Luhmann, Wie ist soziale Ordnung möglich?, in: ders., Gesellschaftsstruktur und Semantik: Studien zur Wissenssoziologie der modernen Gesellschaft, Bd. 2, Frankfurt 1981, S. 195-287.

[4] Auch bei Simmel fehlt ein Begriff für das, was wir heute Interaktion nennen.

Erst die seinerzeit bahnbrechenden Untersuchungen von Goffman haben gezeigt, daß der elementare Fall einer sozialen Ordnung nicht erst in der zeitlich stabilen Zweierbeziehung liegt, die dann als Freundschaft andauern oder als Ehe (mit oder ohne Trauschein) gesellschaftliche Funktionen übernehmen kann, sondern in der Zusammenkunft mehrerer Personen, die dabei füreinander wahrnehmbar sind und an sich selbst und am anderen mitwahrnehmen, daß dies so ist. Die Erwartung der Dauer und Fortsetzbarkeit des Kontaktes über mehrere Interaktionen hinweg, selbst noch ein genuines Moment von Gesellschaft, wird aus der Theorie der Interaktion herausabstrahiert. Gerade der Umstand, daß Interaktionen nicht andauern (sondern allenfalls: »wiederholt« werden) können, wird nun zum entscheidenden Merkmal erklärt.[5]

Als Konstitutionsprinzip von Interaktion gilt seither das Erfordernis der gemeinsamen Anwesenheit. Wer nicht anwesend ist, der kann an der Interaktion auch nicht mitwirken, wie immer mächtig er ansonsten auch sein mag.[6] Umgekehrt sind die Anwesenden für die Dauer der Zusammenkunft primär aufeinander verwiesen – wie immer reizlos das jeweilige Gegenüber auch sein mag, wenn man es mit anderen, auch möglichen Partnern vergleicht. So entsteht eine merkwürdig selektive Ordnung der Relevanz, in der die Anwesenden auf Kosten der Abwesenden dominieren – und dies ganz unabhängig davon, was sie gesellschaft-

---

Er sprach statt dessen von »Wechselwirkung« und meinte damit Sozialität schlechthin. Zur amerikanischen Übersetzung dieses Wortes mußte daher noch eine Einschränkung hinzugefügt werden, um die Konzentration auf Anwesenheit auszudrücken: *face-to-face* interaction.

5 Für wiederholte Interaktion wird der Gruppenbegriff reserviert, aber auch das kann man erst sagen, wenn gegen den Sprachgebrauch der frühen Kleingruppenforschung nicht schon jede Interaktion unter Unbekannten als Gruppe bezeichnet wird. Und dies wiederum setzt voraus, daß dafür der Interaktionsbegriff zu Verfügung steht.

6 In der älteren politischen Literatur hat man dies Problem umgekehrt gesehen: nämlich als Knappheit der Aufmerksamkeit des Machthabers sowie als Erfordernis einer selektiven Regelung des Zugangs zu ihm. Die Inklusion in die Interaktion mit dem Machthaber, nicht seine Exklusion aus nahezu allen Interaktionen, die in der Gesellschaft durchgeführt werden, war das Problem. Die Differenz der Problemstellungen hat mit der spezifisch modernen Unmöglichkeit einer gesamtgesellschaftlich repräsentativen Interaktion zu tun, auf die wir oben im Text noch zurückkommen werden.

lich sonst noch sein oder darstellen mögen, und ohne jeden Zwang zu durchgängiger Abstimmung mit anderen Gesichtspunkten der sozialen Differenzierung.[7]

Beispiele für Interaktion wären demnach: eine Party, eine gemeinsame Autofahrt, die mündliche Verhandlung vor Gericht, Vertreterbesuche mit oder ohne Vorankündigung, ein Rendezvous, ein Gottesdienst, eine Hinrichtung. In all diesen Fällen gibt es *Typenprogramme* für die Durchführung der Interaktion. Das erleichtert eine auch sprachlich eindeutige Bezeichnung (zum Beispiel als »Party«) sowie ein gewisses Minimum an Vorverständigung über den allgemeinen Sinn der Zusammenkunft, das unter den Anwesenden nicht erst noch ausgehandelt werden muß. Außerdem dienen Typenprogramme als Lernregeln. Man kann durch Teilnahme an einer Party etwas lernen, was dann möglicherweise auch für andere Partys von Bedeutung sein wird, ohne etwa für das Verhalten vor Gericht viel zu besagen. Aber auch solche Interaktionen, die mehrere Programme mischen oder völlig programmfrei anlaufen, sollen unter den Begriff fallen. Typenprogramme können in der Interaktion gewählt und gewechselt werden. Sie definieren nicht unbedingt die Einheit der Zusammenkunft, sondern haben in ihr den Stellenwert einer auswechselbaren Struktur. Der Wechsel muß freilich unter den Anwesenden plausibel sein, aber wenn er es ist (und natürlich kann man viel dafür tun, daß er es wird), dann läßt er sich ohne Zerstörung der Interaktionseinheit vollziehen. So kann ein Gespräch, das auf einer Party begonnen wurde, den Anlaß zu einer gemeinsamen Autofahrt bieten, auf der das Gespräch zugleich fortgesetzt wird und neuartige Themen aufnimmt.[8]

[7] Die Differenzierung von Anwesenden und Abwesenden entsteht mit der Interaktion selbst, und das heißt auch: sie entsteht mit jeder einzelnen Interaktion neu und in anderer Weise. Dies ist nur möglich, wenn man auf die gesamtgesellschaftliche Relevanz dieser Differenzierungen verzichtet. Anwesenheit und Abwesenheit sind denn auch keine Statusmerkmale von Personen, die sie aus der einen Interaktion in die andere mitnehmen könnten, sondern bloße Effekte der Interaktion selbst. (Daß der Zugang zur Interaktion von gesellschaftlichem Status und heute auch von Organisationsmitgliedschaft abhängen kann, soll damit natürlich in keiner Weise bestritten sein.)

[8] Wer lediglich von Typenprogrammen her urteilt, würde hier vielleicht zwei Interaktionen sehen. Aber in der Kommunikation unter den Beteiligten mag es eher auf die Zwanglosigkeit des Überganges vom einen zum anderen und insgesamt eher auf die Einheit des Gesamtgeschehens ankommen. Und davon könnte

So präzise das Phänomen damit umschrieben ist, so ubiquitär fällt es an. Das gilt zunächst, wie die genannten Beispiele schon zeigen, in *sachlicher* Hinsicht: Es gibt keinen Funktionsbereich der modernen Gesellschaft – vom Rechtssystem bis zum Erziehungssystem und von der Religion bis zur Familie –, der nicht seine eigene Interaktionstypik hervorgebracht hätte. Es gilt ferner in *zeitlicher* Hinsicht: Die Möglichkeit, Interaktionen zu bilden, ist nicht eine evolutionäre Errungenschaft wie Bürokratie oder Buchdruck oder funktionale Differenzierung, die erst auf einem bestimmten Niveau der gesellschaftlichen Entwicklung hervortreten und reproduziert werden kann. Vielmehr waren schon die einfachsten Gesellschaften in der Lage, Interaktionen auszudifferenzieren, und umgekehrt kommt noch die moderne Weltgesellschaft nicht ohne ein massenhaftes Aufkommen an Interaktion aus – wie immer stark sie zusätzlich auf schriftliche, auf gedruckte oder auf elektronisch verbreitete Kommunikation ihrer Massenmedien zurückgreifen mag und wie immer interaktionsfern ihre zentralen Institutionen gebaut sind.

Bei dieser Verbreitung des Phänomens ist leicht zu verstehen, daß es zunächst einmal wenig konzentrierte Aufmerksamkeit fand. Während langer Phasen der gesellschaftlichen Entwicklung wurden alle oder doch alle folgenreichen Kommunikationen als Interaktion unter Anwesenden durchgeführt. Unter diesen Umständen konnte man sich einen eigenen Begriff für die spezifischen Herausforderungen der gemeinsamen Anwesenheit schenken. Andere Arten von sozialer Herausforderung waren noch nicht bekannt. Man unterschied einfach mehrere Typen von Interaktion, ohne sich um die Einheit des Phänomens viel zu kümmern. Auch die Differenzierung der Gesellschaft war häufig nur auf dieser Ebene überhaupt zugänglich. Erst in dem Maße, in dem die Verbreitungsmedien der Schrift und des Buchdrucks hinzutreten, beginnt man zu lernen, daß man genuin soziale Erfahrungen auch dann machen kann, wenn Absender oder Empfänger der Kommunikation gar nicht wahrnehmbar sind. Und erst dann hat es Sinn, auch den Fall der gemeinsamen Anwesenheit als *Sonderfall* von sozialer Erfahrung schlechthin anzusehen

---

man dann auch wissenschaftlich nur um den Preis einer Verfälschung des Gegenstands abstrahieren.

und ihn mit einem eigenen Begriff zu belegen. Aber noch gegen Ende des achtzehnten Jahrhunderts konnte man zwischen asymmetrischer und symmetrischer Interaktion unterscheiden, ohne über einen auch nach außen hin abgrenzbaren Begriff für Interaktion zu verfügen.[9]
Diese Selbstverständlichkeit und Unformuliertheit der Interaktionserfahrung hatte ihren Grund auch darin, daß die vormoderne Gesellschaft sich so etwas wie *repräsentative Interaktion* vorstellen konnte. Zunächst war es die Interaktion mit dem Fürsten, von der alles andere in der Gesellschaft abhängen sollte.[10] In der frühen Moderne hatte man sich von diesem asymmetrischen Modell schon gelöst. Aber auch die Gegenmodelle für symmetrische Interaktion, die man zunächst unter den Vorzeichen einer machtfernen Geselligkeit und sodann unter den Vorzeichen einer zwar machtbezogen kommunizierenden, in sich selbst aber machtfrei strukturierten Öffentlichkeit entworfen und praktiziert hatte, sollten die Gesellschaft in der Gesellschaft repräsentieren können.[11] Unter diesen Prämissen war es sinnvoll, auch die Gesellschaft im ganzen nach Maßgabe der jeweils für exemplarisch gehaltenen Interaktion zu begreifen – zum Beispiel als ein Gebilde, das für Individuen relativ transparent und durch sie in hohem Maße beeinflußt und irritiert werden kann.[12]
Für die Beschreibung der modernen Gesellschaft ist dies keine plausible Prämisse. Denn spätestens die Erfahrung der französischen Revolution hatte klargestellt, daß Interaktionsmodelle nicht ausreichen, um die moderne Gesellschaft zu begreifen. Vor allem die Moral, die noch beides zugleich zu betreuen versucht, gerät in den Einzugsbereich von Paradoxien. Die schlechten Ab-

---

9 Vgl. nur Christian Garve, Über Gesellschaft und Einsamkeit, 3 Bde., Breslau 1797/1800, zitiert nach dem einbändigen Nachdruck (hrsg. von Kurt Wölfel), Hildesheim 1985.
10 Siehe dazu die Belege bei H. Kiesel, »Bei Hof, bei Höll«: Untersuchungen zur literarischen Hofkritik von Sebastian Brandt bis Friedrich Schiller, Tübingen 1979.
11 Vgl. dazu die beiden mit Recht berühmten Monographien: Reinhard Koselleck, Kritik und Krise: Eine Studie zur Pathogenese der bürgerlichen Welt (1959), Ausgabe Frankfurt 1979; Jürgen Habermas: Strukturwandel der Öffentlichkeit, Neuwied 1962.
12 So auch das Urteil des Historikers Peter Laslett, The Face to Face Society, in: ders. (Hrsg.), Philosophy, Politics and Society, Oxford 1967, S. 157-184.

sichten und das rücksichtslose Verhalten können sich im Wirtschaftssystem zur allgemeinen Wohlfahrt aufrunden. Umgekehrt bilden die guten Absichten der Machthaber keinen wirksamen Schutz gegen den Terror, den sie vielmehr von sich aus befördern.[13] Seither muß man sich mit der Differenz von Interaktion und Gesellschaft befassen. Diese Differenz wird zunächst handlungstheoretisch, nämlich als *Inkongruenz von Intention und Gesamteffekt* begriffen. So ensteht die Theorie der Gesellschaft – und mit ihr die Soziologie – als eine Theorie der perversen Effekte, die sich daraus ergeben, daß man zwischen Interaktion und Gesellschaft nicht unterscheidet.[14]

Für die weitere Entwicklung unseres Themas ist es von großer Bedeutung, daß die moderne Semantik einen Begriff des *Sozialen* reproduziert, der primär an Interaktionserfahrungen appelliert, und zwar vor allem an Erfahrungen mit *geselliger Interaktion*. Das Problem dieser Semantik liegt darin, daß es bei zunehmender Differenzierung von Interaktion und Gesellschaft zunehmend schwierig und schließlich unmöglich wird, *alles* Soziale nach Maßgabe eines (wie immer dann idealisierten) Interaktionsmodells zu begreifen. Innerhalb dieser Semantik kann man jenes Problem nur dadurch lösen, daß man die Gesellschaft mit Begriffen für *Desozialisiertes* beschreibt. Sie erscheint dann als Mechanismus, als unpersönliches Räderwerk, als sprachloses oder kommunikationsfrei operierendes »System« im Sinne von Jürgen Habermas. Das prominenteste Opfer dieser semantischen Weichenstellung war lange Zeit der Begriff des *sozialen Systems* selbst. Man muß dann entweder den Systemcharakter einer sozialen Einheit auf Kosten ihrer Sozialität hervorheben oder umgekehrt. Die Gesellschaft erscheint dann als System ohne Sozialität, die Interaktion als eine Verdichtung von Sozialität, die ohne Systembildung möglich sein soll. Statt den Begriff des sozialen Systems so zu generalisieren, daß er die Differenzierung von Gesellschaft und Interaktion übergreifen kann, wurde er nur als *Gegenbegriff zu Interaktion* geführt. Man kann zeigen, daß diese

---

13 Siehe zum Zusammenhang dieser beiden Moralparadoxien Albert O. Hirschman, Denken gegen die Zukunft: Die Rhetorik der Reaktion, Frankfurt 1995.
14 So auch der Befund bei Norbert Elias, On the Sociogenesis of Sociology, in: Sociologisch Tijdschrift 11 (1984), S. 14-52.

semantische Konstellation auch heute noch die soziologische Diskussion bestimmt.

Es ist in der Soziologie keineswegs ungewöhnlich, soziale Einheiten als soziale Systeme zu beschreiben. Ferner wird man sich rasch darüber einigen können, daß auch Interaktionen soziale Einheiten sind. Es läge daher nahe, die Theorie der sozialen Systeme auf die soziale Einheit der Interaktion anzuwenden. Gleichwohl fehlt es an Versuchen dazu, und zwar im Hauptstrom der Fachentwicklung so vollständig, daß dort nicht einmal dieses Fehlen bemerkt wird. Die Möglichkeit, Interaktionen als soziale Einheit zu erfahren, ist schon im Alltag verfügbar, und darüber kann auch die Soziologie sich nicht einfach hinwegsetzen – wie immer sie dies dann zu erklären versucht. Niemand kann den Verlauf aller Interaktionen, an denen er jemals teilnahm, als eine bruchlose Fortsetzung dessen beschreiben, was er persönlich sich davon erwartet hatte. Jeder wird sich an mindestens eine Interaktion erinnern, die an ihren Wendepunkten alle zugleich überraschte. Andererseits weiß man soziologisch seit langem, daß man die Interaktion nicht bruchlos aus den Anforderungen der Gesellschaft oder anderer Großsysteme ableiten kann. Beide Erfahrungen sprechen sehr stark für Eigenlogik und Emergenz – und damit für Systemtheorie. Aber über die theoretisch zentralen Fragen wird praktisch ohne Beteiligung der Systemtheorie diskutiert. Und auch die Systemtheoretiker halten sich zurück und greifen die Anregungen, die sie den Texten von Luhmann entnehmen könnten,[15] nicht auf.

All dies ist um so erstaunlicher, als ja wichtige Merkmale des Systembegriffs auf Interaktionen offenbar zutreffen. Interaktionen haben zum Beispiel Grenzen – so wie andere Sozialsysteme auch. Erving Goffman, der dies deutlich gesehen hatte, trug denn auch keine Bedenken, die Interaktion als situiertes Handlungs-

---

15 Siehe nur Niklas Luhmann, Interaktion, Organisation, Gesellschaft: Anwendungen der Systemtheorie, in: ders., Soziologische Aufklärung 2: Aufsätze zur Theorie der Gesellschaft, Opladen 1975, S. 9-21; ders., Einfache Sozialsysteme, in: ders., a.a.O., S. 21-39; ders., Interaktion in Oberschichten: zur Transformation ihrer Semantik im 17. und 18. Jahrhundert, in: ders., Gesellschaftsstruktur und Semantik: Studien zur Wissenssoziologie der modernen Gesellschaft, Bd. 1, Frankfurt 1980, S. 72-162; ders., Kommunikation über Recht in Interaktionssystemen, in: ders., Ausdifferenzierung des Rechts: Beiträge zur Rechtssoziologie und Rechtstheorie, Frankfurt 1981.

system zu bezeichnen.[16] Zu einer kontrollierten Anwendung der Systemtheorie auf Interaktionen ist es gleichwohl nicht gekommen. Ganz im Gegenteil: Interaktion war einer derjenigen Begriffe, mit dem man gegen die seinerzeit dominierende Version von Systemtheorie protestierte. Die Kritik an Parsons wurde als mikrosoziologische Revolution inszeniert, und noch heute leuchten daher Begriffe wie Interaktion oder Situation eher als Gegenbegriff zum Systembegriff ein. Ebenso wie Konflikttheorie gilt auch Interaktionstheorie als eigener Ansatz, den man nur gegen oder nur neben Systemtheorie vertreten könne. In der Optik der Systemtheorie ist dies eine wenig befriedigende Alternative. Sie versteht sich selber als Supertheorie mit universalistischem Anspruch. Alles, was soziologisch behandelt werden kann, kann danach auch systemtheoretisch behandelt werden. Folglich müßte die Systemtheorie auch Interaktionen und auch Konflikte behandeln können. Was Interaktionen betrifft, so wollen wir dies mit der folgenden Untersuchung zeigen.

Um für diese Absicht zu werben, möchte ich zunächst diejenigen Vorbegriffe explizieren, von denen die Interaktionsforschung sich leiten läßt, um daran zu zeigen, was durch eine theoretische und speziell durch eine systemtheoretische Kontextierung zu gewinnen sein könnte (II). Danach geht es um den Diskussionsstand innerhalb der Systemtheorie sowie um die bisherige Typik der Kritik dieser Theorie. Dabei soll deutlich werden, daß auch dieser Diskussionszusammenhang durch eine stärkere Berücksichtigung von Interaktion nur gewinnen könnte (III).

II.

Man hat lange versucht, wissenschaftliche Disziplinen durch ihren Gegenstand zu definieren. Danach ist man auf die Idee gekommen, den Gegenstand durch die dafür zuständige Disziplin zu definieren. Beides ist wenig hilfreich, da einerseits jede Disziplin mehr als nur einen Gegenstand hat und andererseits jeder Gegenstand von sehr verschiedenen Disziplinen behandelt wer-

---

16 Siehe dazu Erving Goffman, Spaß am Spiel, in: ders., Interaktion, München 1973.

den kann. Gegenstände scheiden damit aus, um Unterschiede zwischen Disziplinen zu markieren. Normalerweise werden denn auch weitere Angaben über die Methode der Disziplin hinzugefügt. Aber dann wiederholt sich das Problem in der Doppelform von Methodenpluralismus auf der einen, Mehrfachbenutzung der Einzelmethode auf der anderen Seite der Disziplingrenze. Statt dessen muß man auf die *Unterscheidungen* abstellen, mit denen der Gegenstand jeweils beobachtet wird. Nur diese Unterscheidungen können sich von Disziplin zu Disziplin unterscheiden. Disziplingrenzen zeigen sich daher nicht an den Gegenständen, sondern erst an den Grenzen der Integrierbarkeit eigener wie disziplinfremder Unterscheidungen.

Die Interaktion ist dafür ein gutes Beispiel, denn es gibt in der Tat mindestens zwei Unterscheidungen, die ihre Beobachtung steuern, und für jede von ihnen einen anderen disziplinären Schwerpunkt. Entweder man geht aus von einem allgemeinen Begriff für Sprache oder für andere Formen eines als Kommunikation verständlichen Zeichengebrauchs. Dann muß man die Interaktion als den Sonderfall einer mündlichen Kommunikation auffassen, die die gleichzeitige Anwesenheit von Sender und Empfänger voraussetzt. Die Beteiligten müssen also nicht nur jeder für sich die Kommunikation verstehen, sie müssen auch einander wahrnehmen können, während sie läuft. Das schließt auch sehr reduzierte Wahrnehmungen ein, sofern sie nur ihrerseits als Wahrnehmungen wahrnehmbar sind. Die Interaktion mag unter Blinden, im Dunkeln oder am Telefon ablaufen. Nicht die Intensität der Wahrnehmung ist entscheidend, nicht Fülle und Redundanz der Eindrücke, die sie vermittelt, sondern ihre Reflexivität. Die Wahrnehmung muß als Wahrnehmung ihrerseits wahrnehmbar sein, und insofern sind im Interaktionsbereich eigentlich nur die (dafür dann aber auch: alle) wahrgenommenen Wahrnehmungen von Bedeutung – bis hin zu den Techniken eines taktvollen Verbergens des eigenen Wahrgenommenhabens, die eben darum erforderlich werden.

In dieser Definiertradition wird Interaktion als *Kommunikation unter Anwesenden* begriffen und von anderen Arten der Kommunikation unterschieden, die ohne dieses Erfordernis der gemeinsamen Anwesenheit auskommen und dadurch einerseits mehr Möglichkeiten haben, andererseits aber auch unter spezifi-

scher definierte Beschränkungen gestellt werden können.[17] Sinnvolle Gegenbegriffe zu Interaktion wären dann etwa Schrift, Buchdruck und Telekommunikation. Dieser Begriff wird teils in der Linguistik, teils von historischen Untersuchungen favorisiert, die sich für die Kulturbedeutung sowie für das »Epochemachende« solcher Verbreitungsmedien interessieren.[18]
Oder man hält sich an Soziologie und geht aus von einer allgemeinen Theorie der sozialen Ordnungen (der sozialen Einheiten, der sozialen Systeme). Dann ist die Interaktion unter Anwesenden ein besonderer Typus von sozialer Ordnung. Wir selbst werden im Anschluß an Luhmann von *Interaktionssystemen* sprechen. Diesen Ordnungstyp muß man vor allem von der umfassenden Sozialordnung der Gesellschaft, dann aber auch von anderen Sozialordnungen unterscheiden, die sich gleichfalls innerhalb der Gesellschaft, aber gerade nicht *als* Interaktion bilden lassen. Man kann dann etwa Unterschiede der Größe oder der Dauer hervorheben und die Interaktion als kleine und kurzfristige Ordnung charakterisieren, die dafür aber im Vergleich zu den großen und langfristigen Ordnungen sehr viel häufiger vorkommt.[19]
Die Gegenbegriffe dieser beiden Definiertraditionen divergieren, denn die anderen Kommunikationsweisen, die bei der ersten Definiertechnik ausgegrenzt werden, bilden keine eigene Sozialordnung im Sinne der zweiten Definition, und zwar weder zusammengenommen noch jeweils für sich. Typisch ist vielmehr, daß gerade große und dauerhafte Formationen sowohl auf mündliche wie auch auf schriftliche oder gedruckte Kommunikationen zurückgreifen. Organisationen muten ihren Mitgliedern nicht nur

---

17 Die Vergleichstechnik benutzt auch Peter A. Berger, Anwesenheit und Abwesenheit: Raumbezüge sozialen Handelns, in: Berliner Journal für Soziologie 5 (1995), S. 99-111.
18 Siehe nur Walter J. Ong, Orality and Literacy: The Technologizing of the Word, London 1982, dtsch. Übersetzung Opladen 1987; oder als soziologischen Beitrag David Riesman, The Oral Tradition, the Written Word and the Screen Image, Yellow Springs Ohio 1956, dtsch. Übersetzung in: ders., Wohlstand wofür?, Frankfurt 1966, S. 377-411.
19 So hatte schon Georg Simmel von den ephemeren Zusammenkünften gesprochen, die sich an Grenzen der großen Sozialformationen bilden und dort trotz aller gesellschaftlichen Differenzierung für so etwas wie punktuelle (aber nicht: strukturelle) Integration sorgen.

Anwesenheit, sondern auch Aktenstudium zu. Das Rechtssystem mag in seinen Verfahren mehr auf Mündlichkeit oder mehr auf Schriftlichkeit setzen. Freundschaften können sich eine Zeitlang auch im Schreiben und Lesen von Briefen erfüllen. Und auch die Massenmedien, die jede Interaktion zwischen Absender und Adressatenkreis schon durch die bloße Reichweite ihrer Kommunikation unterbrechen, haben Verwendung für mehr als nur ein Verbreitungsmedium. Von der Gesellschaft selbst wiederum muß man sagen, daß sie nicht nur alle anderen, über bloße Mündlichkeit hinausgehenden Kommunikationsweisen, sondern auch diese selbst einschließt.

Um so auffälliger ist die Konvergenz dieser beiden Vorbegriffe im Bereich der Interaktion selbst. Jede mündliche Kommunikation verstrickt die daran Beteiligten in eine Interaktion. Man kann eine Kommunikation unter Anwesenden nicht fortsetzen, ohne daß daraus eine Interaktion entsteht, die dann einerseits als zusätzlicher Gesichtspunkt neben die unmittelbaren Anlässe oder Themen der Kommunikation tritt, andererseits aber auch über diesen Anlaß hinausgehen und nach einem Wechsel des Themas einen Verlauf nehmen mag, der alle Anwesenden überrascht. Umgekehrt ist die Interaktion als soziale Ordnung mit eigenen Merkmalen und Möglichkeiten, eigenen Zeithorizonten und eigenen Schwierigkeiten nur abgrenzbar, wenn auch Kommunikation unter Anwesenden abläuft. Ohne Kommunikation wäre sie vom stummen Zusammenstehen oder Aneinandervorbeilaufen mehrerer Menschen nicht ausreichend unterscheidbar. Das Gedränge in großen Städten und kleinen Aufzügen ist noch nicht eigentlich Interaktion. Erst die Kommunikation hebt sie daraus hervor. Offensichtlich bestehen hier sehr dichte Zusammenhänge zwischen Kommunikationsweise und Ordnungstyp, oder allgemeiner: zwischen Operation und System. Diese Zusammenhänge bilden den Gegenstand der folgenden Untersuchungen.

Der Umstand, daß es zwei Unterscheidungen gibt, die es gestatten, die Interaktion zu bezeichnen, hat eine Reihe von Konsequenzen. Er besagt zum einen, daß ihr Begriff zwei Gegenbegriffe hat, die beide den Bereich des dadurch Ausgeschlossenen meinen, ihn aber unterschiedlich konturieren. Und beide Gegenbegriffe sind stets mitzuhören, wenn wir hier und im folgenden von Interaktion sprechen. Weder die schriftliche Kommunikation noch der Buchdruck oder seine elektronischen Nachfolger sollen mithin unter diesen Begriff fallen. Nicht das stumme Lesen sehr verschiedener Bücher in einer Bibliothek also, wohl aber das laute Vorlesen vor kleinerem oder größerem Publikum kann man als Interaktion begreifen. Die Rundfunkübertragung einer solchen Lesung wiederum wäre als Massenkommunikation keine Interaktion, wohl aber kann man die Gruppe derjenigen so bezeichnen, die sich schon zuvor vor dem Empfänger versammelt haben, um nachher oder auch währenddessen darüber zu reden. Aber auch solche sozialen Gebilde, die unabhängig von kontinuierlich gleichzeitiger Anwesenheit aller Beteiligten fortbestehen, müssen wir aus dem Begriff der Interaktion ausschließen.[20] Entsprechend kann man nicht die Familie, wohl aber das Mittagessen in der Familie als Interaktion begreifen, und nur die einzelne Schulstunde, nicht aber die Schule als Organisation ist auf der Grundlage von Anwesenheit integriert.

Wir legen freilich Wert darauf, daß jener Bereich des Ausgeschlossenen für die wissenschaftliche Analyse verfügbar bleibt. Folglich können wir die Theorie der Interaktion nicht ohne jeden Zusammenhang mit einer allgemeinen, auch auf andere Fälle anwendbaren Kommunikationstheorie und auch nicht ohne jeden Zusammenhang mit einer allgemeinen, auch auf andere Fälle anwendbaren Theorie der sozialen Ordnung formulieren. Wir müssen vielmehr in beiden Fällen den Kontakt zu einer derart verallgemeinerten Begrifflichkeit suchen, weil nur auf diese Weise sichergestellt werden kann, daß Angaben über die spezifischen Merkmale von Interaktion *kontrollierbar* bleiben. Nur eine allgemeine Theorie kann die Aufgabe übernehmen, diejenigen Ge-

---

20 An alle derartigen Großgebilde kann man die Frage richten, was eigentlich gemeint ist, wenn man ihnen so etwas wie kontinuierliche Existenz trotz diskontinuierlicher Anwesenheit der Beteiligten zuschreibt. Für Interaktionen wäre diese Frage nicht sinnvoll, weil sie ohnehin nur so lange in Betrieb bleiben, wie Personen kontinuierlich anwesend sind. Eine abstraktere Identifikation, die auch Latenzphasen übergreift, ist daher normalerweise gar nicht erforderlich. Das läßt schon erkennen, daß der von Parsons entwickelte Katalog von Systemfunktionen auf die Interaktion nicht paßt. Für die L-Funktion gibt es hier keine Verwendung. Siehe aber als eine parsonianische Analyse von tagelangen (!) Warteschlangen Leon Mann, Queue Culture: The Waiting Line as a Social System, in: American Journal of Sociology 75 (1969), S. 340-354.

sichtspunkte zu präzisieren, unter denen man Interaktion mit anderen Möglichkeiten, sei es von Kommunikation, sei es von Ordnungsbildung und Sozialität, in instruktiver Weise vergleichen kann.

Dieses allgemeine Erfordernis einer kontrollierten Theoriebildung kann nicht in beliebiger Weise erfüllt werden. Schon der Umstand, daß überhaupt *zwei* Theorien als Erläuterungskontext vorausgesetzt sind, wirkt hochselektiv. Die Theorien müssen zum Beispiel nicht nur jeweils für sich Anwendungen auf Interaktion zulassen, sie müssen auch miteinander kompatibel sein, was wiederum nur auf einer nochmals abstrahierten Begriffsebene sichergestellt werden kann. Ein derartig abstrahierter Prüfkontext steht derzeit eigentlich nur im Rahmen einer allgemeinen Theorie der sozialen Systeme zur Verfügung, an die wir die folgenden Analysen mit genau dieser Begründung anschließen wollen. Die Eignung dieser Theorie als Kontext auch für die Zwecke der Interaktionsforschung ergibt sich aus dem operationsbezogenen Verständnis von Systemen schlechthin sowie aus dem kommunikationsbezogenen Verständnis von sozialen Systemen, auf dem sie beruht. Da soziale Systeme nach Auskunft dieser Theorie nur durch Kommunikation produziert und reproduziert werden können, sind beide Kontextbegriffe, die wir benötigen, hier immer schon integriert.

Außerdem versteht sich die Systemtheorie als eine nicht exklusive und gleichwohl *universalistische* Theorie, die Aussagen zu allen Gegenständen der Soziologie produzieren kann, sich selbst als ein soziales System neben anderen nicht ausgenommen. Sie muß daher ihre Grundbegriffe für Kommunikation und Sozialsystem sehr stark abstrahieren und nicht etwa nach dem Muster einer bestimmten Kommunikationsweise oder mit schon vorweg fixierter Präferenz für einen bestimmten Typ von sozialen Systemen bestimmen. Der Kommunikationsbegriff dieser Theorie bricht denn auch mit dem *interaktionistischen Vorurteil*, das die soziologische Theoriebildung an so vielen Stellen belastet und irregeführt hat. Die mündliche, dialogisch geführte Kommunikation unter Anwesenden ist nicht automatisch die eigentliche Form oder das Wesen von Kommunikation schlechthin. Andere, von der Bedingung der Anwesenheit ablösbare Kommunikationsweisen mögen in spezifischen Hinsichten gerade als Kom-

munikation mehr leisten oder Unwahrscheinlicheres realisieren. Umgekehrt läßt sich der Systembegriff dieser Theorie ohne das komplementäre Vorurteil zugunsten von Gesellschaft formulieren. Er ist nicht *sozietalistisch voreingenommen*, sondern sieht neben der Möglichkeit seiner Anwendung auf Gesellschaften auch organisationssoziologische und auch interaktionssoziologische Anwendungen vor.
Als weiterer Punkt kommt hinzu, daß nur durch diese Theorie sichergestellt werden kann, daß beide Kontexte und Erläuterungsbegriffe innerhalb der Soziologie verfügbar bleiben. Eine Auslagerung der Kommunikationstheorie in Linguistik oder analytische Philosophie kann ebenso vermieden werden wie eine nur sozialpsychologische oder »intersubjektivitätstheoretische« Auffassung von Interaktion. Diese Hinweise mögen für den Anfang genügen, um unsere von der Interaktionsforschung her ungewöhnliche Theoriepräferenz mit so etwas wie Startplausibilität zu versorgen. Wenden wir uns nunmehr der Systemtheorie selbst zu.

III.

Es ist inzwischen fünfzehn Jahre her, daß Niklas Luhmann einen doppelten Paradigmawechsel in der allgemeinen Systemtheorie konstatiert und die Soziologie mit der Frage konfrontiert hat, ob dies nicht auch die Chancen für den Aufbau einer allgemeinen Theorie *sozialer* Systeme verbessern könnte.[21] Die wichtigsten Ausgangspunkte lagen und liegen noch heute in der Umstellung der Systemtheorie auf das Paradigma der Differenz von System und Umwelt und ferner in einem operationsbezogenen Verständnis der Systembildung selbst. Die Konsequenzen sind weitreichend. Sie beziehen sich nicht zuletzt auf den Begriff der Beobachtung (verstanden als Operation des Unterscheidens und Bezeichnens), strahlen von dort her auf den Sonderfall der wissenschaftlichen Beobachtung aus und haben insofern auch ihre erkenntnistheoretischen Implikationen. Soziale Systeme jeder

---

21 Vgl. dazu Niklas Luhmann, Soziale Systeme: Grundriß einer allgemeinen Theorie, Frankfurt 1984.

Art (unter Einschluß auch des Wissenschaftssystems selbst) müssen dann nach Maßgabe einer *selbsterzeugten* Differenz zur Umwelt begriffen werden, die innerhalb des Systems zugleich reflektiert und zum Schema von daran anschließenden Beobachtungen gemacht werden kann.

Auf dieser Theoriegrundlage ist inzwischen sehr viel geschehen. Die Schwerpunkte der weiteren Arbeit lassen einen deutlichen Primat der Gesellschaftstheorie erkennen, zu dem es allenfalls organisationssoziologische, nicht aber interaktionstheoretische Entsprechungen gibt. Niklas Luhmann hat seine Ideen zu einer Systemtheorie der Interaktion bisher nur in programmatischer Kürze oder im Zusammenhang mit Forschungen wissenssoziologischer Art vorgestellt. Diesen Schwerpunkten entspricht auch die Struktur der bisherigen Rezeption der Systemtheorie innerhalb des Faches. Sie hat als Theorie der Gesellschaft ebenso wie als Beitrag zur Organisationssoziologie eine außerordentlich lebhafte Aufnahme gefunden und in beiden Hinsichten inzwischen auch traditionsbildend gewirkt. Nach einem Anschluß an die vorliegenden Beiträge zur Soziologie der Interaktion dagegen sucht man vergeblich.

Immer noch und immer wieder kann man daher hören, daß die Theorie sozialer Systeme in diesem Bereich nichts zu bieten habe und daher auf Ergänzung durch Konzepte aus anderen Theorietraditionen angewiesen sei, die dann gleichsam von außen her angestückt werden. Immer wieder und immer noch begegnet die Theorie dem Einwand, eine bloße Makrotheorie zu sein, die man folglich um eine Mikrotheorie zu ergänzen habe, für die dann aber begrifflich andersartige Grundlagen nachentwickelt bzw. angezapft werden müssen. Und typisch scheinen es Autoren mit mikrosoziologischen Interessen zu sein, die so argumentieren. Vor diesem Hintergrund wird heute zum Beispiel über mögliche Kombinationen aus Systemtheorie und Akteurstheorie diskutiert.[22]

Der systemtheoretische Anspruch, eine facheinheitliche Theorie zu schreiben, wird dabei nicht etwa kritisiert und gebrochen durch den Nachweis, daß und warum dieses Ziel systemtheore-

---

[22] Dazu neuerdings Uwe Schimank, Theorien gesellschaftlicher Differenzierung, Opladen 1996.

tisch nicht zu erreichen ist. Er wird vielmehr sogleich und ohne Prüfung seiner Reichweite als bloße Rhetorik verstanden und abgelegt. Mir scheint, daß damit der zweite Schritt vor dem ersten getan wird. Es mag ja sein, daß dieser Anspruch überzogen ist, aber wenn man es nicht wenigstens *versucht*, ihn auch mikrosoziologisch einzulösen, wird man nicht einmal darüber urteilen können. Ehe man sich mit einer letztlich eklektischen Lösung des Theorieproblems begnügt, müßte man das argumentative Potential solcher Theorien, die eben dies zu vermeiden suchen, erst einmal ausgeschöpft haben.

Die folgenden Überlegungen gehen daher umgekehrt vor. Sie versuchen nicht, die Systemtheorie um eine Mikrotheorie zu ergänzen. Sie wollen vielmehr das mikrotheoretische Potential der Systemtheorie selbst aktivieren. Angeleitet und ermutigt durch die schon vorliegenden Beiträge dazu,[23] wollen wir zu zeigen versuchen, daß und mit welchen Folgen auch der Fall der Interaktion unter Anwesenden systemtheoretisch behandelt werden kann.

---

[23] Siehe dazu die oben (unter Fußnote 15) schon einmal erwähnte Literatur.

Kapitel 2
Differenzierte und undifferenzierte Sozialsysteme

I.

Von Differenzierung kann in sehr verschiedenem Sinne gesprochen werden. Viele soziologische Verwendungen dieses Begriffs beziehen sich auf wiederverwendbare Sinnformen und haben dann nur noch deren Differenzierung vor Augen. So beschreibt die soziologische Theorie der Arbeitsteilung eine Differenzierung der Rollen, die soziologische Theorie der Individualisierung dagegen eine Differenzierung der Personen. Für uns ist vor allem der Begriff der *Systemdifferenzierung* wichtig, der eine Wiederholung der Systembildung innerhalb von Systemen bezeichnet, und zwar unter anderem innerhalb von Sinnsystemen psychischer oder sozialer Art.[1] Diese Unterscheidung von Sinndifferenzierung und Systemdifferenzierung besagt selbstverständlich nicht, daß keinerlei Interdependenzen bestünden, sondern dient gerade umgekehrt zu deren Aufklärung. Entsprechend wollen wir annehmen, daß Formen der Sinndifferenzierung von Formen der Systemdifferenzierung abhängen und daß speziell ein Wechsel der Differenzierungsform des Gesellschaftssystems auch die verfügbaren Sinnformen ändert und mitbetrifft. So scheinen sowohl starke Rollendifferenzierung als auch hohe Individualisierung der Person zu den Korrelaten des modernen, funktional differenzierten Gesellschaftssystems zu gehören. Dasselbe gilt für andere Formen von Sinndifferenzierung, so zum Beispiel für die Differenzierung kognitiver und normativer Erwartungszusammenhänge, die gegen die semantischen Fusionen des älteren Naturrechts gleichfalls erst mit dem Übergang zur Moderne und speziell mit der Positivierung der Rechtsordnung, die diese vom Anspruch auf Wahrheitsfähigkeit ihrer Grundlagen abkoppelt, sich durchsetzt.

---

1 Siehe dazu Niklas Luhmann, Soziale Systeme: Grundriß einer allgemeinen Theorie, Frankfurt 1984, S. 258 ff.

Die Systemtheorie war zunächst als Theorie differenzierter Systeme geschrieben worden, und noch heute wird sie primär unter diesem Aspekt rezipiert. Man denkt daher, wenn schon an Systeme, dann auch sogleich an große und komplexe Einheiten vom Typus Gesellschaft oder Organisation, die auch in sich selbst wiederum komplex differenziert sind, während der Begriff eines undifferenzierten Systems von hier aus als Grenzfall erscheint. In der Tat war die Systemtheorie lange Zeit nur als Theorie differenzierter Systeme überhaupt vorstellbar. Erst mühsam hat man gelernt, im Paradigma der Unterscheidung von System und Umwelt zu denken. Zuvor wurde das System als ein Ganzes verstanden, das aus Teilen zusammengesetzt ist. Die Kritik an dieser Leitdifferenz wird typisch mit Blick auf die Einheit des differenzierten Systems geführt. Man fragt sich, *wie das Ganze System sein kann*, obwohl es doch auf der Ebene der Teile nicht als Ganzes noch einmal vorkommen kann.[2] Wichtiger für uns ist die Komplementärfrage, *wie der Teil System sein kann*. Und die klassische Antwort hatte besagt: dies ist nur dann möglich, wenn der Teil seinerseits differenziert ist, nämlich aus weiteren Teilen besteht. Als System muß der Teil nicht nur in *anderem* enthalten sein, er muß auch *eigene* Teile enthalten – und wenn es einzelne Menschen wären.[3] Löst man sich aus den Denkzwängen dieser Überlieferung und stellt man statt der internen Differenzierung des Systems seine Differenz zur Umwelt als das entscheidende Merkmal heraus, dann geht der Gedanke der Systemdifferenzierung nicht verloren. Systemdifferenzierung liegt vor, wenn innerhalb eines Systems weitere System/Umwelt-Differenzierungen etabliert werden. Das Gesamtsystem wird dann zur internen Umwelt seiner Teilsysteme, die zusätzlich zur gesamtsystem-

---

2 In der dafür erfundenen Sprache mußte man die Summenkonstanzprämisse zugleich akzeptieren und nicht akzeptieren. Man mußte sagen, daß das Ganze mehr als die Summe seiner Teile sei, ohne diesen Mehrwert einfach hinzuaddieren oder als noch einen Teil ausweisen zu können. »Mehr« bedeutet hier also »mehr-als-nur-mehr-und-nicht-weniger«. So wird Systemdifferenzierung zum Mysterium und die Gesellschaftstheorie zu einer religiös grundierten Beschreibung.
3 Hier liegt einer der Gründe dafür, daß die ältere Systemtheorie es schwierig fand, Zwischensystembeziehungen von System-Umwelt-Beziehungen oder interpenetrierende Umweltsysteme von Teilsystemen des Systems zu unterscheiden.

externen Umwelt zu beachten ist. Aber man gewinnt den Begriff eines undifferenzierten Systems hinzu.

Diesen Begriff können wir nunmehr dadurch definieren, daß sich innerhalb solcher Systeme keine weiteren Teilsysteme bilden. Undifferenziertheit besagt also nicht: Fehlen von Differenzierung schlechthin, also auch nicht Fehlen von Sinndifferenzierungen, sondern nur: Fehlen systeminterner Systembildung. Wir verwenden diesen Begriff des undifferenzierten Systems hier als Alternative sowohl zum Begriff des einfachen als auch zum Begriff des kleinen Sozialsystems. Der Begriff der Einfachheit bezeichnet etwas, das man nur den Elementen des Systems, nicht aber dem System selbst zuschreiben kann. Der Begriff des kleinen Systems dagegen ist abhängig von einem Systemvergleich und nimmt daher je nach Vergleichssystem einen anderen Sinn an.[4]

Diese Bedingung der fehlenden Systemdifferenzierung läßt sich für *Gesellschaftssysteme* nicht erfüllen, da die Gesellschaft mindestens in unterschiedliche Interaktionen differenziert ist und in allen Fällen von höherer Komplexität auch noch zusätzliche Gesichtspunkte zur Ausdifferenzierung eigener Teilsysteme sowie zur Ordnung der entsprechenden Intersystembeziehungen vorgibt. Auch *Organisationen* sind mindestens in Interaktionen und bei größerer Eigenkomplexität auch noch nach Maßgabe organisationseigener Gesichtspunkte differenziert und aus weiteren Systemen mit eigener Umweltsicht und eigener Strukturselektion zusammengesetzt.[5]

---

4 Siehe dazu auch Hans Geser, Kleine Sozialsysteme: Strukturmerkmale und Leistungskapazitäten, in: Kölner Zeitschrift für Soziologie und Sozialpsychologie 32 (1980), S. 205-239. Geser lehnt es ab, die Rede von kleinen Systemen durch den Vergleich mit *Umweltsystemen* zu präzisieren, da der Größenunterschied dann von der Wahl eines Umweltsystems abhängt und sich mit ihr verschiebt. Statt dessen wird der Begriff des kleinen Systems im Rahmen einer Theorie der *internen Systemdifferenzierung* eingeführt. Er bezieht sich auf solche großen und differenzierten Systeme, die kleinen und undifferenzierten Teilsystemen eine derart zentrale Stellung zuweisen, daß letztlich auch das Großsystem nach der Logik des Kleinsystems begriffen werden kann. Wenn wir in anderen Kapiteln von interaktionsnah gebauten Sozialsystemen sprechen, dann ist genau dieser Aspekt gemeint. Es fällt im übrigen auf, daß bei Geser die Analyse des differenzierten Gesamtsystems sowie der Gründe dafür, daß undifferenzierte Systeme in ihm dominieren können, deutlich zurücktritt gegenüber dem Interesse an der Analyse von Undifferenziertheit selbst. Eben deshalb berühren sich seine Analysen an vielen Stellen mit dem Gegenstand und mit den Aussagen dieses Kapitels.

Für *Interaktionen* gilt genau das Umgekehrte.[6] Hier ist das Fehlen interner Systemdifferenzierung die Regel, und Ausnahmen bleiben, wie wir noch sehen werden, schwierig und instabil. Die Interaktion bezeichnet insofern den »einfachsten« Fall einer allgemeinen Theorie sozialer Systeme, als man hier noch von einem sozialen System, aber nicht mehr von einem differenzierten System sprechen kann. Selbstverständlich verdankt sich auch die Interaktion einem Prozeß der Systemdifferenzierung, denn sie kann nur im System und nicht in der Umwelt der Gesellschaft ausdifferenziert werden. Aber sie wiederholt diesen für sie konstitutiven Mechanismus der Systemdifferenzierung nicht auch in sich selbst. Ihre Grenzen sind, von innen her gesehen, stets auch Grenzen der weiteren Systemdifferenzierung. Die Interaktion hat mithin, solange sie läuft, keine *eigenen* Folgeprobleme der Systemdifferenzierung zu lösen.[7]

5 Die Teilsysteme der Gesellschaft ebenso wie die Teilsysteme der Organisation sind dabei ihrerseits nicht mit einzelnen Interaktionen identisch, sondern eher als Nahumwelt für Interaktionen von großer Zahl und Verschiedenartigkeit zu begreifen.
6 Siehe zur hier vorausgesetzten Systemtypologie Niklas Luhmann, Interaktion, Organisation, Gesellschaft: Anwendungen der Systemtheorie, in: ders., Soziologische Aufklärung 2: Aufsätze zur Theorie der Gesellschaft, Opladen 1975, S. 39-51. Der Anspruch auf Einheit und Vollständigkeit, der sich mit dieser Liste verbindet, ist umstritten geblieben. Für Gruppe als vierten Systemtyp plädiert Hartmann Tyrell, Zwischen Interaktion und Organisation: Gruppe als Systemtyp, in: Friedhelm Neidhardt, (Hrsg.), Gruppensoziologie: Perspektiven und Materialien, Sonderheft 25 der Kölner Zeitschrift für Soziologie und Sozialpsychologie, Opladen 1983. Helmut Willke, Systemtheorie, 2. Auflage Stuttgart 1987, dagegen hält an der Form einer Dreierunterscheidung fest und versucht mit Gruppe, aber dafür ohne Interaktion auszukommen. Interaktionen sind für ihn allenfalls Quasi-Systeme. Aber mit der »handlungstheoretischen« Begründung, die Willke dafür gibt (Fehlen einer Präferenzordnung), würde man einerseits auch Gesellschaften und gesellschaftliche Teilsysteme ausschließen müssen, andererseits Organisationen nur einschließen können, wenn man die soziologisch bereits vorliegende Kritik am Zweckbegriff ignoriert. Tyrell wiederum definiert seinen vierten Typus Gruppe dadurch, daß Abwesenheit eines Gruppenmitglieds in der Interaktion auffällt und registriert werden kann. Aber dann würden auch einfache Gesellschaften und Organisationen (Absentismus!) unter diesen Begriff fallen.
7 Auch darum sind die Begriffe der klassischen Soziologie, die allesamt in einer historischen Situation entstehen und überzeugen, in der die Folgeprobleme einer gesellschaftlichen Systemdifferenzierung nach Maßgabe von Funktionen erstmals thematisiert werden können, zur Analyse von Interaktionen wenig geeig-

Durch diese beiden Unterscheidungen zwischen Sinndifferenzierung und Systemdifferenzierung sowie zwischen differenzierten und undifferenzierten Sozialsystemen läßt sich der Vergleichsbereich erweitern und präzisieren, in dem sich die spezifischen Merkmale von Interaktion aufklären lassen. Dies soll der nun folgende Abschnitt in zwei Schritten zeigen. Es geht zum einen darum, die Undifferenziertheit der Interaktion als eine besondere Form der Reduktion und Steigerung von Komplexität zu analysieren. Die Reduktion liegt darin, daß auf weitere Systemdifferenzierung verzichtet wird. Dies führt in der *Sachdimension* und in der *Zeitdimension* zu einer undifferenzierten Verfügbarkeit der Gesamtrealität des Systems in jedem Moment. Die entsprechende Steigerung fällt vor allem in der *Sozialdimension* an und begründet hier so etwas wie undifferenzierte Teilnahmechancen, die zu einer eigentümlichen Verdichtung und Konkretheit des sozialen Kontaktes führen, die wir unter sehr verschiedenen Gesichtspunkten belegen wollen.

Zum anderen geht es um eine Konsequenz aus der schon skizzierten These, daß wichtige Differenzierungsgewinne im Bereich der Sinnformen ein differenziertes Gesellschaftssystem und bei höherer Unwahrscheinlichkeit auch bestimmte, ihrerseits unwahrscheinliche Formen der gesellschaftlichen Systemdifferenzierung voraussetzen müssen. Wenn man diese These umkehrt, dann führt dies nämlich vor die Frage, ob man nicht für undifferenzierte Systeme auch relativ undifferenziertes Sinnerleben unterstellen muß. Das würde dann bedeuten, daß die differenzierten Sinnformen, die im Laufe der gesellschaftlichen Evolution aufgebaut wurden, nicht ohne weiteres auch dem Sinngebrauch in der Interaktion unter Anwesenden unterlegt werden können.[8] Möglicherweise unterläuft sie in ihrem Eigenbereich zahlreiche der gesellschaftlich bereits eingeführten Formen einer differenzierten Bestimmung von Sinn. Wir werden darauf in anderen Kapiteln noch mehrfach zurückkommen und dann auch nach Antworten suchen. Für den Augenblick muß

---

net. Der in der Soziologie übliche Begriff von Integration zum Beispiel setzt Systemdifferenzierung voraus.
8 Dies zeigt auch Geser, a. a. O., sehr deutlich.

es genügen, die Fragestellung selbst zu exponieren. Wir wählen dafür die folgenden Gesichtspunkte: Serialität (II), Grenzen sinnvollen Wachstums (III), undifferenzierte Inklusion (IV), Interaktion und evolutionäre Errungenschaften (V), Interaktion und Reflexionsmöglichkeiten (VI).

II.

Die Undifferenziertheit von Interaktionen kommt am deutlichsten darin zum Ausdruck, daß es nur ein Zentrum der Konvergenz von Aufmerksamkeit geben kann.[9] Dies gilt vor allem deshalb, weil Interaktionen Kommunikationsprozesse durchführen und sich auf dafür geeignete Themen beziehen müssen. Diese letzte Feststellung klingt zunächst trivial und hat außerdem den Einwand gegen sich, daß sie nicht interaktionsspezifisch genug formuliert ist. Dieser Überschuß an Allgemeinheit ist jedoch sinnvoll, wenn man klären will, wie Kommunikationsthemen speziell in der Interaktion fungieren, denn er ermöglicht Vergleiche über verschiedene Systemtypen hinweg. Gewiß strukturieren auch andere Arten von Sozialsystemen ihre Kommunikation mit Hilfe von Themen. Aber während in Organisationen und in Gesellschaften *mehrere* Themen nebeneinander behandelt werden können, trifft dies für Interaktionen nicht zu. Vielmehr ergeben sich die typischen Vorteile und Nachteile dieses Systemtyps daraus, daß nur jeweils *ein* Thema gleichzeitig behandelt werden kann. Man kann das Thema ersetzen, aber nur durch jeweils *ein* Nachfolgethema, und auch dies nur dann, wenn dieser Substitutionsvorgang sich systemeinheitlich, nämlich für alle Anwesenden gleichzeitig vollziehen läßt.
Derselbe *Zwang zur Serialität* wiederholt sich innerhalb der themenspezifischen Episoden, sobald man an die Folge der Beiträge und an den Wechsel der Beiträger denkt. Auch hier gilt die Regel: nur einer auf einmal, und nur einer danach. Das Prinzip der thematischen Konzentration läßt Redezeit wie von selbst knapp werden und macht ihre Verteilung unter den Anwesenden zum

---

9 Dies gibt Angriffen auf dieses Zentrum wie durch eine Automatik den Charakter einer Systemkrise.

Problem.¹⁰ Und während es in komplexeren Systemen eine offene Frage ist, ob die Systemstruktur sich ändert, wenn das Thema gewechselt wird, liegt die Einheit von Themenwechsel und Strukturänderung in der Interaktion auf der Hand.¹¹ Das heißt nicht zuletzt, daß man Strukturänderung in der Interaktion und Strukturänderung in anderen Sozialsystemen auch dann unterscheiden muß, wenn die Interaktion sich einem dieser Systeme zuordnen läßt und dessen Strukturen ausschnittweise in sich hineinkopiert. Der Wechsel von den formal vorgezeichneten Themen zu solchen, die mehr den Darstellungsbedürfnissen der Anwesenden entsprechen, ändert beispielsweise nicht sogleich die Struktur der Organisation, in der dies stattfindet. Die Themen der Organisation hängen in ihrer Verbindlichkeit für diese nicht davon ab, ob und wann sie in der Interaktion behandelt werden. Wäre es anders, könnte der Wechsel kaum derart rasch vollzogen werden.

Organisationen und Gesellschaften verdanken ihre Fähigkeit zum Parallelprozessieren mehrerer Themen dem Umstand, daß sie als Systeme differenzierbar sind. Interaktionssysteme dagegen lassen sich schon aus akustischen Gründen nicht gut differenzieren. Etwaige Subsysteme müssen sich daher mit der Form von Flüstergesprächen begnügen. Oder sie müssen sich einer anspielungsreichen Sprache bedienen, die neben ihrer trivialen Verständlichkeit, an der alle Anwesenden teilhaben können, auch noch zusätzliche Komponenten enthält, die nur einer kleineren Gruppe von Eingeweihten ganz durchsichtig werden.¹² Beide

10 Auf solche interaktionsspezifischen Knappheiten hat vor allem Goffman seine These von der innergesellschaftlichen Autonomie der »interaction order« gestützt. Siehe dazu als Resümee Erving Goffman, Die Interaktionsordnung, in: ders., Interaktion und Geschlecht (hrsg. von Hubert Knoblauch), Frankfurt 1994, S. 50-105. Goffman betont vor allem, daß gesellschaftlich institutionalisierte Verteilungsregeln nicht ausreichen, um die Probleme zu lösen, die sich daraus ergeben. Die Interaktion erzeuge daher eigene Verteilungsregeln, die nicht als Kopie gesellschaftlicher Vorgaben verstanden werden können.
11 Siehe dazu auch den Hinweis auf »die Fähigkeit, ohne bedeutsamen Reorganisationsaufwand in zeitlicher Sequenz verschiedene Strukturformen zu aktualisieren und wieder rückgängig zu machen«, dem Hans Geser (a. a. O., S. 229) nachgeht.
12 Diskutiert hat den Gebrauch solcher Techniken Friedrich Schleiermacher, Theorie des geselligen Betragens, in: Werke in vier Bänden (hrsg. von Otto Braun/Johannes Bauer), Leipzig 1927, Bd. 2, S. 1-31. Schleiermacher hatte noch

Strategien lassen sich gegenüber der ohnehin laufenden Interaktion nicht sehr weit verselbständigen. Auch haben sie nur wenig Chancen für *eigene* Themenwahl. Wer Anspielungen verwendet, um einige unter den Anwesenden auszuschließen, tut dies mit Erfolg nur dann, wenn er das schon etablierte Thema wenigstens zum Schein respektiert; und wer flüstert, fällt schon per Wahrnehmung auf und muß damit rechnen, daß eben dies zum Thema gemacht wird. So bleibt es bei Formen der parasitären Abhängigkeit, in denen man die schon laufende Interaktion kommentieren kann, in denen es aber schwer möglich ist, sie auf das Format einer bloßen Umweltgröße zu neutralisieren. Die Interaktion kann nur anderes, nicht aber sich selbst als Umwelt behandeln. Sie hat nicht die Möglichkeit, zugleich als System und als Umwelt *eigener* Teilsysteme zu fungieren. Eben deshalb fällt die Differenz von System und Umwelt hier sehr eindeutig aus.

Neben diesen beiden Möglichkeiten von Flüstergespräch und Anspielungsgebrauch gibt es als dritten Fall noch die Sezession. Einige unter den Anwesenden können sich absondern mit der Folge, daß daraufhin ein weiteres Interaktionssystem entsteht, das dann nach innen hin wiederum undifferenziert strukturiert ist. Auch mag es soziale Situationen geben, in denen solche Sezessionen ihrerseits erwartbar sind und sozial unterstützt werden – etwa auf größeren Partys. Aber wenn man versucht, die Party selber als System und die sich bildenden Interaktionen unter ihren Gästen als Teilsysteme dieses Systems zu analysieren, dann fällt auf, daß dieses Gesamtsystem der Party nur *entweder* als Einheit *oder* als Vielheit operativ werden kann. Die Differenz von Einheit und Vielheit muß also, anders als bei größeren und komplexeren Systemen, in ein zeitliches Nacheinander übersetzt werden.[14] Sie läßt sich nicht strukturell generalisieren, nicht

das Modell der Geselligkeit vor Augen. Siehe für neuere Versionen des Themas, die ihre Belege eher dem Organisationsmilieu entnehmen, Erving Goffman, The Presentation of Self in Everyday Live, New York 1959, dtsch. Übersetzung Wir alle spielen Theater, München 1969, S. 153ff.; Niklas Luhmann, Funktionen und Folgen formaler Organisation, Berlin 1964, S. 366. Siehe dazu auch mit Ansätzen zu einem Vergleich zwischen Interaktion und Buchdruck Hans Speier, The Communication of Hidden Meaning, in: Social Research 44 (1977), S. 471-501.
14 Daß Differenzierung auf der Interaktionsebene nur im Nacheinander möglich ist, betonen sowohl Luhmann, Soziale Systeme (a. a. O.), S. 566 als auch Geser, a. a. O., S. 229.

gleichzeitig relevant machen. Daher kann Einheit nur als Unterbrechung von Vielheit und Vielheit nur als Auflösung von Einheit realisiert werden. Hin und wieder schlägt der Gastgeber gegen die Gläser, und dann kommen Effekte zustande, die man auf die Party als Einheit zurechnen kann.[15] Davor und danach dominiert eine Vielheit von Kleinsystemen, die sich selber durchaus nicht im Hinblick auf die Gesamtsituation steuern oder von dorther integriert werden können. Gerade dieser Grenzfall zeigt mithin das Problem. Wir müssen die Möglichkeit einer differenzierten Interaktion also nicht definitiv ausschließen. Es genügt festzuhalten, daß sie weder den elementarsten noch den leistungsfähigsten Fall von Interaktion bildet. Und anders als bei anderen Sozialsystemen führt Systemdifferenzierung hier nicht ohne weiteres zu einer Steigerung der Komplexität und Selektivität des Gesamtsystems.

Eine weitere Folge der Undifferenziertheit bezeichnet eine unter diesen Umständen triviale (außerhalb von Soziologie nicht weiter erläuterungsbedürftige) Bedingung für die Verständlichkeit der Rede und damit für das Gelingen von Kommunikation schlechthin. Sie besteht in der *Gleichzeitigkeit von Reden und Schweigen*. Von dieser Gleichzeitigkeit des Redens und Schweigens muß deren Synchronisation unterschieden werden.[17] Synchronisation bezieht sich auf die »Herstellung künftiger Koinzidenzen«[18] im weiteren Verlauf der Interaktion. Man läßt erkennen, daß man keineswegs die Absicht hat, endlos mit Reden fortzufahren; daß man bald fertig sein wird; daß jetzt eine Frage kommt, auf die andere Teilnehmer reagieren können, usw. Auf der Ebene der Wahrnehmung wird all dies durch Blicke und Gesten, durch Modulationen der Stimme und durch hörbares Zögern oder auch hörbare Eile unterstützt und erläutert, abgeschwächt und bestätigt. All dies dient dazu, die künftige Gleichzeitigkeit des Sprecherwechsels nicht völlig dem Zufall zu überlassen. Das Aufhören des

---

15 Im Theater ebenso wie in Schulen ist es umgekehrt. Hier ist die Kleinsystembildung die Ausnahme und nur während der Pausen erlaubt.
17 Siehe dazu allgemein Niklas Luhmann, Gleichzeitigkeit und Synchronisation, in: ders., Soziologische Aufklärung 5: Konstruktivistische Perspektiven, Opladen 1990, S. 95-131.
18 So die Formulierung bei Luhmann, Gleichzeitigkeit und Synchronisation (a.a.O.), S. 124.

einen und das Anfangen des anderen Sprechers sollen, obwohl als Zukunft jetzt noch nicht wahrnehmbar, doch jetzt schon koordiniert werden. Das ist ein Problem nicht zuletzt deshalb, weil Bewußtseinszeit und Kommunikationszeit divergieren.[19] Angesichts dieser Synchronisationsprobleme muß man die Normalform der Gleichzeitigkeit von Reden und Schweigen von mindestens zwei Abweichungen unterscheiden: die Gleichzeitigkeit von Reden und Reden und die Gleichzeitigkeit von Schweigen und Schweigen. Im einen Falle spricht man von Akten der *Unterbrechung*, im anderen dagegen von *Gesprächspausen*.[20] Beides wird im System als Störung gebucht und interaktionsmoralisch mißbilligt,[21] wenn auch in sehr verschiedener Weise: Die Unterbrechung gilt als unhöflich,[22] die Gesprächspause wird als

19 Dazu nochmals Luhmann, Gleichzeitigkeit und Synchronisation (a. a. O.), S. 119: »Im Verhältnis zum Ablauf des Bewußtseinsprozesses kann die Kommunikation zu schnell laufen oder auch zu langsam. Man verliert den Faden, redet zu schnell im Verhältnis zum eigenen Denken und muß dann Kommunikationszeit mit Geräuschen anfüllen (Ääh, sozusagen, im Grunde, o.k.?, cioé...). Oder der andere redet zu schnell oder zu langsam; man schweift ab, paßt nicht durchgehend auf; denkt inzwischen an etwas anderes. Aber Störungen dieser Art sind nur Folgeprobleme einer Leistung, nämlich einer beträchtlichen Erweiterung des Ordnungsbereichs, der noch synchronisiert, das heißt: noch in der je aktuellen Gegenwart kontrolliert werden kann.«
20 Die Konversationsanalyse des turn taking hat beide Abweichungen von der Normalform ausgiebig behandelt. Siehe nur die zahlreichen Registereinträge zu »interruption« sowie zu »silence/pause« in Harvey Sacks, Lectures on Conversation, Oxford 1995.
21 Siehe für eine relativ vollständige Formulierung der Regel gegen das Unterbrechen George Washington, Regeln der Höflichkeit in der Konversation, hier zitiert nach der dtsch. Übersetzung in: Claudia Schmölders (Hrsg.), Die Kunst des Gesprächs: Texte zur Geschichte der europäischen Konversationstheorie, München 1979, S. 208 ff. (210): »Wenn ein anderer redet, sei aufmerksam und störe die Zuhörer nicht; wenn einer in seiner Rede nicht weiterweiß, hilf ihm nicht und dränge ihn nicht, wenn er nicht darum bittet, unterbrich ihn nicht und antworte ihm auch nicht, bevor er seine Rede beendet hat.«
22 Diese Einstufung gilt normalerweise nur unter dem Vorbehalt einer Krisenklausel, die so etwas wie ein Notrecht auf Wegnahme der Sprecherrolle etabliert: Wer endlose Monologe hält, den kann man mit Aussicht auf stillschweigende Billigung, wenn nicht auf offene Unterstützung durch andere unterbrechen. Auch vermindert es den Skandal der Unterbrechung, wenn sie in der mitgeteilten Absicht erfolgt, die Teilnahmechancen *Dritter* zu verbessern. Siehe zu diesen beiden Einschränkungen bereits Francis Bacon, Of Discourse, in: ders., Essays (mehrere Auflagen mit diversen Ergänzungen und Streichungen 1597, 1612, 1625), dtsch. Übersetzung Stuttgart 1970, S. 113-116 (114). In Seminaren habe ich beobachtet,

peinlich empfunden.[23] Die Normalform kann also auf zwei verschiedene Weisen negiert werden, und folglich gibt es auch zwei verschiedene Möglichkeiten der Reparatur und der Rückkehr zur Normalform. Diese beiden Phänomene werden im Alltag separat erlebt und separat beklagt. Im Rahmen der hier gewählten Konzeption fällt zunächst eher das Gemeinsame auf. Denn hier wie dort wird unklar, was im Zentrum der gemeinsamen Aufmerksamkeit geschieht, und hier wie dort leidet darunter die Anschlußfähigkeit des je nächsten Beitrags und damit die Sicherheit der Reproduktion des Systems.[24] Reden mehrere gleichzeitig, dann wird für alle Beteiligten unklar, auf welchen Beitrag man reagieren soll und wer von den beiden aufhören muß, damit der andere weiterreden kann. Redet überhaupt niemand, dann wird unklar, wer damit erneut beginnen soll.

Unterhalb dieser Gemeinsamkeit fallen freilich eher die Unterschiede ins Gewicht. Unterbrechungen sind Rudimentärformen eines Verteilungskampfes, der das thematische Zentrum des Systems gerade nicht in Frage stellen, sondern nur neu besetzen will. Gesprächspausen reaktualisieren dagegen, ähnlich wie Widersprüche, für einen Moment lang die doppelte Kontingenz, die dem System zugrunde liegt. Sie zerstören die Prätention einer schon etablierten Ordnung. In Gesprächspausen kann sich der in das temporalisierte System immer schon eingebaute Handlungsdruck daher so aufstauen, daß nach einiger Zeit *jegliche* Wiederaufnahme des Gesprächs willkommen ist, gleichviel aus welcher Position heraus der Versuch dazu unternommen wird.[25]

daß die Unterbrechung von »Schwätzern« selbst für Dozenten schwieriger wird, wenn das Seminar klein und/oder die erwartbare Beitragsfrequenz der Studenten gering ist. Das Unterbrechen erscheint dann nicht als Lösung eines Systemproblems, sondern als Willkürakt dessen, der ohnehin die besseren Durchsetzungschancen hat. Die Interaktion rechnet Intervention und Erfolg auf externe Referenzen zu. (Das gilt natürlich erst recht, wenn auch der Dozent selbst als Schwätzer beobachtet wird.) Das »Notrecht auf Wegnahme« betont übrigens auch Nicolas Faret, L'Honneste Homme ou l'art de plaîre, Paris 1634, hier zitiert nach der dtsch. Übersetzung in: Schmölders, Kunst des Gesprächs (a.a.O.), S. 148-153 (149f.).
23 Siehe dazu beispielsweise John Locke, Some Thoughts Concerning Education, dtsch. Übersetzung Stuttgart 1970, S. 181ff.
24 So für Gesprächspausen auch Niklas Luhmann, Funktionale Methode und Systemtheorie, in: ders., Soziologische Aufklärung 1: Aufsätze zur Theorie sozialer Systeme, Opladen 1970, S. 31-53 (41).
25 Siehe dazu mit Bezug auf altersabhängige Rangdifferenzen Locke, a.a.O.,

Außerdem divergieren Möglichkeiten und Chancen der *Reflexivität*, nämlich der Selbstanwendung von Prozessen.[26] Die Unterbrechung kann und muß ihrerseits unterbrochen werden, während das Schweigen nicht durch weiteres Beschweigen, sondern nur dadurch zu beenden ist, daß einer unter den Anwesenden dann doch noch das Wort ergreift. Die Unterbrechung der Unterbrechung wirkt als negatives, das Beschweigen des Schweigens dagegen als positives Feedback.

Ein weiterer Unterschied liegt darin, daß die Unterbrechung nur durch einen der daran Beteiligten unterbrochen werden kann, die Gesprächspause dagegen auch durch mehrere, sofern sie nur *gleichzeitig* zu reden beginnen. Dieser Fall ist darum interessant, weil er konkurrierende Ansprüche ins Spiel bringt, zwischen denen man auf Grund der unmittelbaren Vorgeschichte nicht entscheiden kann. Ebenso wie bei der normalen Unterbrechung ist es auch hier so, daß der eine den andern am Reden hindert. Auch hier hat man mindestens zwei Sprecher, die gleichzeitig reden. Aber da es auch zuvor keinen *legitimen* Sprecher gab, weiß man nicht genau, wo das Problem liegt. Man weiß nicht genau, wer wen unterbrochen hat und wo infolgedessen der Adressat für Proteste bzw. für Entschuldigungen liegt. So kommt es zu einer durch die Interaktion selbst unstrukturierten Situation: das Systemproblem ist evident, aber nicht attribuierbar. Es betrifft das System im ganzen, kann aber nicht als Handlung im System zur Rede gestellt und moralisiert werden. Jeder Soziologe wird vermuten, daß es vor allem solche Lagen sind, in denen die interak-

---

S. 182f. »Junge Leute sollte man lehren, ihre Meinung nicht voreilig dazwischenzuwerfen, bevor man sie gefragt hat.« Aber: »Wenn eine allgemeine Pause der ganzen Gesellschaft dazu Gelegenheit bietet, dann mögen sie als Lernende ihre Frage bescheiden einwerfen.«

26 Siehe zu Begriff und Theorie dieser besonderen Form von Selbstreferenz sowie für exemplarische Analysen, die ihre Verbreitung belegen, Niklas Luhmann, Reflexive Mechanismen, in: ders., Soziologische Aufklärung 1: Aufsätze zur Theorie sozialer Systeme, Opladen 1971, S. 92-112; ders., Soziale Systeme (a. a. O.), S. 610 ff.; Jürgen Habermas, Legitimationsprobleme im Spätkapitalismus, Frankfurt 1973, S. 81 f.; Ulrich Beck, Risikogesellschaft: Auf dem Weg in eine andere Moderne, Frankfurt 1986, S. 252 f., 259 ff.; Ulrich Beck/Anthony Giddens/Scott Lash, Reflexive Modernisierung, Frankfurt 1996. Wie vor allem die Fülle der deutsch-britischen Mißverständnisse im zuletzt zitierten Diskussionsband bezeugt, wird die von Luhmann eingeführte Abgrenzung von Reflexivität gegen Reflexion normalerweise nicht mitvollzogen.

tions*externen* Differenzen an Bedeutung gewinnen: »Wenn in einer Diskussion Professor und Student gleichzeitig zu reden anfangen, hat der Professor wahrscheinlich den längeren Atem. Für einen ›character contest‹ sind die Chancen ungleich verteilt, was indes nicht ohne weiteres größeren Einfluß auf ein konsentiertes Ergebnis der Diskussion ergibt.«[27]

III.

Undifferenzierte Systeme können nicht sehr groß werden.[28] Zwar kann man die Zahl der Anwesenden im Prinzip immer vermehren, aber die damit rekrutierten Kommunikationspotentiale können dann nur noch in hochstandardisierter Form an der Interaktion beteiligt werden. Wie durch eine Automatik steigt mit der *Zahl* der Anwesenden zugleich der Anteil an *zugemuteter Passivität*, wie immer unvoreingenommen und egalitär oder »herrschaftsfrei« man den Zugang zur Sprecherrolle auch organisiere.[29] Organisationen können wachsen und wachsen und dabei gleichwohl jede weitere Stelle unter die Zumutung stellen, Arbeit zu leisten und durch eigenes Engagement zur Erreichung der Systemzwecke beizutragen, und Gesellschaften können sich auf Inklusion schlechthin spezialisieren.[30] Interaktionen dagegen

27 So Niklas Luhmann, Diskussion als System, in: ders./Jürgen Habermas, Theorie der Gesellschaft oder Sozialtechnologie: Was leistet die Systemforschung?, Frankfurt 1971, S. 316-342 (332).
28 In der Soziologie ist die umgekehrte Fassung dieser These geläufiger: daß Differenzierung nur für große oder wachsende Systeme möglich ist.
29 Vor allem die Großinteraktion im Schulunterricht hat immer wieder zu der Frage Anlaß gegeben, wie man die traditionelle Disbalancierung der Redechancen zugunsten des Lehrers vermeiden könne. Siehe dazu Jacob S. Kounin, Techniken der Klassenführung, Bern 1976. Aber selbst solche Modelle, die sich dies vornehmen, können die Effekte zugemuteter Passivität allenfalls abschwächen, nicht aber vermeiden. Die Alternative liegt bekanntlich im Verzicht auf Systemeinheit, nämlich in der Absonderung kleinerer Interaktionssysteme für »Gruppenarbeit«. Siehe zur Diskussion dieses Verzichtes für den Fall der geselligen Interaktion Schleiermacher, Theorie des geselligen Betragens (a.a.O.).
30 Siehe dazu Rudolf Stichweh, Inklusion in Funktionssysteme der modernen Gesellschaft, in: Renate Mayntz et al., Differenzierung und Verselbständigung: Zur Entwicklung gesellschaftlicher Teilsysteme, Frankfurt 1988, S. 261-293; Niklas Luhmann, Inklusion und Exklusion, in: ders., Soziologische Aufklärung 6: Die Soziologie und der Mensch, Opladen 1995, S. 237-265.

überschreiten sehr rasch die Schwelle, von der an die Beteiligung weiterer Personen nur den Anteil des Schweigens vermehren kann.[31] Volle Reziprozität wird damit unmöglich. Sie muß zu bloßer Komplementarität des Erwartens vereinfacht werden.[32] Im Publikum muß man von anderen primär Reden, von sich selbst dagegen Schweigen erwarten, ohne daß die Aussicht auf entsprechende Umverteilungen als Motiv oder gar als Gerechtigkeitskontrolle in den Erwartungszusammenhang eingehen könnte.[33] Unter den Handelnden mag dann nach wie vor gelten, daß man Schweigen nur »erwarten« kann, wenn man zuvor auch selber geschwiegen hat, und Unterbrechungen um so besser abwehren kann, je weniger man sich selber in dieser Hinsicht vorwerfen kann. Aber die Beobachter haben daran nicht teil. Das Sozialmodell des Tausches verliert damit an Plausibilität. Es ist kein Modell mehr für die Einheit des Systems.

Mit Hilfe attributionstheoretischer Forschungen läßt sich außerdem noch ein weiteres Systemproblem verdeutlichen, das in der Zumutung von Passivität liegt. Das Problem besteht in der Differenzierung von Handlung und Beobachtung. Auch das ist eine unmittelbare Folge der Serialisierung der Kommunikation, mindestens für den Moment. Würde man darauf verzichten, dann wäre auch gleichzeitiges Handeln aller Beteiligten möglich. Besondere Interessen an Beobachtung könnten sich dann nicht oder nur in einer für das System zufälligen Weise ergeben. Erst die Serialisierung des Kommunikationsprozesses zieht die Positionen für Handelnde und für Beobachter sozial auseinander. Beides ist dann zugleich der Fall, aber mit einer jeweils anderen Verteilung für Sprecher und Zuhörer. Der Sprecherwechsel hält die Spannungen, die sich daraus ergeben, in Grenzen. Normalerweise ist, auch wer zuhört, mit der Vorbereitung und Prüfung

---

31 In Organisationen sind daher große Interaktionen als solche schon unerwünscht. Man befürchtet Redundanz. Etwas anderes gilt freilich für die Ökonomie der Beobachtung, vor allem wenn der Beobachter als Aufseher in Erscheinung tritt. Aber die Präferenz für große, zentral überblickbare Wahrnehmungsräume ist nicht dasselbe wie die Präferenz für Großinteraktionen.
32 Siehe zu dieser Unterscheidung Alvin Gouldner, The Norm of Reciprocity, American Sociological Review 25 (1960), S. 161-178; Niklas Luhmann, Die Funktion der »subjektiven Rechte«, in: ders., Ausdifferenzierung des Rechts: Beiträge zur Rechtssoziologie und Rechtstheorie, Frankfurt 1981, S. 360-373.
33 Ähnlich Geser, a.a.O., S. 216.

eigener Beiträge befaßt und insofern nicht nur (wenn überhaupt) als Beobachter präsent. Wer dagegen an Interaktion teilnimmt, ohne Chancen für eigenes Handeln zu sehen, wird sich *auf Beobachtung konzentrieren*. Aber das heißt auch, daß er Verhalten mit hoher Wahrscheinlichkeit anders sehen und zurechnen wird als die jeweils Handelnden selbst.[34] Die Differenz von Handeln/Beobachten, die mit den Erfordernissen der Serialität und des turn-taking in jede Interaktion eingebaut ist, wird durch Zumutung von Passivität strukturell relevant. Mit der Erhöhung ihres Anteils steigt die Wahrscheinlichkeit unterschwellig diskrepanter Situationsauffassungen, die nicht einmal mehr komplementär zueinander passen: Der Sprecher verbirgt seine Spannung, und die Zuhörer verbergen ihre Langeweile; der Sprecher sieht vor allem das Thema seiner Kommunikation vor sich, die Zuhörer dagegen sehen mehr ihre Funktion; und während der Sprecher noch glaubt, daß er ein Argument produziert, glauben die Zuhörer schon zu erkennen, daß er vor allem sich selbst produziert.

Aber auch unterhalb solcher Schwellen, auch innerhalb der für »Partizipation« sinnvollen Größenordnungen[35] machen sich deutliche Grenzen bemerkbar. Auch in kleinen Interaktionen muß jeder Versuch, die Quote der aktiven Beteiligung zu verbessern und/oder mehr Sachthemen zu behandeln, daher in die Zeitdimension ausweichen. Die Interaktion dauert dann länger. Sie nimmt mehr Zeit ihrer Teilnehmer in Anspruch und muß folglich auch höhere Ansprüche an deren Abkömmlichkeit in anderen Sozialsystemen stellen und durchsetzen können. Außerdem wird es mit zunehmender Interaktionsdauer um so schwieriger, den Überblick über die schon gelaufene Kommunikation nicht zu verlieren.[36]

Als Kommunikationsssysteme sind Interaktionen mithin keine

---

34 Vgl. dazu Edward E. Jones/Richard E. Nisbett, The Actor and the Observer: Divergent Perceptions of the Causes of Behavior, in: Edward E. Jones et al. (Hrsg.), Attribution: Perceiving the Causes of Behavior, Morristown N.J. 1971, S. 79-74.
35 Kant war zum Beispiel der Meinung, die Zahl der Anwesenden dürfe nicht kleiner sein als die Zahl der Grazien und nicht größer als diejenige der Musen.
36 Daraus macht Luhmann, Diskussion als System (a.a.O.), S. 336f. ein Argument gegen die Vorstellung, durch Ausdehnung der *Zeit*grenzen von Interaktion ins idealerweise Unendliche lasse sich mehr an *sachlicher* Rationalität garantieren.

»Parallelprozessoren«,[37] und dieser Verzicht ist auf ihrer Ebene der Systembildung genau diejenige Reduktion von Komplexität, die zur Steigerung von Komplexität führt. Die Theorie setzt bei den Reduktionen an, aber das eigentliche Erkenntnisinteresse gilt ihrer Umformung in Bedingungen der Steigerbarkeit von Systemleistungen. Und nur der Zusammenhang zwischen beidem wird mit dem Systembegriff belegt.

IV.

Die Undifferenziertheit der Interaktion begrenzt einerseits ihre Komplexität. Nur sehr weniges kann in einer einzelnen Interaktion zum Gegenstand der Aufmerksamkeit und zum Thema der Kommunikation werden, und im Vergleich zur Gesellschaft ist die Thematisierungskapazität der Interaktion in hochselektiver Weise begrenzt. Andererseits gibt es nur in der Interaktion die Möglichkeit, daß alle an der Kommunikation teilhaben und sie deutlicher als irgendwo sonst irritieren können.[38] Das bedeutet natürlich nicht, daß jeder immerfort oder alle gleichermaßen in der privilegierten Rolle des Sprechers auftreten könnten oder auch nur auftreten wollten. Aber auch wer wenig oder gar nichts beiträgt, muß dies vor den Augen der anderen tun. Und sofern sie nicht durch Rollenpflichten wie diejenige des Richters legitimiert ist, wird auch diese Zurückhaltung zur Selbstdarstellung der Person. Den anderen mag der Betreffende dann als scheu oder als schüchtern erscheinen – mit erheblichen Folgen für weitere Interaktion oder Interaktionsvermeidung. So wie die Interaktion ein undifferenziertes Sozialsystem ist, so leistet sie auch eine Art von *undifferenzierter Inklusion,* die so etwas wie gleiche Nähe aller Beteiligten zum Geschehen garantiert[39] – eine Lei-

---

37 Siehe dazu auch Aaron V. Cicourel, Three Models of Discourse Analysis: The Role of Social Structure, in: Discourse Processes 3 (1980), S. 101-132, mit einem interaktionssoziologischen Begriffsvorschlag für »the subjects under study *and* the researcher as limited capacity processors of information« (129). Cicourel leitet daraus die Warnung vor einer Überdeutung des an Interaktionen erhobenen Materials ab (125 f.).
38 So auch Geser, a.a.O., S. 208 ff.: Für die Personen selbst bedeute dies wenig Freiheit gegenüber dem System und hohen Einfluß in ihm.
39 Dies betont auch Geser, a.a.O.

stung, die man von der Gesellschaft, von ihren Organisationen oder heute mehr und mehr auch vom Internet nur unter dem starken Eindruck von Ideologien erwarten kann.

Für die Interaktion dagegen gilt: Was jeweils im Zentrum der Aufmerksamkeit geschieht, das ist allen sofort zugänglich, ohne daß Boten oder Vermittler erforderlich würden.[40] Kommunikation in der Interaktion ist automatisch interaktionsöffentliche Kommunikation.[41] In der Interaktion gibt es keine Geheimnisse. Es gibt freilich auch keine Privatheit, nämlich keine Möglichkeit, dem »Kleben der Blicke« (Luhmann) auszuweichen. In der Ermöglichung sowohl von Privatheit als auch von Geheimhaltung stecken bereits Leistungen der Gesellschaft, die auf der Differenzierung und selektiven Reintegration von Interaktionssystemen beruhen.

Einen weiteren Aspekt dieser Öffentlichkeit trifft man, wenn man Kommunikation mit Gregory Bateson als Erzeugung von sozialer Redundanz beschreibt. Wenn eine Information mitgeteilt und verstanden wurde, dann können Dritte sowohl den Sender als auch den Empfänger danach fragen. So entsteht ein Überschuß an Trägern für dieselbe Information, und das Gesamtsystem kann den Verlust oder die erschwerte Erreichbarkeit einzelner Träger leichter verschmerzen. Zugleich führt der Umstand, daß verschiedene dasselbe berichten, zum Vertrauen in die Richtigkeit der Information selbst. Man schließt aus der Übereinstimmung der Informanten nicht etwa, daß Kommunikation stattgefunden hat, man schließt vielmehr auf Sachangemessenheit und Objektivität. All dies gilt in einem gewissen Sinne auch für die Kommunikation unter Anwesenden. Der Begriff des Dritten

---

40 Die Massenmedien erreichen etwas Ähnliches, aber nur durch eine Technik, die jede Interaktion zwischen Sender und Empfänger unterbricht. Es fehlt die Klammer der sozialen Situation, und der Empfänger bleibt dementsprechend unverpflichtet. Er kann umschalten, er kann abschalten, er kann einen Manipulationsverdacht pflegen.

41 Auch nach Geser (a. a. O., S. 213) ist das undifferenzierte Sozialsystem für jedes Mitglied als Einheit überschaubar. Nur differenzierte Systeme haben die Chance, »die Sichtbarkeit ihrer Struktur als Variable zu behandeln und aus den konfliktdämpfenden Wirkungen unvollständiger und selektiver Informierung Nutzen zu ziehen«, und umgekehrt entsteht erst in differenzierten Systemen das Problem, »einen Teil der Systemressourcen ausschließlich für Zwecke geplanter Kommunikation und Koordination freizusetzen«.

setzt freilich die Differenz von Interaktion und Gesellschaft voraus. Er ist insofern ein Begriff für differenzierte, nicht aber für undifferenzierte Sozialsysteme. Nur darum kann in diesem Modell auch die *Wiederholung der Information* eine Funktion haben. Es gibt immer Adressaten, die noch nicht informiert sind. Für das undifferenzierte System der Interaktion selbst leuchtet eher das Gegenteil ein. Hier veraltet die mitgeteilte Information sofort, da sie allen Anwesenden ohne Zeitverlust zugänglich ist.[42] Wiederholungen haben hier, anders als in größeren Systemen, wo man alles Wichtige mehrfach erzählen und weitererzählen muß, bis es sich herumgesprochen hat, keinen verständlichen Sinn.[43] Eben deshalb muß laufend für neue Information gesorgt werden, und auch das zwingt zur Autopoiesis.

Dies besagt natürlich nicht, daß innerhalb der Interaktion die Redundanz, die durch sie selber erzeugt wird, ihrerseits redundant wäre oder ohne Folgen wegrationalisiert werden könnte. Sie wird nur in anderer Weise genutzt. Für die Gesellschaft liegt in der Redundanz ein Substitut für Interaktionsteilnahme. Man muß nicht selber hingehen, sondern kann sich auch nachher und bei anderen informieren. Häufig kommen sie von sich aus, um zu berichten. Für den einzelnen wird so die Exklusion aus praktisch allen Interaktionen, die für ihn relevant sein könnten, erträglich gemacht. Für die Interaktion selbst ist die Redundanz dagegen vor allem zur Erzeugung von situativer Unbestreitbarkeit von Bedeutung. Es ist sehr leicht, sagt Luhmann, in der Interaktion vor Gericht zu bestreiten, daß man einen Mord begangen hat; aber es ist sehr schwer, in derselben Interaktion zu bestreiten, daß man bestritten hat, einen Mord begangen zu haben. Vor allem bei Goffman wird diese undifferenzierte Öffentlichkeit der Interaktion sehr stark betont, und zwar vor allem anhand der Überlegung, daß das Interesse an einer Differenzierung von

---

42 Man kann daher *in* der Interaktion klatschen – aber nicht *über* die Interaktion selbst, sondern nur über das, was man in anderen Interaktionen an Dritten beobachten konnte oder über sie zugetragen bekam. Auch der Klatsch setzt differenzierte Systeme voraus.

43 Ausnahmen sind zu konzedieren – so vor allem für chaotische Situationen, die das Aufmerksamkeitszentrum zerstören, so daß man danach Anwesende wie Abwesende behandeln und auf den neuesten Stand bringen muß. Etwas Ähnliches gilt, wenn man Abwesende wie Anwesende behandeln muß, also bei der Einführung von Neulingen in die Situation und ihr Thema.

sichtbaren und unsichtbaren Aspekten des Sinnes von Handlungen oder Darstellungen, das bei hoher Komplexität sehr verständlich ist, nicht innerhalb einer einzigen Interaktion erfüllt werden kann. Vielmehr komme es typisch zu einer Differenzierung in mindestens zwei Interaktionssysteme, die dann jeweils für sich wieder in undifferenzierter Weise öffentlich sind. Eben deshalb muß die Interaktion auf der Vorderbühne gegen die Interaktion auf der Hinterbühne differenziert werden.[44]
Dieser Differenzierungsdruck geht letztlich darauf zurück, daß es in Interaktionen nur jeweils eine Situationsdefinition geben kann. Das bedeutet nicht zuletzt, daß die mitunter erheblichen Unterschiede der persönlichen Nähe oder Vertrautheit, die unter den Anwesenden bestehen, in der Interaktion nicht gut dargestellt oder gar als Unterschiede gepflegt werden können. Vor allem größere Interaktionssysteme kommen nicht als kommunizierte Soziometrie zustande. Sie sind nicht das bloße Aggregat jener Zweierbeziehungen, die die Anwesenden außerhalb der Interaktion selektiv miteinander verbinden. Diese Zweierbeziehungen werden vielmehr für die Dauer der Zusammenkunft der Umwelt des Systems überlassen. Vor allem Paare können die Intimität, in der sie sonst miteinander verkehren, in Anwesenheit anderer nicht gut ausleben, ohne daß der Eindruck einer Fusion von Hinterbühne und Vorderbühne entsteht, der die Einheit von Situation und Stilvorgabe zerfallen läßt. Das mag den noch Liebenden als Zumutung erscheinen, während die schon Streitenden es als Unterbrechung ihres Streites genießen können.[45]

---

44 Vgl. dazu Erving Goffman, The Presentation of Self in Everyday Life, New York 1959, dtsch. Übersetzung Wir alle spielen Theater, München 1970. Der Unterschied liegt nicht zuletzt darin, daß die *Differenz* von Vorderbühne und Hinterbühne auf der Vorderbühne verleugnet werden muß, während sie auf der Hinterbühne zum Thema, ja zum Schema der Kommunikation selbst werden kann. Im Gegensatz zu klassischen Vorstellungen über »Öffentlichkeit« liegt das Reflexionszentrum also auf der exklusiven, nicht auf der inklusiven Seite der zu reflektierenden Unterscheidung.
45 Man sieht an dieser Überlegung noch einmal, warum Zweierbeziehungen nicht der Elementarfall von Sozialität sein können. Sie setzen Möglichkeiten der Absonderung und des Rückzugs aus größeren Interaktionen voraus, die nur in dem Maße entstehen, in dem die Gesellschaft komplex genug ist, Interaktionszusammenhänge entkoppeln zu können. Intimität ist denn auch eine moderne, Freundschaft eine alteuropäische Idee, und weder das eine noch das andere wird man in segmentären Gesellschaften realisiert finden.

Auch kann die größere Interaktion häufig nur entweder informal oder formal definiert werden – und dies nicht obwohl, sondern gerade weil man davon ausgehen muß, daß weder das eine noch das andere den beteiligten Personen und ihren Beziehungen völlig gerecht wird. So entstehen mehr oder minder artifizielle Lagen. Im einen Falle müssen auch etwaige Neulinge sogleich in die Informalität eingeschlossen werden, im anderen müssen die guten Beziehungen verleugnet werden. Hin und wieder können daher auch Unbekannte so wirken, als ob sie auf vertrautestem Fuß stünden. Und umgekehrt sagen hin und wieder auch diejenigen, die Du zueinander sagen, Sie zueinander, weil das soziale System sie als Träger unterschiedlichen Ranges oder unterschiedlicher Rollen und nicht etwa als alte Freunde in Anspruch nimmt.

Undifferenzierte Öffentlichkeit und undifferenzierte Inklusion – das heißt auch, daß die Interaktion die Anwesenden einfängt und sie für die Dauer der Zusammenkunft so gut wie vollständig absorbiert. So kommt eine Dichte und Ausweglosigkeit des Beobachtetwerdens zustande, zu der es in anderen sozialen Systemen keine Entsprechung gibt. Andere Systeme können diese Leistung, die immer zugleich auch eine Leistung der sozialen Kontrolle ist,[46] nur dadurch vollbringen, daß sie ihrerseits auf Interaktion zurückgreifen. Aber das ist kein voller Ersatz, denn die Interaktion ist ja in jedem Falle ein eigenes System und nicht einfach das passive Vollzugsorgan irgendeiner Zentrale.[47] Die Prämissen, unter denen die Zentrale die Interaktion plant, können unter Anwesenden zum Thema gemacht oder auch stillschweigend außer Kurs gesetzt werden: Auch Polizisten haben es gern, wenn man auf ihre Selbstdarstellung eingeht. So ist in der Interaktion eine eigentümliche Verdichtung von Sozialität

---

46 Auch Geser (a.a.O., S. 213) charakterisiert das undifferenzierte Sozialsystem durch eine nahezu bruchlose Einheit von Systemvollzug und Sozialkontrolle und hebt hervor, daß »aufwendige Verfahren der sozialen Kontrolle und Sanktionierung« unter diesen Umständen eingespart werden können.

47 Zentralistische Vorstellungen von Gesellschaft und Organisation gehen an dieser Eigenlogik der Interaktion vorbei. Das gilt auch für die Kritik daran, sofern sie die Prätentionen des Zentralismus beim Wort nimmt. Es gilt also auch für Foucault oder für jenen unermüdlichen Windmühlenkampf, den die Industriesoziologen gegen die jeweils neueste Gestalt technokratischer Kontrollimagination führen.

möglich, die strikt an diesen Systemtyp gebunden bleibt. Sie läßt sich auf anderen Ebenen der Systembildung nicht oder nur dadurch rekonstruieren, daß man zu diesem Zweck weitere Interaktionen einsetzt, deren Lenkbarkeit freilich durch die Ebenendifferenz stets auch gefährdet wird. Für Organisationen ist das ein bekanntes Problem. Für die Interaktion ist es eine Voraussetzung dafür, daß sie auch innerhalb von Organisationen als System mit eigenen Möglichkeiten und eigenen Grenzen erkennbar bleibt.[48]

V.

Aus demselben Grund hat man auch nicht die Möglichkeit, sich an der Interaktion oder an ihren Regeln zu versündigen und dies dann zu verbergen. Oder mit Goffman: Ein Verbrechen an der Interaktion kann man nur unter den Augen der Gefängniswärter begehen. Es gibt keine Zeitpuffer, die die Untat von ihrem Publikwerden oder von der Überführung des Täters abtrennen, und um so rascher muß daher entschieden werden, wie man sich dazu verhält. Dies verleiht den normativen Komponenten der Interaktionsordnung eine eigentümliche Evidenz, die den Abweichungsbereich einschließt. Andererseits gibt es auch keine Dunkelziffer und keine Möglichkeit, die Konformität des Verhaltens aus Unkenntnis der Abweichungsfrequenz in folgenreicher Weise zu überschätzen, so daß für die Evidenz jener Ordnung zugleich auch mit deren Labilität bezahlt werden muß.

Normative Erwartungen, die offensichtlich verletzt werden, verlieren, wenn nicht sofort protestiert wird, sogleich an Verbindlichkeit.[49] Schon der nur leicht verzögerte Protest findet eine völlig andere Situation vor. Noch stärker als die Undifferenziertheit innerhalb der normativen Ordnung, auf die es Goffman ankam,

---

48 Goffman hat diese Verselbständigung einer eigenen Interaktionsrealität gerade an den vorgeblich totalen Institutionen des Strafvollzugs und der Psychiatrie aufgedeckt. Vgl. dazu Asylums, Garden City N.Y. 1961, dtsch. Übersetzung Frankfurt 1973.
49 In einfachen Gesellschaften mit starker Interaktionsbindung und ohne ausdifferenziertes Rechtssystem scheint dies auch für normative Erwartungen zu gelten, die nicht nur zur Regelung von Interaktionen dienen.

beeindruckt daher ihre mangelnde Außenabgrenzung. Normative und kognitive Erwartungen liegen hier noch dicht beieinander, und häufig gehen sie ohne klare Zäsur ineinander über.[50] Selbst eine so zentrale Vorstellung wie die, daß man andere nicht unterbricht, fungiert als normative Erwartung und als Lernregel zugleich. Hat man sich einmal unterbrechen lassen, dann ist danach der andere am Zug. Man kann ihm nicht Minuten später das Wort mit der Begründung entziehen, er selbst habe es durch Unterbrechung eines anderen an sich gezogen. Rascher als irgendwo sonst wird hier der Rechtsbruch selber zur Institution. Die Weigerung, vom Verbrecher zu lernen, die in der entwickelten Rechtskultur keines größeren Systems fehlt, läßt sich in der Interaktion und mit Bezug auf das interaktionseigene »Recht« nicht sehr lange durchhalten. Eine schärfere Differenzierung zwischen normativen und kognitiven Erwartungen scheint einen weiteren Zeithorizont zu verlangen, als er in Interaktionen verfügbar ist. Sie entsteht daher erst in Gesellschaften, die sich von ihrer Interaktionsbasis lösen können, also erst mit dem Übergang zu Hochkulturen. Erst dann gibt es auch in der Interaktion normative Erwartungen, die als solche durchhaltbar sind, aber dies typisch auf der Grundlage interaktionsferner und doch sicher erwartbarer Unterstützung. Man kann sich gegen die Anwesenden auf eine abwesende Rechtsordung berufen, die einen in den eigenen normativen Erwartungen unterstützen wird. Solche Verweisungen wollen jedoch wohlüberlegt sein, da sie den Mechanismus der lokalen Kommunikation gleichsam unterlaufen: Den anderen wird bedeutet, daß es auf ihre Zustimmung im Grunde genommen nicht ankommt.[51]

Man darf die mangelnde Differenzierung von normativen und kognitiven Erwartungen nicht nur als Schwäche sehen. Eine solche Bewertung wäre vertretbar nur dann, wenn man strikt mit Bezug auf die Gesellschaft urteilen würde. Zunächst einmal sind normative und kognitive Erwartungen funktional äquivalente Strategien der Reaktion auf Erwartungsenttäuschungen. Die Ge-

---

50 Auch Geser (a.a.O., S. 217) betont die »Ambiguität« von Strukturen undifferenzierter Sozialsysteme.
51 Dazu gute Analysen bei Niklas Luhmann, Kommunikation über Recht in Interaktionssystemen, in: ders., Ausdifferenzierung des Rechts (a.a.O.), S. 53-73 (62f.).

sellschaft differenziert diese beiden Äquivalente so stark, daß sie dann nur noch zusammengenommen das Problem der allzu gewagten Strukturprojektion lösen können. Wissenschaft und Recht können einander nicht mehr ersetzen oder auch nur entlasten. In der Interaktion dagegen bleibt die ursprüngliche Äquivalenz vom kognitiven und normativen Erwarten erhalten. Hier entscheidet man häufig erst angesichts der Enttäuschung, ob man das Gegenteil normativ oder kognitiv erwartet haben will. So bleibt die Erwartungsordnung beweglich und situativ modifizierbar.

Es ist in der Soziologie und speziell in der Systemtheorie üblich, evolutionäre Errungenschaften und Sinndifferenzierungen als Folge von hoher Systemdifferenzierung zu deuten. Für die Interaktion als undifferenziertes Sozialsystem würde dies bedeuten, daß sie für solche Errungenschaften rein aus sich heraus gar keine Verwendung hat. Folglich müßte man eigentlich jede evolutionär folgenreiche Errungenschaft in einer Art von Umkehroptik auf die Interaktion beziehen und so zeigen können, daß und warum Systeme dieses Typs zunächst einmal auch ohne die dadurch bezeichneten Differenzierungen auskommen.[52] Die mangelnde Differenzierung der beiden Sinnformen des normativen und des kognitiven Erwartens ist dafür ein Beispiel. Auch auf die kontrastlose, weder von Geheimnis noch von Privatheit sich abgrenzende Form von Interaktionsöffentlichkeit hatten wir schon verwiesen. Weitere Beispiele dieser Art lassen sich, hat man das Prinzip ihrer Erzeugung erst einmal erkannt, leicht hinzufügen. So sind undifferenzierte Systeme normalerweise nicht in der Lage, *den Sinn des Handelns zu kollektivieren*. Sie bestehen zwar aus Handlungen, müssen diese aber auf die beteiligten Personen zurechnen. Eine Zurechnung ausgewählter und besonders markierter Einzelhandlungen auf das soziale System selbst, wie sie für Organisationen oder politisch konstituierte Gesellschaften möglich ist, in denen eine zur Umwelt hin rechenschaftspflichtige Spitze für integriertes Außenhandeln ausdifferenziert werden kann, findet in der Interaktion wenig Anhaltspunkte. Läßt

---

52 Theorietechnisch gesehen ist damit eine *Zurechnungsregel* formuliert, die es gestattet, an der einzelnen Interaktion dasjenige, was sie sich selber verdankt, von demjenigen zu unterscheiden, was erst durch Teilhabe an größeren und differenzierteren Systemen erreicht werden kann.

derjenige, der in der Schlange vorne steht, einen Hinzutretenden vor, dann ist keineswegs sicher, daß dadurch auch das Interaktionssystem der Schlange sich gebunden fühlt. Aus demselben Grund fällt es schwer, rein aus der Interaktion heraus jene kollektive Handlungsfähigkeit zu mobilisieren, die nötig wäre, um gewaltsame Angriffe gegen einzelne Anwesenden zu entmutigen. Der komplementäre Vorteil dieser Unfähigkeit liegt darin, daß alles Handeln individuell zurechenbar bleibt.

Da die Interaktion kein einheitlich zurechenbares Außenhandeln vorsieht, benötigt sie auch nach innen hin keine Hierarchie. Die Möglichkeiten für *Rangdifferenzierung* sind dementsprechend begrenzt. Die lokale Prominenz der Anwesenden hängt ab von ihrer Stellung zum Zentrum der Aufmerksamkeit. Jeder Sprecherwechsel bedeutet eine Neuverteilung. Zwar kann man gelegentlich beobachten, daß die knappe Ressource der Redezeit so etwas wie Rangkämpfe auslöst, und einige mögen sich dabei stärker hervortun als andere oder durch das Thema begünstigt werden. Aber das hat kaum strukturelle Effekte, und oft reicht schon ein Wechsel des Themas, um Anwartschaften auf Prominenz neu zu verteilen. »Häufiger Themenwechsel« – das war denn auch der Ratschlag, mit dem man in der geselligen Interaktion dem Entstehen von Rangdifferenzen entgegenzuwirken versuchte. Umgekehrt hat die externe Vorgabe des Interaktionsthemas durch Organisation den Effekt, diesen Mechanismus zu ruinieren. In Seminarinteraktionen, aber auch in anderen diskutierenden Gruppen, die ihr Thema nicht ohne weiteres wechseln können, kommt es folglich auch bei stark egalitärer Ideologie so gut wie automatisch zu jener von Luhmann formulierten Erfahrung, »daß wenige viel und viele wenig reden – eine quasi natürliche Entwicklung, die, wenn überhaupt, nur durch Führung« – also nur durch Ausnutzung einer gleichfalls vorgegebenen Rangdifferenz – »korrigiert werden kann«.[53]

Aus der Kleingruppenforschung, die ja häufig nicht Gruppen als vielmehr einmal ablaufende Interaktionssysteme erforscht hatte, weiß man außerdem, daß auch die Möglichkeiten einer interaktionseigenen *Rollendifferenzierung* sich nicht sehr weit entwickeln können.[54] Und selbst die vorgegebene Rollendifferenzie-

---

53 Vgl. Luhmann, Soziale Systeme (a. a. O.), S. 565.
54 Siehe hierfür die zahlreichen Belege bei Geser, a. a. O.

rung gerät, da sie nicht interaktionsspezifisch genug konzipiert und als Struktur der Gesellschaft nicht auf gerade dieses Interaktionssystem eingestellt sein kann, sehr leicht durcheinander. Vor allem in Krisensituationen – nach Peinlichkeiten zum Beispiel, aber auch nach längeren Gesprächspausen oder wenn einer der Anwesenden dabei ist, die Fassung zu verlieren – stellt eine Art von undifferenzierter Hilfsbereitschaft sich ein, die alle Anwesenden von ihren vorgegebenen Rollen distanziert.[55] Man sieht an diesem Beispiel, daß auch eine Internalisierung von Gesellschaftsstrukturen durch die Interaktion deren Re-Externalisierung nicht ausschließt. Die Gesellschaft wird in der Interaktion beachtet oder nicht beachtet – je nachdem, was die Interaktion selbst suggeriert.

Solche Kollektivphänomene zeigen übrigens auch, daß es in kleinen und undifferenzierten Systemen keine Isolierung von *Störungen* gibt.[56] Um so leichter ist es für differenzierte Systeme, Störungen innerhalb der Einzelinteraktion zu isolieren. Sie können sogar deren Zerstörung in Kauf nehmen, sofern nur sichergestellt ist, daß dies nicht auch die eigenen Strukturen in Mitleidenschaft zieht oder wichtige Umweltbeziehungen des Großsystems unterbricht. Die unentwegte Störung der Schulstunden bringt nicht sogleich auch die Schulorganisation oder gar das Erziehungssystem der modernen Gesellschaft in Gefahr, obwohl hier doch die Quelle aller Zumutungen liegt, und auch die Störung von Vorlesungen an Universitäten hat selten einen darüber

---

55 Erving Goffman hat dies in fast jeder seiner Publikationen hervorgehoben. Siehe auch den Erfahrungsbericht aus der Gerichtsinteraktion bei Niklas Luhmann, Legitimation durch Verfahren, 2. Auflage, Frankfurt 1975, S. 93: »Der Verfasser hat verschiedentlich erlebt, daß in solchen Fällen, wenn eine Darstellung aus Verlegenheit oder Verwirrung auszufallen droht (genaugenommen: zur Darstellung von Nichtdarstellung zu werden droht), zunächst die Richter die Strenge des Zeremoniells mildern, menschlich zureden oder gar den Überblick über die Konsequenzen des Verfahrens zu erleichtern suchen; daß aber darüber hinaus auch die anderen Beteiligten ungeachtet ihrer jeweiligen Ziele und Interessen sich genötigt fühlen, durch Takt oder sonstige Hilfen etwas dafür zu tun, daß das System in Gang bleibt und daß es wenigstens zu einer Darstellung kommt.« Und Luhmann fügt hinzu: »Anwälte, welche die Verlegenheit von Zeugen oder Parteien ausnutzen oder steigern, operieren in ihrem vermeintlichen Interesse gegen das System, das ihr Interesse verwirklichen soll, und können sich im ganzen dadurch mehr schaden als nützen.«
56 So auch Geser, a.a.O., S. 220.

hinausreichenden Effekt (auch wenn man zur Legitimation dieser Störungen natürlich vom Gegenteil ausgehen muß). Dieses Abschieben von Störpotentialen in die Einzelinteraktion setzt freilich eine ausreichende Differenzierung von Interaktion, Organisation und Gesellschaft voraus. Schule und Erziehung dürfen nicht selber als bloßer Interaktionszusammenhang existieren, denn dann würde die Störung durchschlagen, und nicht einmal der reibungslose Austausch störender oder gestörter durch andere Personen könnte vollzogen werden.

Es ist nur ein Sonderfall dieser allgemeinen Einsicht, daß auch die Störung und Irritation durch *Konflikte* in der Interaktion nicht isoliert werden kann. Große und differenzierte Sozialsysteme sind dadurch gekennzeichnet, daß sie Konflikte einschließen können, ohne selbst zum Konflikt zu werden. Es gibt immer auch unbeteiligte Dritte, die den Konflikt ohne Interesse und ohne eigene Parteinahme an sich vorbeigehen lassen. Die Streitenden mögen sich bemühen, diese Indifferenz zu durchbrechen und auch die Unbeteiligten für den Konflikt zu interessieren. Aber das gelingt nur für wenige Konflikte und nur bei Unterstützung durch semantische Indikatoren, die eine allgemeine Relevanz des Themas erkennen lassen. In der Interaktion ist das genau umgekehrt. Hier ist die Erhaltung von Positionen der Indifferenz und nicht ihre Durchbrechung das eigentliche Problem. Normalerweise wird die Interaktion, wenn in ihr ein Konflikt entsteht, davon sofort und vollständig absorbiert: »Interaktionssysteme können offene Konflikte schlecht nebenherlaufen lassen, denn dazu sind sie nicht komplex genug. Sie haben nur die Wahl, Konflikte zu vermeiden oder Konflikte zu sein.«[57]

Auch hier gilt übrigens, daß erst eine komplexere Sozialordnung mit stärkerer Differerenzierung von Gesellschaft und Interaktion es gestattet, den Konflikt unter Anwesenden nicht nur zu unterdrücken (da seine Zulassung sogleich die Gesellschaft erfassen und polarisieren würde), sondern ihn ausdrücklich zu ermutigen, um so den Selektionsbereich für gesellschaftlich wichtige Kon-

---

[57] So die Feststellung bei Luhmann, Interaktion, Organisation, Gesellschaft (a.a.O.), S. 17; siehe auch Geser, a.a.O., S. 221 ff., der auf die interaktionsmoralischen Korrelate dieser geringen Konflikttoleranz eingeht. Belohnt wird Nachgiebigkeit und nicht etwa Konfliktfreude, Verständigungsbereitschaft und nicht etwa der Rückzug auf den Rechtsstandpunkt.

flikte zu verbreitern. Neben die alten Interaktionstugenden der Kompromißbereitschaft und Nachgiebigkeit treten dann Ideale wie Zivilcourage oder »kritisches Denken«, die gerade eine Haltung der Indifferenz gegenüber dem Schicksal der Einzelinteraktion legitimieren. Der penetrante Neinsager, wie immer er für die Interaktion zum Problem wird, erfüllt eine gesellschaftliche Funktion, und wenn die semantische Unterstützung, die er allein schon darum erhält, für bestimmte Themenbereiche nicht ausreicht, dann bilden sich in der Gesellschaft Protestbewegungen, die weitere Legitimationen und weitere Motive hinzufügen.

Eine weitere Folge von Undifferenziertheit besteht in der Kompaktheit der Verknüpfung von *Information, Mitteilung und Verstehen*. Diese drei Beiträge zur Emergenz von Kommunikation können nicht auseinandergezogen werden. Vor allem kann das Verstehen der mitgeteilten Information sich nicht sehr viel Zeit nehmen, ohne daß es zu Störungen kommt, und daher kann auch die Entscheidung über Annahme oder Ablehnung der Kommunikation nicht einfach vertagt werden.[58] Das ist so selbstverständlich, daß man den expliziten Vergleich mit schriftlicher Kommunikation benötigt, um dies überhaupt zu bemerken. Erst die Schrift trennt den Zusammenhang von Information und Mitteilung, den der Adressat unter Kontrolle hat, vom Verstehen und damit auch von der Entscheidung über Annahme oder Ablehnung, indem sie beides zeitlich und sozial auseinanderzieht.[59]

Ferner kann auch die *Differenzierung der evolutionären Mechanismen der Variation, der Selektion und der Restabilisierung* in der

---

58 Daß man *über* Verständnisprobleme und *über* den Zeitbedarf einer Antwort auch unter Anwesenden kommunizieren kann, soll damit natürlich nicht bestritten sein. Aber mindestens *diese* Metakommunikation muß als Kommunikation dann sofort verständlich und sofort beantwortbar sein.
59 Hier liegt denn auch der Ausgangspunkt für eine Soziologie der Schrift. Siehe als einen frühen und heute kaum noch gelesenen Beitrag dazu David Riesman, The Oral Tradition, the Written Word and the Screen Image, Yellow Springs Ohio 1956, zitiert nach der dtsch. Übersetzung in: ders., Wohlstand wofür?, Frankfurt 1973, S. 69-107 (73): »Mit dem Buch halten Distanzierung und eine kritische Einsicht ihren Einzug, die in einer auf das gesprochene Wort angewiesenen Gesellschaft nicht möglich ist. Wir überdenken gelegentlich eine Rede noch einmal, aber wir können sie nicht von vorne nach hinten oder von hinten nach vorne hören, wie wir ein Buch lesen – das heißt der Schreibende kann in einer Weise nachgeprüft werden, die beim Redner (...) nicht möglich ist.«

Interaktion nicht entfaltet werden. Daß der strukturelle Wandel auf der Ebene des Gesellschaftssystems und seiner Teilsysteme nach Auskunft der Systemtheorie durch Trennung und selektive Reintegration dieser Mechanismen ermöglicht wird und insofern in der Form von Evolution abläuft, ist bekannt und muß hier nicht nochmals erläutert werden.[60] Aber auch über eine Evolutionstheorie des Strukturwandels von Organisationen wird bereits diskutiert. Für die Interaktion kann man die Möglichkeit einer solchen Differenzierung definitiv ausschließen. Man wird hier Variationen nicht unabhängig von Selektionschancen vorschlagen und umgekehrt Selektionen nicht so lange aufschieben, daß in der Zwischenzeit neuartige Selektionskriterien hinzutreten können, an die im Variationskontext selbst noch gar nicht gedacht war. Auch wird man positive oder negative Selektionen nicht ohne Rücksicht auf Stabilisierbarkeit, nämlich nicht ohne Rücksicht auf Fortsetzbarkeit des Kontaktes durchführen können. Das bedeutet auch, daß man Interaktionen im Rahmen einer Evolutionstheorie der Gesellschaft nur dann systematisch berücksichtigen kann, wenn man sie auf einen dieser Mechanismen festlegt. Und das kann dann wohl nur der Mechanismus der Variation sein.[61] Die Prüfoperationen, die für Selektion erforderlich sind, lassen sich schon aufgrund ihrer Komplexität nicht auf eine Interaktion zusammenziehen. Und die Stabilität der Gesellschaft läßt sich nicht mehr an der Stabilität einzelner Interaktionen oder Interaktionszusammenhänge bemessen. Die damit abgeschlossene Analyse der Interaktion als undifferenziertes Sozialsystem schließt es nicht aus, daß die Interaktion evolutionäre Errungenschaften, die zunächst auf der Ebene der Gesellschaft und zur Ordnung von deren Komplexität institutionalisiert wurden, auch in sich selbst zu berücksichtigen sucht. Rangdifferenzierungen und Rollendifferenzierungen wären Beispiele dafür. Aber sie macht deutlich, daß die entsprechenden Strukturen sich nicht eigentlich dem Systemcharakter der Interaktion, sondern ihrer Gesellschaftlichkeit verdanken.[62] Und sie legt

60 Vgl. nur Niklas Luhmann, Die Gesellschaft der Gesellschaft, Frankfurt 1997, S. 413 ff.
61 So auch die These bei Luhmann, Soziale Systeme (a. a. O.), S. 575.
62 Siehe dazu Luhmann, Soziale Systeme (a. a. O.), S. 574. Luhmann meint, daß diejenigen Abstraktionen, die der Gesellschaft entstammen, in der Interaktion nicht disponibel sind. Daran ist so viel richtig, daß das Schicksal der gesellschaftlichen Abstraktionen nicht von der konkreten Geschichte ihrer Verwendung

die Hypothese nahe, daß jede Verwendung solcher Strukturen ein laufendes Übergehen anderer, aber interaktionseigener Möglichkeiten der Fortsetzung des Kontaktes erzwingt und insofern dann gerade innerhalb der Interaktion problematisch werden oder als Fremdkörper erkennbar sein kann.[63] Nicht ohne Grund hatte man die gesellige Interaktion, die alle Differenzen des Ranges wie auch der Rollen zu neutralisieren versucht, zur Perfektionsform von Interaktion, ja von Sozialität schlechthin stilisiert.

VI.

Abschließend wollen wir festhalten, daß die Undifferenziertheit von Interaktionssystemen auch deren Verhältnis zur wissenschaftlichen Analyse – und insofern uns selbst betrifft. Große und differenzierte Sozialsysteme können in sich selbst Teilsysteme ausdifferenzieren, die sich auf eine Beschreibung des Systems konzentrieren. Das System enthält dann zusätzlich zur Komplexität all dessen, was sonst noch vorkommt, auch noch eine oder mehrere Beschreibungen, mit denen es die Einheit dieser Komplexität zu fassen versucht. Es enthält also *Begriffe*, die es auf sich selbst und dann vielleicht auch auf anderes anwenden kann. Alle wichtigen Begriffe, über welche die Tradition verfügt, verdanken sich solchen Teilsystemen mit Reflexionsfunktion für das Gesamtsystem. Das gilt auch und gerade für den Systembegriff selbst. Nur solche Systeme, die reflektierende Teilsysteme enthalten, können sich selbst und dann vielleicht auch andere Einheiten in ihrer Umwelt mit Hilfe eines Systembegriffs analysieren. In einer Gesellschaft, die sehr verschiedene Sozialsysteme dieser Art enthält, mag es dann immer noch unklar sein, was man unter einem System zu verstehen hat. Die Jurisprudenz verwendet zur

---

innerhalb der einzelnen Interaktion abhängig ist. Aber eben deshalb hat die Interaktion auch die Freiheit, Abstraktionen dieser Art einzuschalten und auszuschalten je nachdem, ob sie sich in der Ordnung des konkreten Kontaktes bewähren oder nicht bewähren.

63 Für Organisationen weiß man seit langem, daß die Zumutung einer laufenden Orientierung an den Unterschieden des Ranges und der Rollenzuständigkeit die Möglichkeit einer davon sich distanzierenden Interaktion keineswegs ausschließen, sondern nur in besonder Weise kanalisieren kann.

Beschreibung ihres eigenen Systems einen anderen Begriff als etwa die Wissenschaft. Aber auch die Juristen sind nicht einfach nur irritiert, wenn ein Wissenschaftler ihren Arbeitszusammenhang als System bezeichnet.

Interaktionen dagegen können keine Teilsysteme, also auch keine Teilsysteme für Reflexionsleistungen ausdifferenzieren. Die Perspektiven werden durch Zeitdruck sowie durch die Rücksicht auf laufend wechselnde Plausibilitäten bestimmt. Die reflektierende Rückfrage nach Sinn und Zweck der Zusammenkunft ist dadurch nicht ausgeschlossen, wird aber ihrerseits durch Zeitdruck und Plausibilität so konkret an die Situation zurückgebunden, daß wenig Spielraum besteht. Reflexion tritt nur punktuell in Erscheinung und gewinnt keine nennenswerte Autonomie gegenüber den basalen Prozessen der Reproduktion des Systems. Daher ist die Interaktion ein System, das zur Beschreibung seiner selbst keine Begriffe und folglich auch keine Systembegriffe heranziehen kann. Das schließt eine an diesen Begriff gebundene Beschreibung der Interaktion natürlich nicht aus, macht sie aber mehr als irgendwo sonst zu einer Leistung, die *nur in anderen Systemen* erzeugt werden kann und daher wenig Chancen hat, von dort aus in die Interaktion selbst einzutreten.

Kapitel 3
Bestimmung der Systemgrenzen

I.

Es versteht sich im Alltag von selbst (und muß eben deshalb im hier anstehenden Kontext noch einmal ganz explizit formuliert werden), daß Interaktionen über eigene *Grenzen* verfügen. Sie schließen nicht alles ein, auch nicht alles Soziale, sondern nur eine hochselektive Auswahl daraus. Sie sind nicht schlechthin inklusiv, so wie die Welt es ist, und auch nicht sozial inklusiv wie die Gesellschaft. Immer gibt es daher, wenn Interaktion läuft, auch noch etwas anderes, das man nicht aus der Welt und nicht aus der Gesellschaft, wohl aber aus der gerade laufenden Interaktion ausschließen muß. Die Gesichtspunkte eines Beobachters, der über Zugehörigkeit zur Welt oder zur Gesellschaft entscheiden will, sind insofern für die Interaktion noch nicht instruktiv genug. Sie schließen zu viel ein und zu wenig aus. Die Interaktion braucht daher *eigene* Grenzen.[1]

Da man aber in umgekehrter Blickrichtung die Interaktion nicht gut aus der Gesellschaft (oder gar: aus der Welt) ausschließen kann, entsteht mit den Grenzen ihres Systems immer zugleich so etwas wie Distanzierung von der Gesellschaft in der Gesellschaft. Das innerhalb der Soziologie viel diskutierte Phänomen der expressiven Distanzierung von den gesellschaftlichen Rollen, nach

---

1 Innerhalb dieser Grenzen kann man dann immer noch über Gott und die Welt reden – aber dies nur nach einer Logik, die diesseits der Grenze von der Interaktion, jenseits der Grenze von der Gesellschaft abhängt – und deren Rekonstruktion jede Theologie und jede Kosmologie überfordern würde. Eine Klärung dieser Logik wird denn im allgemeinen eher von der Soziologie erwartet. Und in der Tat: Welche andere Disziplin sollte sagen oder auch nur fragen können, warum Gott seit der Erfindung des Alphabets nicht mehr als Sprecher, sondern nur noch als Thema, über das andere kommunizieren, in die Interaktion eingehen kann oder warum er seit der Erfindung des Buchdrucks auch diese Möglichkeit zunehmend einbüßt? Siehe dazu Niklas Luhmann, Läßt unsere Gesellschaft Kommunikation mit Gott zu?, in: ders., Soziologische Aufklärung 4: Beiträge zur funktionalen Differenzierung der Gesellschaft, Opladen 1987, S. 227-236.

deren Ordnung die Personen in die Interaktion eintreten, ist dafür nur ein Beispiel neben sehr vielen anderen.[2] Anhand von Interaktionsgrenzen wird die Gesellschaft einer Art von Detotalisierung unterzogen. Sie zerfällt in sich selbst entlang der Differenz von Anwesenden und Abwesenden, die die Interaktion in sie einschreibt, und muß dann um so mehr darauf bestehen, daß die für sie wichtigen Strukturen in der Lage sind, diesen laufenden Zerfall unbeschadet zu überstehen. Gesellschaftsstrukturen müssen interaktionsindifferent konstituiert sein.[3]

Die Grenzen der Interaktion haben, so wie alle Systemgrenzen, einen doppelten Effekt.[4] Sie erzeugen nach außen hin sehr hohe Schwellen der Indifferenz, die fast alles andere fernhalten und ausschließen, wie immer wichtig es für Dritte in diesem Moment oder für die Beteiligten vor der Interaktion oder nach der Interaktion sein mag. Nach innen hin dagegen, aber auch mit Bezug auf die anwesende Nahumwelt, entsteht wie im Austausch dafür eine hochverfeinerte Sensibilität, die dann beispielsweise nicht nur die Kommunikation, sondern auch das sonstige Körperver-

---

2 Auch von den Programmen großer Organisationen kann man sich unter Anwesenden distanzieren. Die Anwesenheit von Nichtmitgliedern der Organisation, die ohnehin nicht in der gleichen Weise verpflichtet sind, mag dafür ein Anlaß sein. Aber auch unter Mitgliedern spielt dieses Phänomen der Programmdistanz sich ein. Denn einerseits eignen sich keineswegs alle Programme der Organisation auch für Durchführung in der Interaktion. Andererseits läßt jede Interaktion immer auch Möglichkeiten erkennen, die man nur auf Kosten des Programms realisieren kann. Und selbst zu den Codes der großen Funktionssysteme können die Anwesenden auf Distanz gehen. Der Begriff der »Rollendistanz« (Goffman) läßt sich also generalisieren und auch auf Programme und auch auf Codes anwenden. Wir kommen darauf zurück.
3 So fordert die Moral der Gesellschaft (um hier nur dieses eine Beispiel zu nennen), daß man anwesende und abwesende Personen nach den gleichen Bedingungen achten bzw. mißachten soll. Die Differenz zwischen Anwesenheit oder Abwesenheit einer Person wird als moralisch neutral interpretiert. Daß diese Forderung in der Interaktion laufend verletzt wird, sieht man schon am Klatsch, der gerade die Abwesenheit seiner Objekte ausnutzt, um moralische Urteile zu formulieren, die man in ihrer Anwesenheit nicht wagen oder nicht durchhalten würde. Außerdem ist der Ausdruck von Achtung und Mißachtung in der Interaktion so konkret von deren eigenen Problemen abhängig, daß man ihn nicht gut als Anwendung der gesellschaftlichen Achtungsprogramme wird auffassen können.
4 Vgl. dazu Niklas Luhmann, Soziale Systeme: Grundriß einer allgemeinen Thertorie, Frankfurt 1984, S. 51 ff., 177 ff.

halten der Anwesenden ernst nehmen und als positiven oder negativen Beitrag zum Fortgang der Kommunikation würdigen kann. Fast alles, was sonst noch vorkommt, ist also für die Interaktion irrelevant, aber eben darum kann man dann auch verlangen, daß die Anwesenden sich füreinander und für das soziale System der Interaktion interessieren. Erst die Ignoranz gegenüber fast allem anderen ermöglicht die Nichtignoranz für das, was als Kommunikation unter Anwesenden abläuft.[5]

Zunächst wird man sich diese Grenzen der Interaktion mit Blick auf den Wahrnehmungsraum sowie auf die dort sichtbaren Menschen vorstellen wollen. Diese Vorstellung hat den Nachteil, so etwas wie die spontane Konvergenz von physischer Präsenz und sozialer Anwesenheit zu suggerieren – und dadurch von weiteren Fragen abzulenken. Wir müssen nicht ausschließen, daß es solche Fälle gibt, und wir werden uns um ihre Rekonstruktion noch bemühen. Theoretisch ergiebiger ist jedoch eine zweite Fallgruppe, in der diese beiden Kriterien der Präsenz und der Anwesenheit divergieren. Denn erst an dieser Fallgruppe wird das *allgemeine* Erfordernis einer selektiven Bestimmung der Systemgrenze deutlich. Es versteht sich durchaus nicht von selbst, daß die Interaktion alle füreinander wahrnehmbaren Menschen und nur diese einschließt. Diener zum Beispiel können durch ihre Herren und deren Besucher als abwesend behandelt werden, auch wenn sie

---

5 Siehe dazu das Krisenexperiment von Daniel M. Geller et al., On Being Ignored: The Effects of Violation of Implicit Rules of Social Interaction, in: Sociometry 37 (1974), S. 541-556. Die Untersuchung zeigt im Nebenertrag, daß ein *buchstäbliches* Ignorieren von Anwesenden, nämlich der Verzicht auf jede Art von kommunikativem Anschluß an ihre Beiträge, nicht möglich ist. Eine erste Reihe von Versuchen, in denen die beiden Eingeweihten gegenüber dem Arglosen genau dies versucht hatten, schlug fehl: Der Arglose hatte nicht den Eindruck, daß man ihn ignoriere, sondern daß er es mit einer ziemlich bizarren Situation zu tun habe. In einer revidierten Fassung des Experiments hat man es dann mit subtileren Techniken versucht (und erst das hatte den gewünschten Erfolg): aufmunternde Blicke wurden zurückgehalten; Beiträge nur einsilbig kommentiert; Ansprüche auf Zugang zur Rolle des Sprechers zwar als Anspruch registriert, dann aber nicht ernst genommen oder durch häufige Unterbrechung offen mißachtet; Themen ohne Rücksicht auf schon mitgeteilte Interessen und Fähigkeiten des Betroffenen gewählt und gewechselt; Ideen, die er eingebracht hatte, so aufgegriffen, als wären die anderen von sich aus darauf gekommen. Wichtigstes Ergebnis: dramatischer und irreversibler Rückgang der Beteiligungsquote des Opfers schon innerhalb der ersten (!) Minute.

sich im selben Zimmer aufhalten, Taxifahrer durch die Interaktion unter den Fahrgästen auch dann, wenn sie unmittelbar vor einem sitzen. Es gibt also *Ausgrenzung und Exklusion trotz kontinuierlicher Präsenz*. Aber auch der umgekehrte Fall der *Inklusion trotz diskontinuierlicher Präsenz* ist weit verbreitet: Wer zwischendurch kurz mal austreten muß, der kann in der Interaktion trotzdem als anwesend behandelt werden. Man verzichtet dann darauf, Themen zu behandeln, die bei gesicherter Abwesenheit der Person eigentlich nahelägen: zum Beispiel sie selbst oder ihr merkwürdiges Betragen wenige Minuten zuvor. Auch wird, wer sich schon einmal ausdrücklich verabschiedet hat und danach noch einmal zurückkommt, zum Beispiel weil er etwas vergessen hat, nicht selten den Eindruck einer unklaren Situation gewinnen, die ihn weder einschließen noch ausschließen kann und durch genau diese Ambivalenz strukturiert ist. Man sieht daran nicht zuletzt, daß es im Sinn der *Institution des Abschieds* liegt, Fragen der Inklusion oder Exklusion zu schematisieren und dadurch entscheidbar zu machen. Dasselbe gilt natürlich in umgekehrter Hinsicht für Begrüßungen, Eröffnungen einer Sitzung und ähnliches mehr.

Solche Hinweise mögen als überflüssige Sorgfalt in der Festlegung von Begriffen erscheinen. Andererseits wird in dieser Perspektive auf Selbstabgrenzung der Interaktion sofort verständlich, warum es externen Zugriffen so schwerfällt, sich abzeichnende Ausgrenzungstendenzen auf der Ebene der Interaktion zu korrigieren. Man mag hier an Lehrer denken, die ihre Schüler mit Unterstützung durch die Schulorganisation dazu ermuntern, den Außenseiter der Klasse in den Pausen nicht länger zu meiden. Oder an Gerichte, die erfolgreich operieren, wenn es um Zugang von Frauen zur Militärorganisation geht, und dann doch erfolglos bleiben, weil die kollegiale Interaktion unter den Männern ihre eigenen Grenzen selber bestimmt. Aber nicht nur das jeweils inklusivere Sozialsystem, auch die Individuen selbst können sich erfolglos um Inklusion bemühen. Die Bemühung mag gerade als Sichtbarkeit der Bemühung das Nichtselbstverständliche ihres Erfolges hervorheben und so gegen die Absicht wirken.

Die Systemgrenzen der Interaktion sind also ein Datum weder der Physik noch des Bewußtseins, sondern eine soziale Konstruktion. Folglich muß ein Beobachter, der wissen will, wer in einer bestimmten Interaktion anwesend ist und wer nicht, die Kommunikation beobachten und nicht etwa die Körper oder das Bewußtsein von Menschen. Hat man dies einmal eingesehen, dann kann man sich auch von der Orientierung an instruktiven Grenzfällen ablösen. Es mag durchaus sein, daß allein schon die körperliche Präsenz von Menschen oder ihre sichtbare Bereitschaft zur Mitwirkung ausreicht, um ihre Anwesenheit im System zu konstituieren. Der Begriff einer selbstdefinierten Systemgrenze ist keineswegs unvereinbar mit der Beobachtung, daß es so etwas gibt. Aber er würde besagen, daß auch dies entweder als Inklusionsregel im sozialen System der Interaktion selbst funktioniert – oder daß es sich gar nicht um Inklusion handelt, sondern um eine sozial resonanzlose Privatmeinung oder um eine Verdinglichung wissenschaftlicher Begriffe. Die Interaktion kann eigene Ansprüche an die Konstitution von Zugehörigkeit herunterschrauben. Sie kann ihre eigenen Systemgrenzen als Raumgrenzen symbolisieren mit der Folge, daß jedes Betreten des Raumes zur Inklusion führt.[6] Aber auch um so etwas festzustellen, muß man die Kommunikation beobachten.[7]

Folglich muß man davon ausgehen, daß die Anwesenheit und also auch Abwesenheit von Personen erst durch Kommunikationsprozesse konstituiert wird. Die Anwesenheit der Anwesenden ist selber schon ein Erzeugnis der Interaktion und nicht etwa eine Vorgabe, an die sie anzuschließen hätte mit der einzigen Möglichkeit, Fehler zu machen, die ein externer Beobachter dann korrigieren könnte. Wenn die Interaktion sich bevorzugt an Anwesenden orientiert, dann orientiert sie sich an einem Resultat

---

[6] Das setzt häufig eine gut funktionierende Kontrolle des Zugangs zum Wahrnehmungsraum und an dessen Grenzen dann weitere Interaktionen voraus.

[7] Die Behandlung von Kindern ist dafür ein interessantes Beispiel, das überdies deutliche Änderungen in der Interaktionsplausibilität solcher Eingrenzungen und Ausgrenzungen belegt. Früher konnten die Kinder, »wenn die Erwachsenen sich unterhalten«, als abwesend behandelt werden. Heute gilt ihre Behandlung als anwesend auch dann als normal, wenn die Interaktion dadurch laufend unterbrochen und von ihrem eigentlichen Thema abgelenkt wird; oder man reagiert, dies antizipierend, mit Vorweganpassungen des Themas an Fassungsvermögen und unterstellte Interessenrichtung der Kinder. Gespräche unter Erwachsenen können dann nur noch bei physischer Absenz der Kinder geführt werden. Daß die Zubettgehzeiten unter diesen Umständen vorrücken, ist leicht zu verstehen.

ihrer eigenen Operationen. Der Zusammenhang von Interaktion und Anwesenheit von Personen ist mithin rekursiv gebaut, und wenn wir im folgenden von Kommunikation unter Anwesenden sprechen, dann ist dies immer mitzuhören. Die Rede von den Anwesenden dient uns nicht dazu, Fragen letzter Kausalität oder Verantwortung zu klären. Sie dient auch nicht dazu, einen analytischen Rückfall auf den Menschen oder das Subjekt zu begehen und semantische Artefakte dieses Typs so zu behandeln, als hätte man darin ein Fundament für die Verallgemeinerungen der Sozialtheorie. »Kommunikation unter Anwesenden« – das ist eigentlich nur eine zu Verständigungszwecken ersonnene Kurzformel für den Sachverhalt, *daß es sich um Kommunikationen handelt, bei denen mitkommuniziert wird, daß es sich um Kommunikation unter Anwesenden handelt*. Die Referenz auf Anwesende ist also letztlich nur die umgeleitete Selbstreferenz der Kommunikation und nicht etwa ein Externum, an dem sie einen von ihr selbst unabhängigen Außenhalt fände.

Aber nicht nur von den vorsozialen Gegebenheiten der Körper und des Bewußtseins, auch von den gesellschaftlichen Konventionen muß man die Grenzen der Interaktion unterscheiden. Selbstverständlich gibt es gesellschaftliche Konventionen, die dazu beitragen, Anwesende von Abwesenden zu unterscheiden. Die schon einmal erwähnte Exklusion der Diener und der Taxifahrer wäre dafür ein Beispiel.[8] Aber auch von solchen Konventionen kann man abweichen, und gerade dabei ist dann die *Eigenleistung* der Interaktion um so mehr gefragt. Die Gesellschaft kann Kommunikationen dieser Art nur als abweichend markieren und dadurch mit Schwierigkeiten der Darstellung oder der Rechtfertigung belasten. Aber auch abweichende Kommunikation ist, wenn sie zustande kommt, Kommunikation. Und auch

---

8 Die eine Exklusion beruht auf der Schichtung der Gesellschaft und stellt sicher, daß man innerhalb des Hauses nicht nur über Schichtgrenzen hinweglaufende, sondern auch reine Oberschichteninteraktion durchführen kann, und zwar auch bei einer in dieser Hinsicht ambivalenten Wahrnehmungslage. Die andere Exklusion beruht auf spezifischen Rollen und ist eine eher ungewöhnliche Erscheinung in einer Gesellschaft, die keine Herren und eben darum auch keine Diener mehr toleriert, sondern allenfalls, aber auch dies nur im Rahmen von Organisation, Vorgesetzte und Untergebene - wobei zu beachten ist, daß die Vorgesetzten die Untergebenen, nicht aber die Untergebenen die Vorgesetzten als »Mitarbeiter« bezeichnen dürfen.

insofern können Grenzfragen der Interaktion nur durch sie selbst entschieden werden.

Das macht gesellschaftliche Konventionen über mögliche Anwesenheit nicht entbehrlich. Auch die Klärungsleistungen der Wahrnehmung selbst wirken weiterhin mit. Aber die Interaktion besitzt zugleich eine Art von systemischer Autonomie gegenüber diesen Identifikationshilfen. Und sie kann sich, sofern dies nur kommuniziert werden kann, sehr wohl auch über dasjenige hinwegsetzen, was Konvention oder wahrgenommene Körperlichkeit suggerieren. So hat derjenige, der grüßt, einen Anspruch darauf, daß sein Gruß erwidert wird. Aber man kann den Gruß sehr wohl auch so erwidern, daß die Darstellung von Interaktionsbereitschaft, die sich normalerweise damit verbindet, gerade vermieden wird. Die Abschwächung der rituellen Komponente in der gesellschaftlichen Institution des Grüßens bietet reiche Möglichkeiten, die Konvention an die Situation anzupassen. Und offensichtlich ist dies zugleich adäquat in einer Gesellschaft, die Personen individuell oder nach Maßgabe einzelner Teilsysteme in Bewegung setzt, so daß ihr Zusammentreffen im Raum als Zufall erscheint, dem nicht in jedem Falle auch ein gesellschaftlicher Kommunikationsbedarf entspricht.

Alles in allem sind die Grenzen der Interaktion, so wie die Grenzen aller anderen autopoietischen Systeme, ein Korrelat systemeigener Operationen. Sie entstehen als Folge der selektiven Verkettung dieser Operationen, lassen sich also nicht unabhängig vom Verlauf der Interaktion stabilisieren. Schon ein Themenwechsel oder die Aufnahme eines Hinzutretenden kann die Systemgrenzen ändern. Die eigentümliche Beweglichkeit der Systemgrenzen, die sich daraus ergibt, ist oft beschrieben worden, vor allem im Vergleich mit Organisationen, die unter diesem Gesichtspunkt einen vergleichsweise unbeweglichen Eindruck machen,[9] und die eigentümliche Plausibilität solcher Beschreibungen erklärt den Erfolg von Ideologien, in denen die Organisation als Reich der Notwendigkeit, die Interaktion dagegen als Reich der Freiheit beschrieben wird.

---

9 Siehe dazu auch Hans Geser, Einfache Sozialsysteme: Strukturmerkmale und Leistungskapazitäten, in: Kölner Zeitschrift für Soziologie und Sozialpsychologie 32 (1980), S. 205-239.

Um so mehr muß man betonen, daß auch die Grenzen der Interaktion keineswegs beliebig gezogen werden. Dies wird eben dadurch verhindert, daß hier wie auch sonst nur systemeigene Operationen an der Bestimmung dieser Grenzen mitwirken können. Nur der laufende Kommunikationsprozeß selbst kann dazu beitragen. Alle sonstigen Vorkommnisse sind entweder ausgeschlossen oder nur über strukturelle Kopplungen beteiligt, die eine Verschmelzung der Operationsweisen gerade vermeiden. So können beispielsweise weder chemische noch biologische Operationen in den Prozeß der Bestimmung und Umbestimmung der Interaktionsgrenzen intervenieren, mögen sie auch im Körper von Anwesenden stattfinden oder sogar am Körper wahrnehmbar sein – so wie das Blut beim Erröten. Und selbst das Bewußtsein, das die Kommunikation doch immerhin irritieren und dadurch zur Selbstbestimmung anregen kann, muß eben deshalb den weitaus größten Teil dessen, was es wahrnimmt, für sich behalten. Es kann in der Interaktion ein Fehler sein, wenn man den anderen auf sein Erröten anspricht.

II.

Erst anhand von Systemgrenzen kann man die Differenz von Systemkomplexität und Umweltkomplexität als Unterscheidung in das System selbst wiedereinführen, und erst dadurch wird es möglich, für beide Arten von Komplexität unterschiedliche Muster der systeminternen Behandlung zu pflegen. Man kann zum Beispiel die Kommunikation unter Anwesenden primär moralisch, nämlich als Beitrag zur Verteilung von Achtung und Mißachtung unter den Teilnehmern schematisieren, das Verhältnis zu Abwesenden dagegen eher im Kontext der strategischen Unterscheidung von Schaden und Nutzen behandeln. Für den Gebrauch unter Anwesenden ist diese strategische Schematisierung in der Regel erst dann sinnvoll, wenn moralische Abstimmungen versagt haben oder es aus sonst einem Grund zum Konflikt kommt. Dann erscheint mir all das, was dem anderen schadet, allein darum als nützlich und umgekehrt, und die Umwelt selbst wird nach Maßgabe ihrer Einstellung zu den Konfliktparteien relevant.

Auch kann man, und diese Möglichkeit wird vor allem durch die moderne Gesellschaft begünstigt, die Erwartung einer *positiven Einstellung zur Interaktion* mit der Erwartung einer *negativen Einstellung zur Gesellschaft* kombinieren. Es entsteht eine Interaktionsmoral, die Ablehnung der Gesellschaft zur Teilnahmebedingung erhebt. Das setzt natürlich voraus, daß niemand unter den Anwesenden auf die Idee kommen kann, er selbst oder die gerade laufende Kommunikation werde dadurch mitabgelehnt. Insofern ist diese Möglichkeit abhängig von einer hohen Differenzierung von Interaktion und Gesellschaft, abzulesen etwa daran, daß es in der modernen Gesellschaft keine repräsentative Interaktion mehr gibt, die die Gesellschaft in der Gesellschaft zu verkörpern vermag. Die Gesellschaft – das sind immer die Abwesenden.[10]

Diese Differenzierung der Reduktionsweisen für eigene und fremde Komplexität ermöglicht es dann auch, *grenzüberschreitende* Prozesse zu sehen. Systemgrenzen dienen insofern gerade nicht dem Abbrechen von Zusammenhängen. Eher schon geht es darum, diffuse Zusammenhänge zu unterbrechen, um spezifische Zusammenhänge einrichten zu können, die dann kraft Spezifikation beispielsweise auch änderbar sein können. Für einen Beobachter, der auch die Interaktion selbst sein kann, laufen daher

---

10 Die Evolution einer negierbaren Semantik für das Gesellschaftssystem ist noch zu wenig erforscht. Ältere Semantiken an dieser Funktionsstelle – und das Gottessymbol ist ein seit Durkheim viel diskutiertes Beispiel dafür – hatten sich bekanntlich gerade durch Nichtnegierbarkeit ausgezeichnet. An die Stelle des Symbols Gott hatte man zunächst das Symbol Gesellschaft gesetzt – Gesellschaft für Religion substituierend, wenn man so sagen darf. Aber das hat offenbar nicht funktioniert. Seit dem späten neunzehnten Jahrhundert behilft man sich mit einer anderen Lösung: Die Gesellschaft wird eigentlich nur noch als kaltes Diabol geführt, während das eigentlich Symbolische sich in eine warme Semantik des Sozialen zurückzieht. Nur diese Sozialsemantik, aber nicht auch die Gesellschaftssemantik wird in der Interaktion durch moralisierte Negationsverbote gestützt und geschützt. Man kann daher unter Anwesenden zwar sagen: Ich bin gegen die Gesellschaft, aber nicht auch: Ich bin unsozial. Das führt zu der soziologisch absurden Vorstellung, das Soziale sei per se etwas Gutes – und ein Konzentrationslager folglich kein sozialer Sachverhalt. Man muß nicht so denken, man muß nicht so schreiben; aber in der Interaktion unter Anwesenden muß man so kommunizieren – ausgenommen vielleicht, obwohl selbst diese Erwartung mitunter enttäuscht wird, die *Interaktion unter Soziologen*, und ausgenommen mit Sicherheit die *Interaktion unter Systemtheoretikern*.

viele Prozesse auch auf der anderen Seite ihrer Systemgrenze weiter. Das Überschreiten der Grenze besagt dann aber, daß andere Regeln der Weiterbehandlung in Kraft treten. Teilweise werden solche Prozesse anhand von Themen identifiziert. So mag man wissen, daß man sich unter den Anwesenden, nicht aber mit beliebigen Dritten auf eine bestimmte Meinung zum Thema wird einigen können. Die Systemgrenze erscheint dann als Grenze der Erreichbarkeit von Konsens. Der Diskussionsprozeß über das Thema ist also gerade für die Interaktion ein anderer Prozeß je nachdem, ob er nun innerhalb oder außerhalb ihrer Grenzen abläuft. Und nur nach innen hin eignet sich das Thema als Symbol für Konsens und Solidarität. Aber nicht nur Themen, auch Personen eignen sich dafür, solche grenzüberschreitenden Prozesse zu bündeln und in die Interaktion einzuführen. Die Person muß auch in anderen Interaktionen den Anspruch erheben, dieselbe zu sein, und muß dafür auch in der Interaktion selbst so etwas wie Verständnis voraussetzen können.[11]

Bei großen Systemen schließt an diese Unterscheidung von Systemkomplexität und Umweltkomplexität die Unterscheidung von Systemdifferenzierung und Umweltdifferenzierung an. Dabei ist die Systemdifferenzierung, nämlich die Entstehung weiterer Systeme innerhalb des Systems, der entscheidende Faktor. Von ihr hängt die Komplexität des Gesamtsystems ab, von der wiederum abhängig ist, wie und in welcher Weise differenziert das System seine Umwelt erfassen kann. Interaktionen lassen sich jedoch nach innen hin schwer differenzieren. Eben deshalb ist hier auch die Umweltdifferenzierung nicht sehr weit zu entwickeln. Allenfalls eine Differenzierung zwischen anwesender und abwesender Umwelt zeichnet sich ab, und zwar zunächst an den Grenzen des Wahrnehmungsraumes. Gegen Ereignisse und vor allem gegen Störungen aus der anwesenden Umwelt kann die Interaktion sich nicht einfach indifferent verhalten. Hier bilden sich denn auch hochsensible Abwehrstrukturen, und dies nicht zuletzt deshalb, weil ja auch die organischen und psychi-

---

11 Das liegt im übrigen daran, daß sowohl Themen als auch Personen nicht interaktionsspezifisch konstituiert sein können, sondern immer auch zur Strukturierung der gesellschaftlichen Kommunikation benötigt werden. Es handelt sich um interaktionsindifferente Generalisierungen im weiter oben schon einmal erläuterten Sinne des Wortes.

schen Systeme der beteiligten Personen zur anwesenden Umwelt gehören.[12] Die abwesende Umwelt ist dagegen zunächst einmal indifferent.
Zur anwesenden Nahumwelt können aber auch andere Interaktionssysteme gehören. Auch hier divergieren Wahrnehmungsmöglichkeit und Systemgrenzen, und auch hier ergeben sich daraus besondere Ansprüche an die Kontrolle der Systemgrenzen. Die Interaktion muß sich dann als Umweltausschnitt dieser anderen Interaktionssysteme beobachten. Das setzt ein ungewöhnliches Maß an Einfluß der Kommunikation auf das Körperverhalten der Beteiligten voraus. So gilt an den Tischen eines Restaurants die Regel, leise zu sprechen und die anderen Interaktionen nicht oder nur unter Vermeidung der dazu passenden Wahrnehmungen (da sie ihrerseits wahrnehmbar wären) zum Thema zu machen. Etwas, worauf man zeigen könnte, muß dann unter Umständen mit deindexikalisierten Referenzen behandelt werden. Und der naheliegende Impuls, trotzdem hinzusehen, wird ausdrücklich blockiert. In Anwesenheit von Personen, die zu einer so unwahrscheinlichen Dissoziation von Kommunikation und sonstigem Körperverhalten nicht in der Lage sind, bricht diese Ordnung häufig zusammen. Vor allem die Präsenz von Kindern kann entdifferenzierend wirken, es sei denn man bestreitet ihnen, nachsichtig lächelnd, die volle Personalität und gewinnt so die Möglichkeit, ihre Kommunikation als Nichtkommunikation zu behandeln.
Bei großen und differenzierten Sozialsystemen kann die Selektivität von Systemgrenzen dadurch verstärkt werden, daß die Form der internen Systemdifferenzierung autonom, also ohne Rücksicht auf Umweltgegebenheiten gewählt wird.[13] Noch für die vormodernen Formen der Differenzierung des Gesellschaftssystems konnte man immer auch räumliche und populationsökologische Korrelate angeben. Das Zentrum dieser Gesellschaften mußte auch räumlich lokalisierbar sein, zum Beispiel als Stadtleben im Unterschied zum Landleben, und ihre Spitze schloß nicht etwa jedermann, sondern nur solche Personen ein, die dafür

---

12 Die Differenziertheit, mit der große und komplexe Systeme ihre Umwelt erleben, läßt sich daher auf der Interaktionsebene nicht rekonstruieren, und dies auch dann nicht, wenn die Interaktion sich selbst diesem Großsystem zuordnet.
13 Vgl. Luhmann, Soziale Systeme (a.a.O.), S. 264 f.

durch die Umstände ihrer Geburt qualifiziert waren. Erst die moderne Gesellschaft, die weder nach Schichten noch anhand einer Differenzierung von Zentrum und Peripherie differenziert ist, hat mit dieser Ordnung der Dinge gebrochen. Erst diese Gesellschaft ist funktional differenziert, und erst ihre Teilsysteme tendieren jeweils für sich zur Inklusion *aller Regionen* des Erdballs sowie zur Inklusion *aller Personen*, die ihn bevölkern. Für die *Differenz* der Funktionen von Wirtschaft, Politik, Wissenschaft, Erziehung usw. fehlen dann die räumlichen ebenso wie die populationsökologischen Korrelate. In genau diesem Sinne ist die moderne Gesellschaft stärker ausdifferenziert als ihre historischen Vorgängerinnen.

Nun befaßt sich die Theorie der Interaktion nicht mit differenzierten, sondern mit undifferenzierten Sozialsystemen. Sie hat, wie schon mehrfach gesagt, Systeme ohne eigene Subsysteme zum Thema und kann daher an die Theorie der differenzierten Systeme auch nicht unmittelbar anschließen. Gleichwohl gibt es auch im Interaktionsbereich einen Steigerungszusammenhang, in dem stärkere Ausdifferenzierung des Systems und höhere Selektivität der Systemgrenzen von stärkerer Differenzierung systeminterner gegen systemexterne Differenzen abhängig sind. Der Schauplatz dieser Steigerung liegt im Verhältnis von *Wahrnehmung und Kommunikation*.

Es gibt zahlreiche Differenzen, die sich im Wahrnehmungsbereich aufdrängen und im Kommunikationsprozeß gleichwohl ignoriert werden müssen. Man denke hier nur an den Unterschied der Geschlechter und an die Empfindlichkeit, mit der in heutigen Interaktionen darauf geachtet wird, daß er nicht auch noch die Kommunikation bestimmt – ausgenommen natürlich diejenigen Situationen, die durch die Geschlechterdifferenz selbst strukturiert sind.[14] Man denke an Unterschiede der Körpergröße und physischen Robustheit und an die Selbstverständlichkeit, mit der man in der Interaktion davon ausgeht, daß der Zugang zur Sprecherrolle und sogar die Durchsetzungsfähigkeit im Konfliktfalle einer davon unabhängigen Ordnung folgen wird[15] –

---

14 Vgl. dazu Niklas Luhmann, Frauen, Männer und George Spencer Brown, in: ders., Protest: Systemtheorie und soziale Bewegungen (hrsg. von Kai-Uwe Hellmann), Frankfurt 1996, S. 107-156.
15 Das sogenannte *Recht des Stärkeren*, über das seit der antiken Sophistik viel

ausgenommen natürlich den Alltag der Verbrecher und Polizisten, in dem es auf solche Differenzen dann um so mehr ankommt. Man denke an Unterschiede der Schönheit und erotischen Attraktivität sowie an die trotzdem geltende Erwartung, daß dadurch weder die Schlangenbildung im Bäckerladen noch die Erfolge studentischer Wortmeldungen verzerrt werden.[16]
Die Zumutung, solche wahrnehmbaren Differenzen überall dort zu ignorieren, wo sie nicht zugleich auch als symbiotischer Mechanismus der Kommunikation fungieren können, stammt nicht aus der Interaktion selbst, sondern aus der Gesellschaft. Die Differenzierung der Kommunikationsmedien für Macht und für Liebe setzt eine entsprechende Differenzierung auch der symbiotischen Mechanismen voraus. Macht ist dann mit physischer Gewalt so verbunden wie Liebe mit Sexualität.[17] Außerhalb dieser Verbindungen muß der Bezug auf die entsprechenden Körpervollzüge zurücktreten.[18] Aber gerade diese gesellschaftliche Vorgabe ermöglicht eine stärkere Ausdifferenzierung der Interaktion, nämlich eine höhere Selektivität ihrer kommunikativen Prozesse gegenüber dem Wahrnehmungsbereich.[19] Die gesellschaft-

(und vorwiegend: mit Ablehnung) diskutiert wird, ist die von der Interaktion her naheliegende Grundform von Recht überhaupt. Die Erwartung, daß auch kleine und schwache Menschen sich im Falle eines Konfliktes gegen große und starke durchsetzen können, bezeichnet vor diesem Hintergrund bereits eine evolutionäre Errungenschaft, nämlich eine von der Wahrnehmungslage schon abweichende Verteilung der Konfliktfähigkeit, die dann auch in der Selbstbeschreibung der Gesellschaft nicht mehr gut als Natur verstanden werden kann, wie lange man an der Vorstellung eines Naturrechts auch festhalten mag. Siehe dazu neben dem unvermeidlichen Norbert Elias auch Niklas Luhmann, Grundrechte als Institution: Ein Beitrag zur politischen Soziologie, Berlin 1965, S. 84 ff.
16 Vgl. dazu Bernd Guggenberger, Einfach Schön: Schönheit als soziale Macht, Berlin 1995.
17 Vgl. dazu Niklas Luhmann, Die Gesellschaft der Gesellschaft, Frankfurt 1997, S. 378 ff.; ders., Symbiotische Mechanismen, in: ders., Soziologische Aufklärung 3: Soziales System, Gesellschaft, Organisation, Opladen 1981, S. 228-245.
18 Man wird das mit Hinblick auf ausdifferenzierte, also lieblose Sexualität bestreiten wollen. Aber so etwas kann man schlecht wiederholen, ohne daß Bindungen an den Partner kondensieren, die der Liebe oft zum Verwechseln ähnlich sehen. Ein Unterbrechen solcher Prozesse ist möglich, wenn für Sexualität bezahlt wird, aber das ergibt dann eine Fehlzuordnung von Medium und symbiotischem Mechanismus, die nicht voll institutionalisiert werden kann.
19 Man sieht den Zusammenhang mit Gesellschaft im übrigen auch daran, daß im Exklusionsbereich der Gesellschaft, der an funktionaler Differenzierung

lich geforderte Indifferenz gegenüber dem Offensichtlichen kann in der Interaktion, da sie auf Wahrnehmungsleistungen aufruht, nicht einfach unterstellt werden. Sie muß vielmehr durch systemeigene Prozesse und durch systemeigene Grenzen hergestellt und verteidigt werden.[20] Daher macht eine Gesellschaft, die ihre Anforderungen an den Körpergebrauch der Menschen differenzieren und spezifizieren will, sich selbst davon abhängig, daß es Interaktionssystemen gelingt, das dafür erforderliche Unterscheidungsvermögen gegen den diffusen Eindruck der Wahrnehmung zu etablieren. Man sieht an dieser Überlegung noch einmal, wie unsinnig es wäre, gesellschaftliche Vorgaben und operative Autonomie der Interaktion als Gegensatz zu begreifen.

nicht teilnimmt, auch die Interaktion überfordert ist. Gewalt und Sexualität können hier weder gegeneinander noch gegen andere Möglichkeiten der Orientierung an Körperbezügen differenziert werden. »Die symbiotischen Mechanismen der Kommunikationsmedien verlieren ihre spezifische Zuordnung. Gewalt, Sexualität und elementare, triebhafte Bedürfnisbefriedigung werden freigesetzt und unmittelbar relevant, ohne durch symbolische Rekursionen zivilisiert zu sein« – so der Befund bei Luhmann, Die Gesellschaft der Gesellschaft (a.a.O.), S. 633.
20 Siehe dazu auch Georg Simmel, Soziologie der Mahlzeit, hier zitiert nach der Ausgabe in: Das Individuum und die Freiheit, Frankfurt 1993, S. 205-212. Übersetzt man diesen Text in die hier benutzte Sprache der Unterscheidung von Wahrnehmung und Kommunikation, dann kann man folgendes festhalten: Als Zugriff auf knappe und nur exklusiv konsumierbare Ressourcen (205) ist das Essen – im Unterschied zur Sexualität – eine schlechthin asoziale Form der Bedürfnisbefriedigung, und bei reflexiver Wahrnehmung müßte dies eigentlich sofort zum Konflikt führen. Diese diabolische Tendenz kann durch das soziale System der gemeinsamen Mahlzeit unterbrochen und pazifiziert werden, wenn es gelingt, eine durchgehaltene *Differenz* der Kommunikation zu den Gegebenheiten im *eigenen* Wahrnehmungsraum zu etablieren. So wird zum Beispiel kommunikativ unentwegt suggeriert, daß man dasselbe esse (206), während doch jeder einzelne an sich selbst wie an anderen wahrnehmen kann, daß es um »völlig exklusive Portionen« geht (206). Die Wahrnehmbarkeit dieser Wahrnehmung – ob nun als Neid auf die Portion der anderen oder als Gier auf die eigene – stört daher das soziale System der Interaktion und löst gegenüber Kindern eine Thematisierung, gegenüber Erwachsenen dagegen eine Dethematisierung der Wahrnehmung aus.

III.

Interaktionen können nur in der Gesellschaft ausdifferenziert werden. Das hat zwei verschiedene Konsequenzen. *Zum einen* besagt es, daß die Grenzen des Gesellschaftssystems immer auch für Interaktionssysteme zu beachten sind. Grenzen, an denen ein System sich selbst von der Umwelt unterscheidet, gelten auch für etwaige Teilsysteme dieses Systems, und nur weil dies so ist, kann man auch bei hoher interner Differenzierung immer noch von *einem* System sprechen. Zwar reproduziert sich das Teilsystem innerhalb eigener Grenzen, die mit denen des Gesamtsystems nicht übereinstimmen, sondern enger definiert sind, so daß das Teilsystem den weitaus größten Teil des Gesamtsystems als interne Umwelt behandeln kann. Aber dann muß man innerhalb des Teilsystems eben zwischen gesamtsysteminterner und gesamtsystemexterner Umwelt unterscheiden.

Diese Differenz wird anhand der Unterscheidung von Dingen und Personen erkennbar. Beide Begriffe beziehen sich auf Erwartungszusammenhänge, die in der Kommunikation selbst unterschieden und bezeichnet werden können. Beide können daher auch zum *Thema* von Kommunikation werden. Aber Personen kommen außerdem auch noch als *Absender und Adressat* von Kommunikation in Betracht. An der Differenz von Dingen und Personen wird die Unterscheidung zwischen der Sachdimension und der Sozialdimension von Sinn und damit die für die Gesellschaft selbst geltende Differenz von System und Umwelt artikuliert. Und es ist leicht zu erkennen, daß diese Unterscheidung auch in der Interaktion zu berücksichtigen ist und daß sie nicht zusammenfällt mit der Unterscheidung von Anwesendem und Abwesendem. Daß auch Dinge als anwesend behandelt werden können, etwa wenn sie wahrnehmbar sind, ist die eine Seite dieser Inkongruenz der beiden Unterscheidungen. Die andere ist, daß es immer auch Personen gibt, die abwesend sind, ohne damit die spezifisch sozialen Merkmale ihrer Existenz zu verlieren. Auch abwesende Personen werden nicht einfach zu Dingen, nur weil sie abwesend sind. Die Interaktion kann Personen ausschließen, aber sie kann sie nicht depersonalisieren. Auch für Abwesende gilt, um ein Beispiel zu nennen, die an Personen schlechthin adressierte Moral. Auch ihnen schuldet man Rücksicht und mögliche Rechenschaft, auch sie kommen als Interaktionspartner in Betracht, wenn auch nicht im Moment. Eine Interaktion, die sich darüber hinwegsetzte, würde nicht einfach abweichende, sondern unverständliche und damit erfolglose Kommunikation produzieren. Folglich gibt es für jede Interaktion einen sie selbst überschreitenden Bereich möglicher Kommunikationen, der nicht Teil der Interaktion, wohl aber Teil der Gesellschaft ist – einer Gesellschaft, der die Interaktion sich zuordnet, indem sie genau diesen Überschuß an Sozialität in Rechnung stellt.

Daß die Interaktion nur in der Gesellschaft ausdifferenziert werden kann, besagt *zum anderen*, daß es die Möglichkeit gibt, Interaktionen innerhalb von Teilsystemen der Gesellschaft zu bilden – so wie das gemeinsame Mittagessen in der Familie oder die Fakultätssitzung im Erziehungssystem der Gesellschaft abläuft. Durch eine solche Zuordnung der Interaktion zu Teilsystemen der Gesellschaft kann erreicht werden, daß die allgemeine Vorgabe einer gesellschaftlichen Ordnung nicht die einzige Prämisse ist, auf welche die Anwesenden sich stützen können. Vielmehr kommen mit der Wahl einer engeren Systemreferenz zusätzliche Prämissen hinzu, die die Interaktion sehr viel spezifischer führen. Ein großer Teil der Typenvielfalt heutiger Interaktionssysteme setzt diesen gesellschaftlich differenzierten und spezifizierten Prämissenbestand voraus. Die entsprechenden Interaktionen zeigen dann die typischen Folgen hoher Systemdifferenzierung auch an sich selbst: Sie sind in wenigen Hinsichten hochsensibel und um so indifferenter in allen anderen. Mit dem Zahnarzt kann man zunächst einmal nur über Zähne reden, aber dafür folgenreich und mit einer Differenzierung der Anschlüsse, die in anderen Interaktionen so nicht zu erwarten wäre.

Interaktionsgrenzen liegen aber nicht notwendigerweise innerhalb der Grenzen anderer innergesellschaftlicher Sozialsysteme. Diese Auffassung könnte man nur dann aufrechterhalten, wenn man sich die gesamte Gesellschaft als differenziert nach Maßgabe einer transitiven Inklusionshierarchie vorstellen würde, wo alle weitere Differenzierung nur Teilsysteme innerhalb von Teilsystemen erzeugen kann. Aber das ist, wie man heute weiß, eine stark simplifizierende Darstellung, die gerade der Interaktion nicht gerecht wird. Beim Mittagessen mögen auch Gäste der Familie in kleinerer oder größerer Zahl teilnehmen, und die Politiker sind auch im Verhältnis zu anderen gesellschaftlichen Teilsystemen kontaktfähig. Alle großen Teilsysteme führen an ihren Grenzen Interaktionen durch, die als soziale Systeme eigener Art weder eindeutig innerhalb noch eindeutig außerhalb des Großsystems ablaufen, sondern gerade zur selektiven Verknüpfung mit spezifischen Umweltsystemen dienen, für die dann wiederum gilt, daß die Interaktion weder eindeutig innerhalb noch eindeutig außerhalb des Systems abläuft. Keines der daran beteiligten Großsysteme kann daher die Interaktion zuverlässig steuern, und die Prämissen beider Systeme verlieren ihr Monopol auf Relevanz und Beachtung in der Interaktion. Sie verlieren ihre Selbstverständlichkeit, und es kann sein, daß in der Interaktion etwas entschieden wird, was in keinem der beiden Großsysteme voll überzeugt und hier wie dort eher als Irritation wirkt: Aber genau das könnte ja die Funktion dieser Verbindungsinteraktionen sein.[21]

Mindestens ebenso wichtig wie jene beiden Fälle der eindeutig oder mehrdeutig zugeordneten Interaktion ist jedoch der Umstand, daß die Interaktion auch ohne jede Anlehnung an eines der großen gesellschaftlichen Teilsysteme ablaufen kann. Das historische Modell dafür war die gesellige Interaktion.

Es gibt also sehr verschiedenartige Möglichkeiten der Zuordnung von Interaktionen. Um dies richtig zu verstehen, muß man sich klarmachen, daß die Interaktion ihren Systemcharakter *nicht* der Einordnung in das Schema der gesellschaftlichen Differenzierung verdankt, sondern einem davon unabhängigen Stil der Grenzziehung, der Selbstselektion, der Autopoiesis. Man kann dies auch als operative Autonomie der Interaktion bezeichnen. Das heißt freilich nicht, auch nicht für die moderne Gesellschaft, daß im

---

21 Insofern kann die Interaktion auch zur strukturellen Kopplung von Teilsystemen der Gesellschaft beitragen. Gerade die moderne Gesellschaft, die sich in ihren Organisationen wie in den von dort her formulierten Steuerungstheorien gerne als Organisationsgesellschaft beschreibt und daraus neokorporatistische Hoffnungen ableitet, braucht um so mehr Platz für die Aufstellung von »runden Tischen«, an denen dann über »Bündnisse für Arbeit« oder andere »konzertierte Aktionen« – geredet wird. Die Eignung der Interaktion als Ordnungsform solcher Zwischensystembeziehungen ist evident. Da sie selbst aufhören muß, kann sie verhindern, *daß zusammenwächst, was nicht zusammengehört.* Aber sie *verhindert* dies dann eben auch und ist darum für Hoffnungen auf *dauerhafte* Abstimmung der Teilsysteme ein denkbar ungeeigneter Kandidat.

Verhältnis von gesellschaftlicher Systemdifferenzierung und ausdifferenzierter Interaktionsrealität nur noch ein beziehungsloses Nebeneinander erkennbar wäre. Wohl aber heißt es, daß die Frage, ob die Interaktion sich einem, mehreren oder überhaupt keinem unter den Funktionsbereichen der modernen Gesellschaft zuordnet, auf der Ebene der *Strukturwahl* und nicht auf der Ebene der *autopoietischen Reproduktion des Interaktionssystems* analysiert werden muß. Zuordnungsfragen dieses Typs stellen sich als Fragen der *Selbstzuordnung*. Sie können nur innerhalb eines Systems der Kommunikation unter Anwesenden beantwortet werden.

Man muß also nicht nur fragen, wie die Interaktion im Schema der gesellschaftlichen Differenzierung vorkommt, sondern man muß auch umgekehrt fragen, wie dieses Schema in der Interaktion vorkommt. Auch dazu enthalten Begriff und Theorie der Systemgrenze wichtige Anregungen. Die Systemgrenzen der innergesellschaftlichen Funktionssysteme gewinnen ihre Distinktheit dadurch, daß als Kommunikation im System nur dasjenige gilt, was sich auf einen von zwei Codewerten beziehen läßt. Kommunikationen ohne einen solchen Codebezug gehören in der Perspektive des Funktionssystems zur innergesellschaftlichen Umwelt. Ob sie dort einfach zur Reproduktion von Gesellschaft oder zusätzlich auch noch zu Reproduktion eines anderen Funktionssystems beitragen, entscheidet sich anhand von dessen Codierung. So müssen Kommunikationen im Wissenschaftssystem zur Unterscheidung zwischen wahren und falschen Aussagen beitragen. Sie werden als Forschung nur dadurch erkennbar, daß ihre Beobachtung unter dem Gesichtspunkt genau dieser, für Wissenschaft maßgeblichen Codierung gelingt.[22]

Andererseits wird die Systemeinheit der Interaktion *nicht durch Codierung erzeugt*. Ihr System erkennt eigene Operationen nicht am Codebezug, sondern an ihrer Beziehbarkeit auf die Geschichte des eigenen Systems. Die Kommunikation muß ganz konkret an das anschließen, was vorher gesagt wurde, und sie muß schon erkennen lassen, was im Anschluß an diesen Anschluß geschehen kann. Das kann, muß aber nicht durch solche Kommunikationen

---

22 Siehe zur Bedeutung solcher Codierungen Luhmann, Die Gesellschaft der Gesellschaft (a. a. O.), S. 225 ff., 359 ff., 459 ff., 748 ff.

geschehen, die einen bestimmten Code verwenden. Die Interaktion ist also kein Subsubsubsystem der Gesellschaft. Sie verfügt, ähnlich wie Organisationen oder soziale Bewegungen, über ein davon unabhängiges Prinzip der Selbstreproduktion. Sie kann zwar nur in der Gesellschaft ausdifferenziert werden (wo denn auch sonst?), verdankt ihren Systemcharakter aber nicht ihrer Einordnung in eines von deren Sub- oder Subsubsystemen, sondern sich selbst. Sie gehört der Gesellschaft an, aber nur auf der Grundlage einer eigenen Autopoiesis.

Die Codes der gesellschaftlichen Funktionsbereiche definieren also nicht die Autopoiesis der Interaktion. Ihr System schließt sich nicht durch Wahl eines Codes, sondern durch Kommunikation unter Anwesenden. Sie kann daher Codes nicht nur wählen, sondern auch wechseln. Sie kann sie einschalten und ausschalten. Und sie kann, wie vor allem im Zusammenhang mit »Geselligkeit« immer wieder betont wurde, ohne jede Rücksicht auf spezifische Codierungen ablaufen. Es gibt keine unsichtbare Hand, die Interaktionen rigoros auf bestimmte Funktionssysteme verteilt und sie bei Strafe des Identitätsverlustes an deren Systemreferenz bindet. Die Interaktion ist im Schema der gesellschaftlichen Differenzierung nicht fest, sondern selbstbeweglich placiert, und diese »Automobilität« schließt als Grenzfall die Möglichkeit ein, außerhalb dieses Schemas (aber auch dies natürlich: innerhalb der Gesellschaft) zu interagieren. Codierte Interaktion ist insofern etwas durchaus Unwahrscheinliches, »decodierte« Interaktion nichts völlig Unmögliches. Interaktionen können benutzt werden, um die gesellschaftlich undifferenzierte Alltagskommunikation in den Einzugsbereich bestimmter Funktionssysteme zu bringen. Und sie können auch benutzt werden, um aus der Enge einer codierten in die Weite einer decodierten Kommunikation zurückzukehren.[23] Die Frage, ob und wann dies geschieht, wird innerhalb der Interaktion selbst entschieden, und selbst organisatorisch vorentschiedene Interaktionen mit strenger Codebindung können jederzeit ihrem Heimatsystem entfremdet werden – wie vor allem die Aktivisten der Studentenbewegung

---

23 Siehe dazu mit einer Analyse, die am Beispiel des Rechtssystems und seiner Codierung beides zugleich belegt, Niklas Luhmann, Kommunikation über Recht in Interaktionssystemen, in: ders., Ausdifferenzierung des Rechts: Beiträge zur Rechtssoziologie und Rechtstheorie, Frankfurt 1981, S. 53-73.

vorgeführt haben.[24] Insofern kann die Interaktion nur innerhalb der Grenzen eines anderen Sozialsystems operieren, wenn diese Grenze mit ihren beiden Seiten in den Operationsraum der Kommunikation unter Anwesenden fällt, also innerhalb der Interaktion auch transzendiert werden kann.

Daher ist die Frage nach Interaktion und Gesellschaft, wenn man sie an moderne Verhältnisse adressiert, nicht mit dem Nachweis einer massenhaften Zuordnung von Interaktionen zu spezifischen Funktionssystemen zu beantworten. Daß es solche Zuordnungen gibt, wird hier nicht bestritten. Interaktionen sind durchaus in der Lage, auch die codierte Kommunikation der Funktionssysteme mitzuvollziehen. Sie bleiben nicht notwendig auf eine undifferenzierte Gesellschaftlichkeit beschränkt, sondern partizipieren auch am System der gesellschaftlichen Differenzierung selbst. Nur so werden die Kommunikationsmedien der Macht, des Geldes, der Wahrheit usw. interaktionsrelevant. Nur so sind Politik, Wirtschaft, Wissenschaft usw. auch *als Interaktion* möglich. Man kann in der Interaktion drohen, tauschen, forschen usw. Aber die Interaktion realisiert ihre eigene Gesellschaftlichkeit nicht durch den Zwang, die eigenen Kommunikationen nach einem und nur einem Code abzuwickeln. Die Gesellschaftlichkeit der Interaktion besteht vielmehr in ihrer eigenen Autonomie: darin, daß sie als System auf keinen dieser Codes und nicht einmal auf das Prinzip der Codierung selber verpflichtet ist. In der Interaktion sind Operationen, die einen solchen Wechsel von Code zu Code (und mehr noch: von Code zu Nichtcode oder von Nichtcode zu Code) vollziehen, völlig normal. Eine von Anfang bis Ende durchgehaltene Codierung dürfte eher zu den Ausnahmen zählen. So kann man am Ende eines wissenschaftlichen Vortrags die Diskussion mit dem Hinweis beenden, daß man sich im Anschluß daran in der nahe gelegenen Kneipe versammelt. Das ist dann eine Fortsetzung der In-

---

24 Siehe dazu am Beispiel einer Fakultätskonferenz Niklas Luhmann, Interaktion, Organisation, Gesellschaft: Anwendungen der Systemtheorie, in: ders., Soziologische Aufklärung 2: Aufsätze zur Theorie der Gesellschaft, Opladen 1975, S. 9-21 (19): »Es kann satzungswidrig beschlossen werden, die Interaktion aus dem Erziehungssystem in das politische System der Gesellschaft zu verlagern und aus gegebenem Anlaß ein Empörungstelegramm an eine ausländische Botschaft zu richten.«

teraktion, nicht aber automatisch auch der wissenschaftlichen Kommunikation. Auch kann man mitten im Vortrag darum bitten, das Licht einzuschalten, Mineralwasser herbeizuschaffen oder dafür zu sorgen, daß der Lärm auf dem Gang aufhört. Innerhalb der Interaktion, die dabei fortgesetzt wird, ist dies als Unterbrechung der wissenschaftlichen Kommunikation erkennbar, so wie die mitunter sehr persönlichen Widmungen auf den ersten Seiten von wissenschaftlichen Publikationen es sind, und niemand wird so schnell auf die Idee kommen, solche Kommunikationen für Berichte über Forschung zu halten oder sie in die Kritik des Referenten oder des Autors miteinzubeziehen.[25]

Es versteht sich nicht von selbst, daß Anwesende es sich klaglos gefallen lassen, wenn ihre Möglichkeiten auf ein binäres Schema gebracht werden, das ihnen dann beispielsweise nur die Wahl läßt, entweder im Recht oder im Unrecht zu sein. Die Beschränkung auf nur zwei Werte sowie der dadurch erwirkte Ausschluß des Dritten ist und bleibt, von der Interaktion aus gesehen, eine Zumutung. Angesichts von codierter Interaktion müßte die Soziologie der Interaktion also fragen können, wie es dazu kommt. Diese Überlegung bedeutet freilich auch umgekehrt, daß man die Systemgrenze eines Großsystems auf der Interaktionsebene nur teilweise durchhalten kann. Würde man erwarten, daß alle Interaktionen entweder im System oder in der Umwelt verlaufen, dann müßte man auf interaktive Kommunikation mit der Umwelt verzichten. Das Großsystem muß daher die Semantik zur Bestimmung der eigenen Systemgrenzen in einer interaktions*indifferenten* Weise fixieren. In Organisationen – um auch diesen Fall von Großsystem zu erwähnen – dient hierfür zum Beispiel die Identifikation von Mitgliedschaftsrollen. Sie gestattet es, das dienstliche vom sonstigen Verhalten des Mitglieds zu unterscheiden und Dienstverhalten als Entscheidungsverhalten zu rekonstruieren. Die entsprechenden Beiträge zum Entscheidungsprozeß können dann in der Interaktion unter Mitgliedern ebenso wie in der Interaktion mit spezifischen Kunden oder anderen Kategorien von Nichtmitgliedern erarbeitet werden. Dieses Ab-

---

25 Und wenn das doch einmal passiert, etwa weil das Thema des Vortrags oder des Buches eine solche Verweisung nahelegt, dann ist dies wiederum deutlich als Wissenschaft erkennbar und wird in der Kommunikation dementsprechend behandelt.

stellen auf Entscheidungen gestattet es denn auch, einen großen Teil der Interaktion zu vergessen. Nur was für anstehende Entscheidungen einen Unterschied macht, wird herausgezogen und in eine Form gebracht, die für die weitere Kommunikation etwas besagt. Das auf Mitglieder zugerechnete Entscheidungsverhalten ist immer eine strikt interne Operation. Das dazu erforderliche Interaktionsverhalten mag die Anwesenheit von Nichtmitgliedern verlangen. All das führt aber gerade nicht dazu, daß die Grenzen der Organisation sich auf der Interaktionsebene dauernd verschieben. Sie werden nur gar nicht auf dieser Ebene fixiert.

IV.

Wir hatten schon zu Beginn dieses Kapitels notiert und können es jetzt wiederholen, daß die Systemgrenzen der Interaktion hochselektive Leistungen implizieren. Wir wiederholen es, weil wir Wert auf die Feststellung legen, daß diese Leistung in der hier gewählten Theorieperspektive nicht Folge eines wissenschaftlichen Begriffs der Interaktion ist, sondern als Eigenleistung der Interaktion aufgefaßt werden muß, weil sie nur so im Rahmen der Theorie analysierbar bleibt. Der wissenschaftliche Begriff macht diese Leistung dann sogar zum Teil wieder rückgängig, indem er auch den Bereich des Ausgegrenzten in die Beschreibung der Interaktion einschließt. In der ausdifferenzierten Perspektive des Wissenschaftssystems werden auch die latenten Strukturen und Funktionen der Interaktion zugänglich. Die Wissenschaft kann die Interaktion unter Gesichtspunkten beobachten, die im System selbst nicht verfügbar wären. Daß die Peinlichkeit, die eine Gesprächspause in diffusen Handlungsdruck transformiert, die Funktion hat, die Autopoiesis der Kommunikation nicht abreißen zu lassen, würde als Kommunikation unter Anwesenden zur Behebung dieser Peinlichkeit wenig beitragen. Eher schon könnte man das Gegenteil annehmen.
Aber auch die umgekehrte Überforderung findet statt. Im Vergleich mit denjenigen Mikrosensibilitäten, die die Interaktion steuern, ist die wissenschaftliche Forschung immer noch ziemlich unentwickelt. In vielen Hinsichten erscheint ihr die Interaktion

als *black box*. In jedem Fall wäre es einseitig, wollte man nur die Überforderung der Interaktion durch die Wissenschaftsperspektive festhalten. Das Umgekehrte ist in anderen Hinsichten nicht weniger evident, und erst beides zusammen erklärt, warum die Interaktionsforschung bisher praktisch eher steril geblieben ist. Eine Praxisorientierung müßte an das Auflösevermögen der Praxis selbst anschließen. Sie dürfte es weder in inkongruenter Perspektive unterlaufen noch von ihm selbst unterlaufen werden. Beides scheint sich im Verhältnis von Interaktionsforschung und Interaktionsrealität nicht einrichten zu lassen. Die Interaktionsforschung hat, wie immer intensiv betrieben, nicht etwa zu einer anwendungsreifen Lehre für das Verhalten in der Interaktion geführt. Ihre Zuwendung zu den Schulstunden hat die Chancen für das Erreichen von Lernzielen nicht verbessert. Ihre Analyse des Gerichtsverfahrens scheint für Juristen eine Zumutung zu sein und zu bleiben.

In einer breiteren Perspektive ist dies nichts Besonderes. Auch die Gesellschaftstheorie und auch die Organisationstheorie des Faches sind eher durch ihre Destruktion des naiven Vertrauens in Sozialtechnik und nicht etwa durch die technische Überlegenheit ihrer eigenen Begrifflichkeit aufgefallen. Der Unterschied liegt darin, daß man von jenen beiden Theoriebereichen immer noch so etwas wie Anwendungserfolge erwartet, während die Interaktionsforschung aus solchen Zumutungen schon seit langem entlassen wurde[26] – eine gute Chance für hohe wissenschaftliche Autonomie bei geringer Außenwirkung und gesellschaftlicher Akzeptanz der Bemühungen selbst.

All das heißt nicht, daß die Interaktion keine oder nur analytisch bestimmbare Grenzen hätte, wohl aber, *daß auch die Beobachter der Interaktion anhand ihrer Stellung zu dieser Grenze differenziert werden*. Es gibt dann Selbstbeobachter und Fremdbeobachter der Interaktion, die mit jeweils eigenen Unterscheidungen eigene Sensibilitäten und eigene Indifferenzen aufbauen. Man mag

---

26 Die Gründe dafür wären von hohem Interesse. Vielleicht liegen sie einfach darin, daß der Traditionshumanismus es nicht zuläßt, die Interaktion überhaupt unter technischen Gesichtspunkten zu sehen. Das offensichtliche Technologiedefizit kann dann als humaner Vorzug gebucht werden. Siehe dazu Niklas Luhmann/Karl Eberhard Schorr (Hrsg.), Zwischen Technologie und Selbstreferenz: Fragen an die Pädagogik, Frankfurt 1982.

diese durch Systemgrenzen erzeugte Differenzierung der Beobachter auch im Kontext der Fremdbeobachtung für wichtig halten, und genau das ist ja der Sinn der hier vorgetragenen Argumentation. Aber auch das führt nicht etwa dazu, daß die Differenz zwischen Selbstbeobachtung und Fremdbeobachtung verschwindet. Sie wird nur in neuartiger Weise begriffen – nämlich als Folge von Systemdifferenzierung.

Kapitel 4
Doppelte Kontingenz

I.

Ausgangspunkt für jede Interaktion ist etwas, das man metaphorisch als »Offenheit der Situation« bezeichnen könnte. Wären die Beteiligten in jeder Hinsicht determiniert, dann gäbe es zwischen ihnen auch keine Interaktion. Das Verhalten des anderen wäre weder informativ, noch könnte ich Teile dieses Informationsgehaltes als an mich selbst adressiert und in diesem Sinne als Mitteilung verstehen. Kommunikation, und also auch Systembildung, wäre nicht möglich. In der Systemtheorie wird dieses Moment der Offenheit unter zwei Gesichtspunkten rekonstruiert.

Da ist zum einen die *operative Geschlossenheit und hohe Eigenkomplexität der beteiligten Menschen und ihrer Bewußtseinssysteme*, die es verhindern, daß sie voreinander als determiniert auftreten oder füreinander voll transparent werden können.[1] Ego kann natürlich Wert auf die Feststellung legen, daß dieses oder jenes nicht in der eigenen Macht liege, also innerhalb der Interaktion als schon determiniert zu behandeln sei. Aber das bezieht sich dann nur auf Einzelaspekte des Verhaltens und mag im übrigen schon als Kommunikation den Zweifel von Alter wachrufen. Erst recht wäre eine Kommunikation vollständiger Determiniertheit nur als performativer Widerspruch möglich. Die Information über die Vollständigkeit eigenen Determiniertseins müßte die Mitteilung dieser Information als ein ihrerseits determiniertes Ereignis einschließen, während die Kommunikation als Kommunikation nur gelingt, wenn die Mitteilung gegenüber der Information über eigene Freiheitsgrade und eigene Selektionschancen verfügt. Während Totaldetermination inkommunikabel wäre und sich im Versuch ihrer Kommunikation permanent selbst widerlegen müßte, ist die gegenteilige Prämisse der wechselseitigen Inde-

---

1 Ältere Ehen mögen genau dies als Problem – oder unter den Vorzeichen von »Harmonie« auch als Problemlösung – beschreiben, aber das ist dann schon Effekt von Kommunikation und Systembildung, der gerade am Anfang, zu dem es in einem solchen Fall gar nicht käme, nicht schon vorausgesetzt werden kann.

terminiertheit und Intransparenz sehr viel robuster. Sie wird unausweichlich zur Erfahrung, sobald es überhaupt dazu kommt, daß zwei Menschen einander beobachten.

Unter einem zweiten Gesichtspunkt kann man jenes Moment der Offenheit auch als *doppelte Kontingenz* analysieren: Jeder kann nicht nur so handeln, wie es der andere erwartet, sondern auch anders, und beide stellen diese Doppelung in erwartete und andere Möglichkeiten an sich selbst und am anderen in Rechnung. Dadurch entsteht eine zirkuläre Unbestimmtheit in der Form: Ich lasse mich von dir bestimmen, wenn du dich von mir bestimmen läßt. Dieser Zirkel ist ein Extremfall der Einheit von Geschlossenheit und Offenheit. Er kreist nur in sich selbst, aber eben darum kann er praktisch Beliebiges nutzen, um diese Tautologie zu durchbrechen. Die Durchbrechung mag Absicht und dann auch als solche erkennbar sein. Aber auch Zufälle und Mißverständnisse reichen aus, um Kommunikation in Gang zu bringen und dadurch ein soziales System auszudifferenzieren, das dann seine Offenheit für Beliebiges verliert und zunehmend spezifische Interessen erkennen läßt. Analysen dieser Art liegen auf der Ebene einer allgemeinen Theorie sozialer Systeme.[2] Auf dieser Ebene kann man noch keine der damit bezeichneten Systemreferenzen, wohl aber andersartige Theorien ausschließen.

Als Leitfaden für einen damit ermöglichten Theorievergleich ist das Problem der doppelten Kontingenz besonders geeignet. Es bezeichnet nämlich einen der wenigen Berührungspunkte zwischen Interaktionsforschung und Systemtheorie. Es dominiert nicht nur im theoretischen Frühwerk von Talcott Parsons,[3] sondern auch in den davon unabhängigen Beschreibungen sozialer Situationen, die man aus der wenig später einsetzenden Interaktionsforschung kennt.[4] Der Unterschied liegt darin, daß Parsons

---

2 Siehe dazu Niklas Luhmann, Soziale Systeme: Grundriß einer allgemeinen Theorie, Frankfurt 1984, S. 148 ff.
3 Siehe etwa Talcott Parsons/Edward Shils (Hrsg.), Towards a General Theory of Action, Cambridge Mass. 1951, S. 16.
4 Siehe nur Ronald D. Laing/H. Phillipson/A.R. Lee, Interpersonelle Wahrnehmung, Frankfurt 1971. Im Rahmen einer Lehrbuchdarstellung der Soziologie Erving Goffmans hält auch Robert Hettlage fest: »Die Erfahrung der Handelnden ist nicht nur eine der Situations- und Kommunikationsgebundenheit, sondern auch eine der grundsätzlichen *Fremdheit* im Prozeß der Interaktion: jeder Handelnde, nicht nur der Beobachter, befindet sich in einer ergebnisoffenen,

die Lösung dieses Problems primär von der Gesellschaft erwartet und dadurch für Interaktionsfragen zunehmend unempfindlich wird, während die konkreten Forschungen vor allem den Eigenanteil der Interaktion an der Herstellung brauchbarer Problemlösungen vorführen und dies mit gesellschaftstheoretischem Agnostizismus verbinden. Eine allgemeine Sozialtheorie, die Gesellschaft und Interaktion behandeln möchte, müßte beides vermeiden. Daß und wie man dies im Rahmen einer allgemeinen Theorie sozialer Systeme tun könnte, ist der Gegenstand der nun folgenden Überlegungen. Wir präzisieren dies durch die Skizze einer doppelten Kritik, die sich zunächst gegen rein interaktionistische Lösung des Problems (II), dann aber auch gegen die Vorlagen von Parsons richtet (III) und von dort aus nach einer dritten, davon unabhängigen Formulierung sucht (IV, V).

II.

Das allgemeine Interesse an doppelter Kontingenz setzt die frühneuzeitliche Umkehr der wissenschaftlichen Fragestellung voraus. Statt mit Notwendigkeiten oder Unmöglichkeiten zu starten, um sich sodann darüber zu wundern, daß Kontingenz im Sinne einer Verweisung des Wirklichen auf andere Möglichkeiten seiner Bestimmung überhaupt vorkommen kann, fängt man nun mit Kontingenz an und fragt nach den Bedingungen, unter denen Notwendigkeiten oder Unmöglichkeiten trotzdem etabliert werden können. Im Rahmen der Sozialtheorie wird der Übergang von Kontingenz zu Notwendigkeit zunächst als Vertrag begriffen. So schließt Hobbes von der Chaotik und Instabilität sozialer Situationen, als welche er den Naturzustand denkt, auf die Plausibilität eines Vertrages, der soziale Ordnung in der Form einer künstlichen Herrschaft begründet. Das war insofern konventionell gedacht, als nur rechtliche oder politische Lösungen in Betracht kamen – und hat die soziologische Kritik auch darum nicht überstanden.

überraschenden und daher auch riskanten und ›bedrohlichen‹ Situation, wenn er mit anderen zusammentrifft« – zitiert nach Robert Hettlage, Erving Goffman, in: Dirk Kaesler (Hrsg.), Klassiker der Soziologie, Bd. 2, München 1999, S. 188-206 (191).

Immerhin hatte diese Vertragstheorie Interaktion und Gesellschaft noch integriert. Der Vertragsschluß wurde als Interaktion, sein Ergebnis dagegen als Gesellschaft begriffen – so als stünde die Gesellschaft im ganzen für einzelne Interaktionen zur Disposition. Die soziologische Kritik dieser Theorie hatte den Akzent zunächst sehr eindeutig auf Gesellschaft verschoben. Interaktionen und Verträge könne es nur in einer Gesellschaft geben, die ihrerseits weder als Vertrag noch als Interaktion zu begreifen sei. Folglich muß nicht nur die Rechtstheorie, sondern auch die Interaktionstheorie innerhalb einer davon unabhängigen Theorie der Gesellschaft oder des allgemeinen Handlungssystems entwickelt werden.

Dieser *Sozietalismus* der soziologischen Theorie hat einen ebenso einseitigen *Interaktionismus* hervorgerufen, der in der Beschreibung der Einzelinteraktion letztlich auf den Naturzustand der Vertragstheorien zurückfällt – so als könnte die Interaktion in einem sozial leeren Raum stattfinden. Sicher geht es nun nicht mehr um explizite, sondern um implizite Verträge: An die Stelle der freien und wohlerwogenen Selbstbindung der Beteiligten tritt ein Modell, das vor allem die unwillkürliche Verstrickung in die eigene Selbstdarstellung betont. Da außerdem betont wird, daß jede Interaktion nur sich selbst, aber nicht auch anderes ordnen kann, erzeugt jede Interaktion ihre »eigene« Zivilisation. Autoren, die so denken, müssen den Begriff der Gesellschaft aufgeben oder ihn als bloßes Aggregat einer Vielzahl von Interaktionen denken.[5]

Gegen diesen Interaktionismus spricht, daß die Interaktion als soziales System nicht komplex genug ist, um alles auf einmal in Frage zu stellen oder durch eigene Operationen zu ordnen. Mit reiner und unbestimmter doppelter Kontingenz könnte sie wenig anfangen. *Sie setzt vielmehr doppelte Kontingenz in schon artikulierter Form und damit auch das Gesellschaftssystem als Artikulationshilfe voraus.*[6] Ohne diese Voraussetzung würde unbestimm-

---

5 So exemplarisch Randall Collins, On the Micro-Foundations of Macro-Sociology, in: American Journal of Sociology 86 (1981), S. 984-1014; ders., Micro-Translation as a Theory-Building Strategy, in: Karin Knorr-Cetina/Aaron V. Cicourel (Hrsg.), Advances in Social Theory and Methodology, London 1981, S. 81-101; siehe dazu auch Jörg Rössel, Konflikttheorie und Interaktionsrituale: Randall Collins Mikrofundierung der Konflikttheorie, in: Zeitschrift für Soziologie 28 (1999), S. 23-44.
6 Vgl. dazu die zentrale Stelle bei Luhmann, Soziale Systeme (a. a. O.), S. 571:

te Komplexität in den Wahrnehmungsraum einfließen, und darauf könnte man dann nicht mehr durch Interaktion, sondern nur noch durch Flucht reagieren.[7] Die Anwesenden würden einander nicht einmal als Personen und also auch nicht als mögliche Interaktionspartner erkennen. Interaktion ist also nur in der Gesellschaft möglich. Doppelte Kontingenz wird daher auch nicht als Anomie oder Entropie schlechthin, sondern als Unwahrscheinlichkeit des Zustandekommens und des Gelingens spezifischer Situationen bewußt.

Man darf dies nicht einfach als Einschränkung der guten Interaktion durch die böse Gesellschaft verstehen – so als hätte die Interaktion völlig beliebige Möglichkeiten, die dann unter dem Zugriff der Gesellschaft gleichsam verkümmern würden. Denn zum einen schränkt jede Interaktion sich selbst sehr viel drastischer und sehr viel schneller ein, als je eine Gesellschaft dies tun könnte. Und zum anderen ermöglicht die Gesellschaft ja ihren Personen nicht zuletzt auch den Rückzug aus einer derart eingeschränkten Interaktion – vom vorzeitigen Aufbrechen über das Wegbleiben bei nächster Gelegenheit bis hin zur Scheidung von Ehen.

Die Soziologie hat sich diese gesellschaftlichen Artikulationshilfen zunächst anhand jener kulturellen Selbstverständlichkeiten bewußt gemacht, die unter den Anwesenden nicht negiert werden können, weil sie nicht einmal thematisiert werden können. Es ist bekannt, daß solche Selbstverständlichkeiten von der Form der gesellschaftlichen Systemdifferenzierung abhängen und mit ihr sich ändern ließen.[8] Jede Gesellschaftstheorie müßte sie folg-

---

»Nur artikulierte Kontingenz ermöglicht es der Interaktion, sich selbst zu steuern.«

7 Siehe dazu nur Laurel Richardson Walum, The Changing Door Ceremony: Notes on the Operation of Sex Roles in Everyday Live, in: John Lofland (Hrsg.), Interaction in Everyday Live, Beverly Hills 1978, S. 51-60. Der Text beschreibt die Verwirrungen und Fluchtbereitschaften vor den Türen amerikanischer Universitäten, die sich daraus ergeben, daß die alte Sitte, wonach der Herr der Dame beim Durchschreiten von Türen den Vortritt läßt, nun auf einmal als Anmaßung des Mannes gilt, ohne daß man sich auf die Umkehrung dieser Reihenfolge verlassen könnte.

8 Man denke hier nur an die in der modernen Gesellschaft hochselbstverständliche Prämisse, daß jeder Mensch, der im Wahrnehmungsraum auftaucht, ein möglicher Interaktionspartner ist.

lich als variabel behandeln. Damit würde man jedoch an den Thematisierungskapazitäten sowie dem davon abhängigen Imaginationsraum der Einzelinteraktion völlig vorbeiabstrahieren. Dies ist gesellschaftstheoretisch, nicht aber auch für die Theorie der Interaktion legitim. Und eine beides umgreifende Sozialtheorie müßte daher sagen: Gerade die Differenzierung von Gesellschaft und Interaktion ermöglicht es, Variables zeitweise wie Konstantes erscheinen zu lassen, ohne auf Variabilität völlig zu verzichten – auch dies eine Form der Artikulation von Kontingenz.[9]

Auch die Struktur der Handlungsbereitschaft von Personen, um ein ähnliches Beispiel zu bilden, ist ja gesellschaftlich konstituiert und gesellschaftlich variabel, und zwar durch Maßnahmen der Erziehung und Umerziehung auch ohne jeden Wechsel der Differenzierungsform. In der modernen Gesellschaft stehen sogar, um dies zu ermöglichen, eigene Funktionssysteme für Erziehung und eigene Organisationssysteme für Umerziehung bereit. Gleichwohl muß man in jeder Interaktion die weitaus meisten Eigenschaften der anwesenden Personen als konstant hinnehmen, *und dies auch und gerade dann, wenn die Interaktion selbst im Erziehungssystem abläuft.*[10] Man kann den anderen nicht im vollen Umfange seiner gesellschaftlich konstituierten Varianz in Betracht ziehen, kann also nicht alle Konstanten seiner Person als situativ variabel behandeln und ihm in umgekehrter Blickrichtung dasselbe zuschreiben. Das könnte nur zu einer Art von Erziehung aller gegen alle führen, die sich als Interaktion nicht

---

9 All dies gilt im übrigen nicht nur für Selbstverständlichkeiten, an deren Thematisierung allenfalls die Soziologie ein Interesse hat. Auch solche Prämissen, die innerhalb der Gesellschaft sehr offen und sehr breit thematisiert werden können, gehen in die Interaktion mit dem Funktionswert einer Prämisse ein. So unterstellt man in der Interaktion unter den Mitgliedern einer Organisation, daß diese auch weiterhin und auch unabhängig vom Interaktionsverlauf am Erhalt ihrer Mitgliedschaft interessiert sind, und das erleichtert rasche Verständigung in demjenigen Bereich, den die Organisation als Organisation ordnen kann – und all dies, obwohl das soziale System der Organisation geradezu darauf beruht, daß auch die Nichtmitgliedschaft möglich ist und daß in ausgewählten Interaktionen auch darüber kommuniziert werden kann.
10 Siehe dazu Niklas Luhmann, Schematismen der Interaktion, in: ders., Soziologische Aufklärung 3: Soziales System, Gesellschaft, Organisation, Opladen 1981, S. 81-101 (87 ff.).

mehr ordnen ließe. Es ist also nicht »die Gesellschaft«, die jene Unterscheidung von konstanten und variablen Faktoren zumutet. Die Interaktion selbst ist darauf angewiesen, so unterscheiden zu können, und wenn die Gesellschaft nicht Anhaltspunkte immer schon vorgäbe, dann würde die Interaktion sie erfinden.[11] Gerade die *Reduktion* der sozialen Komplexität auf einige wenige Punkte ist der Beitrag, den die Gesellschaft zur *Ausdifferenzierung* von Interaktion leistet. Wollte man alles auf einmal zur Disposition stellen oder den Beteiligten als Gegenstand einer möglichen Handlung zurechnen, dann wäre die Komplexitätslast zu groß und zu unstrukturiert, als daß die Interaktion einen eigenen Beitrag zu deren Reduktion und Bestimmung leisten könnte. Das Verhalten würde dann direkt und ohne Dazwischenkunft einer weiteren Systemreferenz durch andere Strukturen bestimmt. Damit wiederholen wir eigentlich nur, daß Interaktionen nur im System der Gesellschaft vorkommen können. Wer das unter interaktionistischen Vorzeichen verkennt, der verliert das soziologische Augenmaß und muß der Interaktion Leistungen zurechnen, die die operativen Kapazitäten dieses Systemtyps weit überfordern.

III.

Insofern hatte Parsons ganz recht. Die Schwäche seiner eigenen Theorie liegt darin, daß er die gesellschaftliche Vorgabe von Normen und Werten als Eliminierung statt als Artikulation von doppelter Kontingenz begreift. Bei Parsons war doppelte Kontingenz bekanntlich nur als soziologische Version des Naturzustan-

---

11 Und in vielen Fällen sind sie erfunden: Wer eine ihm unwillkommene Aufforderung zum Tanz ablehnen möchte, der kann dies unter Schonung des anderen dadurch tun, daß er vorgibt, gar nicht tanzen zu können. Er darf sich dann nur beim Tanzen mit anderen Partnern nicht erwischen lassen. Wem dies zu weit geht, der mag sich umgekehrt gerade beim Tanzen beobachten lassen – und kann danach dann sagen, er habe soeben getanzt und sei vorerst erschöpft. Und auch dieses »vorerst« transzendiert mit seinem Zeithorizont, wie immer kurz er sein mag, den Zeithorizont jener Aufforderung zum Tanz, der noch kürzer ist. In beiden Fällen liegt die Strategie eines *fait accompli* zugrunde, die eine Konstante fingiert, um so den Bereich des Variablen – und damit des situativ Rechenschaftspflichtigen – einzuengen.

des zugelassen. Sie war ein Grenzbegriff für ein immer schon gelöstes Problem. In der weiteren Werkentwicklung von Parsons tritt an die Stelle von *double contingency* daher der *double interchange*, der überhaupt nur noch Großsysteme und deren Beziehungen zueinander in Betracht zieht, die Interaktion dagegen mehr und mehr aus dem Blick verliert. In der Theorie von Luhmann dagegen reicht doppelte Kontingenz auch in den Zivilisationszustand hinein. Sie ist, anders als bei Parsons, nicht nur ein unwirkliches Jenseits der Gesellschaft und nicht nur ein Reflexionsbegriff, den man zur theoretischen Beschreibung der Gesellschaft in der Gesellschaft benötigt. Sie produziert nicht nur ein Argument für die Unerläßlichkeit von Ordnung schlechthin. So hatten es die Vertragstheorien und durch deren Kritik hindurch auch noch die soziologischen Nachfolger bis hin zu Parsons gesehen. Vielmehr entsteht doppelte Kontingenz überhaupt erst mit der Ausdifferenzierung sozialer Systeme, und speziell das umfassende Sozialsystem der Gesellschaft muß doppelte Kontingenz immer auch reproduzieren, weil daran die Möglichkeit der Neubildung weiterer Sozialsysteme und vor allem weiterer Interaktionen hängt. In der Form von doppelter Kontingenz wird die Komplexität der Gesellschaft und ihrer Umwelt in der Gesellschaft als soziale Unbestimmtheit erfahrbar, und dies bietet die Möglichkeit, innerhalb der Gesellschaft weitere Sozialsysteme zu bilden. Diese Sozialsysteme sind dann zwar nicht aus der Gesellschaft ableitbar. Aber auch die Form dieser Unableitbarkeit müßte, anders als ein reiner Interaktionismus es vorsieht, im Rahmen einer Gesellschaftstheorie formulierbar bleiben.

Das Parsons-Theorem über die Vorgabe von Normen läßt sich in doppelter Hinsicht kritisieren. Zunächst als Behauptung einer *Vorgabe* von Normen. Sicher sind auch Interaktionen durch Normen bestimmt. Aber sie empfangen sie nicht nur als Vorgabe von der Gesellschaft, sie produzieren sie vielmehr auch selbst, und zwar überall dort, wo eine spezifische Erwartung für die unmittelbare Fortsetzung des Kontaktes zu wichtig ist, als daß man sie einfach aufgeben könnte, nur weil das Handeln ihr punktuell widerspricht.

Interaktionseigene Normen fordern zum Beispiel die Anerkennung der offenkundigen Realität des Wahrnehmbaren. Das ist nicht darum so, weil die Gesellschaft dies fordern würde, und es wäre auch dann der Fall, wenn die Gesellschaft an diesem Punkt völlig indifferent wäre. Der Grund ist vielmehr, daß eine annähernd gleichsinnige Wahrnehmung zu den wichtigsten Ressourcen für die Kommunikation unter Anwesenden gehört, die ja ihrerseits annähernd gleichsinnig wahrnehmbar sein muß, wenn anders sie überhaupt fortgesetzt werden soll.

Außerdem findet man in vielen Interaktionen die Normiertheit der Erwartung von Respekt vor dem Thema und vor dem Stand seiner Behandlung, und dies mit einer Konkretion der Empfindlichkeit gegen Abweichungen, die man gleichfalls nicht sinnvoll auf die Gesellschaft zurückführen kann, die ja durch die Breite ihres eigenen Repertoires stets auch den Themenwechsel ermöglicht. Wohl aber darauf, daß das Thema für die Interaktion die Funktion einer Struktur hat, nämlich zur Bestimmung der stets nur selektiv bestimmbaren Eigenkomplexität ihres Systems beiträgt. Die Zerstörung dieser Struktur würde diese unbestimmbare Eigenkomplexität wiederherstellen, und genau das muß durch Normierung mindestens so lange vermieden werden, bis andere Themen von gleicher oder besserer Eignung sich abzeichnen.

Auch die interaktionstypische Normiertheit der Konsistenz des Handelns hat hier und nicht etwa in der Gesellschaft ihre primäre Funktion. Erving Goffman hat dies immer wieder an der eigentümlichen Zwangsläufigkeit beschrieben, mit der gerade das spontane Handeln der Personen, an dem Kontingenz deutlich erkennbar ist, zur Grundlage für die Bildung von Erwartungen wird, die dann wie von selbst einen normativen Charakter annehmen, auch wenn explizit gar nichts versprochen oder in Aussicht gestellt wurde. Um dies zu ermöglichen, darf das Handeln seinen Zusammenhang mit der perzipierten Freiheit des Handelnden nicht verlieren, denn sonst wäre es gar nicht *sein* Handeln und könnte auch zur Reduktion und Bestimmung *seiner* Möglichkeiten nicht beitragen. Mit erzwungenem Handeln oder durch andere aufgedrängtem Handeln muß man sich nicht identifizieren. Der Ausdruckswert eines solchen Handelns ist schwach, seine Bindungseffekte bleiben gering, die dadurch aufgebauten Erwartungen sind unzuverlässig und instabil. Andere können sich darauf nicht verlassen und daran nicht anschließen. Insofern ist Abwesenheit von sichtbarem Zwang und sozialer Pression eine unerläßliche Voraussetzung für Selbstdarstellung.[12] Je spontaner die Einlassung und je geringer die Möglichkeiten, ihre Zurechnung vom Handelnden selbst auf irgendwelche Abwesenden zu verschieben, um so größer ihr Ordnungswert für das soziale System der Interaktion: Nur wer nicht A sagen muß, von dem kann dann auch erwartet werden, daß er B sagt.[13] Die Erwartung eines spontanen Handelns ist denn auch in der Interaktion allgegenwärtig.[14] Sie kann freilich nicht formuliert oder gar normiert werden, ohne daß das von den Familientherapeuten aufgedeckte Paradox der von anderen abverlangten und schon dadurch gebrochenen Spontaneität aufträte.

Eine andere Linie der Kritik an Parsons verschiebt den Akzent von der Vorstellung der Vorgabe auf die Vorstellung der Normiertheit selbst. Normen sind ein wichtiger, nicht aber der einzige Beitrag zur Lösung des Problems der doppelten Kontingenz. Das wird leichter erkennbar, wenn man sich klarmacht, daß die Norm dieses Problem nicht nur löst, sondern auf der anderen Seite ihrer eigenen Form stets auch reproduziert. Diese Reproduktion erfolgt zwingend, da man normative Erwartungen nicht präzisieren kann, ohne daß Grenzen ihrer sachlichen Reichweite erkennbar werden. Eine Norm läßt nicht nur erkennen, was man

---

12 Unter diesem Gesichtspunkt hat Niklas Luhmann, Legitimation durch Verfahren, 2. Auflage, Frankfurt 1975, S. 91 ff. (97) das Recht auf Aussageverweigerung interpretiert: Nur demjenigen, den man zur Aussage nicht zwingen kann, kann man die Aussage als spontane Darstellung seiner eigenen Person zurechnen, und nur diese Zurechnung ermöglicht es, die Persönlichkeit einzufangen und zu binden: »Wer in Ketten erscheint und unter Peitschen aussagt, macht damit zugleich deutlich, daß die Ursache seiner Aussage nicht in ihm selbst liegt. Er kann sein Selbst von seiner Aussage trennen und entlasten. Anders steht derjenige dar, den man dazu bringen kann, frei auszusagen. Ihm wird sein Verhalten als Selbstdarstellung zugerechnet.«
13 Man sieht an dieser Überlegung im übrigen ganz gut, wie verfehlt es wäre, die soziale Ordnung als Einschränkung einer angeblich natürlichen Freiheit des Individuums zu sehen. Beides, Freiheit und Einschränkung der Freiheit, entsteht überhaupt erst dort, wo soziale Kontakte zu ordnen sind und das Problem der doppelten Kontingenz gelöst werden muß.
14 So auch Erving Goffman, Interaktionsrituale, Frankfurt 1991.

verlangen kann, sondern auch und mit gleicher Deutlichkeit, was man *nicht* verlangen kann.[15] Aber auch in diesem Bereich des Unverlangbaren ist soziales Handeln nicht unmöglich, es muß nur anders motiviert und legitimiert werden – nämlich nicht allein durch die Gesellschaft, sondern durch den Erfolg einer genau darauf bezogenen Interaktion, in der der eine sich darum bemüht, das Unverlangbare gleichwohl zu erhalten, während der andere sich darum bemüht, dies entweder zu verhindern oder unter selbstdefinierte Bedingungen zu stellen. Die Unterscheidung verlangbar/nicht verlangbar ist dabei mit ihren beiden Seiten vorausgesetzt, und vorausgesetzt ist insofern auch die Gesellschaft (oder ersatzweise: die Organisation), die diese Unterscheidung vorgibt und mit anonymer Verbindlichkeit ausstattet. Aber diese Voraussetzung beseitigt nicht die doppelte Kontingenz; sie artikuliert sie nur. Interaktionen dieses Typs, die das gesellschaftlich naheliegende Nein in ein Ja umzuformen versuchen, sind im Vergleich zum Normalvollzug entweder sehr viel kürzer und einfacher oder sehr viel länger und komplexer strukturiert, je nachdem, ob sich *innerhalb* der Interaktion die Gesellschaft oder die darüber hinausgehende Intention durchsetzt.

Solche Interaktionen kommen nicht durch Anwendung einer Norm, sondern etwa dadurch zustande, daß einer von beiden sich mit eigenen Engagements versuchsweise festlegt und dann beobachtet, ob der andere, der genau dies beobachtet, sich darauf einläßt oder nicht. Die Lösung des Problems der doppelten Kontingenz muß also nicht in der Sachdimension, sie kann auch in der Zeitdimension liegen. Man schafft so etwas wie provisorische Tatsachen und gibt dem anderen eben dadurch die Möglichkeit, ja oder nein zu sagen, die er zuvor gar nicht gehabt hätte. Nur wenn man zusätzlich zur Sachdimension auch die Zeitdimension heranzieht, kann man beschreiben, daß und wie diese beiden Lösungswege sich kombinieren lassen. Dies kann zum Beispiel dadurch geschehen, daß man den anderen durch unverlangbares Entgegenkommen zur Dankbarkeit verpflichtet. So werden An-

---

15 Vor allem Organisationen, die ihre normative Struktur sehr präzise definieren, machen eben damit allenthalben erkennbar, an welchen Stellen das Verlangbare nicht ausreicht und zusätzliche Beiträge erforderlich sind. Die Soziologie sieht hier bekanntlich den Grund für die Erfolge der informalen Kommunikation.

sprüche an den anderen legitimiert, die dann auch für ihn in den Bereich dessen hineinreichen, was rein von der Gesellschaft her nicht verlangt werden kann. Die Entstehung einer solchen Beziehung ist von der normativen Struktur der Gesellschaft her unwahrscheinlich.[16] Einmal entstanden, bildet sie jedoch eigene Normen aus, die die Unwahrscheinlichkeit ihres Entstehens in die Wahrscheinlichkeit ihrer Erhaltung transformieren. Die Norm ist hier also nicht der Grund für die Reduktion von sozialer Komplexität. Eher schon werden normfrei etablierte Reduktionsweisen durch Normen verteidigt, so daß man sie auch bei gelegentlichem Versagen nicht sofort aufgeben muß.[17] Das Verhalten mag dann so wie erwartet ablaufen oder die Erwartung enttäuschen. Die Erwartung selbst kann in beiden Fällen reproduziert werden, weil es auch für den Enttäuschungsfall noch Ausdrucksmöglichkeiten gibt, mit denen man klarstellen kann, daß man nicht bereit ist zu lernen.[18]

IV.

Die klassische Thematisierung des Problems der doppelten Kontingenz hatte, wie schon gesagt, mit der Unterscheidung von Naturzustand und Zivilisationszustand gearbeitet und den Übergang als Vertrag zu begreifen versucht. Die Kritik hatte festgehalten, daß die Möglichkeit eines Vertrages so etwas wie eine rudimentäre Rechtsordnung auch im Naturzustand schon voraussetze – und daß das Argument dadurch zirkulär werde. Die Kommunikation über den Vertrag impliziere schon die soziale Ordnung, die sie begründen soll. In der soziologischen Reformulierung bei Parsons wird dieses Moment der Kommunikation daher weggelassen. Die Beteiligten gelangen ohne Kommunikation

---

16 Eben das wird durch die erste Unverlangbarkeit symbolisiert.
17 Vgl. dazu für den Sonderfall von Vertrauensbeziehungen Niklas Luhmann, Vertrauen: Ein Mechanismus der Reduktion sozialer Komplexität, 2. Auflage, Stuttgart 1973, S. 47: »Vertrauensbeziehungen werden nicht vorgeschrieben, sondern nachnormiert.«
18 Siehe zu diesem Begriff von Normativität als kommunizierter Verweigerung von Lernfähigkeit Johan Galtung, Expectations and Interaction Processes, in: Inquiry 2 (1959), S. 213-234; Niklas Luhmann, Rechtssoziologie, 2. Auflage, Opladen 1983, S. 40ff.

und allein durch Selbstkonsultation zu der Einsicht in die Notwendigkeit gemeinsamer Normen und Werte.[19]
In der Theorie selbstreferentieller Systeme ist gerade die *übergreifende Sozialität von Problem und Problemlösungsbereich* das Entscheidende: So wie doppelte Kontingenz das spezifisch soziale Problem ist, so nehmen sämtliche Lösungen dieses Problems die spezifisch soziale Operationsweise in Anspruch, nämlich Kommunikation. Die Zulassung von Selbstreferenz an genau dieser Stelle hat eine Reihe von Konsequenzen, denen wir hier nicht nachgehen können. Die für uns wichtigste Konsequenz besteht darin, daß die Gesellschaft sich im Verhältnis zur Interaktion auf die Vorgabe des Problems beschränken und auf die Vorgabe auch der Problemlösungen verzichten kann.
Durch die übergreifende Sozialität von Problem und Lösungsbereich ist sichergestellt, daß dann auch jede Problemlösung innerhalb der Gesellschaft verbleibt und deren Autopoiesis mitvollzieht. Die Problemlösung nimmt notwendigerweise die Form von Kommunikation an – wie immer sonderbar das Kommunizierte auch aussehen mag, wenn man es mit Normalerwartungen vergleicht und das Urteil von diesem Vergleich abhängig macht. Sie ist folglich für weitere Kommunikation zugänglich. Sie kann in der Gesellschaft weiterbehandelt, an anderen Gesichtspunkten geprüft und dann je nach dem Ergebnis der Prüfung reproduziert oder nicht reproduziert werden. Eine laufende Überschußproduktion von Lösungen für das Problem der doppelten Kontingenz ist so in die Gesellschaft eingebaut. Für die Gesellschaft ergeben sich daraus hohe Freiheiten der positiven oder negativen Selektion von Problemlösungen.
Für die Interaktion ist die Zurücknahme der gesellschaftlichen Determination auf die Vorgabe des Problems eine Bedingung der eigenen Selbstorganisation. Doppelte Kontingenz verhindert es, daß die Gesellschaft in der Interaktion unmittelbar wirksam wird. Sie ermöglicht es, das System der Interaktion zu schließen und dann *innerhalb* dieses Systems zu entscheiden, in welchen Hinsichten man sich von der Gesellschaft tragen läßt und in wel-

---

19 So die Parsons-Deutung bei Niklas Luhmann, Vorbemerkungen zu einer Theorie sozialer Systeme, in: ders., Soziologische Aufklärung 3 (a. a. O.), S. 11-25 (13).

chen Hinsichten man im Gegenzug dazu optiert. *Die Unterscheidung von Interaktion und Gesellschaft wird damit selber zum Schema der Artikulation von doppelter Kontingenz: Innerhalb der Interaktion können Ego und Alter sich mehr an der Gesellschaft oder mehr an der Interaktion orientieren, und beide wissen dies von sich selbst und voneinander.* Laufend findet man sich daher aufgefordert, Problemlösungen von der Stange mit solchen zu vergleichen, die nur hier und jetzt einleuchtend und praktikabel sein können. Der eine Lösungstypus spart Zeit und Verständigungsaufwand, nutzt aber nicht alle Möglichkeiten, die in der Situation aufscheinen, der zweite ist in jenen beiden Hinsichten aufwendiger, kann dafür aber auch Unwahrscheinlicheres realisieren und vielleicht sogar stabilisieren.

Es ist wichtig, diese Alternative nicht sogleich durch Bewertung zu vereinfachen. Denn der Gewinn für die Interaktion liegt darin, daß überhaupt beides möglich ist und zur Wahl steht. Weder ist ihr System strukturell darauf angewiesen, immer nur den Status quo zu reproduzieren, noch muß es unablässig mit strukturellen Neuheiten aufwarten. Es kann zwischen beiden Strategien wählen und diese Wahl von der eigenen Geschichte, von der Belastbarkeit der Teilnehmer oder von anderen Gesichtspunkten abhängig machen, über die man erst in der Situation urteilen kann. Die Interaktion kann sich sehr wohl darauf beschränken, ein bloßes Exemplar ihres eigenen Typus zu sein. Aber sie kann auch durch neuartige Kombinationen beeindrucken. Und man kann vermuten, daß *beide* Möglichkeiten in den Interaktionen der modernen Gesellschaft *stärker* genutzt werden.

Auch darum wäre es verfehlt, die Theorie der Interaktion schon mit der Wahl ihrer Grundbegriffe in der einen oder anderen Richtung zu disbalancieren. So wenig man Interaktionen einfach als ein mehr oder minder passives Anhängsel der Gesellschaftsstruktur begreifen kann, so wenig handelt es sich durchgängig um Laboratorien der sozialen Phantasie. Erst recht hilft es nicht weiter, hier sogleich mit einer Typenunterscheidung zu kommen, die strukturkonservative von experimentierfreudigen Interaktionen unterscheidet und beides auf unterschiedliche Bereiche der Gesellschaft verteilt. Denn die Entscheidung innerhalb dieser Alternative fällt ja erst innerhalb der Interaktion selbst. Die innergesellschaftliche Lokalisierung ihres Systems reicht nicht aus, sie zu antizipieren. Außerdem dürfte sich gerade die angeblich so strukturkonservative Interaktion in Organisationen durch ein Höchstmaß an Erfindungsreichtum auszeichnen, und dies vor allem dort, wo es darum geht, die Organisation in der Organisation auszutricksen, während die sogenannte kritische Diskussion unterdessen zeremonielle Züge trägt und den Vorgaben der Massenmedien sehr viel dichter folgt als je eine Interaktion unter Kollegen den Vorgaben der Arbeitsorganisation. Die Fragestellung müßte also sehr viel komplexer behandelt werden. Auch dafür bieten die bisher vorgestellten Analysen einen Ausgangspunkt.

Ob sich ein wie immer gedachter Status quo in der Interaktion durchsetzt oder nicht, das entscheidet sich in der Interaktion selbst, und zwar anhand einer wie immer abgekürzten Prüfung von interaktionseigenen Alternativen. Es ist also in *keinem* Fall die Gesellschaft, die sich einfach durch überlegene Bedeutung ihres eigenen Systems der Interaktion aufdrängt. Jede derartige Vorstellung würde am Systemcharakter der Interaktion vorbeigreifen. Sondern es ist die Systemperspektive der Interaktion, in der über das relative Gewicht der Gesellschaft entschieden wird. Auch eine Interaktion, von der ein Beobachter sagen könnte, daß sie die Gesellschaft einfach nur reproduziert, muß dafür selektive Prozesse einsetzen. *Auch die Selektion der gesellschaftlichen Vorgabe ist also nur ein Sonderfall der Selbstselektion von Interaktionssystemen.* Zu ihrer Erklärung muß man folglich nicht auf die Vorgabe als solche, sondern auf ihre etwaigen Vorteile für die lokale Behandlung des Problems der doppelten Kontingenz abstellen.[20]

20 Ein gutes Beispiel dafür ist die Untersuchung von Jean-Claude Kaufmann, Schmutzige Wäsche: Zur ehelichen Konstruktion von Alltag, Konstanz 1994, speziell S. 199 ff. Der Autor hat eine Reihe von jungen Ehen beobachtet, die sich zunächst auf die Ablehnung der geschlechtsspezifischen Arbeitsteilung verständigt hatten, nach einiger Zeit des Herumexperimentierens mit anderen Formen diese Arbeitsteilung dann aber auch selbst praktizierten. Kaufmann verschenkt den vollen Ertrag seiner Untersuchung, wenn er die Reproduktion der gesellschaftlichen Vorgabe immer wieder als Altlast von Sozialisationsprozessen ansieht, die in den Beteiligten fortwirken. Denn die Untersuchung zeigt gegen diese Erklärung sehr deutlich, daß die Alternativen, die ausprobiert wurden, zur sozialen Logik der Kontingenzformeln für Liebe und Intimität wenig paßten. Insofern könnte man auch diese Selektion einer gesellschaftlichen Vorgabe als Unterfall von – hier dann: ehelicher – Selbstselektion auffassen.

Geht man von diesem Problem der doppelten Kontingenz aus, dann liegen die Vorteile einer relativ dichten Anlehnung an die Gesellschaft und ihre Strukturen auf der Hand. Das gilt zunächst einmal in der *Zeitdimension*, die für ein System, das sich zu unablässigem Prozessieren zwingt und Latenzphasen kaum duldet, in besonderer Weise zu berücksichtigen ist. Bevorzugt werden Themen, zu denen man rasch etwas beitragen kann. Das Alter und der anonyme Bekanntheitsgrad des Themas – und beides sind Vorgaben, die die Interaktion nicht sich selber verdankt – werden unter diesen Umständen ein deutlicher Vorzug sein.

Man sieht hieran nicht zuletzt, daß gerade kurze Interaktionen nur wenig Gelegenheit haben, sich von gesellschaftlichen Strukturvorgaben zu distanzieren und eigene Wege zu gehen. In Extremfällen von Kürze, wenn es etwa nur darum geht, eine Kinokarte zu kaufen, ist schon unklar, ob es sich überhaupt um eine Interaktion handelt. Die Grenze zwischen bloßem Mitvollzug der Gesellschaft und ausdifferenzierter Interaktionsrealität kann hier nicht eindeutig gezogen werden.[21] Interaktionen brauchen also ein Minimum an Zeit, um sich als Systeme zu schließen, und noch mehr Zeit ist erforderlich, wenn die darin angelegte Chance zur Distanzierung von der Gesellschaft genutzt werden soll. Perfektionsformen dieser Distanzierung – so etwa der Diskurs im Sinne von Habermas – nehmen daher im Prinzip unendlich viel Zeit in Anspruch.

All das setzt freilich voraus, daß man die gesellschaftliche Vorgabe als solche erkennen kann. Wer in der sozialen Situation einer Busfahrt nicht weiß, daß weder Fahrplan noch Preise zur Dispo-

---

21 Ein System der Interaktion sondert sich hier nur ab, wenn technische oder sonstige Störungen des organisierten Ablaufs zur Improvisation zwingen oder gemeinsame Anstrengungen zur Begradigung der Situation nahelegen. In der Perspektive der Organisation würde man bei einer Häufung derartiger Vorkommnisse annehmen, daß ein Strukturfehler vorliegt, den man abstellen müßte. Beliebtes Mittel dazu: das Anbringen von Tafeln, auf denen *schriftlich* mitgeteilt wird, welche Kategorie von Dokumenten, Zertifikaten, Zahlungsmitteln bereitzuhalten bzw. mitzubringen bzw. erst noch zu beschaffen ist. Aber nicht nur organisatorisch schematisierte Situationen, auch andere Verlegenheiten des Alltags können den Anlaß zu einer derartigen Kurzverständigung bieten – so etwa, wenn unklar ist, aber ersichtlich geklärt werden muß, wer zuerst durch die Tür geht. Siehe dazu nochmals Laurel Richardson Walum, The Changing Door Ceremony (a. a. O.).

sition stehen, wird unrealistische Erwartungen hegen und für andere unverständliche Zurechnungen vornehmen. Er wird das Verhalten eines Busfahrers, der ihn daran erinnert, nicht richtig verstehen und wird möglicherweise als Ausdruck persönlicher Feindseligkeit buchen, was doch nur Rollenpflicht ist und als solche mit der besonderen Person gar nichts zu tun hat.[22] Schon als Routineverlauf ist die Interaktion davon abhängig, daß solche Einschätzungen funktionieren und wechselseitig erwartbar bleiben. Das gilt erst recht für ihre Möglichkeiten des Abweichens von der Routine: Der Busfahrer wartet mit der Abfahrt oder unterbricht sie nach ihrem Beginn, bis der aus größerer Entfernung herbeieilende Fahrgast den Bus erreicht hat, und erwirbt durch dieses unverlangbare Entgegenkommen einen Anspruch auf Dankbarkeit, dessen Einlösung dann zu einem kürzeren oder längeren Gespräch führen mag. Würde man nicht wissen, daß Busfahrer bei solchen Entscheidungen normalerweise dem Fahrplan den Vorzug geben und darin nicht nur durch die eigene Organisation, sondern auch – und situativ mindestens ebenso wichtig – durch die massive Indifferenz der anderen Fahrgäste unterstützt werden, dann würde man gar nicht erkennen, daß es sich um ein unverlangbares Entgegenkommen handelt. Man würde die Wartebereitschaft als Selbstverständlichkeit nehmen und so dem Fahrer das Gefühl geben, unverstanden zu bleiben. Als ein erstes Fazit können wir festhalten, daß es wenig sinnvoll wäre, das Verhältnis von Interaktion und Gesellschaft nach Art eines Nullsummenspiels zu denken, in dem beide um knappe Anteile streiten. Summenkonstanzannahmen sind eine hochspezifische Form der Artikulation von doppelter Kontingenz – ähnlich wie Normen. Man muß daher nach den Bedingungen fragen, unter denen eine Rekonstruktion von Kontingenz in der Form von Knappheit akzeptiert werden kann.[23] Für das Verhältnis von

22 Siehe dazu die Beobachtungen bei Elihu Katz/S.N. Eisenstadt: Some Sociological Observations to the Response of Israeli Organizations to New Immigrants, in: Administrative Science Quarterly 5 (1960), S. 113-133.
23 Theorien, die das Problem der Summenkonstanz dem Problem der doppelten Kontingenz vorordnen, können doppelte Kontingenz dann nur noch wirtschaftsanalog, nämlich nur als Konkurrenz oder Konflikt um knappe Ressourcen, begreifen. So geraten sie vor die Alternative, entweder bloße Wirtschaftstheorie oder ökonomistische Generalisierung zu sein, und dieser Alternative können sie nur durch die Erfindung immer neuer Knappheiten entgehen, die

Interaktion und Gesellschaft ist die Vorstellung eines Nullsummenspiels mit Sicherheit irreführend, und gerade das Problem der doppelten Kontingenz ist geeignet, dies vorzuführen. Um dies einzusehen, muß man sich nur von der Vorstellung einer Kumulation von Bedingungen lösen. Die wichtigste Leistung dessen, was wir artikulierte Kontingenz nennen, besteht nämlich darin, daß Bindung und Freiheit keinen Gegensatz bilden, sondern dank der Differenzierung von Interaktion und Gesellschaft aneinander gesteigert werden können.[24] Jeder Anwesende gewinnt daraus, daß er nicht nur an gerade dieser Interaktion mitwirkt, sondern auch anderweitig gebunden ist, an Freiheit gegenüber der Interaktion selbst. Er kann sich dem Druck der Anwesenden dadurch entziehen, daß er auf diese Bindungen verweist. Er entschuldigt sich dann in der Gesellschaft mit der Gesellschaft, und die Differenz von Interaktion und Gesellschaft stellt sicher, daß dieses Manöver trotz offenkundiger Zirkularität funktioniert.[25] Er kann dem Druck der Anwesenden aber auch nachgeben und dabei deutlich machen, daß er sich dafür Proble-

---

eine Ausweitung der ökonomischen Analyse auf andere Handlungsbereiche der Gesellschaft ermöglichen soll, ohne diese dem Wirtschaftssystem angleichen oder sie daraus »ableiten« zu müssen. Die Erfindung immer neuer Kapitalsorten, mit der Bourdieu an der Stelle aushilft, an der die Systemtheorie unterschiedliche Kommunikationsmedien unterscheiden würde, ist ein Beispiel für diese Art von Problemverschiebung. Dasselbe gilt, wenn man doppelte Kontingenz nicht als Knappheit, sondern als diffuse Bedrohung durch unregulierte Gewalt (Hobbes) oder anhand von Vorstellungen über mangelnden oder fehlenden Wertkonsens denkt, an denen die Soziologie von den Klassikern des Faches bis in die Nachkriegszeit (Weber, Durkheim, Parsons) festgehalten hatte. Alle diese Problemformeln hatten eigentlich nur hochselektive Artikulationen von doppelter Kontingenz vor Augen, die auch den Problemlösungsbereich einschränkten. Sie waren daher nur zum Aufbau von Theorien geeignet, die, sei es der Wirtschaft (Marx), sei es der Politik (Hobbes), sei es der beides legitimierenden Kultur (Weber, Parsons) oder ihrer Reproduktion durch Sozialisationsprozesse (Durkheim, Parsons, Luckmann) eine Schlüsselstellung zusprechen mußten, *ohne diese Auszeichnung innerhalb der Theorie kontrollieren zu können.*
24 Siehe dazu Luhmann, Soziale Systeme (a.a.O.), S. 569.
25 In der modernen Gesellschaft kann man sich nicht nur auf den Verpflichtungsgehalt von gesellschaftsinternen Drittbeziehungen berufen. Auch das Individuum ist als Entschuldigungsgrund für Unpäßlichkeiten der verschiedensten Art sowie als Enttäuschungserklärung fest institutionalisiert. Oft reicht es daher, wenn man erklärt, keine Lust zu haben. Das ist freilich gerade in der Interaktion eine gewagte Strategie, die man nur selten in reiner Form antreffen wird.

me mit Abwesenden einhandeln wird, die er an sich lieber vermeiden würde. Damit wird das Nichtselbstverständliche der Nachgiebigkeit deutlich betont – und das mag es erleichtern, dann auch von den anderen etwas Nichtselbstverständliches zu erwarten. So werden Bindungen in Freiheiten und Freiheiten in Bindungen transformiert.[26] Kein Summenkonstanzmodell kann so etwas fassen.

V.

Wir haben bisher zu zeigen versucht, daß es nicht sinnvoll ist, Gesellschaft und Interaktion im Stile der soziologischen Kontroversliteratur gegeneinander auszuspielen, da diese Unterscheidung ja ihrerseits innerhalb der Interaktion zur Verfügung steht und dort als Schema der Artikulation von doppelter Kontingenz benutzt wird. Das unterwirft sämtliche gesellschaftlichen Vorgaben einer sei es positiven, sei es negativen Selektion durch die Interaktion, ebenso wie umgekehrt sämtliche Resultate der Interaktion in der Gesellschaft positiv oder negativ seligiert werden können. Damit tritt ein Modell der doppelten Selektion an die Stelle,[27] an der man zuvor nur die Wahl hatte, entweder die Interaktion als Effekt der Gesellschaft oder die Gesellschaft als Effekt der Interaktion zu denken.

In diesem Abschnitt wollen wir eine Frage diskutieren, die davon nur scheinbar unabhängig ist. Ihren Zusammenhang mit dem zuvor Gesagten können wir zunächst mit einer Art von Symmetriethese andeuten: So wie es in der Interaktion kontingent ist, ob man sich an der Gesellschaft orientiert oder nicht, so ist es in der Gesellschaft kontingent, ob man sich überhaupt auf Interaktion einlassen soll oder nicht. Der Kontingenz der Gesellschaft in der Interaktion entspricht also die Kontingenz der Interaktion in der Gesellschaft. Und da es hier wie dort nicht um einfache, sondern um doppelte Kontingenz geht, gehört auch der zweite Teil unserer Symmetriethese in dieses Kapitel.

26 Wir rephrasieren damit nur nochmals, daß die Unterscheidung von Interaktion und Gesellschaft ein Schema zur Artikulation doppelter Kontingenz innerhalb der Interaktion selbst ist.
27 Siehe zu diesem Modell auch Luhmann, Soziale Systeme (a.a.O.), S. 588 ff.

Auch die Möglichkeit, Interaktion zu vermeiden, gehört nämlich mit zur Gesellschaft. Man erkennt dies auch daran, daß diese Vermeidung auf der Grundlage von reflexiver Wahrnehmung so gut wie unausweichlich zur Kommunikation wird. Sie kann daher auch, so wie jede Kommunikation, als Handlung zugerechnet werden und wird damit zur Darstellung einer Absicht, die dann als solche zur Fortsetzung verpflichtet und den Zugang zu künftiger Interaktion inhibiert. *Es gibt daher nicht nur erwartbare Wiederholung von Interaktion, sondern auch erwartbare Wiederholung von Nichtinteraktion, und nicht nur der Anfang, sondern auch der Nichtanfang mit Interaktion kann strukturbildend wirken.* So werden alle Teilnehmer eines größeren Seminars vor und nach Beginn der jeweiligen Sitzung mit redundanten Interaktionsmöglichkeiten konfrontiert, aus denen sie schon aus Komplexitätsgründen auswählen müssen. Schon aus Komplexitätsgründen setzt jede Interaktion mit spezifischen Partnern, zu der es dann kommt, den Verzicht auf andere, auch mögliche Interaktionen und Interaktionspartner voraus. Dafür könnte man immerhin Verständnis aufbringen. Andererseits läßt es sich im Gedränge des Aufbruchs oft nicht vermeiden, daß dieser ohnehin unausweichliche Verzicht auf Interaktion als zurechenbare Absicht auf Vermeidung gerade dieser Interaktion und gerade dieses Interaktionspartners erkennbar wird. Und in all diesen Fällen ist dann auch in Zukunft mit einer Wiederholung von Nichtinteraktion zu rechnen. So werden die Kontaktmöglichkeiten wie von selbst restringiert. Zufälle reichen aus, um das Netz der an sich denkbaren Interaktionsmöglichkeiten zu strukturieren, und dies nicht nur dadurch, daß die einmal zustandegekommene Interaktion den Beteiligten die Wiederholung nahelegt, sondern auch im Negativbereich dessen, was möglich war, aber vermieden wurde. Innerhalb dieses Vermeidungsbereichs scheinen daher schon nach wenigen Wochen diejenigen, mit denen man zu Beginn nicht gesprochen hatte, in eine unwirkliche Ferne gerückt, wie immer die Beteiligten dies auch bedauern mögen.

In Kenntnis dieser Effekte der vermiedenen Interaktion wird auch das Umgekehrte verständlich: Man will im Moment eigentlich gar keinen Kontakt, fürchtet aber, daß genau dies zur Kommunikation werden könnte, und läßt sich *nur deshalb* auf Interaktion ein. Das Problem besteht auch hier darin, daß man nicht einfach vorbeigehen kann, ohne daß dies zur Darstellung einer Absicht wird, die dann zur Fortsetzung verpflichtet. Aber gerade in solchen Fällen kann man beobachten, daß auch die Interaktion selbst beobachten kann, daß sie letztlich nur deswegen zustande gekommen ist, weil mindestens einer der Beteiligten nicht eigentlich die Interaktion sucht, sondern nur die Folgen ihrer Vermeidung vermeiden will.[28]

Wer Interaktion vermeiden, sich aber dadurch für künftige Situationen nicht festlegen will, der muß zu verhindern suchen, daß die Vermeidung selber als Kommunikation erscheint. Er muß vermeiden, daß eine Differenz von Information und Mitteilung sichtbar wird. Das wird sich typisch nur dadurch erreichen lassen, daß man das Reflexivwerden der Wahrnehmung blockiert, zum Beispiel mit einem vorsichtigen Blick durch die Gardinen oder durch den »Spion« an der Haustür oder beim Telefonieren mit Hilfe von Anrufbeantwortern, die es bei entsprechendem Mißbrauch ermöglichen, wahrzunehmen, ohne wahrgenommen zu werden.

Wir haben die Möglichkeit und das Problem der Interaktionsvermeidung bisher nur unter taktischen Gesichtspunkten behandelt. Sie hat aber noch eine weitere Bedeutung, die man am besten auf einer allgemeineren Theorieebene darstellen kann. Man trifft in systemtheoretischer Perspektive oft auf den Fall, daß eine bestimmte Typik von Kommunikationen, die als bloßer Mitvollzug von Gesellschaft zunächst einmal unwahrscheinlich ist, nur durch weitere Systembildung in Wahrscheinlichkeit überführt werden kann. Es gibt also Zusammenhänge zwischen Operationsweise und Systembildung, die man nur klären kann, wenn man sich zunächst einmal die innergesellschaftliche Kontingenz der Operation klarmacht.

So ist auf Anhieb nicht leicht zu erkennen, wie eine Kommunikation, die sich als *Kommunikation einer Entscheidung* versteht,

---

28 Vgl. dazu Niklas Luhmann, Sozialsystem Familie, in: ders., Soziologische Aufklärung 5: Konstruktivistische Perspektiven, Frankfurt 1990, S. 196-217 (215): »Man kann nicht über den Flur gehen, ohne dadurch mitzuteilen, daß man im Moment keinen Kontakt zu anderen sucht; oder wenn man es daraufhin doch tut, ist es zu knapp bemessen und ersichtlich nur deshalb geschehen, weil man anderenfalls den Eindruck erwecken würde, daß man auf Kontakt keinen Wert legt.«

erfolgreich sein könnte.[29] Denn dann wird ja mitkommuniziert, daß der Absender auch anders oder gar nicht hätte entscheiden können. Aber warum sollte der Adressat dies akzeptieren? Die Kommunikation selbst legt, indem sie ihre eigene Kontingenz betont, eher die Ablehnung nahe. Gelingt es dagegen, ein System der Organisation auszudifferenzieren, das ausschließlich aus kommunizierten Entscheidungen besteht und keine andere Typik der Identifikation eigener Operationen mehr zuläßt, dann muß man den Protest dagegen, daß es sich überhaupt um Entscheidungen handelt, nicht länger fürchten. Denn innerhalb des Systems könnte ja auch dieser Protest nur als Kommunikation einer weiteren Entscheidung kommuniziert werden. Dann aber würde einfach eine Entscheidung gegen die andere stehen. Und in der Tat beruhen Organisationen nicht zuletzt darauf, daß sie den Protest gegen die Dauerzumutung von Entscheidungsverhalten inkommunikabel machen. Jeder Kommunikationsversuch in dieser Richtung würde den, der ihn unternimmt, in performative Widersprüche verstricken: Er müßte tun, was er ablehnt, und ablehnen, was er tut.[30] Und bekanntlich kann selbst das Nichtentscheiden unter diesen Umständen als Entscheidung, nicht zu entscheiden, rekonstruiert werden.

Etwas Ähnliches gilt für die codierte Kommunikation in den großen Funktionssystemen der modernen Gesellschaft. Auf der Ebene der Gesellschaft ist *jede spezifische Codierung der Kommunikation* kontingent, denn schließlich gibt es mehrere Funktionssysteme und folglich auch mehrere Codes: Man muß nicht zwischen wahr und falsch, man kann auch zwischen Recht und Unrecht unterscheiden. Diese Möglichkeit, Codierungen zu wählen oder zu wechseln, ist ihrerseits ein Moment der Autopoiesis von Gesellschaft. Oder in der Sprache von Gotthard Günther: Man kann eine Codierung nicht nur akzeptieren, man kann sie auch rejizieren.[31] Rein von der Gesellschaft her würde man daher erwarten, daß die Zumutung einer spezifischen Codierung chancenlos bleibt. Gelingt es dagegen, ein Funktions-

---

29 Wir kommen darauf in Kapitel 11 noch einmal zurück.
30 Siehe Niklas Luhmann, Organisation und Entscheidung, MS Bielefeld 1995, S. 47.
31 Vgl. dazu Gotthard Günther, Beiträge zur Grundlegung einer operationsfähigen Dialektik, Bd. I, Hamburg 1976, S. 286 ff.

system auszudifferenzieren, das alle eigenen Kommunikationen am eigenen Systemcode identifiziert, dann wird der Protest dagegen, daß es sich überhaupt um diesen und keinen anderen Code handelt, innerhalb des Systems inkommunikabel. Der Hinweis auf Schäden, die durch Forschungen ausgelöst werden, die nach wahr/falsch codiert sind, ist entweder seinerseits ein Forschungsprogramm innerhalb dieses Codes oder eine wissenschaftlich nicht anschlußfähige Kommunikation, die der innergesellschaftlichen Umwelt des Wissenschaftssystems überlassen bleibt.

Etwas Ähnliches scheint nun auch für die *Kommunikation unter Anwesenden* zu gelten. Auch Kommunikation unter Anwesenden ist gesellschaftlich kontingent und muß dies mitkommunizieren. Und auch hier läßt die Autopoiesis der Gesellschaft es zu, sich den entsprechenden Zumutungen zu verweigern, und zwar nicht nur durch Vermeidung von reflexiver Wahrnehmung,[32] sondern sehr wohl auch durch explizite Kommunikation. Man kann doch im Prinzip jederzeit kommunizieren, daß man keine Interaktion wünscht: Nicht jetzt, nicht hier, nicht mit ihr, nicht mit dir. Wer so etwas mitteilt, der kommuniziert genauso verständlich wie derjenige, der erfreut stehenbleibt, Platz nimmt oder in sonst einer Weise erkennen läßt, daß er gesprächsbereit ist.

Offenbar ist die Autopoiesis der Kommunikation auf der Ebene der Gesellschaft so organisiert, *daß man sich auf Kommunikation unter Anwesenden mit gleicher Verständlichkeit einlassen wie nicht einlassen kann.* Wer Anwesenheit anträgt, macht daher den anderen wie von selbst darauf aufmerksam, daß er dies auch vermeiden kann. Und je mehr die angebliche Notwendigkeit gerade dieses Gespräches betont wird, um so deutlicher wird erkennbar, daß die Gesellschaft auch andere Möglichkeiten bereithält. Auch hier kann man sich also wundern, daß Kommunikation dieser Art überhaupt stattfindet, auch hier kann man fragen: Wie ist

---

32 Man denke hier etwa daran, wie die Insassen von Aufzügen den unmittelbaren Blickkontakt vermeiden und statt dessen lieber jeder für sich auf den Wechsel der Lichter starren, der das jeweilige Stockwerk anzeigt: So kann nicht nur reflexive Wahrnehmung minimiert, sondern zugleich auch betont werden, daß nicht der Zufall der Zusammenkunft, sondern ein unabhängig davon ins Auge gefaßter Zielpunkt der eigenen Mobilität die Orientierung bestimmt – auch dies also eine Darstellungstechnik des *fait accompli*.

das überhaupt möglich? Und auch hier lautet die Antwort: nur durch autopoietische Systembildung. Nur innerhalb eines Systems, das ausschließlich damit befaßt ist, Kommunikation unter Anwesenden mit Hilfe von Kommunikation unter Anwesenden zu produzieren und zu reproduzieren, kann der Hinweis auf die innergesellschaftliche Kontingenz trivialisiert werden. Denn wer immer darauf hinweisen wollte, müßte es ja im System selbst tun. Die Kontingenz wird also nicht durch Umformung in Notwendigkeit, sondern durch systemspezifische Totalisierung bewältigt. An die Stelle des gesellschaftlich möglichen Nein zur Interaktion tritt dann das Nein in der Interaktion, das durch deren eigenes System reguliert werden kann. Selbst Aufbrüche sind dann nicht mehr einfach als Abbrüche der Kommunikation, sondern nur als mehr oder weniger geregelte Beendung der Zusammenkunft möglich.

Kapitel 5
Reflexive Wahrnehmung

I.

Es versteht sich, daß die Interaktion in besonderer Weise auf Wahrnehmungsleistungen angewiesen ist. Die beteiligten Personen müssen einander hören und sehen können. Damit gewinnen zugleich auch die Körper und deren Verhalten eine nicht ignorierbare Relevanz. Da die Beteiligten überdies sinnhaft erleben, also nicht nur wirkliches, sondern auch mögliches Körperverhalten in Rechnung stellen, müssen zusätzlich auch diese Möglichkeiten bestimmt, in ihren Grenzen geklärt und zusammen mit den entsprechenden Unmöglichkeiten laufend beglaubigt und reinszeniert werden.

Mit solchen Befunden ist aber über die Bedeutung von Wahrnehmung für die Interaktion noch wenig gesagt. Denn offensichtlich sind in allen komplexeren Fällen und speziell zur Ausdifferenzierung eines sozialen Systems auch Kommunikationsleistungen erforderlich, und eine Theorie der Interaktion müßte demnach beides behandeln können. Erst innerhalb einer Theorie, die Wahrnehmung und Kommunikation begrifflich unterscheiden und am Gegenstand aufeinander beziehen kann, wird man über den relativen Stellenwert sowie über die spezifische Funktion dieser beiden Prozesse für den Aufbau von Interaktionssystemen urteilen können.

In der Tradition ihres Begriffs wurde die Wahrnehmung nicht von der Kommunikation, sondern vom Denken unterschieden. Dem lag eine hierarchische Vorstellung von den Fähigkeiten des Menschen zugrunde. Innerhalb dieser Unterscheidung wurde die Wahrnehmung gegenüber dem Denken abgewertet und auf Seinsstufen minderer Perfektion eingeordnet, denn da auch Tiere über die Fähigkeit zur Wahrnehmung verfügen, konnte das definierende Merkmal des Menschen nicht hier, sondern nur in seiner Fähigkeit zum Denken liegen.[1] Im Rückblick auf diese Un-

---

1 Die Fähigkeit mit der größeren Allgemeinheit und Verbreitung wurde nicht etwa, wie man das von heute aus sehen könnte, als evolutionäre Grundlage für die

terscheidung von Wahrnehmung und Denken außerdem fällt auf, daß *beides* Kompetenzen der psychischen Systeme von Menschen sind oder jedenfalls so begriffen wurden. Der Rahmen ihrer Explikation war, um es mit einem neueren Terminus zu sagen, ein anthropologischer.[2] Die Kontroverse über den Zusammenhang (und über die etwaige Hierarchisierbarkeit des Zusammenhangs) dieser Fähigkeiten betrifft also noch gar nicht die Frage, die sich beim Übergang zur Soziologie stellt.

Mit der neuzeitlichen Wendung des Wissenschaftsbegriffs ins Empirische erfuhr die Wahrnehmung bekanntlich eine Aufwertung.[3] Je mehr man am Bewußtsein des Menschen die basale Selbstreferenz herausstellte, um so mehr schien es Aufgabe der Wahrnehmung zu sein, die Fremdreferenz in einer *davon unabhängigen* Form zu garantieren.[4] Diese Auszeichnung der Wahr-

---

Ausdifferenzierung anderer Merkmale begriffen, sondern führte ihnen gegenüber eine Art von Schattendasein. Eine Umkehrung dieser Hierarchisierung war möglich, war aber als Zynismus ebenso chancenlos im Vergleich mit der offiziellen Anthropologie des *animal rationale*, wie es die Skepsis im Vergleich mit der offiziellen Ontologie des einwertigen Seins war. Siehe dazu Klaus Heinrich, Antike Kyniker und Zynismus in der Gegenwart, in: ders., Vernunft und Mythos: Ausgewählte Texte, Frankfurt 1983, S. 27-50.

2 Dazu ideengeschichtlich Odo Marquard, Zur Geschichte des philosophischen Begriffs »Anthropologie« seit dem Ende des 18. Jahrhunderts, in: Collegium Philosophicum, Studien Joachim Ritter zum 60. Geburtstag, Basel 1965, S. 209-239.

3 Siehe dazu mit gesellschaftstheoretischen Argumenten, die auf vergleichbare Vorgänge der Umwertung einer sozial interpretierten Körperlichkeit auch in anderen Funktionsbereichen und Mediencodes hindeuten, Niklas Luhmann, Symbiotische Mechanismen, in: ders., Soziologische Aufklärung 3: Soziales System, Gesellschaft, Organisation, Opladen 1981, S. 228-245; ders., Die Gesellschaft der Gesellschaft, Frankfurt 1997, S. 378ff.

4 Über die schon innerhalb der Bewußtseinstheorie mögliche Destruktion dieser Vorstellung kann man sich bei Husserl informieren; siehe für Ausgangspunkte Edmund Husserl, Logische Untersuchungen (1901/1921), Nachdruck der 2. Auflage, Tübingen 1980, Bd. 3, S. 222ff. Die spätere Entwicklung zur transzendentalen Phänomenologie läuft dann bekanntlich über die These, daß die Unterscheidung von Selbstreferenz und Fremdreferenz operativ stets als Einheit prozessiert werden muß, nämlich als Einheit von Bewußtsein und Phänomen. Und das heißt dann auch, daß es Fremdreferenz gar nicht unabhängig von Selbstreferenz geben kann, ja daß die gesamte Unterscheidung von Selbstreferenz und Fremdreferenz nur ein Unterfall von Selbstreferenz ist. Siehe zu dieser Umformulierung des Husserlschen Ansatzes, die zugleich seine Detranszendentalisierung ist, Niklas Luhmann, Die neuzeitlichen Wissenschaften und die Phänomenologie, Wien 1996.

nehmung wurde dann im Rahmen der empiristischen Erkenntnistheorie zu einer Umkehrung der traditionellen Hierarchie ausgebaut und zur Beschreibung des *sozialen Systems* der modernen Wissenschaft benutzt. In genau dieser Form unterliegt die Umkehrthese vom Primat der Wahrnehmung inzwischen der Kritik. Man weiß heute, daß das System der wissenschaftlichen Kommunikation sich durch Wahrnehmungen nur irritieren, aber nicht instruieren läßt.[5] Die wissenschaftliche Relevanz von Wahrnehmung ist damit selbstverständlich nicht bestritten, aber das eigentliche Interesse verlagert sich auf die Selektion dieser Relevanz und damit auf strikt systeminterne Vorgänge.[6] Den folgenden Überlegungen liegt die systemtheoretisch zentrale Annahme zugrunde, daß diese Einsicht auch für andere soziale Systeme und speziell für die Interaktion unter Anwesenden gilt. Der Grund dafür liegt in der systemtheoretischen Unterscheidung von psychischen und sozialen Systemen. Soziale Systeme bestehen demnach nicht aus Wahrnehmungen, sondern aus Kommunikationen. Wahrnehmungen kommen in sozialen Systemen, hält man sich strikt an das, was diese als Operation durchführen können, nicht vor. Die Anästhesie der sozialen Systeme ist durch ihre operative Schließung gesichert. Sie können Wahrnehmungen thematisieren, aber nur mit den Mitteln von Kommunikation und ohne dabei je das zu erreichen, was die Wahrnehmung für psychische Systeme bedeutet. Entsprechend wollen wir die Auffassung vertreten, daß Interaktionen soziale Systeme sind, die nur durch Kommunikation unter Anwesenden aufge-

---

5 Innerhalb der Wissenschaftssoziologie hat die sogenannte Laborforschung dies inzwischen auch und gerade an der Interaktion unter Naturwissenschaftlern gezeigt. Siehe beispielsweise Karin Knorr-Cetina, Die Fabrikation von Erkenntnis: Zur Anthropologie der Naturwissenschaft, Frankfurt 1984. Aber die Konsequenzen wurden in Form einer empirischen Wiederholung und Erweiterung der bekannten Kritik empiristischer Wissenschaftstheorien und nicht etwa interaktionssoziologisch oder gar in Richtung auf eine allgemeine Sozialtheorie gezogen. Auch die daran anschließende Literatur befaßt sich lediglich mit den Paradoxien einer empirischen Kritik des Empirismus. Siehe hierfür Raimund Hasse/Georg Krükken/Peter Weingart, Laborkonstruktivismus: Eine wissenschaftssoziologische Reflexion, in: Gebhard Rusch/Siegfried J. Schmidt (Hrsg.), Konstruktivismus und Sozialtheorie, Frankfurt 1994, S. 220-263.
6 Siehe dazu auch Niklas Luhmann, Die Wissenschaft der Gesellschaft, Frankfurt 1990, S. 224ff.

baut und in Gang gehalten werden. Wahrnehmung ist dafür konstitutiv unerläßlich, *aber nicht als diejenige Operation, die das System ausdifferenziert*, sondern nur als eine gleichsam ökologische Vorbedingung dafür, die in der Umwelt vorliegen und im System als gleichzeitig mitwirkend unterstellt werden muß. Erst aufgrund solcher Klarstellungen kann man adäquat würdigen, wie sehr soziale Systeme davon abhängen, daß sie auch in der Wahrnehmungswelt des Bewußtseins vorkommen und bemerkt werden können. Die Kommunikation kann Bewußtsein überhaupt nur dadurch faszinieren, daß sie auch im Bereich des Wahrnehmbaren attraktive Spuren hinterläßt. Und auch die durch Kommunikation aufgebauten Systeme müssen als soziale Systeme wahrnehmbar sein.[7] Das Enge, das Dichte, das Ausnahmslose dieses Zusammenhangs rechtfertigt es jedoch nicht, ihn selbst mit dem Systembegriff zu belegen. Systemtheoretisch handelt es sich vielmehr um die Erfordernisse der strukturellen Kopplung bzw. der Interpenetration im Verhältnis von Kommunikation und Bewußtsein.

Demnach ist Wahrnehmung zunächst eine Leistung psychischer, nicht sozialer Systeme, und die wissenschaftliche Zuständigkeit liegt folglich bei der Psychologie. Fragt man zusätzlich nach einem spezifisch soziologischen Beitrag zur Theorie der Wahrnehmung, dann stößt man auf verschiedene Antworten. Einige von ihnen implizieren den Begriff der *Kausalität*. Die Sozialität der Wahrnehmung läge dann in der Möglichkeit nachzuweisen, daß sie die Unterscheidungen, die sie benutzt, nicht etwa sich selbst

---

7 Das gilt nicht zuletzt auch für die Wahrnehmbarkeit von Interaktionssystemen. Wer um Feuer bittet, kann wahrnehmen, ob er eine Interaktion beginnt oder ob er eine Interaktion unterbricht. Auch kann man wahrnehmen, daß die Putzfrau wahrnimmt, daß das Seminar noch läuft, wenn sie den Raum vor dem Ende der Sitzung betritt. Und selbst im dichtesten Gedränge (bei der Ausstellungseröffnung im überfüllten Museum, auf dem Wochenmarkt oder am Wühltisch) erkennt man am Richtungssinn der Körper, der Blicke, der Gesten sehr schnell und mit nur minimalen Gefahren des Irrtums und des Sich-korrigieren-Müssens, ob man einen Einzelgänger oder ein schon laufendes Interaktionssystem vor sich hat. (Man beachte die auf dem Schichtungs- und Respektabilitätsindex absteigende Linie dieser Beispiele: Sie soll anzeigen, daß es auf *diese* Unterscheidung hier nicht ankommt).
Siehe dazu Erving Goffman, Relations in Public (1971), dtsch. Übersetzung: Das Individuum im öffentlichen Austausch: Mikrostudien zur öffentlichen Ordnung, Frankfurt 1991, S. 255 ff.

oder ihren Objekten, sondern einer sozialen und speziell einer gesellschaftlichen Konditionierung verdankt. Sie ist also von der Struktur der Gesellschaft oder von der Struktur anderer Sozialsysteme in der Gesellschaft abhängig und könnte mit ihnen geändert werden. Der Zusammenhang wird völlig zu Recht in Sozialisationsprozessen gesehen, und die Soziologie der Wahrnehmung fällt dann weitgehend mit einer Aufklärung ihrer sozialisatorischen Prägung zusammen.

Andere Antworten gehen eher von Begriff der *Intentionalität* aus und sehen die Sozialität von Wahrnehmung darin, daß sie auch andere Personen zum Objekt haben kann. In der Frage nach der Soziogenese von Unterscheidungen, die speziell die Personwahrnehmung strukturieren, überschneiden sich diese beiden Interessen.[8] Andererseits besteht eine grundsätzliche Spannung zwischen der Intentionalität des Wahrnehmens und der Möglichkeit, die dabei benutzten Unterscheidungen kausal zu erklären. Und es ist diese Spannung, die uns zu einer Klärung der eigenen Begriffe verhelfen wird.

Ideenpolitisch mag man jene Erklärungsstrategie als ein Kontrastprogramm zu den ihrerseits kausalen Erklärungen der Gehirnforschung vertreten und damit interdisziplinär erfolgreich sein oder auch nicht. Hält man sich statt dessen an den Sinn von Beobachtungen, die in der operativen Form von Wahrnehmung durchgeführt werden, dann fällt auf, daß solche Kausalerklärungen für das intentionale Bewußtsein selbst eher steril bleiben, und dies in *beiden* Fällen und ganz unabhängig davon, ob auf die Gesellschaft oder auf das Gehirn zugerechnet wird. Man nimmt weder neurophysiologische noch sozialisatorische Bedingtheiten der eigenen Wahrnehmung wahr. Von beidem weiß man zwar, weil man an Kommunikation teilnimmt. Aber die Suggestivkraft der Wahrnehmung erweist sich als aufklärungsresistent, und der Streit der Aufklärer hat daher, vom Alltag des Wahrnehmens her gesehen, eine allenfalls akademische Relevanz. Sicher setzt jede anspruchsvolle Wahrnehmung so etwas wie eine kulturelle Programmierung voraus. Sie kann daher nur unter

---

8 Das gilt heute vor allem für die Geschlechterforschung. Vgl. dazu André Kieserling, Konstruktion als interdisziplinärer Begriff: Zum Theorieprogramm der Geschlechterforschung, in: Ursula Pasero/Frederike Braun (Hrsg.), Konstruktion von Geschlecht, Pfaffenweiler 1995, S. 89-115.

schon sozialisierten Teilnehmern erwartet werden und bleibt damit von der strukturellen Kopplung des Bewußtseins an die Gesellschaft abhängig. Aber das ist die Erklärung eines Beobachters und nicht etwa eine operative Prämisse der Wahrnehmung selbst. Man muß nicht wissen, wann man gelernt hat, angesichts von auf der Straße herumstehenden Möbeln zwischen Sperrmüll und Umzug zu unterscheiden, obwohl diese Unterscheidung selbstverständlich kulturabhängig und damit gelernt ist. Man sieht den Unterschied vielmehr sogleich und kann dann je nachdem, um was es sich handelt, zugreifen und Möbel abtransportieren oder eben nicht. Jede Erinnerung an die Genese dieses Unterscheidungsvermögens könnte dabei nur hinderlich sein.

Das gilt im übrigen auch, und zwar in geradezu exemplarischer Weise, für die *Unterscheidung der Geschlechter*.[9] Kein noch so elaboriertes Wissen über das Mitspielen von Kultur und Sozialisation kann verhindern, daß man neben den Unterschieden der Körpergröße oder der Hautfarbe, des Alters (und mehr oder weniger auch: der sozialen Stellung) immer auch solche des Geschlechts wahrnimmt.[10] Daß dies im sozialen System der Interaktion unterstellt wird, erkennt man daran, daß die *explizite Thematisierung der Geschlechtszugehörigkeit* von Anwesenden zu den interaktionellen Unmöglichkeiten gehört: Wenn der Verwaltungsbeamte die persönlichen Daten abfragt, dann mag sein Formular ihn dazu zwingen, auch nach dem Geschlecht des Antragstellers zu fragen. Aber selbst wenn dies grammatisch als Frage formuliert wird, geschieht es in einer Weise, die klarstellt, daß es

---

9 Siehe dazu auch die Kontroverse zwischen Günther Dux, Geschlecht und Gesellschaft: Warum wir lieben, Frankfurt 1994, und Niklas Luhmann, Geschlecht – und Gesellschaft?, in: Soziologische Revue 18 (1995), S. 314-319. Oben im Text folgen wir Luhmann, nicht Dux.

10 Man kann schon deshalb davon ausgehen, daß diese Unterscheidung sich auf der Ebene der Wahrnehmung mit hoher Eindeutigkeit aufdrängt, weil auch die gesellschaftliche Kommunikation selber dies tut. Es wird einfach *unterstellt*, daß die Leute auf entsprechende Nachfrage hin sagen können, ob sie einen Mann oder eine Frau oder eine in genau dieser Hinsicht ungeklärte Person gesehen haben. Als Augenzeugin vor Gericht würde selbst eine Spezialistin für Dekonstruktion die Prämisse der Beantwortbarkeit dieser Frage kaum grundsätzlich in Zweifel ziehen können, ohne durch sonderbares Verhalten aufzufallen. Die ganze intellektuell machtvolle Bewegung der Problematisierung der Geschlechterdifferenz bleibt daher im Alltag eigentümlich steril. Siehe hierzu auch Erving Goffman, Interaktion und Geschlecht, Frankfurt 1994, S. 137f.

sich nicht eigentlich um eine Frage handelt. Die Normalform der Frage wird hier nur mit erheblichen Abweichungen praktiziert. Typisch ist es der Fragende selbst, der die Antwort hinzufügt, und zwar murmelnd und eher so, als würde er eine schon vorhandene Information lediglich aus dem einen Medium in das andere übertragen.[11]

Hier wie auch sonst muß man also sorgfältig zwischen Gedächtnis und Erinnerung unterscheiden.[12] Das Gedächtnis selbst läßt sich nicht als Erinnerung begreifen. Es leistet vielmehr eine laufende Diskriminierung zwischen Erinnern und Vergessen, die aber selbst nicht erinnert werden kann (denn dazu müßte man auch das Vergessen erinnern). Das Gedächtnis erscheint daher normalerweise als Vertrautheit im Umgang mit Objekten und Situationen, mit Dingen und Menschen, und all dies *ohne* eine explizit zeitliche Schematisierung, wie die Erinnerung sie benötigt. In genau diesem Sinne findet auch die kulturell und damit letztlich durch Kommunikation programmierte Wahrnehmung operativ gesehen als Wahrnehmung und nicht etwa als Kommunikation statt. Die Komplexität des Unterscheidungsreichtums, über den das wahrnehmende Bewußtsein wie selbstverständlich verfügt, ist ohne strukturelle Kopplung zwischen Bewußtsein und Kommunikation nicht erklärbar. Aber auch die noch so komplexe und noch so kulturabhängige Wahrnehmung sprengt nicht die Prozeßform der Wahrnehmung selbst. Gerade hier liegen die Komplexitätsvorteile der Wahrnehmung: Sie kann auch dem noch so Vermittelten den Anschein von Unmittelbarkeit geben.[13]

---

11 Die Ausnahme von dieser Regel sind Kleinkinder, und dies in doppelter Hinsicht: Zum einen können anwesende Dritte die Eltern fragen, ob es ein Mädchen oder ein Junge ist, zum anderen können die Kinder ihre Eltern fragen, ob es sich bei anwesenden Dritten nun um einen Mann oder um eine Frau handelt.
12 Siehe dazu Niklas Luhmann, Zeit und Gedächtnis, in: Soziale Systeme 2 (1996), S. 307-331.
13 Siehe dazu den Exkurs »über die sogenannte Unmittelbarkeit der Wahrnehmung« bei Hans Paul Bahrdt, Grundformen sozialer Situationen: Eine kleine Grammatik des Alltagslebens, München 1996, S. 89f. Der Autor begreift Unmittelbarkeit als Vergessen derjenigen Folge von Lernschritten, die das Unterscheidungsvermögen der Wahrnehmung aufgebaut haben, und sieht darin mit Recht zugleich ein Funktionserfordernis der Wahrnehmung selbst.

II.

Die traditionelle Auszeichnung des Denkens vor der Wahrnehmung wurde unter anderem auch dadurch begründet, daß nur der Denkprozeß, aber nicht auch der Wahrnehmungsprozeß *reflexiv* werden, nämlich auf sich selbst oder auf einen anderen Prozeß gleicher Art angewandt werden kann. Man konnte sich ein Denken des Denkens, nicht aber eine Wahrnehmung der Wahrnehmung vorstellen. Die Begründung dafür, an der selbst unter den Philosophen erst Fichte zu zweifeln begann, war keineswegs unplausibel: Das Auge sehe stets anderes, nicht aber das Sehen selbst.[14]

Nun gibt es aber durchaus eine Reflexivität auch des Wahrnehmens. Man muß sich nur soziale Situationen, nämlich Situationen mit mehr als einem Prozessor für Wahrnehmungen vorstellen, und schon sieht man, daß auch die Wahrnehmung wahrgenommen werden kann, nämlich *am anderen*. Man kann sehen, daß man gesehen wird, und speziell der erwiderte Blick ist durch genau diese Reflexivität der Wahrnehmung charakterisiert. Es liegt auf der Hand, daß dieses reflexive Wahrnehmen so etwas wie den Minimalfall von Sozialität darstellt. Und es ist kein Zufall, daß klassische Beiträge zur Soziologie der Interaktion genau hier ihren Ausgang nehmen – man denke nur an Mead oder an Goffman, an Simmel oder an Sartre.

Der Umstand, daß auch diese Art von reflexiver Wahrnehmung schon unter Tieren und ebenso natürlich im Verhältnis von Mensch und Tier möglich ist, war für die Soziologie dabei kein Nachteil. Er ermöglichte es vielmehr, einen breiten Begriff von Sozialität zu verwenden, um in kontrollierter Weise nach den besonderen Merkmalen zu fragen, die mit der spezifisch humanen Form von Sozialität als evolutionäre Errungenschaften hinzukommen. Typisch wird diejenige Schwelle, deren Überschreitung den Humanbereich konstituiert, mit dem Kommunikationsbegriff oder semantischen Äquivalenten dafür assoziiert. Dem entspricht es, daß der Kommunikationsbegriff in der Soziologie im allgemeinen so verstanden wird, daß man ihn auf den bloßen Signalaustausch unter Tieren nicht anwen-

---

14 Vgl. dazu Dieter Henrich, Fichtes ursprüngliche Einsicht, Frankfurt 1967.

den kann. Folglich müßte man die reflexive Wahrnehmung als *präkommunikative Sozialität* begreifen. Von Sozialität ist dabei die Rede, weil es sich um einen Zusammenhang von Freiheitsgraden und Beschränkungen handelt, an deren Erzeugung mehr als nur ein Bewußtsein beteiligt ist. Kein auf sich selbst isolierter Wahrnehmungsprozeß könnte sich selbst oder anderes so erleben. Und präkommunikativ heißt diese Sozialität darum, weil sie an den für Kommunikation typischen Unsicherheiten und Sicherheiten nicht partizipiert. Diese These kann zunächst durch einen Vergleich zwischen Wahrnehmungsprozessen und Kommunikationsprozessen erläutert werden.

Als gemeinsames Merkmal kann man festhalten, daß es um Prozesse der Informationsverarbeitung geht. Der Unterschied liegt darin, daß Wahrnehmung nicht darauf angewiesen ist, zwischen Information und Mitteilung zu unterscheiden, während für Kommunikation genau diese Unterscheidung konstitutiv ist. Kommunikation kommt überhaupt nur zustande, wenn es gelingt, am Verhalten zwischen Information und Mitteilung zu unterscheiden und beides auf unterschiedliche Selektionskontexte zu beziehen, die nur im Moment der Kommunikation selbst zusammengeführt werden. Jemand teilt mit, daß es regnet, und man versteht dies nur dann, wenn man die Selektivität dieser Information von der Selektivität ihrer Mitteilung unterscheiden kann. Statt über Regen könnte auch über Sonnenschein informiert werden, und statt mit dem Wetter könnte die Mitteilung sich auch mit anderen Themen befassen. Jede dieser beiden Selektionen ist für sich genommen schon unwahrscheinlich, und das gilt dann erst recht für ihre operative Zusammenfassung zur Einheit einer Kommunikation. Wer Information und Mitteilung unterscheiden kann, hat daher auch nicht nur einen, sondern gleich zwei Bezugspunkte für mögliche Negation: Er kann der Meinung sein, daß die Information unzutreffend ist, und er kann ihre Mitteilung für unangebracht halten. Solche Negationen können in anschließender Kommunikation thematisiert werden. Zusammen mit der Unterscheidung von Information und Mitteilung und zu deren Kontrolle entsteht die Unterscheidung von Annahme oder Ablehnung der Kommunikation. Das Verstehen vermittelt zwischen beiden Unterscheidungen. Wenn verstanden wurde, dann kann man das Verstandene annehmen oder ablehnen.[15] Die durch Kommunikation aufgebaute Sozialität ist also viel riskanter gebaut als die präkommunikative. Für die Interaktion würde das bedeuten, *daß sie präkommunikative mit kommunikativer Sozialität kombiniert* – im Unterschied sowohl zur kommunikationslosen Sozialität der Tiere als auch zur schriftlichen oder gedruckten Kommunikation, bei der Sozialität ganz ohne gemeinsame Wahrnehmung und insofern auch prägnanter als Kommunikation realisiert wird. Diese Kombination von präkommunikativer und kommunikativer Sozialität läßt sich für andere Sozialsysteme nicht oder wenn doch, dann nur durch Rückgriff auf Interaktion realisieren. Daher bilden auch die auf diese Systeme bezogenen Theoriestellen kein unmittelbares Modell für die Interaktionstheorie. Interaktion dagegen ist in der Tat auf die Kombination und Verschränkung dieser beiden Arten von Sozialität angewiesen, und eine Theorie der Interaktion muß angeben können, wie deren Beziehungen zueinander geordnet sind.

Es gibt mehrere Antworten auf diese Frage, die systemtheoretisch integrierbar sind. Die eine stammt von Georg Simmel, der in seiner Analyse des erwiderten Blicks darauf aufmerksam macht, daß hier so etwas wie perfekte, nämlich auf *Form ohne Inhalt* reduzierte Sozialität vorliegt.[16] Übersetzt man die Unterscheidung von Form und Inhalt in die Unterscheidung von Selbstreferenz und Fremdreferenz, dann kann man dies auch so wiedergeben, daß der Blickkontakt die selbstreferentielle Konstitution des Sozialen als solche relevant werden läßt. Das aber heißt in systemtheoretischer Sprache nur: daß doppelte Kontingenz die Orientierung bestimmt. Systemtheoretisch würde man vermuten, daß daraufhin ein Kommunikationsprozeß anläuft, der sich selbst durch die Unterscheidung von Information und Mitteilung steuert.

Dazu paßt eine zweite Antwort, die Erving Goffman mit seinem Begriff der Selbstdarstellung gegeben hat. Dieser Begriff setzt in seinen einfachsten Anwendungen noch kein kommunikativ aus-

---

15 Die Simulation von Nichtverstandenhaben ist ein probates Mittel, die an sich fällige Option innerhalb dieses Schemas zu vermeiden. Dies ist vor allem dann sinnvoll, wenn man innerhalb des Schemas nur ablehnen könnte.
16 Georg Simmel, Soziologie: Untersuchungen über die Formen der Vergesellschaftung (1908), Neuausgabe Frankfurt 1992 (hrsg. von Otthein Rammstedt), S. 722ff.

differenziertes Sozialsystem mit eigener Thematik und selbstdefinierten Grenzen der Zugehörigkeit, sondern lediglich eine soziale Situation voraus, die durch reflexive Wahrnehmung strukturiert ist. Der Begriff paßt daher auch auf jenes scheinbar ungesteuerte Durcheinander von Wahrnehmungsprozessen, mit denen man etwa in Fußgängerzonen zu rechnen hat. In der Sprache von Goffman müßte man sagen: Nicht nur zentrierte, sondern auch unzentrierte Zusammenkünfte lassen wie durch eine Automatik das Verhalten der daran Beteiligten zur Selbstdarstellung werden.[17] Der Begriff der Selbstdarstellung unterläuft also die für uns wichtige Unterscheidung zwischen reflexiver Wahrnehmung und Kommunikation. Eben darum eignet er sich sehr gut, um die eigentümliche Zwanglosigkeit des Übergangs vom einen zum anderen zu analysieren. Er macht wie von selbst erkennbar, daß und warum schon das bloße Sichtbarwerden vor anderen ein Problem aufwirft – und zwar ein Problem, das selten völlig ohne Kommunikation lösbar ist.

Der Kern der Selbstdarstellung ist eine generalisierende Beobachtungstechnik, die das sichtbare Verhalten benutzt, um die unsichtbare Einheit der Person zu deuten. Das Verhalten wird zum Symbol ihrer Einstellungen, ihrer Ansprüche, ihrer Kommunikationsfähigkeit. Insofern ist Selbstdarstellung nichts anderes als Person-

---

17 Nicht ohne Grund ist der Romanheld (!), an dem Goffman die dabei auftretenden Probleme erläutert, ein isolierter Tourist, der auf die soziale Situation eines großen Strandes zu reagieren versucht, ohne sich dabei auf das spezifische Publikum einer Reisegruppe oder eines Freundeskreises, einer eigenen Familie oder einer Urlaubsbekanntschaft stützen zu können. Es lohnt sich, die Erzählung von William Samson, A Contest of Ladies, London 1956, die Goffman zitiert, an dieser Stelle und aus zweiter Hand noch einmal zu zitieren. In der deutschen Übersetzung von Erving Goffman, The Presentation of Self in Every Day Life (1959), lautet sie: »Als erstes mußte er allen, die möglicherweise seine Gefährten während der Ferien sein würden, klarmachen, daß sie ihn überhaupt nichts angingen. Er starrte durch sie hindurch, um sie herum, über sie hinweg – den Blick im Raum verloren. Der Strand hätte menschenleer sein können. Wurde zufällig ein Ball in seine Nähe geworfen, schien er überrascht; dann ließ er ein amüsiertes Lächeln über sein Gesicht huschen (Preedy, der Freundliche), sah sich um, verblüfft darüber, daß tatsächlich Leute am Strand waren, und warf den Ball mit einem nach innen gerichteten Lächeln – nicht etwa mit einem, das den Leuten zugedacht wäre – zurück und nahm heiter seine absichtslose Betrachtung des leeren Raums wieder auf.« (Zitiert nach Erving Goffman, Wir alle spielen Theater: Die Selbstdarstellung im Alltag, München 1969, S. 8.)

beobachtung.[18] Man kann gar nicht genug betonen, daß Goffman auch das rollenspezifische oder das durch technische Anforderungen determinierte Verhalten, das an sich nur wenig Ausdruckswert besitzt, als Darstellung der *Einheit* einer Person analysieren würde. Die Rolle bietet dem Darsteller möglicherweise nur wenig Gelegenheit zu zeigen, wer er ist und was er kann, wen er kennt und wer ihn schätzt. Aber genau hier liegt das Problem, da die anderen dann eben dieses Wenige nehmen, um von dort aus ihre Schlüsse auf die Person zu ziehen. Kann man die Person nur kurz oder nur in spezifischen Rollen wahrnehmen, dann vermindert dies zwar die Information, die daraufhin zur Verfügung steht, nicht aber die Generalisierungsebene, auf der sie ausgewertet wird. Der Darsteller muß daher fürchten, daß man ihn im ganzen nach Maßgabe einiger weniger Handlungen erwartet. Und genau darauf wird dann mit Rollendistanz reagiert.

Die Wahl dieser Generalisierungsebene gibt jeder Einzelhandlung eine symbolischer Brisanz, die weit über den unmittelbaren Anlaß hinausreicht, und selbst kleinere Sonderbarkeiten des Verhaltens müssen ernstgenommen und gegebenenfalls erklärt werden, da auch und gerade sie in die Erwartungsbildung der anderen eingehen und so an der Person hängenbleiben. All das spitzt sich zu, wenn eindeutige Darstellungsfehler unterlaufen. Der Fehler selbst mag nur mit Blick auf eine spezifische Rolle als Fehler erkennbar werden, das Verhalten ein unangebrachtes Verhalten nur in dieser besonderen Situation sein. Aber gerade die Abweichung wird, da sie rein von der Rolle und rein von der Situation her nicht ausrei-

---

18 Vor diesem Hintergrund muß man festhalten, daß Selbstdarstellung eine ziemlich taktvolle Bezeichnung für das ist, worum es sich handelt. Denn die soziologische Analyse zeigt sehr genau, daß gerade die Darstellung einer Person alles andere als ihr eigenes Werk ist. Schon die Entscheidung, ob er ein solches Werk überhaupt abliefern möchte, wird dem Darsteller entzogen. Er kann nicht wählen, ob er sich darstellen möchte oder nicht. Wer sich überhaupt wahrnehmbar macht, stellt sich dar, ob er das nun will oder nicht. Außerdem müssen die anderen mithelfen, vor allem durch Unterdrückung von Zweifeln. Die stets mitlaufende Wahrnehmung von Unstimmigkeiten und Brüchen in der Darstellungsfassade des anderen darf ihrerseits nicht dargestellt, ja nach Möglichkeit nicht einmal wahrnehmbar werden. Und wenn sie es doch wird, dann kommt es um so mehr auf die Kommunikation an: Ohne taktvolle Verständigung (und ohne taktvolle Verständigung darüber, daß es sich um taktvolle Verständigung handelt) keine Darstellung von persönlicher Identität in der Interaktion.

chend erklärt wäre, auf die Person zugerechnet. Das abweichende Verhalten mag den Verdacht auf abweichende Einstellungen nahelegen, und man muß fürchten, daß damit die Erwartungen auch für andere Rollenbereiche und auch für weitere Situationen sich umstrukturieren. Die Konsequenzen können daher weit über den Kreis der gerade Anwesenden hinausreichen.

Goffman hat dies an minimalen Unebenheiten des Körpergebrauchs deutlich gemacht, die in der Beobachtung durch andere zu einem Symptom dafür werden, daß die Körperkontrolle insgesamt in Gefahr sein und die Situation damit unberechenbar werden könnte. Auch Bagatellfehler dieses Typs müssen daher symbolisch geheilt werden, ein leichtes Stolpern zum Beispiel dadurch, daß man mit deutlichem Erstaunen darüber, daß einem so etwas überhaupt passieren kann, den Gehweg nach objektiven Unebenheiten absucht, in denen die subjektive Unebenheit des Stolperns eine für andere unverdächtige Erklärung findet. Immer gibt es irgend etwas, das die anderen, ebenfalls anwesenden Beobachter in einer Weise auffassen könnten, die einem selber nicht recht ist, und wer dies vermeiden will, der muß die Informationen, auf denen der ungünstige Eindruck beruht, durch Mitteilungen ergänzen, von denen gehofft wird, daß sie ihn richtigstellen und korrigieren. Schon zur Begrenzung des symbolischen Schadens, den Darstellungsfehler und Inkonsistenzen anrichten können, wird die reine Wahrnehmung laufend in Richtung auf Kommunikation überschritten. Schon jenes Absuchen des Gehwegs wird ohne Konstruktion einer Mitteilungsabsicht nicht verständlich. Dabei kann es sich durchaus um Einmalkommunikationen handeln, bei denen mitkommuniziert wird, daß sie nicht auf Fortsetzung des Kontaktes hin angelegt sind, so etwa wenn man jemanden versehentlich angerempelt hat und sich dafür entschuldigt.

All dies läßt sich auch systemtheoretisch gut rekonstruieren. Offenbar wird die Komplexität möglicher Perspektiven durch Wahrnehmung von Wahrnehmung so groß, daß eine rein psychisch motivierte Reduktion von Komplexität nicht mehr ausreicht. Statt dessen muß man, wenn die Situation nicht sofort durch Wegsehen oder Weggehen beendet wird, zwischen Information und Mitteilung unterscheiden. So entsteht aus reflexiver Wahrnehmung ein Prozeß anderer Art, nämlich ein Prozeß der Kommunikation. Und dieser Prozeß führt zur Ausdifferenzierung eines sozialen Systems, nämlich eines Interaktionssystems, ob die Beteiligten das nun wollen und beabsichtigen oder nicht.[19] Geht man von dieser Systemreferenz aus, dann kann man Wahrnehmung als eine Art von Rückversicherung gegen die spezifischen Risiken der Kommunikation begreifen. Ihr Mitfungieren ermöglicht eine Umformung solcher Risiken, die auf der Hinzufügung eines anderen Typus von Informationsverarbeitung beruht, den man im Kommunikationsprozeß unterstellen kann. Methodologisch gesehen läuft dies auf eine funktionale Analyse hinaus, die mit Hinblick auf das Problem der doppelten Kontingenz nichtkommunikative Grundlagen der Kommunikation annimmt und Wahrnehmung primär von dieser Funktion her begreift. Die Wahrnehmung stellt Sicherheiten bereit, die auch sozial absehbar funktionieren und gleichwohl nicht über explizite Kommunikation erzeugt werden müssen.

So bildet die *soziale Integration der Perspektiven* ein deutliches Problem aller Kommunikation, das aber durch reflexive Wahrnehmung immer schon gelöst ist. In Situationen dieser Art kann Ego sehen, daß Alter sieht, was Ego sieht. Das Erwarten von Erwartungen wird deutlich erleichtert im Vergleich mit dem, was ohne Wahrnehmungsmöglichkeiten der Fall wäre. Die Reflexivität des Wahrnehmens erzeugt mindestens Rudimente einer gemeinsamen Situationsdefinition, an die man mit expliziter Kommunikation anschließen kann, sei es um sie zu verstärken, sei es um sie zu dementieren oder abzuschwächen. Sie erzeugt ein wie immer diffuses Vorverständnis, das man nicht durch Kommunikation einführen

---

19 Reflexive Wahrnehmung ist nicht nur erforderlich, um ein Interaktionssystem zu bilden, sondern auch und gerade dann, wenn man dies vermeiden will. So müssen Passanten einander wahrnehmen, um sich ausweichen zu können. Dabei wird mitwahrgenommen, daß das Nichtausweichen zu einem Zusammenstoß und damit zu einem Konflikt führen würde. Wer ausweicht, zeigt an, daß er diesen Konflikt lieber vermeiden möchte. Wer nicht ausweicht, macht umgekehrt deutlich, daß er es darauf ankommen läßt. Im einen wie im andern Falle sind Rangfragen und andere Komponenten der Selbst- und Fremdeinschätzung wahrnehmbar involviert. Normalerweise wird daher mit solchen Ausweichmanövern so frühzeitig begonnen, daß auf der Ebene der Wahrnehmung von Wahrnehmung schon nicht mehr eindeutig festgestellt werden kann, wer wem ausgewichen ist. So kann die bei gesellschaftlich unklarer Ranglage zugleich offene und hochbrisante Frage von Durchsetzungsfähigkeit auf der einen, Nachgiebigkeit auf der anderen Seite erfolgreich neutralisiert werden. (In umgekehrter Perspektive liegt darin natürlich der Schlüssel zum Erfolg für denjenigen, der zu provozieren gedenkt.)

und dadurch der Möglichkeit einer Ablehnung aussetzen muß. So spart man nicht nur Zeit, sondern auch Konfliktpotentiale: »Daß es geknallt hat – darüber braucht man sich nicht mehr zu verständigen.«[20] Ein Zusammenbrechen der Kommunikation läßt daher auch nicht automatisch jede Art der Abgestimmtheit von Perspektiven verschwinden. Das macht *riskantere Kommunikation* innerhalb des Systems möglich, weil man unterstellen kann, daß es auch nach dem Scheitern solcher Initiativen noch sozial einheitlich fungierenden Sinn geben wird. So wird die Diskussion im philosophischen Seminar, wie immer weit sie den Zweifel am naiven Realismus auch treibt und wie immer nahe sie dem Solipsismus dabei auch kommen mag, doch in regelmäßigen Abständen durch den obligatorischen Hinweis auf »diesen Tisch hier«, den alle sehen und von dem keiner bestreiten kann, daß er ihn sieht, zur Ordnung gerufen.

Ferner ist bei aller Kommunikation mit den Problemen des Irrtums und der Täuschung, des unabsichtlichen wie des absichtlichen Mißbrauchs der sprachlichen Zeichen zu rechnen. Auch hier bietet die Fundierung in reflexiver Wahrnehmung einen gewissen Schutz. Die Sprache mag benutzt werden, um Abwesendes oder schlechthin Unsichtbares zu thematisieren, aber die Körper der Sprecher sind sichtbar und anwesend.

Auch werden Kommunikationen typisch als *Handlung* zugerechnet, und daher ist jeder verantwortlich für das, was er sagt. Er kann nicht das Wort ergreifen, ohne zugleich die eigene Person als Adresse für Rückfragen und für Proteste zu definieren. Was er wahrnimmt, wird ihm dagegen als *Erleben* zugerechnet, und viele sehen daher im Verzicht auf eigene Beiträge zum Kommunikationsprozeß eine Chance zu unverantwortlicher Teilnahme.[21] So bleiben die Verantwortungslage und mit ihr der Zugriffspunkt für Metakommunikation im Bereich des Wahrnehmens von Wahrnehmungen relativ unbestimmt. Und selbst das gezielte Wahrnehmenlassen läßt sich durch Zurechnung von Mitteilungsabsichten

---

20 So Niklas Luhmann, Einfache Sozialsysteme, in: ders., Soziologische Aufklärung 2: Aufsätze zur Theorie der Gesellschaft, Opladen 1975, S. 21-39 (23).
21 Die Interaktion kann dies dadurch verhindern, daß sie Schweigen als Zustimmung deutet und diese Deutung dann ihrerseits der Kommunikation aussetzt.

kaum disziplinieren. Man kann im Prinzip immer bestreiten, eine Kommunikation beabsichtigt zu haben.[22] Zahllose Komponenten, die in der Interaktion selbst zur Definition ihrer Situation beitragen, werden so bereits auf der Ebene des reflexiven Wahrnehmens bereitgestellt. Alles, was wahrnehmbar wahrgenommen wird, hat damit den bedeutenden Vorzug, schon nicht mehr in vollem Umfange bestreitbar zu sein. Das gilt trivialerweise für die *physische Präsenz* der Anwesenden selbst, die zu bestreiten offenbar wenig aussichtsreich wäre. Niemand kann sich selbst als abwesend behandeln, solange er dort, wo er sich aufhält, wahrgenommen wird. Aber nicht nur daß, sondern auch wo man anwesend ist, spielt eine Rolle. Auch die *räumliche Lokalisierung des Körpers* rechnet zu den Aspekten, die durch reflexives Wahrnehmen mit der Gewalt einer sozialen Tatsache ausgerüstet werden.[22a] Ein Minimum an Identifikation mit der Situation, dem Anlaß, der Szenerie und gegebenenfalls dem System der Interaktion selbst ist schon nicht mehr zu vermeiden, wenn man überhaupt physisch präsent ist und sozial als anwesend in Anspruch genommen wird. Niemand kann hier völlig indifferent sein. Er mag die

---

22 Wir kommen darauf im nächsten Kapitel noch einmal zurück.
22a Diese Prämisse wird normalerweise für Alter ebenso wie für Ego gelten. Nur die Interaktion am Telefon (älterer Bauart) macht hier eine Ausnahme, die sich aus der gesellschaftlichen Institution des Telefonbuchs und vor allem daraus ergibt, daß über Telefonnummern normalerweise nicht nur Personen, sondern auch Raumstellen identifiziert werden. Es mag offen sein, wen man erreicht, wenn man die Nummer wählt, nicht aber, wo der Betreffende sich aufhält. Wer angerufen wird, kann daher in der dann anlaufenden Kommunikation schon nicht mehr bestreiten, daß er sich an dem durch die Nummer bestimmten Ort aufhält (auch wenn er sich das noch so sehr wünschen sollte), denn man kann ihn unter dieser Telefonnummer nur dort erreichen, wo das Telefon steht, und nur dann, wenn er gleichzeitig anwesend ist. Erreicht man ihn zum Beispiel unter der Nummer eines Dritten, kann man ihn fragen, was er dort macht. Erreicht man unter seiner eigenen Nummer einen Dritten, kann man ihn fragen, wer das gewesen ist. Der andere kann in beiden Fällen nur noch Erklärungen produzieren, aber er kann nicht dasjenige negieren, was den Bedarf für Erklärungen auslöst: die soziale Evidenz der Lokalisierung selbst. All dies gilt freilich nur für den Angerufenen und nicht auch für den Anrufer. Dieser muß Informationen über den Ort, von dem aus er spricht, erst noch durch Kommunikation produzieren und kann dabei auch unzutreffende Angaben machen. Siehe zu den darauf reagierenden Defensivstrategien von Prostituierten, ehe sie zu Hausbesuchen aufbrechen, Roland Girtler, Die Prostituierte und ihre Kunden, in: Kölner Zeitschrift für Soziologie und Sozialpsychologie 36 (1984), S. 293-322 (333).

Pose der Indifferenz einnehmen, aber das ist dann in der Regel bereits ein Verhalten, das mit Hilfe der Unterscheidung von Information und Mitteilung lesbar ist – eben als »Pose«.

Da überdies der Raum, den die Gesellschaft konstruiert, immer auch ein symbolisch differenzierter Raum ist, der es gestattet, zwischen legitimen und nichtlegitimen Orten und Zeiten der möglichen Anwesenheit von Personen zu unterscheiden, sind die symbolischen Implikationen des Wahrgenommenwerdens mitunter beträchtlich. Wer zu nichtlegitimen Zeiten oder an nichtlegitimen Orten wahrgenommen wird, kann sich auch von dem Gehalt an Devianz und damit an Rechenschaftspflicht, der darin liegt, schon nicht mehr distanzieren. Er wurde gesehen. In der daran anschließenden Interaktion mit Pförtnern, Nachtwächtern, sonstigen Ordnungshütern muß dann nicht nur über das Faktum dieser Anwesenheit, sondern auch über das Faktum ihrer »Erläuterungsbedürftigkeit« schon nicht mehr eigens verhandelt werden. Wer einen nichtlegitimen Ort aufsucht, pflegt daher harmlos klingende »Erklärungen« bereitzuhalten für den Fall, daß er angesprochen wird. Oder er bemüht sich, unkenntlich zu bleiben. Beide Strategien haben ihre Vorteile und ihre Nachteile, lassen sich aber nur schlecht kombinieren. Aber dies ist nur ein extremes Beispiel, und selbstverständlich baut auch die wahrnehmbare Präsenz an legitimen Stellen des Raumes und der Zeit ein Minimum an Selbstbindung, ein Minimum an Selbstverpflichtung auf bestimmte Motive oder Interaktionsbereitschaften auf, das die anlaufende Interaktion dann bereits unterstellen kann.

Soweit die funktionale Differenzierung der innergesellschaftlichen Großsysteme ihrerseits wahrnehmbar ist, vermittelt die Wahrnehmung dann auch Aufschlüsse über den Funktionskontext, in dem eine anlaufende Interaktion stehen würde. Wer sich beim Gottesdienst blicken läßt, dem kann innerhalb einer Gesellschaft, die Abwesenheit beim Ritual unsanktioniert läßt, die höchstpersönliche Bereitschaft zur Teilnahme an religiöser Interaktion unterstellt werden. Wahrnehmbare Systemgrenzen erzeugen ein Minimum an vorauszusetzendem Vorverständnis.[23] Sie lassen die in Betracht kommenden Themen, Verhaltensweisen, Entschuldigungsgründe

---

23 Vgl. dazu Heiko Hausendorf, Gespräch als System: Linguistische Aspekte einer Soziologie der Interaktion, Opladen 1992, S. 119.

und sonstigen Eventualitäten erkennen, noch ehe es zur Kommunikation kommt. Sie erleichtern es, bestimmte Motive und Ansprechbarkeiten zu unterstellen, und beschleunigen so den Aufbau der Interaktion.

Nicht in allen Fällen jedoch sind die Grenzen von Funktionssystemen so eindeutig wahrnehmbar. Außerhalb der Zeiten für Gottesdienst kann Anwesenheit in Kirchen sehr verschiedene Interessen (zum Beispiel solche rein kunstgeschichtlicher Art) bezeugen.[24] Die Wahrnehmung vermittelt dann nicht oder nicht sofort auch die gesuchte Information über den Kontext, in dem eine beginnende Interaktion stehen würde, was das Anfangen mit Kommunikation typisch eher erschweren wird. Noch deutlicher gilt dies für die Anwesenheit auf öffentlichen Plätzen oder im Innenraum der öffentlichen Verkehrsmittel, wo jeder eigenen Zielen nachgeht, die aber wahrnehmungsmäßig nicht präsentiert werden müssen, so daß kaum noch spezifische Motivunterstellungen abgezweigt werden können.[25] Hier werden Interaktionen typisch nur dann gewagt, wenn aufgrund von Verspätungen oder sonstigen Zumutungen das unterstellbare Interesse von Fahrgästen berührt ist.

An der präkommunikativen Sozialität, die durch Wahrnehmungsprozesse aufgebaut wird, findet die Kommunikation unter Anwesenden zunächst eine Grenze, mindestens im negativen Sinne des Wortes. Die Kommunikation wird durch den Bereich des wahrnehmbar Zugänglichen nicht determiniert, aber sie muß doch auf-

---

24 Der Parallelfall aus dem Wirtschaftssystem wären Ladenschlußzeiten: Man betritt den Raum durch die noch geöffnete Tür, und die Verkäuferin teilt einem mit, daß schon geschlossen sei.

25 Wolfgang Schivelbusch, Geschichte der Eisenbahnreise: Zur Industrialisierung von Raum und Zeit im 19. Jahrhundert, Frankfurt 1984, S. 73 ff., schildert die Probleme der Unsicherheit und Angst, die sich daraus ergaben, daß die Abteile der Züge nur von außen betreten und während der Fahrt nicht verlassen werden konnten. Die Abhilfe lag zunächst im Anbringen kleiner Fenster, die zum Nachbarabteil führten, danach in der auch heute noch gebräuchlichen Ordnung des Zugangs zum Abteil über Gänge mit Eingängen nur am Anfang und Ende des Wagens statt Abteil für Abteil. Dieses Kapitel in der Geschichte des europäischen Eisenbahnwagens beruhte auf der durchgehaltenen Ablehnung des amerikanischen Großraumwagens als inkompatibel mit Privatheit und Intimität. Siehe für eine allgemeine Deutung solcher Rückwirkungen von Technik auf Interaktionsmöglichkeiten Bruno Latour, Der Berliner Schlüssel: Erkundungen eines Liebhabers der Wissenschaften, Berlin 1996.

passen, daß sie mit den hier möglichen Evidenzen nicht allzu offen zusammenstößt. Über gleichzeitig Wahrnehmbares kann man nicht ohne Rücksicht darauf kommunizieren, daß das Bewußtsein dies wahrnehmen kann und sich bei allzu unwahrscheinlichen Behauptungen zu Wort melden wird, um dagegen zu protestieren. Wenn das Bewußtsein außerdem wahrnimmt, daß auch andere wahrnehmen, daß die Kommunikation ihren Wahrnehmungen nicht gerecht wird, wird die Wahrscheinlichkeit eines solchen Protestierverhaltens noch größer.[26] Man kann nicht einfach das Blaue vom Himmel herunterlügen, während die anderen ihn gleichzeitig wahrnehmen, und insofern hat jede Interaktion im Bereich des gleichzeitig Wahrnehmbaren, dem sie selbst immer auch angehört, eine Art von erschwert negierbarer Sicherheitsgrundlage, die nicht nur auf Kommunikation beruht, sondern gleichzeitig durch die komplexen Leistungen einer Mehrzahl von anderen Systemen garantiert ist.

Es ist wichtig, daß diese Leistungen für operativen Nachvollzug im Wege der Kommunikation viel zu komplex sind. Sie werden daher schlicht unterstellt. Die Kommunikation unter Anwesenden ist nicht damit befaßt, die Wahrnehmungsleistung der Beteiligten mit ihren eigenen Mitteln zu rekonstruieren. Dies wäre schon aus Zeitgründen unmöglich. Man mag sich in Ausnahmen danach erkundigen. Auch ist es natürlich möglich, Interaktionssysteme zu bilden, die auf die Prüfung von Wahrnehmungsleistungen spezialisiert sind – zum Beispiel als Sehtest. Aber auch dann kommt die damit befaßte Kommunikation nicht ohne Unterstellung eines sie selbst tragenden Wahrnehmungsprozesses aus. Man kann den Sehtest nur machen, wenn ein Hörtest sich offensichtlich erübrigt.[27]

26 Das berühmte Experiment von Solomon E. Asch, Effects of Group Pressure upon the Modification and Distortion of Judgements, in: H. Guetkow (Hrsg.), Groups, Leadership, and Men, Neudruck in: Dorwin Cartwright/Alwin Zander (Hrsg.), Group Dynamics: Research and Theory, New York 1953, S. 151-162, beruht bekanntlich auf der Ausschaltung dieser Prämisse.

27 Ein guter Beleg für das Ausmaß, in dem Wahrnehmungsleistungen unterstellt werden, ist im übrigen die Karriere von Farbenblinden: Alle Anzeichen dafür, daß eine Person bestimmten Unterscheidungen der Kommunikation nicht folgt und die unterstellten Sensibilitäten nicht aufbringt, werden normalisierend weginterpretiert, bis es schließlich aus Anlaß der Frage des Zuganges zu bestimmten Berufsrollen zum Sehtest kommt. Erst ein zur Klärung dieser Frage ausdifferenziertes Interaktionssystem deckt die Sehschwäche auf; vgl. dazu den Bericht von Cornelia Bock, Warum der grüne Rasen rot wird: Farbenblinde haben manche

Außerdem wird diese Unterstellung nicht nur naiv praktiziert, sie wird auch gegen Irrtumsrisiken in besonderer Weise geschützt. Wie von selbst schließen normative Erwartungen an, die dann so etwas wie die *Befugnis zu Unterstellungen* erzeugen. Man unterstellt nicht nur, daß wahrgenommen wird, man läßt auch erkennen, daß man ein Recht dazu hat und sich durch isolierte Evidenzen für Fehlunterstellungen nicht zur Preisgabe der Unterstellung wird motivieren lassen. Folglich muß nicht etwa der Sprecher immer erst fragen, ob alle anderen es auch gehört haben, ehe er den nächsten Satz bilden kann. Vielmehr ist es Sache dessen, der etwas nicht gehört hat, dies mitzuteilen und dafür Gründe zu nennen, die erkennen lassen, daß er im übrigen normal funktioniert. Durch diese Verteilung der Beweislasten wird das Unterstellen selbst entindividualisiert und von der Suche nach Motiven entlastet. Umgekehrt kommen Individualisierung und Motivsuche auf denjenigen zu, der gegen die Unterstellung optieren will. Das mag in einigen Fällen leicht sein, etwa wenn vor großem Publikum sehr leise gesprochen wird. In kleinen und überschaubaren Gruppen gibt es dagegen kaum Chancen, sich im Ernstfalle einfach auf das eigene Nichtgehörthaben herauszureden. Schüler, die dies wissen, müssen daher erst Unruhe erzeugen, ehe sie glaubhaft behaupten können, sie hätten den Lehrer »akustisch« nicht verstanden.

III.

Die Funktion, negationsfeste Prämisse für Kommunikation zu sein, bildet zugleich den Leitfaden für die Suche nach *funktionalen Äquivalenten für Wahrnehmungsleistungen*. Diese Funktion kann zum Beispiel auch durch spezifisch gesellschaftliche Vorgaben übernommen werden, und dies nicht nur beim Aufbau von großen Sozialsystemen ohne eindeutige Entsprechung im Interaktionsbereich, sondern auch und gerade beim Aufbau der Interaktion selbst. Wir wollen dies für den Sonderfall der gesellschaftlichen Vorgabe von Werten zeigen. Zuvor erläutern wir das Problem zunächst noch einmal anhand einer spezifischen Unterscheidung,

---

Schwierigkeiten zu meistern, in: Frankfurter Allgemeine Zeitung, Ausgabe vom 5. Juni 1996, S. 14.

nämlich anhand der Frage, ob die Kommunikation sich mit Anwesendem oder mit Abwesendem befaßt. Sicher spricht viel dafür, gerade die Interaktion unter Unbekannten mit Themen zu beginnen, deren Korrelate auch durch Wahrnehmung gegeben sind und daher nicht einfach negiert werden können.[28] Das ist dann eine Kommunikation über Anwesendes. Aber dank Sprache ist auch Kommunikation über Abwesendes möglich. Da man Abwesendes nicht gleichzeitig wahrnehmen kann, fehlt es hier an der »Doppeldeckung« durch Kommunikation und durch kommunikativ unterstellbare Wahrnehmungsleistungen. Über Abwesendes läßt sich mit einer eigentümlichen Zwanglosigkeit kommunizieren. Das gilt für abwesende Dinge, aber natürlich auch und gerade für abwesende Personen. Zusammen mit der Möglichkeit einer Kommunikation über Abwesendes entsteht eine sprunghafte Erweiterung von Kommunikationsmöglichkeiten. Die Evolution von Sprache, die, abgesehen von ihren indexikalischen Wendungen, vorwiegend auf Abwesendes referiert, muß unter diesem Gesichtspunkt wie ein Schock gewirkt haben.

Aber das ist nicht alles. Die Kommunikation über Abwesendes ändert auch das, was an Wahrnehmung vorkommt, indem sie es zur Reflexion seiner eigenen Grenzen zwingt. Man kann nämlich nun wahrnehmen, daß man nicht wahrnehmen kann, wovon eigentlich die Rede ist, und daß man daher auch nicht einfach hinsehen kann, sondern der Kommunikation folgen muß, wenn man wissen will, was der Fall ist. Man kann sehen, daß man nicht sehen kann, was die Kommunikation als ihr Thema behandelt. Und man kann auch sehen, daß auch die anderen es nicht sehen können. Das Wahrnehmen der Wahrnehmung wird dadurch zu einem grenzbewußten Prozeß, der die Wahrnehmung der Unmöglichkeit von Wahrnehmungen miteinschließt. Um so mehr muß man auf Kommunikati-

---

28 Gerade die spontan initiierte Kommunikation unter Unbekannten hält sich zunächst an die in der Wahrnehmungssituation selbst gelegenen Unbestreitbarkeiten und befaßt sich mit deren Exploration: so wenn Wähler aus dem Wahllokal kommen und die Interviewer sie fragen: Haben Sie gewählt? Der Sinn der Kommunikation liegt dann nicht darin, daß Unbestreitbares bejaht oder Selbstverständliches in die Form einer Pseudo-Information gebracht wird. Das ist zwar auch der Fall, aber der Ertrag der Kommunikation liegt eher in der Selbstfestlegung des Befragten auf Antwortbereitschaft.

on achten. Ohne diese Fähigkeit, mitwahrzunehmen, daß von etwas gesprochen wird, das man nicht (oder jedenfalls: nicht jetzt und nicht hier) wahrnehmen kann, würden Sprache und durch Sprache strukturierte Kommunikation nicht funktionieren. Für das Bewußtsein mag daraus der Reiz entstehen, das Abwesende (vor allem natürlich: eigenes Verhalten in anderen Situationen) wissentlich durch Falschmeldungen zu repräsentieren. Für die Kommunikation entsteht daraus die Frage, wie sie einerseits dies Risiko eingehen und andererseits verhindern kann, daß es daraufhin zu einer Art Mißtrauen aller gegen alle kommt.
Die Kommunikation über Abwesendes ist mithin eine, wenn man so will (und so sagen darf), »kommunikativere« Art von Kommunikation. Sie treibt die kommunikationstypischen Probleme weiter hervor. Sie forciert die Differenzen, in denen Kommunikation sich entfaltet, und macht es eben damit wahrscheinlich, daß dann auch auf die Differenz als solche reagiert wird. Es kommt zur Ausbettung der Interaktion aus dem Sicherheitsnetz der gleichzeitig wahrnehmbaren Dinge und Ereignisse. Das bedeutet nicht, daß diese Dinge und Ereignisse verschwänden, wohl aber, daß die Sicherheiten, die in der Anpassung der Themenwahl ans lokal Naheliegende lagen, aufgegeben und ersetzt werden müssen durch andere Beschränkungen, die der Kommunikationsprozeß selbst generiert. Mit der Ausdehnung der Kommunikation auf Abwesendes entstehen neuartige Anforderungen an die Selbstdisziplinierung des kommunikativen Prozesses. Könnte jeder über Abwesendes sagen, was er will, und könnte jeder ihm darin nach Belieben widersprechen, dann wäre Interaktion als Prozeß gar nicht möglich.
Will man das Kommunikationsthema nicht der Wahrnehmungssituation entnehmen, dann kann man es zum Beispiel mit wertenden Beigaben in die Interaktion einführen. Die Plausibilität des Wertes ist ein Erzeugnis der gesellschaftlichen Kommunikation und darin von Unterstützung durch Wahrnehmung unabhängig.
Es muß auffallen, daß die präsumtiv gemeinsame Wahrnehmung ganz ähnliche Vorteile bietet wie der präsumtiv gemeinsame Wert. So wie man den Wert eines Wertes weder kommunizieren kann noch kommunizieren muß,[29] so kann und muß man auch die Ak-

---

29 Vgl. dazu die Analyse bei Niklas Luhmann, Die Gesellschaft der Gesellschaft, Frankfurt 1997, S. 799: »Wenn Frauen Gleichbehandlung verlangen, ist damit zu-

tualität und Gleichsinnigkeit der Wahrnehmung nicht kommunizieren. Hier wie dort geht es um eine Steuerungsebene für Interaktionen, die nicht nach Information und Mitteilung differenziert ist und eben deshalb benutzt werden kann, um Probleme der sozialen Unsicherheit und der doppelten Kontingenz aufzufangen. Der Rückgriff auf unsichtbare Werte und der Rückgriff auf sichtbare Dinge und Körper sind also im Verhältnis zueinander funktional äquivalent. Im einen Falle entnimmt die Interaktion ihre Unbestreitbarkeiten dem Wahrnehmungsraum und damit letztlich den psychischen und organischen Systemen in der Umwelt der Gesellschaft. Im anderen Fall entstammen die Unbestreitbarkeiten der gesellschaftlichen Autopoiesis, an der auch die Interaktion als soziales System teilhat. Aber in beiden Fällen geht es um ein *inviolate level*, an denen die hochgetriebenen Unwahrscheinlichkeiten der Interaktion Halt suchen.

Nach Gödel braucht jedes selbstreferentielle System eine externe Referenz, um sich selber zu schließen. Systemtheoretisch wird dies als Externalisierung und damit als Unterfall von Selbstreferenz gedeutet. Diese Deutung bleibt freilich einem externen Beobachter vorbehalten und kann im System selbst nicht aktualisiert werden, weil dies den Ordnungswert der externen Referenz aufheben und in die Unbestimmtheit der zirkulären Grundkonstitution zurückführen würde. Im System erscheint die Externalisierung daher als Externum (und insofern gerade nicht als Externalisierung).[30] Das

gleich angedeutet, daß andere dies anzuerkennen haben, ohne daß die Prämisse, Gleichheit sei ein Wert, zur Diskussion gestellt würde. Es wird also mehr als nur eine Präferenz ausgedrückt, und dies in einer Form, die beim typischen Tempo der Kommunikation nicht ihrerseits zum Thema der Kommunikation gemacht wird. Die Last der Komplexität wird damit dem zugeschoben, der einen Einwand vorbringen möchte. Er würde vielleicht gar nicht den Wert der Gleichheit als solchen bestreiten wollen, aber die Mitberücksichtigung anderer Gesichtspunkte verlangen wollen.«

30 Im Bereich der Funktionssysteme kann man sich dies an der Semantik von Legitimation klarmachen. Funktionssysteme legitimieren sich normalerweise mit Hinblick auf andere Funktionssysteme, so das Rechtssystem mit Bezug auf demokratisch instituierte Gesetzgebung oder die Medizin als Anwendung der Ergebnisse wissenschaftlicher Forschung. Aber das ist unter den Bedingungen funktionaler Differenzierung eine bloße Externalisierung, die davon ablenkt, daß die Funktionssysteme sich letztlich nur noch selbst legitimieren können. Der Grund dafür ist, daß die Gesellschaft weder in sich selbst noch in ihrer Umwelt einen Legitimator vorsieht, der alle Entscheidungen aller anderen Systeme auf letzte Gründe zurückführen könnte. Weder Politik noch Religion können dies leisten,

gilt für alle Systeme und also auch für dasjenige System, das in der Rolle des externen Beobachters auftritt. Der externe Beobachter ist also seinerseits auf Externalisierungen angewiesen – zum Beispiel auf die soeben vorgestellte Konstruktion. Der Beobachter kann sich auch dies noch klarmachen, aber er kann es nicht vermeiden. Er kann es anders machen als die von ihm beobachteten Systeme, aber nicht besser. Und er kann sich auf diese Weise (und nur so) der Universalität seiner eigenen Konstruktion versichern.

Diese Kontrollfunktion von Werten und Wahrnehmungen wird auch daran ersichtlich, daß weder der Wert noch die Wahrnehmung als Handlung zurechenbar sind. Beide erscheinen im System der Interaktion als extern fundiert. Beide werden durch Zurechnungsprozesse auf die Grundform des Erlebens gebracht. Sowohl Wahrnehmungen als auch Werte unterhalten denn auch enge, in der Semantik dann wieder umstrittene Beziehungen zum Kommunikationsmedium der Wahrheit. Die Wahrnehmung wurde hier teilweise als das einzige Medium, das einen selbstreferenzfreien Realitätszugang verspricht, angesehen. Und über die Wahrheitsfähigkeit von Werten mußte man vor allem deshalb verhandeln, weil es sich hier wie dort um Kommunikationsmedien mit einer ähnlichen Zurechnungskonstellation handelte: Erleben (und nicht: Handeln) wird auf Erleben (und nicht: auf Handeln) übertragen. Wir können diese Überlegung an dieser Stelle nicht weiter verfolgen, können ihre Thematik hier nicht erschöpfen. Was sich aber herausziehen und festhalten läßt, ist immerhin die Erkenntnis, daß Wahrnehmungen und Wertbeziehungen sich von der Interaktion her gesehen als funktional äquivalent erweisen. Es gibt demnach in jeder Interaktion zwei Quellen von Unterstellbarkeit, auf die man sich verlassen kann, wie immer stark die Interaktion im übrigen auch abheben mag: die Unterstellbarkeit der Werte und die Unter-

---

und wenn beide zusammen es versuchen, wird das als fundamentalistisch wahrgenommen und innerhalb der Weltgesellschaft als Sonderbarkeit registriert. Einen instruktiven Sonderfall bildet die im Wissenschaftssystem ausdifferenzierte Gesellschaftstheorie. Für sie liegt es nahe, sich selbst durch die Gesellschaft zu legitimieren, die dabei zum Objekt erklärt werden muß, das durch eigene Merkmale die Möglichkeit seiner Erkenntnis beschränke. Man müßte dann sagen: Wir beschreiben die Gesellschaft als funktional differenziert, weil sie funktional differenziert *ist*. Das paßt aber weder zu Begriff und Theorie der funktionalen Differenzierung noch zum epistemologischen Konstruktivismus, noch zur erklärten Bereitschaft, autologische Konsequenzen zu ziehen.

stellbarkeit der Wahrnehmungen. Es besteht kein Grund zu der Annahme, daß es sich bei der evolutionären Selektion gerade dieser beiden Sicherheitsspender um einen bloßen Zufall handelt. Vielmehr kann man systemtheoretisch gut nachzeichnen, warum es gerade diese beiden Referenzen sind, die in der Interaktion so fungieren. Es handelt sich nämlich, vom System der Interaktion aus gesehen, um Referenzen auf die für sie wichtigsten Umwelten: auf die externe Umwelt der anwesenden Menschen im Falle der Wahrnehmung und auf die interne Umwelt der Gesellschaft im Falle der Werte.

Schließlich kann man sich vorstellen, daß auch die Interaktion im Laufe der Zeit Prämissen aufbaut, die erschwert negierbar sind, zum Beispiel in Form einer Systemgeschichte, die allen Beteiligten unterstellbar präsent ist, so daß niemand die eigenen Beiträge dazu einfach bestreiten oder sich aus den Erwartungen, die dadurch aufgebaut wurden, einfach zurückziehen kann, ohne dem Widerstand der anderen zu begegnen. Diese Prämisse ist dann zwar im System selbst konstituiert, gleichwohl aber Vorgabe für jede Einzeloperation und durch weitere Kommunikation nicht mehr in vollem Umfange auflösbar.

Auch diese gesellschaftlichen oder interaktionell eingeführten Substitute für Wahrnehmungsleistungen setzen natürlich voraus, daß die Kommunikation selbst wahrnehmbar bleibt. Sie gehen gleichwohl über das unmittelbar Wahrnehmbare hinaus. Es gibt also durchaus funktionale Äquivalente für Wahrnehmungsleistungen, die dasselbe Problem mit einer anderen Konstellation von Folgeproblemen lösen, und man kann sich daher auch Sequenzen vorstellen, in denen die diffuse Abhängigkeit der Interaktion von ihrer Wahrnehmungsbasis durch Substitution solcher Äquivalente sich lockert – sei es im Zuge einer Makrosequenz, die von archaischer zu moderner Interaktion führt, sei es in den Mikrosequenzen der Einzelinteraktion. Das würde es nahelegen, in der Relevanz von Wahrnehmung eine *Variable* zu sehen, deren Wert je nach der Verfügbarkeit funktionaler Äquivalente sich ändert. So ist es zum Beispiel plausibel, daß Interaktionen vor allem am Anfang über reflexives Wahrnehmen gesteuert werden, danach aber mehr von den Ergebnissen ihres eigenen Kommunikationsprozesses abhängen und Wahrnehmungsleistungen primär zu dessen Fortsetzung benötigen.

IV.

Damit treten weitere Probleme auf. Wahrnehmungen haben den bedeutenden Vorzug eines hohen Fassungsvermögens für gleichzeitige Komplexität. Die konkrete Dichte des Eindrucks wird durch Kombination mehrerer Unterscheidungen gewonnen, die dabei nicht explizit bezeichnet werden müssen. So kann man sehr vieles auf einen Blick sehen. Im Vergleich dazu ist die Kommunikation auf zeitbrauchende Prozesse eingestellt. Sie muß Komplexität in ein Nacheinander von Schritten übersetzen und kann auf diese Weise den Kompakteindruck der Wahrnehmung nie einholen. Für das Bewußtsein bedeutet dies, daß die Kommunikation immer nur einen Teil dessen ausmacht, was wahrnehmbar wird. Das gilt exemplarisch für die Unscheinbarkeit von Schriftzeichen. Aber auch mündliche Kommunikation, die den Wahrnehmungsraum in sehr viel höherem Maße ausfüllen kann, bleibt eingelagert in einen Komplex von anderen Wahrnehmungsmöglichkeiten, die das Bewußtsein ablenken können. Es versteht sich daher nicht von selbst, daß die Kommunikation das Bewußtsein in ausreichendem Maße fasziniert. Bei schriftlicher Kommunikation wird dieses Problem nur undeutlich sichtbar. In der Interaktion dagegen muß es laufend berücksichtigt werden. Der Gebrauch von Sprache allein reicht dafür nicht aus.

Zwar ist sie unerläßlich, da der Sprechprozeß im Vergleich mit der stets ortsgebundenen Wahrnehmung die höhere Selektivität aufweist, also aus mehr Möglichkeiten auswählt und daher auch reicher an Überraschungen ist. So kommt es fast zwangsläufig zu einer Konzentration der Aufmerksamkeit auf das, was gesagt wird. Andererseits muß der Aufbau eines Interaktionssystems die Möglichkeiten der Sprache und selbst die schon enger definierten Möglichkeiten der gesellschaftlichen Kommunikation innerhalb kürzester Zeit sehr stark reduzieren – vor allem durch Themenwahl. Danach kann er auch in seinem Gehalt an Überraschung unterhalb dessen liegen, was ein ausreichend turbulenter Wahrnehmungsraum dem Bewußtsein sonst noch zu bieten hat. Wer angesprochen wird, hat im Moment wenig andere Möglichkeiten, aber schon nach wenigen Minuten mag dies anders aussehen.[30a] Lang-

---

30a Was durch Sprache jedoch so gut wie immer erreicht wird, ist eine *Verhinderung konzentrierten Nachdenkens*. Das Bewußtsein von Anwesenden kann sich

weilige Interaktionen, »altwerdende« Interaktionen oder auch solche, die ihre Themen nicht ihren Personen und deren Neigungen anpassen können, sollten daher in einem beruhigten Wahrnehmungsraum stattfinden.[31]

Die Entstehung konkurrierender Zentren kann für die Fortsetzung von Kommunikation zum Problem werden. Steht nicht der Kommunikationsprozeß, sondern anderes im Zentrum der reflexiven Wahrnehmung, dann mag es beispielsweise schwerfallen, beim Thema zu bleiben, und gerade thematisch hochkonzentrierte Interaktionen werden schon durch eine nur momentane und vorübergehende Ablenkung der Aufmerksamkeit auf solche Nebenschauplätze spürbar gestört.[32]

Der Umstand, daß es um *reflexives* Wahrnehmen geht, senkt dabei

nur noch durch Wahrnehmung, aber nicht mehr durch Gedankenarbeit über wahrnehmungsfern gewählte Gegenstände ablenken lassen. Es wird durch Inanspruchnahme für Mitwirkung an Kommunikation vor die Alternative gestellt, entweder der Kommunikation und ihren wie immer wahrnehmungsfern gewählten Themen zu folgen oder auf Wahrnehmung herunterzuschalten und sich an Naheliegendes zu halten. Der Grund dafür scheint darin zu liegen, daß das Bewußtsein zur Ablösung seiner Gedankenführung vom Wahrnehmungsraum selber auf Sprache (wenn nicht: auf Schrift) angewiesen ist, und zwar vor allem zur Episodenbildung, so daß Interferenzen mit dem hörbaren Sprechen der anderen hier deutlicher bemerkt werden. Daß man konzentriertes Nachdenken als interaktionslose Aktivität stilisiert hatte, geschah also nicht ohne Grund. Um so bedenklicher ist es, wenn man auch Leute, die eigentlich nachdenken sollten, zu dauernder Interaktion zwingt in der irrigen Meinung, daß diese Aufgabe auch durch Teamwork zu erledigen sei. In Universitäten macht man sich von dem Ausmaß, in dem das Nachdenken einfach durch die Lückenlosigkeit von Interaktionszwängen verhindert wird, vermutlich keine zureichende Vorstellung, denn in Organisationen dieser Art gibt es immer noch einen Rest an Verständnis für interaktionsfreies Arbeiten. An der Spitze großer Wirtschaftsorganisationen dagegen ist der Interaktionsdruck inzwischen derart angewachsen (vgl. dazu Robert Jackal, Moral Mazes: The World of Corporate Managers, Oxford 1988, S. 51), daß man mit einer weitgehend illiteraten Spitze rechnen muß, die nur noch auf Folien und Vorträge reagiert. Wissenschaftler werden dann an der Naivität erkennbar, mit der sie es für möglich halten, daß Texte von mehr als drei Seiten gelesen werden könnten.
31 Paradebeispiel: Schulstunden.
32 Die Kommunikation kann natürlich auch umgekehrt dazu dienen, ein mit ihrem eigenen Sprechprozeß nicht identisches Zentrum für reflexives Wahrnehmen zu schaffen. Es wird mitgeteilt, daß dies ein zu bewunderndes Kunstwerk ist und was es zu sehen gibt. Die Aufmerksamkeit pendelt dann legitimerweise zwischen zwei verschiedenen Zentren hin und her. Aber dann muß eben auch das Thema der Interaktion darauf eingestellt werden. Das Problem liegt nicht hier, es liegt in der Dissoziation von Thema und Wahrnehmungszentrum.

die Schwellen der Störbarkeit und multipliziert die Folgen, die sich aus der Ablenkung schon eines einzelnen Wahrnehmers ergeben. Man sieht, daß jemand fasziniert aus dem Fenster blickt, und folgt seinen Blicken, um zu sehen, was es dort zu sehen gibt. Die Kommunikation muß dann angehalten oder kurzfristig auf andere Themen umdirigiert werden. Diese Beobachtung hat auch ihren zeitlichen Aspekt, denn sehr viel schneller als auf der Ebene der Kommunikation spielen *Kollektivphänomene* dieser Art sich per Wahrnehmung ein.[33] Das heißt auch, daß sie in ihren Folgen oft schon nicht mehr unter Kontrolle gebracht werden können, wenn daraufhin Kommunikation einsetzt, die sich genau dies vornimmt. Die Kommunikation verstärkt dann die Abweichung, statt sie zu vermindern, und häufig liegt gerade in der Thematisierung der Störung das eigentlich störende, nämlich das eigentlich strukturändernde Ereignis.

Aber selbst wenn es bei der Ablenkung eines Einzelwahrnehmers bleibt, liegt die Störung nicht allein darin, daß ein Bewußtsein abgeschaltet hat, sondern immer auch darin, daß dies für andere wahrnehmbar macht, daß die Kommunikation nicht mehr im selben Maß wie zuvor durch ihre Umwelt »gedeckt« ist, daß sie hier und da bereits zu langweilen beginnt und daß es folglich auch Unterstützung geben könnte bei dem Versuch, eine Ablösung des Sprechers, eine Änderung des Themas, eine Auflösung der Zusammenkunft zu erreichen. Das Ausmaß, in dem das *System* der Interaktion mit seiner jeweiligen *Struktur* identifiziert werden kann, hängt nicht zuletzt davon ab, ob die Wahrnehmung von Wahrnehmung solche Identifikationen unterstützt oder nicht. Der Eindruck, daß es an Unterstützung fehlt, ist dabei als Wahrnehmung Inhalt für eines oder mehrere Bewußtseine und reicht doch als Wahrnehmung von Wahrnehmung darüber hinaus, da auf diese

---

33 Eine überzeugende Deutung solcher Phänomene fehlt. Man findet zahlreiche Beschreibungen, die häufig mit der Metaphorik der *Ansteckung* arbeiten und denen keine begriffliche Unterscheidung von Wahrnehmung und Kommunikation zugrunde liegt. Siehe als Beispiel für die ansteckende Wirkung bestimmter *Kommunikationsthemen* David Riesman, Geselligkeit, Zwanglosigkeit, Egalität, in: ders., Wohlstand wofür?, Frankfurt 1966, S. 115-149 (119). Nach Beispielen für den hier interessierenden Parallelfall im Wahrnehmungsbereich wird man wohl eher in Forschungen über Schulunterrricht suchen müssen. Siehe dazu den Begriff des *Welleneffekts* bei Jacob S. Kounin, Techniken der Klassenführung, Bern 1976, der sich auf diffuse Effekte spezifisch adressierter Zurechtweisungen bezieht.

Weise *spezifische Kommunikationsbereitschaften* signalisiert werden können. Man kann sich per Wahrnehmung über Chancen und Gelegenheiten kommunikativer Art informieren.
Vor diesem Hintergrund dienen Regeln, die den Zuhörern eine unbewegliche Körperhaltung, relativ ausdruckslose Gesichter, Verzicht auf jegliche Darstellung der Unbeständigkeit eigener Anteilnahme vorschreiben, primär einer stärkeren Ausdifferenzierung des Kommunikationsprozesses. Ihre Funktion liegt nicht in einer Erzwingung von Körperdisziplin schlechthin (daran besteht in sozialen Systemen kein generelles Interesse), sondern in der Erzwingung von Kommunikation sowie in ihrer Engführung auf zurechenbare Beiträge. Man soll es sagen müssen, wenn einem etwas nicht paßt, denn auf solche Beschwerden kann im System viel präziser reagiert werden als auf den stillschweigenden, aber diffusen Boykott.[35]
Schon ganz normale Interaktionen überlassen es daher nicht einfach dem Zufall, wie sich die Wahrnehmungsleistungen gruppieren. Und sie behalten es sich vor, Fehler in dieser Hinsicht zu thematisieren. Die Darstellung eines Minimums an Aufmerksamkeit für den Kommunikationsprozeß wird wie selbstverständlich erwartet und symbolisiert in dieser Form zugleich die Systemgrenzen: Wer physisch in Hörweite ist und doch nicht dazugehört, muß eigenes Zuhören und eigene Aufmerksamkeit verbergen und zugleich verhindern, daß die Anstrengung, die ihn das kostet, als Absicht erkennbar und zurechenbar wird. Innerhalb des Systems dagegen wird wahrgenommene Unaufmerksamkeit für den Kommunikationsprozeß oberhalb gewisser Schwellen gerade umgekehrt als Absicht rekonstruiert und dadurch mit Verantwortlichkeit und Rechenschaftspflicht ausgestattet. (Man kann sich entschuldigen, aber nur indem man Absichten bestreitet.) Diese Reduktion auf Absichten gestattet es außerdem, die Unaufmerksamkeit für den Kommunikationsprozeß als Unaufmerksamkeit für den jeweiligen Sprecher zu sehen. Sie erscheint dann als Abwertung seiner Meinungen, seiner Motive, seiner Einstellungen. Das läuft auf eine Moralisierung von Systemproblemen hinaus, die

---

35 Siehe dazu die bekannte Paralleluntersuchung für Organisationssysteme von Albert O. Hirschman, Exit, Voice, Loyalty: Responses to Decline in Firms, Cambridge 1970.

Fragen der dargestellten Aufmerksamkeit mit solchen der gegenseitigen Achtung verknüpft und es dadurch zugleich erschwert, Unaufmerksamkeit kommunikativ zur Rede zu stellen, weil dies auf eine moralische und folglich streitnahe Kommunikation hinauslaufen würde.

V.

Wir haben bisher sehr deutlich zwischen Wahrnehmung und Kommunikation sowie zwischen psychischen und sozialen Systemen unterschieden. Viele Beschreibungen der Interaktion sind an dieser Stelle weniger trennscharf. Manche Soziologen gehen ohne Erwägung von Alternativen von Wahrnehmungsprozessen aus und sehen das Bewußtsein als Subjekt nicht nur der Wahrnehmung, sondern auch der Kommunikation an. Aber für das Bewußtsein werden ja nicht nur mitgeteilte, sondern auch nichtmitgeteilte Informationen zugänglich. Zieht man auch diese Informationen in den Kommunikationsbegriff hinein, dann entsteht ein unspezifisch generalisiertes Konzept, das an der Differenz zwischen psychischen und sozialen Systemen vorbeigreift.

Sicher wird auch bei diesem Verständnis nicht offen bestritten, daß keineswegs alles, was für mindestens ein Bewußtsein zur Information wird, eben damit schon Teil der Kommunikation unter Anwesenden ist. Aber die *Selektionsleistung*, die dabei vorausgesetzt ist, kann dann nur noch von der Methode erwartet bzw. an der Methode als deren Verdinglichung kritisiert werden.[36] Nach der hier vertretenen Auffassung ist diese Selektionsleistung dagegen die eigentliche Systemleistung; und die »Verdinglichung« ist so gesehen nichts anderes als die Ausdifferenzierung der Interaktion selbst.[37]

---

36 Siehe für eine typische Stellungnahme Aaron V. Cicourel, Three Models of Discourse Analysis, in: Discourse Processes 3 (1980), S. 101-131 (101): »The general point is that the communication we attribute to discourse and any paralinguistic and nonverbal activities is part of a complex, multi-level, not always integrated setting. Multiple sources of information are always operative and so our analysis of discourse must necessarily simplify or reify many aspects of social interaction as well as what we are calling discourse«: Kommunikation als ein praktisch alle wahrnehmbare Aktivität einschließender Teil eines noch komplexeren Ganzen und Simplifikation und Verdinglichung als bloßes Methodenproblem.

37 Selbstverständlich ist und bleibt auch die wissenschaftliche Beobachtung auf

Es wäre jedenfalls nicht sinnvoll, wollte man alle »personbezogenen Daten«, die aus Anlaß von Interaktion erhoben werden, in den Kommunikationsbegriff aufnehmen, und zwar deshalb nicht, weil nur eine *Auswahl* daraus sozial relevant und nur eine Auswahl *daraus* wiederum auch kommunikativ relevant wird. An der Einschätzung der Informationslast des Bewußtseins, die solchen kryptopsychologischen Theorien zugrunde liegt, soll hier nichts kritisiert werden. Aber wir deuten diesen Sachverhalt völlig anders.

Selbstverständlich vermittelt die Wahrnehmung der Körper stets mehr an Information, als für Kommunikation ausgewählt und mitgeteilt worden ist. Anders als die Sprachlaute oder Gesten, die sie von sich geben, sind die Körper der Anwesenden nicht auf Kommunikation spezialisierbar.[38] Sie haben, während sie sprechen oder zuhören und dadurch zur Kommunikation beitragen, immer auch noch anderes zu tun. Sie atmen. Sie husten. Sie wissen nicht wohin mit ihren Augen, ihren Händen, ihrem Juckreiz. Alles Reden und alles Schweigen macht solche Informationen zugänglich, und psychisch gesehen ist es völlig normal, daß man auch diese nichtmitgeteilten Informationen zur Überprüfung dessen verwendet, was mitgeteilt wurde.[39]

Außerdem unterstellt man natürlich, daß der *andere* sich genauso

Selektion angewiesen. Aber sie muß nach der hier vertretenen Auffassung an die Selektionen ihres Gegenstandes anschließen. Sie muß also nicht nur sich selbst, sondern auch ihren Gegenstand als kontingente Selektivität begreifen.
38 Nicht einmal die Sprache läßt sich ja vollständig auf Kommunikation spezialisieren. Stimmlage und Artikulationsgrad einer sprachlichen Mitteilung können über Ranganspüche und Unsicherheiten des Sprechers informieren; Fehler in der Wortwahl, die Rückschlüsse auf Erziehung gestatten, aber auch lokale Besonderheiten der Aussprache werden bemerkt; man kann hören, daß jemand die Sprache, die er verwendet, nicht gut beherrscht; und eventuell auch: daß er dies zu verbergen versucht, indem er Wendungen benutzt, die er irrtümlicherweise für besonders authentisch hält. Pierre Bourdieu, Soziologische Fragen, Frankfurt 1993, S. 100f., trägt dazu die Unterscheidung von Überkorrektheit und Unterkorrektheit bei mit der Beobachtung, daß die Unterschicht sich nach oben hin um Überkorrektheit bemühe, während die Oberschicht generell eher unterkorrekt spreche oder Schnitzer sogar absichtlich begehe, da ohnehin klar sei, daß ihr niemand die Kompetenz zu korrektem Sprechen bestreiten wird.
39 Siehe dazu auch Alois Hahn, Kann der Körper ehrlich sein?, in: H.U. Gumbrecht/K.L. Pfeiffer (Hrsg.), Materialität der Kommunikation, Frankfurt 1988, S. 666-679; ders./Rüdiger Jacob, Der Körper als soziales Bedeutungssystem, in: Peter Fuchs/Andreas Göbel (Hrsg.), Der Mensch – das Medium der Gesellschaft?, Frankfurt 1994, S. 146-189.

verhält, so daß es sich lohnt, nicht nur den »Text«, den man für Kommunikation absondert, sondern auch die anderen Aspekte des *eigenen* Körperverhaltens unter Kontrolle zu bringen und als »Kommentar« dieses Textes wirken zu lassen. Diese Kontrolle muß freilich unsichtbar bleiben, da ihre Sichtbarkeit ja die Suggestion einer *zusätzlichen* Sicherheitsgrundlage jenseits von möglicher Absicht und möglicher Manipulation aufheben würde, auf dem das unterstellte Interesse des anderen beruht. In diesem Sinne gehören Simulation von Spontaneität und Dissimulation von Kontrolliertheit zu den unentbehrlichen Requisiten der Selbstdarstellung.

Daß so etwas nicht glatt funktionieren kann, ist bei der Komplexität der Problemstellung, um die es geht und die sich auf jeder nur denkbaren Stufe des Raffinements wiederholt,[40] leicht zu erkennen. In *jeder* Interaktion gibt es nichtmitgeteilte Information, die im Verhältnis zur Kommunikation inkonsistent ist. Die am Bewußtsein abgelesenen, gegen bloße Wahrnehmung nicht deutlich abgrenzenden Kommunikationsbegriffe behandeln die Unterscheidung zwischen Konsistenz und Inkonsistenz im Verhältnis von Kommunikation und sonstiger Wahrnehmbarkeit so, als wären dies *symmetrische* Möglichkeiten. Das sind sie aber nur für das psychische System. Vom sozialen System aus gesehen macht es einen erheblichen Unterschied, ob man über Konsistenz oder über Inkonsistenz kommuniziert. Die Mitteilung, daß eine Kommunikation durch den sie begleitenden Schwarm des Nichtmitgeteilten und gleichwohl Wahrnehmbaren dementiert und in Frage gestellt wird, ist als Ausdruck von Mißtrauen in ganz anderer Weise problematisch und unterstützungsbedürftig als die Mitteilung des Gegenteils: Daß ein Lachen freundlich klinge, ist leicht gesagt; daß es eine angedrehte Freundlichkeit sei, übt einen beträchtlichen Verfremdungseffekt aus, den nicht jedes System toleriert. Die von der Wahrnehmung her jederzeit mögliche Psychiatrisierung des anderen ist in der Interaktion unter Anwesenden nur unter Sonderbedingungen möglich, und der einheitlichen Wahrnehmbarkeit des Körpers, seiner Aufmachung, seiner Bewegungen usw. entspricht keine einheitliche Thematisierbarkeit des Körpers im System der

---

40 Dazu gut Erving Goffman, Ausdrucksspiele, in: ders., Strategische Interaktion, Frankfurt 1981, S. 11-70.

Interaktion. Vielmehr reguliert die Interaktion selbst, in welchem Umfang welche Wahrnehmung ein darstellbares Motiv für Kommunikation ist.

Die soziologische Frage ist also nicht, ob das Bewußtsein sich mehr durch die Kommunikation oder mehr durch das sonst noch Wahrgenommene beeindrucken läßt. Psychologisch ist ohnehin immer beides im Spiel, allein schon weil es hier um die Einheit einer Differenz geht. Die soziologisch ergiebige Frage lautet vielmehr, wann in der Kommunikation es darauf überhaupt ankommt. Wann kann man sagen, was man am anderen wahrgenommen hat und wie man darauf reagiert? Oder auch nur eigenes Wahrgenommenhaben darstellen? Und wann muß man sich umgekehrt blind stellen und Sichtbares wie Unsichtbares behandeln? Erst mit dieser Frage wird man an die real verfügbaren Sensibilitäten und Probleme der Interaktion herankommen.

An dieser Stelle hilft ein soziologischer Motivbegriff weiter, der sich lediglich auf die kommunikativen Chancen mitgeteilter Motive und nicht etwa auf die psychischen Kausalitäten als solche bezieht, die im sozialen System intransparent bleiben. Motive sind legitime Ausreden, die nur derjenige braucht, der ein ungewöhnliches, ein neuartiges oder ein situativ unpassendes Verhalten bevorzugt.[41] Wenn ich den anderen bitte, Platz zu nehmen, und er sich daraufhin setzt, dann braucht er dafür kein Motiv. Würde ich ihn fragen, warum er dies tut, dann wäre es an mir, ein Motiv für diese Frage zu nennen. Und da es ein solches Motiv nicht gibt, außer natürlich für einen Soziologen, der seinen Garfinkel kennt und genau diesen Sachverhalt nachweisen möchte, wird diese Frage auch nicht gestellt. In Ermangelung von Motiven scheidet sie aus dem Bereich möglicher Kommunikation aus, obwohl die Antwort viel-

---

41 Siehe zu diesem Motivbegriff, der unabhängig von der Theorie selbstreferentieller Kommunikationssysteme entwickelt wurde, aber optimal zu ihr paßt, C. Wright Mills, Situated Actions and Vocabularies of Motive, American Sociological Review 5 (1940), S. 901-913; Neudruck in: ders., Power, Politics and People, New York 1963, S. 439-453. Die Zusammenhänge mit der Attributionsforschung sind leicht erkennbar. Vgl. dazu auch Mathias Heidenescher, Zurechnung als soziologische Kategorie, in: Zeitschrift für Soziologie 21 (1992), S. 440-455. Siehe zur Tradition des Zurechnungsbegriffs und zu ihrer Überführung in Soziologie auch Odo Marquard, Art. Moralische Imputation, in: Historisches Wörterbuch der Philosophie (hrsg. von J. Ritter/K. Gründer), Bd. 4, Darmstadt 1976, Sp. 275f.

leicht gar nicht uninteressant wäre. Bliebe der andere dagegen stehen, wäre es an ihm anzugeben, warum er dies tut. Schon diese einfache Überlegung zeigt an, was soziale Systeme dadurch erreichen können, daß sie in der Lage sind, ungewöhnliche Kommunikationen unter Motivdruck zu setzen und zugleich selektive Bedingungen der Akzeptierbarkeit von Motiven zu produzieren und vorzugeben. In der Typik der zugelassenen Motive reflektiert sich die Typik der Ausdifferenzierung des sozialen Systems. Daß die Ausdifferenzierung von Interaktionssystemen über Kommunikation läuft, erkennt man daran, daß normalerweise nur mitgeteilte Informationen, also nur andere Kommunikationen im selben System sowie die dazu passenden Wahrnehmungen als Motiv darstellbar sind. Zeigt man sich zum Beispiel mißtrauisch, ohne dies an mitgeteilter Information festmachen zu können, kann eben dies in der Interaktion zum Thema gemacht und damit unter Motivdruck gesetzt werden. Es kann dann zum Beispiel gefragt werden, ob man *Vorurteile* habe, die allein schon aufgrund von Wahrnehmung einrasten.[42] Wer sein Mißtrauen auf Inkonsistenzen im Kommunikationsprozeß selbst stützen kann, fährt hier typisch besser, und wer seine Ressentiments in sozial ungreifbarer Weise ausleben möchte, sollte warten, bis das Objekt seiner Abneigung sich in kommunikative Widersprüche verstrickt hat, ehe er anfängt, ungehalten zu werden.

Was immer das Bewußtsein wahrnimmt – in der Interaktion hat dies nur so viel Bedeutung, wie es für die Operationen des Systems einen Unterschied macht. Nur wenn man so argumentiert, kann man im übrigen verstehen, daß diese »Bedeutung« keine Konstante ist, sondern eine Variable, die innerhalb einer differenzierten Gesellschaft von Interaktion zu Interaktion variiert. Im Interaktionssystem einer ärztlichen Untersuchung zum Beispiel ist es auch sozial völlig normal, daß das soziale Geschehen vor allem

---

42 Die für uns selbstverständliche semantische Assoziation von Vorurteil und Wahrnehmung bedürfte der Klärung. Vermutlich entsteht sie erst in der modernen Gesellschaft. Ein Indikator dafür könnte sein, daß die alte Kunst der Physiognomik nun auf einmal der Kritik verfällt. Siehe als noch ambivalentes Zeugnis dafür Georg Christoph Lichtenberg, Über Physiognomik, wider die Physiognomen (1778), zitiert nach: ders., Schriften und Briefe (hrsg. von Mautner), Frankfurt 1995, S. 88-132; vgl. auch Claudia Schmölders, Das Vorurteil im Leibe: eine Einführung in die Physiognomik, Berlin 1995.

durch *Wahrnehmungen* gelenkt wird. Die Kommunikation dient nur als Eingrenzung des Suchbereichs, indem sie festlegt, auf welche Typik von Wahrnehmungen es vermutlich ankommen wird, sowie zur Mitteilung dessen, was man gesehen hat.[43] Im Zentrum steht hier der Körper des Patienten, nicht die konkrete Person, und der Arzt ist denn auch primär auf Wahrnehmung (und gerade nicht: auf Kommunikation) spezialisiert.[44] Die klassische Soziologie dieses Interaktionstyps hatte das Merkwürdige daran vielleicht zu wenig betont, weil der Rollenbegriff sie in anderer Richtung sensibilisiert hatte.[45]

Im Interaktionssystem einer psychotherapeutischen Behandlung kommt es dagegen primär auf die *Differenz von mitgeteilten und nichtmitgeteilten Informationen* an, und es kann notfalls auch explizit dazugesagt und als Inklusionsbedingung formalisiert werden, daß dies so ist. Das Thema ist nicht die Person, sondern ein psychisches System, von dem angenommen wird, daß es sich in der mitgeteilten Information nicht sowohl darstellt als vielmehr versteckt.[46] Das Gesagte wird folglich nicht so, wie es gemeint war, sondern als Symptom für etwas anderes gedeutet, und gerade die laufende Kommunikation über wahrgenommene, aber nicht mitgeteilte Informationen wirkt mit, um die auf diese Weise erzeugten Freiheitsgrade zu beschränken und rein idiosynkratische Urteilsbildungen zu erschweren. Hier ist *dargestelltes und kommuniziertes Mißtrauen* in Kommunikation legitim. Die bekannte Folge ist, daß die Selbstdarstellung des Klienten so gut wie zwangsläufig als brüchig erscheint.

43 Dazu sehr allgemein Bryan S. Turner, Regulating Bodies: Essays in Medical Sociology, London 1992.
44 Siehe dazu auch Niklas Luhmann, Der medizinische Code, in: ders., Soziologische Aufklärung 5: Konstruktivistische Perspektiven, Opladen 1990, S. 183-196.
45 Siehe als klassischen Beitrag Talcott Parsons, Illness and the Role of the Physician, in: American Journal of Orthopsychiatrie 21 (1951), S. 452-460; ferner als Rückblick Uta Gerhardt, Rollentheorie und gesundheitsbezogene Interaktion in der Medizinsoziologie von Talcott Parsons, in: dies., Gesellschaft und Gesundheit: Begründung der Medizinsoziologie, Frankfurt 1991, S. 162-203.
46 Vgl. dazu neuerdings Peter Fuchs, Die Form beratender Kommunikation: Zur Struktur einer kommunikativen Gattung, in: ders./Eckart Pankoke (Hrsg.), Beratungsgesellschaft, Veröffentlichungen der katholischen Akademie Schwerte, Bd. 42, Schwerte 1994, S. 13-27. Die klassische soziologische Monographie hierfür ist Erving Goffman, Asylums: Essays on the Social Situation of Mental Patients and Other Inmates (1961), dtsch. Übersetzung Frankfurt 1973.

In der geselligen Interaktion findet man wieder andere Verhältnisse, denn hier wird taktvolles Verhalten erwartet. Das schließt als oberste Forderung ein, daß man den anderen primär nach Maßgabe derjenigen Informationen behandelt, *die er selbst mitgeteilt hat*, so daß der Bereich des Nichtmitgeteilten nur insoweit heranziehbar ist, wie die hier möglichen Informationen die Selbstdarstellung des anderen unterstützen, ihm präsumtiv willkommen sind, seine Person umschmeicheln usw.

Generell kann man sagen: da die Ebene der Wahrnehmung nicht selbst schon nach Information und Mitteilung differenziert ist, sondern in dieser Hinsicht unspezifiziert bleibt, kann der Einsatz dieser Unterscheidung nur durch das soziale System selbst konditioniert werden. Der Umstand, daß der Kommunikationsprozeß sich unter den Anwesenden auch außerhalb des Mitgeteilten in einer so informationsträchtigen Weise wahrnehmbar macht, führt also keineswegs zu seiner Entgrenzung. Es kommt nicht zu Lagen, zu deren Beschreibung der Informationsbegriff sowie eine Theorie psychischer Systeme ausreichen würden. Die Differenz von Wahrnehmung und Kommunikation bleibt vielmehr erhalten, solange das Interaktionssystem selbst erhalten bleibt, da unter dieser Bedingung nur durch Kommunikation reguliert werden kann, was als *mitgeteilte Information* zu behandeln ist und was nicht. Und nur auf die mitgeteilte Information kommt es kommunikativ an, nur mit ihr kann die Kommunikation arbeiten, nur sie ist im System anschlußfähig.

VI.

In der Interaktion werden die Möglichkeiten der reflexiven Wahrnehmung typisch auf Kommunikation hin gestrafft. Der Sprechprozeß dominiert die Wahrnehmung. Wie wenig dies den besonderen Möglichkeiten der Wahrnehmung gerecht wird, erkennt man dort, wo diese Ordnung herumgedreht wird in dem Versuch, die kommunikationsfreie Abstimmung der Perspektiven, die durch reflexive Wahrnehmung ermöglicht wird, in ihren *eigenen* Möglichkeiten zu steigern. Das setzt eigens dafür präparierte Situationen voraus, in denen gerade der weitgehende Verzicht auf explizite Kommunikation erwartet werden kann. Präkommunikative Sozialität wird mit besonderen Ansprüchen an Körperbezug und auf Kosten von Kommunikation intensiviert: man denke nur etwa an Beispiele wie Sport oder Tanz, Nahkampf oder Sexualität. An die Stelle der Lenkung durch Kommunikation treten hier Quasi-Objekte im Sinne von Michel Serres oder in der Zeitdimension die Vorgabe eines starren oder beweglichen Rhythmus, der die Koordination des Körperverhaltens erleichtert. Hier ist das Verhältnis von reflexiver Wahrnehmung und Kommunikation geradezu umgekehrt. Die Kommunikation springt nur ein, wenn die über Wahrnehmung laufende Direktabstimmung des Körperverhaltens versagt, und es ist auch nicht zu sehen, wie Tempo und Paßgenauigkeit dieser Abstimmung jemals durch Kommunikation sollten erreicht werden können. Außer unter Anfängern und Ungeübten, die noch der Belehrung bedürfen, wird Kommunikation so stark marginalisiert, daß ihre Intervention geradezu als Störung erfahren werden kann – so etwa, wenn man auf das sexuelle Erleben des anderen mit der Unterscheidung von Information und Mitteilung zu reagieren versucht und es daraufhin mit den spezifisch kommunikativen Problemen der Täuschung und Vortäuschung zu tun bekommt. Bei reinen Formen dieses Typs – im Unterschied etwa zu ihren schon erwähnten Lernformen – handelt es sich nicht mehr um Interaktionssysteme im Sinne des hier vorgeschlagenen Begriffs. Ihre Analyse würde ein anderes Vokabular erfordern, zu dessen Ausarbeitung wir im Rahmen dieser Untersuchung nicht beitragen können.[47]

---

[47] Siehe zu dieser Abgrenzung auch Niklas Luhmann, Soziale Systeme: Grundriß einer allgemeinen Theorie, Frankfurt 1984, S. 336ff.; ders., Wahrnehmung und Kommunikation sexueller Interessen, in: ders., Soziologische Aufklärung 6: Die Soziologie und der Mensch, Opladen 1995, S. 189-204.

Kapitel 6
Direkte und indirekte Kommunikation

I.

Wir wollen uns dem Gegenstand der hier anschließenden Überlegungen durch einige sprachkritische Beobachtungen nähern. Als Ausgangspunkt dient die Beobachtung, daß die Kommunikation mit eindeutigen und mit mehrdeutigen Vokabeln beschrieben werden kann. Das Vokabular der eindeutigen Kommunikation sieht vor, daß man entweder sagt, was man meint – oder es bleiben läßt. Es stellt vor die Wahl, entweder zu reden oder zu schweigen, und wer zugleich reden und schweigen will, der ist für dieses Vokabular der ausgeschlossene Dritte – eine Figur von zweifelhafter Kommunikationskompetenz und ein Frevler am allgemeinen Ideal der Verständlichkeit noch dazu.
Das Vokabular der mehrdeutigen Kommunikation dagegen schließt diesen ausgeschlossenen Dritten ein. Es besteht aus Vokabeln, die davon ausgehen, daß man zugleich reden und schweigen kann. Man kann nämlich nicht nur sagen, was man meint, man kann es auch nicht sagen und das Gemeinte nur andeuten in der Hoffnung, daß der andere es gleichwohl bemerkt. So kann man im Deutschen eine Bemerkung *fallenlassen* mit der Folge, daß für den anderen offenbleibt, ob man sich der Tatsache dieser Bemerkung und ihrer Bedeutung für ihn bewußt oder nicht bewußt ist. Man kann etwas *zu verstehen geben*, auch ohne es ausdrücklich zu sagen – und den anderen damit vor die Frage stellen, ob das von ihm Verstandene auch das eigentlich Gemeinte ist. Vor allem aber kann man *durchblicken* lassen, was man meint, aber nicht sagt – und diese Metapher trifft das, worum es geht, vielleicht am deutlichsten. Etwas durchblicken lassen setzt voraus, daß es einen Schleier, eine Verhüllung, eine Verbergung gibt, die aber gleichwohl so gehandhabt wird, daß man etwas von dem zu sehen bekommt, was zu verhüllen ihre Aufgabe wäre.
Es fällt auf, daß solche Vokabeln für die Selbstbezeichnung der damit gemeinten Kommunikationen nicht zur Verfügung stehen. In der Manier der analytischen Philosophie formuliert: Man

kann zwar sagen: Ich versichere dir, daß p, nicht aber: Ich lasse dir gegenüber durchblicken, daß p. Die performative Komponente wird mit Vokabeln beschrieben, um die der Sprechakt sich selbst nicht würde ergänzen können. Oder wenn er es täte, dann würde sich der Sinn der Kommunikation ändern, etwa in Richtung auf Ironie und uneigentliche Rede. Der Normalform einer Kommunikation, die den Übergang ihrer performativen Bestandteile in explizite Form ohne Änderung ihres Sinnes übersteht, entspricht dies nicht. Aber mit welcher Form von Kommunikation hat man es hier zu tun? Handelt es sich um paradoxe Kommunikation?

Es dürfte wohl unbestritten sein, daß die Kommunikation auf mindestens zwei Ebenen artikuliert werden kann und daß diese doppelte Möglichkeit besonders für das Verständnis der Interaktion unter Anwesenden von Bedeutung ist.[1] Die Terminologie für diese eigentümliche Differenzierung ist schwankend und wird je nach Theorietradition und terminologischen Vorlieben unterschiedlich artikuliert: als Unterschied zwischen analoger und digitaler Kommunikation, als Unterschied zwischen denotativen und konnotativen Möglichkeiten der Verwendung von Zeichen, als Unterschied zwischen Sprachverwendung und körpergebundener Expression oder auch als Unterscheidung verschiedener Kanäle, die im Verhältnis zueinander dann entweder konsistente oder inkonsistente Botschaften übertragen.[2]

Wir werden im folgenden von direkter und indirekter Kommunikation sprechen. Provisorisch und unter dem Vorbehalt weiterer Klärungen kann man den Unterschied, um den es dabei geht, als einen Unterschied an Verbindlichkeit bezeichnen. Neben einer Ebene der Weisungen, die sich als verbindlich verstehen, gibt es die Ebene der unverbindlichen Winke. Häufig wird angenommen, daß diese Unterscheidung mit derjenigen zwischen sprachlicher und außersprachlicher Kommunikation zusammenfällt. Das ist jedoch nicht der Fall, denn schließlich kann man nicht

---

1 Der Umstand, daß hier eine Ebenenunterscheidung verwendet wird, bestärkt den Verdacht, daß es letztlich um eine Paradoxie geht. Wir werden darauf zurückkommen.
2 Siehe für eine Übersicht Klaus Merten, Kommunikation: Eine Begriffs- und Prozeßanalyse, Opladen 1977.

nur mit Zaunpfählen, sondern auch mit Taschentüchern winken. Wer mit dem Taschentuch winkt, vollzieht eine extrem standardisierte Geste, die im Prinzip auch kommunikationspraktisch gesehen nicht anders als die normale Verwendung von Sprache fungiert. Auch die Weisungen des Polizisten, der den Verkehr regelt, werden zwar »körpersprachlich«, etwa durch Heben und Senken des Armes erteilt, aber daß es sich um verbindliche Weisungen handelt, die niemand ungestraft ignoriert, ist gleichwohl nicht zweifelhaft. Standardisierte Gesten, die in dieser Weise zur Ergänzung der Sprache um nichtverbale Zeichenträger bestimmt sind, müssen als Körperverhalten eine gewisse Auffälligkeit und Prägnanz haben.

Gleichwohl haben alle Gesten dieses Typs eine größere Randunschärfe als das klar ausgesprochene Wort. Ein Schüler, der den Arm hebt, kann das so tun, daß unklar bleibt, ob es sich um eine Wortmeldung handelt oder nicht. In kritischen Fällen kann man außerdem auf technisch erzeugte Wahrnehmungskontraste von hoher Eindeutigkeit ausweichen. Als Träger von Botschaften wird der Körper dann durch eine technische Einrichtung ersetzt, die auf die Produktion der entsprechenden Signale spezialisiert ist und gar nichts anderes tun kann, sofern sie nicht gerade kaputt ist. Wer an einer Tür klingelt, kann nicht mehr gut bestreiten, daß er es auf Kommunikation anlegt, und wenn er gar nicht kommunizieren, sondern nur klingeln will, tut er gut daran, möglichst rasch wegzulaufen. Auch das ist Kommunikation im Sinne einer danach schon nicht mehr bestreitbaren Initiative zur Kommunikation.

Auch das Telefon ist eine technische Einrichtung, an der im Vergleich mit anderen technischen Einrichtungen auffällt, daß sie *ausschließlich* zur Kommunikation dient. Sicher kann man auch durch die Art und Weise, wie man sein Auto steuert, Informationen mitteilen und in diesem Sinne kommunizieren. Viele Fahrer versuchen dies, und einige haben damit Erfolg. In anderen Fällen dagegen muß es dem Beobachter überlassen bleiben, ob es nun Kommunikation war oder nicht. Will man diese Mehrdeutigkeit vermeiden, dann muß man schon hupen, denn auch die Hupe ist ausschließlich zur Kommunikation bestimmt. Die Information mag unbestimmt sein und erst situativ bestimmbar werden, aber an ihrer Differenz zur Mitteilung ist normalerweise kein Zweifel, es sei denn, daß ein Bedienungsfehler vorliegt, der dann durch »Sorry«-Wahrnehmungen geheilt werden kann.

Gemeinsam ist all diesen Objekten, daß sie eine große Faszination ausüben. Die Türklingeln, die Telefone, die Hupen – sie alle binden Aufmerksamkeit. Sie zwingen zur Unterbrechung dessen, was man eigentlich tun wollte. Sie zwingen zwar nicht dazu, durch entsprechendes Gegenhandeln in die Kommunikation einzutreten, aber wenn man es nicht will, bedarf das einer spürbaren Anstrengung. Vor allem unterbrechen sie die anderweitig schon laufende Interaktion. Ein Autofahrer, ein Hausherr, ein »Fernsprechteilnehmer«, der sich durch die entsprechenden Geräusche unterbrechen und ablenken läßt, kann von Anwesenden Verständnis dafür erwarten. Wahrnehmungen dieser Art haben etwas Unwiderstehliches. An der Penetranz der Geräusche liegt es mit Sicherheit nicht. Auch das Telefon, das leisegestellt wurde, kann einen »verrückt machen«. Es liegt vielmehr daran, daß es sich um Kommunikation handelt. Was normalerweise erst der Sprache gelingt: nämlich das Bewußtsein »einzufangen« und auf Kommunikation hin zu orientieren, das wird hier in anderer Weise besorgt. Technisch erzeugte Kontraste wie der zwischen Ruhe und Klingeln können also ganz eindeutig als Kommunikation erkennbar sein und erweitern dann lediglich das Repertoire der dafür verfügbaren Zeichen. Auch nichtsprachliche Kommunikation kann also verbindliche Kommunikation sein.

Umgekehrt kann, wer mit dem Zaunpfahl winken möchte, dafür durchaus auch Sprache benutzen. Er kann zum Beispiel Sonderformen der Sprache wie Ironie gebrauchen und dadurch genau jene schwebende Ambivalenz, jenes paradoxe Sichfestlegen auf Offenheit und Unentscheidbarkeit erzeugen, die bei oberflächlicher Betrachtung für das auszeichnende Merkmal der an den Körper oder an sonstige außersprachliche Einheiten gebundenen Kommunikation gilt. Wir werden daher, ohne die Unterscheidung von sprachlichen und anderen Wahrnehmbarkeiten aus den Augen zu verlieren, von direkter und indirekter Kommunikation sprechen.

Es geht dabei nicht, und auch das sei vorab klargestellt, um einen Unterschied im materiellen Unterbau der Kommunikation, nicht um unterschiedliche Träger einer Botschaft oder unterschiedliche

Kanäle ihrer Übertragung mit jeweils eigenen Möglichkeiten und Merkmalen.[3] Es geht vielmehr, thematisch nichts davon ausschließend, aber begrifflich in einer ganz anderen Richtung interessiert, um einen Unterschied *innerhalb der Kommunikation selbst*. Wir fragen nicht, wie direkte und indirekte Kommunikation sich in physikalischer Hinsicht oder unter dem Gesichtspunkt einer jeweils unterschiedlichen Beteiligung des menschli-

3 Systemtheoretisch folgt diese Ausklammerung der Materialität der Kommunikation aus dem Befund, daß solche Materialien vom System der Kommunikation aus gesehen zur Umwelt gehören. Ein gutes Beispiel dafür ist abermals die Interaktion am Telefon. Gerade angesichts dieser hochgradig technologieabhängigen Kommunikationsform bewährt sich das Theorem der operativen Geschlossenheit. Die Umwelt kann das System hier in ganz anderer Weise stören, als das in der normalen Interaktion der Fall ist. Die Verbindung kann schlecht sein, und sie kann unterbrochen werden, zum Beispiel wenn am Münzfernsprecher die Münzen ausgehen. Und das unterbricht dann selbstverständlich auch die Kommunikation. Aber die Unterbrechung als physikalisches Ereignis trägt keine Operation zum System bei. Man kann nachher nicht einfach unter Berufung auf die technisch bedingte Unterbrechung anders kommunizieren als zuvor. Man kann natürlich in der Zwischenzeit anderer Meinung geworden sein und beispielsweise einen Vertrag, der sich schon abgezeichnet hatte, dann lieber doch nicht abschließen wollen. Aber man kann dies, *gerade weil der Zusammenhang auf der Hand liegt*, nicht einfach dadurch begründen, daß die Verbindung unterbrochen wurde. Die Opfer an schon dargestellter Identität sind nicht geringer nur deshalb, weil die Technik zwischendurch ausfiel. Und ob oder ob nicht die übliche Rechtsdogmatik von Vertrag und Vertragsbruch auch in diesem Fall gilt, entscheidet sich im Rechtssystem, und somit wiederum in der Kommunikation. Die Kommunikation ist also sehr wohl in der Lage, solche technisch bedingten Unterbrechungen zu unterscheiden von Situationen, in denen ihre Fortsetzung aus system*internen* Gründen unmöglich wird. Auch kann man Liebesbeziehungen sehr wohl am Telefon beenden, aber auch dies nur durch Kommunikation und nicht einfach dadurch, daß die Verbindung »unterbrochen wurde«. Das technisch bedingte Aufhören von Kommunikation *ist* nicht der Abschied, und wer es im nachhinein so sehen wollte, der würde sich mißverständlich ausdrücken. Und selbst wenn ein extrem unwahrscheinlicher Zufall dafür sorgt, daß *beides* in einem Moment konvergiert, hängt die Beobachtung dieser Konvergenz erneut an der Fähigkeit, so zu unterscheiden. Nur weil so unterschieden werden kann, kann man dann auch den Hörer auf die Gabel knallen und so die abrupte Erzeugung von Funkstille *als* Kommunikation praktizieren. Wäre es anders, würde man wichtige Beziehungen kaum am Telefon pflegen, denn die Gefahr, daß sie durch technische Katastrophen beendet werden, wäre dann viel zu groß. Die Anfälligkeit dieser Art von Interaktion für technisch bedingte Störungen soll also nicht bestritten und auch nicht für kommunikativ irrelevant erklärt werden. Aber die *Selektion von Relevanz* ist hier wie auch sonst Sache der Kommunikation selbst.

chen Organismus unterscheiden, wir fragen vielmehr, wie sie sich *als Kommunikation* unterscheiden.

Diese Frage klingt ontologischer, als sie gemeint ist, und bedarf insofern der Erläuterung. Wir fragen nicht nach der Kommunikation an sich, sondern nach der Kommunikation an und *für sich*. Es geht nicht um einen vermeintlich objektiven Kommunikationsbegriff, dem man dann einen vermeintlich subjektiven gegenüberstellen könnte in der Meinung, der eine sei richtig und der andere falsch, sondern es geht um die Frage, wie innerhalb der Kommunikation selbst und mit deren eigenen Mitteln zwischen direkter und indirekter Kommunikation unterschieden werden kann. Solange man die Kommunikation nicht gegenüber ihrem materiellen Substrat oder gegenüber dem Körper des Menschen isoliert, mag man sich an jene im Raume oder am Körper repräsentierten Unterschiede halten. Umgekehrt macht erst der hier vorgeschlagene Abstraktionsschritt deutlich, daß man einen Kommunikationsbegriff braucht, um entscheiden zu können, was direkte und was indirekte Kommunikation sein kann – und wie das eine und das andere mit Sprache oder dann auch mit der Vermeidung von Sprache zusammenhängt.

Im Verhältnis zum vorherrschenden Kommunikationsbegriff wollen wir die Gleichsetzung von direkter mit sprachlicher und von indirekter mit nichtsprachlicher Kommunikation im Ansatz vermeiden, um sodann die These zu vertreten, daß *beide* Arten von Kommunikation, sowohl die sprachliche als auch die nichtsprachliche, *beides* sein können: direkte oder indirekte Kommunikation.[4] Eine der Absichten dieser Revision ist es, den Begriff

---

4 Siehe dazu auch die Aufgliederung bei Niklas Luhmann, Die Kunst der Gesellschaft, Frankfurt 1995, S. 34 ff. Luhmann bezeichnet dort auch die mit außersprachlichen Mitteln realisierten, aber als Kommunikation eindeutigen Beiträge als Fälle von indirekter Kommunikation. Aber das ist eine bloße Frage der Wortwahl, da die für uns interessante Fallgruppe der mehrdeutigen Beiträge sich auch für ihn deutlich von dem unterscheidet, was man als eindeutige Kommunikation bezeichnen könnte (S. 35 f.). Siehe für eine ältere Darstellung, die dem hier bevorzugten *Sprachgebrauch* näherkommt, Niklas Luhmann, Funktionen und Folgen formaler Organisation, Berlin 1964, S. 363 ff. Für *Begriff und Theorie* der indirekten Kommunikation werden wir uns ohnehin an systemtheoretische Vorlagen halten. Unter ihnen ist der zuletzt zitierte Text besonders ergiebig. Siehe aber auch Niklas Luhmann, Takt und Zensur im Erziehungssystem, in: ders./Karl Eberhard Schorr (Hrsg.), Zwischen System und Umwelt: Fragen an die Pädagogik, Frankfurt 1996, S. 279-294.

der indirekten Kommunikation so einzuführen, daß er auch zur Analyse von Geschriebenem bzw. Gedrucktem benutzt werden kann.[5]

II.

Das Phänomen der indirekten Kommunikation hat offensichtlich mit der Unterscheidung von Kommunikation und Handlung zu tun. Normalerweise gilt Handlung als der fundamentale Begriff, und Kommunikation wird als Sonderfall von Handlung, nämlich als Mitteilungshandeln begriffen.[6] Die Systemtheorie kehrt dieses Inklusionsverhältnis von Handlung und Kommunikation um. Sie geht von Kommunikation aus, um dann zu fragen, unter welchen Bedingungen es dazu kommt, daß das kommunikative und dann möglicherweise auch das nichtkommunikative Verhalten als Handlung erscheint.[7]
Diese Fragestellung kommt weniger überraschend, als man meint. Auch andere Theorien haben die phänomenale Evidenz von Handlung längst aufgelöst, um sie als unwahrscheinliche Kombination darstellen zu können. So nimmt zum Beispiel die Attributionstheorie an, daß es bei hoher sozialer Interdependenz

---

5 Daß auch Gedrucktes, wenn als Kunst erkennbar, nicht einfach als Kommunikation im üblichen Sinne des Wortes funktioniert, ist die auf den Sonderfall Literatur bezogene Konsequenz eines systemtheoretischen Kunstbegriffs, den Luhmann, Die Kunst der Gesellschaft (a. a. O.) vorgestellt hat.
6 Konsequent müßte man dann zwischen absichtsvoller *Kundgabe* von Informationen und absichtsloser *Preisgabe* von Informationen unterscheiden und nur den ersten, nicht aber auch den zweiten Fall als Kommunikation bezeichnen. Kommunikation wäre dann automatisch direkte Kommunikation, und für all das, was Alter dem Ego ohne Absicht preisgibt oder Ego dem Alter gegen dessen Absicht entwendet, würde dann eigentlich der Informationsbegriff ausreichen. Nicht immer wird diese Konsequenz gezogen. Thomas Luckmann, Das Gespräch, in: Karlheinz Stierle/Rainer Warning (Hrsg.), Das Gespräch, München 1984, S. 49-63, zum Beispiel nimmt an, daß, abgesehen vom schlechthin unwillkürlichen Verhalten, das lediglich faktisches Vorkommnis ist, auch das *möglicherweise* absichtsvolle Verhalten an der Entwicklung des Gesprächs beteiligt ist und insofern als Kommunikation gelten kann. Aber was sind die Bedingungen dieser Möglichkeit?
7 Siehe dazu Niklas Luhmann, Soziale Systeme: Grundriß einer allgemeinen Theorie, Frankfurt 1984, S. 191 ff.

keine einzig richtige Lokalisierung von Kausalität und Verantwortlichkeit geben kann. Vielmehr werde Handlung stets erst durch Zurechnungsprozesse erzeugt.[8] Das Folgeproblem besteht darin, daß ein ausreichend bestimmter Gegenbegriff zu Handlung nicht zur Verfügung steht. Immer wieder kommt daher die Tendenz auf, auch das Zurechnen selber als Handeln zu begreifen, nämlich als Zurechnungshandeln. Als Perfektionsform der Theorie gilt dann das Zurechnen des Zurechnens. In einem anderen, mehr soziologischen Vokabular wird daher an genau dieser Stelle auch der seinerseits handlungslastige Begriff der Definitionsmacht verwendet. Beide Strategien haben den Nachteil, das Problem nur von einem Handelnden auf den anderen verschieben zu können. Sie lassen sich auf die Suche nach Zurechnern oder nach Inhabern der Definitionsmacht über Handlungen anderer schicken. Die Systemtheorie versucht, dies durch ihren Kommunikationsbegriff zu vermeiden.

Dieser Kommunikationsbegriff besteht zunächst einmal aus seinen eigenen Dekomponaten.[9] Er unterscheidet Information, Mitteilung und Verstehen als diejenigen Komponenten, die zusammenkommen müssen, wenn Kommunikation stattfinden soll. Information, Mitteilung und Verstehen sind dabei jeweils für sich selektive, also unwahrscheinliche Vorkommnisse. Noch unwahrscheinlicher ist daher das gleichsinnige Fungieren dieser Selektivitäten in der Einheit der kommunikativen Operation. Diese zweite Unwahrscheinlichkeit kann praktisch nur durch Systembildung, nämlich nur dadurch in Wahrscheinlichkeit transformiert werden, daß kommunikative Operationen miteinander vernetzt werden. Sie suchen und finden dann ihren Halt aneinander. Kommunikation ist in diesem Sinne die Operationsweise, die soziale Systeme ausdifferenziert und nur so überhaupt vorkommt. Umgekehrt steht in sozialen Systemen keine andere Operationsgrundlage bereit als eben Kommunikation. Das heißt auch, daß nur Kommunikation benutzt werden kann, um Kommunikation zu analysieren. Und jede Unterscheidung mehrerer Aspekte von Kommunikation ist in diesem Sinne zugleich ein Schema der

---

8 Vgl. dazu Mathias Heidenescher, Zurechnung als soziologische Kategorie, in: Zeitschrift für Soziologie 21 (1992), S. 440-445.
9 Wir folgen hier Luhmann, Soziale Systeme (a.a.O.).

Selbstanalyse von Kommunikation und nicht etwa ein Hinweis auf eine Wiedergabe schon vorbestehender Einheiten psychischer Art, die durch Kommunikation dann lediglich extern relationiert würden. Alles, was für das System als Einheit in Betracht kommen soll, muß durch das System selbst für diese Verwendung konstituiert werden.

Dieser Kommunikationsbegriff kann zunächst ohne die Implikation von Sprache und Intentionalität vorgestellt werden. Es reicht aus, wenn die Differenz von Information und Mitteilung beobachtet, nämlich verstanden werden kann. Ein möglicher Ausgangspunkt für die Einführung der Unterscheidung von direkter und indirekter Kommunikation liegt sodann in der Feststellung, daß Kommunikation eine *reflexive* Operationsweise ist. Sie kann durch Kommunikation über Kommunikation auf sich selbst zurückgelenkt werden. Das setzt voraus, daß die Kommunikation in der Lage ist, sich selbst von anderem zu unterscheiden. Sie muß also nicht nur zur Beobachtung, sondern auch zur Selbstbeobachtung in der Lage sein. Prozesse der Selbstbeobachtung ändern jedoch schon durch ihr eigenes Vorkommen das, was sie beobachten. Die Intention auf Vollständigkeit würde den Prozeß der Selbstbeobachtung daher zur Miterfassung auch dieser Änderung, zur Miterfassung auch dieses Miterfassens usw. verpflichten. All das würde auf eine schlechte Unendlichkeit hinauslaufen, die real nicht praktizierbar wäre. Statt dessen scheinen sich Prozesse der Selbstbeobachtung durch *drastische Vereinfachungen* auszuzeichnen. Sie simplifizieren und setzen das Simplifikat an die Stelle einer sehr viel komplexeren Realität.

In sozialen Systemen hat es sich dabei bewährt, Kommunikation auf Handlung zu verkürzen. Immer dann, wenn über Kommunikation kommuniziert werden soll, muß feststellbar sein, wer was gesagt hat und an wen man sich infolgedessen mit Nachfragen oder mit Kritik wenden muß. Nicht die konkret ablaufende Gesamtreproduktion der Kommunikation, sondern nur die als Handlung isolierbaren Aspekte werden zugänglich gemacht. Sie vertreten dann im weiteren Kommunikationsprozeß gleichsam das, worum es eigentlich geht. Das kann einerseits stets nur lückenhaft und unvollständig geschehen. Aber andererseits ist dieses Fragmentarische kein Defekt, den man vermeiden könnte, sondern Folge davon, daß Selbstbeobachtung nur als Selbstsimplifikation überhaupt möglich ist. Die Stabilität dieser artifiziellen Vereinfachung von Kommunikation auf Handlung läßt sich also nicht dadurch erklären, daß sie der Kommunikation in allen wesentlichen Hinsichten gerecht würde. Das ist ganz offensichtlich nicht der Fall. Oder jedenfalls hat eine wissenschaftliche Analyse sehr viel reichere Möglichkeiten, Kommunikation zu analysieren, sofern sie nur darauf verzichtet, zu den außerhalb von Wissenschaft ablaufenden Prozessen der Selbstbeobachtung gesellschaftlicher Kommunikation unmittelbar beizutragen.[10] Aber eine derartige Sachgerechtigkeit ist auch gar nicht erforderlich, sofern es dem System nur gelingt, jede *andere* Form der Selbstbeobachtung zu verhindern. Denn dann kann auch der Protest gegen die Vereinfachung, die der Kommunikation widerfährt, wenn man sie auf Handlung verkürzt, nur noch als Handlung auftreten.[11]

Gleichwohl wird man fragen müssen, wie die *Totalisierung* einer *selektiven* Strategie der Selbstbeobachtung überhaupt möglich ist. Im Falle von Kommunikationssystemen scheint hier die spezifische Funktion von *Sprache* zu liegen. Wie immer man über Sprache denken mag – sie kann sprechend nicht anders benutzt werden als zur Verdeutlichung einer Differenz von Information und Mitteilung. Wer überhaupt spricht, kann nicht gut bestreiten, daß dies ein Kommunikationsversuch ist. Er muß sich also mindestens die Absicht auf Kommunikation zurechnen lassen und kann danach allenfalls noch versuchen, eine eigene Version über die inhaltliche Bestimmung dieser Absicht durchzusetzen. Sobald Sprache verwendet wird, ist die Vereinfachung der Kommunikation auf Handlung ein Kinderspiel. Erst durch Sprache wird das Vorliegen von Kommunikation zu metakommunikati-

---

10 Einfacher gesagt: Wer die hier verwendete Kommunikationstheorie akzeptiert, der muß in wissenschaftlichen Zusammenhängen darauf verzichten, sich an der allgemeinen Suche nach dem Schuldigen zu beteiligen. Sehr deutlich wird diese Option gegenwärtig von René Girard verfolgt. Nur sieht er darin kein wissenschaftliches, sondern ein religiöses Engagement.
11 Diese Exklusion anderer Möglichkeiten der Selbstbeobachtung kann selbstverständlich sein. Sie kann sich aber auch gegen schon sichtbare Alternativen behaupten müssen und nimmt dann normative Implikationen auf. So wird in der Soziologie gegenwärtig um »Handlungstheorie« häufig so gestritten, als läge ein moralisches Verdienst darin, diese Theorie zu vertreten.

ver Unbestreitbarkeit gehärtet. Es gibt dann in dieser Hinsicht schon keine Mehrdeutigkeit mehr.[12] In jedem anderen Fall mag der Empfänger unsicher sein, ob es sich um Kommunikation handelt. Wer dagegen *angesprochen* wird, hat hier gar keine Wahl. Umgekehrt kann der Absender antizipieren, daß man ihm den Sinn seines Verhaltens als Mitteilungsabsicht zurechnen wird, und sich auf das beschränken, was er als Absicht glaubt vertreten zu können.

In den differenztheoretischen Kommunikationsbegriff, der zunächst ohne Festlegung auf Sprachförmigkeit und Intentionalität eingeführt wurde, können diese beiden Momente nun wieder eingeführt werden mit der These, daß erst die Verwendung von Sprache die Zurechnung von Mitteilungsabsichten und damit die Selbstbeobachtung der Kommunikation in einem für alle praktischen Zwecke ausreichenden Maße ermöglicht. Sprache ist also nicht nur eine ins Unendliche gehende Diversifikation der Themen, sondern auch und vor allem ein Mechanismus, der die Reduktion von Kommunikation auf Handlung jederzeit möglich macht. Die Fähigkeit der Kommunikation zur Selbstbeobachtung wird verstärkt, ihre Abhängigkeit von Fremdbeobachtung (etwa: durch psychische Systeme) entsprechend herabgesetzt, und beides zusammengenommen bedeutet: stärkere Ausdifferenzierung des sozialen Systems. Das gilt für das soziale System der Gesellschaft, das der evolutionären Errungenschaft von Sprache eine Reihe von weiteren Errungenschaften zu verdanken scheint,

---

12 Siehe dazu John Sabini/Maury Silver, Moralities of Everyday Life, Oxford 1982, S. 120: »Talk removes one ambiguity: we don't talk by accident. Tongues may slip, but not in the sense that you mean to spit and a word came out. You may have meant to say ›I love you‹, and said ‹I glove you›; still, you did mean *something*.« Die Autoren behandeln das Problem im Zusammenhang mit Bemühungen um einen soziologischen Begriff der Absicht, der auf Zurechnungsprozesse im sozialen System zurückgeführt werden und es in dieser Form gestatten soll, die Mehrdeutigkeit von Absichten anders als nur in der Form von Perfektionsmängeln zu würdigen. Siehe dazu auch S. 123: »The inability to say in every case what a person's purpose is, has appeared to philosophers as a defect in the concept of purpose, one to be corrected. It appears to psychologists as a technical difficulty to be overcome by methodological sophistication. We have treated it as a fact about actions, one that can't be argued or measured away. Besides people treat it as a resource too valuable to get lost.« Vgl. dazu als Beitrag von philosophischer Seite David Holdcroft, Forms of Indirect Communication: An Outline, in: Philosophy and Rhetoric 9 (1976), S. 147-161.

es gilt aber auch für Interaktionssysteme, die sich in der Gesellschaft bilden. In beiden Fällen wird eine Art Vorschau auf Reflexivität eingebaut: Der Absender stellt sich vor, welche Möglichkeiten er hat, im Falle einer reflexiven Wendung der Kommunikation zu bestreiten, daß es sich überhaupt um Kommunikation gehandelt habe. Er prüft das, was er sagen will, anhand der Frage, ob er es auch gemeint haben wollen und im weiteren Verlauf dazu stehen kann; wenn die Antwort auf diese Frage nein lautet, der Mitteilungsdrang aber gleichwohl überwiegt, kann er es mit indirekter Kommunikation versuchen. *Indirekte Kommunikation* liegt vor, wenn der Absender in der anschließenden Kommunikation bestreiten kann, etwas mitgeteilt zu haben, und wenn andererseits der Empfänger bestreiten kann, etwas verstanden zu haben. Die Kommunikation läuft dann unter der Prämisse, daß die beiden normalen Effekte der Selbstbeobachtung dieser Operation, nämlich erstens die Bindung des Absenders an den Sinn des Gesagten und zweitens die Freiheit des Adressaten, das Gesagte entweder anzunehmen oder abzulehnen, suspendiert sind und bis auf weiteres in der Schwebe bleiben. Es handelt sich also um Kommunikation mit dem zusätzlichen Merkmal, daß sie beim Übergang zur reflexiven Kommunikation negiert werden könnte – und zwar im Grenzfalle negiert werden könnte schon in ihrem Charakter als Kommunikation (und also nicht nur: als spezifischer Sinnvorschlag).

III.

Bisher lautet das Argument: Wer Kommunikation von vornherein als Handlung definiert,[13] kann die indirekte Kommunikation nicht verstehen, denn hier kommt es gerade auf die Differenz von Handlung und Kommunikation an. Um dies zu begreifen, muß man daher Kommunikation als basale Einheit der operativen Selbstreproduktion sozialer Systeme, Handlung dagegen als

---

13 Zum Überwiegen dieser Definition siehe theorievergleichend und kritisch Wolfgang Ludwig Schneider, Die Beobachtung von Kommunikation: Zur kommunikativen Konstruktion sozialen Handelns, Opladen 1994.

basale Einheit ihrer Selbstbeobachtung denken.[14] Indirekte Kommunikation ist das Operativwerden genau dieser Differenz. Die Kommunikation findet einerseits statt (oder so jedenfalls könnte ein Beobachter es sehen), aber ihre Zurechnung auf Handlung wird kunstvoll und notfalls sogar unter stillschweigender Mitwirkung des Adressaten vermieden. Daher muß die Frage, ob sie stattgefunden hat oder nicht, in anschließender Kommunikation als unbeantwortbar behandelt werden – was das explizite Nachfragen typisch eher entmutigen wird. Die Selbstbeobachtung des Systems wird mit einer Unentscheidbarkeit konfrontiert. Die indirekte Kommunikation nimmt zwar mehr als nur ein Bewußtsein in Anspruch und erzeugt damit Sozialität. Aber sie unterläuft dabei den gesamten Mechanismus der Zurechnung von Autorschaft, Motivation und Verantwortung und verpflichtet eben darum auch nicht zur Fortsetzung. Die Zäsur, die sie markiert, bleibt unterhalb der Schwelle der metakommunikativen Unbestreitbarkeit.

Dies hat die weitere Konsequenz, daß man an indirekte Kommunikation nicht mit direkter Kommunikation *anschließen* kann. In einem System, das mit der Fähigkeit zur Selbstbeobachtung ausgestattet ist, zählt als Anschluß letztlich nur das, was auch so beobachtet werden kann. Daran fehlt es im Bereich der indirekten Kommunikation. Selbstverständlich kann der Empfänger auf indirekte mit direkter Kommunikation *reagieren*, und dieser Fall ist keineswegs selten. Ein Beobachter kann dann etwa sehen, daß der Empfänger durch indirekte Kommunikation ermutigt wird, etwas zu tun, was er andernfalls unterlassen hätte. Oder umgekehrt: Indirekte Kommunikation wird zur Warnung und zur Tarnung der Warnung verwendet mit der Folge, daß der Adressat unterläßt, was er andernfalls vermutlich getan hätte. Die Kommunikation läuft dann nach der Intervention von Indirektheit anders ab als zuvor und ist mit Indirektheit eine andere Kommunikation als ohne sie. Diese Wirksamkeit der indirekten Kommunikation entfaltet sich aber unterhalb derjenigen Ebene, auf der die anschlußfähigen Elemente des Systems gebildet werden, und diese Differenz von Reaktion und Anschlußverhalten ist das Ent-

---

14 So die Kurzfassung bei Luhmann, Soziale Systeme (a.a.O.), S. 191-242. Siehe inzwischen auch Schneider, Die Beobachtung von Kommunikation (a.a.O.).

scheidende. Anschlußverhalten erscheint letztlich immer als Handeln, das sich auf anderes Handeln beziehen muß, um sich selbst zu bestimmen, sei es positiv und in verstärkender, sei es negativ und in durchkreuzender Weise. Reagieren kann man auch auf etwas, das nicht als Handeln erscheint, aber andererseits auch nicht einfach sozial indifferentes Geschehen außerhalb des Zusammenhangs möglicher Kommunikation ist. Die direkte Kommunikation verpflichtet den Empfänger zur *Fortsetzung*, so wie das Gefragtwerden unter Antwortzwang stellt. Die indirekte Kommunikation dagegen kann es ihm lediglich erleichtern, etwas Fortsetzbares durch eigenes Handeln zu *beginnen*. Der Aufforderungsgehalt mag noch so groß sein, solange er nicht eindeutig auf Kommunikation zurechenbar ist, fehlt ihm die Eignung als anschlußfähiges Element. Die indirekte Kommunikation kann daher zu direkter Kommunikation nur motivieren, wenn zugleich eine Sperre eingebaut ist, die diesen Motivationszusammenhang der Wiedereinführung in die Kommunikation entzieht.

Kommunikationen kommen normalerweise nicht als isolierte Einzelgänger, sondern nur als Elemente eines Systems vor. Auch zu dieser Regel bilden die indirekten Kommunikationen einen instruktiven Grenzfall. Sie können nämlich sehr wohl isoliert vorkommen, und diese Möglichkeit ist für sie so charakteristisch, daß man nur wenig übertreibt, wenn man sagt, daß sie praktisch nur isoliert vorkommen können. Es handelt sich um den paradoxen Grenzfall von Systemelementen, die aber ohne Anschlußfähigkeit daherkommen und daher nur als Element, aber nicht auch als System funktionieren. Dafür fehlt es der indirekten Kommunikation an Eindeutigkeit und an Unbestreitbarkeit auch für Metakommunikation. Es gehört insofern mit zu den eigentümlichen Beschränkungen der indirekten Kommunikation, *daß sie für sich genommen nicht ausreicht, um ein Sozialsystem auszudifferenzieren*. Die indirekte Kommunikation wirkt nicht aus sich heraus systembildend. Es gibt demnach, wenn wir diesen Sprachgebrauch akzeptieren, keine *Systeme* der indirekten Kommunikation.[15] Schon die Interaktion unter Anwesenden ist,

---

15 Das heißt umgekehrt, daß Interaktionen nur als Systeme der direkten Kommunikation möglich sind. Wenn wir die Interaktion als Kommunikationssystem beschreiben, ist diese Implikation von direkter, nämlich im Ernstfalle rechenschaftspflichtiger Kommunikation daher stets mitzuhören. Daß dies das Mitlau-

wenn sie mehr sein soll als eine ganz flüchtige Berührung, darauf angewiesen, daß Kommunikation auf Handlung reduziert wird und sich in dieser Form für Metakommunikation zur Verfügung hält. Das erklärt ganz gut, warum die indirekte Kommunikation normalerweise nur *am Rande* einer schon laufenden Direktkommunikation zu beobachten ist. Sozial ergiebig ist also eigentlich nur die Differenz von direkter und indirekter Kommunikation. Daß dies so ist, hat man immer schon gesehen. Der hier vorgeschlagene Begriff macht außerdem begreiflich, warum es so ist.

Ein in der Soziologie häufig behandeltes Beispiel für Indirektheit ist das Anfangen mit intimer Kommunikation.[16] Das Problem wird normalerweise darin gesehen, daß der Prozeß der Partnerwahl in dem Maße, in dem die gesellschaftlichen Vorgaben dafür sich zurückziehen (um Individualisierung auch hier zu ermöglichen), vermehrt vom Zustandekommen und vom Verlauf einer genau darauf bezogenen Interaktion abhängig wird.

Dabei stellt sich das *Problem der Initiative*.[17] Generell haben Initiativen es an sich, daß sie nur in begrenztem Umfang erwartbar gemacht werden können. Sie sind also zunächst einmal unerwartetes Verhalten und lenken schon dadurch die Aufmerksamkeit auf den, der es zeigt. Sie exponieren ihn der Zurechnung, der Sichtbarkeit und vor allem der Verletzbarkeit durch andere im Falle einer Ablehnung seines Vorschlags. Das hat zur Folge, daß es im Rückblick auf eigene Initiativen kaum noch Distanz gibt. Im Gegenteil ist ein gewisses Übermaß an Identifikation

---

fen von indirekter Kommunikation nicht ausschließt, ist selbstverständlich. Ausgeschlossen ist nur die These, daß diese Art der Kommunikation ein Interaktionssystem produzieren und reproduzieren könnte.
16 Siehe dazu Murray S. Davis, Intimate Relations, New York 1973; Niklas Luhmann, Erleben und Handeln, in: ders., Soziologische Aufklärung 3: Soziales System, Gesellschaft, Organisation, Opladen 1981, S. 67-81 (73); ders., Liebe als Passion: Zur sozialen Codierung von Intimität, Frankfurt 1982; John Sabini/ Maury Silver, Flirtation and Ambiguity, in: dies., Moralities of Everyday Life, Oxford 1982, S. 107-125; Jürgen Gerhards/Bernd Schmidt, Intime Kommunikation: Eine empirische Studie über Wege der Annäherung und Hindernisse für »safer sex«, Baden-Baden 1992; Martin Rost, Das Spiel mit dem Feuer: Zur Soziologie des Flirts, MS 1994. Siehe zum Gesamtkomplex von Intimität ferner Claus-Heinrich Daub, Intime Systeme: Eine soziologische Analyse der Paarbeziehung, Basel 1996.
17 Siehe dazu auch Luhmann, Funktionen und Folgen formaler Organisation (a. a. O.), S. 68, 201, 203, 224.

mit dem eigenen Vorschlag erforderlich, um über diese Schwelle hinwegzugelangen, und zwar nicht nur psychologisch im Sinne eines dafür unerläßlichen Antriebsoptimismus, sondern auch, um andere zu überzeugen. Ein gewisses Übermaß an Emphase ist insofern nur allzu verständlich. Und um so peinlicher ist die Zurückweisung, sollte die Initiative ohne Resonanz bleiben oder gar auf offene Ablehnung stoßen. Alle diese Schwierigkeiten kumulieren, wenn es um das Anfangen mit intimer Kommunikation geht.

Dabei kann es sich um Interaktion unter Bekannten handeln, die einander in anderen Sozialsystemen (heute vor allem: in Organisationen) schon kennengelernt haben und zunächst einmal unter deren Prämissen in Interaktion treten. Dann muß die Interaktion erst noch »zweckentfremdet« werden, ehe sie als Ausgangspunkt für Intimität in Betracht kommt. Oder es handelt sich um eine Interaktion unter Unbekannten, die von vornherein unter dieser Problemstellung anläuft, so zum Beispiel in der nächtlichen Enge von Diskotheken.[18] Im einen Fall wird die Initiative durch die bereits etablierte Situationsdefinition eher entmutigt, im anderen scheint das Problem darin zu liegen, daß (trotz wechselseitiger Unbekanntheit der Personen!) gar keine andere Situationsdefinition in Betracht kommt. Der Anfang mit Interaktion ist dann der Anfang mit Intimkommunikation. Oder jedenfalls wirkt das Schwellenproblem der Intimität hier schon auf den Anfang der Interaktion zurück, und zwar in einer Weise, die der eben darum gesuchten Unverbindlichkeit eines Gesprächsanfangs, einer Selbstdarstellung, einer Themenwahl usw. keineswegs immer entgegenkommt. Man muß gegen etwas ankommunizieren, was als *Prämisse* so aggressiv in der Luft liegt, daß man es nicht gut ignorieren kann. Oder anders gesagt: der Versuch dazu würde als geflissentliches Ignorieren[19] erscheinen und so gerade auf sein Ignoriertes aufmerksam machen.

Es ist bekannt, daß indirekte Kommunikation verwendet wird, um das Problem der Initiative zu entschärfen. Die Problemlösung läuft dann über Ambiguisierung der Zurechnungsfrage.[20]

18 Siehe speziell dazu die Forschungen von Gerhards/Schmidt, a.a.O.
19 Auch dies ein Bestandteil des »mehrdeutigen Vokabulars«.
20 Unter diesem Gesichtspunkt ist das Telefongespräch ein instruktiver Grenzfall. Hier wird die Eindeutigkeit in der Zurechnung der Initiative technisch er-

Vor allem bei ungleich verteilten Intitiativrechten gilt dann: Wer Initiative zeigen müßte, den kann man durch indirekte Kommunikation dazu ermuntern. Reflexives Wahrnehmen macht es leicht, so zu verfahren. Blicke können länger dauern als üblich. Ein Lächeln kann mehr als nur Standardfreundlichkeit ausdrükken. Man kann einen Fehler begehen und die Entschuldigung für den Fehler (zu der man eben dadurch ein Recht erwirbt) zur Andeutung eigener Gesprächsbereitschaft benutzen. Ein Raucher kann beobachten, daß eine Raucherin ihre Streichhölzer nicht findet. Die Raucherin kann beobachten, daß sie so beobachtet wird. Ein Beobachter dieser Beobachtungen (und das können auch die Beteiligten selbst sein) kann dabei den Eindruck gewinnen, daß man nicht Streichhölzer, sondern Kontakt sucht. Aber natürlich muß die Kommunikation dann *erst recht* mit dem Feuergeben beginnen, und da diese Geste ein Extremfall von Standardisierung ist, der nicht aus sich selbst heraus zur Fortsetzung verpflichtet, geht es auch hier nicht ohne direkte Kommunikation ab. Gerade hier ist die Systembildungsunfähigkeit der indirekten Kommunikation evident: Unbekannte mögen einander noch so schmachtend anblicken – solange nicht einer der beiden das Wort ergreift und es an den anderen richtet, kommt kein soziales System zustande. Das kann geschehen oder auch nicht geschehen, und der Blickkontakt mag erleichtern, daß es geschieht, und genau darin seine Funktion und seinen sozial verständlichen Sinn haben. Aber wenn es nicht geschieht, bildet sich kein soziales System. Man geht auseinander und kann sich danach nur noch mit Vorwürfen an die eigene Zaghaftigkeit befassen.[21]

---

zwungen. Denn die Technik sieht vor, daß nur entweder der A den B oder der B den A kontaktieren kann. Sollten beide es gleichzeitig versuchen, dann käme nicht etwa eine in dieser Hinsicht unklare, sondern überhaupt keine Verbindung zustande. Auch dieser Sachverhalt wirkt sich in seinen Implikationen auf die Kommunikation selbst aus. Wer wen angerufen hat, das liegt mit dem Zustandekommen der Kommunikation bereits fest und kann auch im weiteren Verlauf nicht mehr aufgelöst oder nach Belieben umdefiniert werden. Die Technik erzeugt hier völlig eindeutige Verhältnisse, während es in der normalen Interaktion sehr wohl offen und mehrdeutig sein kann (und mitunter sogar: mehrdeutig sein muß), wo die Initiative lag.

21 Neuerdings werden diese Selbstvorwürfe auch öffentlich zu Gehör gebracht. Man findet spezifisch adressierte Kontaktanzeigen, in denen geschildert wird, unter welchen Umständen es schon einmal nicht zum Kontakt mit dem

Kommt dagegen ein Interaktionssystem zustande, dann kann man sich auf die Differenz von direkter und indirekter Kommunikation stützen.[22] Auf der Ebene der direkten Kommunikation wird dann über gesellschaftlich gut eingeführte oder situativ naheliegende Themen (Anwesenheit, Musik, Tanz, Gedränge, Erschöpfung, Alkoholkonsum usw.) gesprochen, und die eigentlich kritische Absicht auf Intimität wird nur am Rande dieser Themen, nur in den eher unscheinbaren Einzelheiten ihrer Behandlung oder nur in der Art ihres Wechsels mitangedeutet. In direkter Kommunikation geht es dann um Geselligkeit oder um die Auswertung gemeinsamer Wahrnehmungen, während die Fernsynchronisation des Systems im Hinblick auf künftige Intimität der indirekten Kommunikation überlassen bleibt. Dieses eher unterschwellige Prozessieren stößt jedoch an seine Grenzen, wenn die Interaktion selbst aufhören muß und die Anwesenden damit vor die Alternative stellt, sich zu weiterer Interaktion nur entweder verabreden oder nicht verabreden zu können.[23]

IV.

Direkte und indirekte Kommunikation unterscheiden sich auch in der Art und Weise, wie sie Sozialität und *Zeit* aufeinander beziehen. Diese Beziehung muß ihrerseits in der Zeit, nämlich in der gemeinsamen Gegenwart, hergestellt werden. In dieser Gegenwart hat man jedoch zwei Möglichkeiten, sich zu Änderungen zu verhalten, und daher handelt es sich dann auch nicht um eine, sondern um zwei Gegenwarten, die aber nicht einfach auseinanderfallen dürfen, sondern je gegenwärtig kombiniert werden müssen.[24] In der einen Art von Gegenwart werden Ände-

---

Adressaten gekommen ist. Auch das ist eine interessante Zwischenlösung, da die Zeitung nicht unter Benutzungszwang steht und man folglich auch nicht unterscheiden muß zwischen demjenigen, der nicht gelesen hat, und demjenigen, der keinen Kontakt wünscht.

22 Siehe dazu Gerhards/Schmidt, a. a. O., S. 86, 96, 104.

23 Aber auch hier bleibt der Modus der Kommunikation, so jedenfalls die Befunde von Gerhards/Schmidt, a. a. O., ein indirekter, der Festlegungen in der Schwebe hält und Irreversibilität aufschiebt: Man beschränkt sich darauf, die Telefonnummern zu tauschen.

24 Dieses Konzept der doppelten Gegenwart stammt von Niklas Luhmann,

rungen als *irreversibel* erfahren, in der anderen Gegenwart dagegen können sie gleichwohl als *reversibel* erscheinen. Die eine Gegenwart erzeugt einen gleichsam naiven Begriff von Zeit, indem sie an irgendwelchen Änderungen erfahrbar macht, daß unaufhörlich irgend etwas aus der Zukunft in die Vergangenheit entgleitet und damit die Aktualität seiner anderen Möglichkeiten verliert. So wie die Uhr immer weiterläuft und Sekunde um Sekunde Zukunft in Vergangenheit umschlagen läßt, so geschieht in der einen Gegenwart immerfort etwas Irreversibles, an dem für Systeme zur Erfahrung wird, daß sie der Zeit ausgesetzt sind.
In der zweiten Gegenwart dagegen kann man sich Reversibilität vorstellen mit der Folge, daß die Feststellungen der ersten Gegenwart gleichwohl noch ungeschehen gemacht, gleichwohl noch zurückgenommen und korrigiert werden, notfalls gleichwohl noch bereut werden können. Gewiß: In einem strengen Sinne gibt es nichts schlechthin Reversibles. Alles, was geschieht, geschieht zugleich zum ersten und letzten Mal. Auch das Ungeschehenmachen ist ein Machen und ein Geschehen. Auch das Ausradieren ist Aufwand von Zeit und von Kraft, die dabei irreversibel verbraucht werden. Auch bei der Aktualisierung von Reversibilität fällt also Irreversibilität an, und dies unterstreicht die unausweichliche Zeitlichkeit aller Operationen. Aber dieser Anteil an Irreversibilität wäre noch größer, wenn man statt dessen mit Tinte geschrieben oder den Brief schon abgeschickt hätte.
Die indirekte Kommunikation, die der Zurechnung als Handlung ausweicht, schiebt diesen Effekt des Irreversibelwerdens von Bindungen vor sich her und nutzt die Zwischenzeit zur Sondierung des Terrains. Man kann immer noch bestreiten, daß überhaupt eine (oder enger: daß gerade diese) Kommunikation vorlag, und eben darum steht das, was vorliegt, auch nicht in der Form eines für andere anschlußfähigen Elements zur Verfügung. Was dadurch gewonnen wird, ist vor allem die Möglichkeit einer größeren *Distanzierung des Kommunikationsprozesses von der reinen Sequenz*. Die Handlung selbst wird durch ihre Bindung an den Zeitpunkt individualisiert. Mehrere Handlungen liegen

Temporalstrukturen des Handlungssystems: Zum Zusammenhang von Handlungs- und Systemtheorie, in: ders., Soziologische Aufklärung 3: Soziales System, Gesellschaft, Organisation, Opladen 1981, S. 126-151.

also in zeitlicher Hinsicht in eindeutiger Weise entweder voreinander oder nacheinander. Der Fall, daß sie gleichzeitig stattfinden, setzt ein System voraus, das als Parallelprozessor gebaut ist, und ist daher auf Interaktionen nicht anwendbar. In dieser Perspektive erscheint das System sich selbst als eine Art von Handlungskette. Der Anschluß selbst muß auf den Abschluß warten, so wie man mit eigenem Sprechen warten muß, bis der andere verstummt ist. Umgekehrt kann man erst im Anschluß an den Anschluß sehen, wie aufgenommen wurde, was man gesagt hat. Man sieht dann erst nachher, wie man gehandelt hat, und dann mag es für Korrekturen zu spät sein.

Das ist erträglich, wenn man schon weiß, wie der andere reagieren wird, oder wenn man mit Unterstützung durch institutionalisierte Erwartungen kommuniziert. Man kommuniziert dann erfolgssicher und ohne das Risiko von Konflikten. Ist das nicht der Fall, wird es schwieriger, sich allein darauf zu verlassen. So etwa, wenn es um heikle oder um für das System neuartige Themen geht oder wenn Konflikte naheliegen. Gelingt es dagegen, die Zurechnung als Handlung in der Schwebe zu halten, dann kann man an der Art und Weise, wie der andere auf indirekte Kommunikation reagiert, ablesen, was im Falle einer direkten Kommunikation geschehen würde, und diese Kommunikation dann je nachdem entweder wagen oder nicht wagen. Die zweite, die extendierte Gegenwart mit ihren Reversibilitäten wird dadurch gedehnt. So gewinnt man oberhalb derjenigen Zeit, in der immerfort irgend etwas irreversibel wird, eine zweite Zeit, in der man unter Revisionsvorbehalt kommunizieren kann.[25] Und das läuft ganz offensichtlich auf eine Steigerung des kombinatorischen Potentials hinaus, als dessen Reduktion bezugsfähiger Sinn kondensieren kann.

---

25 Siehe dazu nochmals Sabini/Silver, Flirtation and Ambiguity (a.a.O.), S. 118: »The expression of intent has two consequences: (1) it allows to predict behavior, and (2) it leaves us open to sanctions of various kinds if we don't do what we said we intended to do. Someone flirting may well have an interest in giving his partner a basis for prediction without committing himself. Signs that can be spontaneous, or that can be encated but must be treated as spontaneous, are suited for this need.«

V.

Wir haben die Unterscheidung von direkter und indirekter Kommunikation in *zeitlicher* Hinsicht durch das Interesse an Reversibilität erläutert. In *sozialer* Hinsicht müßte man vermutlich an Takt, nämlich an Schonung der Selbstdarstellung von Anwesenden denken. In *sachlicher* Hinsicht scheint es sich bei indirekter Kommunikation darum zu handeln, dasjenige, was eine bestimmte Interaktion ausschließen muß, einzuschließen. In der Sprache von Pierre Bourdieu könnte man sagen: daß es um die Durchführung nichtlegitimer Kommunikation geht. Diese Operation ist komplizierter, als es auf den ersten Blick aussieht. Der Ausschluß wird dadurch nicht rückgängig gemacht, denn das Ausgeschlossene wird nur als Ausgeschlossenes eingeschlossen, und die Einschließung hat daher auch nicht die Form einer Vernichtung der Systemgrenze, sondern eher die Form ihrer Reflexion. Zur Implementation solcher Paradoxien braucht man indirekte Kommunikation. Offensichtlich hängt die Prägnanz, mit der sich der sachliche Exklusionsgehalt einer direkten Kommunikation abzeichnet, vom Spezifikationsgrad der Systemstruktur ab. Es liegt daher nahe, dies Problem an funktional spezifischer, beanspruchter Interaktion weiterzuverfolgen.

Wir schalten daher um auf das Erziehungssystem und speziell auf die Universitätsorganisationen der modernen Gesellschaft. Hier bietet das Interaktionssystem der *mündlichen Prüfung* reiches Anschauungsmaterial.[26] Ausgeschlossen sind hier die ver-

---

26 Einen Schlüssel zum soziologischen Verständnis von Prüfungen bietet jene Ratgeberliteratur, die Prüfungsangst zu bekämpfen verspricht und zusammen mit dieser an Verbreitung gewinnt. Von erfahrenen Prüfern geschrieben, enthält sie zugleich einen Konstruktionsplan für die komplementäre Rolle des Prüflings. Die Ratschläge sind dabei zumeist eine bloße Duplikation dessen, was ohnehin auf der Hand liegt. Sie machen daher einen eher trivialen Eindruck und vermitteln Sicherheit allenfalls dadurch, daß man nach der Lektüre sagen kann, man habe jedenfalls nichts unversucht gelassen. Normalerweise wird der Schlüssel zum Erfolg, einigermaßen tautologisch, in gründlicher Vorbereitung gesehen. Das suggeriert, die Prüfung sei mit der Erhebung psychologischer Daten befaßt. Aber interessanterweise wird in der Regel gegen Ende des Buches typisch auch das Verhalten in der Interaktion mitbehandelt. Und es fehlt nicht an Hinweisen, die erkennen lassen, wie sehr das Interaktionssystem Prüfung auf sich selbst reagiert und welche Katastrophen daher durch Fehlgriffe ausgelöst werden können, die gar nicht den Charakter einer kognitiven Fehlleistung haben. Bekannte

schiedenen Formen von Hilfe, mit denen man in normaler Interaktion rechnen kann.[27] Das System wird strukturiert durch das Verbot, dem Prüfling zu helfen, weil das die individuelle Zurechenbarkeit seines Beitrags gefährden und so die Urteilsgrundlagen des Prüfers, aber auch die institutionell geforderte Chancengleichheit der Prüflinge zerstören würde. Andererseits kann sich gerade der hilflose Prüfling zu einer Gefahr für die Fortsetzung der Interaktion auswachsen. Das Wissen seines Nichtwissens kann ihm Angst machen, so daß er unsicher wird und sich verheddert.[28] Man findet daher ein Ausweichen der Hilfsbereit-

---

Warnthemen sind: Erscheinungsbild und Körperverhalten des Kandidaten; Promptheit, Tempo, Ausführlichkeit und durchgehaltener Fragebezug der Antwort; Vermeidung überflüssiger Längen, in denen vermeidbare Fehler stecken könnten; Vermeidung zu rascher Antworten, da dies als Hinweis verstanden werden könnte, die Frage sei zu leicht; ferner Darstellung von Anstrengung und Ernsthaftigkeit des Antwortens. Die Darstellungsanforderungen haben ihren Kern darin, daß es um die Darstellung von *Selbstgedachtem* gehen muß. Der Kandidat muß also vor allem vermitteln, daß er selbst von dem überzeugt ist, was er sagt, und zwar überzeugt ist auf der Grundlage eigener Arbeit und eigenen Nachdenkens, und nicht etwa deshalb, weil er annimmt, daß es dies ist, was der Prüfer eigentlich hören will. Die Orientierung am Alter Ego des Prüfers darf nicht mitdargestellt werden. Dargestellt werden soll die Beziehung zur Sache, nicht die zum Prüfer. Daher sind Versuche, denen man die Absicht anmerkt, den Prüfer für sich zu gewinnen, peinlich. Außerdem fällt auf, daß sehr viel an Verhalten zur Entscheidung wird. Der Prüfling soll nicht nur sein Sprechverhalten, sondern sein gesamtes Körperverhalten auf ein neuartiges Niveau der Kontrolle über Alternativen bringen. Selbst Ticks, über die man normalerweise nicht entscheidet, werden im Kontext von Organisation als Entscheidung gedeutet, um ein Korrelat der eigenen Entscheidungstätigkeit zu finden. Ich zitiere aus Oskar Peter Spandl, Die mündliche Prüfung: Eine methodische und psychologische Anleitung, Geretsried 1971, S. 58: »Beim Auftritt und beim Wegtreten sind Verlegenheitsgesten wie Haare ordnen, an der Krawatte nesteln, hüsteln usw. zu unterlassen. Die Gebärden müssen natürlich sein. Wenn ein temperamentvoller Prüfungskandidat zu lebhaften Gebärden neigt, muß er sich unter Kontrolle nehmen.« Man mag fragen, ob das die Angst nimmt oder nicht vielmehr steigert.
27 Siehe dazu allgemein Niklas Luhmann, Formen des Helfens im Wandel gesellschaftlicher Bedingungen, in: ders., Soziologische Aufklärung 2: Aufsätze zur Theorie der Gesellschaft, Opladen 1975, S. 134-150. Siehe zur Unterbrechung von Reziprozität in Organisationen sowie zu den dadurch ausgelösten Schwierigkeiten der Kommunikation über Hilfe und Dankbarkeit auch Luhmann, Funktionen und Folgen formaler Organisation (a. a. O.), S. 334 ff.
28 Daß durch den Ausfall eines prominenten Sprechers stets sogleich das gesamte Interaktionssystem sich betroffen zeigt, ist seit Goffman bekannt; siehe

schaft in Formen der indirekten Kommunikation. Dafür gibt es verschiedene Möglichkeiten. Man kann schon in der Frage erkennen lassen, was eine besonders abwegige Antwort wäre, man kann »an sich« Vertretbares als abwegig kennzeichnen, um so eine zusätzliche Information über das Spektrum der in Betracht kommenden Antworten zu geben. Auch kann man eine schon erteilte Antwort so zusammenfassen, daß die Zusammenfassung mehr an Informationen enthält, als der Prüfling mitgeteilt hat. Man rechnet dann ihm zu, was in Wahrheit durch den Prüfer eingeführt worden ist. Schließlich kann das Recht, den Prüfling zu unterbrechen, benutzt werden, um ihn an der Beschreitung von Abwegen zu hindern, etwa indem man ihm das Wort mit der Begründung entzieht, dieser Punkt sei ja nun ausreichend erörtert und bereite ihm offenbar keinerlei Schwierigkeiten (während das Gegenteil zutrifft, aber nicht eingestanden werden kann, weil dies auf das Eingeständnis der Hilfe selber hinausliefe). So kann man die Chancen des Prüflings in relevanten Hinsichten verbessern, ohne als Helfer greifbar zu werden.

Um indirekte Kommunikation handelt es sich bei all dem insofern, als der Charakter der Hilfe als Hilfe nicht thematisiert werden kann. Die Kommunikation läßt sich zwar zurechnen, aber nicht auf die Intention des Helfenwollens und auch nicht auf die Lage der Hilfsbedürftigkeit. Weder wird der Prüfling sich selbst als hilfsbedürftig darstellen wollen, weil das auf Eingeständnis von Nichtwissen hinausliefe, noch kann er offen um Hilfe bitten.[29] Auch kann er auf diese Art von Hilfe nicht dadurch reagieren, daß er sich dafür bedankt. Umgekehrt wird der Prüfer, wenn er hilft, dadurch nicht generell auf Hilfsbereitschaft festgelegt. Da die Hilfe nicht zur direkten Kommunikation wird, fehlt es an der damit verbundenen Selbstfestlegung für künftige Fälle. Da eine Intention auf Hilfe nicht ausgedrückt wird, gerät der Prüfer auch in keinen Selbstwiderspruch und in kein Konsistenzproblem, wenn er abwechselnd weiche und harte Fragen stellt. Schon die nächste Frage könnte daher ohne Hilfestellungen for-

---

mit Analysen für den Fall des Gerichtsverfahrens auch Niklas Luhmann, Legitimation durch Verfahren, Neudruck der 2. Auflage, Frankfurt 1983.
29 Siehe zu den Empfindlichkeiten an dieser Stelle nochmals Spandl, a. a. O., S. 58: »Das Niederschlagen der Augen und eine ›demutsvolle‹ Haltung werden vom Prüfer als Bitte gedeutet, keine schwierigen Fragen zu stellen.«

muliert werden. Häufig wird der Prüfling nicht einmal entscheiden können, ob es dem Prüfer bewußt ist, daß er ihm hilft. So fehlt es ihm an der generalisierten Sicherheit, die normalerweise mit der Erfahrung interaktioneller Hilfsbereitschaft verbunden ist.

Einen weiteren Hinweis darauf, wie der Mechanismus von Hilfe und Dankbarkeit durch Indirektheit verzerrt wird, bekommt man in den Blick, wenn man diese Verzerrung unter dem Gesichtspunkt der Immunisierung gegen Kritik deutet. Könnte der Prüfer sich offen auf die Bereitschaft zur Hilfe festlegen, dann könnte der Prüfling ihm auch sagen, daß diese oder jene Information nicht besonders hilfreich war. Er könnte die Struktur seiner Unkenntnis spezifizieren und um möglichst entsprechende Auskünfte bitten. Wer Hilfe in Angelegenheiten sucht, die von professionellem Wissen abhängig sind, über das er selbst nicht verfügt, wird sich denn auch normalerweise berechtigt fühlen, das Nichtausreichen der Hilfe als solches zu bezeichnen. Der Helfer müßte sich dann einer Kritik seiner Hilfe unter dem Gesichtspunkt ihrer Angemessenheit an den Bedarf stellen. Das gilt für Anwälte im Verhältnis zu ihren Klienten, aber natürlich auch für den Lehrer, der durch seinen Schüler um die Erklärung eines Sachproblems oder um Auskünfte über Beschäftigungsmöglichkeiten und Chancen am Arbeitsmarkt gebeten wird. Auch daran fehlt es, wenn statt der direkten die indirekte Kommunikationsform gewählt wird.

Es fehlt daher auch an der Rechenschaftspflicht für die Qualität der Hilfe, und als Folge davon wird es möglich, unter dem Anschein von Hilfe den Prüfling aufs Glatteis zu führen. Die indirekt mitkommunizierte Antworterwartung kann Teil einer *Fangfrage*, die entsprechende Antwort selbst ein gravierender Fehler sein. Wer Hilfe annimmt, die ihm durch indirekte Kommunikation angetragen wird, begibt sich daher in die Gefahr, zum Opfer einer Täuschung zu werden, die aber gleichwohl nicht kritisiert werden kann, weil das Recht, auch solche Fragen zu stellen, durch das legitime Mißtrauen gedeckt wird, mit dem der Prüfer den Wissensprätentionen des Prüflings zu begegnen hat. Die Vortäuschung von Hilfsbereitschaft zur Irreführung des Bedürftigen wäre vorwerfbar nur dann, wenn die Intention auf Hilfe durch direkte Kommunikation objektiviert würde. Nur wer die eigene Hilfsbereitschaft offen zum Ausdruck bringt, muß sich den Vorwurf gefallen lassen, daß die Hilfe nicht geholfen hat oder vielleicht sogar schädlich war.

Aber noch eine andere Art von ausgeschlossener Kommunikation ist zu bedenken, wenn es um mündliche Prüfungen geht. Sie hängt mit der Rollendifferenzierung in Prüfer und Prüflinge zusammen. Im Vergleich mit normaler Interaktion, in der die Intention des Prüfens ebenso wie die Erfahrung des Geprüftwerdens diffus über die Anwesenden verteilt sind und sich nur gelegentlich zu eindeutigen Asymmetrien verdichten, bedeutet dies eine artifizielle Entkopplung. Die Rollen werden wechselseitig unumkehrbar fixiert, und infolgedessen gilt dann in der direkten Kommunikation die Unterstellung, daß *nur der Prüfling* geprüft wird. Dem entspricht die direkte Kommunikation.

Bezieht man dagegen auch indirekte Kommunikation mit ein, dann hat man den Eindruck, daß die Prüfer selbst sich geprüft fühlen, so vor allem bei Kollegialprüfungen und hier speziell dann, wenn junge Wissenschaftler mit noch ungesicherter Reputation anwesend sind und mitprüfen dürfen. Die Fragen, die sie dem Prüfling stellen, dienen ganz offensichtlich dazu, eigenes Wissen, eigene Literaturkenntnis sowie die Rückhaltlosigkeit ihrer eigenen Bindung an die üblichen Fetische der Profession zu bezeugen. Sie wollen nicht als Prüfer, sie wollen als Wissenschaftler überzeugen. Sie wenden sich nicht eigentlich an den Prüfling, obwohl die direkte Kommunikation unter genau dieser Erwartung anläuft und fortgesetzt werden muß, sie wenden sich an die älteren Kollegen, von denen sie dafür so etwas wie fachliche Anerkennung erwarten.[30] Da diese Wendung aber nur indirekt erfolgt, also nicht beantwortet und nicht auf Motive gebracht werden kann, ergeben sich daraus für den Prüfling oft kaum noch durchschaubare Lagen. Die Adressen werden vertauscht: Wer antworten soll, ist nicht angesprochen, und die Angesprochenen können nicht antworten. Ohne Differenzierung von direkter und indirekter Kommunikation würde so etwas nicht funktionieren.

---

30 Auch unter den älteren Teilnehmern kann man etwas Vergleichbares beobachten, nur daß es hier mehr um die Rollen des Lehrers und Prüfers geht und es folglich mehr auf das Vorführen dessen ankommt, was man in diesen Rollen geleistet hat bzw. zu leisten vermag.

VI.

Eine wieder andere Technik der indirekten Kommunikation könnte man als *Umkehr der natürlichen Finalität* deuten. Zwecke und Mittel werden vertauscht.[31] Wenn Sequenzen fest gekoppelt sind etwa in dem Sinne, daß auf einen Mißgriff eine Entschuldigung folgen muß, kann man die Sache indirekt auch in umgekehrter Richtung ablaufen lassen und zuerst den Mißgriff begehen, nur um sich hernach entschuldigen und dabei gleich mit klarstellen zu können, um welche Normen es sich eigentlich handelt und wie ernst oder wie wenig ernst man sie nimmt.[32] Es gibt Virtuosen in dieser Kunst, die eine Art von normativ gehaltvoller Stickluft um sich herum verbreiten, unter der die anderen leiden, obwohl gar keine Vorwürfe außer Selbstvorwürfen zu hören sind.

Diese Technik hat den Vorzug, eine Darstellung vorbildlicher Normtreue zu liefern und das Selbstlob gleichwohl zu vermeiden. Die Kommunikation über das situativ angemessene Sprachniveau, über die Dosierung von Scherz und Ernsthaftigkeit, aber natürlich auch über die Zulässigkeit oder Unzulässigkeit vertraulicher Wendungen, ist häufig indirekte Kommunikation in diesem Sinne. Sprecher können zum Beispiel klarstellen, welches Niveau der sprachlichen Artikulation[33] sie für angebracht halten, indem sie mit einzelnen Wörtern unter dieses Niveau gehen und in der Entschuldigung dafür andeuten, was sie von Menschen halten, die ein solches Vokabular dauernd verwenden oder kein anderes zur Verfügung haben. So können sie Zuhörer, die sich

---

31 Mit Zweck-Mittel-Vertauschungen hat sich vor allem die Organisationssoziologie beschäftigt, und zwar mit zunehmendem Verständnis dafür und entsprechend rückläufiger Bereitschaft, hier lediglich eine Pathologie zu sehen. Siehe für die Endstufe dieser Entwicklung Niklas Luhmann, Zweckbegriff und Systemrationalität: Über die Funktion von Zwecken in sozialen Systemen, Neuausgabe, Frankfurt 1973.
32 Die These, daß der Normbruch positive Funktionen hat, weil er ein erneutes Einschärfen der Norm gestattet, ist von Durkheim als These eines gesellschaftstheoretischen Beobachters ins Spiel gebracht worden (und zwar eines Beobachters zweiter Ordnung: die These ist selbstverständlich kein legitimes Argument des Strafverteidigers). Oben im Text haben wir es mit dem interaktionstypischen Pendant dieser These zu tun.
33 Bourdieu würde sagen: der sprachlichen »Legitimität«.

diesen Anforderungen nicht gewachsen fühlen, aus der weiteren Diskussion ausschließen oder schon gelaufene Beiträge abwerten, ohne sich inhaltlich darauf einlassen zu müssen. Aber auch das Umgekehrte kommt vor: Man begeht den Schnitzer und entschuldigt sich in der Hoffnung, daß der andere aus Anlaß der Entschuldigung erkennen läßt, daß er gegen eine Lockerung der Sprachregelungen und speziell gegen die damit verbundene Wendung des Gesprächs ins Informale gar nichts einzuwenden hat.[34] Dieselbe Technik wird auch benutzt, um den Übergang vom Siezen zum Duzen anzubahnen in Lagen, in denen dies naheliegt.[35] Man duzt – und entschuldigt sich dafür. Da die Entschuldigung den Fehler »heilt«[36] und ihn damit als Gegenstand weiterer Vorwürfe aus dem Verkehr zieht, kann man ihn nach angemessener Schamfrist erneut begehen und sich erneut entschuldigen. Die Frage ist dann nur, wie lange der andere braucht, um zu kapieren. Die direkte Kommunikation hält sich an die Norm, während die indirekte Kommunikation bereits mit ihrer Sabotage befaßt ist.

Häufig genügt es, daß der Fehler überhaupt zu einer *Thematisierung* der Norm führt, denn Thematisierungen bringen ihren Sinngehalt immer in die Zone des Negierbaren.[37] Und nicht jede Norm übersteht diese Art von Modalisierung. Man hat oft beobachtet, daß sich in Interaktionen relativ leicht ein Konsens herstellt, geltende Normen zu unterlaufen. Der Eklat des symbolischen Interaktionismus hatte nicht zuletzt damit zu tun, daß dies in immer wieder neuen Forschungen immer wieder gezeigt werden konnte – gegen einen Normativismus, der dies angeblich nicht ausreichend berücksichtigt habe. In der Karriere von Begriffen wie *negotiation*, die daraufhin einsetzte, blieb jedoch unklar, wie dieses Unterlaufen der Norm eigentlich vor sich geht.

---

34 Beide Strategien korrelieren natürlich, soziologisch leicht zu erkennen, mit Schichtung.
35 Siehe zur Unterscheidung Duzen/Siezen neuerdings Hans Paul Bahrdt, Soziologische Überlegungen zum Begriff der Distanz, in: ders., Himmlische Fehlplanung: Essays zu Kultur und Gesellschaft, München 1996, S. 179-216 (192 ff.).
36 Siehe dazu Erving Goffman, Das Individuum im öffentlichen Austausch: Mikrostudien zur öffentlichen Ordnung, Frankfurt 1974, 138 ff.
37 So der Befund schon bei Niklas Luhmann, Einfache Sozialsysteme, in: ders., Soziologische Aufklärung 2: Aufsätze zur Theorie der Gesellschaft, Opladen 1975, S. 21-39.

Unsere Vermutung lautet: *durch Differenzierung von direkter und indirekter Kommunikation auch und gerade angesichts der Verletzung und symbolischen Übertretung der Norm selbst.*

VII.

Es gehört mit zur Differenzierung von Interaktion und Gesellschaft, daß die *Prämissen*, unter denen die Interaktion in den Funktionssystemen abläuft, etwas hochgradig Artifizielles haben. Allein von der Interaktion her wäre man auf so etwas wie interaktionell unverhandelbare Festpreise schwerlich gekommen. Das Feilschen läge näher. Dasselbe gilt für die Annahme, daß im Falle eines normativen Streits nur die eine Seite im Recht sein kann und die andere folglich im Unrecht sein muß. Der Interaktion läge es näher, den Streit zu schlichten. Oder: Warum sollte man denen, die praktisch ohne Bezahlung angereist kommen, um einen Vortrag zu halten, nicht einfach dankbar sein? Das Wissenschaftssystem zwingt jedoch dazu, den Referenten zu kritisieren bis hin zu der Zumutung an ihn, sich für diese Kritik auch noch bedanken zu sollen.[38] Die hohe Reputation mag ihren Träger vor allzu harscher Kritik schützen. Alle anderen können auf gründliche Vorbereitung oder auf gute Tagesform hoffen. Aber ohne ein hörbares Anbohren der Grundlagen geht es im allgemeinen nicht ab. Nur so wird die Diskussion über den Vortrag überhaupt als Interaktion im Wissenschaftssystem kenntlich. Vorträge ohne anschließende Diskussion wenden sich an die Öffentlichkeit und haben eher repräsentativen Charakter.[39] In der Erziehung schließlich wird man den Guten nur sagen können, daß sie gut sind, wenn man auch den Schlechten sagen kann, daß sie schlecht sind (oder freundlicher formuliert: daß sie besser sein könnten).

---

[38] Die Wissenschaftstheorie des kritischen Rationalismus hatte dies im Gebot der Falsifikation auf die Spitze getrieben. Aber auch unabhängig davon gehört die Gelassenheit im Ertragen von Kritik zu einer der großen Unwahrscheinlichkeiten der wissenschaftlichen Interaktion.

[39] Die Massenmedien, für die dies letztlich bestimmt ist, bevorzugen freilich den Konflikt. Selbst Vorträge, die als repräsentativ gemeint sind, werden daher von der anschließenden Berichterstattung als Beiträge zu irgendeinem Konflikt dargestellt – oder schlicht weggelassen.

Kontrastlose Positivität wird inkommunikabel, auch wenn die Pädagogen nicht aufhören, davon zu träumen.[40] Und auch die Unwahrscheinlichkeit einer intimen Kommunikation unter Unbekannten gehört ersichtlich in diesen Zusammenhang.

Man wird es nicht gut als Zufall ansehen können, daß die Beispiele im Bereich funktional spezifisch beanspruchter Interaktion gehäuft auftreten und zugleich in der Wahl ihrer Themen die Prämissen des jeweils anstehenden Funktionszusammenhangs reflektieren. Das Ambivalentwerden der Kommunikation sucht sich nicht irgendwelche Sinnbereiche. Es scheint vielmehr bevorzugt auf die Zumutungen jeweils spezifischer Funktionen zu reagieren.

Die Unwahrscheinlichkeit und »Artifizialität«[41] solcher Prämissen erkennt man auch daran, daß sie in ihrem Bereich die Moral der Reziprozität neutralisieren können. Der wirtschaftliche Tausch, wenn er durch Festpreise strukturiert ist, setzt kein Entgegenkommen bei der Preisbildung und folglich auch keine Dankbarkeit für Entgegenkommen mehr voraus,[42] und wenn Gerichte überhaupt entscheiden können, dann muß man auch in normativen Fragen nicht mehr nachgiebig sein, obwohl es ein Moment der Moral sein kann, genau dies zu erwarten. Die Institution der wissenschaftlichen Kritik erklärt das gegenseitige Sich-Hochloben zur Pathologie. Auf Kongressen kann man sich auch durch das Loben der anderen nicht der Kritik entziehen. Und wer in der Schule den Lehrer lobt in der Hoffnung, daß er zurückgelobt wird, macht sich mindestens unter den Schülern verdächtig.

Die Frage ist aber, was all dies für die Interaktion bedeutet. Offenbar kann sie sich selbst nur durch Übernahme solcher Prämissen einem bestimmten Funktionssystem zuordnen. Andererseits ist die Prämisse selbst gar nicht von der Interaktion her entworfen. Sie reflektiert Ordnungsinteressen, die auf einer anderen Ebene der Systembildung liegen.[43] In der Interaktion erscheint

40 Das Extrembeispiel der mündlichen Prüfung hatten wir weiter oben schon einmal erwähnt.
41 Dies Wort ist ein klarer Fall von Autologie: es paßt auf sich selbst.
42 Siehe dazu Niklas Luhmann, Die Wirtschaft der Gesellschaft, Frankfurt 1988, S. 55.
43 Fachgeschichtlich gesehen ist dieser Sachverhalt erstmals im Zusammenhang mit der sogenannten informalen Organisation diskutiert worden. Die »andere

die Prämisse daher nicht selten als Zumutung für alle Beteiligten. Um dem vorzubeugen, wird häufig versucht, das Offensichtliche zu dementieren. Der Zumutungsgehalt der Prämisse wird abgeschwächt, die darauf bezogenen Befürchtungen werden beschwichtigt. Es wird so etwas simuliert wie: zwangloses Beisammensein, herrschaftsfreie Kommunikation, Behandlung des anderen auch als Zweck statt nur als Mittel. Die Unterscheidung zwischen funktionssystemspezifischer und geselliger Interaktion wird als Nichtunterscheidung gehandhabt. Die Kommunikation schluckt gleichsam Kreide. Aber so wie im Märchen dem Wolf, hilft ihr dies wenig. Was man beobachten kann, ist vielmehr nur, daß der *Verdacht* aufkommt, daß es sich anders verhält. Die Beschwichtigungen verfehlen ihr Ziel. Sie wirken gegen die Absicht oder auch so, wie Freud es anhand des Bewußtseins für die Sinnform der Negation dargestellt hat: als Bestätigung des negierten Themas auf einer zweiten Ebene, die sich der operativen Kontrolle entzieht. Das ist kein Wunder, denn außerhalb des jeweiligen Funktionssystems hätte man zu derartigen Beschwichtigungen ja kaum einen Anlaß. Innerhalb des Funktionssystems aber lassen sich Zweifel an der Ernsthaftigkeit der Beschwichtigung nicht vermeiden. Man kennt sein System. Und man weiß daher

Ebene« der Systembildung war hier durch die formale Organisation besetzt. Dabei war jedoch, wenn überhaupt an Interaktion, dann zumeist an Interaktion unter den Mitgliedern der Organisation gedacht. Oben im Text wollen wir zeigen, daß die paradoxe Kommunikation auch an den Grenzen der Organisation, also auch in der Kommunikation mit Nichtmitgliedern, und daß sie auch ohne Organisation auftritt. Erst wenn man Breite und gesellschaftliche Veranlassung des Phänomens sieht, kann man fragen, was durch Organisation hinzugefügt wird. Auch heute entstehen wichtige Beiträge zum Thema der paradoxen Kommunikation aus Anlaß der Erforschung von Organisationen. Siehe zum Beispiel Chris Argyris, Crafting a Theory of Practice: The Case of Organisational Paradoxes, in: Robert E. Quinn/Kim S. Cameron (Hrsg.), Paradox and Transformation: Towards a Theory of Change in Organization and Management, Cambridge Mass. 1988, S. 255-278. Eines der Bespiele lautet: »That's an interesting idea, but be careful« (258). Argyris spricht hier von »designed inconsistency«. Siehe dazu auch den Begriff der Vielstimmigkeit bei Bernhard Waldenfeld, Antwortregister, Frankfurt 1994, S. 435 ff. (436). Frappierend die Parallele zu dem Beispiel bei Argyris: »Schon eine wenig beachtete Konjunktion wie das ›aber‹ öffnet einen Spalt in der Rede und läßt zu, daß man eines sagt und anderes gleichzeitig dagegen sagt, ohne sich zu widersprechen.« Man könnte dem hinzufügen, daß auch und gerade die ausdrückliche Negation des »aber« dem nicht entgeht: so wenn jemand sagt »Ohne Wenn und Aber«.

auch, daß es letztlich um Zahlungen, um Streitentscheidungen, um wissenschaftliche Kritik oder um das Versetztwerden bzw. Nichtversetztwerden in höhere Klassen geht.
Besonders penetrant ist dies in den konsumorientierten Interaktionen des Wirtschaftssystems. Es unterliegt keinem Zweifel, daß das Interesse am Kunden ein Interesse am zahlenden Kunden ist. Gleichwohl ergeht die Einladung, an einer unverbindlichen Probefahrt teilzunehmen. Man wird nicht zum Kauf, man wird zur kritischen Urteilsbildung aufgefordert, so als ginge es um ein Gespräch unter Sachverständigen. Mitunter ist in derselben Sprache auch von einer Testfahrt die Rede. Wenige Minuten vor Ladenschluß wird einem mitgeteilt, daß man sich die Waren in aller Ruhe ansehen soll. Der Verkäufer fragt das Paar, das sich über den passenden Herrenanzug einerseits nicht einigen kann, andererseits aber ebenso offensichtlich bemüht ist, diese Uneinigkeit zu verbergen, ob er behilflich sein kann. Dem schon seit langem unentschlossenen Kunden wird gesagt, daß ihn niemand unter Druck setze. Der Kunde versteht, daß der Geduldsfaden nun endgültig gerissen ist, und teilt mit, daß er sich die Sache in der Tat lieber noch einmal genau überlegen möchte. Der Verkäufer versteht, daß nun keine Zahlung mehr zu erwarten ist, und bringt seine tiefe Enttäuschung darüber mit einem jovialen »Aber das ist doch selbstverständlich!« zum Ausdruck. Sie müssen es wissen, sagt die Verkäuferin, aber wenn Sie mich fragen: Ich würde das Rote nehmen. Ähnlich wird häufig betont: Letztlich muß es doch Ihnen gefallen – aber wie, wenn man daraufhin sagen würde: Eben!
Aber auch in anderen Funktionssystemen findet man ähnliches. Und gerade die herrschaftsfreien Diskurse über Wahrheit und Unwahrheit sind voll von geplanter Inkonsistenz. Ich fand Ihren Vortrag sehr spannend, bin mir aber nicht sicher, ob ich ihn überhaupt schon richtig verstanden habe. Es folgt eine vernichtende Kritik und dann die mit viel hermeneutischer Demut vorgetragene Bitte um weitere »Erläuterung«. Oder man formuliert genau das, was man dem Referenten als eine mehr oder minder abwegige Meinung zurechnet, und fügt hinzu: Das haben Sie natürlich *so* nicht gesagt.
Der Verdacht, den dies weckt, beherrscht die Kommunikation, obwohl und gerade weil es nicht möglich ist, ihn durch Kommu-

nikation auszuräumen. Man kann natürlich sagen, daß man Zweifel hat, aber der Versuch dazu kann leicht abgewehrt werden. Die Beschwichtigung ist ohne weiteres in der Lage, auch noch den Zweifel ihrer Aufrichtigkeit mitzubeschwichtigen. Das kann zwar auch nur durch Beteuerung der Aufrichtigkeit geschehen, aber da Aufrichtigkeit ohnehin inkommunikabel wäre, ist dies auch völlig ausreichend.

Kapitel 7
Zur Funktion von Themen

I.

Individuen, aber auch soziale Systeme haben oft Themen, über die sie mit einer für andere unverständlichen Begeisterung kommunizieren. Ein Beobachter dieser Lieblingsthemen wird an ihnen vermutlich mehr über das kommunizierende System als über die Sache selbst lernen: Wer immerfort über Frauen redet, der leidet entweder an Feminismus oder an Maskulinismus. An solche Einsichten, die schon im Alltag problemlos verfügbar sind, schließt auch die Soziologie an. Sie behandelt Themen bevorzugt mit Blick auf den jeweiligen Thematisierer und nimmt dafür konstruktivistische Grundlagen in Anspruch.[1] So findet die Soziologie ihr eigenes Lieblingsthema in den Lieblingsthemen der anderen, und sie muß damit rechnen, daß man dann auch sie selbst und ihr eigenes System durch eben dieses Lieblingsthema charakterisiert.[2]

Auch die hier angestellten Überlegungen zur Bedeutung von Themen in Interaktionssystemen folgen diesem allgemeinen Trend zu einer wissenssoziologischen Perspektive auf Themen und Thematisierungen. Aber die Fragestellung ist allgemeiner. Auf dem hier gewählten Abstraktionsniveau können wir nicht sogleich nach der Funktion bestimmter Themen fragen. Zuvor muß die interaktionelle Funktion von Themen schlechthin geklärt werden.

---

1 So stößt eine neuere Untersuchung über die Themenwahl in der Interaktion unter Familienmitgliedern auf die Bedeutung der Massenmedien: Offenbar werden deren Themen auch innerhalb der Familien gern aufgegriffen. Die Autorin erklärt dies im Rahmen einer familiensoziologischen Argumentation, die vor allem auf die konfliktdämpfende Funktion solcher Themen abstellt. Siehe Angela Keppler, Tischgespräche: Über Formen kommunikativer Vergemeinschaftung am Beispiel der Konversation in Familien, Frankfurt 1994.
2 Siehe dazu beispielsweise die Kritik bei Reiner Grundmann, Wo steht die Risikosoziologie?, in: Zeitschrift für Soziologie 28 (1999), S. 44-60: Die Soziologie habe einen »professionellen Hang zum Konstruktivismus« (54) und nehme speziell als Risikosoziologie den Sachgehalt der betreffenden Themen nicht ernst genug.

Daß es sich dabei um die allgemeine Funktion von *Systemstrukturen* handelt,[3] ist leicht zu erkennen. Themen dienen der Interaktion dazu, unbestimmbare in bestimmbare Systemkomplexität zu transformieren. Sie vereinfachen die für operativen Nachvollzug in jedem Falle viel zu komplexen Interdependenzen, die sich aus doppelter Kontingenz ergeben, so daß ihre Bestimmung durch Kommunikation unter Anwesenden möglich wird.[4] Erst vom Thema her ordnen die Möglichkeiten sich so, daß auch auf der Ebene des Möglichen selbst noch Beschränkungen erkennbar sind und antizipiert werden können. Erst am Thema kann man sich zum Beispiel klarmachen, was eine bestimmte Kommunikation für andere Kommunikationen bedeutet, die daraufhin möglich bzw. unmöglich werden, so daß soziale Selbstreferenz praktikabel wird. Erst am Thema wird man den diffusen Druck los, irgend etwas tun zu müssen, aber nicht zu wissen und auch nicht wissen zu können: was. Insofern dienen Themen immer auch ganz unmittelbar der *Angstbekämpfung*, und in dem Maße, in dem andere Mechanismen mit genau dieser Funktion aus sozialstrukturellen Gründen zurücktreten,[5] werden sie auch unter diesem Aspekt zunehmend wichtig.

Selbstverständlich sind Themen im Normalfalle nicht nur für

3 Man wird bemerken, daß damit die üblichen soziologischen Kontroversen abgehängt sind, die sich im Strukturbegriff immer sogleich auf Gesellschaftsstrukturen festlegen und dann auch über Begriffe wie Strukturwandel oder über die Frage nach der Beziehung zwischen Strukturen und Operationen (normalerweise: »Handlungen«) nur noch auf dieser Ebene diskutieren können. Solche Kontroversen dringen zu dem hier behandelten Problem gar nicht vor. Sie übersehen völlig, daß auch Interaktionen Systeme sind und daß folglich auch Interaktionen Strukturen aufbauen und gegebenenfalls auswechseln müssen, um sich selbst reproduzieren zu können. Nur aufgrund solcher Defekte kommt es dann zu semantischen Kurzschlüssen wie dem, daß die Ablehnung der strukturalistischen und speziell der strukturfunktionalistischen Theorien zur Bevorzugung der sogenannten mikrosoziologischen Ansätze verpflichte. Offenbar wird angenommen, daß der Hinweis auf Strukturen nur als Hinweis auf Strukturen der Gesellschaft möglich ist. Wer so argumentiert, sollte dazu gebracht werden, Goffman zu lesen.
4 Insofern handelt es sich bei Themen immer auch um eine Selbstsimplifikation des Systems. Dies heißt nicht zuletzt, daß die Interaktion allein vom Thema her niemals vollständig durchsichtig wird. All das, was nicht auf das Thema bezogen oder zum Thema werden kann, bleibt für das System intransparent.
5 Ein Beispiel wäre das Zurücktreten von Interaktionen, die sich auf bereits vorhandene *Personenkenntnis* stützen können, im Zuge der modernen Expansion des Gesellschaftssystems.

eine Interaktion, sondern für mehrere Interaktionen zugänglich. Das folgt schon daraus, daß Themen immer auch Strukturen der Gesellschaft sind. Das schließt es aber nicht aus, daß man das Thema der Interaktion als deren Thema behandelt, denn auch die Interaktion selbst ist dazu in der Lage. Und gerade weil die Interaktion ihr Thema stets auch als »eigenes Thema« erlebt und es nur so überhaupt zusammenhängend behandeln kann, schadet es nichts, wenn dann auch Umweltsysteme mit dem Thema befaßt sind. Denn mindestens zu dieser »Eigenheit« des Themas gibt es in der Umwelt keine Entsprechungen. Solche Übereinstimmungen können im System als *Zufall* behandelt werden. Man kann das Thema zum Beispiel wechseln auch dann, wenn in der Umwelt weiterhin darüber gesprochen wird; oder umgekehrt an ihm festhalten, auch wenn Umweltsysteme das Interesse daran schon längst wieder verloren haben.[6]

Im Prinzip läuft die damit anvisierte Behandlung von Interaktionsthemen nicht anders als die Behandlung anderer Strukturen im Rahmen einer nicht mehr strukturfunktionalistischen Systemtheorie, die sich von der Gleichsetzung des Systembegriffs mit dem Strukturbegriff verabschiedet hat und den *Funktionsbegriff* gerade nutzt, um die *Differenz von System und Struktur* zu artikulieren. Die Autopoiesis des Systems ist zwar an Strukturen gebunden, kann aber gegebenenfalls auch unter Änderung ihrer Struktur weiterlaufen. Die Struktur legt also das System nicht auf strukturkonforme Reproduktion, sondern allenfalls darauf fest, daß es eine davon abweichende Reproduktion mit eigenen Mitteln, im Falle von sozialen Systemen also mit den Mitteln von Kommunikation und im Falle von Interaktionssystemen mit den Mitteln von Kommunikation unter Anwesenden vollziehen muß. Für soziale Systeme ist nur unter dieser Bedingung einer Differenz von Struktur und System eine Unterscheidung zwischen den The-

---

6 Ein Beispiel: Wie lange es die Gäste eines Restaurants beschäftigt, daß der Wirt dazu auffordert, auf den Geburtstag des Kochs anzustoßen, das ist eine Frage, die von Tisch zu Tisch anders entschieden wird. Die eine Interaktion mag dies Thema dankbar aufgreifen, weil kein anderes oder kein gleich unverfängliches Thema verfügbar ist, in der anderen mag es dagegen als Unterbrechung einer Episode wirken. Die sachliche Identität des Themas »Geburtstag« gibt über solche Differenzen gar keinen Aufschluß. Folglich muß man Kommunikation unter Anwesenden nicht von ihrem Thema her, sondern umgekehrt das Thema von seiner Funktion im Kommunikationsprozeß her begreifen.

men und den Funktionen einer Kommunikation überhaupt sinnvoll. Und nur wenn man über diese Unterscheidung verfügt, kann man dann auch nach der Funktion von Themen, nämlich nach ihrem Beitrag zur Fortsetzung (oder genauer: zur Fortsetzung der Fortsetzbarkeit) der Kommunikation fragen.

Man muß davon ausgehen, daß die Frage nach der Funktion einer Kommunikation und speziell nach der Funktion ihrer Themen keine exklusiv wissenschaftliche Frage ist. Das heißt nicht zuletzt, daß es wenig Sinn hätte, wenn man diese Unterscheidung mit Hilfe der wissenschaftsspezifischen Kritik an den Grundannahmen des älteren Funktionalismus kritisieren oder sie schon darum für verfehlt halten wollte, weil sie überhaupt den Funktionsbegriff impliziert. Denn nicht nur das Sozialsystem Wissenschaft, sondern auch andere Systeme können die Themen einer Kommunikation mit der Frage nach deren Funktion konfrontieren und sie im Lichte dieser Frage als kontingent, nämlich als auswechselbar durchsichtig machen.[7] Man weiß zum Beispiel, daß ein Trivialthema wie das Wetter nur dann benutzt wird, wenn man Kommunikation in Ermangelung anderer Themen beginnen oder fortsetzen möchte.[8] Schon diese Überlegung zeigt

---

7 So kann man freilich nur formulieren, wenn man die Frage nach der Funktion (von was auch immer) als Frage nach anderen Möglichkeiten der Erfüllung dieser Funktion versteht. Siehe zu dieser Umdeutung des Funktionsbegriffs Niklas Luhmann, Funktion und Kausalität, in: ders., Soziologische Aufklärung 1: Aufsätze zur Theorie sozialer Systeme (1970), 6. Auflage 1991, S. 9-30. Vgl. als neuere Kommentierung dazu auch Hans Joas, Die Kreativität des Handelns, Frankfurt 1992, S. 219ff.

8 Siehe dazu auch den Bericht über einen Konflikt unter den Mitarbeitern eines soziologischen Forschungsprojekts zum Thema gesellige Interaktion und über die Einschaltung soziologischer Argumente zu seiner Entscheidung in: David Riesman/Jeanne Watson, The Sociability Project: A Chronicle of Frustration and Achievement, in: Phillip E. Hammond (Hrsg.), Sociologists at Work: Essays on the Craft of Sociological Research, New York 1964, S. 298f.: »Riesman was impatient with Watson for having held a ›banal‹ discussion about the weather, in his home, with a visiting psychologist. Watson replied with a memo citing this and other instances in which banal and trivial topics serve as the vehicle for covert communication about matters which are emotionally meaningful to the participants. In most sociable interaction there are at least two conversations going on simultaneously: the substantive conversation serves as a vehicle for the development of interpersonal relationships.« Daran ist auch interessant, wie eine Interaktion, die zunächst gar nicht als Bestandteil von Forschung gedacht war, durch retrospektive Deutung dazu erklärt wird.

an, daß die Unterscheidung von Themen und Funktionen der Kommunikation eine Art von *Kontinuum* bezeichnet, das die Soziologie mit der Gesellschaft im übrigen teilt. Als Wissenschaft fügt sie allenfalls Abstraktionspotentiale und Vergleichsmöglichkeiten hinzu.

Die Unterscheidung von Thematik und Funktion der Kommunikation ist also nicht auf den Gebrauch durch einen externen Beobachter beschränkt. Auch *interpenetrierende Beobachter* können diese Unterscheidung verwenden. Psychische Systeme, die an Interaktion teilnehmen, können den Eindruck gewinnen, daß es nicht um das Thema, sondern um etwas anderes geht. So wurden die Frauen gewarnt, hinter sämtlichen Themen der Männer stehe die Intention ihrer Verführung.[9] Und so mag, wer zum ersten Mal vor Gericht steht, jedem Thema mißtrauen, wie immer trivial es als Frage (zum Beispiel: als Frage nach dem eigenen Namen) erscheinen mag, weil er weiß oder ahnt, daß er mit einer Antwort darauf nicht nur das Thema anerkennen würde, sondern auch das Verfahren selbst und damit die Befugnis *anderer*, das Thema ohne Rücksicht auf seine Darstellungsinteressen zu *wechseln*.[10] Aber der Kopf, durch den solche Gedanken gehen, ist an das soziale System der Interaktion nicht angeschlossen. Auch die Beobachtungen eines interpenetrierenden Beobachters bleiben insofern ein externes und sozial resonanzloses Geschehen.

Aber auch die Interaktion selbst kann die Funktion ihrer Themen aufzuklären versuchen. Das setzt freilich voraus, daß die Interaktion sich selbst von der Gesellschaft unterscheiden kann, denn die Funktion des Themas wird sich nicht für beide Fälle

---

9 Eine soziologische Analyse der literarischen Behandlung dieses Motivs steht aus; siehe aber mit vielen Belegen und guten Einzelanalysen Niklas Luhmann, Liebe als Passion: Zur Codierung von Intimität, Frankfurt 1982.

10 Vgl. dazu den Beginn von Kafkas Prozeß. Der Text führt vor, wie die eigentümlichen Bindungseffekte eines Gerichtsverfahren auch ohne Unterstützung durch die normative Kultur der Gesellschaft produziert werden können. Sie werden mit der Interaktion selbst aus dem Boden gestampft. Die Erzählung beginnt mit der Feststellung, der Angeklagte sei unschuldig, aber schon nach den ersten Worten, die er mit seinen Verfolgern wechselt, hat er deren »Beaufsichtigungsrecht« (Kafka) anerkannt, ohne daß dies zum Thema gemacht worden wäre. Eine soziologische Analyse, die sich auf dem Reflexionsniveau dieser Erzählung bewegt, hat Niklas Luhmann, Legitimation durch Verfahren, Neudruck der 2. Auflage, Frankfurt 1985, vorgelegt.

einheitlich bestimmen lassen.[11] Es ist insofern kein Zufall, daß eine erste Welle solcher funktionsbezogener Entschlüsselungen von Themen erst mit der zunehmenden Ausdifferenzierung von Interaktionen im Zuge des Übergangs zur modernen Gesellschaft einsetzt. Man kann die Geschichte der Interaktionstheorie im siebzehnten und achtzehnten Jahrhundert unter dem Gesichtspunkt einer zunehmend bewußt gehandhabten Funktionalisierung einer zunehmend großen Anzahl von Themen rekonstruieren.[12]

---

11 Man erkennt diese Funktionsdifferenz daran, daß die Bedingungen der Substituierbarkeit des Themas in der Gesellschaft und in der Interaktion ganz anders geregelt sind. Auf der Ebene der Gesellschaft wird man ein Thema wie Ökologie nicht leicht durch andere Themen mit gleicher Funktion ersetzen können. Die Ideengeschichte stellt zwar Alternativen bereit, zum Beispiel solche kosmologischer Art, aber ihre Zahl ist begrenzt, und außerdem weiß man schon vorher, daß nicht alle ideengeschichtlichen Alternativen auch vom Wissenschaftssystem der heutigen Gesellschaft unterstützt werden können. Man kann zum Beispiel nicht statt über Ökologie über Aristoteles reden. In der Interaktion dagegen muß das Nachfolgethema nicht einmal einen sachlichen Zusammenhang mit Ökologie aufweisen, sofern es nur Anwesenden zumutbar bleibt. So kann eine scherzhafte Behandlung ökologischer Fragen dazu führen, daß daraufhin *weitere* Scherze zu *anderen* Themen gemacht werden.

12 Siehe hierzu Karl-Heinz Göttert, Kommunikationsideale: Untersuchungen zur europäischen Konversationstheorie, München 1988. Es handelt sich übrigens um den seltenen Fall der Arbeit eines Literaturwissenschaftlers, die auch soziologisches Interesse verdient. Sehr zu ihrem Schaden hat die Soziologie es bisher versäumt, sich mit jener Tradition formulierter Interaktionserfahrung auseinanderzusetzen, die unter dem Namen der Rhetorik tradiert wurde. So bleibt ihr Begriff von Interaktion auf die *moderne Gesellschaft* fixiert – ein Motiv, das in der Kritik an Goffman beständig wiederholt wird. Umgekehrt liegen die Forschungen, die sich mit Rhetorik befassen, in der Hand einer Literaturwissenschaft, die sich im Vollbesitz ihrer Cicero-Kenntnisse über die Epochenschwellen hinwegsetzt und daher über keinen Begriff für das *Vormoderne* ihres Gegenstandes verfügt. Unter diesen Umständen verdient die Arbeit von Göttert, die sich ganz explizit gegen den Neohumanismus der Literaturwissenschaft richtet, auch soziologische Aufmerksamkeit. Der Autor zeigt, daß sich schon in der frühmodernen Version der Interaktionstheorie etwas Neues abzeichnet, obwohl es an themenspezifischen Kontinuitäten zu Älterem keineswegs fehlt. Erneut durchmißt er den Traditionsweg, der von Castiglione zu Schleiermacher führt, um vorzuführen, wie das *technische* Moment, das die Rhetorik immer schon in sich trug, mehr und mehr aus den *moralischen* Kontrollen entlassen wird, die es ehedem domestizierten. Das Interessante daran ist der Befund, daß gerade ein technisches Verständnis von Kommunikation, das zum Beispiel mit Unaufrichtigkeit rechnet, zu einem vertieften Verständnis der Sozialdimension

Die Texte, die dies leisten, können sich selbst noch nicht als Texte reflektieren. Sie werden vielmehr zum Gebrauch in der Interaktion geschrieben.[13] Sie wenden sich nicht an ein fachliches Publikum, sondern an alle, die überhaupt Zugang zur Oberschichteninteraktion haben. Man kann daher in der Interaktion unterstellen, daß auch der andere den Text kennt. Zahlreiche Interaktionsthemen werden im Laufe dieses Reflexionsprozesses in ihrer Funktion durchsichtig gemacht. Sie verdanken ihre Stabilität nicht der Fremdreferenz, sondern der Selbstreferenz des Systems, und was aus Anlaß des Themas gesagt wird, muß daher auch nicht unbedingt wahr sein. Es genügt vielmehr, wenn Thema und Beitrag gefallen und dadurch zu weiteren Kommunikationen anregen. Die davon betroffenen Themen erscheinen dann als Beiträge zur Erzeugung eines schönen Scheins. In der Folge kommt es dann immer weniger auf die Sachbindung der Themen an, und statt dessen wird die Systemfunktion der Themen zum Regulativ ihrer Auswahl und ihres Wechsels erklärt. In der vollentwickelten Semantik der Geselligkeit werden die Themen der Interaktion schließlich nur noch unter dem Gesichtspunkt ihres autopoietischen Mehrwerts in Betracht gezogen.[14]

Man beginnt zum Beispiel zu begreifen, daß das Thema die Teilnahmechancen ungleich verteilt und dadurch sozial exklusiv wirkt. Die Absicht, dies zu vermeiden, kann zu *Regeln der Wahl* und zu *Metaregeln des Wechsels* von Themen ausgemünzt werden. Beides zusammen belegt eine ungewöhnliche Mobilisierung der Interaktionsthemen. Bei der Wahl von Themen kommt es dann etwa auf die Vermeidung solcher Themen an, die einigen Anwesenden Darstellungsvorteile bieten, die nicht in der Interaktion, sondern in ihren externen Rollen als Machthaber, Gelehr-

---

und ihrer besonderen Probleme geführt hat. Gracian läßt sich für beides zitieren.

13 Oft kopieren sie geradezu Interaktionformen; siehe als Paradigma dafür Madeleine de Scudéry, Conversation sur la conversation, in: dies., Conversations sur divers sujets, 5. Auflage, Amsterdam 1686, S. 1-20, hier zitiert nach der dtsch. Übersetzung in: Claudia Schmölders (Hrsg.), Die Kunst des Gesprächs: Texte zur Geschichte der europäischen Konversationstheorie, München 1979, S. 166-179.

14 Siehe dazu den Überblick bei Alain Montandon, Conversation, in: ders. (Hrsg.), Dictionnaire raisonné de la politesse et du savoir-vivre, Paris 1995, S. 125-151.

te, Hausfrauen usw. begründet sind. Themen, die nur unter den anwesenden Spezialisten behandelt werden können, scheiden damit zum Beispiel aus.

Das führt aber nur zu der Erfahrung, daß in dem Maße, in dem solche extern bedingten Verzerrungen entfallen und das System unter der Bedingung von Chancengleichheit beginnt, die Systemgeschichte selbst an Bedeutung gewinnt. Offenbar gefällt das Gefallenmüssen den einen mehr als den anderen, und gerade wenn es allein darauf ankommen soll, können Unterschiede in dieser Hinsicht kaum ignoriert werden. Es entstehen Stars, nämlich Beliebtheitshelden,[15] die ihre besondere Prominenz um so unbefangener ausleben können, als es sich um ein systemintern konstituiertes Distinktionsmerkmal handelt. Wenn erlaubt ist, was gefällt, wird die Abwehr der Gefälligen zum Problem. Denn auch sie hindern *andere* daran, *selber* zu reden.[16]

Darauf bezieht sich die Metaregel, die häufige Themenwechsel vorsieht in der Hoffnung, daß mit dem neuen Thema auch die Chancen sich neu verteilen.[17] Der Wechsel des Themas muß daher erleichtert werden.[18] Die Interaktion, die unter dieser Beschreibung ausdifferenziert wird, kann sich nicht mehr als themenspezifische Interaktion begreifen. Sie ist vielmehr auf einen raschen Wechsel der Themen eingestellt, und ausgeschlossen sind

---

15 Siehe zur Unausweichlichkeit der Entstehung von Stars selbst unter Bedingungen, die als extrem ungleichheitsfeindlich supponiert werden müssen, Elisabeth Colson, A Redundancy of Actors, in: Fredrik Barth (Hrsg.), Scale and Social Organization, Oslo 1978, S. 150-162.
16 Siehe zu diesem Problem David Riesman/Robert J. Potter/Jeanne Watson, The Vanishing Host, in: Human Organization 19 (1960), S. 17-27.
17 Siehe als zufällig herausgegriffenen Einzelbeleg Francis Bacon, Of Discourse, in: ders., Essays, dtsch. Übersetzung von Levin L. Schücking, Stuttgart 1970, S. 113 f.
18 Daß und warum dies schwierig ist, kann man nach der soeben vorgetragenen Überlegung leichter erkennen. Gerade weil jedes Thema die Darstellungschancen der Anwesenden *ungleich* verteilt, ist die Bildung eines unterstellbar *gemeinsamen* Interesses am Wechsel des Themas nicht einfach. Sein Vollzug erzeugt eine Reihe von mehr oder minder sichtbaren Spannungen, und wie bei jeder Änderung von Systemstrukturen gibt es auch hier den Typus des Unzufriedenen, nämlich den Typus dessen, der seinen glanzvollen Beitrag nun nicht mehr loswerden kann und statt dessen zusehen muß, wie andere sich im Mittelpunkt der Aufmerksamkeit sonnen. Will er die Chancen ausnutzen, die das neue Thema bietet, muß er sich aus der Bindung an die historisch gewordene Intention lösen.

nur solche Themen, die eine reibungslose Fortsetzung der Kommunikation behindern würden.[19] Das Moment der Fremdreferenz wird praktisch abgeschrieben. Daran kann man innerhalb einer soziologischen Theorie, die ja auch andere Fälle von Interaktion zu behandeln hat, nicht unmittelbar anschließen. In der empirischen Forschung mag man sich an spezifische Themen halten. Aber das führt theoretisch nicht weit genug, denn selbstverständlich hat jedes Thema seine eigene Funktion. Deren Klärung würde auf der Ebene einer allgemeinen Theorie nicht weiterhelfen, sondern nur ins Uferlose weiterer und immer weiterer Themen führen. Um hier weiterzukommen, müssen wir daher auf allgemeine Theoriebegriffe zurückschalten.

II.

Die Theorie, die wir dazu benutzen wollen, ist die Theorie selbstreferentieller Systeme. Das bedarf einer kurzen Erläuterung, denn wenn von Selbstreferenz die Rede ist, muß man mit Mißverständnissen rechnen. Die alteuropäische Theorie hatte hier primär an die Selbstreferenz des Seins gedacht. Das ist in der Moderne und nachdem man die Selbstreferenz von Sein auf Bewußtsein und von Substanz auf Subjekt verschoben hatte, kaum noch verständlich zu machen. Vielmehr wird nun angenommen, daß Selbstreferenz ein Merkmal nur des subjektiven, wenn nicht gar nur des erkennenden Bewußtseins sei. Die neuere Systemtheorie wiederum bestreitet diese Annahme, indem sie sie generalisiert.[20] Ihr zufolge ist Selbstreferenz ein unerläßliches Merkmal von Systembildung schlechthin. Sie durchzieht also den Gesamtbereich der an Systemen oder für sie zugänglichen Realität. Die psychischen, aber auch die auf Erkenntnisprozesse spezialisierten Systeme[21] sind in dieser Perspektive nur eine Fall-

---

19 Vgl. Montandon, a. a. O., S. 131: »Aucun sujet n'est interdit, excepté ceux qui directement peuvent apparaître comme une menace pour la face (...) ou pour le territoire de l'autre.« Ähnlich de Scudéry, a. a. O., S. 174 f.
20 Vgl. dazu Niklas Luhmann, Soziale Systeme: Grundriß einer allgemeinen Theorie, Frankfurt 1984, S. 593 ff.
21 Und der *dafür* paradigmatische Fall ist natürlich das *soziale* System der modernen Wissenschaft und nicht etwa irgendein *psychisches* System.

gruppe neben anderen. Damit kehren sämtliche Probleme, die man zuvor mit dem Subjekt hatte, im Objekt wieder. Die systemtheoretische Generalisierung des Selbstreferenzkonzepts erfolgt insofern also ohne Problemverlust.[22]
Im engeren Bereich einer Theorie sozialer Systeme ist diese Generalisierung des Selbstreferenzkonzeptes bisher vor allem im Bereich der Gesellschaftstheorie und der Organisationstheorie genutzt worden. Eine Anwendung auf Interaktionssysteme steht aus. Schon die ältere Literatur hatte sich jedoch am Sonderfall der geselligen Interaktion klargemacht, daß man auch und gerade in der Interaktion unter Anwesenden mit Selbstreferenz rechnen muß, und noch Georg Simmel war dieser Annahme gefolgt. Sie läßt sich jedoch auch unabhängig von den Besonderheiten der geselligen Interaktion halten. Auch solche Interaktionen, die nicht als *Selbstzweck* verstanden und praktiziert werden, sind selbstreferentiell konstituiert.
Jede einzelne Kommunikation unter Anwesenden bezieht sich, anders würde sie gar nicht als zur Interaktion gehörig erkennbar, auf andere Kommunikationen im selben System, und sie kann ihren eigenen Sinn nur durch Selektion solcher internen Beziehungen spezifizieren. Sie erscheint dann etwa als positive Anschlußkommunikation oder als Widerspruch zu schon Gesagtem und ordnet sich so in einen Konstitutionszusammenhang ein, der ihren eigenen Sinn, gerade indem er ihn überschreitet, zu präzisieren hilft. Man kann unter Anwesenden nur kommunizieren, wenn man mitkommuniziert, daß andere Kommunikationen im selben System schon vorliegen oder schon zu erwarten sind. Und beides, die Orientierung an vergangener wie an bevorstehender Kommunikation, geht in den Sinn der Einzelkommunikation ein und legt fest, was gesagt wurde und worauf man reagieren muß. Durch diese Art der selbstreferentiellen Konstitution wird das Interaktionssystem im Verhältnis zur Umwelt ausdifferenziert – und zwar sowohl im Verhältnis zur interpenetrierenden Umwelt der psychischen Systeme von Anwesenden als auch im Verhältnis zur Gesellschaft im übrigen.

22 Eher schon kann man einen Lösungsverlust konstatieren: Die Fetischisierung des subjektiven Bewußtseins zum Beispiel scheidet als Lösung aus, und damit wird auch die vom Standpunkt dieses Subjekts her entwickelte Kritik an anderen »Fetischisierungen« hinfällig.

Diese Feststellung ist, wie man leicht merken wird, von einiger Tragweite. Sie besagt nicht zuletzt, daß die Interaktion keine Trivialmaschine ist, die bestimmte Kategorien von Inputs nach fester Regel in bestimmte Kategorien von Outputs transformiert. Das Verhalten einer derartigen Maschine kann entweder durch Vorgabe einer Transformationsregel oder durch die Vorgabe von Input gesteuert werden. Wäre die Interaktion eine solche Maschine, dann könnte man sie entweder durch den Input dessen steuern, was die psychischen Systeme in der Umwelt ihres Systems intendieren. Oder man könnte im umfassenden System der Gesellschaft die Transformationsregel festlegen, nach der dieser Input in der Interaktion zu behandeln ist. Im einen Falle könnte die Interaktion den Intentionen der Anwesenden folgen, im anderen Falle wäre sie auf Zielvorstellungen programmierbar, die Abwesende mit ihrer Hilfe zu erreichen versuchen. Die Soziologie hat sich bisher an der Alternative zwischen subjektivistischen oder objektivistischen, phänomenalistischen oder strukturalistischen Theorien der Interaktion orientiert, die aber beide nur unterschiedliche Begriffe für externe Determination vor Augen haben und diese dann gegeneinander ausspielen können. Und hier wie dort kann man die Realität der Interaktion nur auf solche Begriffe bringen, die einen Maschinenschaden bezeichnen. Denkt man den *Input als subjektive Intention* auf Selbstverwirklichung oder Verstandenwerden, kann man eigentlich nur den Maschinenschaden der Entfremdung diagnostizieren. Denkt man die *Transformationsregel als objektive Norm*, wird eher die Massenhaftigkeit und lokale Unbekümmertheit eines ganz andersartigen (und von der Norm her gesehen: abweichenden) Verhaltens zum Gegenstand der Diagnose und etwaigen Therapieanstrengung.

Beides erübrigt sich jedoch, wenn man die Interaktion komplexer begreift und schon vorab als eine Nicht-Trivialmaschine einführt. Denn dann kann und muß man im Anschluß an Heinz von Foerster festhalten, daß Maschinen dieser Typs durch keinerlei Art von Input determiniert werden können, da sie als Transformationsregel die Orientierung an sich selber verwenden,[23] und damit wäre dann zugleich klargestellt, daß auch diese

---

23 Siehe dazu Heinz von Foerster, Wissen und Gewissen: Versuch einer Brücke, Frankfurt 1993, S. 233-268. Siehe für spezifisch soziologische Verwendungen der Unterscheidung beider »Maschinen«typen auch Niklas Luhmann, Codie-

Regel nicht von außen in das System eingeführt werden kann.[24] Zu beachten ist dabei, daß Selbstreferenz nicht mehr nur auf der Ebene der Systemstrukturen, also nicht nur als Selbstorganisation begriffen wird. Erst recht geht es nicht nur um Reflexionsleistungen, die die Einheit des Systems im System zu erfassen und zu bestimmen versuchen. All dies ist und bleibt wichtig, aber es wird neu kontextiert durch die Einsicht, daß Selbstreferenz schon an der Konstitution der Elemente des Systems beteiligt ist. Ein selbstreferentielles System ist auf selbstproduzierte Elemente und in diesem Sinne auf Autopoiesis angewiesen. Dieses Faktum ist zugleich ein Problem, da es die Möglichkeit tautologischer Selbstreferenz einschließt. Nimmt man dies ernst, dann kann man sowohl Strukturen als auch Reflexionsleistungen selbstreferentieller Systeme als Lösung dieses Problems ansehen. Entsprechend wollen wir zeigen, daß und wie Interaktionssysteme durch Themen strukturiert und enttautologisiert werden und welche Rolle der Reflexionsprozeß dabei spielt.

Selbstreferentielle Systeme können bei der reinen Tautologie der Selbstreferenz nicht stehenbleiben. Sie müssen diese Tautologie vielmehr entfalten. Dafür gibt es eine Vielzahl sehr verschiedenartiger Grundstrategien, die man zusammenfassend auf den Begriff der *Asymmetrisierung* bringen kann.[25] Die grammatische Form dieses Wortes zeigt an, daß die Asymmetrie in der hier verwendeten Perspektive als Eigenleistung des Systems und nicht als Kopie einer schon vorhandenen Struktur (eben: einer »Asymmetrie«) analysiert werden soll. Das System legt sich

---

rung und Programmierung: Bildung und Selektion im Erziehungssystem, in: ders., Soziologische Aufklärung 4: Beiträge zur funktionalen Differenzierung der Gesellschaft, Opladen 1987, S. 182-202; Dirk Baecker, Nichttriviale Transformation, in: Soziale Systeme 1 (1995), S. 100-117.

24 Man kann sich dann immer noch vorstellen, daß Interaktionen als Trivialmaschine *beobachtet* werden. Aber das führt dann nur zu der Anschlußfrage, welche psychischen oder sozialen Systeme es denn sind, die sich so etwas vorstellen und als Beobachtung durchhalten können.

25 Siehe zu diesem Begriff und zu Beispielen seiner Anwendung auf Gesellschaftssysteme bzw. auf Organisationssysteme die beiden Publikationen von Luhmann, Soziale Systeme (a.a.O.), S. 631 ff.; und: Selbstreferenz und Teleologie in gesellschaftstheoretischer Perspektive, in: ders., Gesellschaftsstruktur und Semantik: Studien zur Wissenssoziologie der modernen Gesellschaft, Bd. 2, Frankfurt 1981, S. 9-45 (32 ff.).

selbst darauf fest, bestimmte Bezugspunkte seiner Operationen als gegeben zu unterstellen. Es verzichtet für den Moment darauf, sie in Frage zu stellen, und es gewinnt dadurch einen Ausgangspunkt für weitere Operationen und mit ihm den Vorteil, daß Selbstreferenz unterbrochen wird. Das funktioniert freilich nur dann, wenn der seinerseits selbstreferentielle Modus der Erzeugung solcher Ausgangspunkte im Moment ihres Gebrauchs vergessen wird. Dem System selbst erscheint der Ausgangspunkt dann als vorgegeben.[26] Da die Unterbrechung der Selbstreferenz nur selbstreferentiell erfolgen kann, muß genau dies im System selbst latent bleiben. Das System verzichtet darauf, sich beim Unterbrechen der eigenen Selbstreferenz zu unterbrechen. Es verzichtet darauf, die Operation, die dies leistet, als eigene Operation zu beobachten. Nur ein externer Beobachter kann diesen Verzicht rückgängig machen.

Grob kann man verschiedene Strategien der Asymmetrisierung dadurch unterscheiden, daß man sie den verschiedenen *Sinndimensionen* zuordnet. Eine der wichtigsten Strategien der Asymmetrisierung setzt in der Zeitdimension an. Das System *historisiert* die Resultate seiner Operationen, so daß man davon ausgehen kann, daß sie in der Gegenwart schon nicht mehr zu ändern sind, aber gerade darum Beachtung verdienen. Blockiert werden muß dann die Einsicht in die stets nur gegenwärtig mögliche Konstruktion der Vergangenheit. Zeitbegrifflichkeiten, die darauf aufmerksam machen, müssen dann akademisch bleiben.

Eine zweite Strategie hat ihren Schwerpunkt in der Sachdimension und besteht in der *Externalisierung*. Im System selbst wird ein Unterschied zwischen internen und externen Gegebenheiten postuliert, und es wird angenommen oder gefordert, daß man sich an Externa anzupassen oder ihnen zu folgen habe. Die Einsicht, daß es auch dabei nur um Selbstanpassung des Systems an eigene Erwartungen geht, muß dann blockiert werden. Blockiert werden muß folglich auch die Einsicht in die stets nur systemin-

---

26 Diese Naivität kann im System selbst nur kritisiert, nicht aber vermieden werden, denn auch der Kritiker muß auf seine Weise für Asymmetrie sorgen. Auch er kann sich nicht einfach auf die These versteifen, daß Beliebiges möglich sei, und wenn er es der Formulierung nach doch tut, dann dient ihm eben der Glaube daran als Asymmetrisierung, die dann wiederum von anderen beobachtet werden kann.

terne Konstitution von externer Relevanz. Die phänomenologische Aufklärung der Sinnkonstitution, die genau diese Einsicht anbietet, muß im Alltag als eine nur wissenschaftliche Theorie neutralisierbar sein.

Eine dritte Strategie schließlich setzt an der Sozialdimension an. Hier geht es zunächst darum, daß das Sozialmodell der doppelten Kontingenz durch *asymmetrische Modelle* ersetzt wird, die Ego und Alter in unterschiedlicher Weise in Anspruch nehmen. Hierarchie und Rangdifferenzierung, aber auch die spezifisch moderne Differenzierung von ausdifferenzierten Leistungsrollen für hauptberufliche Arbeit und ausdifferenzierten Komplementärrollen sind Beispiele für solche asymmetrischen Sozialmodelle. Aber auch die scheinbar symmetrischen Modelle – von der Geselligkeit bis zum herrschaftsfreien Rollentausch im Diskurs – gehören insofern dazu, als sie die Festlegung auf Symmetrie nur halten können, wenn sie die Alternative der stets möglichen Asymmetrie nicht etwa symmetrisch, sondern asymmetrisch behandeln: Wer sich ungesellig oder monologisch verhält, für den muß eine besondere Behandlung vorgesehen und im System durchsetzbar sein.[27] Um solche Asymmetrisierungen zu halten, muß der Rückgang auf das Problem der doppelten Kontingenz selbst blockiert werden, das jedes spezifische Sozialmodell als kontingente Lösung erweisen würde.

Zusätzlich zu diesen dimensionsspezifischen Strategien wird man Strategien der Reflexion, nämlich der *Selbstthematisierung* bzw. der *Reflexion* des Systems zu berücksichtigen haben.[28] In Ergän-

---

27 Vgl. dazu klassisch Heinrich Popitz, Prozesse der Machtbildung, Tübingen 1968. Siehe ferner, die Rückentwicklung symmetrischer in asymmetrische Geselligkeit betonend und dies auf das Fehlen der informalen Führung durch Gastgeber zurückführend, David Riesman, Geselligkeit, Zwanglosigkeit, Egalität, in: ders., Wohlstand wofür?, Frankfurt 1966, S. 115-149 (127). Der Autor hält fest, »daß bei einer führungslosen Party eine Minorität eine Art von demagogischer Führerschaft übernimmt und für die Mehrheit, ja sogar für sich selbst, die ganze Veranstaltung zerstören kann«. Siehe dazu auch Riesman/Potter/Watson, The Vanishing Host (a. a. O.); Jeanne Watson, A Formal Analysis of Sociable Interaction, in: Sociometry 21 (1958), S. 269-280. Die Schwierigkeiten der Rolle des Gastgebers ergeben sich daraus, daß diese Rolle im Vergleich zu anderen sowohl Symmetrie als auch Asymmetrie impliziert.

28 Vgl. dazu Niklas Luhmann, Selbst-Thematisierungen des Gesellschaftssystems: Über die Kategorie der Reflexion aus der Sicht der Systemtheorie, in:

zung zur basalen Selbstreferenz des Systems wird eine zweite Ebene eingezogen, auf der es zu formulierbaren Beschreibungen für die Identität des Systems kommt. Auch die Formulierung der Systemidentität ist nur unter Mitvollzug der basalen Selbstreferenz möglich. Zugleich wird der dafür ausgewählte Sinngehalt jedoch so behandelt, als hätte er rein aus sich heraus eine gewisse Sonderstellung mit Vorrang gegenüber aller sonstigen Kommunikation. Strukturell setzt auch dies funktionierende Asymmetrien voraus. Hier muß dann die Einsicht blockiert bzw. einem Beobachter überlassen werden, daß auch diese reflektierende Kommunikation normale Kommunikation ist und daß alles, was für Kommunikation überhaupt gilt (zum Beispiel: daß sie im System beobachtet werden kann), auch auf sie selbst zutrifft.

Da jede dieser Asymmetrisierungen selbstgemacht ist, wäre die Verwendung nur einer einzigen Form der Asymmetrisierung viel zu riskant. Sie könnte zu leicht resymmetrisiert werden. Normalerweise verwendet das System daher mehrere dieser Strategien zugleich und bringt das Ergebnis auf einheitlich erfaßbare Sinngehalte. Erst diese Fusion mehrerer Strategien der Asymmetrisierung ermöglich es dann auch, in einzelnen Hinsichten eine Resymmetrisierung zu praktizieren. Sie stellt das schon erreichte Ordnungsniveau nur teilweise in Frage, und der Rest mag dann als Suchkriterium für Ersatzlösungen dienen. In der Innenansicht des Systems werden die dafür gefundenen Reduktionen sich durch eine besondere Art von Evidenz oder von Plausibilität auszeichnen. Für einen externen Beobachter, der sich davon auf der Grundlage eigener Asymmetrisierungen ablösen kann, ist dies jedoch nur die *Phänomenologie eines kombinatorischen Gewinns*, der sich auch in abstrakterer Sprache beschreiben läßt.

III.

An dieser Stelle unserer Argumentation angelangt, können wir auf die Interaktion unter Anwesenden und auf die Frage nach der *Funktion von Themen* zurückkommen. Themen lassen sich

---

ders., Soziologische Aufklärung 2: Aufsätze zur Theorie der Gesellschaft, Opladen 1975, S. 72-103.

beschreiben als eine erfolgreiche Kombination mehrerer solcher Strategien. Sie verweisen typisch auf Umwelt und dienen so der Externalisierung. Sie ordnen das Gedächtnis des Systems und legen damit fest, wovon man als von einer nicht mehr zu ändernden Vergangenheit ausgehen muß. Sie führen zu einer Differenzierung der Teilnahmechancen. Schließlich ist Themenbildung ein unerläßliches Erfordernis für alle deutlicher artikulierten Bestimmungen der Einheit des Systems im System. Wir erläutern dies zunächst für die einzelnen Strategien und gehen dann auf Kombinationsmöglichkeiten ein.

Was die *Externalisierung* betrifft, so treten mit jedem Thema Beschränkungen der bruchlosen Kombinierbarkeit von Kommunikation in die Interaktion ein, die sich nicht einfach aus der situativen Gesprächsbereitschaft der gerade Anwesenden oder aus ihrem Selbstdarstellungsinteresse ergeben und damit auch nicht notwendigerweise harmonieren. Das ist ein erster und unerläßlicher Schritt zur Unterbrechung der zirkulären Grundstruktur, auf der das System aufruht. Die wichtigste dieser Beschränkungen liegt in der gesellschaftlich vorgegebenen *Differenzierung der Themen*, also darin, daß man zu einem gegebenen Thema nicht Beliebiges, sondern nur thematisch Passendes beitragen kann. Eine Rose ist kein Schraubenzieher, und folglich kann man, wenn von Rosen die Rede ist, nicht einfach damit beginnen, über Schraubenzieher zu reden, es sei denn, man macht deutlich, daß die Differenz der Themen bewußt ist und respektiert wird. Diese Differenzierung der Themen ist anonym konstituiert und rechnet zu jenen für Kommunikation unzugänglichen Selbstverständlichkeiten, die nach dem Aufweis von Garfinkel an jeder Interaktion mitwirken.

Die in der Sachbindung des Einzelthemas liegenden Beschränkungen stammen also in einer entscheidenden Hinsicht nicht aus der Interaktion, sondern aus der Gesellschaft, in der die Interaktion abläuft. Das erleichtert es, sie in der Interaktion als unverfügbar zu präsentieren in einer Weise, für die niemand die Verantwortung übernehmen muß. Andererseits könnte man mit anderen Themen auch andere Beschränkungen wählen, aber genau diese Resymmetrisierung muß ausgeschlossen oder auf den Sonderfall des Themenwechsels isoliert werden, wenn man den Kommunikationsprozeß überhaupt ordnen will. Man versteht von hier aus besser, warum die Interaktion ihr Thema verteidigt und mindestens so lange an ihm festhält, bis genug an zeitlicher oder sozialer Asymmetrisierung aufgebaut ist, um die Chancen anderer Themen abschätzen zu können.[29] Gerade zu Beginn von Interaktionen wird häufig die Strategie der Externalisierung dominieren. Das theoretisch erkennbare Fundierungsverhältnis wird dabei umgekehrt – so als wären es die sachliche Bedeutung des Themas oder seine situative Dringlichkeit, das die gemeinsame Beschäftigung mit ihm erforderlich macht. Es sieht dann so aus, als würde das Thema sich seine Interaktion suchen, während es doch in Wahrheit die Interaktion ist, die nach Themen sucht, um die zugleich paradoxe und tautologische Situation der doppelten Kontingenz zu entschärfen.[30]

Aufgrund dieser Beschränkung gibt es dann im System neuartige Freiheiten, nämlich Freiheiten zur Wahl von anschlußfähigen Beiträgen. Das Thema der Interaktion mag seinerseits frei gewählt oder extern, zum Beispiel durch Organisation vorgegeben sein. Es eignet sich als Struktur der Interaktion nur dann, wenn es nicht zugleich auch die Beiträge vorschreibt.[31] Die Freiheit, Beiträge zum Thema in der Interaktion zu wählen, setzt auf der Ebene der Gesellschaft den Verzicht auf die Ritualisierung und

---

29 Wird man auf der Straße nach dem Weg gefragt, dann ist mit der Antwort auf diese Frage im allgemeinen auch die Interaktion am Ende. Wird dagegen Begleitung angeboten (was im Schutze einer als Hilfe definierten Situation leichtfällt) und wird dies Angebot angenommen (die Ablehnung fällt demgemäß schwer), dann ist danach die Situation bereits eine andere. Es ist dann nicht selbstverständlich, daß der Weg das einzige Thema bleiben wird, oder jedenfalls würde das Festhalten an diesem Thema im System selber einigermaßen gewollt wirken und somit als Handlung erkennbar sein. Das liegt eben daran, daß nun auch soziale und zeitliche Asymmetrisierungen verfügbar sind.

30 Im Grunde genommen trägt *jede* Kommunikation unter Anwesenden zur Bestimmung des Interaktionsthemas bei. Schon Anschlüsse wären als solche gar nicht erkennbar, wenn es nicht ausgewählte Sinnkomponenten gäbe, die den Wechsel der Operation überdauern. So entstehen Rudimentärthemen, sobald überhaupt kommuniziert wird. Wenn die Gesellschaft nicht Themen immer schon bereitstellen würde, dann müßte die Interaktion sie erfinden. Die Evolution eines reproduzierbaren Bestandes an Themen, die man in der Interaktion »wählen« kann, beschleunigt insofern nur einen Prozeß der Strukturbildung, der auch ohne dies ablaufen würde, und fügt ihm zusätzliche Selektionsmöglichkeiten hinzu.

31 Oder anders formuliert: Nur wenn mit dem Thema nicht schon die Beiträge festliegen, entsteht am Thema artikulierte doppelte Kontingenz.

Moralisierung des Themas voraus. Wäre aus Gründen des Rituals nur eine bestimmte Folge von Beiträgen möglich und jede Abweichung davon ein schwerer Fehler, dann wäre dies für die Interaktion eine ebenso starke Einschränkung, wie wenn es aus Gründen der Moral nur eine einzige Meinung zum Thema geben würde.[32]

Sind die Beiträge gesellschaftlich dekonditioniert, dann kann ihre Folge in der Interaktion um so mehr als lokal motiviert erscheinen und in Erinnerung bleiben. Dabei gehen die Beiträge nicht nur in ihrer Faktizität, sondern vor allem in ihrer Selektivität in die unterstellbar gemeinsame Erinnerung der Beteiligten ein. An den Beiträgen entlang entsteht dann so etwas wie eine Themengeschichte, die das System sich selbst zurechnen und von der allgemeinen Weltgeschichte unterscheiden kann. Diese Geschichte erzeugt genau das, was man von einer *Asymmetrisierung durch Zeit* erwarten müßte.[33]

Über den Zusammenhang von Themen und ungleichen Teilnahmechancen hatten wir im Rückblick auf die Semantik der geselligen Interaktion schon einmal gesprochen. Bleibt also noch der Zusammenhang mit Reflexionsprozessen als vierter Form der Brechung von Symmetrie. Darauf kommen wir sogleich noch einmal zurück.

Mit Bezug auf das Problem der Enttautologisierung des Systems und der Unterbrechung seiner Selbstreferenz mag man all diese Strategien der Asymmetrisierung als funktional äquivalent anse-

---

32 Siehe zu diesem Problem der Moralisiertheit von Themen: Niklas Luhmann, Öffentliche Meinung, in: ders., Politische Planung: Aufsätze zur Soziologie von Politik und Verwaltung, Opladen 1971, S.9-35. Andererseits können gerade moralisierte Themen benutzt werden, um die Interaktion deutlicher gegen den gesellschaftlichen Meinungsdruck zu differenzieren. Man wählt einen Beitrag, der gegen die Zumutungen der political correctness verstößt, und wenn das ohne moralischen Eklat möglich ist, mag genau dies dazu führen, daß man sich dann auch traut, mit Themen zu beginnen, die Beiträge weniger stark festlegen. Durch das Unsanktioniertbleiben der Verletzung solcher Sprachregelungen kann vor allem klargestellt werden, daß die Interaktion nicht in der Öffentlichkeit stattfindet, so daß die Rücksicht auf *beliebige* Beobachter zurücktritt, um der Beobachtung *spezifischer* Beobachter Platz zu machen. Das ist nicht zuletzt Bedingung einer Personalisierung oder gar Intimisierung der Kommunikation unter Anwesenden.
33 Vgl. dazu Niklas Luhmann, Einfache Sozialsysteme, in: ders., Soziologische Aufklärung 2: Aufsätze zur Theorie der Gesellschaft, Opladen 1975, S. 21-39 (26ff.).

hen, aber das heißt nicht, daß sie auch in der Realität vollständig zu trennen wären. Im Gegenteil: Themen lassen sich gerade nicht einer und nur einer dieser Strategien zuordnen. Würde ein Thema beispielsweise nur auf Umwelt verweisen, aber nicht auch zu einer Geschichte von Beiträgen stimulieren oder zur Verteilung der Teilnahmechancen beitragen, wäre es offensichtlich inadäquat. Themen dieser Art werden denn auch von der Interaktion nicht aufgegriffen, und wenn dieser Zustand durch die Interaktion selber herbeigeführt wurde, dann werden sie fallengelassen.[34]

Man kann das Thema natürlich auch festhalten, aber dann gewinnt man den Eindruck (der als solcher durchaus beabsichtigt sein mag), daß es eigentlich um etwas anderes als um das Thema selbst geht,[35] zum Beispiel um das Hinauszögern des andernfalls absehbaren Endes der Interaktion. Dasselbe gilt, wenn die Interaktion mit unergiebigen Themen beginnt und im Festhalten daran die Beteiligten vor die Frage führt, wer denn mit ernsthafter (riskanter, ablehnbarer) Kommunikation beginnen soll. Themen, die keine informativen Beiträge stimulieren, lenken die Aufmerksamkeit von der Sachdimension auf die Sozialdimension um, *ohne sie selber zum Thema machen zu müssen.*[36]

Dasselbe gilt, wenn das Thema lediglich die Reflexionsfunktion erfüllen würde. Dann wäre die Interaktion ihr *einziges* Thema, und von ihrem System müßte man folglich sagen, daß es ausschließlich aus Prozessen der Selbstthematisierung besteht. So et-

---

34 Das ist im übrigen nur der interaktionsspezifische Ausdruck einer allgemeinen Regel autopoietischer Systeme: Die Operationen können den Strukturen nur folgen, wenn die Strukturen den Operationen folgen können. Die Struktur muß sich mindestens eignen, die Produktion neuer Systemelemente anzuleiten. Für Themen als Struktur von Interaktionssystemen heißt dies: Sie müssen zu weiterer Kommunikation anregen können und dürfen folglich dem, was sie strukturieren, seinen *Gehalt an Neuheit* nicht nehmen. Themen, denen das nicht gelingt, verlieren eben damit ihre Eignung als Struktur.
35 Siehe zu »cover-topics« auch Harvey Sacks, Lectures on Conversation, Oxford 1995, S. 320 ff.
36 Daß dieses latente Dominieren der Sozialdimension der *gesellschaftlich* normale Modus der Kommunikation sein kann, zeigen vor allem ethnologische Forschungen. Siehe dazu den Begriff der »pathischen Kommunikation« bei Bronislaw Malinowski, Das Problem der Bedeutung in primitiven Sprachen, in: C.K. Ogden/I.A. Richards, Die Bedeutung der Bedeutung, Frankfurt 1974, S. 348 ff.

was kann schon für größere Systeme nicht erreicht werden, obwohl es hier immerhin die Möglichkeit gibt, Teilsysteme auszudifferenzieren, die sich dann *innerhalb* des Gesamtsystems auf *dessen* Selbstthematisierung spezialisieren.[37] Wie diese Formulierung schon anzeigt, setzt Reflexion Differenzierung voraus, und da die Interaktion keine eigene Systemdifferenzierung kennt, kann sie Leistungen dieser Art auch nur in der Form einzelner Episoden ausdifferenzieren, die eine schon laufende Kommunikation über andere Themen unterbrechen müssen.

Andererseits ist es nicht erforderlich, daß jedes Interaktionsthema *alle* diese Strategien zugleich bedient. Mehr als eine, aber nicht alle Strategien – in dieser Differenz liegt die Chance für Schwerpunktverlagerungen, die für die Funktion von Themen wichtig ist. Man kann sich gut vorstellen, daß die Interaktion normalerweise auf einem laufenden Wechsel der Schwerpunkte beruht. Mal wird sie durch die Sachbindung ihres Themas so fasziniert, daß die spezifisch soziale Problematik des Kontaktes kaum noch bemerkt wird und auch die zeitlichen Bindungseffekte so gut wie geräuschlos entstehen, mal sind es genau umgekehrt die am Thema sichtbaren Möglichkeiten einer neuartigen sozialen Kombinatorik oder einer argumentativen Verwendung von Systemgeschichte, von der das Geschehen bestimmt wird. Die innere Elastizität dieser Systeme beruht nicht zuletzt darauf, daß das relative Gewicht dieser drei Hauptformen möglicher Asymmetrisierung sich laufend verschiebt.

Man kann aber auch fragen, ob es nicht Fälle gibt, in denen es zu strukturellen Festlegungen kommt, die einer und nur einer dieser Formen der Asymmetrisierung (und damit auch einer und nur einer Sinndimension) den Primat über die anderen geben, und man kann vermuten, daß es vor allem diese Fälle sind, in denen der Reflexionsprozeß eine besondere Bedeutung erlangt.

---

37 In genau diesem Sinne ist die Soziologie dasjenige Teilsystem, das sich im Gesamtsystem der modernen Gesellschaft auf *dessen* Selbstthematisierung konzentriert. Für ihre *eigene* Selbstthematisierung muß die Soziologie in sich selbst weitere Teilsysteme ausdifferenzieren, zum Beispiel in der Form einer Soziologie der Soziologie. Erst auf dieser Ebene kommt es dann auch zu einer Reflexion der Reflexion, nämlich zu der Einsicht, daß die Soziologie ihre Thematisierung der Gesellschaft nur innerhalb und nicht etwa außerhalb der Gesellschaft durchführen kann, sowie zu Rückfragen an eine dazu passende Theorie der Erkenntnis.

Um dies zu klären, müssen wir nun auch nach dem Zusammenhang von Themenbildung und Reflexion fragen.

Unsere Antwort besteht aus zwei Teilen. Sie besagt zum einen, daß die Reflexion ihrerseits Themen braucht. Anders wäre sie als Episode innerhalb der Interaktion nicht möglich. Alles, was für Themen schlechthin gilt, gilt also auch für etwaige Reflexionsthemen. Das wird für die zeitlichen und sozialen Aspekte rasch einleuchten. Aber auch die Externalisierungsfunktion muß bedient werden, denn anders könnte man nicht in der Interaktion über die Interaktion kommunizieren. Man muß sich also im Reflexionsprozeß so auf die Interaktion beziehen können, als ob es von außen wäre, obwohl ein solches Außen für die Reflexion, anders wäre sie keine, gar nicht erreichbar ist. Und sie besagt zum anderen, daß der Reflexionsprozeß sein Thema mit dem gerade behandelten Thema der Interaktion verschmelzen kann, aber nicht muß. Im Verschmelzungsfalle wird die Interaktion als Interaktion über ein bestimmtes Thema identifiziert (1), im anderen Falle kommt es zu themenunspezifischen Beschreibungen, die den *Themenwechsel* erleichtern und dafür höhere Anforderungen sei es in der Zeitdimension (2), sei es in der Sozialdimension stellen (3).

(1) Der Fall ist nicht selten, daß Interaktionen ihr Thema zugleich als *Leitfaden für Externalisierungen* und als *Reflexionsformel* für eigene Systemidentität benutzen. Das setzt zum einen voraus, daß das Thema als solches *formulierbar* ist. Es muß sich also zugleich für operativen und für reflexiven Gebrauch eignen. Ausgeschlossen sind damit Themen, die beim Übergang von der einen zur anderen Gebrauchsweise zerfallen oder ins Nichtwiedererkennbare deformiert werden.[38] Es muß vielmehr jederzeit möglich sein, das Thema zum Reflexionsthema zu machen und darüber zu kommunizieren. Zugleich muß klargestellt werden,

---

38 Siehe dazu Niklas Luhmann, Einfache Sozialsysteme, in: ders., Soziologische Aufklärung 2 (a.a.O.), S. 25, mit Hinweisen auf Fälle, »in denen das eigentliche Thema nicht zum offiziellen Thema gemacht werden kann, trotzdem aber das System latent beherrscht, weil die Beteiligten diesen Status kennen, akzeptieren und sich mit Umschreibungen behelfen«. Als Beispiel dafür dient die Beschreibung des Interaktionssystems Taxifahrt als »gesteuert durch die zentrale Frage, ob und wieviel Trinkgeld es geben wird«. Siehe dazu den auch von Luhmann zitierten Beitrag von Fred Davis, The Cabdriver and His Fare: Facets of a Fleeting Relationship, in: The American Journal of Sociology 65 (1959), S. 158-165.

daß diese Kommunikation selbst den Charakter einer Reflexionsformel besitzt und sich dadurch von den normalen Beiträgen unterscheidet. Man erwartet dann Beiträge »zur Sache« und kann dieser Forderung im Bedarfsfall den nötigen Nachdruck verleihen. Der thematische Schwerpunkt auf der über Sachthemen repräsentierbaren Umwelt wird innerhalb des Systems durch Reflexion abgesichert. Es ist also nicht die Umwelt selbst, die sich dem System in dieser Weise aufdrängt. Vielmehr scheint gerade die durchgehaltene Fremdreferenz der Unterstützung durch diese forcierte Art selbstreferentiellen Operierens zu bedürfen. Umgekehrt muß die aufdringliche, nämlich im Wahrnehmungsbereich präsente Umwelt entsprechend beruhigt oder künstlich draußen gehalten werden. Man bevorzugt Räume, deren Türen sich schließen lassen und zu denen Unbefugten der Zutritt untersagt werden kann.

Das System thematisiert die eigene Einheit als Kommunikation über das jeweilige Sachthema. Andere Möglichkeiten der Selbstbeschreibung, darunter solche, die an der Identität anwesender Personen festgemacht werden müßten, können von dort aus marginalisiert werden. Eine Diskussion über die Ladenschlußzeiten ist auch dann eine Diskussion über dieses Thema, wenn nicht bekannt ist und angesichts des großen Zulaufs auch nicht festgestellt werden kann, wer anwesend ist und mitdiskutiert.

Die typischen Kosten dieser Option fallen in der Zeitdimension und in der Sozialdimension an. In solchen Interaktionen ist nämlich die *Änderung des Themas* beträchtlich erschwert. Das Thema erscheint dann nicht als eine wählbare und abwählbare Struktur, es markiert vielmehr den eigentlichen Sinn der Zusammenkunft. Schon versteckte Angriffe auf das Thema erscheinen als Zweifel am Sinn dieses Sinnes. Offen vorgetragen, erscheinen sie als Provokation der Anwesenden und speziell der im System prominenten Sprecher, die sich von der Reflexionsformel des Systems nicht ohne weiteres distanzieren können. Damit begibt sich die Interaktion der Möglichkeit, den Zuständen oder Veränderungen in der für sie relevanten Umwelt durch Anpassungen in der Thematik zu folgen. Systeme dieser Art setzen also eine relativ disziplinierte (sozialisierte) Umwelt und/oder hohe Freiheiten der Rekrutierung ihrer Teilnehmer voraus und geraten immer dann in Probleme, wenn weder das eine noch das andere unterstellt werden kann.[39] Das Ausbleiben passender oder die Häufung unpassender Beiträge wird nicht als Lernanlaß erlebt, der dazu auffordert, das Thema zu überprüfen, sondern auf mangelnde oder fehlerhafte Motivation der Beteiligten zugerechnet. Je weniger das Thema von sich aus als Magnet für Beiträge funktioniert, mit um so größerem Nachdruck muß daran erinnert werden, daß dies und nur dies das Thema ist. Man kann dann sogar am Thema hervorheben, daß es keine Beiträge rekrutiert (und insofern als Struktur der Kommunikation ganz offensichtlich versagt hat); aber der dann eigentlich naheliegende Schluß auf das Erfordernis eines Themenwechsels wird blockiert, und genau dafür braucht man die Asymmetrie von Reflexionsleistung und basaler Selbstreferenz. Das Thema gewinnt dabei nicht selten einen explizit *normativen Gehalt*. Abweichungen werden *als solche* bezeichnet und kritisiert, notfalls mit moralischen Beigaben, die erkennen lassen, daß Achtungsfragen involviert sind.

Die Vorteile dieser Kopplung von Externalisierung und Reflexion liegen auf der Hand. Sie ermöglicht es unter günstigen Umständen, *thematisch konzentrierte Diskussionen* zu führen und damit auch dann fortzufahren, wenn dies das laufende Übergehen anderer, situativ sich aufdrängender Möglichkeiten verlangt. Sie ermöglicht es, relativ hohe sachliche Komplexität in der Interaktion zu bearbeiten. Vor allem aber bringt sie das Verhältnis der Interaktion zu anderen sozialen Systemen in ihrer Umwelt auf ein neuartiges Niveau der Kombination von Abhängigkeiten und Unabhängigkeiten. Von Interaktionen, die überhaupt in der Lage sind, beim Thema zu bleiben, kann dann auch durch Umweltsysteme erwartet werden, daß sie es tun. Die Umwelt kann ihre Ansprüche an die Interaktion dann auf die Vorgabe von Themen zurücknehmen, alles andere dem Disponieren in der Interaktion selbst überlassend. Auch kann man schon vorher mitteilen, welches Thema behandelt werden soll, und Anwesenden dann unterstellen, daß sie dazu bereit sind. Eine Interaktion, von der in Aussicht steht, daß es um ein bestimmtes Thema (und

---

39 Seminare in heutigen Universitäten wären ein Beispiel dafür, das zugleich erkennen läßt, daß die Lösung häufig nur über *Extremformen der Ungleichverteilung* laufen kann, mit denen das Seminar der Vorlesung angenähert und die organisatorisch geplante Differenzierung dieser beiden Interaktionstypen verwischt wird.

um andere nicht) gehen wird, kann themenspezifische Motive für Teilnahme anzapfen und das Thema selbst als Kriterium für die Zulassung zur Interaktion handhaben.

Häufig reagiert diese Einheit von Externalisierung und Reflexion auf den Umstand, daß die Interaktion ihr Thema nicht völlig frei wählen kann, sondern von anderen Systemen her vorgegeben bekommt. Mit der Verwendung des Themas als Reflexionsformel werden solche externen Anforderungen internalisiert und zu Prämissen der Interaktion selber gemacht. Man sieht daran im übrigen nochmals die eigentümliche Autonomie der Interaktion: Sie kann Umweltanforderungen und Erwartungen aus anderen Systemen berücksichtigen, aber nur durch Leistungen der Selbstsinngebung, also nur durch eigene Operationen, und nicht etwa dadurch, daß die Umwelt sich in das System einschaltet. Je weniger interaktionsgünstig die externen Erwartungen sind, um so weniger können sie sich auf Schleichwegen durchsetzen, um so mehr ist ihre Anerkennung im System davon abhängig, daß die dafür erforderlichen Reflexionsleistungen funktionieren. So verdankt die Interaktion im Erziehungssystem ihre Themen normalerweise nicht in vollem Umfange sich selbst. Die Themen entsprechen vielmehr den Stundenplänen und Lehrplänen der jeweiligen Organisation und haben auf dieser Ebene eine eigene Logik, etwa im Hinblick auf Prüfungen und Prüfungsvorbereitungen, die Grenzen ihrer Beweglichkeit in der Interaktion vorzeichnet.[40] Die Interaktion kann diesen Druck aber nicht einfach weitergeben, sie muß vielmehr eine dazu passende Reflexionsform finden.

(2) Ein andere Konstellation von Problemen liegt vor, wenn Gedächtnisleistung und Reflexion kombiniert werden. Diese Strategie liegt vor allem dann nahe, wenn die Externalisierung schlecht funktioniert, weil jede Externalisierung, die Ego vornimmt, von Alter als dessen Externalisierung behandelt und damit, vom System aus gesehen, reinternalisiert wird. Das Thema ist dann nicht so sehr als Symbol für möglichen Konsens über Realitäten wichtig. Darauf muß im Interesse an der Austragung von Meinungsverschiedenheiten und Konflikten gerade verzichtet werden.

---

40 Das schließt das Ausbrechen kompletter Interaktionen nicht aus, wohl aber gefährdet es die Erreichbarkeit derjenigen Anschlüsse, die als Abschlüsse vor Augen stehen.

Statt dessen wird es wichtig, daß die intern nur durch Streit repräsentierbare Umwelt in ihrer Funktion für die Selbstreferenzunterbrechung dadurch entlastet wird, daß man die im System selbst abgelaufene Kommunikation in eine Form bringt, in der sie gegenwärtig noch etwas besagt. Das System reflektiert eigene Identität vor allem im Spiegel der schon gelaufenen Geschichte von Einlassungen und Darstellungen, Behauptungen und Dementis. Es ist, was es geworden ist. Diese Geschichte selbst wird auf der Reflexionsebene festgehalten, und Treue zur Darstellungsgeschichte wird mehr als üblich normiert. Das Verbot des venire contra factum proprium gilt in verschärfter Weise. Das Vergessen wird sanktioniert oder vielleicht sogar durch schriftliche Aufzeichnungen neutralisiert. Primär umweltbezogene Themen setzen voraus, daß diese Umwelt im System repräsentiert werden kann. Ist das nicht der Fall oder muß man mit falschen, irreführenden oder konkurrierenden Darstellungen der Umwelt rechnen, wird die Gedächtnisfunktion der Themen um so wichtiger. Man kann dann die Frage, was in der Umwelt der Fall ist oder war, dem Streit der Beobachter überlassen, also darauf verzichten, eine bestimmte Umweltsicht als Reflexionsformel zu akzeptieren, sofern nur sichergestellt ist, daß die Gedächtnisfunktion des Themas die dadurch entstehenden Unsicherheiten tragbar macht. An die Stelle der autoritativen Verweisung auf Sachverhalte tritt dann der Blick in den Rückspiegel der im System abgelaufenen Geschichte. Alles mag sich dann so wie mitgeteilt oder auch anders verhalten, aber daß mitgeteilt wurde, was mitgeteilt wurde (und nichts anderes), muß im Zweifelsfalle feststellbar sein. Es liegt auf der Hand, daß all dies vor allem für Interaktionssysteme von Bedeutung ist, die sich auf die mehr oder minder geregelte Austragung von Konflikten spezialisieren.

(3) Eine dritte Konstellation liegt vor, wenn die Asymmetrisierung in der Sozialdimension ansetzt und das System sich mit Hilfe der Unterscheidung von Gleichheit und Ungleichheit der Teilnehmer reflektiert. Wird die Selbstsinngebung des Systems durch die Sozialdimension dominiert, können die sachthematischen und gedächtnisabhängigen Bindungen gelockert werden. Der Themenwechsel wird erleichtert, ebenso wie beim Konflikt, aber das Vergessen bleibt hier unsanktioniert. Die Reflexion zieht sich dann in *themenunspezifische Sozialmodelle* zurück.

Das gilt sowohl für symmetrische als auch für asymmetrische Modelle von Sozialität. Der Fall der Asymmetrie ist für die moderne Gesellschaft entwertet bzw. nur noch im Rahmen ihrer Organisationen rekonstruierbar. Den Fall der Symmetrie hat man sich in Erfahrungen mit geselliger Interaktion klargemacht. Die hier vorgestellte Überlegung erklärt außerdem, daß und warum dies ein *Sonderfall* ist.

IV.

Die bisher vorgetragene Analyse hatte sich strikt an die Systembildungsebene der Interaktion gehalten, um deutlich zu machen, wie konkret das Schicksal von Themen mit dem Schicksal der Interaktion verbunden ist und wie wenig man die Wahl von Beiträgen oder gar die Wahl von Themen von dieser Systemreferenz ablösen kann.

Nun sind Themen normalerweise nicht interaktionsspezifisch konstituiert. Sie werden auch auf der Ebene des Gesellschaftssystems benötigt. Hier liegt ihre primäre Funktion darin, eine sehr große Zahl von Interaktionen, die nach Zeitlage und sozialer Beteiligung denkbar heterogen sind, gleichwohl an durchlaufenden Prozessen der Kommunikation zu beteiligen. Was in der einen Interaktion gesagt wird, das muß auch für zeitlich und sozial fern liegende Kommunikationen noch einen Unterschied machen können.[41] Dafür ist es unerläßlich, daß das Thema primär in der *Sachdimension* identifiziert wird, also für Anwesende und Abwesende im großen und ganzen dasselbe besagt und auch die Zeitgrenzen der Interaktion überschreitet. Es ist mögliches Thema auch vor und auch nach dieser Interaktion und auch für solche Personen, die daran nicht teilnehmen können. Nur darum kann man in der Interaktion davon ausgehen, daß nicht alles, was zu einem bestimmten Thema gesagt wird, mit dem Ende der Interaktion wieder verschwindet – so sehr man sich dies ange-

---

41 Die Einheit der Person, die unter dem Druck von interaktionsübergreifenden Konsistenzpflichten ähnliche Funktionen erfüllt, ist dafür in größeren Gesellschaften, die nicht mehr durch Personenkenntnis integriert sein können, nicht ausreichend, und um so wichtiger wird es, daß die Orientierung an Themen ergänzend hinzutritt.

sichts von Darstellungsfehlern oder sonstigen Mißgriffen auch wünschen mag. Nur darum kann man Abwesende später über das informieren, was unter Anwesenden kommuniziert wurde. Und nur als Negation dieser Möglichkeiten hat es Sinn, Anwesende auf Diskretion zu verpflichten. Themen sind also, anders gesagt, immer auch Strukturen der Autopoiesis des Gesellschaftssystems. Wäre dies anders, dann gäbe es so viele Themen, wie Interaktionen sich ausdifferenzieren, und zwischen diesen keinen kommunikativen Zusammenhang und also keine Gesellschaft. Aus demselben Grund wäre es verfehlt, wollte man annehmen, daß es Themen der Interaktion im Unterschied zu solchen der Gesellschaft geben könnte, und es so zu sehen, wäre nur Ausdruck davon, daß man den Systembegriff reifiziert und dann auch die Differenzierung von Interaktion und Gesellschaft nicht mehr begreifen kann. Über die ökologische Selbstgefährdung der modernen Gesellschaft kann auch unter Anwesenden diskutiert werden, und der Streit mit dem Nachbarn mag die höchsten Gerichte beschäftigen. Folglich muß man die *Differenz* von Interaktion und Gesellschaft am *einzelnen* Thema oder Themenkomplex vorführen können.

Dafür eignet sich der Begriff der *Thematisierungsschwelle*, den Niklas Luhmann eingeführt hat.[42] Dieser Begriff bezeichnet zunächst nur den Umstand, daß die Einführung bestimmter Themen in die Interaktion als besonders schwierig empfunden wird. Das gilt vor allem für solche Themen, die zu Konflikten oder zu ungewöhnlichen Belastungen für die Selbstdarstellung der Teilnehmer führen. Naheliegende Beispiele sind: Sexualität, Religion, ferner moralisierte Kontroversthemen jedweder Art. Die Vermeidung der entsprechenden Themen dient primär dazu, einen möglichst ungestörten Interaktionsverlauf sicherzustellen. Andererseits mag es sein, daß die Thematisierungsschwellen in der Interaktion höher oder niedriger liegen, als es von der gesellschaftlichen Funktion des Themas her nahelege. Bestimmte Themen werden dann entweder zu selten oder zu oft behandelt, beides gemessen an der gesellschaftlichen Funktion eines möglichst komplexen und reichhaltigen Repertoires an Themen.

42 Siehe dazu Niklas Luhmann, Kommunikation über Recht in Interaktionssystemen, in: ders., Ausdifferenzierung des Rechts: Beiträge zur Rechtssoziologie und Rechtstheorie, Frankfurt 1981, S. 55 ff.

Man kann vermuten, daß diese beiden Arten von Inkongruenz bei stärkerer Differenzierung von Interaktion und Gesellschaft verstärkt auftreten werden. Die Gesellschaft muß eigene Themeninteressen dann stärker mit Bezug auf ihr eigenes System und dessen Umweltbeziehungen wählen, und damit wird es unwahrscheinlich, daß die dafür gefundene Auswahl zugleich auch den Erfordernissen der Interaktion gerecht wird. Die Gemeinplätze der Rhetorik hatten genau dies noch unterstellt. Aber sie werden in der frühen Neuzeit aufgegeben, und statt dessen beginnt man an geselliger Interaktion zu lernen, wie »gesellschaftsfern« Themen aussehen, die ausschließlich mit Bezug auf die Interaktion gewählt werden.

Aber was wird zum Beispiel aus der Religion, wenn außerhalb von Kirchen niemand mehr auf die Idee kommt, ihre Themen in die Interaktion einzuführen?[43] Und was bedeutet es umgekehrt, daß die Interaktion von sich aus Themen bevorzugt, an deren gesellschaftlicher Verwendbarkeit man sehr wohl auch zweifeln kann? Wir wollen dies an drei aktuellen Beispielen erläutern.

(1) Die heutige Alltagsinteraktion entnimmt ihre Themen bevorzugt den Massenmedien. Die Themen der Massenmedien erleichtern es, ein symmetrisches Sozialmodell zu praktizieren, da sie im Unterschied zu den klassischen Bildungsthemen niemanden ausschließen oder an eigenen Beiträgen hindern.[44] Auch muß niemand als Lehrer auftreten, der die anderen erst mit der allgemeinen Bedeutung des Themas vertraut macht oder sie auf den neuesten Stand von dessen Entwicklung bringt. Das Eingeständnis, daß man diese Themen nicht kennt, ist möglich, kann aber besser als eine lediglich individuelle Merkwürdigkeit gebucht werden, als dies für das Nichtkennen von Bildungsthemen möglich wäre, und in jedem Falle sind es nicht mehr primär Unterschichtmitglieder oder Nichtakademiker, die davon betroffen

---

43 Ausgenommen natürlich die Anhänger von Sekten, die bis an die Wohnungstür kommen. Man mag übrigens zweifeln, ob diese Übung im Ernst dazu dient, neue Anhänger zu werben. Soziologisch überzeugender wäre die Hypothese, daß die Bereitschaft zu aussichtslosem Verhalten als *Motivtest* benötigt wird, betraut mit der spezifischen Funktion, die Spreu vom Weizen zu sondern.
44 Siehe dazu Riesman, Geselligkeit, Zwanglosigkeit, Egalität (a.a.O.), S. 121 f.; die abnehmende Interaktionstauglichkeit von Bildungsthemen betont auch Niklas Luhmann, Zwischen Gesellschaft und Organisation: Zur Situation der Universitäten, in: ders., Soziologische Aufklärung 4 (a.a.O.), S. 202-212 (207 f.).

sind. In der dafür empfindlichen Perspektive von Bourdieu könnte man auch sagen: Der *positive* Distinktionswert hat sich von *Kennen* auf *Nichtkennen des Themas* verschoben, so daß der entsprechende snob-appeal nur noch um den Preis einer *Selbstexklusion* aus der weiteren Kommunikation über das Thema realisiert werden kann.

So kommt es aus interaktionseigenen Gründen zu einer Dominanz der Themenstrukturen *eines* Funktionssystems der modernen Gesellschaft. Andere Funktionssysteme können ihre eigenen Themen nur unter Beistand der Massenmedien in eine interaktionsgünstige Form bringen. Und dies scheint dem Sport leichter zu fallen als der Wissenschaft und der Politik leichter als der Religion.[45]

Das schließt eine besser ausbalancierte Perspektive auf gesellschaftliche Differenzierung nicht aus. Soziologen wird es naheliegen, hier an die Theorietraditionen des eigenen Faches zu denken. Aber die Thematisierungsschwellen, von denen sich die Soziologie in der normalen Interaktion umgeben sieht, liegen *entmutigend* hoch. Gerade die Gesellschaftstheorie des Faches ist für Interaktionsgebrauch denkbar ungeeignet und stößt selbst in der asymmetrischen Seminarinteraktion auf deutlich spürbare Hindernisse.[46]

(2) Ein anderes Beispiel könnten Interaktionssysteme der medizinischen Untersuchung sein. Hier ist es sehr leicht, die Frage nach Verschreibungen aufzuwerfen, und sehr schwer, den Patienten ohne Rezept nach Hause zu schicken – wie immer groß der Zweifel des Mediziners an der Schwere der Erkrankung oder an der Wirksamkeit des Präparates auch sein mag. Über die aggregierten Effekte dieser relativ niedrigen Thematisierungsschwelle

---

45 Vgl. dazu Umberto Eco, Wie man nicht über Fußball spricht, in: ders., Wie man mit einem Lachs verreist und andere nützliche Ratschläge, Frankfurt 1992, S. 163-165.
46 Die Alltagsrelevanz der Soziologie scheint sich mehr über Protestbewegungen herzustellen, die dann aber mit eigenen Interessen massiv dazwischenfahren. So kann man schon seit längerem auch außerhalb von Wissenschaft hören, daß Frauen auf Hausfrauenrollen »sozialisiert« werden, dies aber mit der soziologisch unhaltbaren Implikation, die Bereitschaft, dagegen zu protestieren, sei ihrerseits *kein* Ergebnis von Sozialisation. In Seminaren wirkt es als Überraschung, wenn nicht als Provokation der Anwesenden, wenn man das richtigstellt.

informiert jeder Blick auf die Kostenentwicklung im System der Krankenbehandlung.

(3) Der medizinisch und gesundheitspolitisch erwünschte Kondomgebrauch wiederum wird durch Thematisierungsschwellen in Interaktionssystemen für intime Kommunikation blockiert. Systeme dieser Art kanalisieren zwar den Zugang zu Sexualität (und damit: zu Ansteckungsgefahren), sind aber nicht unter primär hygienischen Gesichtspunkten ausdifferenziert und pflegen auf die Thematisierung von Sicherheitsfragen eher mit Irritation zu reagieren. Das gilt nach dem Befund einer neueren Untersuchung vor allem für solche Kommunikationen, die von einer Semantik für Liebe ausgehen.[47] Eigentlich müßte die Gefahr einer Infektion sich gerade am neuen (noch zu vermeidenden) Sexualpartner als Risiko aufdrängen, aber offenbar kann die Bereitschaft, es so zu sehen und so zu sagen, sich in der auf Liebe festgelegten Interaktion nicht sehr weit entwickeln.[48]

Die allgemeine Typik dieser Beispiele könnte die Schlußfolgerung nahelegen, daß die von der Interaktion und die von der Gesellschaft her sinnvollen Thematisierungsschwellen gerade in der modernen Gesellschaft stark divergieren. Die Reproduzierbarkeit gesellschaftlich wichtiger Themen würde von der Interaktion her in Frage gestellt. Es so zu sehen, wäre nicht falsch, wohl aber einseitig. Denn zusammen mit der Differenzierung von Interaktion und Gesellschaft, die das Divergenzproblem schafft, verbreitern sich auch die Chancen, Lösungsmöglichkeiten zu finden.

---

47 Jürgen Gerhards/Bernd Schmidt, Intime Kommunikation: Eine empirische Studie über Wege der Annäherung und Hindernisse für »safer sex«, Baden-Baden 1992.
48 Dem entspricht der zweite Befund, wonach der Kondomgebrauch erheblich weniger Schwierigkeiten bereitet, wenn die Wahrnehmung und Kommunikation sexueller Interessen ausdifferenziert werden kann (Gerhards/Schmidt, a. a. O., 161 ff.). Geht es nur um Sexualität und nicht auch um Liebe, dann besteht auch zur Dethematisierung der Sicherheitsfrage weniger Anlaß. Als Interaktionssysteme sind die *one-night stands* deutlich sicherheitsbewußter und stärker präventionsorientiert als die anderen, die es auf Liebe und damit auf Zukunft, auf Bindung und Wiederholbarkeit ankommen lassen. So stellt das, was nicht andauern soll, die Zukunft in Rechnung, während umgekehrt das, was von sich her auf Zukunft hin angelegt ist, besinnungslos in der Gegenwart aufgeht. Liebe macht blind – nun offenbar auch für das Risiko.

Wenn etwa durch Schrift und durch Buchdruck auch interaktionsfreie Kommunikation ermöglicht und normalisiert werden kann, dann hängt die Kontinuität einzelner thematischer Interessen nicht mehr ausschließlich von Interaktion ab. Eine soziologische Theoriesprache, die in der Interaktion zynisch wirkt, kann sich im Medium des Buchdrucks trotzdem behaupten.

Auch können Interaktionen, je weniger sie mit gesellschaftlichen Normalerwartungen belastet sind, um so stärker gegeneinander differenziert werden, was die Möglichkeit bietet, Thematisierungsschwellen mitzudifferenzieren und fallweise zu senken. Im Beichtstuhl werden auch Unregelmäßigkeiten der bürgerlichen Lebensführung thematisierbar, beim Arztbesuch auch schwere und abstoßende Krankheiten. Ein Rechtsstreit mag überall sonst in der Gesellschaft als unerfreuliche Unterbrechung des gewohnten Zusammenlebens gelten, die man nach Möglichkeit lieber vermeidet, aber nicht vor Gericht.

Schließlich könnte man an die besonderen Möglichkeiten der organisatorisch gesteuerten Interaktion denken. Man kann hier auch schwierige Themen zumuten und dabei zugleich freundlich und bestimmt auftreten, weil beides in der Interaktion unterschiedlich attribuiert werden kann und dies den Eindruck der Inkonsistenz abmildert. Es fällt leicht, Verständnis für die Unzufriedenheit und vielleicht sogar für den Protest des anderen zu bezeugen, wenn man gleichzeitig darauf hinweisen kann, daß die eigentlich zuständige Protestadresse abwesend ist und im übrigen nur auf schriftliche Eingaben reagiert. Dann leidet zwar die geschlossene Außendarstellung der Organisation, nicht aber notwendigerweise auch ihre Programmatik.

Innerhalb der Organisation wiederholt sich dann freilich das Problem der Diskrepanz von Thematisierungsschwellen. Gute Analysen dazu betreffen das Problem der Thematisierung von Fehlern. Die Organisation behandelt das Fehlerproblem in *aggregierender* Perspektive. Sie hat also nicht den Einzelfehler, sondern die Folgen seiner Häufung innerhalb ganzer Programmsektoren im Blick und nimmt daher auch kleinere Abweichungen und Unebenheiten ernst. Aber in der Interaktion lassen solche Vorkommnisse sich typisch nicht ohne einen Eindruck von Kleinlichkeit und Pedanterie thematisieren, der keineswegs immer erwünscht ist und mit Sicherheit nicht zu jeder Art von

»Führungsstil« paßt. Auch läßt das Ansprechen auf Fehler die Situation rasch formal werden, und auch dies wird man nicht für jede Bagatelle sogleich in Betracht ziehen wollen.[49] So kommt es zu systematischen Verzerrungen der Programmatik, und dies allein deshalb, weil Thematisierungsschwellen der Interaktion zu hoch liegen.

Beobachtungen dieser Art setzen eine analytische Perspektive voraus, die davon ausgeht, daß man innerhalb der Interaktion zwischen Interaktion und Gesellschaft oder zwischen Interaktion und Organisation unterscheiden kann. Eine solche Perspektive ist in der bisherigen Soziologie weder als Forschungsprogramm noch als Theorievorschlag ausprobiert worden. Wir schließen daher dieses Kapitel und mit ihm auch den ersten Teil dieser Untersuchung mit der Vermutung, daß das Gewicht solcher Beobachtungen nur geklärt werden kann, wenn es gelingt, den Theorievorschlag selbst weiter auszuarbeiten. Dazu dient im weiteren vor allem der Vergleich der Interaktion mit anderen Sozialsystemen.

---

49 »Zum Beispiel verwenden Verwaltungsbürokratien Eilt-Mappen zur Auszeichnung eiliger Vorgänge. Die Geschäftsordnung sieht vor, nicht mehr eilige Vorgänge aus den Mappen herauszunehmen. Sie ist praktisch als im Einzelfall wenig bedeutsame Vorschrift nicht durchsetzbar – kein Vorgesetzter wird einem Untergebenen deswegen Vorwürfe machen, weil eine nicht mehr eilige Sache in einer Eilt-Mappe vorgelegt wurde mit dem Effekt, daß die Menge der als eilig erscheinenden Vorgänge eine Aussonderung der wirklich eiligen Vorgänge erschwert und bedeutsame Entscheidungen mit unübersehbaren Folgeschäden verzögert werden«; dies Beispiel bei Niklas Luhmann, Rechtssoziologie, 2 Bde., Hamburg 1972, Bd. 2, S. 274.

Teil II:
Interaktionen und andere Sozialsysteme

Kapitel 8
Interaktion und Gesellschaft

I.

Wir haben uns bisher auf die Interaktion unter Anwesenden konzentriert und Hinweise auf die Gesellschaftlichkeit dieses Sozialsystems nur unsystematisch verfolgt. Als allgemeine Sozialtheorie bietet die Systemtheorie jedoch nicht nur den Vorzug, daß sie es gestattet, Aussagen über Interaktion und Aussagen über Gesellschaft innerhalb einer konsistenten Theoriesprache zu formulieren. Sie erlaubt es auch, daß *beide* Typen von Aussagen *am selben Objekt* kombiniert werden. Wählt man die Systemreferenz Interaktion, dann kommt die Gesellschaft als soziale Umwelt dieses Systems in Betracht, die innerhalb des Interaktionssystems beachtet oder nicht beachtet werden kann. Wählt man die Systemreferenz Gesellschaft, dann müssen Interaktionen als soziale Systeme behandelt werden, die sich innerhalb des Gesellschaftssystems ausdifferenzieren. Von diesen Vorzügen soll nunmehr Gebrauch gemacht werden.

Dabei kann es nicht darum gehen, neben den Ausgangspunkten für Interaktionstheorie, die wir bisher vorgestellt und diskutiert haben, auch noch eine Gesellschaftstheorie zu skizzieren.[1] Es geht nicht um den Übergang in eine andere Ebene der Betrachtung und auch nicht um das Erbringen von Vollständigkeitsnachweisen, die auf der Abstraktionsstufe einer allgemeinen Theorie sozialer Systeme geführt werden müßten.[2] Wir setzen freilich Vorgaben sowohl aus dieser Theoriestufe wie auch aus ihren spezifisch gesellschaftstheoretischen Anwendungen voraus. Anders wäre das hier verfolgte Projekt nicht als Anwendungsfall einer allgemeinen Theorie sozialer Systeme zu erkennen.[3] Aber wir verbleiben *innerhalb* des Relevanzbereichs der Interaktionstheorie selbst.

1 Vgl. dazu jetzt Niklas Luhmann, Die Gesellschaft der Gesellschaft, Frankfurt 1997.
2 Niklas Luhmann, Soziale Systeme: Grundriß einer allgemeinen Theorie, Frankfurt 1984.
3 Diese Theorie nämlich ist so gebaut, daß Freiheitsgrade von Aussagen durch

Dabei geht es zunächst um die Systemreferenz des Gesellschaftssystems und in diesem Zusammenhang um die Frage, wie dessen Reproduktion von Interaktionssystemen abhängig ist. Die Antwort auf diese Frage wird zeigen, daß der Grad dieser Abhängigkeit eine *Variable* ist, deren Wert vor allem von der Differenzierungsform des Gesellschaftssystems (II) sowie von der Verfügung über Medien der interaktionsfreien Verbreitung von Kommunikation (III) abhängig ist: Je unwahrscheinlicher die Differenzierungsform und je unwahrscheinlicher das Verbreitungsmedium, um so größer die Differenzierung zwischen Interaktion und Gesellschaft. Danach wollen wir zeigen, daß und wie diese Differenzierung sich auch innerhalb von Interaktionssystemen bemerkbar macht und reflektiert werden kann (IV). Die theoretischen Prämissen, die uns hier wie dort leiten, werden im ersten (I) und letzten Abschnitt (V) dieses Kapitels diskutiert.

In einer vor wenigen Jahren erschienenen Untersuchung zur Sozialtheorie hat Bernhard Peters[4] von zwei Grundproblemen gesprochen, die innerhalb einer solchen Theorie gelöst werden müssen: nämlich erstens vom Problem der *gesellschaftlichen Differenzierung* und zweitens vom Problem der *Verselbständigung des Sozialen*. Diese Themenwahl wird bei Peters nicht systematisch begründet, aber er kann deutlich machen, daß ein sehr großer Teil der vorhandenen Literatur sich zwanglos unter diesen beiden Gesichtspunkten ordnen läßt. Der Begriff der Verselbständigung des Sozialen bezieht sich ersichtlich nicht darauf, daß die Soziologie soziale von psychischen Sachverhalten muß unterscheiden können (oder andernfalls eben zu einer Spielart von Psychologie würde). Es geht nicht um die seit Durkheim geläufige Auffassung von Sozialität als einer Realität *sui generis*. Gemeint ist vielmehr eine Differenzierung *innerhalb* des Begriffs

sie beschränkt werden auch dann, wenn die Aussagen sich thematisch auf verschiedene Objekte (hier: auf Interaktionen und auf Gesellschaften) beziehen. Sie hat also mehr zu bieten als nur einen lockeren Rahmen von Methodenbekenntnissen und dazu passenden Grundbegriffen, wie ihn etwa Theorien der rationalen Wahl anbieten, die sehr viel geringere Ansprüche an inhaltliche Konsistenz von Aussagen trotz thematischer Diversität stellen. Was »besser« ist, läßt sich abstrakt nicht ausmachen. Die Theorien rationaler Wahl passen zum Beispiel besser zur thematisch entkoppelten Organisationsform des wissenschaftlichen Projektbetriebs.

4 Die Integration moderner Gesellschaften, Frankfurt 1993.

und des Bereichs möglicher Sozialität selbst. Um dies auszudrücken, kann man kürzer auch von *sozialer Differenzierung* sprechen. Im Falle der gesellschaftlichen Differenzierung geht es um Aussagen über die Gesellschaft selbst und speziell über ihre Differenzierungsform sowie über deren Änderung im Laufe der soziokulturellen Evolution. Im anderen Falle geht es dagegen um die Differenzierung einer Mehrheit von Ebenen sozialer Ordnungsbildung, unter denen auch die Gesellschaft mit ihren Teilsystemen nur eine Ebene neben anderen besetzt. Ein Begriff wie *Arbeitsteilung* gehört in den ersten Zusammenhang, ein Begriff wie *Verdinglichung* in den zweiten.

Rein vom Begriffsumfang her ist die Unterscheidung nach dem Muster der Unterscheidung von Frauen und Menschen zu lesen: Auch gesellschaftliche Differenzierung ist soziale Differenzierung. Aber das schließt es selbstverständlich nicht aus zu sagen, daß gesellschaftliche Differenzierung derjenige Sonderfall von sozialer Differenzierung ist, von dem die anderen primär abhängig sind. Dies jedenfalls legen unter den Autoren der soziologischen Theorieklassik die Beiträge von Marx und Simmel, unter den neueren Autoren die Beiträge von Giddens und Habermas nahe. Marx war der Meinung, daß Arbeitsteilung mit Entfremdung korreliert. Für Simmel war das Geld nicht nur eine zivilisatorische Errungenschaft mit primär wirtschaftlichen Funktionen, sondern zugleich der Grund für das Auseinandertreten zwischen subjektiver und objektiver Kultur. Giddens nimmt an, daß es in der modernen Gesellschaft zum ersten Mal möglich sei, Systemintegration unabhängig von Sozialintegration zu erreichen,[5] und Habermas schließlich hat denselben Zusammenhang auf die Unterscheidung von System und Lebenswelt gebracht.

Ich will auf diese im einzelnen sehr verschiedenen Theorieversionen hier nicht inhaltlich eingehen. Statt dessen möchte ich eine abgrenzende Bemerkung machen, die den Gesamtkomplex dieser Diskussion betrifft und ihn von der teilweise parallel geführten Diskussion über das sogenannte Mikro/Makro-Problem unterscheidet. Der Unterschied liegt darin, daß die Diskussion über

---

5 Siehe dazu Anthony Giddens, The Constitution of Society: Outline of the Theory of Structuration, Berkeley 1984, S. 28.

dieses Problem sich normalerweise in der Form einer Methodendiskussion abspielt, in der es umstritten ist, ob soziale Einheiten vom Typus der Gesellschaft unmittelbar zum Gegenstand soziologischer Aussagen werden können oder ob es nicht einer Übersetzung solcher Aussagen in Befunde über eine sehr große Zahl von Mikrovorgängen bedarf, wenn eine Reifikation und Überidentifikation des Objekts vermieden werden soll. Die Begrenzung dieser Diskussion auf Fragen der methodologischen und wissenschaftstheoretischen Zulässigkeit bestimmter Aussagetypen sowie der Verzicht auf eine wissenschaftssoziologische und schließlich gesellschaftstheoretisch durchgeführte Reflexion ihres Kontextes führen dazu, daß die Stellungnahmen sich in der Regel auf den Gegenstandsbereich der Soziologie im ganzen beziehen. Eine historische Relativierung der Aussagen wird also nicht versucht.

In der zuvor angesprochenen Diskussion über soziale und gesellschaftliche Differenzierung dagegen wird das Verhältnis zwischen Mikrobereich und Makrobereich als historisch variabel begriffen, und das Theorieprogramm besteht darin, diese Variable mit anderen Variablen der historischen Entwicklung zu korrelieren.[6] Es scheint mir auf der Hand zu liegen, daß man nur auf diese zweite Weise hoffen kann, zu einer Theorie zu gelangen, die zu einem besseren, weil komplexeren Verständnis speziell der modernen Gesellschaft beiträgt. Würde dagegen das Verhältnis zwischen wie immer begriffenem Mikrobereich und wie immer begriffenem Makrobereich aus rein methodischen Gründen als Invariante eingeführt, dann würden Themenbereich und Erfahrungsgehalt mindestens *dieser* Unterscheidung für historische Spezifikation ausfallen und könnten dann auch zur Aufklärung über die Modernität sozialer Verhältnisse nichts mehr beitragen. Das hier zu behandelnde Thema ist nun, wie die Spannung zwischen diesen beiden Begriffen von Differenzierung innerhalb der *systemtheoretischen Tradition* des soziologischen Denkens ausgetragen wird. Das populäre Vorurteil besagt natürlich, daß die Spannung nicht ausgetragen, sondern verdrängt werde durch ein

---

6 Ähnlich die aus der Erfahrung des Historikers formulierten Argumente bei Peter Laslett, The Face to Face Society, in: ders. (Hrsg.), Philosophy, Politics and Society, Oxford 1967, S. 157-184.

Konzept der funktionalen Differenzierung, das sich selbst totalisiere und für nichts anderes mehr Raum lasse. Jürgen Habermas hat diese Kritik gleich zweimal vorgetragen: beim ersten Mal gegen Niklas Luhmann und beim zweiten Mal gegen Talcott Parsons. Mir scheint, daß nur die zweite Kritik diskutabel ist, während die erste an ihrem Gegenstand eindeutig vorbeigreift. Die neuere Systemtheorie verfügt durchaus über Möglichkeiten, das Spannungsverhältnis zwischen gesellschaftlicher und sozialer Differenzierung zu behandeln. Der systematische Ort, an dem dies zu geschehen hätte, ist leicht zu erkennen: Er liegt in der These einer evolutionär zunehmenden *Differenzierung zwischen Interaktion und Gesellschaft*.[7]

II.

Interaktion und Gesellschaft sind Anwendungsfälle des Systembegriffs. Dieser Begriff muß folglich von jeder Voreingenommenheit zugunsten der sogenannten makrosoziologischen Themen befreit werden, die man ohne zureichende Begründung immer noch in ihn hineinhört. Als Gesellschaft wird systemtheoretisch das jeweils umfassende Sozialsystem bezeichnet. Dieses System schließt alle Kommunikationen ein, die füreinander anschlußfähig sind, wobei etwaige Grenzen der Anschlußfähigkeit nur im System selbst (und nicht etwa: in der Systemumwelt) definiert und umdefiniert werden können. Diese Definitionsmacht über die Frage, ob etwas Kommunikation ist oder nicht, unterscheidet die Gesellschaft von anderen Sozialsystemen, die stets nur eine Teilmenge der überhaupt vorkommenden Kommunikation als Selbstvollzug ordnen können und daher die Unterscheidung von Kommunikation und Nichtkommunikation *auch in der Umwelt* voraussetzen müssen. Gesellschaft in diesem Sinne ist heute als Weltgesellschaft realisiert. Interaktionen bilden sich (wie inzwischen schon mehrfach gesagt), wenn Personen einander als anwesend behandeln und daraufhin in Kommunikation eintreten. Hält man die Begriffe in dieser Form fest, dann ist leicht zu er-

---

[7] Dies hat übrigens auch Habermas selbst bemerkt, ohne es weiter zu diskutieren. Siehe Theorie des kommunikativen Handelns, Frankfurt 1981, Bd. 2, S. 231.

kennen, daß die Differenzierung von Interaktion und Gesellschaft keine evolutionäre Errungenschaft im üblichen Sinne des Wortes ist.[8] Anders als Schrift oder Geldwirtschaft oder Bürokratie tritt sie nicht erst auf einem bestimmten Entwicklungsniveau der Gesellschaft in Erscheinung. Sie entsteht nicht erst in vorneuzeitlichen Hochkulturen oder gar erst mit der modernen Gesellschaft, sondern ist schon in den einfachsten für uns noch rekonstruierbaren Gesellschaften zu beobachten. Immer schon reichte die Verständlichkeit von Sprache über den Kreis der gerade Anwesenden hinaus. Immer schon mußten diese daher mit dem »Zitiertwerden« ihrer Mitteilungen rechnen. Und immer schon mußten daher in die anwesende Kommunikation gewisse Rücksichten auf abwesende Kommunikation eingebaut werden. Die Differenzierung von Interaktion und Gesellschaft bildet, wie man das auch nennen könnte, einen Dauerbegleiter der soziokulturellen Evolution. Wollte man diese Differenzierung ihrerseits als evolutionäre Errungenschaft deuten, dann müßte es sich um eine Errungenschaft handeln, die das neuartige Niveau einer nicht mehr organischen, sondern soziokulturellen Evolution als solches definiert. Etwas pathetisch ausgedrückt: Die Differenzierung von Interaktion und Gesellschaft gehört zu den Bedingungen der Möglichkeit der Weltform Sinn ebenso wie der Systemform Gesellschaft. Das aber berechtigt zu der Hypothese (die

---

8 Dieser Begriff bezeichnet in langer und fester, wenn auch terminologisch wechselnder Tradition evolutionär erfolgreiche Lösungen für spezifische Probleme, die aber in ihren Folgen über den ursprünglichen Problemkontext hinausreichen und die Gesellschaft selbst auf einem neuartigen Komplexitätsniveau stabilisieren. Siehe als Einzelfallstudie dazu Niklas Luhmann, Verfassung als evolutionäre Errungenschaft, in: Rechtshistorisches Journal 9 (1990), S. 176-220. Die Differenz zwischen Ursprungskontext und Reproduktionskontext wird häufig auch in die These eines Funktionswandels der evolutionären Errungenschaft gekleidet. So mag beispielsweise Schrift ursprünglich zu Aufzeichnungszwecken und nicht etwa als funktionales Äquivalent für Interaktion gedient haben; siehe dazu Jack Goody/Ian Watt, The Consequences of Literacy, in: Comperative Studies in Society and History 5 (1963), S. 304-345, dtsch. Übersetzung in: dies./Kathleen Gough (Hrsg.), Entstehung und Folgen der Schriftkultur, Frankfurt 1981, S. 63-123 (81). Dem entspricht evolutionstheoretisch der Unterscheidung zwischen Selektion und Restabilisierung. Die Eigenkomplexität des Begriffs der evolutionären Errungenschaft wird dadurch bestimmt, daß solche »Erfindungen« nicht nur *jeweils für sich* zufallsabhängig und zeitabhängig sind, sondern in ihren Stabilisierungsbedingungen auch *voneinander* abhängen.

sich aufdrängt, sobald man die Blickrichtung umkehrt), daß *alle weiteren* evolutionären Errungenschaften sich immer *auch* auf die Differenzierung von Interaktion und Gesellschaft auswirken werden und rückblickend als Umformung dieser Differenz beschrieben werden können. Das gilt nicht zuletzt für die Frage, ob und in welchen semantischen Formen diese Differenz *als Unterscheidung* verfügbar wird und dann ihrerseits an der Steuerung von Kommunikation mitwirkt.

Für zahlreiche evolutionäre Errungenschaften wird diese Hypothese auf Anhieb einleuchten. So liegt es auf der Hand, daß *Stadtbildung* die Differenz von flüchtiger und wiederholter Interaktion in neuartiger Weise forciert und dadurch zur Abstraktion des Gesellschaftsbegriffs zwingt, der nun *beides* umfassen muß. Auch hat man oft beobachtet, daß in Interaktionen *kognitive und normative Erwartungen* dicht beieinander liegen und unmerklich ineinander übergehen. Dasselbe gilt auch für einfache, interaktionsnah stabilisierte Gesellschaften. Daher kann man vermuten, daß eine Differenzierung normativer und kognitiver Erwartungsstile nicht ohne eine dementsprechende Differenzierung von Interaktion und Gesellschaft möglich ist. *Räumliche Mobilität* einzelner Personen konfrontiert lokal gebundene Inklusionsgemeinschaften mit der doppelten Erfahrung abwesender Mitglieder und anwesender Nichtmitglieder und führt damit vor die Frage, ob man Inklusion in die Gesellschaft noch interaktionsanalog als möglichst ununterbrochene Anwesenheit begreifen kann oder nach einer davon unabhängigen Symbolisierung suchen muß.[9]

Im Rahmen einer gesellschaftstheoretischen Komplettanalyse, die hier selbstverständlich nicht durchgeführt werden kann, wird man dabei vor allem zwei *Klassen* von evolutionären Errungenschaften zu berücksichtigen haben, nämlich zum einen die *Differenzierungsform*[10] des Gesellschaftssystems selbst und zum an-

---

9 Der Zusammenhang von räumlicher und sozialer Nähe definiert bei Parsons zuweilen den Begriff der Gemeinschaft und macht in dieser Form zugleich darauf aufmerksam, in welcher Weise das so Definierte durch Erzwingung alltäglicher Mobilität gefährdet und schließlich zerstört wird. Siehe dazu The Principal Structures of Community: A Sociological View, in: Carl J. Friedrich (Hrsg.), Community, New York 1959, wiederabgedruckt in: Talcott Parsons, Structure and Process in Modern Society, Glencoe Ill. 1960, S. 250-297.
10 Siehe zu diesem Begriff Luhmann, Die Gesellschaft der Gesellschaft (a.a.O.), S. 609 ff.

deren die Verfügung über *Verbreitungsmedien* wie Schrift, Buchdruck und Tele- und Computerkommunikation.

Der Begriff der Differenzierungsform, um mit ihm zu beginnen, setzt den weiteren (da auch ohne »Form« möglichen) Begriff der Systemdifferenzierung als Wiederholung der Differenzierung von System und Umwelt innerhalb des Systems selbst voraus und bezeichnet vor diesem Hintergrund den engeren Fall, daß Regeln für die Beziehungen zwischen den dadurch erzeugten Teilsystemen beachtet (und gegebenenfalls: beobachtet) werden. Wendet man den Begriff der Differenzierungsform auf das System der Gesellschaft an, dann kann man die Evolution dieses Systems als Wechsel von Differenzierungsformen beschreiben.[11] An die Stelle von segmentär differenzierten Gesellschaften, die Beziehungen zwischen ihren Teilsystemen an die Regel der *Gleichheit* binden, tritt in vorneuzeitlichen Hochkulturen die Differenzierungsform der Stratifikation, die Gleichheit nur noch innerhalb ihrer Teilsysteme vorsieht und deren Beziehungen zueinander gerade umgekehrt als *Ungleichheit* regelt und dies in die Form einer Rangordnung bringt. Damit wird die Unterscheidung zwischen gleichen und ungleichen Systemen erstmals innerhalb der Gesellschaft verfügbar und strukturell relevant, während sie ehedem die Grenzen des Gesellschaftssystems selbst bezeichnete, so daß Ungleiches nur in der Umwelt liegen konnte.[12] Die moderne Gesellschaft schließlich überläßt die Unterscheidung zwischen Gleichheiten und Ungleichheiten den Funktionssystemen selbst. Sie muß als funktional differenzierte Gesellschaft darauf verzichten, die Beziehungen dieser Systeme zuein-

---

11 Es versteht sich, daß dies keine *vollständige* Beschreibung ist, sondern nur einen Aspekt des Gesamtgeschehens erfaßt. Auch handelt es sich keineswegs um eine sich selbst erklärende Sequenz, die zur Einheit eines Geschichtsprozesses hypostasiert werden könnte, der sich selbst im Kryptobewußtsein von Zielen vorantreibt.

12 Diese Zwischenüberlegung soll zugleich klarstellen, daß der Begriff der Gleichheit selbst der Evolution unterliegt und daß dies auch für alle davon abhängigen Begriffe gilt. Das betrifft nicht zuletzt den Begriff des Begriffs selbst, der ja nach heutigem Verständnis ein Instrument zur Programmierung von *Vergleichen* ist und damit seinerseits von der Unterscheidung zwischen Gleichheit und Ungleichheit abhängt. Man kann also schon auf dieser noch sehr abstrakten Ebene erkennen, daß Fragen der Semantik mit solchen der Sozialstruktur zusammenhängen.

ander entweder als gleich oder als ungleich zu schematisieren.[13] Man kann dann immer noch sagen, daß Funktionssysteme wie Wirtschaft oder Wissenschaft, Recht oder Kunst[14] *sowohl gleich als auch ungleich* sind: gleich in der Verfügung über strukturelle Merkmale, die sich aus der Form der gesellschaftlichen Differenzierung selber ergeben,[15] und ungleich in Ansehung ihrer jeweils eigenen, hier und nirgendwo sonst zu bedienenden Funktion für die Gesellschaft.[16] Aber das ist dann nur eine andere Formulierung dafür, daß die im älteren Sinne gesamtgesellschaftlichen Regulative für Zwischensystembeziehungen abgebaut wurden.

Änderungen in der Differenzierungsform der Gesellschaft können sich auf die Differenzierung von Interaktion und Gesellschaft in unterschiedlicher Weise auswirken. Ein zentrales Problem betrifft die Frage nach *Interaktionszusammenhängen*. Dieser Begriff soll hier eine Mehrheit von Interaktionssystemen bezeichnen, sofern sie einheitlich erwartet und einheitlich thematisiert werden kann – sei es unter den Anwesenden und Beteiligten selbst, sei es zusätzlich auch noch unter Abwesenden und Unbeteiligten, die nicht in diesem Interaktionszusammenhang, wohl aber über ihn kommunizieren können. In der Form der Erwartbarkeit solcher Erwartungen wirkt der Interaktionszusammenhang an der Selbststeuerung der Einzelinteraktion mit.[17]

13 Ich formuliere hier mit leichter Abweichung von der Normalformulierung, weil es mir auf die Feststellung ankommt, daß die moderne Gesellschaft auch *ungleiche Entwicklungschancen* einzelner Funktionssysteme kennt und dem spektakulären Wachstum eines Funktionssystems (plausibler Kandidat: Wirtschaft) ebenso schutzlos ausgeliefert sein würde wie dem spektakulären Schrumpfen eines anderen (plausibler Kandidat: Religion).
14 Die Liste dieser Beispiele folgt (durchaus zufallsabhängig) den bisher vorliegenden Publikationen von Niklas Luhmann. Siehe dazu: Die Wirtschaft der Gesellschaft, Frankfurt 1988; Die Wissenschaft der Gesellschaft, Frankfurt 1990; Das Recht der Gesellschaft, Frankfurt 1993; Die Kunst der Gesellschaft, Frankfurt 1995.
15 Prominentestes Beispiel dafür ist die *binäre Codierung*. Siehe dazu allgemein Niklas Luhmann, »Distinctions directrices«: Über Codierung von Semantiken und Systemen, in: ders., Soziologische Aufklärung 4: Beiträge zur funktionalen Differenzierung der Gesellschaft, Opladen 1987, S. 13-32.
16 Dies ist die soziologisch inzwischen geläufige Normalformulierung. Siehe etwa die Luhmann-Darstellung bei Uwe Schimank, Theorien gesellschaftlicher Differenzierung, Opladen 1996.
17 Siehe dazu den Begriff des *Kontaktsystems*, den Niklas Luhmann, Legitimation durch Verfahren, Neudruck der 2. Auflage, Frankfurt 1983, S. 75 ff., bildet,

Die einzelne Interaktion erfährt sich dann selbst als Glied einer Kette von Interaktionen. Die Anwesenden nehmen Rücksicht darauf, daß weitere Interaktion unter ihnen schon stattgefunden hat und auch weiterhin noch bevorsteht. Nicht nur das Schicksal der einzelnen Interaktion ist dann zu bedenken, sondern auch das Schicksal der »guten Beziehungen«, die dabei gefördert werden, aber eben deshalb auch Schaden nehmen können. Kurz: Es gilt das »Gesetz des Wiedersehens«.

In einem gewissen Sinne erzeugt jede Interaktion solche Zusammenhänge, wenn sie sie nicht schon voraussetzen kann. Nach der Interaktion sind die Beteiligten nicht mehr frei, das Stattgefundenhaben der Interaktion zu leugnen. Abwesenden Dritten gegenüber mögen sie dies versuchen, und in Gesellschaften mit dafür ausreichender Komplexität mag dies erfolgreich sein. Aber wenn sie einander erneut über den Weg laufen, kann ein Gedächtnis unterstellt werden, das die schon gelaufene Interaktion nicht völlig vergessen hat.[18] Gleichwohl handelt es sich bei einem solchen erneuten Zusammentreffen um eine neue Interaktion und also um ein weiteres System.[19]

---

um die guten Beziehungen zu analysieren, die sich etwa zwischen Anwälten und Richtern desselben Zuständigkeitsbereichs bilden. In einer neueren Behandlung, die andere Größenordnungen vor Augen hat und die Anwendbarkeit des Systembegriffs offenläßt, ist auch von *Netzwerken* die Rede. Siehe dazu Niklas Luhmann, Kausalität im Süden, in: Soziale Systeme 1 (1995), S. 7-29.

18 Dabei geht es nicht um rein psychische Gedächtnisleistungen und auch nicht darum, daß eine Mehrheit solcher Leistungen in gleichsinniger Ausprägung vorliegt. Sollte das der Fall sein, wäre es soziologisch immer noch die Frage, wie man dies feststellen will, wenn nicht durch Kommunikation. Aber Kommunikation *ändert* das, was sie feststellen will. Die Struktur liegt vielmehr auf der Ebene der Erwartbarkeit von Erwartungen. Sie wird praktisch in der Form *legitimer Unterstellungen* aktualisiert und kann daher in weitem Umfange auch ohne ein genau entsprechendes Individualgedächtnis operieren. Schon die erschwerte Eingestehbarkeit des Vergessenhabens und ferner die Strategie, taktvoll an das zu erinnern, was möglicherweise vergessen wurde, die es dem Vergeßlichen ermöglicht, eigene Erinnerungen zu simulieren, während er sich in Wahrheit nur aus der gerade laufenden Kommunikation informiert, lassen eine genauere Nachprüfung schwierig und für den Normalfall unmöglich werden.

19 Es würde denn auch in der Interaktion selbst zur Verwirrung führen, wenn man die Differenz der Systeme ignorieren wollte. Man kann nicht Kommunikationen »vom letzten Mal« so behandeln, als wären sie soeben erst mitgeteilt worden, und es macht einen großen Unterschied, ob man dem anderen das soeben Gesagte oder das vor zwei Wochen Gesagte entgegenhält.

Es fällt auf, daß die Möglichkeit, Interaktionen von Interaktionszusammenhängen auch terminologisch zu unterscheiden, neueren Datums ist. Selbst in der Soziologie ist ein auf die jeweilige Zusammenkunft begrenztes Konzept für »Interaktion« erst allmählich heimisch geworden. Noch die Rede von »Gruppen« oder »sozialen Beziehungen«, die theoriesystematisch an der Stelle saß, an der man heute von Kommunikation sprechen müßte, war in dieser Hinsicht ganz unspezifisch geblieben. Gegen die vielen Überhänge dieser Denkgewohnheit muß hier um so deutlicher betont werden, daß der Interaktionszusammenhang selbst kein Interaktionssystem *ist*, sondern eine Struktur dieses *und anderer* Sozialsysteme darstellt. Häufig wird es sich dabei um Strukturen des Gesellschaftssystems selbst handeln. Vor allem unter diesem Gesichtspunkt gehört der Begriff in den hier anstehenden Zusammenhang der Differenzierung von Interaktion und Gesellschaft.

Man kann Gesellschaften daraufhin befragen, ob sie ihre *eigene* Einheit oder die Einheit ihrer primären *Teilsysteme* in der Form solcher Interaktionszusammenhänge bilden müssen oder ob sie dazu Alternativen haben. Der Unterschied liegt in der Frage, ob die Herstellbarkeit von Interaktionszusammenhängen die Reichweite und den Realitätsgehalt einer bestimmten Form der gesellschaftlichen Differenzierung begrenzt oder ob es umgekehrt die Differenzierungsform selbst ist, von der aus entscheidbar wird, in welchen Hinsichten es auf kontinuierliche Interaktionszusammenhänge überhaupt ankommt.

Für segmentäre Gesellschaften wird man vermuten können, daß noch die Einheit der Gesellschaft selbst kaum anders denn als Interaktionszusammenhang realisierbar war. Das heißt natürlich nicht, daß es keine Ungleichverteilung von Interaktionschancen innerhalb der Gesellschaft gegeben habe. Vor allem die innergesellschaftlichen Systemgrenzen werden typisch auch als Interaktionsunterbrecher gewirkt haben. Gerade der Umstand, daß die Teilsysteme funktional diffus strukturiert waren und daher intern gerichtete für extern gerichtete Kontakte substituieren konnten, macht dies plausibel.[20] Eine mehr oder minder deutliche Kon-

---

20 Spätestens in einer funktional differenzierten Gesellschaft wird dies unmöglich werden: Die Politik kann nicht eigene Interaktionen einsetzen, um das Schlechtfunktionieren der Wirtschaft zu kompensieren. Siehe zu diesem Pro-

zentration der überhaupt stattfindenden Interaktion auf Bereiche *innerhalb* der Segmente sowie die relative Seltenheit und der schwer ignorierbare Ausnahmecharakter von übergreifenden Interaktionen sind für zahlreiche Fälle belegt. Aber umgekehrt weiß man auch, daß die Einheit der Gesellschaft dann oberhalb dieser Vielheit ihrer Teilsysteme entsprechend schwach ausgebildet war und im Alltag wenig Bedeutung besaß. Aber wie immer es sich damit verhalten mag: daß hier noch *alle* Teilsysteme als Interaktionszusammenhänge gebildet wurden, kann als Normalfall unterstellt werden. Abnehmende Interaktionsdichte ist mit abnehmender sozialer Relevanz, fehlende Interaktion mit sozialer Irrelevanz identisch, und daher lassen sich Systemgrenzen nicht unabhängig von Interaktionsverdichtungen ziehen.[21]

Die unterschiedliche Relevanz, die Sozialität für Gesellschaften und für Interaktionen besitzt, wird deutlich, sobald man den Sy-

blem des Redundanzverlustes als einem Folgeproblem funktionaler Differenzierung Niklas Luhmann, Ökologische Kommunikation: Kann die moderne Gesellschaft sich auf ökologische Gefährdungen einstellen?, Opladen 1986, S. 208 ff. An den Grenzen zwischen den gesellschaftlichen Teilsystemen nehmen die Interaktionen folglich nicht ab, sondern zu. Es häufen sich Fälle, in denen die Interaktion an mehreren Teilsystemen gleichzeitig partizipiert und dieser »Doppelmitgliedschaft« in sich selbst Rechnung trägt. Interaktionen sind dafür einerseits besonders geeignet, weil mit ihrem ohnehin bevorstehenden Aufhören auch die Kopplung zwischen den Großsystemen, die sie herstellt, aufhören wird, so daß es nicht zu dauerhaften Verschmelzungen kommt. Diesen Gesichtspunkt hatte schon Georg Simmel, Grundfragen der Soziologie, Berlin 1917, zitiert nach der Ausgabe Berlin 1984, S. 12 f. betont. Und noch heute wird gegen das »Auseinanderbrechen in eine Vielzahl unverbundener Systeme« (Simmel) auf Interaktion gesetzt, vor allem im Neokorporatismus. Die Grenzen liegen in den begrenzten Thematisierungskapazitäten dieses Systemtyps.
21 Vor allem in der Ethnologie ist daher der Begriff der *Systemgrenze* häufig dadurch erläutert worden, daß es diesseits dieser Grenze höhere und besser strukturierte Interaktionschancen gebe als jenseits dieser Grenze. Damit wären alle größeren Sozialsysteme als Interaktionskonzentrate definiert. Es liegt auf der Hand, daß diese Begriffsbildung den Bedürfnissen einer allgemeinen Sozialtheorie, die ja auch und gerade den modernen Verhältnissen gerecht werden muß, nicht entspricht. Schon in den Organisationen dieser Gesellschaft findet man Kategorien von Mitgliedern, die sehr viel mehr Interaktion mit Nichtmitgliedern als mit Mitgliedern der Organisation unterhalten, ohne daß die Systemgrenzen der Organisation dadurch verunklärt würden. Nicht einmal Familien können sich noch als Interaktionskonzentrate verstehen, wenn nicht nur der Mann, sondern auch die Frau und auch die schulpflichtigen Kindern dauernd an Interaktionen außerhalb der Familie beteiligt sind.

stembegriff als Interpretationshilfe hinzuzieht und die Frage stellt, wie sich soziale und nichtsoziale Prozesse auf System und Umwelt verteilen. Die Gesellschaft operiert in einer Umwelt, in der keine weitere Sozialität vorkommt. Sie schließt alle Kommunikationen und nur Kommunikationen ein. Für die Interaktion gilt das Gegenteil. Die Differenzierung von Interaktion und Gesellschaft bedeutet daher, daß der Begriff des sozialen Systems in entsprechend gedoppelter Ausführung vorliegt: mit und ohne Wiederholung der allgemeinen Merkmalen einer sozialen Ordnung auch in der Umwelt des Systems. Die Sonderstellung der Gesellschaft beruht darauf, daß nur an den Grenzen ihres Systems die Unterscheidung zwischen Sozialem und Nichtsozialem mit der Unterscheidung von System und Umwelt selbst gleichgesetzt werden kann. Nur die Gesellschaft kann ihre Umwelt vollständig desozialisieren. Die Interaktion dagegen hat immer eine nach sozialen und sonstigen Sachverhalten differenzierte Umwelt und kann ihre eigene Zugehörigkeit zur Gesellschaft entlang dieser Differenz artikulieren.

Dies ist für eine Theorie, die in der und für die moderne Weltgesellschaft geschrieben wird, leicht zu erkennen. Ebenso aber, daß es sich dabei um eine relativ späte Möglichkeit handelt, die sich ihrerseits der soziokulturellen Evolution verdankt. Segmentär differenzierte Gesellschaften hätten sich nicht in dieser Weise beschreiben können. In Gesellschaften dieses Typs, die sich von ihrer eigenen Interaktionsrealität noch kaum abheben lassen, schlägt vielmehr das für Interaktionen unausweichliche Schema der Umweltdifferenzierung auch auf die Selbstbeschreibung der Gesellschaft selbst durch. Diese Gesellschaften praktizieren eine Selbstbeschreibung, die noch keine Kontraktion des Sozialen auf den Bereich des Humanen (geschweige denn: des Kommunikativen) vorsieht.[22] Das heißt: *Nicht alle* Menschen und *nicht nur* Menschen gehören dazu und werden als Personen in Anspruch genommen. Einerseits sind keineswegs alle Menschen als mögliche Partner für Kommunikation und Interaktion anerkannt. Andererseits wird auch das Verhalten zu Toten, zu Tieren, zu Feld-

---

22 Siehe neuerdings auch Peter Fuchs, Die archaische Second-Order-Society: Paralipomena zur Konstruktion der Grenze der Gesellschaft, in: Soziale Systeme 2 (1996), S. 113-130.

früchten als Kommunikation beschrieben. Spätestens seit Thomas Luckmann findet dieser ethnologisch gut dokumentierte Umstand auch auf der Ebene der allgemeinen Sozialtheorie Beachtung.[23] In der hier verwendeten Sprache heißt dies, daß die Interaktionssysteme und das Gesellschaftssystem noch nicht ausreichend unterschieden werden können. Statt dessen gilt die Perspektive von Interaktionssystemen auch für die Gesellschaft selbst.

Die weitere Entwicklung im Verständnis der Unterscheidung von Interaktion und Gesellschaft kann sich auf den humanistischen Gesellschaftsbegriff der europäischen Tradition stützen, der mit der einen Ausnahme des kommunikativ erreichbaren Gottes keine außermenschliche Sozialität mehr akzeptiert. Erst unter diesen Umständen stellt sich die Frage, ob und wie Interaktion und Gesellschaft auch semantisch differenziert werden können. Erst von diesem Punkt an gibt es neben dem sozialstrukturellen Schicksal dieser Differenzierung auch ein semantisches Schicksal der entsprechenden Unterscheidung.

Stratifizierte Gesellschaften verwenden eine Differenzierungsform, in der mindestens die Unterschicht nicht mehr als Interaktionszusammenhang realisiert sein muß.[24] Daß alle Bauern einander kennen (oder auch nur wissen müßten, wie und durch wen eine solche Bekanntschaft herstellbar wäre), ist nicht zu erwarten. Damit entfallen für dieses »Teilsystem«[25] sowohl die Wachs-

---

23 Vgl. Thomas Luckmann, On the Boundaries of the Social World, in: Maurice Natanson (Hrsg.), Phenomenology and Social Reality: Essays in Memory of Alfred Schutz, Haag 1970, S. 73-100; Niklas Luhmann, Funktion der Religion, Frankfurt 1977, S. 95 f.

24 Man darf vermuten, daß dieses Wachstum der Unterschicht über mögliche Interaktionszusammenhänge hinaus zugleich auch den Einbau von Mitgliedern dieser Schicht in die Ordnung des Hauses erleichtert hat. Jedenfalls konnte man die schichtübergreifende Interaktion für politisch irrelevant halten. Das Nachfolgeparadigma für diese Schichten übergreifende Interaktionsordnung, nämlich die Fabrikorganisation des neunzehnten Jahrhunderts, sah mindestens in der Theorie die Einheit der daran beteiligten Unterschicht vor (nun aber als durch Organisation, nicht durch Interaktion hergestellt) und galt folglich für konfliktintensiv, für kryptopolitisch, für prärevolutionär.

25 Die Anführungszeichen sollen darauf aufmerksam machen, daß der an der modernen Gesellschaft abgelesene Befund einer gleichen oder nahezu gleichen »Systematizität« der Teilsysteme nicht beliebig zurückprojiziert werden kann. Wenn man Systemdifferenzierung nicht als planvolle Dekomposition des Ganzen in Teile, sondern als Wiederholung der Differenzierung von System und Umwelt innerhalb des Systems selbst begreift, kann man ohne Zusammenstoß

tumsbeschränkungen, die sich daraus ergeben würden, als auch die funktionalen Äquivalente für Wachstumsbeschränkungen, auf die man zurückgreifen kann, wenn Wachstum trotzdem stattfindet und kompensiert werden muß: weder die räumliche Verdichtung der Unterschichtenmitglieder noch ihre weiträumige Mobilität noch das ihr entsprechende Kontaktnetz sind zwingend erforderlich. Schon damit wird es unmöglich, die Gesellschaft selbst als Interaktionszusammenhang zu praktizieren, wie immer »interaktionistisch« die Selbstbeschreibung dieser Gesellschaften auch ausfallen mag.[26] Die Gleichschaltung von Teilsystemen mit Interaktionszusammenhängen kann vielmehr auf die Oberschicht dieser Gesellschaften eingeschränkt werden. Und nur hier finden sich denn auch zahlreiche Hinweise, die sowohl Wachstumsschranken als auch räumliche Verdichtungen als auch Reisezwänge belegen.

Für die moderne Gesellschaft schließlich ist beides ausgeschlossen: weder läßt sie sich selbst als Interaktionszusammenhang verstehen, noch liegen ihre Teilsysteme in dieser Form vor. Die Teilsysteme für primär wirtschaftliche, primär wissenschaftliche, primär politische Kommunikation sind globalisiert und erreichen eine Größenordnung, die den Mechanismus der Integration durch Interaktion definitiv überfordert.[27]

mit den eigenen Begriffen so formulieren: Denn dieser Sachverhalt kann auch dann realisiert sein, wenn *nur ein einziges Teilsystem* gebildet wird und wenn also das, was für dieses System innergesellschaftliche Umwelt ist, sich nicht selber als Teilsystem organisiert. So können sich nach einem Vorschlag von Niklas Luhmann in den Familien zwar die Ehegatten, aber nicht mit gleicher Selbstverständlichkeit auch die Kinder als Subsystem der Familie absondern. Siehe dazu Sozialsystem Familie, in: ders., Soziologische Aufklärung 5: Konstruktivistische Perspektiven, Opladen 1990, S. 196-218.

26 Wir müssen hier wie auch sonst zwischen der für uns möglichen Sicht der Dinge und dem unterscheiden, was für die Zeitgenossen einer vergangenen Gegenwart plausibel gewesen wäre. Innerhalb der Systemtheorie tritt diese Unterscheidung an die Stelle der alten Streitfrage, ob die in der modernen Gesellschaft entwickelten Begriffe älteren Gesellschaftsformationen gerecht werden können. Sie können es nicht, wenn dies heißen soll, daß diese Begriffe von jenen Gesellschaften auch zur Selbstbeschreibung hätten benutzt werden können.

27 Daß speziell die politische Theorie sich darauf immer noch nicht eingestellt hat und an den Modellen einer sehr viel interaktionsnäher gebauten Gesellschaft festhält, ist die These von Laslett, Face to Face Society (a. a. O.). Wir werden dieselbe Frage im Schlußkapitel und mit Bezug auf die Sozialsemantik der modernen Gesellschaft noch einmal aufgreifen.

Lediglich die Familien sind noch ganz unmittelbar als Interaktionszusammenhänge stabilisiert. Hier und nur hier kann Anwesenheit themenunspezifisch und auch ohne jeden besonderen Anlaß erwartet werden. Hier und nur hier trifft die Beweislast den, der gleichwohl Abwesenheit vorzieht. (Und wenn man anfängt, sich über die Anwesenheit der eigenen Kinder zu »freuen«, dann steht deren Übergang zu eigener Selbständigkeit und eigener Familienbildung bevor.) Aber dieser Interaktionszusammenhang trägt nun keine weiteren Funktionen außerhalb der Familie. Er vermittelt nicht mehr zugleich ökonomische Sicherheit, politischen Einfluß oder gar die Reproduktion der Schichtungsstrukturen von Generation zu Generation. Er wird jedenfalls nicht mehr primär unter solchen Gesichtspunkten legitimiert und kann daher aufgelöst werden, wenn die Familie als Familie schlecht »funktioniert«.[28]

Man kann leicht erkennen, daß an Interaktionen, die in solchen Zusammenhängen stehen, die typischen Merkmale dieses Systemtyps nicht frei verfügbar sind.[29] Umgekehrt gibt es spezifische Merkmale von Gesellschaftssystemen, die praktisch nur an der Interaktion realisiert werden können, solange die Form der Systemdifferenzierung zur Bildung von Interaktionszusammenhängen mit gesamtgesellschaftlicher Funktion zwingt.

Der Sonderfall der Familien steht hier zugleich als Beispiel für einen sehr viel allgemeineren Sachverhalt. Wenn Interaktionszusammenhänge nicht mehr aus Gründen der gesellschaftlichen Differenzierung benötigt werden, kann ihre Bildung und Erhaltung auch gesellschaftlich *dekonditioniert* werden. Erst damit treten die Schwierigkeiten hervor, die es bereitet, Interaktionen rein aus sich selbst heraus zu Dauer und Wiederholbarkeit anzu-

---

28 Siehe zu den Konsequenzen für das Scheidungsrecht Niklas Luhmann, Funktionale Methode und juristische Entscheidung, in: ders., Ausdifferenzierung des Rechts: Beiträge zur Rechtssoziologie und Rechtstheorie, Frankfurt 1981, S. 273-308 (305 f.).
29 Ideengeschichtlich entspricht dem der Umstand, daß erst nach dem Rückzug der gesellschaftlichen Unterstützung für solche Zusammenhänge und Kettenbildungen der Interaktionsbegriff ihnen gegenüber isoliert werden konnte. Sozialstrukturell entspricht dem der Befund, daß Interaktionszusammenhänge nun bevorzugt durch Organisation hergestellt werden – und schon damit auf unmittelbar gesellschaftliche Relevanz und Repräsentanz verzichten. Wir werden auf diese beiden Fragen noch ausführlich eingehen.

halten. Studenten mögen sich in der Interaktion darauf einigen, eine Gruppe zu bilden, die sich einmal pro Woche trifft, um über kompliziertere Texte zu diskutieren. Aber wie lange halten solche Gruppen? Wie lange halten sie es aus, daß dabei so gut wie zwangsläufig Unterschiede der Fähigkeit und der Vorbereitung erkennbar werden, die aber im Unterschied zur Seminarinteraktion mit dem Dozenten nicht mehr durch eine organisatorisch vorgegebene oder gesellschaftlich unterstützte Rollendifferenzierung erklärt werden können? Welche Möglichkeiten hat eine solche Gruppe, um sich gegen die stets drohende Auflösung ihrer Zusammenkünfte in gesellige Interaktion zu wehren?[30]

III.

Das Muster, nach dem der Stellenwert von Interaktionszusammenhängen sich beim Übergang zur stratifizierten Gesellschaft verändert hat, erweckt den Eindruck, daß Interaktionszusammenhänge ihrerseits zu den evolutionären Errungenschaften zu rechnen sind. Es hat den Anschein, als ließen sich weitere Entwicklungsschritte nur durch die zunehmend unwahrscheinliche Konditionierung von Interaktionszusammenhängen erreichen. Gerade das Beispiel der Oberschichteninteraktion deutet in diese Richtung.[31] Spätestens der Übergang zur modernen Gesellschaft weckt jedoch Zweifel an dieser Lesart von Evolution. Die spezifisch moderne Systematisierung funktionsspezifisch ausgerichteter Kommunikationen läßt sich nicht gut als Verdichtung von Interaktionszusammenhängen begreifen. Sie folgt einer eigenen Ordnung und kennt ein eigenes Maß ihrer Steigerbarkeit, das nicht mehr nach dem Paradigma der Kontaktverdichtung begriffen werden kann. Sicher schließen die zunehmend globalen Empfindlichkeiten des Finanzmarktes die Wirtschaft in neuartiger

---

30 Es sind übrigens Fragen dieser Art, die im hier gewählten Theorieansatz dazu führen, daß der Gruppenbegriff nicht gleichrangig neben Interaktion und Gesellschaft geführt werden kann.
31 Vgl. dazu Niklas Luhmann, Interaktion in Oberschichten: zur Transformation ihrer Semantik im 17. und 18. Jahrhundert, in: ders., Gesellschaftsstruktur und Semantik: Studien zur Wissenssoziologie der modernen Gesellschaft, Bd. 1, Frankfurt 1980, S. 72-162.

Weise zum System zusammen, so daß Differenzen zu anderen Systemen und speziell zur regional betriebenen Politik deutlicher registriert werden können. Aber was wären die Entsprechungen dieses *Steigerungs*vorganges auf der Interaktionsebene? Mehr Hektik an den Börsen? Aber setzt eben dies nicht den Computer voraus?

Selbstverständlich findet auch die moderne Gesellschaft in jedem ihrer Teilsysteme so etwas wie Entsprechungen auf der Interaktionsebene. Gesellschaftliche Differenzierung muß auch *in der Interaktion funktionieren*. Aber sie kann nicht mehr *als Interaktion gesteigert* werden. In der Tat werden, wie man sich mit Hilfe des Theorems der anderen Rollen klarmachen kann, die entsprechenden Interaktionen dabei gerade auf sich selbst isoliert und mit höherer Indifferenz gegen andere, gleichzeitig laufende Interaktionen durchgeführt. Um diesem Befund gerecht zu werden, muß man auch noch die zweite Klasse von evolutionären Errungenschaften berücksichtigen, nämlich die (Sprache ergänzenden) Verbreitungsmedien. Verbreitungsmedien sind schon von sich aus auf eine Steigerung von Gesellschaft angelegt, die nicht mehr als Steigerung von Interaktion interpretiert werden kann.[32]

Änderungen in der Zusammensetzung des kulturell verfügbaren Repertoires von Verbreitungsmedien ermöglichen *interaktionsfreie Kommunikation* und führen langfristig zu einer Zunahme des relativen Gewichts, das dieser Kommunikationsweise im Verhältnis zur nach wie vor an Interaktion gebundenen Alltagskommunikation der Gesellschaft zukommt. So entsteht, um nur ein Beispiel herauszugreifen, in der modernen Gesellschaft ein Funktionssystem der Massenmedien, das in seiner Autopoiesis (nicht natürlich: in den organisatorisch geordneten Arbeitsvollzügen, die dazu erforderlich sind) vollständig *ohne Interaktion* abläuft.[33] Aber schon unterhalb dieser Schwelle, schon bei der Erfindung von Schrift zum Beispiel, treten erhebliche Änderungen ein.

---

32 »Ich schreibe ein Buch, von dem ich hoffe, daß Hunderttausende es lesen werden, und aus diesem Grunde – muß ich mich von allen isolieren«, liest man dazu bei Walter J. Ong, Orality and Literacy: The Technologizing of the Word, London 1982, dtsch. Übersetzung Opladen 1987, S. 103.
33 Siehe dazu Niklas Luhmann, Die Realität der Massenmedien, 2., erweiterte Auflage, Opladen 1996.

Die gegenwärtige Faszination durch die Computer und durch die mit ihrer Hilfe durchzuführende Kommunikation läßt im Rückblick auch die anderen, auch die älteren Verbreitungsmedien in den Blick treten. Über die epochemachende Bedeutung von Verbreitungsmedien wie Schrift, Buchdruck und Telekommunikation ist in den vergangenen Jahrzehnten ausgiebig und mit beträchtlichem Erkenntnisgewinn diskutiert worden.[34] Die Gewohnheit, ganze Phasen der soziokulturellen Evolution durch die jeweils avanciertesten Verbreitungsmedien zu charakterisieren, hat zugenommen. Die Federführung liegt bei Historikern und »Medientheoretikern«.[35] Die Soziologie hat sich daran bisher kaum beteiligt.[36] Diese Zurückhaltung scheint mit der Präferenz des Faches für den Elementbegriff Handlung zusammenzuhängen. Geht man in diesem Sinne von Handlungen aus, dann fügt die Evolution der Verbreitungsmedien nur eine Gruppe neuartiger Typenprogramme für Handlungen hinzu. Man kann dann beispielsweise nicht nur graben, Töpfe verzieren und heiraten, sondern auch lesen und schreiben. So richtig dies ist, so wenig wird es dem schon vorliegenden Wissen über das jeweils *Epochemachende*[37] der Verbreitungsmedien gerecht.

In der Theorie sozialer Systeme, die heute dabei ist, alle soziologischen Grundbegriffe von Handlung auf Kommunikation umzuschreiben,[38] drängt das Thema der Verbreitungsmedien sich geradezu auf. »Linguistisch« gesprochen liegen die dadurch ausgelösten Änderungen nicht auf der Ebene der Semantik, sie liegen auf der Ebene der Syntax von Kommunikation. Der evolu-

---

34 Vgl. dazu Goody/Watt, a.a.O.; Jack Goody, The Logic of Writing and the Organization of Society, Cambridge 1986, dtsch. Übersetzung Frankfurt 1990; Walter J. Ong, a.a.O.
35 Siehe für einen Rückblick auf die Gründungstexte dieser Tradition, der vor allem den Übergang vom Grundbegriff der Kommunikation zum Grundbegriff der Wahrnehmung herausarbeitet und damit zugleich den Punkt trifft, an dem das soziologische Interesse nachzulassen beginnt, James W. Carey, Harold Innis and Marshall McLuhan, in: The Antioch Review 27 (1967).
36 Siehe aber beispielsweise David Riesman, The Oral Tradition, the Written Word and the Screen Image, Yellow Springs Ohio 1956, dtsch. Übersetzung in: ders., Wohlstand wofür?, Frankfurt 1966, S. 377-411.
37 Diese Formulierung ist ein Provisorium, da die Evolutionstheorie den Begriff der Epochenschwelle ja ihrerseits problematisiert.
38 Siehe dazu auch Peter Fuchs, Die Umschrift, Frankfurt 1995.

tionäre Stellenwert dieser aufeinander aufbauenden Erfindungen der Schrift, des Buchdrucks und schließlich der Telekommunikation ist weit davon entfernt, ein schon vorhandenes Repertoire (von was auch immer) lediglich zu *ergänzen*. So mögen es die Zeitgenossen dieser Umbrüche gesehen haben, und diese Sicht mag die Einführung des Neuen erleichtert haben, indem sie es erlaubte, seinen Gehalt an Altheit in folgenreicher Weise zu überschätzen. Von heute aus gesehen sind solche Deutungen jedoch unzureichend. Es handelt sich um Selbstbeschreibungen, die ihrerseits historisch geworden sind. Der evolutionäre Stellenwert betrifft offensichtlich Begriff und operative Realität der Kommunikation selbst. Er verändert zum Beispiel das, was die Zeitdimension und die Sozialdimension von Sinn füreinander bedeuten können, und schlägt eben damit auch in die Sachdimension durch: Erst seit es Schrift gibt, hat man gesagt, kann man *über Sachen* kommunizieren in der Unterstellung, daß sie nicht in Abhängigkeit von der Kommunikation selbst variieren,[39] so daß die Unterscheidung von Konsens und Dissens einen spezifisch sozialen Sinn annehmen kann. Auch verändert sich mit den Verbreitungsmedien die soziale Konstruktion der Realität: Erst seit es Buchdruck gibt, kann man die soziale Konstruktion der Realität *als solche* bezeichnen.[40] Schließlich verstärken sie die Differenzierung von Interaktion und Gesellschaft.[41] Vor allem dieser letzte Aspekt ist hier zu betonen. (Wir beschränken uns dabei auf die besser dokumentierten und schon länger in Gebrauch befindlichen Fälle von Schrift und Buchdruck.)

Es fällt uns Heutigen schwer, uns in die Lage schriftloser Gesellschaften zurückzuversetzen. Schon daß wir sie als Gesellschaften *ohne* Schrift kennzeichnen, bringt diese Verlegenheit zum Ausdruck. Denn das sind sie ja nur für uns und nicht für sich selbst.

---

39 Siehe dazu die These der Schriftabhängigkeit des Entstehens der Philosophie bei Eric A. Havelock, A Preface to Plato, Cambridge Mass. 1963; ders., The Literate Revolution in Greece and its Cultural Consequences, Princeton N.J. 1982.
40 Spätestens die Phänomenologie Husserls tut diesen Schritt.
41 Vgl. den als Außenseiterbeitrag lancierten, dann aber sehr erfolgreichen Text von Joshua Meyrowitz, No Sense of Place: The Impact of Electronic Media on Social Behavior (1985), dtsch. Übersetzung: Die Fernsehgesellschaft, Weinheim 1987/1990; ders., Media Theory, in: David Crowley/David Mitchell (Hrsg.), Communication Theory Today, Cambridge 1994, S. 50-78.

Erfaßt man sie nicht im Zeithorizont der gegenwärtigen Vergangenheit, sondern in dem der vergangenen Gegenwart, wird dies klarer. Schriftlose Gesellschaften konnten nicht »noch nicht schreiben«. Das Fehlen von Schrift ist hier noch kein Mangel, sondern alternativenlose Faktizität. Kommunikation *ist* (nicht: wird unter anderem praktiziert als) Interaktion. Interaktion *ist* (nicht: wird hier und da bevorzugt für Zwecke der) Kommunikation. Man kann durch Kommunikation nur Anwesende erreichen. Diese können es später weitersagen, aber auch dies wiederum nur unter den dann Anwesenden. Man kann diesen gleichsam naturwüchsigen Diffusionsprozeß zu kontrollieren versuchen, und einen Anlaß dafür bieten solche Kommunikationen, die innergesellschaftliche Systemgrenzen überschreiten. Man kann an diesen Grenzen die Geheimhaltung forcieren und kann dann auch entscheiden, was gleichwohl für Diffusion freigegeben wird und wen es erreichen soll. Man kann Boten schicken, aber nur in die Interaktion mit dem Adressaten der Botschaft.[42] Kurz: Kommunikation muß immer auch als Interaktion gelingen, und damit beschränken die Merkmale dieses Systemtyps auch das, was als Kommunikation vorkommen und beobachtet werden kann.

Unter diesen Umständen lassen sich die kommunikationstypischen Differenzen nicht sehr weit entwickeln. Selbstverständlich kann man die Information schon von ihrer Mitteilung und beides vom Verstehen genau dieser Differenz unterscheiden. Anders wäre Kommunikation gar nicht möglich gewesen. Aber die Interaktion hält das Unterschiedene immer auch in relativ konkreter Weise zusammen, und dies gilt auch und erst recht für die daran anschließende Unterscheidung zwischen Annahme und Ablehnung der Kommunikation. Das Verstehen der Mitteilung

---

42 Die Institution des Boten bedürfte genauerer Analyse. Sie hat vermutlich vor allem mit Bezug auf die *Kollektivierung des Handlungssinnes* eine Art von Überleitungsrolle gespielt. Der Bote ist nicht der Autor der Botschaft, er bringt sie nur an den Mann. Die Person, durch welche die Zumutung bekannt wird, ist nicht zugleich die Adresse für Proteste. Folglich muß man darauf verzichten, den Zumutungsgehalt der Kommunikation auf den zuzurechnen, an dem er interaktionsphänomenologisch erscheint. Die sprichwörtlichen Schwierigkeiten, die das bereitet, lassen die Unwahrscheinlichkeit dieser Zurechnungsregel noch deutlich erkennen. Sie mußte gegen jede Interaktionsplausibilität etabliert werden.

kann zum Beispiel nicht endlos hinausgezögert werden, ohne daß die Fortsetzbarkeit der Interaktion selbst zum Problem wird, und folglich hat man nur wenig Möglichkeiten, durch ein solches Hinauszögern auch die Entscheidung über Annahme und Ablehnung der Kommunikation hinauszuzögern. Dieser eigentümliche Zeitdruck wirkt seinerseits restriktiv auf die für Kommunikation zugänglichen Sachverhältnisse, die nicht sehr komplex werden können.

Generell ist Ablehnung in der Interaktion schwierig, denn nachdem andere sich schon auf eine Annahmeerwartung festgelegt haben, ist nicht mit einem Ja zum Nein, sondern mit einem Nein zum Nein und also nicht mit Nachgiebigkeit, sondern mit Konflikt zu rechnen. Man wird Ablehnung daher nicht wagen oder nicht durchhalten, ohne sich zuvor nach dafür bestehender Rückendeckung in anderen Rollen umgesehen zu haben. Das aber bedeutet, daß der Konfliktmechanismus von der Gesellschaftsstruktur, die über jene anderen Rollen disponiert, nicht sehr weit abgelöst werden kann und daher eher strukturkonservativ als dynamisch wirkt.

Man kann vermuten, daß die Differenz zwischen Verstehen und Annahme bzw. Ablehnung der Kommunikation dabei nicht in vollem Umfange genutzt wird. Was überhaupt verstanden werden kann, das hat eben damit die Vermutung der Akzeptanz für sich. Im Bereich des Vertrauten lassen sich der verstehbare und der zu akzeptierende Sinn nicht trennen. Auch die Differenzierung von Sachdimension und Sozialdimension fällt unter diesen Bedingungen schwer. Konsens und Dissens können nicht oberhalb einer Sachdimension spielen, die Identifikationen vorgibt, von denen man annehmen muß, daß sie dabei erhalten bleiben.[43]

43 Siehe dazu die Kritik an den Konsenspräferenzen im Begriff der Intersubjektivität bei Niklas Luhmann, Intersubjektivität oder Kommunikation? Unterschiedliche Ausgangspunkte soziologischer Theoriebildung, in: ders., Soziologische Aufklärung 6: Die Soziologie und der Mensch, Opladen 1995, S. 169-189 (173): »Übereinstimmung ist sowohl für Konsens wie für Dissens erforderlich. Es muß deshalb eine Welt identischer Gegenstände vorausgesetzt sein. Könnte sich die Betonpiste des Flughafens in einen Gemüsegarten verwandeln oder das radioaktive Wasser in Eau de Cologne, wäre es um Konsens wie um Dissens geschehen.« Die Evolution läuft denn auch nicht in Richtung auf Totalisierung, sondern in Richtung auf Universalisierung und Spezifikation der Sozialdimension. Sie ist dann zwar in *allem Sinn* impliziert, aber nur als *eine* Dimension

Vielmehr verliert, was bestritten wird, eben damit an Realität für die Kommunikation. Der Konflikt ist dann nicht ein spezifisch soziales Ereignis. Er wird vielmehr unmittelbar weltwirksam und läßt sich in seinem Gehalt an Irritation schwer begrenzen.

Lesen und Schreiben nehmen die Aufmerksamkeit der daran beteiligten psychischen Systeme in Anspruch. Sie setzen, wie jegliche Kommunikation, strukturelle Kopplung an Bewußtsein voraus und sind folglich mit anderen Anforderungen dieses Typs nicht oder jedenfalls *nicht gleichzeitig* kompatibel zu machen.[44] Daher wirken sie faktisch als *Interaktionsunterbrecher.*[45] Sie legen den Verzicht auf Teilnahme an gleichzeitig laufender Interaktion mindestens nahe und können ihn bei höheren Ansprüchen

---

neben anderen. Fragen der Weltkonstitution müssen dann auch *andere* Sinndimensionen miteinbeziehen.

44 Wer sich auf zu lesende (oder gar: auf zu schreibende) Texte konzentrieren will, muß sich daher entweder aus dem Bereich der Wahrnehmbarkeit zurückziehen oder eine institutionelle Erlaubnis in Anspruch nehmen, die von der Unhöflichkeit ablenkt, die man ihm andernfalls vorwerfen könnte. Die Verfügbarkeit und die Reichweite solcher Erlaubnisse divergieren von Interaktionskontext zu Interaktionskontext. In Bibliotheken zum Beispiel kann erwartet werden, daß jede Interaktion in Hörweite der Leser nach Möglichkeit unterbleibt oder doch wenigstens mit gedämpfter Stimme durchgeführt werden muß. Im Zugabteil reicht ein aufgeschlagenes Buch, um zu signalisieren, daß man keinerlei eigene Beteiligung an Interaktion wünscht, auch wenn kein formulierbarer Anspruch besteht, daß die anderen auf Interaktion miteinander verzichten. In Schulstunden wiederum würde auch eine noch so tiefe Versenkung in die unter der Schulbank gelesenen Texte keinen wirksamen Schutz davor bieten, zur Kommunikation herangezogen zu werden (mit der Folge, daß es zu dieser Versenkung normalerweise gar nicht erst kommt). Ob das isolierte Zeitunglesen im Interaktionssystem des gemeinsamen Frühstücks der Eheleute akzeptabel ist oder nicht, kann offenbar nicht ein für allemal beantwortet werden, sondern bleibt ebenso wie der Schutzwert, den es hat, wenn man sich angesichts fehlender Themen oder angesichts bevorstehender Konflikte hinter einer Zeitung versteckt, als Gegenstand möglicher Verhandlung erhalten. Vollends schutzlos scheint hier freilich derjenige zu sein, der sowohl auf Zeitunglesen als auch auf Interaktion zu verzichten gedenkt. Siehe speziell dazu Loriot, Feierabend, in: ders., Menschen, Tiere, Katastrophen, Stuttgart 1992, S. 42-46.
45 Daß dies auch und erst recht für Telekommunikation gilt, wird häufig betont. Siehe nur Tom Burns, Public Service and Private World, in: Paul Halmos (Hrsg.), The Sociology of Mass Media (The Sociological Review Monographs 13), Keele Staffordshire 1969, S. 53-74 (68 ff.); siehe auch im selben Band S. 75-85: Denis McQuail, Uncertainty about the Audience.

geradezu erzwingen.[46] Schon damit durchlöchern sie die interaktionsdicht gewobene Alltagswelt der alten Gesellschaften.[47] Ein soziales und dann möglicherweise sogar gesellschaftlich folgenreiches Handeln wird ermöglicht, das aber gleichwohl nicht in der gleichzeitig laufenden Interaktion untergebracht oder von ihr aus kontrolliert werden kann.

Auch und gerade der Wahrnehmung drängt sich diese Differenz auf. Während das gesprochene Wort die Situation füllt und auch auf der Ebene der Wahrnehmung von Wahrnehmungen funktioniert, so daß wenig umstritten sein kann, was jeweils gesagt wurde, kann man normalerweise nicht sehen (außer natürlich: vor Schultafeln und ähnlichen Einrichtungen), was ein anderer liest oder schreibt. Man muß es sich mitteilen lassen.[48] Damit entfallen auch die über Wahrnehmung von Wahrnehmung laufenden Sicherheitsgarantien und Kontrollmöglichkeiten. Selbst wenn sie in Sichtweite bleiben, sind Lesende und Schreibende in ganz anderer Weise so etwas wie Zentren der sozialen Intransparenz (und damit Kristallisationspunkte für mögliches Mißtrauen), als wenn sie statt dessen einen Büffel jagen oder einen Strumpf stopfen würden. Daß der Auftritt solcher Figuren sogleich Vertrauen eingeflößt habe, ist demnach kaum zu erwarten. Den Eindruck des Friedfertigen, der für uns von den Bildern eines in seine Lektüre versunkenen Lesers ausgeht, wird jene Gesellschaft schwerlich geteilt haben, die schon durch bloßes Schweigen von Anwesenden (das doch immerhin ohne Unaufmerksamkeit gegen die anderen möglich war) nachhaltig irritiert wurde.

Was durch Schrift erreicht werden kann, ist zunächst eine zeitliche und räumliche Entkopplung von Mitteilung und Verstehen. Die raumzeitliche Nähe von Sender und Empfänger, ohne die es Interaktion nicht gäbe, entfällt. Damit wird innerhalb der einzelnen Operation mehr Differenz möglich. Die Kommunikation wird, wenn man so sagen kann, differenter organisiert. Der

---

46 Umgekehrt kann man, wenn es Schrift gibt, durch Interaktion andere Kommunikation unterbrechen (und nicht nur: einsames Handeln).
47 Die in den Familien hartnäckig reproduzierten Bedenken gegen das zu ausgiebige Lesen der Kinder (es schadet den Augen etc.) lassen noch heute etwas von diesen Schwierigkeiten erkennen.
48 Aber würde es sich, wenn mitgeteilt, überhaupt als Thema für Interaktion eignen?

Adressat ist abwesend, und die Mitteilung kann sich daher nicht mehr direkt an seiner Interessenlage und an seinem Kenntnisstand orientieren. Sie kann ihm einerseits nicht nach dem Munde reden,[49] wird aber andererseits auch nicht mehr sofort gestoppt, wenn sie zu weit geht. So wird gewagtere Kommunikation ermöglicht, die neuartige Überzeugungsmittel benötigt, die nun nicht mehr der Situation selbst entnommen, sondern in den Text hineinorganisiert werden müssen.

Umgekehrt findet sich der Adressat aus den Annahmepressionen der Interaktion entlassen. In Interaktionen hat man für Ablehnung nur wenig Zeit.[50] Der Protest überzeugt nur, wenn er sofort kommt. Wurde der Augenblick dafür versäumt, kommt man von eigener Mitwirkung an der dementsprechenden Sinnverdichtung nur noch unter Opfern an eigener, schon dargestellter Iden-

---

49 Es gehört zur Rhetorik der Maximenliteratur, daß der Text sich selbst als unabhängig von diesen Gefahren beschreibt, um auf diese Weise das Vertrauen des Lesers zu gewinnen. Das Motiv gehört in den semantischen Komplex der Schmeichelei und kann sich außerdem auf die Vorstellung einer exemplarischen Geschichte sowie auf den nur in diesem Zusammenhang sinnvollen Ratschlag stützen: von den Toten lernen! Siehe etwa Francis Bacon, Of Counsel, in: ders., Essays, dtsch. Übersetzung Stuttgart 1970, S. 68-74 (72 f.): »Bücher reden ohne Umschweife, wo Ratgeber Ausflüchte machen.« Siehe für weitere Belege auch Manfred Beetz, Frühmoderne Höflichkeit: Komplimentierkunst und Gesellschaftsrituale im altdeutschen Sprachraum, Stuttgart 1990, S. 176. Deutliche Spuren von Skepsis gegenüber diesem Motiv findet man in der ausführlichen Behandlung des Buchdrucks durch Christian Garve, Über Gesellschaft und Einsamkeit, 3 Bde., Breslau 1797/1800, zitiert nach dem einbändigen Nachdruck (hrsg. von Kurt Wölfel), Hildesheim 1985, S. 32: Wer Reisen in ferne Länder plane und sich über die dabei bevorstehenden Risiken und Gefahren informieren wolle, halte sich besser an die in der Interaktion präsenten als an die gedruckten Ratgeber, da diese es zu sehr darauf anlegten, dem Leser zu gefallen (und wohl auch: für bestimmte Reiseziele zu werben).

50 Zahlreiche Techniken der Entwaffnung möglicher Gegner hatten auf diesen Zeitdruck spekuliert. Ein prominentes Beispiel dafür ist die Eristik als Lehre von den Trugschlüssen, die aber gleichwohl funktionieren, weil die Interaktionszeit nicht ausreicht, um den Trug zu durchschauen und zu korrigieren. Das letzte Zeugnis dieser Kunst findet sich (mit der seit langem üblichen Rechtfertigung solcher Tricks durch den Hinweis, auch der Gegner verwende sie) bei Arthur Schopenhauer. Im Rückblick auf die Geschichte dieser Technik gewinnt man den Eindruck, daß die Logik für Leser erfunden wurde und in der Interaktion nur mit beträchtlichen Abstrichen zu funktionieren scheint. Häufig weckt es denn auch eher das Mißtrauen der Anwesenden, wenn man durch zerreißfeste Schlußketten zu beeindrucken sucht.

tität wieder los.⁵¹ Typisch muß denn auch, wer verspätet protestieren will, außerdem auch noch erklären können, warum er das nicht eher gesagt hat. Häufig wird er warten müssen, bis ihm *die Interaktion selbst* eine Gelegenheit bietet, sich von schon mitgetragenen Positionen zu distanzieren, ohne daß es zu Fragen an seine Zuverlässigkeit und kommunikative Vertrauenswürdigkeit kommt. Dagegen kann, wer einen Text vor sich hat, mehrmals lesen und dann erst entscheiden, ob er mit Zustimmung oder mit Ablehnung reagieren will.⁵²

Zugleich gewinnt das ausgeschlossene Dritte dieser Unterscheidung von Annahme und Ablehnung mit der Gewöhnung an Schrift an Bedeutung. Man kann angesichts des Textes auch indifferent sein – und bleiben wollen. Das Interesse an der Kommunikation, das in der Interaktion mindestens simuliert werden muß, kann nun nicht mehr vorausgesetzt werden, und der romantische Begriff des *Interessanten* scheint seine Karriere (bei Schlegel, bei Kierkegaard) gerade dem Umstand zu verdanken, daß spätestens der Buchdruck die Reflexion darauf erzwingt, indem er ein weithin sichtbares Überangebot an Texten erzeugt.⁵³

Schrift kompliziert die Zeitverhältnisse. Die für Interaktion unausweichliche Annahme der Gleichzeitigkeit von Sendung und Empfang der Kommunikation wird aufgegeben. Der Empfang der Kommunikation findet zu einem späteren Zeitpunkt statt, und der Empfänger kann sich gegebenenfalls klarmachen, daß für den Absender noch Zukunft war, was für ihn selbst schon Vergangenheit ist. Das ist zwar noch nicht eine voll reflexive Zeitunterscheidung,⁵⁴ die sich vergangene und zukünftige Ge-

---

51 Siehe dazu für den Sonderfall von Gerichtsverfahren Luhmann, Legitimation durch Verfahren (a. a. O.).
52 Im Anschluß an den Buchdruck ist dies häufig betont worden. So hebt Garve, a. a. O., S. 79 f. hervor, daß man einem Buch über Hunderte von Seiten hinweg folgen könne, »ohne ein einziges mahl, über die Sachen, wovon die Rede ist, zu urtheilen. Aber ein Gespräch kann nicht lange bestehen, wenn nicht jeder, nachdem er die Begriffe und Meinungen anderer angehört hat, zu erkennen giebt, daß auch er über den Gegenstand etwas gedacht habe.«
53 Für die Karriere dieses Begriffs in der ästhetischen Theorie interessiert sich Niels Werber. Siehe mit daran anschließenden Überlegungen zur Codierung des Kunstsystems ders., Nur Kunst ist Kunst, in: Soziale Systeme 2 (1996), S. 166-177.
54 Siehe dazu Luhmann, Soziale Systeme (a. a. O.), S. 131.

genwarten mit Vergangenheits- und Zukunftshorizonten vorstellen kann, die jeweils nur für diese Gegenwart konstituiert sind und mit ihr sich ändern, aber ohne Schrift wäre man auf diesen Gedanken vermutlich niemals gekommen. Außerdem macht wohl erst die Schrift darauf aufmerksam, daß man Kommunikation verstehen kann, auch wenn man den Absender als psychisches System nicht verstehen kann. Das war zwar noch nie anders (und zwar auch deshalb nicht, weil psychische Systeme ja erst allmählich zu Bezugspunkten für eigene Verstehensinteressen individualisiert werden), aber in der Interaktion besteht zunächst kein Anlaß, in dieser Weise zu unterscheiden. Hier kann man, wenn man die Kommunikation nicht versteht, immer auch noch die Beobachtung ihres Absenders einsetzen und umgekehrt.[55] Die Differenz zwischen Wahrnehmung und Kommunikation verhindert, daß beides miteinander verschmilzt oder umgekehrt bis zur Beziehungslosigkeit auseinandertritt. Die Schrift dagegen forciert genau diese Differenz zwischen themenbezogenem und psychologisierendem Verstehen. Sie wendet sich an Adressaten, die den Absender nicht kennen und daher auch Personenkenntnis als Verständnishilfe nicht einsetzen können. Der Schlüssel zum Verständnis des Textes liegt nicht in Personenkenntnis, sondern in anderen Texten, für die wiederum dasselbe gilt. Er liegt, wie man das heute auch nennen könnte, in der Intertextualität – und damit in der Rekursivität der Kommunikation selbst. Schrift setzt eine *psychisch dekonditionierte* Kommunikationsweise frei und läßt damit den Gegenfall einer auch »psychologisch« anspruchsvollen und darin dann wieder (von der Liebe bis zur Therapie) durchaus interaktionsabhängigen Kommunikationsweise um so deutlicher hervortreten. Zusammen mit dem Buchdruck entsteht dann freilich die Mode, Biographien »großer Männer« (und anderer Zurechnungsartefakte) zu schreiben und intime Schleichwege zum Werk anzubieten, die ausgewählte Psychoplausibilitäten an die Stelle des Textstudiums setzen. Aber das gehört dann schon in die Geschichte der Massenmedien und ihrer Bemühungen um Popularisierung

---

[55] Siehe dazu mit guten Beispielen für Personenbeobachtung als Interpretationshilfe für Rollenverhalten Niklas Luhmann, Systeme verstehen Systeme, in: ders./Karl Eberhard Schorr (Hrsg.), Zwischen Intransparenz und Verstehen: Fragen an die Pädagogik, Frankfurt 1986, S. 72-118.

und Inklusion. Wer den Text verstanden hat oder auch nur verstehen will, dem hat die Biographie seines Autors wenig zu bieten.[56]

Sicher gibt es zwischen mündlicher und schriftlicher Kommunikation zahlreiche *Zwischenformen*. Lange Zeit ist das Lesen primär als Vorlesen praktiziert worden (so wie umgekehrt die Reproduktion der dafür benötigten Aufzeichnungen selbst als Diktat), und die relative Seltenheit von Texten bot dazu den Anlaß. Aber spätestens seit dem Buchdruck gewinnt der Rückzug aus den Interaktionen in die Lektüren ein *strukturelles* Gewicht.[57]

Um dies zu verstehen, muß man sich klarmachen, daß die klassischen Reaktionen auf den Interaktionsunterbrecher Schrift noch sehr stark auf Interaktion zurückgreifen konnten, um die Differenz zwischen mündlicher und schriftlicher Kommunikation klein zu halten. Der Ausbettung des Lesers aus der gerade laufenden Interaktion, die durch Schrift erzeugt und erzwungen wurde, entsprach seine Wiedereinbettung durch die daran anschließende Interaktion und durch die Sicherheit, mit der dies erwartbar war. Die Kontrollen waren noch ganz nach dem Muster der Rücksicht auf andere eigene Rollen gearbeitet. Weder daß man las, noch was man las, vollzog sich außerhalb dessen, was durch (wie immer ungleichzeitige) Interaktion kontrollierbar war.

Nach dem Buchdruck dagegen läuft nicht mehr nur die Lektüre selbst, sondern in zunehmendem Umfange auch die *Auswahl der*

---

56 Handelt es sich bei den Autoren um Wissenschaftler, gilt dies um so mehr, weil ja die im Wahrheitsmedium vorgesehene Zurechnung auf Erleben den Zusammenhang zwischen Erleben und Handeln des Meisters unterbricht. Man kann sich darüber hinwegsetzen, indem man den Wissenschaftler zum Intellektuellen erklärt, denn von Intellektuellen kann offenbar erwartet werden, daß sie Motive auch noch für eigenes Erleben angeben können.

57 Siehe dazu nochmals Garve, a. a. O., S. 47 ff., der das historisch Neue am Buchdruck in der *thematischen Universalität* sowie in einem Stil der Behandlung sieht, der mögliche Inklusion nicht mehr auf Gelehrte beschränkt. Erst seither falle die Wahl zwischen mündlicher und schriftlicher Kommunikation nicht mehr mit der Themenwahl zusammen, sondern lasse sich unabhängig von ihr rationalisieren. Siehe zu den auch bei Garve sichtbaren Konsequenzen für die Aufwertung und Säkularisierung von Einsamkeit als Verzicht auf Interaktion (aber eben nicht: auf Gesellschaft) auch die auf Erfahrung mit Briefwechseln bezogenen Hinweise bei Monique Vigouroux, Le thème de la retraite et de la solitude chez quelques épistoliers du XVIIe siècle, Paris 1972.

Texte so gut wie ohne Interaktionskontrollen ab. Man wählt, man zahlt, man geht. Das eigene Kontaktnetz ist nun nicht mehr der einzige Zubringer zum Text. Folglich muß, wer dies nicht ausdrücklich wünscht, sich auf Lektüren auch nicht mehr ansprechen lassen.[58] Das Lesen muß dann nicht mehr in vollem Umfange mit Seitenblicken auf weitere Interaktion praktiziert werden, in der das Gelesenhaben zum Thema werden oder gar unterstellbar sein könnte.[59] Es kann auch ohne jede entsprechende Interaktion intensiviert werden mit der Folge, daß es in der Interaktion schwerfällt und schließlich unmöglich wird, hier noch präzise Erwartungen zu bilden. Man kann sich zum Beispiel bekanntermaßen schwierige Texte besorgen, ohne die Publizität des eigenen Interesses und gegebenenfalls auch: des eigenen Scheiterns an ihnen fürchten zu müssen.[60] Die Erziehung mag mit Kanonbildung, mit Curriculumsplanung und schließlich (und mit kaum noch verborgener Resignation) mit »Medienpädagogik« dagegen angehen, aber der geheime Lehrplan der Bibliotheken und der Buchhandlungen, der Zeitschriftenkioske und elterlichen Bibliotheken läßt sich auf diese Art schon nicht mehr unter Kontrolle bringen. Und es gehört mit zu dem, was man nun *Öffentlichkeit* nennt, daß man nicht nur das Nichtgelesenhaben der legitimen, sondern auch das Gelesenhaben der illegitimen Texte geheimhalten kann. Wer was gelesen hat, wird dadurch im Prinzip unkontrollierbar und verliert den Einfluß auf die Erwartungsbildung in der Interaktion. Sicher gibt es nach wie vor rollenspezifische Pflichtlektüren und in diesem Rahmen

---

58 Auf Territorien, wo die politische Zensur an der Tagesordnung und die Pressefreiheit nahezu abgeschafft ist, werden die davon betroffenen Texte dagegen primär durch Interaktion weitergereicht. So entstehen wie von selbst jene Interaktionszusammenhänge für abweichende Meinungsbildung, die beim Zusammenbruch dieser Staaten dann stets schon bereitstehen und also nicht erst noch aus dem Boden gestampft werden müssen.
59 Daß es auch dies noch gibt, geht schon daraus hervor, daß viele Bücher mehr Leser als Käufer finden, also verliehen werden. Siehe auch Michael Schenk, Soziale Netzwerke und Massenkommunikation: Untersuchungen zum Einfluß der persönlichen Kommunikation, Tübingen 1995. Viel häufiger ist aber der Fall, daß ein Buch mehr Käufer als Leser findet, so daß nicht einmal sein Vorhandensein im Bücherschrank ausreicht, um sein Gelesenwordensein zu unterstellen.
60 Dadurch wird nicht zuletzt die soziale Synchronisation des Lernens erschwert. Man kann frühreif lesen und altklug schreiben.

dann auch interaktionell funktionsfähige Unterstellungen. Aber während die *Differenz von bekannten und unbekannten Personen* der Kontrolle durch Interaktion immerhin zugänglich sein konnte, ist dies für die *Differenz von bekannten und unbekannten Texten* nun ausgeschlossen.

Ein letzter Punkt greift auf Überlegungen im Schlußkapitel dieser Untersuchungen vor. Er betrifft die Frage, seit wann man eigentlich Interaktion und Gesellschaft nicht nur operativ, sondern auch semantisch unterscheiden kann. Man kann vermuten, daß dazu Schrift eine notwendige, aber nicht schon hinreichende Bedingung ist. Interaktion wird etwas Besonderes, wenn Kommunikation auch in anderer Form möglich ist. Das schließt es aber nicht aus, Kommunikation auch weiterhin primär von der Interaktion aus zu beschreiben. Denn zusammen mit Schrift entsteht auch die Möglichkeit einer strukturellen Divergenz von Sozialstruktur und Semantik. Diese Differenz bleibt auf der Ebene der Semantik zunächst verborgen. Die Ideenwelt bescheinigt sich selbst Realität und wertet das Meinen der Menge von dort aus ab. Erst der Buchdruck führt zum Wiedereintritt der Unterscheidung von Sozialstruktur und Semantik in die Semantik selbst. Erst in seiner Folge entsteht mit dem Ideologiebegriff eine Spezialsemantik, die sich mit der Differenz von Sozialstruktur und Semantik befaßt. Seither muß man auch im Rückblick vergangene Gesellschaftsformationen so unterscheiden. Die Soziologie, die daran anschließt, muß daher auch diese Differenz mitbetreuen und sich als Wissenssoziologie verstehen.

IV.

Wir haben bisher zu zeigen versucht, daß unwahrscheinliche Differenzierungsformen und unwahrscheinliche Verbreitungsmedien die Gesellschaft stärker von ihren Interaktionen distanzieren. Nun geht es umgekehrt um den Nachweis, daß im Zuge dieser Evolution auch die Interaktion stärker von ihrer Gesellschaft distanziert werden kann.

So zu argumentieren setzt voraus, daß die Gesellschaftlichkeit der Interaktion keinen ihr äußerlichen Sachverhalt bezeichnet. Das wird unter Soziologen schwerlich bestritten werden. Daß

Interaktionen nur in einer Gesellschaft möglich sind, die Welt immer schon interpretiert, Sinn immer schon auf Typen seiner Bestimmung gebracht und mögliche Teilnehmer immer schon sozialisiert hat, gehört zum gesicherten Wissensbestand der Soziologie. Die systemtheoretische Version dieser Einsicht besagt, daß Interaktion nur in der Gesellschaft ausdifferenziert werden kann und daher Gesellschaft immer auch mitvollzieht. Die Schließung ihres Systems ist nur als Einschließung in die Gesellschaft zu haben und nicht etwa als Ausstieg aus deren System oder als Einstieg in dessen Umwelt. Man kann daher, ohne etwas falsch zu machen, Interaktionen immer auch als Gesellschaft beschreiben, zum Beispiel als Reproduktion einer nicht nur für die Interaktion selbst geltenden Sprache: Würde der Sinn von »Brötchen« sich mit jeder Interaktion verschieben, könnte man nicht einmal seine Kinder zum Einkaufen schicken.

In der makrosoziologischen Perspektive, die innerhalb des Faches bis weit in die Nachkriegszeit dominiert hatte, wurde daraus häufig ein Argument zugunsten der Vernachlässigung von Interaktionen gemacht. Inzwischen kann man mit dem symbolischen Interaktionismus und mit anderen Kontrastprogrammen zu diesen Vereinfachungen der Gesellschaftstheorie darauf hinweisen, daß Sinn und Sozialität, Typenprogramme und Teilnehmer in der Interaktion immer auch zur Verhandlung anstehen und es in keinem Falle ausreichen würde, hier ein bloßes Kopieren von Mustern oder ein bloßes Implementieren von Vorschriften zu sehen. Aber auch der abweichende und innovative Gebrauch kultureller und gesellschaftlicher Vorgaben läßt sich nicht in einem sozial leeren Raum durchführen: Denn was wäre dann Abweichung, was Innovation? Die Radikalität solcher mikrosoziologischen Kontrastprogramme ist in einem gewissen Sinne noch nicht radikal genug. Sie versucht, *innerhalb* von Unterscheidungen wie Konformität/Abweichung oder Reproduktion/Innovation die eine Seite gegen die andere zu stärken oder schließlich gar alle Realität in die jeweils bevorzugte Seite zu legen. Aber sowohl Abweichung als auch Innovation verlieren ihren Sinn, wenn man sie aus dem Schema der für sie konstitutiven Unterscheidung herausbricht.[61]

61 Das gilt übrigens auch für die heute modischen Spielarten eines Konstruktivismus, der den Begriff der Konstruktion unabhängig von jedem Gegenbegriff

Wenn eine Unterscheidung als Einheit nicht mehr überzeugt, muß man sie nicht durch eine ihrer Seiten »ersetzen«, sondern durch eine *andere Unterscheidung*. Wir halten uns hier wie auch sonst an die Unterscheidung von System und Umwelt. Das erlaubt es unter anderem, den Erfahrungsgehalt von Begriffen wie Abweichung oder Innovation *direkt auf den Vorgang der Ausdifferenzierung von Interaktionssystemen zu beziehen*. Die Unterbrechung von Kontinuitäten im Verhältnis zur umgebenden Gesellschaft, auf die der Interaktionismus so viel Wert legt, ist für uns mit der Feststellung des Systemcharakters der Interaktion identisch.[62]

Die Unerläßlichkeit der gesellschaftlichen Vorgabe von Sprache, Kultur, Sozialisation usw. wird bei all dem nicht bestritten. Auch und gerade systemtheoretisch ist die Interaktion nur als Mitvollzug von Gesellschaft möglich. Sie muß sich innerhalb der Grenzen dessen halten, was als Kommunikation verstanden werden kann. Insofern hat sie immer auch Teil an der gesellschaftlich interpretierten, für Kommunikation zugänglichen Realität. Aber für die Systemtheorie ist diese Voraussetzung eines gesellschaftlich interpretierten Realitätskontinuums[63] noch nicht interaktionsspezifisch genug formuliert, um der Besonderheit dieses Systemtyps und ihren spezifischen Artikulationsformen gerecht zu

---

für Nichtkonstruiertes zu verwenden sucht, erkennbar etwa an der Ablehnung der Unterscheidung von gender und sex in der sogenannten Geschlechterforschung. Die Abwehr von Begriffen für Nichtkonstruiertes richtet sich gegen Ontologie und kommt insofern den hier verfolgten Theorieinteressen entgegen. Aber man kann Beobachter nicht beobachten, ohne mitzubeobachten, daß der Beobachter seine Fremdreferenzen naiv handhaben muß und sie gerade nicht in Konstruktion auflösen kann. Und wenn dies für jeden Beobachter gilt, den man beobachten kann, dann liegt die Anwendung auf Selbstbeobachtung nahe. Nach diesem autologischen Schluß, der den Beobachter zweiter Ordnung darüber belehrt, daß auch er ein Beobachter erster Ordnung ist, kommt man dann zwar auch nicht mehr zur Ontologie zurück – aber auch nicht zu einem differenzlosen Konstruktionsbegriff, der nicht mehr wissenschaftlich, sondern nur noch »politisch« respezifiziert werden kann.
62 Wir folgen damit im übrigen auch Goffman.
63 Siehe zu diesem Begriff Niklas Luhmann, Closure and Openness: On Reality in the Word of Law, in: Günther Teubner (Hrsg.), Autopoietic Law: A New Approach to Law and Society, Berlin–New York 1988, S. 335-348.

werden. Sie bezeichnet nur eine unerläßliche, aber eben damit auch triviale Prämisse der Ausdifferenzierung sozialer Systeme schlechthin.[64] Das interaktionsspezifische Korrelat dieser eigentümlichen Trivialität besteht darin, daß es normalerweise keinen verständlichen Anlaß gibt, sie eigens zu *bezeichnen*. Nur unter Philosophen kann man sagen: Dieser Baum ist ein Baum.[65] Von normalen Interaktionen kann eine so weitreichende Distanzierung von Selbstverständlichkeiten normalerweise nicht erwartet werden.[66]

Diese kommunikative Latenz hängt mit dem Charakter des Kontinuums selber zusammen. Gerade weil das Kontinuum selbst nicht nach System und Umwelt differenziert ist, erfährt das System nichts über sich selbst oder über die Umwelt, wenn Kommunikation stattfindet, die darauf hinweist. Die Frage nach der Uhrzeit hat in der Interaktion nur dann Sinn, wenn man annehmen kann, daß es im System genauso spät ist wie in der gesellschaftlichen Umwelt des Systems. Das setzt zwar gesellschaftseinheitliche Zeitmessung voraus, aber darüber, daß dies so ist und was es bedeutet, muß man nie kommunizieren – auch nicht, wenn die Uhren der Anwesenden falsch gehen, denn ein *Fehler* ist dies ja nur dann, wenn es mit Bezug auf Zeitmessung keinen Unterschied zwischen System und Umwelt gibt. Unzuverlässige

---

64 Nur die Gesellschaft selbst macht hier eine Ausnahme, da es für sie kein weiteres soziales System gibt, das ihr die Prämisse einer sinnhaften und für Kommunikation zugänglichen Welt vorgeben könnte. Die Wissenssoziologie des Weltbegriffs ist daher ein konstitutiver Teil der Gesellschaftstheorie.
65 Zur Lächerlichkeitsvermeidungsproblematik, die sich daraus für eine erste Generation von Protophilosophen ergab, siehe Hans Blumenberg, Das Lachen der Thrakerin: eine Urgeschichte der Theorie, Frankfurt 1987. Die Unterscheidung und Bezeichnung solcher Selbstverständlichkeiten sowie die Erfindung eines Kontextes, in dem auch dies noch als Information wirken kann, ist Sache der Philosophie und heute in zunehmendem Umfange auch Sache der Soziologie, sofern sie sich für die Normalisierung von Unwahrscheinlichem interessiert. Sie verdankt sich im einen Falle der Schrift, im anderen Falle dem Buchdruck – und setzt damit in beiden Fällen Interaktionsunterbrechungen als Bedingungen ihrer eigenen Möglichkeit voraus. Daß es sich *nicht* um eine auch für den Interaktionsalltag brauchbare Perspektive handelt, ist seit dem Höhlengleichnis ebenfalls oft genug formuliert worden.
66 Das zeigen überdeutlich die berühmten Krisenexperimente von Harold Garfinkel.

Uhren sind noch kein Symbol für Ausdifferenzierung und Autonomie der Interaktion.[67]

Im folgenden aber geht es nicht um die Voraussetzung einer Gesellschaft, die in der Interaktion nicht unterschieden und nicht bezeichnet werden muß. Es geht also nicht um kulturelle Selbstverständlichkeiten und auch nicht um die Regeln der Umgangssprache als solche. Wir bestreiten nicht, daß es solche Selbstverständlichkeiten gibt, und wir werden auf einige von ihnen noch näher eingehen. Aber die Frage, die wir uns stellen, lautet im Gegenteil, wie die Gesellschaft in der Interaktion unterschieden und bezeichnet werden kann. Denn nur dies wird man als Eigenleistung des Systems ansehen können, und nur auf solche Eigenleistungen kommt es an, wenn man überhaupt von selbstreferentiell geschlossenen Systemen ausgeht. Diese Fragestellung setzt im übrigen nicht voraus, daß die Gesellschaft *als Gesellschaft* bezeichnet werden kann, denn dazu wäre eine begriffliche Unterscheidung zwischen Interaktion und Gesellschaft erforderlich, die keine historische Invariante bildet, sondern erst relativ spät hervortritt und auch heute noch keineswegs alle Interaktionen bestimmt. Wir fragen also nicht nach begriffsabhängigen, sondern nach interaktionsabhängigen Formen einer Beobachtung der Gesellschaft in der Interaktion (und damit: in der Gesellschaft) und ziehen die begriffsabhängigen Beobachtungen nur insofern in Betracht, als sie selbst in der Interaktion eine Rolle spielen.

Eine der frühesten Formen der Beobachtung der Gesellschaft in der Interaktion kann man als *Rücksicht auf andere eigene Rollen* umschreiben. Andere eigene Rollen – das sind Rollen in anderen, gegenwärtig inaktuellen Interaktionszusammenhängen.[68] Jeder Beteiligte hat infolge seiner gesellschaftlichen Existenz mehrere solcher Rollen zu berücksichtigen, und jeder kann unterstellen,

---

67 Daß man »die Zeit völlig vergessen hat«, kann dagegen sehr wohl als Hinweis auf die Autonomie der Interaktion und vielleicht auch auf unwahrscheinliches Interesse an anwesenden Personen gebucht werden.

68 Den Sprachgebrauch mancher Organisationen kopierend, könnte man auch von *ruhenden* Rollen sprechen. Die Metapher hat den Vorteil, daß sie das Moment der Inaktivität und der Unterbrechung entsprechender Operationen betont. Sie betont die eigentümliche »Virtualität« der anderen Rollen, während der Begriff der Andersheit den Blick mehr auf sachliche Unterschiede und gegebenenfalls Unvereinbarkeiten lenkt.

daß dies auch den anderen so geht. Es handelt sich also um eine generalisierte soziale Pression, der jeder auf die eine ohne andere Weise unterliegt, da niemand in einem und nur einem Interaktionskontext steht. Diese anderen Rollen liegen innerhalb der Gesellschaft, aber außerhalb der Interaktion. Sie beziehen sich nach Sinn und Verpflichtungsgehalt nicht auf das System der Interaktion selbst, sondern gehören in irgendwelche anderen Kontexte. Auch in der Interaktion werden diese Rollen nicht als systemeigen erlebt, sondern der gesellschaftlichen Umwelt zugewiesen. Sie haben zum Beispiel nicht automatisch Teil an der Rollenkomplementarität, die im Bereich der aktuellen Rollen auch dann erwartbar sein muß, wenn sie im Bereich der anderen Rollen nicht herstellbar wäre und man dies weiß. Zugleich verhindert jedoch die Tatsache, daß die Anwesenden nur als Person an der Interaktion teilnehmen können, daß dieser Umweltstatus der anderen Rollen zu deren vollständiger Irrelevanz für die Interaktion führt. Denn jede Person ist für sich gehalten, sich auch in spezifischen Rollen so zu verhalten, daß sich daraus keine unlösbaren Probleme für das Verhalten in anderen Rollen ergeben.[69] Und jeder muß von anderen Verständnis dafür erwarten, daß dies so ist.

Die Figur der Rücksicht auf andere Rollen schließt rollentheoretische mit interaktionstheoretischen Begriffen zusammen. Das

---

[69] Die Ausgangspunkte für dieses Konzept stammen von Siegfried F. Nadel, Social Control and Self-Regulation, in: Social Forces 31 (1953), S. 265-273; ders., The Theory of Social Structure, Glencoe Ill. 1957. Beide Texte werden heute auch als Gründungsdokumente der Netzwerkforschung verehrt. Die systemtheoretische Interpretation, der wir oben im Text folgen, stammt von Luhmann, Soziale Systeme (a. a. O.), S. 569 f. Siehe mit weiterführenden Beiträgen dazu inzwischen auch Peter Fuchs, Die Erreichbarkeit der Gesellschaft: Zur Konstruktion und Imagination gesellschaftlicher Einheit, Frankfurt 1992, S. 193 ff. (195). Eine ähnliche Konzeption versteckt sich in Erving Goffmans Begriff der Selbstdarstellung durch *Rollendistanz*, der ja an Akten der symbolischen Distanzierung von den Interaktionsrollen hervorhebt, daß sie typisch mit Rücksicht auf andere eigene Rollen erfolgen und genau darin ihre Verstehbarkeit für die Anwesenden haben. Siehe dazu: Encounters: Two Studies in the Sociology of Interaction, Indianapolis 1961, dtsch. Übersetzung Interaktion: Spaß am Spiel – Rollendistanz, München 1973. Dieses Motiv vermisse ich bei der quasi anthropologischen Ausarbeitung des Rollendistanzkonzepts durch Uwe Schimank, Identitätsbehauptung in Arbeitsorganisationen: Individualität in der Formalstruktur, Frankfurt 1981.

Modell dafür wurde, vermutlich nicht ohne Grund, an segmentären Gesellschaften erläutert. Nur für diese Gesellschaften ist diese Sinnform des Wiedereintritts[70] von unmittelbar *gesamtgesellschaftlicher* Bedeutung. Sie hat hier eine der Grundlagen ihres Erfolges in der geringen Größe des Gesellschaftssystems. Sie spiegelt sich wider in einer Moral der Reziprozität, die gerade das Entgegenkommen in anderen Rollenbereichen belohnt und die Differenz der Rollenzusammenhänge gerade nicht als Unterbrechung von Sinnbeziehungen praktiziert. Und sie wird unterstützt durch ein Schema der Rollenverteilung, das kaum individuell (im Unterschied zu: statusmäßig) motivierte Rollenkombinationen zuläßt.

Unter diesen Umständen kann und muß die gesellschaftliche Realität noch ganz interaktionsnah begriffen werden, was in umgekehrter Blickrichtung bedeutet, daß die Interaktion sich selbst von der Gesellschaft noch nicht nennenswert unterscheiden kann. Im Bereich der anderen eigenen Rollen läßt sich das, was wir als Gesellschaft bzw. als Interaktion auseinanderhalten wollen, noch nicht unterscheiden. Auch wäre die Deutung dieser Orientierung an anderen eigenen Rollen als Wiedereintritt der Differenz von Gesellschaft und Interaktion in die Interaktion selbst noch keine mögliche Semantik der Selbstbeschreibung dieser Gesellschaften gewesen. Die anderen Rollen der Personen liegen auf der Hand, sind bekannt, bedürfen nicht erst noch der Kommunikation und können daher auch weder manipuliert noch fingiert werden. Statt dessen ist dafür gesorgt, daß die Erwartungen, denen die Person in spezifischen Rollen ausgesetzt ist, immer schon mit Rücksicht auf ihre anderen Rollen präzisiert werden, und dies sowohl auf struktureller als auch auf operativer Ebene. Unter diesen Umständen begrenzt die Orientierung an anderen eigenen Rollen zugleich die Ausdifferenzierung der Interaktion in der Gesellschaft.

Erst die weitere Entwicklung des Gesellschaftssystems in Richtung auf höhere Komplexität schafft hier andere Bedingungen. Die Gesellschaft macht sich auf der Grundlage unwahrscheinlicherer Differenzierungsformen von den Größenbeschränkungen

---

70 Nämlich des Wiedereintritts der Unterscheidung von Gesellschaft und Interaktion in die Interaktion selbst.

unabhängig, die für Interaktionszusammenhänge gelten. Sie wird komplex in einem Maße, dem die Interaktion nicht mehr zu folgen vermag, und zwar weder durch Wachstum noch durch Spezialisierung der Einzelinteraktion. Daß die Gesellschaft praktisch nur als Interaktion vorkommt, gilt dann nicht mehr mit derselben Selbstverständlichkeit wie zuvor. Es kommt zu Ansätzen eines Mehrebenenbewußtseins, das aber hier wie auch in anderen Fällen von sozialer Differenzierung noch dadurch begrenzt wird, daß man sich so etwas wie die Repräsentation der einen Ebene auf der anderen (hier also: der Gesellschaft durch die Interaktion) vorstellen kann.[71]

Ein wichtiges Korrelat für Wachstum des Gesellschaftssystems auf der Interaktionsebene scheint in einer Entkopplung von Interaktionszusammenhängen zu liegen. Die *Rangdifferenzierung* schneidet dem Untergebenen die Frage ab, um welche anderen Rollen es sich denn handelt. Der Ranghöhere hat dann nicht nur bessere Ausreden, er findet zugleich auch weniger Anlaß, sie zu benutzen. Und auch sonst kann er Autorität in Anspruch nehmen im Sinne eines Vertrauens in seine »capacity for reasoned elaboration«,[72] das aber als Vertrauen kaum je auf die Probe gestellt wird. So wird soziale Intransparenz und damit *Differenzierungsfähigkeit* hinzugewonnen. Vor allem die alteuropäische Unterscheidung zwischen häuslicher und öffentlicher, familialer und politischer Interaktion hat sich dies zunutze gemacht. Die Vorstellung, daß Frauen besonders zum Klatsch disponiert sind,[73] besagte unter anderem, daß man sie über die wichtigen Themen nicht informieren darf. Und unter diesen Umständen konnte dann auch die komplementäre Regel gelten, daß man in Interaktionen außerhalb des Hauses über Interaktionen innerhalb des Hauses nach Möglichkeit nicht kommunizierte.

---

71 Wir kommen darauf im Kapitel über Wissenssoziologie noch einmal zurück.
72 So der Autoritätsbegriff von Carl J. Friedrich, Authority, Reason and Discretion, in: ders., Authority (Nomos I), New York 1957, S. 28-48.
73 Siehe dazu mit weiteren Belegen A. Wolff, Die frauenfeindlichen Dichtungen des Mittelalters, Halle 1914; Volker Roloff, Reden und Schweigen: Zur Tradition und Gestaltung eines mittelalterlichen Themas in der französischen Literatur, München 1973; Patricia Spacks, Gossip, New York 1985, S. 31 ff.; Jörg R. Bergmann, Klatsch: Zur Sozialform der diskreten Indiskretion, Berlin 1987, S. 80 ff.; Jack Levin/Arnold Arluke, Gossip: The Inside Scoop, New York 1987, S. 6.

Vollends die moderne Gesellschaft findet hier unwahrscheinliche Lösungen. Es muß auffallen, daß die Orientierung an den anderen Rollen der Anwesenden bei zunehmender Komplexität der Gesellschaft zunehmend schwierig wird. Die anderen Rollen sind häufig nicht mehr bekannt oder in ihrem Verpflichtungsgehalt nicht abschätzbar, weil es bei starker Rollendifferenzierung an Reversibilität der Lagen fehlt. Ego war nicht und wird nicht sein in der Lage, in der Alter zu sein behauptet.
Schließlich unterstützt die moderne Form der gesellschaftlichen Differenzierung eine Strategie der *Indifferenz gegen andere Rollen*. Sie setzt die Differenzierung von Interaktion und Gesellschaft voraus und verstärkt sie zugleich, indem sie Chancen für funktional spezifische Interaktion multipliziert, die ohne Ansehen der Person durchgeführt werden muß und daher andere eigene Rollen nur würdigt, wenn es im anstehenden Funktionskontext ein Programm gibt, das dies als richtig erscheinen läßt. Die Krankenbehandlung soll sich nach dem Körper, nicht nach der Person des Betreffenden richten, und wenn es daraufhin zur Thematisierung von Fragen der Lebensführung kommt, dann weil es ein medizinisches Programm gibt, das Zusammenhänge vermuten läßt. Die Interaktionen unterscheiden sich daraufhin auch sehr viel deutlicher voneinander, je nachdem, in welchem Teilsystem der Gesellschaft sie ablaufen. Die Einheit der Person ist nicht mehr Gleitschiene zur Übertragung von Ansprüchen aus dem einen in den anderen Bereich. Daß es Zusammenhänge dieser Art gibt, ist klar, aber ihre Berücksichtigung bedarf der Programmierung durch die Funktionssysteme und ist mögliche Anspruchsgrundlage nur dann, wenn ein solches Programm existiert. Nicht die Person, sondern das Programm weist andere Rollen als beachtlich aus und läßt sie als in der Interaktion thematisierbar erscheinen. Der Versuch, sie nur darum ins Gespräch zu bringen, weil es *eigene* andere Rollen sind, erscheint nun als unsachgemäße Einflußnahme, und begünstigt wird derjenige, der sich darauf nicht einläßt.
Zugleich wird auf diese Weise Reziprozität ausgeschaltet.[74] Im Schutze ihres Programms können Lehrer Schüler oder Ärzte Pa-

---

74 Talcott Parsons hatte im denial of reciprocity bekanntlich ein zentrales Element professionell gesteuerter Interaktionen gesehen.

tienten nach anderen Rollen fragen, nicht aber Patienten Ärzte oder Schüler Lehrer. Wer über Abwesendes informiert, erwirbt damit nicht schon den Anspruch, daß auch der andere dazu bereit sein sollte. Wenn Interaktion außerhalb von Funktionssystemen abläuft, gilt die Vermutung der Reziprozität nach wie vor, so etwa wenn unter Männern über Erfahrungen mit Frauen oder unter Frauen über Erfahrungen mit Männer kommuniziert wird. Daher kann man hier auch Neugier im alten Stil dadurch zu tarnen versuchen, daß man zunächst mit eigenen Informationen aus diesem Themenbereich herausrückt in der Hoffnung, daß der andere sich dafür schon revanchieren wird. Und wenn er es verweigert, dann gewinnt die Interaktion unter der Hand einen gleichsam therapeutischen Zug, weil das Fehlen von Reziprozität die Anwesenden genau daran erinnert.
Im Einzugsbereich der großen Funktionssysteme handelt es sich um asymmetrische Interaktionen, in denen die Orientierung an anderen Rollen entmutigt wird und es statt dessen um Zusammenhänge zwischen spezifischen Rollen und Komplementärrollen nach dem Muster Schüler/Lehrer, Arzt/Patient, Regierender/Regierter geht. Die Spezifikation des Zusammenhangs reflektiert die Erfordernisse spezifischer Funktionsbereiche und muß eben deshalb mit hoher Indifferenz gegen andere Rollen praktiziert werden. Die evolutionäre Unwahrscheinlichkeit liegt nicht in der Asymmetrie selbst, sondern darin, daß es nun mehrere solcher Asymmetrien gibt, die aber nicht mehr zu einer Rangordnung aggregiert werden können. Die für diese Interaktionen sinnvolle Ordnung kann daher nur mit Indifferenz gegen Unterschiede des Ranges praktiziert werden, und dies bedeutet umgekehrt, daß der Rang selbst seinen Träger nicht mehr in jede Interaktion begleiten kann und darum auch nicht mehr zur Grundlage von Darstellungssicherheit taugt: Geduldig wartet der Professor, bis der Friseur den Haarschnitt des Studenten beendet hat.
Bei all dem ist die klassische Form der Orientierung an anderen eigenen Rollen selbstverständlich nicht spurlos verschwunden. Eine Interaktionstechnik dieses Gewichts läßt sich nicht einfach dadurch ausmerzen, daß die Gesellschaft ihre Differenzierungsform ändert, und dies anzunehmen hieße gerade die Differenzierung von Interaktion und Gesellschaft zu verkennen. Aber sie muß nun weitgehend ohne gesellschaftliche Unterstützung prak-

tiziert werden und hängt darin dann wiederum um so stärker vom Taktieren in der Interaktion selbst ab. Gerade derjenige Mechanismus, der ehedem die Gesellschaft selbst integrierte und eben deshalb nicht abgelehnt werden konnte, muß nun so gut wie ohne Außenhalt praktiziert werden.[75] Er wird als Korruption oder als Klüngel mißbilligt und kann nicht mehr einfach als selbstverständliche Ausübung der gesellschaftlichen Solidarität über die Bühne gehen. Politisch hat die Publizität solcher Vorkommnisse das Zeug zum Skandal. Häufig werden sie daher geheimgehalten, und fast immer setzen sie persönliches Vertrauen voraus. Nicht zuletzt sind sie im Bereich der anderen Rollen selbst organisationsabhängig (und damit: kündbar) geworden. Was einer dem anderen aus dem Bereich seiner anderen Rollen anbieten kann, das verdankt er einer trickreichen Handhabung seiner Mitgliedschaft und gegebenenfalls seiner prominenten Stellung in Organisationen, nicht einem davon unabhängigen Status unmittelbar. Einen grundsätzlich anderen Typus der Orientierung an anderen Rollen müssen wir gleichfalls erwähnen. Der Fall ist denkbar und keineswegs selten, daß die Interaktion thematisch auf *sämtliche anderen Rollen* der Anwesenden zugreifen kann und auf Mitteilung von Informationen aus diesem Bereich geradezu wartet. Interaktionen dieser Art werden in der modernen Gesellschaft unter den semantischen Vorzeichen von Liebe und Intimität gepflegt.[76] Aber das drückt dann ein Interesse an der individuellen Person aus und dient gerade nicht der Querintegration unterschiedlicher Rollenbereiche. Die strukturellen Kopplungen zwischen den Teilsystemen beruhen nicht mehr auf der Einheit der Person, sondern haben andere Formen angenommen, so daß die Personen freigegeben und individualisiert werden können. Sie repräsentieren nicht mehr die Gesellschaft – sie präsentieren sich selbst.

Mit diesen Änderungen im Stil der Thematisierung anderer Rol-

---

75 Gerade diese Interaktionsabhängigkeit bringt dann auch die üblichen Wachstumsbeschränkungen mit sich. Es handelt sich vorwiegend um lokale Praktiken (und erst das *organisierte* Verbrechen setzt sich darüber hinweg).
76 Siehe dazu Luhmann, Sozialsystem Familie (a. a. O.); André Kieserling, Familien in systemtheoretischer Perspektive, in: A. Herlth/E.J. Brunner/H. Tyrell/ J. Kriz (Hrsg.), Abschied von der Normalfamilie? Partnerschaft kontra Elternschaft, Berlin–Heidelberg 1994, S. 16-30.

len durchläuft der Mechanismus selbst einen Funktionswandel. Er dient nicht mehr der Wiedereinbettung der Interaktion in die Gesellschaft. Er verstärkt vielmehr ihre Ausbettung, die er voraussetzt – ob nun als Korruption oder als Liebe. Zugleich fällt er als Generator gesellschaftlicher Solidarität aus. Nach all dem fällt es schwer, die prominente Sinnform des Wiedereintritts gerade hier zu vermuten.

An die Stelle der Rücksicht auf andere eigene Rollen, die Freiheiten und Bindungen in der Sozialdimension repräsentiert hatte, scheinen sich Sinnformen zu behaupten, die Beschränkungen primär in der *Zeitdimension* repräsentieren.[77] Man präsentiert die eigene Zeit als knapp und das eigene Kontaktnetz als absorbierend in Formen, die keine detaillierte Rechenschaftspflicht mehr implizieren. Daß man in Eile sei, wird auch ohne nähere Angaben als Entschuldigung für fehlende oder für knapp bemessene Interaktionsbereitschaft akzeptiert. Ein zügiges Tempo des Gehens (und erst recht: des Fahrens) gilt als normal, und wer schlendert und dadurch deutlich macht, daß er Zeit hat und für Interaktion zur Verfügung steht, hält den Verkehr auf. Angesichts von Schlangenbildungen oder von überfüllten Wartezimmern muß nicht erst gesagt werden, daß es schnell gehen muß. Nichts kann mehr wirklich ausdiskutiert werden, und ein Diskurs ohne jegliche Zeitschranken ist daher die für diese Gesellschaft adäquate Form des utopischen Denkens. Der Blick auf die Uhr deutet an, daß es auch noch andere Verpflichtungen gibt, und in der Interaktion muß das genügen, weil man weiß oder ahnt, daß sich daran auch durch Nachfragen nichts ändern ließe. Diese Tendenz zur Umstellung auf primär zeitlimitationale Sinnformen des Wiedereintritts ist in der hier verwendeten Sprache ein erstrangiger Indikator für zunehmende Differenzierung von Interaktion und Gesellschaft. Sinnformen dieser Art erzeugen Beschränkungen in der Form von Zeitdruck, aber dieser wirkt in sozialer Hinsicht weniger *spezifisch* als Rollendruck. Sie besetzen Anfang und Ende der Interaktion, lassen aber die Zwischenzeit frei für ein Prozessieren, das weniger durch die Orientierung an anderen Rollen und mehr durch die Orientierung an Komplementärrollen bestimmt ist.

77 Vgl. dazu Luhmann, Soziale Systeme (a. a. O.), S. 268; ferner das Interaktionskapitel in: ders., Die Gesellschaft der Gesellschaft (a.a.O.), S. 813-826.

V.

Die hier benutzte Doppelperspektive auf Interaktion und Gesellschaft ist in der Soziologie bis heute nicht üblich. Aus *methodischen* Gründen hat sich die Soziologie im Bereich ihrer empirischen Forschungen bevorzugt an Interaktion gehalten, da diese für leichter beobachtbar galt – sehr zu Unrecht, wie man angesichts einer langen Methodendiskussion heute wohl sagen muß. Andererseits war ihre *theoretisch* führende Entwicklung seit Weber und Durkheim von eher gesellschaftstheoretischen Überlegungen bestimmt. Eine erste Phase der Entwicklung hat auf diese Weise das empirische Wissen über Interaktionen beträchtlich vermehrt, aber der theoretische Kontext blieb in seiner Festlegung auf die Gesellschaft viel zu abstrakt, um dieses Wissen interpretieren zu können. Im Rückgriff auf Autoren wie Simmel und unter dem Eindruck der seinerzeit bahnbrechenden Interaktionsanalysen von Goffman bemüht man sich seit den sechziger Jahren daher vermehrt um eine Theorie der Interaktion unter Anwesenden. Aber diese Theorien scheinen auf ihre Weise den Fehler nur zu wiederholen, den schon die ältere Gesellschaftstheorie beging. Sie verstehen sich nämlich vorwiegend als *allgemeine Theorie des Sozialen* und müssen daher als *Alternative zur Gesellschaftstheorie* auftreten. Nachdem die daraus abgeleitete Begründungskonkurrenz zwischen mikrologischen und makrologischen Perspektiven heute für unergiebig gilt, mag es an der Zeit sein, die Theoriegrundlagen zu wechseln und mit anderen Überlegungen zu experimentieren. Die Prämissen, die dies ermöglichen, sollen am Ende dieses Kapitels abschließend noch einmal zusammengestellt werden.

(1) Zunächst muß man sehen, daß der Begriff der sozialen Ordnung systemtheoretisch als Lösung eines spezifischen Problems, nämlich des Problems der sozialen Unsicherheit und doppelten Kontingenz eingeführt wird. Der Begriff des Sozialen wird dabei zugleich so abstrahiert, daß er weder auf Interaktion noch auf Gesellschaft festgelegt ist, sondern beides im Sinne unterschiedlicher Typen der Bildung und Ausdifferenzierung sozialer Systeme umgreift. Damit tritt der Begriff des sozialen Systems an die Stelle, wo in anderen Theorien *entweder* der Begriff der Gesellschaft *oder* der Begriff der Interaktion steht.

(2) Das heißt freilich nicht, und genau darin liegen die produktiven Schwierigkeiten dieses Ansatzes, daß ein noch umfassenderes System angenommen würde (etwa nach dem Vorbild eines allgemeinen Aktionssystems à la Parsons), dem dann die Gesellschaft ebenso wie die Interaktion als bloße Teilsysteme angehören würden. Der Begriff des umfassenden Systems wird vielmehr durch den Gesellschaftsbegriff selbst besetzt. Das aber bedeutet, daß der umfassende Theoriebegriff (hier: soziales System) mit dem Begriff für die umfassende Ordung im Objektbereich der Theorie (hier also: mit der Gesellschaft) nicht mehr zusammenfällt. Vielmehr erscheint in dieser Perspektive auch das umfassende Sozialsystem nur als ein Fall neben anderen. Entsprechend ist die Gesellschaftstheorie ein Anwendungsfall der Theorie sozialer Systeme und nicht deren Inbegriff.

(3) Nun entspricht es der Theorieklassik des Faches, wenn man den Begriff der Gesellschaft als Bezeichnung für einen Sachverhalt einführt, der durch Evolution *steigerbar* ist. Spencer behauptete eine Entwicklung von unzusammenhängender Homogenität zu zusammenhängender Heterogenität als Gesetz der gesellschaftlichen Entwicklung. Nach Durkheim ist die moderne Gesellschaft dank ihrer Arbeitsteilung sehr viel dichter integriert (und damit auch in einem intensiveren Sinne Gesellschaft) als jede ihrer historischen Vorgängerinnen. Marxisten und Anhänger der kritischen Theorie sprechen an genau dieser Stelle von einer zunehmenden Vergesellschaftung der Gesellschaft. In der Sprache der Systemtheorie entspricht dem die Annahme einer einzigen Weltgesellschaft als Ergebnis der soziokulturellen Evolution. Häufig wird zunehmende Vergesellschaftung der Gesellschaft als ein Prozeß begriffen, der alles Soziale zur konkreten Totalität der Gesellschaft zusammenfaßt und damit die Chancen für autonome Systembildungen anderer Art eliminiert.[78] Der Begriff der Gesellschaft als konkreter Totalität ist denn auch im Themenbereich von Organisation und Interaktion eigentümlich unproduktiv geblieben. Die hier wichtigen Neuerscheinungen mußten *gegen diesen Begriff* entwickelt werden, und nicht ohne Grund

---

78 So ganz deutlich bei Horkheimer und Adorno; vgl. nur die Beiträge zu den Stichworten Gruppe bzw. Familie in: Institut für Sozialforschung (Hrsg.), Soziologische Exkurse, Frankfurt 1956.

blieben sie dort, wo man an ihm festhielt, nahezu unverstanden.[79] Die hier vorgestellte Theorie eröffnet andere Möglichkeiten.

(4) Unterscheidet man nämlich den Begriff des sozialen Systems vom Gesellschaftsbegriff (als einem seiner Anwendungsfälle), kann man *beide* Begriffe auf Steigerbarkeiten beziehen. Dabei entspricht dem Begriff der Gesellschaft ein einheitlich konstituiertes System, während der Begriff des sozialen Systems auf keine derartige Syntheseleistung im Objektbereich der Theorie angewiesen ist. Die Steigerung des Gesellschaftsbegriffs führt zur Bildung einer einzigen *Weltgesellschaft* und insofern zur operativen Vereinheitlichung eines (wie immer differenzierten) Systems. Die Steigerung dessen, worauf der Begriff des sozialen Systems sich bezieht, führt dagegen zur *Differenzierung* unterschiedlicher Arten der Bildung sozialer Systeme und insofern gerade nicht auf die wie immer begriffene Einheit eines dichter und immer dichter »integrierten« Gesamtsystems. Vielmehr treten gerade unter modernen Bedingungen Gesellschaft und Interaktion auch *als soziale Systeme* weiter auseinander.

---

79 Das galt bis vor kurzem für die Industriesoziologie. Siehe aber inzwischen Theodor M. Bardmann, Wenn aus Arbeit Abfall wird: Aufbau und Abbau organisatorischer Realitäten, Frankfurt 1994.

Kapitel 9
Konflikte in Gesellschaft
und Interaktion

I.

Interaktionstheorie, Konflikttheorie und Systemtheorie werden oft als Alternativen geführt, so als verstünde es sich von selbst, daß man mit dem Thema auch die Theorie wechseln muß.[1] Das folgende Kapitel soll diese Annahme erschüttern. Wir wollen zeigen, daß man nicht nur Interaktionen, sondern auch Konflikte als soziale Systeme behandeln kann und daß erst diese systemtheoretische Integrationsleistung es ermöglicht, den Stellenwert von Konflikten in Interaktionen sowie den Stellenwert von Interaktionskonflikten in Gesellschaften zu klären.

Als Ausgangspunkt dafür dient uns zum einen die Einsicht, daß Interaktionssysteme und Gesellschaftssysteme sich im Hinblick auf ihr Konfliktpotential deutlich unterscheiden.[2] Für Gesellschaftssysteme ist es einerseits ausgeschlossen, daß sie *ohne Konflikt* existieren. Andererseits können Gesellschaften auch nicht *als Konflikt* existieren, denn zum einen erzeugt gerade der Konflikt wie von selbst Parteien, die ihn dann in sich selbst unterdrücken müssen, und zum anderen gibt die Parteibildung die Position des Dritten frei, der sich vom selektiven Schema der

---

1 Autoren, die dieser Annahme zuneigen, gehen offenbar davon aus, daß man Theorien nur anhand der Themen unterscheiden könne, von denen sie mit besonderer Emphase reden. Aber eine facheinheitliche Theorie läßt sich nicht durch themenspezifische Präferenzen charakterisieren, sondern nur durch die Art und Weise, wie sie sich *als Theorie* von anderen, konkurrierenden Theorieversionen mit vergleichbarem Anspruch unterscheidet. So kann man die Systemtheorie mit dialektischen oder mit transzendentaltheoretischen Alternativen vergleichen, die sich gleichfalls ohne Festlegung auf bestimmte Themen artikulieren können, nicht aber mit themenspezifischen Interessen, die ja allesamt auch *innerhalb* solcher Supertheorien verfolgt werden könnten.
2 Siehe dazu Niklas Luhmann, Konfliktpotentiale in sozialen Systemen, in: Der Mensch in den Konfliktfeldern der Gegenwart (hrsg. von der Landeszentrale für politische Bildung des Landes Nordrhein-Westfalen), Köln 1975, S. 65-75.

Gegnerschaft distanzieren kann. Der Konflikt kann demnach nur *in* der Gesellschaft, aber nicht *als* Gesellschaft vorkommen. Für Interaktionen dagegen ist es charakteristisch, daß sie über jene beiden Möglichkeiten, die auf der Ebene der Gesellschaft ausgeschlossen sind, kraft ihrer Differenz zur Gesellschaft verfügen und daß sie in einem gewissen Sinne durch genau diese Alternative strukturiert sind: *sie können nur entweder ohne Konflikt oder als Konflikt existieren.* Denn wenn in der Interaktion gestritten wird, dann wird die Interaktion selber zum Streit. Konflikte *in* der Interaktion werden, wenn nicht andere eingreifen, um sie zu beenden, sogleich zum Konflikt *als* Interaktion. Für große und differenzierte Sozialordnungen ist die Zulassung von Konflikten nicht unbedingt eine Entscheidung über eigene Systemidentität. In der Interaktion dagegen liegen die Folgen des Konflikts gleichsam automatisch auf der Systemebene. Sie betreffen nicht nur einzelne Handlungen oder Handlungssequenzen, sie betreffen die Einheit des Systems selbst. Während andere Sozialsysteme erst allmählich und auch dann immer nur mit einer Teilmenge der Gesamtmenge ihrer Möglichkeiten in den Einzugsbereich des Konfliktes geraten und sich daraufhin entweder umstrukturieren oder den Konflikt durch Ressourcenentzug abdrosseln müssen, ist die Interaktion stets ungesäumt und vollständig betroffen.

Einen zweiten Ausgangspunkt können wir mit Hilfe eines Begriffs für »kleine« Sozialsysteme erläutern, den Hans Geser eingeführt hat.[3] Dabei geht es, wie schon einmal erwähnt, um große und differenzierte Sozialsysteme, die aber der Logik eines undifferenzierten Sozialsystems folgen, das sie als Teilsystem an zentraler Stelle enthalten. Geser hebt unter anderem hervor, daß die für undifferenzierte Sozialsysteme typische Tendenz zur Konfliktrepression unter diesen Umständen auch für das Gesamtsystem gilt. Der Konflikt ist dann gerade nicht isolierbar. In der hier verwendeten Sprache wäre dies ein Indikator für fehlende oder nur schwach ausgebildete Differenzierung von Interaktion und Gesellschaft. Das hohe Konfliktpotential der Gesellschaft

---

3 Vgl. Hans Geser, Kleine Sozialsysteme: Strukturmerkmale und Leistungskapazitäten, in: Kölner Zeitschrift für Soziologie und Sozialpsychologie 32 (1980), S. 205-239.

wird durch das geringe Konfliktpotential ihrer Interaktionen beschränkt. Das führt zu der Hypothese, daß das Konfliktpotential der Gesellschaft nur durch stärkere Differenzierung von Interaktion und Gesellschaft gesteigert werden kann.

Um diese Hypothese zu prüfen, wollen wir zunächst den Konfliktbegriff selbst etwas näher bestimmen. Wir wählen dafür die Form eines Theorievergleichs (I, II). Danach geht es um den Zusammenhang von Konfliktfähigkeit und Gesellschaftsstruktur sowie um die besondere Bedeutung, die dem ausdifferenzierten Recht bei der laufenden Auflösung und Rekombination dieses Zusammenhangs zukommt (III). Die weiteren Abschnitte gehen der Frage nach, welche Folgen für die Interaktionsebene sich aus der Ausdifferenzierung des Rechts sowie aus der Ausdifferenzierung anderer Mechanismen zur Steigerung von Konfliktpotentialen ergeben haben (IV, V, VI).

Immer noch wird die Diskussion über Konfliktbegriffe dadurch erschwert, daß prominente Sozialtheorien ihren Begriff des Sozialen *teleologisch* auf den empirischen Sonderfall positiver (kooperativer, konsentierter etc.) Sozialität festlegen. Wenn man sich darauf einläßt, kann man die über Negationen vermittelte Sozialität des Konfliktes nur noch im Sinne einer privativen Negation deuten. Der Konflikt gilt als Schwundform oder als Korruption des eigentlich Sozialen: Manchmal streiten sich die Leute, aber es wäre besser und auch irgendwie »sozialer«, wenn sie sich statt dessen vertrügen. Man verzichtet dann darauf, den neuzeitlichen Umbau der Negationskategorie von der privativen zur sich selber negierenden und dadurch bestimmenden Negation mitzuvollziehen. Theorien dieser Art denken immer noch perfektionslogisch. Sie sind außerstande, den Konflikt als eine besondere Art von sozialer Ordnung zu denken und führen ihn eher als Gegenbegriff dazu.[4] Schon aus sozialtheoretischen Gründen muß der Konflikt *desozialisiert* werden, und seine Soziologie be-

---

4 Autoren, die sich um eine Theorie des Konflikts bemühen, unterstellen diese Annahme selbstverständlich immer nur bei ihren jeweiligen Gegnern. So wird die Vorstellung, der Konflikt sei »ein aus dem sozialen Zusammenhang herausfallendes Ereignis«, von Hans Jürgen Krysmanski, Soziologie des Konflikts, Reinbek 1971, S. 7, als Irrtum der älteren Gesellschaftstheorie angesehen.

steht in dem Nachweis, daß irgend etwas Soziales, nämlich irgend etwas Positives gleichwohl nachweisbar ist, zum Beispiel eine positive Funktion.

Es ist bekannt, daß es Konflikttheorien gibt, die genau dies der Systemtheorie nachsagen, mit Dahrendorf und anderen gegen einen dann offenbar immer weniger gelesenen Parsons argumentierend.[5] Als Folge davon ist ein Großteil der Forschungen über Konflikte von Grundannahmen der Systemtheorie abgekoppelt worden. In Wahrheit trifft dieser Einwand nicht so sehr die Systemtheorie als vielmehr ihre nur scheinbar konfliktfreudigeren Gegner. Man erkennt dies zum Beispiel daran, wie Dahrendorf über den Begriff des *sozialen Konflikts* urteilt. Für ihn ist das kein Pleonasmus. Vielmehr sieht sein Sprachgebrauch, dem inzwischen auch die Lexika folgen, einen *sozialen* Konflikt und damit ein legitimes Thema für *soziologische* Forschungen überhaupt nur dort als gegeben, wo eine makrostrukturelle Veranlassung des Konfliktes durch die Struktur der Gesellschaft nachweisbar ist. Alle anderen Konflikte erscheinen in dieser Optik als ein mehr oder minder müßiger Streit um des Kaisers Bart, für dessen Erklärung die Psychologie zuständig sei.[6] Die *Sozialität* des Konflikts wird also nicht in seiner *Form*, sondern in seinen *Inhalten* gesehen – um es mit einer Unterscheidung von Simmel zu sagen, die diesen Trugschluß gerade *verhindern* sollte.[7] Deutlich steckt dahinter das Vorurteil, der Konflikt selbst sei keine soziale Ordnung – ein Vorurteil, an dem aber man nur festhalten

---

5 Vgl. nur Randall Collins, Conflict Sociology: Towards an Explanatory Science, New York 1975. Bei Collins ist von Konflikten in einem *operativen* Sinne des Wortes freilich kaum noch die Rede. Der Begriff meint hier nicht mehr das Streiten und nicht mehr den Streit, sondern nur noch, daß Integrationsgrad und Konsentiertheit einer Sozialordnung als Variable angesehen werden müssen und Höchstwerte in beiden Hinsichten empirisch so selten sind, daß sie soziologisch als belanglose Grenzfälle abgebucht werden können. Als Theorieleistung wird dann – ähnlich wie bei Bourdieu – die Hypostasierung von Summenkonstanzannahmen für alle materiellen und symbolischen Ressourcen angeboten. Siehe zur Kritik dazu auch Bernhard Peters, Die Integration moderner Gesellschaften, Frankfurt 1993, S. 371 ff.
6 Vgl. dazu etwa Ralf Dahrendorf, Konflikt und Freiheit: Auf dem Wege zur Dienstklassengesellschaft, München 1972.
7 Vgl. dazu Hartmann Tyrell, Konflikt als Interaktion, in: Kölner Zeitschrift für Soziologie und Sozialpsychologie 28 (1976), S. 255-271.

kann, wenn man die Begriffe für soziale Ordnung mit einer metaphysischen Präferenz für Positivität bildet.

Man kann dann immer noch die Selbstreferenz der Perfektion und des perfekt Positiven aktivieren. Man kann sagen, daß eine Gesellschaft, die das Imperfekte einschließt, perfekter sei als eine Gesellschaft, die es ausschließt, und daß daher auch eine Gesellschaft, die den Konflikt zuläßt, perfekter (und das heißt seit dem achtzehnten Jahrhundert: entwicklungsfähiger) sei als eine Gesellschaft, die ihn unterdrückt. Aber an der Ausgangsunterscheidung von perfekter und imperfekter Sozialität und an der begrifflichen Ungleichbehandlung des Imperfekten ändert dies nicht das geringste. *Die eigentümliche Positivität des Negativen wird in seiner Beziehung zu anderen, aber nicht an ihm selbst aufgewiesen.* Sie liegt für den Konflikt darin, daß er die strukturellen Widersprüche der Gesellschaft ins Offene bringt und zu ihrer Entscheidung beiträgt.

Ein deutlich sichtbares Folgeproblem dieser Begriffsfassung besteht darin, daß keineswegs alle Konflikte eine derartige Veranlassung in gesamtgesellschaftlichen Widersprüchen aufweisen. Gegen die damit verbundene Abschiebung der Bagatellkonflikte aus der Soziologie in die Psychologie hatte seinerzeit schon Adorno protestiert – aber nur mit der Absicht, gerade an den scheinbar privaten Konflikten die makrostrukturelle Veranlassung nachzuweisen: der manifeste Streit um des Kaisers Bart sei ein latenter Streit um des Kaisers Macht.[8] Der Gewinn lag darin, daß nun auf einmal auch relativ triviale Interaktionskonflikte auf dem Bildschirm der Theorie auftreten konnten. Aber andererseits kamen die Nachweise ihrer makrostrukturellen Veranlassung, die Adorno dann vorlegte, über eher sozialpsychologische Konstruktionen nicht wirklich hinaus.

Die Vorstellung, der Konflikt müsse entweder aus der Gesellschaft oder aus der Psychologie der Streitenden erklärt werden, die Adorno mit Dahrendorf teilt, ist aber schon darum kein Leit-

---

8 Vgl. dazu Theodor W. Adorno, Anmerkungen zum sozialen Konflikt heute, in: ders., Soziologische Schriften, Bd. 1, Frankfurt 1979, S. 177-196; siehe auch die im selben Band S. 579ff. abgedruckte Erwiderung in der dadurch ausgelösten Kontroverse mit Dahrendorf, die auf dem Frankfurter Soziologentag von 1968 ausgetragen wurde und schon unter den Vorzeichen jenes Großkonflikts stand, der später als »Positivismusstreit« bekannt wurde.

faden für den Aufbau einer soziologischen Theorie des Konflikts, weil sie eines ihrer wichtigsten Themen sein müßte. Die Soziologie kann sich nicht auf diejenigen Konflikte konzentrieren, die in der Gesellschaft auf die Gesellschaft zugerechnet werden.[9] Denn auch die Zurechnung auf außergesellschaftliche und rein individuell motivierte Veranlassung wird ja innerhalb der Gesellschaft konstruiert. Als Operation liegt die Handhabung dieser Unterscheidung vollständig innerhalb des Gesellschaftssystems. Die Soziologie des Konflikts müßte folglich auf die Einheit der Unterscheidung selber bezogen werden. Wenn man dies tut, sieht man auf einen Blick: Es handelt sich um einen Zurechnungsschematismus, mit dem darüber vorentschieden wird, ob die Streitenden bei Fortsetzung ihres Konflikts auf soziale Unterstützung (oder mindestens: auf soziales Verständnis) rechnen können oder nicht. Das heißt: Die Unterscheidung ist selber Teil eines Prozesses der selektiven Generalisierung und Aufwertung von Konflikten, der im Gesellschaftssystem abläuft.

Auch die These, die gesellschaftliche Relevanz des Konflikts sei den Streitenden zwar verborgen, für einen davon unabhängigen Beobachter jedoch deutlich zu erkennen, gehört mit in dieses immer schon laufende Geschäft der Aufwertung bestimmter Konflikte. Auch sie dient der Entpathologisierung von Gegnerschaften und Individualengagements: Die Frau ist nicht hysterisch, sondern vertritt auf eine ihr selbst unbewußte Weise die gute Sache des Feminismus; der Schläger ist nicht eigentlich aggressiv, er leidet nur zu stark unter der Arbeitslosigkeit, und der Protest gegen die Gewalt, die er anderen antut, müßte daher nicht an ihn, sondern an das politische System der Gesellschaft adressiert werden, das dagegen zu wenig unternimmt. Dieses Geschäft der selektiven Aufwertung einiger weniger Konflikte ist Teil dessen, was eine Theorie der modernen Gesellschaft an ihrem Objekt müßte rekonstruieren können.

---

9 Paradebeispiel: der Konflikt zwischen Gewerkschaften und Arbeitgeberverbänden.

II.

Wir fassen zusammen: Die Unterscheidung von Konflikt und sozialer Ordnung hat den Zusammenhang der Konflikttheorie mit den Grundbegriffen der jeweils verwendeten Sozialtheorie abreißen lassen. An ihre Stelle trat die These einer makrostrukturellen Veranlassung oder Verursachung des Konflikts oder der Hinweis auf positive Funktionen in anderen Systemen. Die Sozialität des Konflikts wurde lediglich in der Beziehung zur Gesellschaft gesehen, und für Konflikte ohne eine mindestens latente Beziehung dieses Typs erklärte die Soziologie sich für unzuständig. Eine auch soziologische Befassung mit Bagatellkonflikten wäre unter diesen Bedingungen nur um den Preis einer Ausdehnung des Begriffs der makrostrukturellen Veranlassung ins Uferlose zu haben gewesen. Adorno hat das versucht – *aber nach ihm niemand mehr*. Bei einer wissenssoziologisch distanzierten Beschreibung fällt auf, daß die Unterscheidung zwischen den makrostrukturell veranlaßten und den anderweitig motivierten Konflikten auch innerhalb der Gesellschaft selbst zur Verfügung steht. Hier dient sie vor allem der Aufwertung einzelner Konflikte sowie der Aggregation ihrer Themen und Betroffenheiten zu einer möglichst einheitlichen Front in der Absicht, den Konflikt und seine Thematik auf diese Weise mit breiteren und besseren Reproduktionschancen zu versorgen. Die Unterscheidung ist Teil einer appellativen Semantik, die einige wenige Konflikte zu einer Darstellung der Gesellschaft in der Gesellschaft aufwertet und ihnen dadurch eine im Prinzip universelle Beachtlichkeit sichert. Schon um solche Selektionsleistungen am Objekt thematisieren zu können, benötigt man einen Konfliktbegriff, der unabhängig davon definiert werden kann.

Da Konflikte im sozialen Leben als ubiquitäres Phänomen auftreten, müssen genetische Theorien des Konfliktes auf sehr allgemeinen Abstraktionsebenen ausgearbeitet werden. Sie können nicht nur für bestimmte Systemtypen oder für bestimmte Themen aufgestellt werden, sondern müssen der Universalität des Phänomens dadurch gerecht werden, daß sie mit Hilfe von Begriffen dargestellt werden, die ihrerseits auf der Ebene einer allgemeinen Theorie liegen. Theorietechnisch kann ein solcher Begriff mithin nur dadurch gewonnen werden, daß man den Zusammenhang mit den sozialtheoretischen Grundbegriffen *wiederherstellt*. Ein Konfliktbegriff, der solchen Anforderungen genügt, steht heute auf der Grundlage der allgemeinen Theorie sozialer Systeme zur Verfügung.[10] Die den Zusammenhang herstellenden Begriffe lauten: *doppelte Kontingenz* (1); *Kommunikation* (2); *soziales System* (3). Alle diese Begriffe sind mit Bezug auf die Unterscheidung von Interaktion und Gesellschaft noch unspezifisch angesetzt. Das ermöglicht es, diese Unterscheidung *innerhalb* der Konflikttheorie einzuführen, während die klassische Soziologie umgekehrt die Unterscheidung von Interaktion und Gesellschaft vorgeschaltet hatte und den Konflikt dann nur noch auf der einen Seite der Unterscheidung, nämlich nur noch als Gesellschaftskonflikt einführen konnte.

(1) Konflikte sind eine eigenständige Form der Lösung des Problems der *doppelten Kontingenz*.[11] Sie setzen also, ähnlich wie auch die konfliktferneren Arrangements, eine Sinnlage voraus, in der die Differenz der Beteiligten und ihrer Möglichkeitshorizonte auf *beiden* Seiten *als Differenz* aktuell wird mit der Folge, daß die Situation selbst ihnen zunächst einmal als unbestimmt, wenn nicht als unbestimmbar erscheint. Die Folge ist in jedem Falle: hohe Unsicherheit über den Anschlußwert des eigenen Verhaltens. Der Konflikt dient angesichts dessen dem effektiven Wiedergewinn von Sicherheit. Das geschieht im Prinzip durch die Festlegung auf die Form der Gegnerschaft selbst. Es ist dazu keineswegs erforderlich, daß einer der Beteiligten das Schema der Gegnerschaft schon praktiziert oder daß der andere dies aufgrund einer Einschätzung seiner Interessenlage erwarten kann und sich dementsprechend bemüht, ihm zuvorzukommen. Es mag ausreichen, »daß A erwartet, daß B von ihm Feindschaft erwartet und B's Verhalten als entsprechend feindselig definiert, was es dem A ermöglicht, zugleich Feind zu sein und nicht zu sein, ein unschuldiger Feind, der nur in A's Erwartungen von B's Erwartungen existiert, dann

---

10 Vgl. Niklas Luhmann, Soziale Systeme: Grundriß einer allgemeinen Theorie, Frankfurt 1984, S. 488 ff. Ich folge hier (hoffentlich!) den Begriffsentscheidungen von Luhmann, wähle jedoch mit Blick auf Interaktion eine etwas andere Darstellungsweise.
11 Wir sagen: der Lösung! Das Problem selbst besteht also nicht etwa in der Verhinderung oder Begrenzung von Konflikten. Es geht nicht um pax et iustitia.

aber mehr und mehr Feindschaft durch Verhalten realisiert und damit schuldig wird«.[12]

Entsprechend kompliziert sind die *Darstellungserfordernisse* für den, der angesichts von offener Doppelkontingenz ein Umkippen der Situation in Richtung auf Gegnerschaft und Konflikt zu verhindern wünscht. Er muß nicht nur darstellen, daß er selbst keine feindseligen Intentionen hegt, denn gerade das könnte so wirken, als würde er sie beim *anderen* unterstellen.[13] Gerade die forcierte Arglosigkeit oder gar Freundlichkeit, mit der man einem anderen sich nähert, mag von diesem so verstanden werden, als würde man eine Gegnerschaft, mit der man schon rechnet, auf diese Weise beschwichtigen wollen. Die Absicht auf Demonstration fehlender Konfliktbereitschaft mißrät dann zur Demonstration der Absicht selbst und legt so die Frage nahe, warum ein *Dementi* möglicher Gegnerschaft überhaupt erforderlich sein sollte – es sei denn, wirkliche Gegnerschaft sei im Spiel. Und gerade dann, wenn *auch der andere* sich selbst keiner derartigen Motive bewußt ist, wird er annehmen, daß es in Wahrheit der so sich Darstellende sei, der das Schema der Gegnerschaft praktiziere. Wie für alle Formen des Umgangs mit doppelter Kontingenz, so gilt auch für den Konflikt, daß er *nahezu voraussetzungslos* entstehen kann.

(2) Konflikte sind Aktualisierungen einer Möglichkeit, die mit jeder Kommunikation eröffnet wird, nämlich der Möglichkeit, die Kommunikation abzulehnen – *und dies mitzuteilen*. Konflikte sind also Kommunikationen.[14] So wie aller Sinn potentiell

---

12 Zu dieser Unterscheidung Niklas Luhmann, Rechtssoziologie, 2 Bde., Hamburg 1972, Bd. 1, S. 34f.
13 Vgl. dazu die bekannte Analyse der Darstellungsprobleme von Passanten, die einander auszuweichen versuchen, bei Erving Goffman, Das Individuum im öffentlichen Austausch: Mikrostudien zur öffentlichen Ordnung, Frankfurt 1974, S. 23 ff. Goffman zeigt, wie das gesamte Körperverhalten der Beteiligten durch Orientierung an der *extremen* Möglichkeit eines Zusammenstoßes *systematisiert* wird. Im Rahmen der hier gewählten Begriffssprache ist dies die Orientierung an der Möglichkeit eines Konflikts. Goffman sieht denn auch das Hauptproblem in der Darstellung fehlender Konfliktbereitschaft. Eine mögliche Absicht muß negiert werden, ohne daß eine mögliche Absicht auf Negation (und damit der Verdacht, es verhalte sich anders) sichtbar wird. Die oben im Text behandelten Probleme lassen sich hier weitgehend durch Dissimulation von Wahrnehmung und durch Simulation von Unaufmerksamkeit lösen.
14 Die klassische Konfliktsoziologie hatte dagegen das Gegenteil angenommen.

widerspruchsvoll konstituiert ist,[15] so ist jede Kommunikation ein potentieller Konflikt. Die Universalität dieser Möglichkeit wird durch *binäre Codierung von Sprache* garantiert. Die Sprache stellt für jeden möglichen Sinngehalt sowohl Ja-Fassungen als Nein-Fassungen zur Verfügung. Jeder kommunizierte Sinn kann daher, ohne seinen Gehalt zu verlieren oder auch nur zu ändern, negiert werden. Jede Kommunikation ist daher ein Konfliktangebot.[16] Indem sie bestimmt, was sie zumutet, eröffnet sie für den anderen die Möglichkeit (die er andernfalls gar nicht hätte), eben dieses Bestimmte abzulehnen. Daher muß man das Verstehen, das die einzelne Kommunikation abschließt, von der Entscheidung über Annahme und Ablehnung unterscheiden, die mit weiterer Kommunikation daran anschließt. Die Unterscheidung von Verstehen und Annahme/Ablehnung der Kommunikation ist für alle Kommunikation konstitutiv. Für konfliktnah geführte Kommunikation kommt hinzu, daß in der Ambiguisierung dieser Unterscheidung eine wichtige Strategie der Konfliktvermeidung liegt. Man gibt vor, nicht verstanden zu haben, um nicht (oder noch nicht) negieren zu müssen.

Der Konfliktbegriff wird damit strikt auf die Operationsweise sozialer Systeme bezogen und daher als Kommunikation verstanden, und nicht etwa als inkonsistentes Bewußtsein. Um einen Konflikt handelt es sich nur dann, wenn die eine Kommunikation der anderen widerspricht und diesen Widerspruch in ihrer

---

So ganz explizit bei Georg A. Lundberg, The Foundations of Sociology, New York 1939. Selbst die Kritik an diesem Autor hat ihm dies durchgehen lassen. So moniert Lewis A. Coser, The Functions of Social Conflict, Glencoe Ill. 1956, S. 23 f., lediglich die Gleichgewichtsmetapher, aber nicht den Kommunikationsbegriff. Die grundbegriffliche Weichenstellung, die den Konflikt desozialisiert, ist auch hier die Klammer, die die angeblich konfliktfernen Sozialtheorien mit ihren Gegnern verbindet.

15 Siehe dazu Luhmann, Soziale Systeme (a. a. O.), S. 494.

16 Bekannt ist der Satz von Goethe, wonach *jedes ausgesprochene Wort* den Gegensinn errege. Da dies auch für diesen Satz selbst gilt, wird man ihn bestreiten wollen. Aber das wäre dann gerade die Bestätigung dessen, was der Satz meint. Der Satz etabliert das, was er behauptet, mit einer Art von cartesischer Gewißheit. Er schließt noch die Negation seines Sinnes als Bestätigung seiner selbst ein und gehört eben deshalb in eine Theorie selbstreferentieller Kommunikationssysteme.

Selbstsinngebung reflektiert. Konflikte sind negierte Kommunikationen, die als solche zum Thema weiterer Kommunikation werden. Es geht mithin um den Widerstand von Operationen des Systems gegen Operationen des Systems selbst. Der Widerstand wird also nicht im Sinne eines externen Korruptionsfaktors verstanden, der eine angelegte Tendenz zum kommunikativen Erfolg wie von außen her unterbricht. Es geht also nicht um externe Störungen, Unterbrechungen oder Entfremdungen der Kommunikation und auch nicht um den Widerstand des Bewußtseins. Es geht auch nicht um den berühmten Konflikt zwischen Individuum und Gesellschaft, denn wenn man den hier vorgeschlagenen Konfliktbegriff akzeptiert, gibt es einen solchen Konflikt gar nicht, da Konflikte eine strikt kommunikationsinterne Existenz führen. Für Spannungen, Belastungen, ökologisch ungünstige Lagen im Verhältnis der sozialen Systeme zu den psychischen Systemen in ihrer Umwelt braucht man daher einen anderen Begriff – und zwar auch und gerade dann, wenn man erklären will, unter welchen Bedingungen solche Spannungen innerhalb der Kommunikation zum Konflikt führen.

(3) Die Ablehnung einer Kommunikation kann ein isoliertes Ereignis bleiben, wenn der andere daraufhin *sofort* nachgibt. In solchen Fällen läßt sich die Kommunikation der Ablehnung vom bloßen Mitvollzug eines schon bestehenden Systems nicht unterscheiden. Sie bleibt Ereignis in dessen Reproduktionszusammenhang und führt nicht zur Ausdifferenzierung eines Konfliktsystems. Das Nein gewinnt daher auch gegenüber den Strukturen dieses Systems keine eigene Selektionsfähigkeit. Wird dagegen trotz Ablehnung insistiert, dann wächst sich der Konflikt zu einem eigenen Sozialsystem aus.

Ein solches Konfliktsystem hat eine Reihe von Merkmalen, die sich angeben lassen. Es entsteht zum einen dadurch, daß Gegnerschaft *systembildend* wirkt. Sie gestattet es, davon auszugehen, daß alles, was dem anderen nützt, eben deshalb mir selbst schadet, so wie man umgekehrt den Schaden des anderen als eigenen Nutzen buchen kann, auch wenn man sonst »nichts davon hat«. Es ist also nicht erforderlich, daß Vorgaben in der Sachdimension, etwa in der Art einer Summenkonstanzannahme, unterstellt werden können, und entsprechend kann eine Zurückführung aller Konfliktpotentiale auf das eine Muster des Kampfes um knappe Ressourcen vermieden werden.[17] Der Konflikt braucht keinen sachlichen Anlaß, er plausibilisiert sich selbst in dem Maße, in dem er fortgesetzt wird. Für die Außendarstellung und zur Abwehr etwaiger Pressionen auf Nachgiebigkeit mag es hilfreich sein, wenn man behaupten kann, der Gegner habe einem etwas »weggenommen«. Aber das sind sekundäre Rationalisierungen, die angefertigt werden, um das Konflikthandeln an gesellschaftliche Bedingungen der Darstellbarkeit von Motiven anzupassen, die seine Fortsetzung erschweren könnten.

Das Konfliktsystem ist dabei geschlossen und offen zugleich, und es realisiert Offenheit nur nach Maßgabe seiner Geschlossenheit und nach Maßgabe der dafür gefundenen Form. In Abwandlung einer altkybernetischen Formel könnte man sagen, der Konflikt sei geschlossen mit Bezug auf das Schema der Gegnerschaft, das ihn konstituiert, und offen mit Bezug auf dafür geeig-

17 Hier lohnt sich der Seitenblick auf die Konflikttheorie von René Girard, dargestellt in: La violence et le sacré, Paris 1972; Des choses cachées depuis la fondation du monde, Paris 1978; Le Bouc émissaire, Paris 1982; La route antique des hommes pervers, Paris 1985. Diese Theorie konstruiert den Begriff der Imitation als Ausdruck für eine Sozialparadoxie. Im Bedürfnis, den anderen und seine Bedürfnisse zu imitieren, gerate ich mit ihm in Konflikt. Das ist angesichts von Knappheit ohne weiteres einsichtig, und viele Interpreten stellen diese Theorie deshalb so dar, als würde sie die Prämisse der Knappheit *voraussetzen* und dann nur noch zeigen wollen, wie durch Freigabe der Imitation *zusätzliche* Knappheit erzeugt wird – so etwa Dirk Baecker, Gewalt im System, in: Soziale Welt 47 (1996), S. 92-110 (94f.). Girard aber hat nicht nur Konflikte vor Augen, die sich aus einer im Verhältnis zum Bedarf unzureichenden Versorgung mit Gütern ergeben, und er denkt daher auch die Gesellschaft nicht nur als Verteilungsproblem (das ja durch Wachstum entschärft werden könnte). Es geht ihm vielmehr um eine genuine Sozialparadoxie, die immer dann akut wird, wenn eine Situation überhaupt als soziale Situation definiert ist. In allen Handlungsfeldern mit mehr als einem Beteiligten kann es zu mimetisch ausgelösten Konflikten kommen, wie immer reichhaltig oder armselig die Ausstattung mit Gütern auch sein mag. Girard macht das am Beispiel einer Spielgruppe von Kindern deutlich, die sich in einem Raum befinden, der mit einer ausreichenden Zahl von Spielzeugen *des gleichen Typs* ausgestattet ist: »Mettez un certain nombre des jouets, tous identiques, dans une pièce vide, en compagnie du même nombre d'enfants: il y a des fortes chances que la distribution ne se fasse pas sans querelles« (zitiert nach Girard 1978, S. 17). Nur diese Deutung erklärt im übrigen, warum Girard seine Theorie als Theorie der Religion und nicht etwa als Theorie der Wirtschaft schreibt. Vgl. dazu auch Franz-Xaver Kaufmann, Macht die Zivilisation das Opfer überflüssig?, in: Richard Schenk (Hrsg.), Zur Theorie des Opfers: Ein interdisziplinäres Gespräch, Stuttgart 1995, S. 173-188.

nete Themen und Anlässe. Infolgedessen kann der Konflikt nicht einfach durch sein Thema charakterisiert werden. Themen liegen für den Konflikt auf der Ebene der Semantik, nicht auf der Ebene der Syntax. Es handelt sich nicht um die Erzeugungsregeln, sondern um auswechselbare Bedingungen der Fortsetzbarkeit des Systems. Der Konflikt tendiert denn auch deutlich dazu, weitere und immer weitere Themen in sich hineinzuziehen. Er organisiert eine künstliche, nur für ihn geltende Interdependenz zwischen Themen, die sachlich nur lose gekoppelt sind und erst durch den Konflikt selbst zur Front aggregiert werden.

Außerdem bewährt sich der Konflikt auch darin als soziales System, daß er mit einem sehr hohen Maß an Rücksichtslosigkeit gegenüber der *innergesellschaftlichen* Umwelt ausgestattet ist. Schäden und Betroffenheiten, die dort zu Buche schlagen, werden im System des Konflikts ignoriert, sofern nicht die Bemühung um Vermeidung solcher Schäden aus konfliktstrategischen Gründen erforderlich scheint. Im Verhältnis zur *außergesellschaftlichen* Umwelt der psychischen Systeme fällt dagegen gerade die Nichtindifferenz ins Gewicht. Nicht nur beruht der Konflikt als soziales System auf einem Maximum an fester Kopplung seiner Elemente. Er bindet auch mehr als jede andere Systemgrundlage, Liebe vielleicht ausgenommen, die persönliche Identität der Beteiligten ein. Von Gegnern und Konflikten kann man abhängig werden wie von Partnern und Ehen. Und hier wie dort läßt das Ende des Systems oder der Ausfall der Bezugsperson den, der das überlebt, mit biographischen Problemen zurück. So leistet er, um es in der Sprache von Giddens zu sagen, *Systemintegration* und *Sozialintegration* zugleich.

Die These, daß der Konflikt eine kommunikativ eigenständige Lösung für das Problem der doppelten Kontingenz zu bieten hat und dadurch ein hochintegriertes Sozialsystem erzeugt, konnte nicht formuliert werden, solange man eine bestimmte *Lösung* des Problems der doppelten Kontingenz, nämlich die Annahme einer immer schon zu unterstellenden Integration durch die Normen der Gesellschaft und durch die Werte ihrer Kultur, mit Parsons in den *Begriff* des Handelns eingebaut sah. Die Umstellung der Sozialtheorie von Herrschaft auf normative Integration, die bei Parsons erreicht ist, ist ein deutlicher Fortschritt gegenüber Hobbes, weil sie die alte Gleichsetzung der Sozialtheorie und speziell der Gesellschaftstheorie mit der Theorie des politischen Systems vermeidet. Das erst eröffnet den Weg, Gesellschaft und politisches System zu *unterscheiden*. Ohne die Fähigkeit, so zu unterscheiden, dürfte ein Verständnis der modernen, funktional differenzierten Gesellschaft nicht möglich sein.

Demgegenüber hilft es nicht weiter, wenn man mit Dahrendorf und vielen anderen auf Hobbes als auf die vermeintlich realistischere Position zurückgeht. Das führt nur in die alte Gleichsetzung von Gesellschaft und politischem System oder auch in die neuere, aber nur *politisch* sinnvolle Unterscheidung von Staat und Gesellschaft zurück. Man kann die inzwischen weit verbreitete Kritik am Begriff der Integration akzeptieren, aber der Einwand würde dann nicht lauten, daß der Begriff den Blick auf Konflikte verstelle, da diese die Integration und den Integrationstheoretiker störten. Die Kritik müßte vielmehr lauten, daß man auf diese Weise nicht zu sehen bekommt, daß gerade der Konflikt ein Extremfall an Integration *ist* – und in dieser Form trifft die Kritik dann auch auf Dahrendorf zu.

III.

Der Konflikt läßt sich als autonomes Sozialsystem begreifen. Die Gesellschaft, in der er ausdifferenziert wird, wird damit zur Umwelt des Systems. Sie kommt innerhalb des Konflikts primär unter konfliktstrategischen Gesichtspunkten in Betracht. Sie wird also nicht etwa für irrelevant erklärt, wohl aber wird sie einer systemspezifischen Rekonstruktion unterzogen. Das ermöglicht eine durch das System selbst vermittelte Spezifikation dieser Relevanz, ist also mit der operativen Autonomie des Konflikts kompatibel. Die Gesellschaft erscheint vom Konflikt aus gesehen unter der Doppelform von Ressourcen und von Unsicherheiten – von Ressourcen, mit denen man *den Gegner* schädigen kann, und von Unsicherheiten in der Frage, was *andere* davon halten. Sie wird als Inbegriff möglicher Waffen und als Inbegriff möglicher Unterstützungsbereitschaften rekonstruiert.

Die Gesellschaft wiederum verdankt dieser selektiven Verengung ihrer Relevanz durch das Konfliktsystem zugleich eine Identifikationshilfe für diejenigen Punkte, an denen sich das Interesse an der Regulierung von Konflikten festmachen läßt. Solche Punkte liegen einerseits in der Konditionierung des Zugangs zu Waffen (im konfliktpragmatisch weiten Sinne des Wortes) und andererseits in der Konditionierung des Zugangs zu Unterstützungsbereitschaften.[18] Beide Konditionierungen können mit Bezug aufeinander gewählt werden. So scheinen die Ausschließung der physischen Gewalt als Ressource und die Orientierung der Streitenden an der Unterstützungsbereitschaft von Gerichten zu korrelieren und bei der Abwendung der archaischen Selbsthilfe zusammenzuwirken.

Erst nach diesen Klarstellungen kann man zutreffend würdigen, wie Konflikte mit Gesellschaftsstrukturen zusammenhängen. Die Diskussion über diese Frage leidet bis heute daran, daß man den Konflikt einigermaßen pauschal zum Schrittmacher des sozialen Wandels erklärt hat. Seine Funktion würde dann gleichsam automatisch in *Strukturänderung* liegen.[19] Die Vorstellung struktureller Widersprüche sowie die dialektische These von der Instabilität des Widerspruchs haben dies als plausibel erscheinen lassen. Gleichwohl ist diese Auffassung viel zu einfach, denn auch und gerade zur *Erhaltung von Strukturen* ist Konfliktfähigkeit unerläßlich.

Systemtheoretisch ergibt sich dies daraus, daß Strukturen stets *Selbstsimplifikationen* des Systems sind, das sich mit ihrer Hilfe reproduziert. Sie werden dem System nicht systematisch, sondern nur durch robuste Vereinfachungen gerecht. Sie setzen sich selbst an die Stelle jener unbestimmbaren Komplexität, die entstehen würde, wollte man jedes Systemelement mit jedem ande-

---

18 Vgl. Luhmann, Soziale Systeme (a.a.O.), S. 539 ff.
19 Auch dieser Zusammenhang von Konflikt und Strukturwandel hängt letztlich an Interaktionsplausibilitäten. Auch er kann durch die Unterscheidung von Interaktion und Gesellschaft sabotiert werden. Ob Konflikte Gesellschaftsstrukturen ändern, das hängt offenbar nicht nur von ihnen selbst, sondern auch noch von zahlreichen anderen Faktoren ab. Die Vorstellung einer Transformation der *gesamten* Gesellschaft durch *einen* Konflikt ist zusammen mit der Semantik der Revolution historisch geworden. (Schon die Codiertheit der Eigentumsverhältnisse stellt effektiv sicher, daß nur die Verteilung der Codewerte von Eigentum und Nichteigentum, nicht aber der Code selbst durch einen Akt der »Enteignung« zu ändern wäre, so daß die Änderung selbst allenfalls Programme betreffen kann; siehe dazu auch Heinrich Popitz, Prozesse der Machtbildung, Tübingen 1968.) In der Interaktion dagegen *ist* der Konflikt der Strukturwandel.

ren in Beziehung setzen.[20] Jede Struktur setzt insofern die Abweisung anderer, aber system*eigener* Möglichkeiten voraus. Die Erhaltung der Struktur (nicht: des Systems) ist auf die Erhaltung dieser Differenz zwischen zugelassenen und abgewiesenen Möglichkeiten angewiesen. Die Beobachtung, daß die Reproduktionschancen für Jas und für Neins (und mit ihnen: die Konfliktfähigkeiten) ungleich verteilt sind, ist insofern mit der Beobachtung identisch, daß man es mit strukturierter und organisierter Systemkomplexität zu tun hat.[21]

Angesichts dieser Nichtidentität von Struktur und System wird man es als *komplexitätsadäquaten Normalfall* ansehen müssen, daß jede Strukturentscheidung zu widersprechender Kommunikation anreizt. Je unwahrscheinlicher die Struktur, um so eindeutiger läßt sich das, was sie ausschließt, innerhalb des Systems selbst artikulieren und um so wahrscheinlicher ist es, daß dann auch strukturwidriges und dadurch *irritierendes* Kommunizieren versucht wird und vorkommt.

Nur weil die Struktur nicht alle Möglichkeiten des Systems ordnet, sondern selektiv eingesetzt ist, kann man ihr im System selbst entgegentreten. Nur darum gibt es in einem System, das in seiner ope-

---

20 Siehe für einen darauf eingestellten Strukturbegriff Niklas Luhmann, Komplexität, in: ders., Soziologische Aufklärung 2: Aufsätze zur Theorie der Gesellschaft, Opladen 1975, S. 204-221.

21 Problematisch ist die Strukturerhaltung auch deshalb, weil die abgewiesenen Möglichkeiten sich nicht in jedem Falle ins offenbar Unsinnige abschieben lassen. Die Gleichsetzung des abweichenden mit dem anomischen Verhalten ist eine sehr einfache Strategie, die sich nur für sehr einfache Gesellschaften eignet (und hier ebenfalls zur Entlastung des Konflikthaushalts beiträgt). Hier fehlt es denn auch an einer Unterscheidung zwischen Konformität und Abweichung, die mit *beiden* Seiten innerhalb des Normalvollzugs der Gesellschaft liegt. Komplexere Gesellschaften unterscheiden dagegen zwischen Abweichung und Anomie, und gerade an der modernen Gesellschaft muß auffallen, daß noch die verrückteste Abweichung mit geordnetem Anschlußverhalten rechnen kann und außerdem über eigene Möglichkeiten der Sinngebung und Selbstlegitimation verfügt. Wer es für vordringlich hält, Ausländer in Brand zu setzen, kann dies im Schutze einer ganz neuen sozialen Bewegung und unter dem Beistand ihres Vokabulars tun. Wer Selbstverständlichkeiten in Frage stellen möchte, an deren Negation kein vernünftiges Interesse besteht, kann sich dabei auf Harold Garfinkel berufen, um seinem Verhalten den Anschein des Unsinnigen zu nehmen und es auf allgemein anerkannte Werte zu beziehen. Noch der schlechthin verwegene Aberwitz hat seine eigenen Ideologien, seine eigenen Therapeuten, seine eigenen Soziologen gefunden.

rativen Geschlossenheit von sich selbst *nicht abweichen kann*, gleichwohl die Möglichkeit einer abweichenden Reproduktion – nämlich einer abweichenden Reproduktion von Strukturen. Die Stabilität der Struktur kann dann nicht mehr einfach als Gegenbegriff zum Konflikt begriffen werden, so als wäre sie mit der Faktizität seines Vorkommens sogleich gefährdet. Sie kann nicht mehr als Position gegen den Konflikt, sie muß vielmehr als mögliche Position im Konflikt begriffen und rekonstruiert werden.

Gerade extrem unwahrscheinliche, zum Beispiel funktional spezifizierte Strukturen setzen Konflikt*fähigkeit* zu ihrer Erhaltung voraus. Die Erhaltung der Möglichkeit von Kapitalbildung setzt voraus, daß man ablehnen kann, wenn jemand aus Notlagen heraus mit Abgabezumutungen kommt, die doch in sich durchaus verständlich motiviert oder sogar durch normative Erwartungen eigener Art gedeckt sein können. Ein Beamter muß in der Lage sein, Geschenke ablehnen zu können, auch wenn er die Absicht, ihm eine Freude zu machen, als solche erkennt. Die Vorstellung, daß Liebe individuell zurechenbar ist, setzt voraus, daß man nicht jeden nehmen muß, der entsprechende Anträge macht.

Wenn Konflikte aber sowohl zur Erhaltung als auch zur Änderung von Strukturen erforderlich sind, dann reicht der Strukturbegriff selbst offensichtlich nicht aus, um den Konfliktbegriff zu klären. Der Versuch dazu produziert denn auch seit geraumer Zeit nur noch ideologische Alternativen. Statt dessen muß man von der *Differenz zwischen System und Systemstruktur* ausgehen und sagen, daß Konflikte Artikulationsmöglichkeiten für genau diese Differenz bereitstellen. Sie artikulieren die Einheit des Systems anhand dieser Differenz. Was durch den Konflikt »erhalten« wird, ist die Autopoiesis des Systems, nicht notwendigerweise auch seine Struktur.

Diese Überlegung führt auf die Hypothese, daß die Konfliktfähigkeit sowie die Chancen des Sichdurchsetzens im Konfliktfalle in mehr oder minder großer Übereinstimmung mit prominenten Gesellschaftsstrukturen und speziell mit der Form der gesellschaftlichen Differenzierung verteilt sein werden. Eine Strukturprojektion, die bei jedem Nein, dem sie in der Kommunikation begegnet, aufgegeben werden müßte, könnte die Funktion einer Struktur nicht mehr erfüllen, denn dafür ist das Nein schon aus sprachlichen Gründen zu leicht verfügbar.

Das gilt auch für die in der Interaktion verfügbaren Regulative für Konfliktbereitschaft. Man kann davon ausgehen, daß es sich dabei in vielen Fällen um bloße Kopien der Gesellschaftsstruktur selbst handeln wird – etwa nach dem Muster einer auch in ihren Programmen (und nicht nur: in ihrem Code[22]) gesellschaftseinheitlich fungierenden *Moral*. Wer die Moral auf seiner Seite weiß, kann den anderen der öffentlichen Entrüstung preisgeben und muß nicht damit rechnen, daß diese seine Unnachgiebigkeit ihm als persönliche Marotte zugerechnet wird. Dann aber wird jede Ablehnung der Struktur, wird jede Projektion anderer Möglichkeiten zu einer chancenlosen Position, die man gleichsam nur noch aus Trotz einnehmen kann. Die doppelte Funktion des Konfliktes, Strukturen zu stabilisieren und zu destabilisieren, wird so nur zur Hälfte erfüllt. Denn bei starker Vorentscheidung und situativer Absehbarkeit des Konflikt*ausgangs* ist es unwahrscheinlich, daß sich überhaupt noch Personen finden, die verzweifelt genug sind, es gleichwohl darauf ankommen lassen.

Ähnlich wie Moral haben auch *Schichtungs- und Herrschaftsverhältnisse* den deutlichen Nachteil, die Konfliktfähigkeit in sehr starker Übereinstimmung mit der Gesellschaftsstruktur zu verteilen.[23] Wer oben steht, kann ablehnen, wenn ungewöhnliche Anträge von unten her auf ihn zukommen. Wer unten steht, rechnet das ein und wählt dann lieber sogleich die Form der *Bitte*, die erkennen läßt, daß die Unverlangbarkeit des Erbetenen deutlich bewußt ist.[24] Die irritierende, durch vorhandene Erwar-

---

22 Siehe zu dieser Unterscheidung Niklas Luhmann, Ethik als Reflexionstheorie der Moral, in: ders., Gesellschaftsstruktur und Semantik: Studien zur Wissenssoziologie der modernen Gesellschaft, Bd. 3, Frankfurt 1989, S. 358-449 (394, 417 ff.).
23 Siehe dazu Luhmann, Soziale Systeme (a.a.O.), S. 542.
24 Das gilt natürlich nur dann, wenn die Bitte von unten nach oben geht, und nicht auch für Kommunikationen, die in Gegenrichtung laufen und daher den Konflikt weniger fürchten müssen. Siehe dazu auch den Protest gegen das »Überhöfliche« in Habitus und Erziehungspraxis der Oberschichten bei Jean-Jacques Rousseau, Émile ou de l'Éducation (1762), dtsch. Übersetzung Paderborn 1989, S. 64: »Man sieht sofort, daß *s'il vout plaît* in ihrem Mund *il me plaît* bedeutet und *je vous prie* ein *je vous ordonne*.« Rousseau sieht darin eine Perversion der Höflichkeit und wünscht sich von seinem eigenen Zögling, daß er gegebenenfalls lieber »*faites cela*« sagen möchte als »*je vous prie*«. Historisch mag man solche Empfindlichkeiten auf die stärkere Differenzierung von konfliktnah geführter und geselliger Interaktion zurückführen: Takt und Höflich-

tungen nicht schon gedeckte Kommunikation bleibt möglich, aber sie findet sich aufgerufen, die eigene Unwahrscheinlichkeit in sich selbst zu reflektieren. Man gibt zu verstehen, daß auch im Verweigerungsfalle kein Konflikt erfolgt, da man nicht insistieren wird. Unter diesen Umständen ist Nachgiebigkeit erwartbar mit der Folge, daß der Konflikt gar nicht erst ausdifferenziert wird.[25] Die sozialstrukturell unvermeidlichen und evolutionär folgenreichen Konflikte werden dann auf die oberschichteninterne Kommunikation konzentriert und lassen so das Konfliktpotential eines bloßen *Teil*systems zum Filter und schließlich zum Engpaß der *gesamt*gesellschaftlichen Evolution werden.[26]

keit werden dabei zu einer Maxime für die gesellige *Interaktion unter Gleichen* abstrahiert, und daher erscheint es nun als paradoxe Kommunikation, »die den Wortsinn verdreht«, wenn nach wie vor auch von oben nach unten so kommuniziert wird. Asymmetrie und Reziprozität werden als Widerspruch stilisiert. Die verschiedenen Hinsichten, aus denen man das Bitten auch in asymmetrischer Interaktion dem Befehlen vorziehen kann, werden auf diese Weise nicht durchsichtig. Siehe dazu aber die Bemerkungen zum Thema »Bitte um Hilfe in Organisationen« bei Niklas Luhmann, Funktionen und Folgen formaler Organisation, Berlin 1964, S. 337: »Der um Hilfe Ersuchte wird gefragt, bevor die Anordnung ergeht. Es wird mit ihm verhandelt. Er erhält Gelegenheit darzustellen, wie überlastet er ist (damit aus seiner Bereitschaft später keine falschen Schlüsse gezogen werden), und erklärt sich schließlich nach langen Ausführungen über seine eigenen Schwierigkeiten, über andere Möglichkeiten der Arbeitsverteilung und über die durchstandenen oder bevorstehenden Herzinfarkte seufzend einverstanden. Die Entscheidung wird in einem bewußt ambivalenten, informalen und formalen Verhalten erreicht, so daß der Helfende die Situation unter den Gesichtspunkten von Bitten und Danken, die anderen sie auf Grund der formalen Anordnung auslegen können.«

25 Siehe dazu auch die konflikttheoretische Deutung des Bittens bei Wolfgang Ludwig Schneider, Die Beobachtung von Kommunikation: Zur kommunikativen Konstruktion sozialen Handelns, Opladen 1994, S. 202 f. Schneider bindet sich freilich unter dem Eindruck der Konversationsanalyse an ein strikt *sequentielles* Modell der Kommunikation und geht auf die systemtheoretischen Bedenken dagegen nicht ein.

26 Auch lassen sich Konflikte, die Oberschichten entzweien, unter diesen Umständen innerhalb der Gesellschaft schwer isolieren. Blockiert ist damit nicht zuletzt die spezifisch moderne Möglichkeit, Konflikte bevorzugt *innerhalb* von Teilsystemen freizusetzen und die Systemdifferenzierung selbst als Prinzip der Schadensbegrenzung wirken zu lassen. Der Ehestreit kann Ehen beenden, aber nicht auch Organisationsmitgliedschaften, und etwaige Interferenzen bleiben individuell zurechnungsfähig. Der Dauerkonflikt zwischen Regierung und Opposition und seine periodische Entscheidung durch demokratische Wahlen ist erträglich nur dann, wenn sichergestellt ist, daß man dabei nur sein Amt, nicht

275

Das eigentliche Potential des Konflikts wird auch dabei nur selektiv genutzt, und bei höheren Anforderungen an Komplexität wird es darauf ankommen, weitere Mechanismen der Ermutigung von Konflikten zu finden, die *mit höherer Autonomie gegenüber der Gesellschaftsstruktur* kompatibel sind.

Das *Recht* ist einer von ihnen. Erst auf der Grundlage von Recht kann man sich vorstellen, daß die Bedingungen für soziale Unterstützung im Konfliktfalle nicht schon festliegen, sondern durch den Konflikt selbst noch geändert werden können. Das setzt eine gewisse Dekonditionierung und Mobilisierung der Unterstützungsbereitschaften voraus. Ihre Verteilung in der Gesellschaft darf beispielsweise nicht schon mit der persönlichen Identität der Beteiligten feststehen, und soweit es solche themenunspezifisch erwartbaren Loyalitäten gibt, zum Beispiel auf der Grundlage tribaler Strukturen, muß die Entscheidung über den Ausgang des Konfliktes *unabhängig davon* organisiert werden. Dem Recht gelingt dies, indem es die Konfliktentscheidung dem Richter überantwortet und dadurch die Kategorie des *unabhängigen Dritten* einführt. Die Unwahrscheinlichkeit dieser Kategorie und ihres Erfolges liegt auf der Hand, wenn man ihr spätes Auftreten in der Geschichte bedenkt.[27]

In dem Maße freilich, in dem das Recht sich an eigene Konfliktentscheidungen erinnert und eine dies fixierende Schicht der Präzedenzfälle, Entscheidungsregeln und schließlich Dogmatiken absondert, wird es zugleich zu einem Faktor, der seinerseits Konflikte ermöglicht. Man muß sich dann nicht auf Moral oder auf Schichtung, man kann sich auch auf seine Rechtsposition berufen, und bei entsprechender Ausdifferenzierung des Rechts

---

aber auch sein Leben verlieren kann. Konflikte im Wissenschaftssystem wiederum können riskiert und unter den Titeln von Falsifikation und Kritik geradezu *vorgeschrieben* werden, wenn sichergestellt ist, daß ihr Ausgang nicht sogleich auch das wirtschaftliche Kontaktpotential oder den Familienstand des Unterlegenen ändert.

27 Zur Klarstellung sei hinzugefügt, daß es hier um Richter, nicht um Schlichter geht. Der Unterschied liegt darin, daß Richter nicht einfach beiden Seiten recht geben können, sondern eine binäre Struktur respektieren müssen. Die Einheit des Konflikts wird als Differenz artikuliert. Das schließt das Fortbestehen der Möglichkeit seiner Artikulation als Einheit nicht aus, aber gütliche Einigungen stehen nun im Schatten der Gewißheit, daß es darauf im Ernstfall nicht ankommt.

funktioniert dies dann auch gegen die Moral und auch gegen die Schichtungsstruktur der Gesellschaft. Im Unterschied zu anderen Gesellschaftsstrukturen kann das Recht sich jedoch nicht damit begnügen, daß es denjenigen, der Erwartung und Verhalten strukturkonform wählt, mit höheren Durchsetzungschancen im Konfliktfalle ausstattet. Der Versuch dazu würde die Differenz von Recht und sonstiger Gesellschaftsstruktur eliminieren und ihm die Funktion eines Immunsystems nehmen.[28] Das Recht kann daher auch nicht einfach als Maximierung von *Rechtssicherheit* beschrieben werden, denn angesicht der Codierung wäre die Rechtssicherheit des einen die *Unrechtssicherheit* des anderen, und dies wiederum wäre die beste Garantie dafür, daß es daraufhin gar nicht mehr zum Konflikt kommt.[29] Der Rechtsbetrieb müßte dann mangels Entscheidungsbedarf eingestellt oder auf bloße Implementation der invariant festliegenden Codewerte beschränkt werden.

Aber das Recht lebt vom Rechts*streit*. Es wächst und es steigert die eigene Komplexität an ihm. Es wäre daher ein Destruktionsprogramm, wollte man ihm das Ideal einer nicht mehr strittigen, sondern in allen nur denkbaren Hinsichten schon bestimmten Rechtslage vorhalten. Weiteres Wachstum, höhere Komplexität, damit auch Angemessenheit an eine Gesellschaft, die mit ihren Strukturen beides verlangt – all das würde unmöglich gemacht, wenn nicht hin und wieder auch das Recht selbst im Streit läge. Das Recht muß daher in sich selbst eine ausreichende Zahl von

---

28 Der Begriff des Immunsystems bezeichnet in der Theorie von Luhmann ausdifferenzierte Einrichtungen, mit deren Hilfe eine zunächst erwartbare Verteilung der Beweislasten zugunsten der Struktur und gegen die Abweichung *fallweise* (und insofern auch: *unprogrammierbar*) invertiert werden kann. Der Grundgedanke ist übrigens deutlich älteren Datums als seine »immunologische« Formulierung. Siehe nur die Ausführungen über die immunologische Funktion der *Kontrolle in Organisationen* in: ders., Zweckbegriff und Systemrationalität: Über die Funktion von Zwecken in: sozialen Systemen, Neuausgabe Frankfurt 1973, S. 322 ff. Die dabei vorausgesetzte Deutung von *Fehlern als Immunereignissen* ist vollständig explizit in: ders., Recht und Automation in der öffentlichen Verwaltung: Eine verwaltungswissenschaftliche Untersuchung, Berlin 1966, S. 75 f. Übrigens sieht man an solchen Belegen, wie wenig man der zeitlichen Halbierung des Gesamtwerks durch den Zäsurbegriff Autopoiesis trauen darf.
29 Siehe dazu Niklas Luhmann, Ausdifferenzierung des Rechts: Beiträge zur Rechtssoziologie und Rechtstheorie, Frankfurt 1981, 411 ff.

Widersprüchen, Unentscheidbarkeiten, Lücken oder Paradoxien produzieren, so daß gerade die Offenheit der Rechtslage zu weiterem Streit anreizt. Sehr im Unterschied zur Selbstbeschreibung des Rechts, die immer so tut, als wären alle Konflikte in irgendeiner platonischen Hinterwelt schon entschieden, die Entscheidung selbst gar keine solche, sondern nur die richtige Erkenntnis dieses Vorgegebenen, kommt es bei einer soziologischen Analyse eher auf das Gegenteil an. Die Sonderstellung des Rechts im Konflikthaushalt der Gesellschaft beruht mithin darauf, daß nur hier die letztlich paradoxe Einheit von strukturkonservativen und strukturkritischen, stabilisierenden und labilisierenden Verwendungsmöglichkeiten des Konflikts für die Funktion des Systems selbst unerläßlich wird. Dem entspricht es, daß das Recht sich auch und gerade für solche Konflikte öffnet, die nach Maßgabe seiner eigenen Struktur als unentscheidbar behandelt werden müßten, und dies über das *Verbot der Justizverweigerung* absichert.[29a]

In dem Maße, in dem das Recht sich in dieser Weise verhält, wird eine Penetration des Alltags mit Rechtsstreitigkeiten zunehmend normal. Aber auch das Umgekehrte trifft zu, denn nur dann, wenn es in ausreichendem Maße zu Interaktionen kommt, die den Code des Rechts aktivieren, kann die rechtliche Wachstums- und Komplexitätsbedingung einer ausreichenden Zahl von verschiedenartigen Streitfällen erfüllt werden.

Es gibt nämlich nicht nur die Souveränität von oben, es gibt auch die Souveränität von unten. Die Interaktion als System ist nicht auf Codegebrauch festgelegt. Sie muß weder nach Maßgabe des Rechts noch nach Maßgabe eines der anderen Teilsysteme codiert werden. Die Regel, auf die Zumutung einer binär strukturierten Entscheidungssituation nach Möglichkeit zu verzichten, ist von der Interaktion her in hohem Maße plausibel.[30] Die Entscheidung, ob ein Code und gegebenenfalls welcher Code zur Fortsetzung der Interaktion benötigt wird, kann daher nur in der Interaktion und nur nach Maßgabe von deren Geschichte vorbereitet und getroffen werden. Dabei darf die Einschaltung speziell der

---

29a Vgl. dazu Niklas Luhmann, Das Recht der Gesellschaft, Frankfurt 1993, S. 310 ff.
30 Siehe mit Belegen dazu Claudia Schmölders, Ars conversationis: Zur Geschichte des sprachlichen Umgangs, in: Arcadia 10 (1975), S. 16-33 (19).

rechtlichen Codierung zunächst als unwahrscheinlich gelten. Läuft die Interaktion noch nicht als Konflikt, dann nimmt jede Thematisierung von Rechtsfragen ihn vorweg. Der bereits laufende Konflikt dagegen wird durch Thematisierung von Rechtsfragen zunächst nur verstärkt unter Erschwerung der Möglichkeit, ihn ohne Gesichtsverlust beizulegen.

In der Interaktion, in der man mit dem rechtsbezogenen Konflikthandeln *beginnt*, muß der Richter nicht nur als abwesend, sondern darüber hinaus auch als unbekannt unterstellt werden. Gleichwohl muß er sich als ein Fluchtpunkt der Orientierung eignen, der im Verhältnis zu Anwesenden und zu Bekannten den Vorzug verdient. Das Problem liegt hier vor allem im Verhältnis zum anwesenden Konfliktpartner selbst. Man kann sich nicht gegen ihn auf das Recht berufen, ohne ihm zugleich zu bedeuten, daß es auf sein Urteil gar nicht so sehr ankommt.[31] Die Interaktion wird dadurch viel stärker *desolidarisiert* als durch den Konflikt selbst, der ja immer noch mit einer lokalen Primärorientierung kompatibel ist, die sich primär auf den anderen richtet. In der Berufung auf Recht dagegen wird mitgeteilt, daß es auf seine Meinung, seine Interessen, seine Motivlage und seine Enttäuschungen zuletzt gar nicht ankommt. Ein Moment der Unversöhnlichkeit tritt hinzu, das seinerseits dazu beitragen wird, den Konflikt zu verschärfen.[32]

Eine Interaktionsmoral, die schon in der Frage nach der selektiven Verteilung der Codewerte von Recht und Unrecht auf die Anwesenden eine Zumutung sieht, gehört keineswegs zu den evolutionären Seltenheiten. Der folgende Abschnitt soll daher der Frage nachgehen, wie diese Unwahrscheinlichkeit normalisiert werden kann.

---

31 Siehe zu diesem Problem Niklas Luhmann, Kommunikation über Recht in Interaktionssystemen, in: ders., Ausdifferenzierung des Rechts (a.a.O.), S. 53-73.
32 Umgekehrt kann, wenn es Recht gibt, der Verzicht auf seine Benutzung im Konfliktfalle benutzt werden, um auszudrücken, daß man nicht am Rechthaben, sondern an der unvertretbaren Bereitschaft des anderen zur Versöhnung interessiert ist.

IV.

Wir wollen fragen: Wie und unter welchen Bedingungen können Sozialsysteme vom Typus Konflikt mit anderen Sozialsystemen kombiniert werden? Die für zahlreiche andere Fälle durchaus bewährte Antwort, daß der Kombinationsgewinn durch gesellschaftliche Differenzierung *realisiert* und durch zunehmend unwahrscheinliche Differenzierungsformen *gesteigert* wird, ist angesichts des Konfliktes nicht unbedingt falsch, wohl aber unzureichend.

Konflikte lassen sich zwar ausdifferenzieren, aber sie bilden nicht Teilsysteme der Gesellschaft, sondern führen eine parasitäre Existenz,[33] die sich an der Differenzierungsform der Gesellschaft orientiert, nicht aber ordnungsgemäß in ihr untergebracht werden kann. Man kann nicht *alle* Konflikte und *nur* Konflikte zu einem Teilsystem der Gesellschaft zusammenfassen.[34] Die spezifischen Verwendungsmöglichkeiten des Nein werden überall in der Gesellschaft benötigt. Sie lassen sich nicht in dieser Weise kasernieren. Es mag schließlich dahin kommen, daß der Konflikt in einigen Teilsystemen mit höherer Wahrscheinlichkeit zu erwarten und mit größerer Gelassenheit zu ertragen ist als in anderen, aber selbst wenn man dies beispielsweise für die Oberschich-

---

33 Siehe zu dieser Metaphorik Michel Serres, Le parasite, Paris 1980. Die Anwendung auf Konflikte stammt von Luhmann, Soziale Systeme (a.a.O.), S. 532f.
34 Schon das »nur« würde Schwierigkeiten bereiten. Der Sport mag sich in dieser Richtung hervortun. Mit der dazu passenden Martialik hat Uwe Schimank, Die Entwicklung des Sports zum gesellschaftlichen Teilsystem, in: Renate Mayntz et al., Differenzierung und Verselbständigung: Zur Entwicklung gesellschaftlicher Teilsysteme, Frankfurt 1988, S. 181-232, vom *Siegescode* des Sportsystems gesprochen. Aber dann muß um so mehr sichergestellt sein, daß es sich im Verhältnis zur gesellschaftlichen Umwelt um bloße *Schaukämpfe* handelt, von deren Ausgang nichts weiter abhängen darf als Tabellenplätze oder individuelle Karrieren. Siehe dazu auch, die Untauglichkeit von Turnieren zur Steigerung des gesellschaftlichen Konfliktpotentials betreffend, Niklas Luhmann, Legitimation durch Verfahren, Neudruck der 2. Auflage, Frankfurt 1983, S. 102. Interaktionssoziologisch gesehen ist dies im übrigen eine sehr grobe Beschreibung, da im Sport nicht nur das Sozialmodell des Konflikts, sondern auch das kommunikationsfrei (und darum auch: konfliktfrei) praktizierbare Sozialmodell der *Konkurrenz* benutzt und »zitiert« wird. Es gibt Fußballspiele und Boxkämpfe, und es gibt die Einsamkeit der Langstreckenläufer, Weitspringer, beschleunigungsstarken Rollstuhlfahrer.

ten der alten oder für die Rechtssysteme der neuen Welt annehmen wollte, könnte von einer Konzentration *aller* Konflikte doch weder hier noch dort ernsthaft die Rede sein. Bessere Möglichkeiten verspricht hier vermutlich die umgekehrte Strategie, Konflikt*freiheit* auszudifferenzieren und sie mit einer Art von Inselbewußtsein innerhalb bestimmter Grenzen oder innerhalb bestimmter Gruppen zu pflegen. Aber auch das führt nicht dazu, daß die gesellschaftliche Umwelt dieser Systeme dann ausschließlich aus Konflikten besteht, sondern allenfalls zu einer Mischumwelt, die Extremwerte in der einen wie in der anderen Richtung vermeidet, um sich die Entscheidung offenzuhalten. Kurz: Die Unterscheidung zwischen abgelehnten und angenommenen Kommunikationen ist kein mögliches Prinzip der gesellschaftlichen Systemdifferenzierung. Die Steigerung des Konfliktpotentials muß folglich andere Wege gehen.

Ohne diese Frage nach Zusammenhängen mit Formen der gesellschaftlichen Differenzierung aus den Augen zu verlieren, soll daher zunächst nach Zusammenhängen mit sozialer Differenzierung und speziell mit der Differenzierung von Interaktion und Gesellschaft gefragt werden. Die Unterschiede im Konfliktpotential dieser beiden Systemtypen sind leicht zu erkennen. Speziell die moderne Gesellschaft ist voll von Konflikten, ohne daß dadurch andere Arten der Systembildung oder sonstige Formen des Umgangs mit doppelter Kontingenz unmöglich gemacht oder auch nur ernsthaft behindert würden. Sogar unter den Streitenden selbst findet man häufig, daß andere Formen einer ganz normalen Kommunikation fortbestehen und eigens gepflegt werden – wenn auch typischerweise in *anderen* Interaktionen.[35] Und selbst wenn dies nicht möglich sein sollte, weil der Konflikt zusammen mit den Personen in jeder Rollenbeziehung sich reproduziert, steht ein ausreichendes Maß an Kontaktmobilität zur

---

35 Wobei die Trennvorstellung der Andersheit, da ja die Personen *dieselben* sind, durch zusätzliche Gesichtspunkte operationalisiert werden muß, die dem System der gesellschaftlichen Differenzierung entstammen. »Die Konkurrenz auf dem Markt, die große ideologische Kontroverse, die konterkarrierenden Schachzüge in der Mikropolitik der Organisationen schließen es nicht aus, daß man gemeinsam zum Essen eingeladen wird oder auf Empfängen nebeneinandersteht«, heißt es dazu bei Niklas Luhmann, Interaktion, Organisation, Gesellschaft: Anwendungen der Systemtheorie, in: ders., Soziologische Aufklärung 2, Aufsätze zur Theorie der Gesellschaft, Opladen 1975, S. 9-21 (17).

Verfügung, so daß auch das interaktionelle Getrenntwerden müssen der Zerstrittenen keine größeren Umbauten erforderlich macht. Diese Vermehrung und Zivilisierung des Streithandelns ist von der Interaktion her zunächst einmal unwahrscheinlich, denn anders als die Gesellschaft selbst hat die Interaktion ein ausgesprochen geringes Konfliktpotential. Sie kann den Konflikt nicht zum Nebenthema neutralisieren. Sie kann ihn nicht nebenherlaufen lassen und nicht insulieren. Sie mag Teilsysteme bilden oder zulassen, daß dies geschieht, aber anders als Flüstergespräche sind Konflikte dafür wenig geeignet. Der Konflikt kann nicht *in* der Interaktion, er kann nur *als* Interaktion ausdifferenziert werden. Wenn der Konflikt ein Parasit ist, der zur Vertilgung seines Gastgebers neigt, dann ist die Interaktion ein gefundenes Fressen.

In dieser eigentümlich kompakten Betroffenheit durch den Konflikt liegen wenig Chancen für eine auch nur halbwegs rationale Einstellung zu ihm. Die Interaktion ist nicht komplex genug, um eine adäquate Vorbereitung oder Begleitung des Konflikthandelns zu leisten. Sie hat, als System, zum Konflikt nicht genügend Distanz. Daher wird man auf der Interaktionsebene nicht nur mit zahllosen Bagatellkonflikten rechnen müssen (über die andere sich wundern), sondern auch mit relativ unspezifisch wirkenden Mechanismen der Konfliktunterdrückung, an denen dann auch die möglicherweise lohnenden, möglicherweise entwicklungsgünstig gewählten Streitthemen hängenbleiben.

Diese strukturell unklare, im Zweifelsfall eher ablehnende »Einstellung« zum Konflikt wird zusammen mit der Interaktion selbst in die reproduktiven Grundlagen auch der anderen Sozialsysteme hineinorganisiert. So wenig es eine völlig interaktionsfreie Gesellschaft oder eine völlig interaktionsfreie Organisation gibt,[36] so wenig kann der Konflikthaushalt dieser Systeme ohne

---

36 Ich weiß: Das Gegenteil wird heute vielfach behauptet. Siehe aber zur Kritik daran Christian Stegbauer, Die virtuelle Organisation und die Realität elektronischer Kommunikation, in: Kölner Zeitschrift für Soziologie und Sozialpsychologie 47 (1995), S. 535-550 (545). Der Autor erinnert an die soziologisch seit langem verfügbare Einsicht, wonach Interaktionen gerade in ihrer *Differenz* zur Organisation unerläßlich sind und aus dem Alltag der Mitglieder nicht eliminiert werden können, ohne daß Probleme auftreten, die dann auch die Organisation selbst spürbar belasten. Gegen die Idee einer vollständig interaktionsfreien

jede Rücksicht auf das Verhalten in der unmittelbaren Interaktion strukturiert oder umstrukturiert werden. Die Erfindung von Schrift, von Buchdruck, schließlich von Telekommunikation fügt Möglichkeiten interaktionsfreier Konflikte hinzu, aber auch dadurch läßt sich die Abhängigkeit von Interaktion nur lockern, nicht aufheben. Auf jeder weiteren Ebene der Systembildung stellt sich daher die Frage, ob man die in der Interaktion schon angelegte Tendenz zur Konfliktrepression nach Möglichkeit mitbenutzen oder nach Möglichkeit neutralisieren soll. Es liegt auf der Hand, daß mit der Antwort auf diese Frage nicht zuletzt über das erreichbare Ausmaß der Ebenendifferenzierung selbst entschieden wird.

Außerdem kann man leicht sehen, daß komplexe Systeme *beide Möglichkeiten* stärker benutzen müssen. Sie können nicht alle Konflikte blockieren, auch wenn dies im Sinne einer möglichst ungestörten Fortsetzung der Interaktion sinnvoll wäre. Die interaktionell naheliegenden Strategien der Vermeidung, Verleugnung und Bagatellisierung des Konflikts reichen dann nicht mehr aus. Man muß dann vielmehr auch Anwesenden entgegentreten, hart bleiben und dadurch Konflikte freisetzen können. Auf der Interaktionsebene führt daher zunehmende soziale Komplexität vor die Alternative, sich entweder mit einer *sozialharmonischen*

Organisation führt er vor allem die zahlreichen Hinweise auf die eigentümliche *Konflikt- und Konflikteskalationsnähe des elektronisch beschleunigten Briefverkehrs* an. Das Problem scheint darin zu liegen, daß man auf interaktionsfrei ausgetüftelte und dementsprechend rücksichtslos formulierte Bosheiten und Anwürfe, wie es sie im Rahmen von Protestbriefen immer schon gab, nun auf einmal zugleich interaktionsfrei *und* sofort reagieren kann. Damit entfallen sowohl die Mäßigungen durch Interaktion als auch die Mäßigungen durch Zeit, mit denen zu rechnen war, solange auf derartige Zumutungen nur *entweder* durch Telefoninteraktion *oder* durch Briefe reagiert werden konnte. Die Beobachtung, daß der Konflikt ohne solche Mäßigungen rasch eskaliert, hat inzwischen sogar einen eigenen Namen erhalten: den des *flaming*. Da Flächenbrände dieses Typs offenbar auch das Verhältnis zu Nichtmitgliedern der Organisation belasten (sie sind in der Interaktion ohnehin nicht präsent), bestehen amerikanische Firmen inzwischen darauf, daß die Entgegnung erst nach Ablauf einer Bedenkzeit von vierundzwanzig Stunden abgeschickt werden darf. Daß man auf diese Weise nicht nur Bedenkzeit, sondern vor allem auch Interaktionszeit zur Auskühlung des Empörten gewinnen will, liegt auf der Hand. Er soll sich, statt sogleich an den Gegner, lieber erst einmal an relativ unbeteiligte Dritte wenden. Siehe zu Begriff und Problem solcher »Auskühlungen« auch Erving Goffman, On Cooling the Mark out, in: Psychiatry 15 (1952), S. 451-63.

Ideologie zu begnügen, die Konflikte nur noch teilweise unterdrücken kann und dadurch permanent widerlegt wird, oder eine stärkere *Ausdifferenzierung* der konfliktfernen Interaktion zu riskieren mit der Folge, daß *andere* Interaktionen dann um so unbefangener als Konflikt praktiziert werden können, sobald ein dafür ausreichender Anlaß erkennbar wird. Das Beschreiten des zweiten Weges setzt voraus, daß Vorstellungen über Solidarität und Vorstellungen über Konflikthandeln *differenziert* werden können, und zwar nicht nur in dem Sinne, daß der Konflikt erst an den Systemgrenzen ermöglicht wird, so daß es legitime Aggressivität nur gegen Umweltsysteme oder gegen die in genau dieser Hinsicht ambivalent bleibende Figur des Sündenbocks gibt,[37] sondern durchaus im Sinne einer systeminternen (hier also: gesellschaftsinternen) Differenzierung. Daß dies eher unwahrscheinlich ist, kann man schon daran ablesen, daß die Lösung der sozialharmonischen Ideologie evolutionär weit verbreitet ist.[38] Wir werden aber noch sehen, daß die moderne, von Europa ausgehende Gesellschaft vor allem durch diese zweite Möglichkeit charakterisiert ist, in ihren Familien allerdings auch den ersten Typus noch reproduziert.

Kleine, interaktionsnah gebaute Sozialsysteme sind typisch an einer Verbreiterung ihres Konfliktpotentials nicht strukturell interessiert. Ruhe und Ordnung gelten selbst schon als evolutionäre Errungenschaft und werden entsprechend verteidigt. Systeme dieser Art können sich durch jene interaktionellen Mechanismen der Konfliktunterdrückung entlasten. Sie können etwa Solidarität ganz konkret als Friedenhalten auf der Interaktionsebene symbolisieren und dann schon den Versuch des Widersprechens der allgemeinen Mißbilligung aussetzen, gleichviel worum es inhaltlich geht. Es gibt dann praktisch nur noch Konflikte über das Recht zum Konflikt, und diese Konflikte sind dadurch vorentschieden, daß normalerweise isoliert werden kann, wer ein solches Recht für sich selber in Anspruch nimmt. Die interaktionell ohnehin naheliegende Tendenz zur Konfliktvermeidung wird in

---

37 Vgl. zu dieser Ambivalenz und ihrer religiösen Produktivkraft René Girard, Le Bouc émissaire, Paris 1982.
38 Die Möglichkeit ihrer Beschreibung als Ideologie wird natürlich erst in dem Maße hinzugewonnen, in dem Alternativen sich abzeichnen oder Belastungsgrenzen und Folgeprobleme erkennbar werden.

diesem Falle auch durch die Umwelt des Interaktionssystems unterstützt. Sie *erscheint* daher auch nicht als Versuch, Interaktion im Kontrast zur Gesellschaft zu pflegen, sondern wird ihrerseits als Ausdruck einer generalisierten, die Interaktion überschreitenden Verpflichtung begriffen.

Unter diesen Umständen kann Solidarität nicht privatisiert und dann nur noch innerhalb der Grenzen von Kleinsystemen geübt werden. Sie steht eben damit aber auch einer Steigerung des Konfliktpotentials der Gesellschaft entgegen, weil im Prinzip jeder Konflikt die Grundlagen des gemeinsamen Zusammenlebens in Frage stellt. Konflikte können dann, wenn man so sagen darf, nicht ohne ein schlechtes soziales Gewissen gewagt werden. Vor allem einfache Gesellschaften sind häufig unter diesem Gesichtspunkt beschrieben worden.[39] Es muß in der Tat auffallen, daß es hier eine eigentümliche Kombination von Friedfertigkeit auf der einen, schwersten Konflikten auf der anderen Seite sowie eine genau darauf eingestellte Differenzierungsform gibt, die auch noch »gegen Gewaltakte und Sezessionen relativ immun ist«.[40] Die eigentümlich kompakte Betroffenheit des Gesamtsystems durch den Konflikt, die wir an der Interaktion beobachtet hatten, scheint hier noch für die Gesellschaft selbst zu gelten.

Aber auch in komplexeren Gesellschaften, die schon auf dem Niveau von Hochkulturen etabliert sind, scheint man an diesem abwiegelnden Stil der Konfliktbehandlung teilweise noch festzuhalten, was nicht zuletzt die Entwicklungsmöglichkeiten eines Rechtssystems einschränken muß.[41]

---

39 Siehe etwa Alfred R. Radcliffe-Brown, On Joking Relationships, in: Africa 13 (1940), S. 195-210; ders., A Further Note on Joking Relationships, in: Africa 19 (1949), S. 133-140; beide Aufsätze auch in: ders., Structure and Function in Primitive Society, Glencoe Ill. 1952.
40 Luhmann, Anwendungen der Systemtheorie (a. a. O.), S. 17.
41 Besser als an der europäischen Tradition mit ihren schon sehr früh einsetzenden Tendenzen zur Erleichterung und Normalisierung des Rechtsstreits kann man dies an asiatischen Modellen ablesen. Siehe dazu die knappe Deutung der japanischen Institution des »Giri« bei Niklas Luhmann, Die Wirtschaft der Gesellschaft, Frankfurt 1988, S. 295. Luhmann sieht hier eine Dethematisierung des Problems der Erwartungsenttäuschung, die dann auch die Gewöhnung an einen explizit normativen Erwartungsstil, der die Enttäuschung (und damit: die Unzuverlässigkeit des anderen) als möglich einrechnet und sich *trotzdem* zur Erwartung bekennt, erschwert habe. Normatives Erwarten nimmt zusammen mit dem abweichenden Verhalten auch den Konflikt vorweg und legt den, der sich

Ein deutlich anderer Typus der Problemlösung mit deutlich anderen Folgeproblemen kommt im Europa des siebzehnten Jahrhunderts in Sicht. Es kommt zu einer *Ausdifferenzierung konfliktferner Sozialbeziehungen*, die dabei einerseits unter unwahrscheinliche Ansprüche gestellt werden können und andererseits gerade in dieser Steigerungsform nicht mehr zum Modell der Gesellschaft selbst taugen, wie immer entschieden man an gerade dieser Vorstellung zunächst auch zu hängen scheint. Die dafür gefundene Semantik wird heute unter dem Titel der Geselligkeit erinnert.[42] In der geselligen Interaktion wird *jeder* Konflikt als Katastrophe empfunden, und die Schwellen der Konfliktempfindlichkeit werden dementsprechend gesenkt. Die Kategorie des Bagatellkonflikts wird abgeschafft.[43]

Um so mehr scheint auch die Vorstellung zu verblassen (die doch immerhin *auch* hatte formuliert werden können), wonach es sehr wohl Konflikte gibt, die durchzustehen Pflicht ist und denen auszuweichen Feigheit wäre. Folglich muß die Moral, derzufolge die Liebe zum Guten nicht ohne den Haß auf das Schlechte und nicht ohne die Kampfbereitschaft gegen das Böse praktiziert werden kann, ihrerseits demoralisiert werden. Sie nimmt unter dem Gesichtspunkt von Takt die schlechten Erfahrungen, die man mit diesen polemogenen Aspekten der Liebe zum Guten

---

darauf festlegt, für diesen Fall zugleich auf Unnachgiebigkeit fest. Statt dessen finde man im Rahmen von »Giri« eine hochgetriebene Empfindlichkeit, die schon dem Kommuniziertwerden der Erwartung selbst zuvorzukommen versucht und damit auf der Interaktionsebene erfolgreich sei, aber vermutlich keine adäquate Erschließung des Konfliktpotentials einer modernen Gesellschaft leiste. Im Vergleich mit europäischen Besonderheiten sieht Luhmann darin einen Verzicht auf jene *Differenzierung von Geselligkeit und Konfliktbereitschaft*, auf die wir oben im Text sogleich zurückkommen werden. Siehe ferner Peter Fuchs, Kommunikation – Japanisch, in: ders., Die Umschrift, Frankfurt 1995, S. 47-119. Fuchs betont vor allem die ungewöhnliche Steigerung von Sozialität auf Kosten von direkter Kommunikation, läßt aber den Funktionszusammenhang von Indirektheit und Konfliktvermeidung beiseite.

42 Siehe dazu Niklas Luhmann, Interaktion in Oberschichten: zur Transformation ihrer Semantik im 17. und 18. Jahrhundert, in: ders., Gesellschaftsstruktur und Semantik: Studien zur Wissenssoziologie der modernen Gesellschaft, Bd. 1, Frankfurt 1980, S. 72-162.

43 Siehe dazu Christian Thomasius, Kurtzer Entwurff der politischen Klugheit (1710), Neuausgabe Frankfurt 1971, S. 171, mit der Forderung der Vermeidung »aller Disputationes, so glimmpflich sie auch seyn«.

gemacht hatte, in sich selbst auf und macht gerade daraus eine Art von Kontrollprogramm, das den Kampf um Anerkennung in wechselseitiges Wohlgefallen aufzulösen versucht.[44] Zugleich wird ein neuartiges Konzept für soziale Reflexivität entwickelt, das nicht nur das Verhalten, sondern auch die Erwartungen und schließlich sogar die Erwartungserwartungen mit einbeziehen kann. Auf dieser dritten, aber in der Interaktion noch praktizierbaren Stufe der reflexiven Empfindlichkeit können dann Maximen für gefälliges Verhalten ausgearbeitet werden, die Schonung der Anwesenden und Vermeidung jeglicher Unannehmlichkeit zum obersten Ziel erklären. Man bemüht sich, den Kommunikationen und sogar dem Zuvorkommen des anderen zuvorzukommen. Themen, die auch nur in die Nähe eines Konflikts führen könnten, werden vermieden. Jedes Insistieren auf der eigenen Meinung und jeder Widerspruch gegen die der anderen wird entmutigt. Schon das Stellen von Fragen, da es den anderen zur Antwort zwänge, hat eben darum zu unterbleiben.[45] All dies erzwingt freilich eine Differenzierung gegen alle ernsthafte und folgenreiche Kommunikationspraxis. Die Maxime der Schonung der Anwesenden ist zum Beispiel unvereinbar mit jeder Art von Ergebniserwartung. Die Freiheit, die man am anderen zu respektieren habe, schließe die Freiheit ein, »de dire des choses inutiles«.[46] Folglich wird auch die Semantik des Nutzens, die in einer freilich schon stark generalisierten Fassung die Geselligkeit zunächst noch umgibt, schließlich abgeschüttelt, so daß die Interaktion zum Zweck ihrer selbst erklärt werden kann. Damit ist die wechselseitige Instrumentalisierung vermieden, aber im Unterschied zur Ethik von Kant soll der Grund dafür Neigung sein, nicht Pflicht, und das erklärt denn auch, warum prominente Kritiker dieser Unterscheidung auf das Sozialmodell der Geselligkeit immer wieder zurückkommen.[47] Konfliktvermei-

---

44 Siehe dazu Niklas Luhmann, Soziologie der Moral, in: ders./Stephan Pfürtner, Theorietechnik und Moral, Frankfurt 1978, S. 8-117 (87f.).
45 Siehe dazu La Rochefoucauld, De la conversation, in: ders., Œuvres (hrsg. von M.D.L. Gilbert), Bd. 1, Paris 1868, S. 291.
46 So La Rochefoucauld, a. a. O., S. 290 f.
47 Schiller vor allem. Siehe dazu auch Klaus Disselbeck, Geschmack und Kunst: Eine systemtheoretische Untersuchung zu Schillers Briefen »Über die ästhetische Erziehung des Menschen«, Opladen 1987.

dung und Ablehnung »nützlicher« Themen konvergieren natürlich, denn wenn das Thema kein Interesse mehr repräsentiert, das die Interaktion selbst überschreitet, kann in ihr um so plausibler erwartet werden, daß man den Streit unterläßt.

Die *allgemeine* Möglichkeit der Interaktion, den Konflikt *vollständig* zu vermeiden, wird damit für *spezifische* Interaktionen stärker ausgereizt und perfektioniert als jemals zuvor. Der Erfolg dieser Bemühung fasziniert. Er zieht zugleich den Begriff der Sozialität selbst in seinen Bann. Sozialität erscheint von sich aus als eine konfliktferne Angelegenheit. Sie wird zum Symbol, das seine diabolischen Komponenten externalisiert hat. Grob kann man von einer Verkennung der Ausdifferenzierung durch die Semantik sprechen, die das Ausdifferenzierte beschreibt. Als Folge davon kommt es im achtzehnten Jahrhundert einerseits noch einmal zu einem Hochrechnen von Interaktionserfahrungen zu Erwartungen an das Gesellschaftssystem. Es kommt zu einer gesamteuropäischen Scheinblüte interaktionistischer Sozialtheorien, die zugleich die Folgeprobleme der funktionalen Differenzierung mitzubetreuen versuchen. Aber je getreuer sie sich an das halten, was als Interaktion funktioniert, um so deutlicher tritt die längst irreversible Differenzierung der Systemebenen hervor. Der Bogen der aristotelischen Synthesen wird überspannt, und die Sozialtheorie beginnt zu zerfallen. Kein gerader Weg führt mehr von der Theory of Moral Sentiments zum Wealth of Nations.[48]

Der sozialstrukturelle Hintergrund dafür scheint zu sein, daß Ausdifferenzierung konfliktfreier Sozialbeziehungen unter Bedingungen von hoher gesellschaftlicher Komplexität nur die eine Seite einer Form sein kann, auf deren anderen Seite dann gerade die Freisetzung von Konflikten zu erwarten ist. Die Geselligkeit mag sich selbst als großen Waffenstillstand nach den Erschütterungen durch die religiös ausgelösten Bürgerkriege verstanden und stilisiert haben. Aber gleichzeitig mit ihrer Formenwelt entstehen präzisere Instrumente, die mehr Konflikte ermöglichen und zugleich deren Durchschlagen auf die Ebene der Gesamtgesellschaft wirksamer verhindern können. Es entsteht, um nur ein

---

48 Siehe dazu John Mullan, Sentiment and Sociability: The Language of Feeling in the Eighteenth Century, Oxford 1988.

Beispiel zu nennen, die Ordnungstechnik der *subjektiven Rechte*,[49] unter deren Beistand neuartige Freiheiten institutionalisiert werden können unter Einschluß der Freiheit zu unmoralischem und unvernünftigem Verhalten. Zugleich gestattet es diese Technik, die Konfliktfähigkeit in zuvor unbekanntem Umfange zu individualisieren und dadurch zugleich zu multiplizieren und zu fragmentieren. Der *politische Konflikt* wird in der Parteiendemokratie auf Dauer gestellt, die Faktionen zu Fraktionen normalisierend. Die Konkurrenz in der Wirtschaft schließlich ermöglicht es, die Sozialdimension durch die Kontingenzformel der Knappheit zu interpretieren und dadurch komplett in Widersprüche zu verwandeln (was der eine haben will, muß er dem anderen nehmen), ohne daß es zur Reduktion überhaupt noch auf Kommunikation, geschweige denn auf Konflikt ankommt. Der Begriff des Individuums erweist sich als unermüdlicher Generator von unverhandelbaren Ansprüchen, hinter denen einerseits nicht mehr steht als ein lautes und deutliches Ichsagen und die andererseits gleichwohl ernst genommen werden und sich häufig im Konflikt durchsetzen können, es sei denn, daß sie auf einen anderen Anspruch stoßen, hinter dem ein anderes Individuum steht.
Die moderne Gesellschaft erreicht auf der Interaktionsebene mehr an erwartbarem Frieden und mehr an erwartbarem Streithandeln zugleich. Sie bringt sowohl Nachgiebigkeit als auch Streitbarkeit auf Extremwerte – aber in jeweils verschiedenen Kontexten. Die kalte Semantik des politischen Liberalismus ist eine Semantik für Neinsager, die den Konflikt erleichtert. Die Semantik für Geselligkeit (und mehr noch: die Semantik für Intimität) tendiert umgekehrt dazu, das Abgelehntwerden inkommunikabel zu machen. Eben deshalb kann die Selbstbeschreibung der modernen Gesellschaft sich im Schema der Unterscheidung von Streithandeln und Solidarität nicht entscheiden. Sie beschreibt sich selbst abwechselnd mit den Metaphern der Kälte und mit den Metaphern der Wärme. Die Festlegung auf nur eine dieser Metaphern scheint nicht zu gelingen. Und auch ein Ausgleich solcher Temperaturdifferenzen ist nicht in Sicht. Nicht

---

49 Vgl. dazu Niklas Luhmann, Subjektive Rechte: Zum Umbau des Rechtsbewußtseins für die moderne Gesellschaft, in: ders., Gesellschaftsstruktur und Semantik: Studien zur Wissenssoziologie der modernen Gesellschaft, Bd. 2, Frankfurt 1981, S. 45-105.

ohne Grund wurde der Thermostat unter dem Einfluß der Kybernetik zum Universalsymbol stilisiert (aber das war schon an Ort und Stelle, und ist es hier folglich nur um so mehr, eine bloße Metapher).

Die Folgen für die Gegenwartsgesellschaft sind schwer einzuschätzen, vor allem, weil es mindestens in einer Hinsicht an Kontinuität fehlt. Die Oberschichteninstitution der geselligen Interaktion wurde zunächst verbürgerlicht und ist inzwischen zusammen mit den Bürgern verschwunden. Sie hat anderen Sonderformen des entlasteten Umgangs das Feld überlassen, die weniger anforderungsreich sind, aber dafür auch gesellschaftsweit praktiziert werden können. Damit ist möglich geworden, was die Geselligkeit selbst nicht hätte erreichen können: Inklusion und Zugänglichkeit für jedermann. Parkettsicherheit ist keine Bedingung für Diskothekenbesuch, Gewandtheit kein sine qua non für Präsenz oder Erfolge im »Freizeitbereich«. Exklusiv ist ein Wort, das außer in der Werbung für Massenprodukte nicht mehr benutzt wird.[50] Die feinen Unterschiede gelten für unerwähnbar, so daß es inzwischen soziologischer Publikationen bedarf, um darauf aufmerksam zu machen, daß es sie nach wie vor gibt.[51] Die inklusive Geselligkeit der Kneipen, der Diskotheken, der »Szenen« und improvisierten Studentenfeste kennt einfachere Formen, die häufig freilich vom Klatsch kaum noch zu unterscheiden sind. Autoren, die von hier aus zurückblicken, werden unter dem Zwang der alten Semantik zu Kulturkritik inspiriert.[52] Solche Klagen haben ihr eigenes Recht und ihre eigenen Reproduktionschancen in einer Gesellschaft, die sich auch sonst von den semantischen Artefakten ihrer Entstehungszeit nicht zu lösen vermag, sondern wie unter Zwang daran festhält, um Abstän-

---

50 Über den Versuch bestimmter Gruppen, sich davon dann wieder abzusetzen, wird in den Massenmedien häufig berichtet. Aber abgesehen davon dürfte es schwerfallen, die aufwendigen und exklusiven von den sonstigen Festen und Geselligkeiten zu unterscheiden. In jedem Falle ist der Begriff der Prominenz, der hier zwischen Inklusion und Exklusion differenziert, zu diffus konstituiert, als daß man hier eine Nachfolge für die Oberschichteninteraktionen von ehedem unterstellen könnte.
51 Gemeint ist hier natürlich Pierre Bourdieu, La distinction: Critique sociale du jugement de goût, Paris 1975.
52 Prominent dazu Richard Sennett, Verfall und Ende des öffentlichen Lebens: Die Tyrannei der Intimität, Frankfurt 1983.

de zu messen, Differenzen festzustellen, Verluste zu registrieren. Eine soziologisch ergiebige Frage könnte demgegenüber lauten, ob nicht in der Entkopplung von symbolischer und diabolischer Sozialität, die sich mit der Ausdifferenzierung der Geselligkeit abgezeichnet hatte, zugleich ein Schlüssel zum Verständnis der Gegenwartsgesellschaft und ihres Konfliktpotentials liegt.

V.

Ein weiterer Aspekt, der an dieser Stelle ins Bild gehört, betrifft die Differenzierung von geselliger und intimer Interaktion. *Beides* wird zunächst noch mit *einer* Semantik bedient. Auch die Geselligkeit soll den Personen in ihrer Individualität gerecht werden. Sie werden in der Interaktion nicht als Zubringer zu eigenen anderen Rollen strapaziert. Sie fungieren nicht als Vermittler von Vorteilen und Nachteilen, die in anderen Rollenbereichen und Teilsystemen der Gesellschaft zu erhoffen bzw. zu befürchten sind. Dabei stellt sich jedoch heraus, daß die gesellige Interaktion, da sie auf einer Dethematisierung eigener anderer Rollen beruht, der gerade dadurch bestimmten Komplexität der gesellschaftlichen Existenz des Individuums nicht gerecht wird. Sie erwischt nur eine Auswahl von interaktionsgünstigen Eigenschaften, die sodann in einer Art von sonntäglicher Abgehobenheit prozessiert werden. Auch läßt sich die Steigerungsform der zwischenmenschlichen Interpenetration, nämlich die Zweierbeziehung, im Rahmen der Geselligkeit zwar beginnen, aber nicht fortsetzen und nicht perfektionieren. Bei Schleiermacher ist *dieses* Problem bereits in die Form von *Antinomien* gebracht.[53]
Seit der zweiten Hälfte des achtzehnten Jahrhunderts findet man Tendenzen zu einer Aufspaltung des Modells der Geselligkeit. Die Indifferenz gegen eigene andere Rollen und die Ablehnung jeder rollenförmigen Spezialisierung der Interaktion wird einerseits in Richtung auf öffentliche, andererseits in Richtung auf intime Interaktion weiterentwickelt. Wollte man diesen Prozeß in der Sprache der gleichzeitigen Philosophie ausdrücken, die ihn

---

53 Theorie des geselligen Betragens, in: Werke in vier Bänden (hrsg. von Otto Braun/Johannes Bauer), Bd. 2, S. 1-31.

zugleich begleitet und verschleiert hat, dann könnte man ihn als *Entkopplung von Subjektstellung und Individualität* bezeichnen. In der öffentlichen Interaktion werden die Personen als Subjekte strapaziert, nämlich für Leistungen der Respezifikation des gesellschaftlich Allgemeinen in Anspruch genommen.[54] Die *soziale* Relevanz dessen, was an ihnen gerade *nicht generalisierbar* ist, muß dann aber externalisiert werden. Das Individuum als Weltbeobachter wird herausgekürzt, weil seine Individualität auch die Beobachtungen betrifft und mitindividualisiert. Dies wiederum bietet der intimen Interaktion die Gelegenheit, sich genau darauf zu spezialisieren. Hier erst gibt es Verständnis für Individualität unter Einschluß all dessen, was daran jeweils als idiosynkratisch erscheint. Oder so jedenfalls wurde es in Aussicht gestellt.

Sowohl Öffentlichkeit als auch Intimität werden dabei zunächst als *konfliktferne Interaktion* stilisiert:[55] die öffentliche Interaktion, weil Vernunft als Modus konfliktfreier Einigung oberhalb des »Parteienhaders« vor Augen steht; die intime Interaktion, weil der Code der Liebe verlangt, daß »man sich ganz und negationsfrei auf den anderen einläßt, so daß jeder Konflikt das Ende der Liebe symbolisiert«.[56]

Mit dem neunzehnten Jahrhundert steht die Erfahrung bevor, daß Öffentlichkeit den Konflikt verstärkt, statt ihn abzuschwächen. Ernst Manheim[57] hat dies plausibel auf die Differen-

---

54 Ernst Manheim, Die Träger der öffentlichen Meinung: Studien zur Soziologie der Öffentlichkeit, Brünn 1933, Neuausgabe Aufklärung und öffentliche Meinung (hrsg. von Norbert Schindler), Stuttgart 1979, hat diese Interaktionen dann auch als Modelle einer *transzendentalen Öffentlichkeit* analysiert. Für den Beitrag von Manheim wäre übrigens in der Ahnengalerie der Systemtheorie und ihres wissenssoziologischen Apparats ein bevorzugter Platz freizuhalten. Man findet hier die erste Kritik an der klassischen, auf Bewußtsein fixierten Wissenssoziologie unter dem Gesichtspunkt, daß sie einen desozialisierten Begriff von Wissen und von Erkenntnis voraussetzt mit der Folge, daß die Sozialität allen Wissens und aller Erkenntnis dann nur noch als externe Relationierung gedacht werden kann (S. 27); man findet eine Zurückführung sowohl der klassischen Semantik von Öffentlichkeit als auch ihres »Strukturwandels« im neunzehnten Jahrhundert auf sich ändernde Kommunikationsverhältnisse; und man findet erste Ansätze zu einem strikt operativen Verständnis von Kommunikation.
55 Insofern setzen beide das Geselligkeitsmodell fort.
56 So Luhmann, Soziale Systeme (a.a.O.), S. 513.
57 a.a.O., S. 55 ff.

zierung der Sozialmodelle für Kooperation und Konflikt zurückgeführt. In der öffentlichen Interaktion wurde zunächst gegen denjenigen argumentiert, auf dessen Zustimmung man gleichwohl Wert legte. Mit der Gewöhnung an die *interaktionsfreie* Kommunikation im Operationsmodus dessen, was wir heute als *Massenmedien* kennen, sei diese Mischform jedoch zurückgetreten und schließlich zerstört worden. Man wende sich fortan nicht mehr direkt an den Gegner, sondern an präsumtiv Unentschlossene, und dies in der erklärten Absicht, sie in das Schema der Gegnerschaft selbst hineinzuziehen. Es geht also nicht darum, die unabhängigen Dritten zu einer »vernünftigen« Entscheidung des Streits aufzurufen. Jeder solche Appell würde einen Standpunkt unterstellen, der dem Streit selber entrückt ist. Aber der Streit selbst wird als rational unentscheidbar dargestellt, und der Ideologiebegriff bietet die dafür adäquate Semantik.[58] Zu diesem Zweck muß die Meinung des Gegners als Ideologie und er selbst als konstitutiv unansprechbar rekonstruiert werden in einer Weise, die zugleich erklärt, warum die Kommunikation *mit ihm* erfolglos sein muß. Das Apriori der transzendentalen Kommunikationsgemeinschaft wird nicht etwa vorausgesetzt als eine von jedermann zu akzeptierende Bedingung der vernünftigen Rede schlechthin, es wird vielmehr selber als Standpunkt innerhalb des Konflikts rekonstruiert. Es erscheint als *Apriori des anderen* und in genau diesem Sinne: als Ideologie.[59]

Auch die intime Interaktion kann die Vermeidung des Konflikts, der in der geselligen Interaktion möglich schien, nicht durchhalten. Vor allem die zunehmende Inklusion aller Mitglieder der Intimbeziehung bzw. des Familiensystems in andere Funktionssysteme der Gesellschaft wirkt hier genuin konfliktverstärkend.[60] Gleichwohl wird nach manchen Anzeichen gerade in In-

---

58 Bei Ernst Manheim wird dies, einigermaßen traditionell, mit der Unterscheidung von Willen und Vernunft wiedergegeben: An die Stelle der *einen* Vernunft, an die man im achtzehnten Jahrhundert noch appellieren konnte, sei im neunzehnten Jahrhundert die Anerkennung einer *Pluralität* von Willensstandpunkten getreten, die sich wechselseitig totalisieren. Manheim bezeichnet das Ergebnis daher auch als pluralistische Öffentlichkeit.
59 Manheim, a.a.O., S. 58f.
60 Siehe dazu auch Franz-Xaver Kaufmann, Familiäre Konflikte und gesellschaftliche Spannungsfelder, in: Der Mensch in den Konfliktfeldern der Gegenwart (hrsg. von der Landeszentrale für politische Bildung des Landes Nord-

timbeziehungen und Familien der traditionale, also abwiegelnde, Modus der Konfliktbehandlung bevorzugt praktiziert. Der Grund dafür scheint darin zu liegen, daß es sich hier *durchgängig* um persönliche Kommunikation handelt, so daß man auch den Konflikt nicht einfach auf bestimmte Rollen isolieren kann, während doch andererseits der Code der Liebe verlangt, daß gerade die persönliche Kommunikation ihn bestätigt. Selbstverständlich ist eine Unterdrückung aller Konflikte auch unter diesen Umständen nicht möglich und nicht zu erwarten. Man behilft sich statt dessen mit Trennvorstellungen, die mindestens die auch symbolisch wichtigen Interaktionen (von den gemeinsamen Mahlzeiten über die verschiedenen Jahrestage bis zur Weihnachtsfeier) aus der Nähe möglicher Konflikte herauszuhalten versuchen. So kommt es innerhalb dieser Systeme zur Ausdifferenzierung von Interaktionen, die unter besonders markierten Ansprüchen an Friedfertigkeit, Vorbehaltlosigkeit des sich Einlassens auf den anderen usw. stehen.[61] Das Problem verlagert sich dann an die Grenze zu den sonstigen Interaktionen sowie in die Kontrolle der gleichwohl bestehenden Interferenzen.[62]
Sowohl Massenkommunikation als auch intim gebundenes Familienleben setzen Sonderkonstellationen von Interaktion und Gesellschaft voraus. Die Massenkommunikation läuft praktisch interaktionsfrei, das Familienleben muß umgekehrt gerade als Interaktion fortgesetzt, verdichtet, gesteigert, ertragen werden. Beides sind für die moderne Gesellschaft extreme und insofern auch untypische Fälle. Beobachtungen, die sich auf das allge-

---

rhein-Westfalen), Köln 1975, S. 165-189. Vgl. ferner Hartmann Tyrell, Familienalltag und Familienumwelt: Überlegungen aus systemtheoretischer Perspektive, in: Zeitschrift für Sozialisationsforschung und Erziehungssoziologie 2 (1982), S. 167-188; ders., Probleme des Familienlebens angesichts von Konsummarkt, Schule und Fernsehen, in: Hans-Joachim Schulze/Tilmann Mayer (Hrsg.), Familie: Zerfall oder neues Selbstverständnis?, Würzburg 1987, S. 55-66.
61 Siehe dazu materialreich Angela Keppler, Tischgespräche: Über Formen kommunikativer Vergemeinschaftung am Beispiel der Konversation in Familien, Frankfurt 1994, S. 99 ff., 121 ff., 143 ff. Nach dem Befund der Autorin wird bei den gemeinsamen Mahlzeiten das klassische Konfliktvermeidungsmodell der Geselligkeit praktiziert.
62 Vielleicht ist ja die Vorweihnachtszeit auch darum so reich an Familienkonflikten, weil absehbar ist und einkalkuliert wird, daß auch ein ernsthafter Streit schon in Kürze wieder begraben sein muß.

meine Konfliktklima in diesen beiden Funktionsbereichen beziehen, lassen sich daher schlecht generalisieren. Die Massenmedien pflegen ein unspezifisches Interesse, das dem Konflikt selbst gilt. Die Familien sind ebenso unspezifisch an seiner Vermeidung interessiert. Beides taugt nicht zum Modell für Interaktion und Gesellschaft.

Wir hatten schon angedeutet, daß der Ausdifferenzierung konfliktferner Sozialbeziehungen keine Umwelt entsprechen kann, die nur aus Konflikten besteht. In anderen Gesellschaftsbereichen scheint die Differenzierung von konfliktferner Interaktion auf der einen, Streitbereitschaft auf der anderen Seite sich denn auch eher *innerhalb* der einzelnen Interaktion abzuspielen. Und zwar in dem Sinne, daß ein hohes Maß an wechselseitiger Rücksicht, an Schonung der Anwesenden, an Entgegenkommen und auch an Individualitätstoleranz unter dem Gesichtspunkt von *Informalität* durchaus normal ist, daß damit aber das Nein nicht etwa effektiv ausgeschaltet, sondern nur unter die zusätzliche Bedingung gestellt ist, daß es nicht der Interaktion selbst entstammen darf, vielmehr mindestens Anhaltspunkte an den Codierungen und Programmierungen der Funktionssysteme benötigt.[63]

Eben dies erzeugt erst die moderne Empfindlichkeit für die Differenzierung in Bagatellen und gesellschaftlich belangvolle Konflikte. Konflikte erscheinen als Bagatellen, wenn es für ihre Fortsetzung über das Ende der Interaktion hinaus an gesellschaftlicher Unterstützung fehlt, so daß das Weitermachen den Beteiligten als persönliche Marotte angerechnet werden kann oder sie im Ernstfall auf Sonderrollen wie diejenige des Querulanten festlegt. Das schließt Bagatellkonflikte selbstverständlich nicht aus, läßt aber erkennen, daß sie sich lediglich der Interaktion verdanken, und macht ihre Reproduktion schwierig. Hinzu kommt, daß durch Informalität neuartige Möglichkeiten der Repression von Bagatellkonflikten entstehen – zum Beispiel durch Bereitschaft zu Takt und Nachgiebigkeit in sämtlichen Fragen, von denen außerhalb der Interaktion wenig abhängt.

Informalität mag so den täglichen Umgang erleichtern, ist aber eine wenig belastbare Grundlage für den Aufbau von Verhaltenserwartungen. Man weiß oder ahnt, daß sie versagt, sobald man

---

63 Dazu nochmals Luhmann, Interaktion in Oberschichten (a.a.O.), S. 138.

sie zur Erzeugungsregel für unwahrscheinliche Ansprüche und Erwartungen auszubauen versucht. Man ist nett zueinander – aber man ist es im Schatten einer gesellschaftlichen Ordnung, die für das nachhaltige Nein zahlreiche Reproduktionschancen bereitstellt und eigene Konfliktpotentiale ohne Rücksicht auf das Schicksal einzelner Interaktionen und Interaktionszusammenhänge vermehrt. Nach wie vor werden die Zerstörung der Interaktion, die wechselseitige Entfremdung der Gegner, auch natürlich das etwaige Abreißen der entsprechenden Interaktionsketten im Anschluß an den Konflikt als soziale Kosten gebucht. Das Urteil lautet: anders wäre es besser. Aber sie fallen im Haushalt der Gesellschaft kaum noch ins Gewicht, da es für strukturell wichtige Kontinuitätsinteressen auf der Interaktionsebene nun ohnehin keine direkten Entsprechungen mehr gibt. Interaktionen können fortgesetzt und wiederholt oder abgebrochen und nicht wiederholt werden, ohne daß dies sogleich auf die Gesellschaftsebene durchschlägt. Das erleichtert nicht nur den Verzicht auf weitere Kontakte, sondern ebenso den Verzicht auf diesen Verzicht, da er ohnehin nicht mehr als nur private Bedeutung gewinnen würde.

Das Neinsagen wird dadurch breitenwirksam erleichtert, und auf die generalisierte Furcht vor dem Konflikt schlechthin ist nun kein Verlaß mehr. Man vermeidet ihn zwar, solange es geht, aber die Vermeidung selbst muß ihn zugleich antizipieren können als etwas, das auch unter Anwesenden jederzeit möglich ist. Alle Freundlichkeit steht unter dem Vorbehalt, daß man unfreundlich werden kann. Sie mag sich als dekonditioniert darstellen, aber die Konditionierungen, unter denen sie steht, liegen ohnehin auf der Hand. Und naiv ist nun, wer den Freundlichen beim Wort nimmt oder dieses Wort auf die Belastungsprobe zu stellen versucht. Man kann zwar nicht ohne Paradoxie sagen, daß man nicht meint, was man sagt, aber daß es so nicht gemeint ist, wie es gesagt wird, versteht sich von selbst.

Nach wie vor ist die Konfliktfähigkeit ungleich verteilt, aber die Verteilung ändert sich mit den *Themen* der Interaktion. Sie kann darum auch nicht als Rangdifferenz in mehr oder minder zeremonieller Form in der Interaktion ausgespielt werden. Auch dies erleichtert ein Kommunizieren nach den Regeln der Informalität. Gleichwohl handelt es sich nicht einfach um eine Neuauflage der alten Konfliktvermeidungsmaximen. Informalität beruht auf der Ausklammerung des Nein, auf seiner Virtualisierung, wenn man so will, aber doch auch darauf, daß sein Gebrauch gesellschaftlich vorwurfsfrei möglich ist. Im Anschluß an Alois Hahn kann man vermuten, daß auf diese Weise eine Interaktionskultur der »Verständigung« entsteht, die ihre eigene Fragilität kennt und ihrerseits mitkommunizieren kann.[64]

VI.

Eine besondere Form des Konfliktverhaltens hat sich zusammen mit den »Neuen sozialen Bewegungen« etabliert. Dabei handelt es sich um autopoietische Sozialsysteme eines neuartigen Typs.[65] Das zeigt sich nicht zuletzt daran, daß sie sich weder als Interaktion noch als Organisation noch als gesellschaftliches Teilsystem einstufen lassen. Sie »bewegen« sich nicht zuletzt zwischen diesen drei Systemebenen.

Einerseits instrumentiert die Bewegung ihren Protest anhand von Themen, für die mit hoher Plausibilität so etwas wie gesellschaftliche Relevanz in Anspruch genommen wird. Andererseits bedarf sie gerade als *Protest*bewegung der Differenz zur Normalform der gesellschaftlich folgenreichen Kommunikation.[66] Sie muß sich vor allem vom operativen Duktus der *Funktionssysteme* unterscheiden können. Nur durch diese Differenz wird es möglich, die strukturellen Beschränkungen zu thematisieren, unter denen *alle* Funktionssysteme operieren, darunter vor allem die Beschränkung auf die jeweilige Eigenfunktion selbst sowie die darin gelegene Indifferenz gegen Folgeprobleme. Auch *Organisationen* kommen vor und werden benötigt, und zwar nicht nur für das Management des Protests, sondern auch und vor al-

---

64 Siehe Alois Hahn, Verständigung als Strategie, in: Max Haller et al. (Hrsg.), Kultur und Gesellschaft: Verhandlungen des 24. Deutschen Soziologentages, des 11. Österreichischen Soziologentages und des 8. Kongresses der Schweizerischen Gesellschaft für Soziologie in Zürich 1988, Frankfurt 1989, S. 346-359.
65 Vgl. dazu Kai-Uwe Hellmann, Systemtheorie und neue soziale Bewegungen: Identitätsprobleme in der Risikogesellschaft, Opladen 1996.
66 Siehe hierfür Niklas Luhmann, Protest: Systemtheorie und soziale Bewegungen (hrsg. von Kai-Uwe Hellmann), Frankfurt 1996.

lem als Kontaktstelle zu den Organisationen der Funktionssysteme. Aber die Einheit der Bewegung selbst ist nicht organisierbar. Daß es sich auch nicht um bloße *Interaktionen* handelt, liegt gleichfalls auf der Hand. Das heißt freilich nicht, daß die neuen sozialen Bewegungen für die Interaktionsebene ohne Bedeutung wären. Zwei Fallgruppen lassen sich unterscheiden.

Zum einen bildet die Bewegung aus gegebenem Anlaß massenhafte *Großinteraktionen*, die auf öffentliche Darstellung der Bewegungsziele spezialisiert sind. Für solche Interaktionen gibt es in einer Gesellschaft ohne Zentrum und ohne Spitze keinen einzig richtigen Standort. Man mag zunächst an die Hauptstadt denken, aber das wird der eigentümlichen Beweglichkeit dieser Formationen nicht wirklich gerecht. Nicht nur der Ort, an dem die Entscheider sitzen (oder vermutet werden), auch der Ort, an dem die Betroffenen sitzen (oder vermutet werden), bietet Vorteile. Und im Grunde genommen könnte es jeder beliebige Ort sein, weil genau dadurch symbolisiert werden kann, daß die Betroffenheit keine räumlichen Grenzen mehr kennt. Häufig werden daher Mischformen gewählt mit vielen kleinen Demonstrationen, die in weiter Streuung über das gesamte Land stattfinden, und einer Zentraldemonstration in der Hauptstadt.

Solche rational kaum entscheidbaren Fragen der Standortwahl verlieren jedoch an Bedeutung in dem Maße, in dem es gelingt, die Interaktion unter *Beobachtung durch Massenmedien* ablaufen zu lassen. Um dies zu erreichen, muß die Interaktion den Selektionskriterien der Massenmedien entsprechen: beachtliche Teilnehmerzahl (Quantität), Fehlen einer Genehmigung (Normverstoß), Anwesenheit von Polizei (Konflikt), Bewaffnung auch der Teilnehmer selbst (Aussicht auf Destruktion[67]) – all dies ist wich-

---

67 Diesen Selektionsfaktor hat vor allem Fritz Heider, Wahrnehmung und Attribution, in: Dietmar Görlitz/Wulf-Uwe Meyer/Bernhard Weiner (Hrsg.), Bielefelder Symposium über Attribution, Stuttgart 1978, S. 13-19 (17), betont und darauf zurückgeführt, daß destruktive Prozesse einen wenn auch negativen Zusammenhang von Ereignis und Ordnung herstellen, der sich für produktive Prozesse nicht herstellen läßt und der dem Medieninteresse an *Ereignissen* in besonderer Weise entgegenkommt. Der Aufbau von Ordnung ist normalerweise ein langwieriges, in den einzelnen Schritten häufig unspektakuläres Geschehen. Der Beitrag des einzelnen Ereignisses und sein Zusammenhang mit dem Gesamtkomplex sind undurchsichtig und nicht ohne theoretische Kommentierung verständlich zu machen. Die Zerstörung von Komplexität läßt sich dagegen in Se-

tig. Zugleich verhindert die Vielzahl der Gesichtspunkte, daß nur einer von ihnen dominiert, und Schwächen in einzelnen Hinsichten lassen sich durch Mehrleistungen in anderen Hinsichten ausgleichen. Ein Verletzter wiegt viele unverletzte Teilnehmer auf, so daß auch kleine Demonstrationen es durch ein dafür ausreichendes Maß an Gewaltsamkeit zu ausreichender Publizität bringen können. Das Problem besteht eher darin, daß alle diese Aspekte in der Berichterstattung auf Kosten des eigentlichen Themas zu dominieren pflegen. Das Thema selbst ist nur einer der Attraktoren und nach Einschätzung der Massenmedien vielleicht nicht einmal der wichtigste.

So entstehen *Grenzfälle* von Interaktion, die sich mit den normalen Bordmitteln dieses Systemtyps weder herstellen noch ordnen lassen. Ein gemeinsames Zentrum der Aufmerksamkeit läßt sich häufig nur durch technische Unterstützung etablieren. Man benötigt Mikrophone, Lautsprecher, Verstärker und Projektionsflächen.[68] Aber schon die Wahrnehmung der Wahrnehmung ist überfordert. Man nimmt wahr, daß auch der andere nicht wahrnehmen kann, wie lang die Schlange eigentlich ist oder was der Redner gesagt hat.

Aber auch die Kommunikation zeigt sich überfordert. Und in der Tat: Worüber sollte man auch kommunizieren? Das Demonstrationsthema selbst scheidet aus, da die Meinung zum Thema normiert ist und die Frage danach befremden würde. Über die Chancen anderer Themen kann man, da es um Unbekannte geht, keine zuverlässigen Erwartungen bilden.[69] Durch Größenordnung und Meinungszwang wird eine eigentümliche, für Interaktion sonst ganz untypische Isolierung und Gleichgültigkeit der Teilnehmer gegeneinander erzwungen. Das »System« ist so groß, daß es eigentlich nur durch Ausdifferenzierung kleiner und dann wieder überschaubarer Interaktionen zu einer Renormalisierung

---

kundenschnelle vollziehen (und ist dann beispielsweise auch in »Echtzeit« und vollständig filmbar). Man denke an Beispiele wie: Überschwemmung einer Stadt, Sprengung eines Hochhauses, Tötung eines Menschen.
68 Vgl. dazu auch Rudolf Stichweh, Inklusion in Funktionssysteme der modernen Gesellschaft, in: Renate Mayntz et al., Differenzierung und Verselbständigung (a.a.O.), S. 261-293.
69 Oder wenn doch, dann weil die Meinung über ganze Pakete von Themen normiert ist, was aber das Problem nur verlagert.

der Teilnahmechancen und Entwicklungsmöglichkeiten gebracht werden könnte. Aber dies wird zugleich auch erschwert. Die miteinander sprechen, sind zumeist schon zusammen angereist. Und viele, die allein gekommen sind, bleiben es auch. Von Solidarität ist auf der Bühne die Rede. In der Selbstbeschreibung der Bewegung wird die Bereitschaft zur Beteiligung an solchen Interaktionen oft in einer *aktivistischen* Sprache beschrieben. Man soll hingehen, sich auf den Weg machen, soll handeln statt nur zu reden und durch Anwesenheit und Mitwirkung zeigen, was einem die Sache wert ist. Das eigentliche Problem dagegen besteht vermutlich eher in der *Zumutung von Passivität* und in der Erfahrung jenes Steigerungszusammenhangs von Einsamkeit und Interaktion.[70]

Die Bedeutung der neuen sozialen Bewegungen reicht jedoch weit über solche eigentümlich anonymen und ungeselligen Großinteraktionen hinaus. Die Bewegung ist nicht darauf angewiesen, eigene Interaktionen zu bilden. Sie kann auch Interaktionen, die aus ganz anderem Anlaß zustande gekommen sind, *parasitieren*. Protestbewegungen, die ein schon vorhandenes Interesse an ihrem Thema nicht unterstellen können, bedienen sich häufig der Strategie, in ein schon laufendes Interaktionssystem einzubrechen und es seiner eigenen Thematik so weit zu entfremden, daß eine Kommunikation über das Bewegungsthema möglich wird. Die Sprecher der Bewegung warten nicht ab, bis das Bewegungsthema von sich aus genug Interessenten gefunden hat. Sie gehen vielmehr davon aus, daß dies *anderen Themen* immer schon gelungen ist, so daß man die dadurch verbundene Konzentration von Aufmerksamkeit nur noch auf das eigene Thema umlenken muß. Die eigentliche Ordnungsleistung wird nicht aus dem Boden gestampft, sondern als etwas vorausgesetzt, das in einem anderen System schon erbracht ist und dort nur noch usurpiert werden muß.

Der Direktangriff auf das Thema muß im Zentrum der gemeinsamen Aufmerksamkeit erfolgen. Er muß seine Absichten deklarie-

---

70 Davon zu unterscheiden ist Demonstrationsteilnahme als inoffizielle Mitgliedschaftspflicht, wie sie vor allem in Gewerkschaften besteht. Hier gibt es nicht nur mehr bekannte Gesichter, sondern auch mehr legitime Distanz zum Thema und damit einen Anlaß für weitere Interaktion. Diese Überlegung verweist erneut auf die Differenz von sozialer Bewegung und Organisation.

ren und auf Widerspruch und Konflikt eingestellt sein. Er übernimmt damit das Problem, das in der alten Themenstruktur schon gelöst war, und muß es nun für sich selbst lösen. Er kann sich nicht einfach auf Strukturzerstörung spezialisieren oder sich darauf beschränken, das System in eine Randlage von unbestimmter oder nahezu unbestimmter Komplexität zu bringen, in der das Weitermachen zum Zufall oder schließlich unmöglich wird (obwohl auch das häufig versucht wird und in der Bewegung selbst als Erfolg anerkannt ist). Er muß die vorhandene Themenstruktur vielmehr in ihrer Funktion für das System ersetzen und wird genau dadurch diszipliniert. Das Ziel eines solchen Direktangriffs wäre nicht erreicht, wenn die Anwesenden daraufhin einfach auseinanderlaufen oder wenn der jeweils prominenteste Sprecher sogleich aus dem Feld geht. Nicht Destruktion, sondern geregelte Nachfolge ist der Sinn einer solchen Intervention. Der Erhalt des Systems steht dem Angreifer daher als Bedingung der Möglichkeit jeglicher Thematisierung und so auch der von ihm selbst gewünschten vor Augen. Das mäßigt ihn nicht zuletzt in der Wahl seiner Mittel. Vor allem muß er vermeiden, sich die Anwesenden sogleich zu Gegnern zu machen. Er muß vielmehr versuchen, sie von der Bedeutung des Themas zu überzeugen – etwa durch die Behauptung, es liege in ihrem eigenen Interesse, sich damit zu beschäftigen. Darauf kann man im System relativ prompt reagieren – sei es nun ohne, sei es mit nachhaltiger Änderung der Thematik.

Die Unterscheidung zwischen bewegungseigener und parasitierter Interaktion entspricht der Unterscheidung zwischen anwesenden und abwesenden Gegnern. Im ersten Fall wird der Gegner es aus guten Gründen vorziehen, abwesend zu bleiben. Im zweiten Fall muß seine Anwesenheit mindestens fingiert werden können. Das wird erleichtert durch die Unterstellung, daß, wer am schon etablierten Thema der Interaktion festhalten möchte, ein Gegner der Bewegung und ihrer Ziele sei. Hier findet sich all das, was man an Großdemonstrationen meistens vergeblich sucht: hohe Sichtbarkeit der Person und ihres Engagements für das Thema, hohe Zurechenbarkeit des Einzelbeitrags durch fehlende Abstimmung mit schon gebildeten Erwartungen, hohe Bindung an den Konflikt selbst usw.

Dieses durch die Bewegung stimulierte Verhalten läßt sich von der Prämisse einer *symbolischen Einheit von Interaktion und Gesellschaft* tragen. Diese Einheit wird freilich nicht in der Spezifik von Funktion und Makrosystembezug der zu störenden Interaktion selbst gesehen. Und in der Tat: Die Interaktion in Funktionssystemen kann die Gesellschaft nicht repräsentieren und wird auch den Individuen nicht wirklich gerecht, auch wenn zur Abwehr dieser Einsicht immer erneut Semantiken aufgelegt werden, die genau das in Aussicht stellen und dadurch nur zusätzliche Enttäuschungen produzieren. Aber die Vorstellung, daß die *Störung* solcher Interaktionen durch Eruptionen der Bewegungsmentalität die Gesellschaft repräsentieren könne, ist nicht weniger illusorisch. Wird ein Bewegungsthema eingeführt, um die Anwesenden zu spalten, dann kann das die Interaktion stören und vielleicht sogar zerstören, und auch die Zerstörung ganzer Personen mag bei höheren Ansprüchen erreichbar sein. Aber die Strukturen der modernen Gesellschaft hängen von Schicksal einzelner Interaktionen oder einzelner Personen nicht ab. So wenig die moderne Gesellschaft durch Institutionalisierung von Takt und Nachgiebigkeit in der Interaktion integriert werden könnte, so wenig wird sie durch noch so heftige Interaktionskonflikte erschüttert. Einer Serienproduktion solcher Konflikte nach den Bauplänen der sozialen Bewegung steht insofern nichts entgegen.

Kapitel 10
Klatsch in der Interaktion

I.

Nach der üblichen Definition spricht man von Klatsch immer dann, wenn das Verhalten von Abwesenden einer moralisch codierten Bewertung unterzogen wird, und zwar einer negativen Bewertung als schlecht bzw. als böse. Diese eigentümliche Präferenz für den Negativwert des Moralcodes wird normalerweise als phänomenale Gegebenheit hingenommen und als Definitionsmerkmal schlicht unterstellt. Die folgenden Überlegungen werden sich darum bemühen, sie zu erklären. Wir müssen daher die übliche Definition, ohne ihr direkt zu widersprechen, durch eine Reihe von anderen, zusätzlich eingeführten Begriffen zunächst unterlaufen. Angestrebt wird dabei eine spezifisch wissenschaftliche Leistung, nämlich eine Steigerung des Auflösevermögens mit Bezug auf kompakt vorgefundene Sachverhalte und unanalysierte Begrifflichkeiten. Damit ist zugleich gesagt, daß es uns nicht um einen Beitrag zu einer ethischen Theorie der Moral geht, die natürlich ebenfalls in der Lage ist, den Klatsch zu behandeln.[1]

Als Ausgangspunkt dient uns die Einsicht, daß die beiden Erläuterungsbegriffe für Klatsch, nämlich die Begriffe der Abwesenheit und der Moral, nicht auf derselben Ebene liegen. Der Begriff der Abwesenheit nimmt auf eine Unterscheidung Bezug, die ersichtlich nur für Systeme der *Interaktion unter Anwesenden* sinnvoll ist. Für den Hinweis auf Moral wollen wir dagegen annehmen, daß er sich auf die Systemreferenz der *Gesellschaft* bezieht. Der hier vorgeschlagene Klatschbegriff sieht die prekäre Einheit des Phänomens daher zunächst in der Spannung zwischen diesen beiden Systemreferenzen von Interaktion und Gesellschaft. Es geht also wenn um Klatsch, dann um den Ge-

---

[1] Und zwar typisch unter dem Gesichtspunkt, daß der Klatsch hinter dem Rükken seiner Opfer operiert und diese nur als Thema, aber nicht auch als Absender oder Adressaten einer moralischen Kommunikation ernst nimmt.

brauch, den die Interaktion unter Anwesenden von der Moral der Gesellschaft macht.²

Wir werden daher nicht nur in einfacher, sondern in mehrfacher Systemreferenz, und nicht nur interaktionstheoretisch, sondern zugleich auch gesellschaftstheoretisch zu argumentieren haben. Theorietechnisch bedeutet dies, daß wir weder eine reine Interaktionstheorie noch eine reine Gesellschaftstheorie zugrunde legen können. Statt dessen werden wir uns an die allgemeine Theorie sozialer Systeme als das derzeit wohl einzige Theorieangebot halten, das einen Wechsel der Systemreferenzen von Interaktion zu Gesellschaft und von Gesellschaft zu Interaktion zu steuern vermag.³

Mit den Mitteln dieser Theorie läßt sich die Spannung, von der wir geredet haben, in zwei Hinsichten präzisieren: zum einen mit Hinblick auf das schon einmal behandelte *geringe Konfliktpotential von Interaktionssystemen* und zum anderen mit *Hinblick auf die hohe Konfliktaffinität und Streitnähe der gesellschaftlichen Moral*. Anders als Gesellschaftssysteme können Interaktionssysteme den Konflikt schlecht isolieren. Sie können den Konflikt nur entweder vermeiden oder selber Konflikt sein. Die Schwellen für das Aufgreifen einer konfliktnahen Thematik liegen daher in Interaktionssystemen relativ hoch – verglichen

---

2 Wer von der Moral der Gesellschaft im Singular redet, setzt sich dem Verdacht aus, den moralischen Pluralismus mindestens der modernen Gesellschaft zu verkennen. Davon kann jedoch nur auf der Ebene der Programme der Moral und nicht auf der Ebene ihrer Codierung die Rede sein. Die Einheit der Codierung der Moral, nämlich die Einheit der Unterscheidung zwischen einem Positivwert für Achtung und einem Negativwert für Mißachtung, ergibt sich schon daraus, daß die Funktionssysteme der modernen Gesellschaft andere Codierungen benutzen, in denen weder Achtung noch Mißachtung vorgesehen ist. Man kann diese beiden Codewerte daher nur mit Bezug aufeinander negieren, und wann immer man dies tut, kommuniziert man im Code der Moral. Anders bliebe völlig unverständlich, warum der pluralistische Verzicht auf eine auch programmatische Einheit der Moral nicht etwa zu einem friedlichen Nebeneinander unterschiedlicher »Moralkulturen« geführt hat. Umgekehrt wird die Intensität der Konflikte, die man zwischen diesen Kulturen beobachten kann, nur verständlich, wenn man annimmt, daß hier um Achtung und Mißachtung gestritten wird – und nicht beispielsweise um bloße Interessen, die ja verhandlungsbereit sein könnten.

3 Siehe für Ausgangspunkte Niklas Luhmann, Soziale Systeme: Grundriß einer allgemeinen Theorie, Frankfurt 1984.

etwa mit dem, was Gesellschaftssysteme, aber auch Organisationssysteme sich in diesem Punkt zutrauen. Ist die Thematik überdies auch moralfähig, dann wird dies die Schwellen eher noch ansteigen lassen, denn mit der Moral kämen jene Hinweise auf deren Code, nämlich auf die Unterscheidung von Achtung und Mißachtung ins Spiel, von denen man schon vorher weiß, daß sie den Konflikt eher verhärten und ausweiten werden. Hat man sich selbst und den anderen einmal auf bestimmte Bedingungen der Achtbarkeit festgelegt, dann fällt der Rückzug aus der eigenen Konfliktposition um so schwerer.

Eine gewisse Tendenz zur Vermeidung des moralischen Konflikts ist der Interaktion daher immanent. Das mag dazu beitragen, daß alle Beteiligten ihr Gesicht wahren und niemand sich einem »character contest« im Sinne von Erving Goffman aussetzen muß. Die Semantik der Geselligkeit hat daraus bekanntlich sogar ein Sozialmodell mit dem Anspruch auf allgemeine Beachtung gemacht, und noch in unserem Jahrhundert gilt die gesellige Vermeidung des Konfliktes und speziell des Moralkonfliktes manchen Beobachtern als Perfektionsform von Sozialität schlechthin.[4]

Für die Gesellschaft wiederum, die gegen das Schicksal einzelner Interaktionen oder Interaktionszusammenhänge je nach eigener Komplexität mehr oder minder indifferent sein kann, liegt in dieser Dethematisierung der Moral eher ein Problem als eine Lösung. Eine Moral, die keinerlei Kommunikationen mehr steuerte, weil Thematisierungsschwellen auf der Ebene der Interaktion dies verhindern, würde auch auf der Ebene der Gesellschaft verkümmern. Von der Gesellschaft aus würde man daher erwarten, daß die Dethematisierung der Moral durch dementsprechende Rethematisierungen kompensiert wird. Außerdem liegt es nahe, daß dies nicht innerhalb der Einzelinteraktion geschehen kann, denn dafür sind die Strategien der Dethematisierung und der Rethematisierung zu heterogen. Ihre Kombination wird sich vielmehr auf den gesellschaftlich ermöglichten *Wechsel* der Interaktionskontexte abstützen müssen.

---

4 Ich denke hier nicht nur an Georg Simmel, sondern beispielsweise auch an David Riesman, Geselligkeit, Zwanglosigkeit, Egalität, in: ders., Wohlstand wofür?, Frankfurt 1966, S. 115-149.

So konnte die frühe Neuzeit mit Geselligkeit als Formvorschrift für Oberschichteninteraktion experimentieren und in diesem Zusammenhang gerade die Dethematisierung der Konfliktstoffe zu perfektionieren versuchen, weil für ihre Rethematisierung bereits ein Rechtssystem und ein politisches System zur Verfügung standen, in deren Rahmen dann auch die Interaktion in anderer Weise, nämlich in anderer Codierung und mit einer dadurch gesicherten Distanz zur Moral praktiziert werden konnte.[5]

Es ist unsere These, daß auch der Klatsch nur in einem solchen Steigerungszusammenhang von Dethematisierung und Rethematisierung zu verstehen ist. Wir müssen daher nicht nur die Sichtbeschränkung der Ethik überwinden, die am Klatsch nur die Dethematisierung bemerkenswert (und vorwerfbar) findet, sondern auch die komplementären Beschränkungen einer soziologischen Analyse, die sich auf die Beschwerde bei Dritten als das empirisch allein greifbare Datum beschränkt und auf diese Weise nur dasjenige zu Gesicht bekommt, was wir als Rethematisierung bezeichnet haben. Der Klatsch läßt sich indessen weder als Dethematisierung noch als Rethematisierung beschreiben, denn in Wahrheit leistet er beides zugleich: Er vermeidet den Moralkonflikt mit Anwesenden, *indem* er den dafür bestehenden Anlaß nur vor Dritten zum Thema macht.

In der Perspektive der Ethik müßte man dies auf Personen zurechnen und diesen als Indiskretion oder als Feigheit, als Vertrauensbruch oder als Inkonsistenz des moralischen Urteils zur Last legen. Soziologisch fällt eher der *Komplexitätsgewinn* auf, der in dieser Verschiebung liegt und den wir auf eine Differenzierung von Thematisierungsschwellen zurückführen wollen (IV), ebenso wie umgekehrt an einer Ethik, die dies nicht rekonstruieren kann, die *Grenzen ihrer Alltagstauglichkeit* auffallen müssen (V). Anschließend wollen wir auf das *Komplementärphänomen der Schmeichelei* eingehen, die Achtung bevorzugt den Anwesenden zuteilt (VI). Schließlich soll gezeigt werden, daß Klatsch und Schmeichelei heute und unter der Bedingungen einer stärkeren Differenzierung von Interaktion und Gesellschaft primär im

---

5 Siehe dazu Niklas Luhmann, Interaktion in Oberschichten: zur Transformation ihrer Semantik im 17. und 18. Jahrhundert, in: ders., Gesellschaftsstruktur und Semantik, Bd. 1, Frankfurt 1980, S. 72-162.

Kontext von *Organisationen* gedeihen (VII). Zuvor jedoch bleibt auf die bisherige Theoriediskussion einzugehen: An ihr läßt nicht nur ein rein *wissenschaftsimmanentes Verständnis von funktionaler Analyse und funktionalem Vergleich* unbefriedigt (II), sondern auch die noch fehlende Würdigung der *Konstitutionszusammenhänge von Personalität, Moral und Konflikt* (III).

II.

Die heute klassischen Theorien über den Klatsch sind vorwiegend strukturfunktionalistisch gearbeitet.[6] Sie unterstellen der damit bezeichneten Praxis eine Funktion – sei es im Bereich der sozialen Kontrolle, sei es im Bereich der sozialen Integration.[7] Nach der Theorie der *sozialen Kontrolle* sorgt der Klatsch dafür, daß Informationen über abweichendes Verhalten nicht an ihren Erzeugungskontext gebunden bleiben, sondern auch unbeteiligte Dritte erreichen. Dies vermehrt die Wahrscheinlichkeit, daß es im Anschluß daran zu Sanktionen gegen den Missetäter kommt. Eine solche Rückmeldung mag fallweise erfolgen oder auch nicht, in jedem Falle erzieht der Umstand, daß man überhaupt mit dieser Möglichkeit rechnet, zu mehr Vorsicht in der Bestimmung des eigenen Verhaltens.

Das setzt aber (in wie immer abgeschwächter Form) noch voraus, daß eine effektive Kontrolle über das Verhalten in dieser Form überhaupt möglich ist. Die Theorie der *sozialen Integration* löst sich von derart gewagten Annahmen und stellt ihre Funktionsbeschreibungen von instrumentellen auf symbolische Schwerpunkte um. Ihr zufolge bietet der Klatsch die Gelegenheit, die Norm aus Anlaß der Abweichung in Erinnerung zu rufen. Die Beteiligten erhalten die Gelegenheit, sich voreinander in ihrer wechselseitigen Normtreue darzustellen. Und das kräftigt, wie man mit Durkheim annimmt, die Durchhaltefähigkeit der Norm selbst. Im einen Falle geht es um Sicherheit mit Bezug

---

6 Als frühes Beispiel dafür gilt Max Gluckman, Gossip and Scandal, in: Current Anthropology 4 (1963), S. 307-315.
7 Ich folge hier der instruktiven Übersicht bei Jörg R. Bergmann, Klatsch: Zur Sozialform der diskreten Indiskretion, Berlin 1987, S. 193 ff.

auf Verhalten, im anderen um Sicherheit mit Bezug auf Erwartungen.
Beide Theorien orientieren sich am Paradigma eines relativ kleinen, interaktionsnah gebauten Sozialsystems. Beide Theorien schließen aber auch den evolutionären Grenzfall ein, daß die Gesellschaft selbst als ein derartiges System existiert. Beide Theorien können daher auch und gerade auf segmentär differenzierte Stammesgesellschaften angewandt werden und führen dabei zu der These, daß die Funktion des Klatsches hier noch auf der Ebene der Gesellschaft selbst liegt. Der Klatsch entlastet den normativen Apparat dieser Gesellschaft. Er kompensiert sozusagen das Fehlen eines ausdifferenzierbaren Rechtssystems. Beide Theorien können aber auch auf komplexere Gesellschaften angewandt werden, die deutlicher zwischen Interaktion und Gesellschaft differenzieren, und führen hier zu der These, daß der Klatsch in diesen Gesellschaften seine gesamtgesellschaftliche Funktion verliert und nur mehr zur Kontrolle und Integration kleiner, mit der Gesellschaft nicht identischer Sozialsysteme beitragen kann.[8]

8 Hier wäre zum Beispiel die Darstellung von Norbert Elias, Etablierte und Außenseiter, Frankfurt 1990, S. 166 ff., zu nennen. Die Untersuchung behandelt die ungeplanten Effekte der Ansiedlung einer größeren Zahl von Personen am Rande einer kleinen Gemeinde. Ihr Thema ist die Marginalisierung dieser Gruppe der Neulinge durch die Gruppe der Alteingesessenen. Während beide Kategorien von Einwohnern in den lokalen Arbeitsorganisationen zusammenarbeiten und hier auch interaktionsfähig sind, ist das außerberufliche Leben der Gruppen völlig entkoppelt. Es gibt hier trotz vieler Gelegenheiten dazu so gut wie keine gemeinsame Interaktion. Elias betont, daß die üblichen Erklärungen für das Entstehen von Gegnerschaften hier fehlen: keine Klassendifferenz, kein Interessengegensatz und keine ethnische Unterscheidung wirkt mit. Elias arbeitet daher mit einem Modell der Abweichungsverstärkung. Zum Zeitpunkt des Zuzuges der neuen hätten die alten Einwohner schon eine komplexes Netzwerk von Interaktionsmöglichkeiten unterhalten, während die Neulinge isoliert eintrafen. Dieser Unterschied sei dann vor allem durch das Kommunikationsnetz der Alteingesessenen verstärkt worden. Elias betont, daß dieses Kommunikationsnetz als eine Art von System zur Weiterleitung von Moralklatsch angelegt ist, und zwar in der Weise, daß es über die eigene Gruppe nur Gutes, über die Gruppe der Neulinge dagegen nur Schlechtes reproduziert. Die Systemgrenzen werden mit den Grenzen moralischer Positivität verschmolzen, deren Überschreitung in Zonen führt, in denen man eigene Achtung der Kontamination durch Minderwertiges exponiert. Siehe für ähnliche Beobachtungen auch Edwin B. Almirol, Chasing the Elusive Butterfly: Gossip and the Pursuit of Reputation, in: Ethnicity 8 (1981), S. 293-304. Ich vermute, daß diese Tendenz zur

Die Kritik[9] beschränkt sich in der Regel auf den Nachweis, daß alle bekannten Einwände gegen den Strukturfunktionalismus auch in diesem Fall zutreffen: die Funktion ist gerade als latente Funktion nicht ohne weiteres auch Motiv und leistet daher auch keine Kausalerklärung. Sie ist notwendig allgemeiner als die jeweils untersuchte Struktur und kann daher als Funktion auch nicht verständlich machen, warum gerade diese Struktur und nicht irgendein funktionales Äquivalent bevorzugt wird. Einwände dieser Art sind berechtigt. Aber zum einen ist kein Begriff in Sicht, der den Funktionsbegriff in seiner Eignung ersetzen könnte, lokale Praktiken auf die Einheit eines sozialen Systems zu beziehen. Und zum anderen können sie innerhalb des neueren Funktionalismus vermieden werden.

Das Problem der klassischen Theorie wäre dann, daß sie den Funktionsbegriff undefiniert, also auch ohne Abgrenzung gegen bloße Kausalannahmen verwendet.[10] Würde man ihn statt dessen im Rahmen einer vergleichenden Theorie einführen, dann läge die Frage nach funktionalen Äquivalenten auf der Hand. Die üblichen Theorien würdigen solche Äquivalente durchaus, etwa wenn sie für die moderne Gesellschaft davon ausgehen, daß die Funktion der sozialen Kontrolle sich nicht mehr einfach aus den ohnehin unausweichlichen Normalformen des Zusammenlebens von selbst ergibt, sondern als Aufgabe bestimmter Organisationen ausgewiesen und in diesem Sinne ausdifferenziert werden muß. Aber das setzt dann auch einen *Wechsel der Systemreferenz* von segmentären auf funktional differenzierte Gesellschaften voraus und setzt damit die Frage nach der trotzdem noch möglichen Konstanz der Funktion weiteren Fragen aus. Die Funktion

---

moralischen Hochwertung des eigenen Systems unter Abwertung aller anderen nicht erst auf der Ebene vergleichsweise komplexer sozialer Gebilde, sondern viel elementarer und unabhängig von den komplizierten Prozessen der Gruppenbildung schon auf der Ebene einfacher Interaktionssysteme zu beobachten ist.
9 Siehe dazu nochmals Bergmann, a.a.O.
10 Vgl. dazu Niklas Luhmann, Funktion und Kausalität, in: ders., Soziologische Aufklärung 1: Aufsätze zur Theorie sozialer Systeme, Opladen 1970, S. 9-30. Eine aktuelle Würdigung dieses Beitrags unter dem Gesichtspunkt einer Kritik des älteren Funktionalismus findet sich bei Hans Joas, Die Kreativität des Handelns, Frankfurt 1992.

ist dann nur noch ein analytischer Gesichtspunkt, den der Beobachter ins Spiel bringt.
Würde man ohne diesen Wechsel der Systemreferenz nach funktionalen Äquivalenten fragen, dann müßte man vermutlich an die Interaktion mit der Person denken, über deren Verhalten geklatscht wird. Derjenige, der die Person als Thema in die Interaktion unter den Klatschenden einführt, stand ihr ja zuvor gegenüber. Anders könnte er darüber nicht glaubhaft berichten. Aber warum hat er ihr nicht ins Gesicht gesagt, was man über sie denkt? Warum beschwert er sich nicht direkt?[11] Warum geht er statt dessen zu anderen?[12] Was ist es, das den Zugriff auf dieses naheliegende Verhalten blockiert und damit der Ersatzhandlung des Klatschens eigentlich erst ihre Chancen gibt?
Wenn man diese Frage stellt, dann wird der Klatsch selbst als funktionales Äquivalent eingeführt. Die Selektivität, die in der Negation anderer Äquivalente liegt, ist ihm selbst immanent. Er ist nicht nur Teil einer Vergleichsserie, die ein externer Beobachter unter dem Gesichtspunkt der sozialen Kontrolle durchführt. Er ist selber schon das Resultat eines (wie immer abgekürzt durchgeführten, wie immer »unwissenschaftlichen«) Vergleichs mit einem oder mit mehreren funktionalen Äquivalenten. Er reflektiert diese abgewiesenen Möglichkeiten der Behandlung moralischer Probleme in sich selbst. Er ist, was er ist, indem er sie ausschließt. Und er kann daher nur beschrieben werden, wenn man dieses Ausgeschlossene in seine Beschreibung miteinschließt. Das soll im folgenden geschehen.
Wir werden daher gar nicht erst versuchen zu ergründen, was der Klatsch eigentlich ist oder wie er eigentlich wirkt. Sondern wir werden ihn als Selektionsleistung analysieren, nämlich als Ordnung eines Feldes anderer Möglichkeiten, die auch als abgewiesene Möglichkeiten noch sinnbestimmend sind.

---

11 Diese Frage stellen auch John Sabini/Maury Silver, A Plea for Gossip, in: dies., Moralities of Everyday Live, Oxford 1982, S. 89-107.
12 Man wird bemerken, daß dies Fragen sind, die im Alltag häufig gestellt werden. Das ist in der hier gewählten Sprache ein Hinweis auf Vergleichsleistungen, die man dem Objekt selbst zurechnen kann.

III.

Es gehört mit zu Begriff und sozialer Funktionsweise von Personalität,[13] daß die Person in den drei Positionen des Themas, des Absenders und des Empfängers von Kommunikation identisch bleibt. Sie kann nicht nach Maßgabe dieser Positionsunterscheidung in Einzelkomplexe zerlegt werden, die unabhängig voneinander variabel wären. Am Zusammenhang der Personalpronomina, die mit dem Sprecher ihre Referenz ändern und gleichwohl klarstellen, daß die Unterscheidung der Personen eine davon unabhängige Unterscheidung ist, hat man das häufig hervorgehoben.[14] Wer gemeint ist, wenn Ich oder Du gesagt wird, das hängt davon ab, wer gerade spricht. Aber der Herr Meier ist der Herr Meier, ob er nun spricht oder nur zuhört oder nur das Thema einer Kommunikation bildet, die andere über ihn führen.

Die Bedeutung der Einheit dieser Dreiheit möglicher Positionen erkennt man auch daran, daß sie der Unterscheidung von Information, Mitteilung und Verstehen nachgebildet ist.[15] Sie wiederholt diese Unterscheidung an der Person und stellt damit für einen Beobachter klar, daß es sich dabei nur um ein kommunikationsinternes Konstrukt handeln kann. Kein psychisches System kann auf alle Kommunikationen, die ihre Referenz als Referenz auf die Person artikulieren, in sich selbst reagieren, und zwar schon deshalb nicht, weil es über die weitaus meisten dieser Kommunikationen nicht informiert wird. Das Bewußtsein bemerkt natürlich, wenn es angesprochen wird oder wenn gar (was unüblich genug ist und schon darum bemerkt wird) in der Interaktion sein Name gebraucht wird.[16] Aber für die weitaus meisten

---

13 Vgl. dazu Niklas Luhmann, Rechtssoziologie, 2 Bde., Hamburg 1972, Bd. 1, S. 85 ff.; ders., Die Form »Person«, in: ders., Soziologische Aufklärung 6: Die Soziologie und der Mensch, Opladen 1995, S. 142-155.
14 Siehe für eine neuere Behandlung des Themas Nobert Elias, Was ist Soziologie?, München 1970, S. 132-139. Elias spricht hier von der »Fürworterserie als Figurationsmodell«. Er betont den »Beziehungs- und Funktionscharakter der persönlichen Fürwörter« (134), die einander wechselseitig implizieren und außerhalb dieses Zusammenhangs keinen Sinn haben, und verbindet dies mit der für ihn typischen Kritik an der Vorstellung eines isolierten Subjekts (135 f.).
15 Diesen Hinweis verdanke ich einer Stelle bei Luhmann, deren Nachweis mir nicht gelungen ist.
16 Häufig geschieht dies, um getrennt laufende Interaktionen zu entdifferenzieren oder um Teilnahmechancen neu zu verteilen. Man gebraucht laut, deutlich

Fälle der Erwähnung dieses Namens trifft das offensichtlich nicht zu. Der Träger des Namens ist im Augenblick seines Gebrauchs abwesend.[17] Die Wahrung des Zusammenhangs dieser drei Aspekte ist daher eine Forderung, die man eigentlich gar nicht an das Bewußtsein, um das es sich handelt, sondern nur an andere richten kann: Diese sollen, auch wenn Herr Meier abwesend ist, auf mögliche Anwesenheit Rücksicht nehmen.

In der Interaktion unter Anwesenden bereitet es normalerweise keine Schwierigkeiten, diese drei Aspekte zu integrieren. Wer überhaupt spricht, muß sich auf das Gesprochene auch ansprechen lassen. Er kann nicht einfach bestreiten, daß er auch nach dem turn taking derselbe ist wie zuvor. Umgekehrt kann, wer zuvor mit Zuhören beschäftigt war, im Anschluß daran das Wort ergreifen, aber auch dies nur unter der Voraussetzung, daß er diesen Rollenwechsel ohne Identitätsverlust übersteht. Und selbstverständlich weiß oder ahnt man bei jeder Kommunikation, die man wagt, daß die Kommunikation und mit ihr man selbst zum Thema einer daran anschließenden Metakommunikation werden kann. Wer überhaupt als anwesend behandelt wird, der kommt zugleich als Autor, als Adressat und als unterschwelliges Thema von Kommunikation in Betracht. Umgekehrt würde die Absicht, andere oder auch sich selbst aus nur einer dieser drei Positionen zu exkludieren, normalerweise den Verzicht auf die Beteiligung an der Interaktion nahelegen. Nicht einmal konsistentes Schweigen hilft, denn auch das kann als Kommunikation interpretiert werden.

In ihrem unmittelbaren Eigenbereich hat die Interaktion keine Probleme, den Zusammenhang jener drei Aspekte der Zuweisung von Personalität zu berücksichtigen. Sie wahrt, wie man das

und mit Blickunterstützung den Namen von jemandem, der an der Nachbarinteraktion teilnimmt, und zieht ihn so, ob er nun will oder nicht, ins Gespräch.

17 Die gesellschaftliche Institution des Namens, die eine Deindexikalisierung der kommunikativen Referenz auf psychische Systeme ermöglicht, hat nur angesichts der Differenzierung von Interaktion und Gesellschaft überhaupt Sinn. In der Interaktion muß man die Namen nicht kennen. Die Erwartung, daß die Anwesenden einander auch namentlich vorgestellt werden, ehe sie in Interaktion treten, dient der Reintegration der Interaktion in die Gesellschaft. In stärker ausdifferenzierten Interaktionen tritt sie daher zurück. Siehe dazu für den Fall des Aufbaus und Abbaus von Kneipenbekanntschaften Sherry Cavan, Liquor License: An Ethnography of Bar Behavior, Chicago 1966.

auch nennen könnte, die Form Person. Auch das ist gemeint, wenn gesagt wird, daß man nur mit Anwesenden, aber nicht über sie kommunizieren kann. Eher schon könnte man sagen, daß sie Schwierigkeiten hat, diese Aspekte deutlicher zu differenzieren und spezifische Steigerungsmöglichkeiten zu realisieren. Die Kommunikation über Anwesende ist zugleich eine Kommunikation mit ihnen, und das verhindert die andernfalls mögliche »Objektivierung« des anderen zu einem bloßen Thema von Kommunikation. Anwesende können, um es noch einmal anders zu sagen, einander nicht gut verdinglichen.
Aber auch hier gilt, daß Anwesenheit eine Form ist, die eine andere Seite hat, nämlich die Abwesenheit, und auch hier muß man den Wiedereintritt der Form in die Form mitberücksichtigen, wenn man zu genaueren Angaben kommen will. Wir hatten gesagt: Die Kommunikation kann das Verhalten der Anwesenden zum Thema machen, kann dabei aber nicht davon absehen, daß der Thematisierte anwesend ist, zuhört und sich gegebenenfalls zu Wort melden kann. Die Person mag unbekannt sein, aber die Einheit der drei Komponenten läßt sich nicht vermeiden. Um so größer sind ihre Freiheiten, wenn *Abwesende* zum Thema werden. Auch das setzt natürlich voraus, daß die Abwesenden mögliche Interaktionspartner (und also: Personen und nicht einfach nur Dinge) sind. Aber der Zusammenhang zwischen den drei Konstruktionsmerkmalen der Person kann hier erheblich gelockert werden. Vor allem kann man über die Person etwas sagen, was man in ihrer Gegenwart nicht sagen und nicht wiederholen würde. So wird die gesellschaftlich konstituierte Einheit der Person in der Interaktion auf eine Zerreißprobe gestellt, und es ist die Frage, wie die Folgen dieser Diskrepanz unter Kontrolle gebracht werden.
Man mag sagen, das Problem sei gar nicht so schlimm, denn immerhin sei die Person ja komplex konstituiert. Sie binde und bündle eine Vielzahl von Erwartungen, und wenn einige dieser Erwartungen in der einen Interaktion anders erwartet würden als in der anderen, dann sei das völlig normal. Es gibt jedoch Kommunikationen, in denen eine Bewertung vorgenommen wird, die sich nur auf die Einheit der Person beziehen kann. Man erkennt solche Kommunikationen daran, daß es in ihnen um die Unterscheidung zwischen Achtung und Mißachtung geht. Ni-

klas Luhmann hat vorgeschlagen, solche Kommunikationen als Moral zu begreifen,[18] und damit sind wir auch schon beim Thema, nämlich beim Klatsch.

Von der Interaktion aus gesehen heißt Klatsch: Verzicht auf die Einheit von Thema und Adressat des Ausdrucks von Mißachtung. Wer klatscht, nutzt die Abwesenheit der Abwesenden aus, um ihr Verhalten einer moralischen Beurteilung zu unterziehen, die er in ihrer Anwesenheit nicht wählen oder nicht durchhalten würde.[19] Die symbolische und die diabolische Seite der Moral werden an den Grenzen der Interaktion getrennt, und gemeinsame Entrüstung über Abwesende ist die Form, die dies leistet. So kann man moralisch kommunizieren, dabei *beide* Seiten des Codes verwenden und muß doch nicht mit dem Konflikt rechnen, zu dem es käme, wenn man das Verhalten eines Anwesenden als schlecht bzw. als böse bezeichnen würde. Der Klatsch dient so zugleich als unschädliches Ventil, das eine Darstellung

---

18 Vgl. Niklas Luhmann, Soziologie der Moral, in: ders./Stephan Pfürtner, Theorietechnik und Moral, Frankfurt 1978, S. 8-117.
19 Die zahlreichen Definitionsversuche, die Stephan Fuchs, The Stratified Order of Gossip: Informal Communications in Organizations and Science, in: Soziale Systeme 1 (1995), S. 49-73 (50), zusammenstellt, heben ganz überwiegend hervor, daß abwesende Personen das Thema sind. Fuchs selbst findet diesen Bezug auf Personen nicht instruktiv genug und ersetzt ihn durch Bestimmungen, die auf die Unterscheidung von formaler und informaler Kommunikation abstellen. So bekommt seine Definition einen Zug in Richtung auf Organisation, der das Thema einerseits zu stark einengt auf evolutionäre Spätformen und andererseits den für uns konstitutiven Bezug auf Moral abschwächen muß zu einem spezifischen Typus von Klatsch neben anderen. Dahinter steht die Absicht, auch moralisch neutrale Kommunikation über strategisch relevante Neuheiten, sofern sie nur exklusiv genug ist, miteinzubeziehen und *beides* mit Stratifikation zu korrelieren. Mir erscheint dies als eine Überanpassung von Begriffen an Forschungsziele begrenzter Art. Eine andere Definition, die erwogen wird (50), bezieht sich auf ein »interaction system *sui generis*«. Hier ist zwar der für uns wichtige Zusammenhang mit Interaktion betont, andererseits aber der Sachverhalt zu stark im Sinne einer kommunikativen Gattung genommen. Die erwogene Definition stützt sich denn auch auf Bergmann, a. a. O., der in der Tat mit dem Konzept der kommunikativen Gattungen arbeitet. Wir halten es für sinnvoller, den Klatsch nicht als eine besondere Art von Interaktion, sondern als eine besondere Form der Reflexion der Gesellschaft in der Interaktion anzusehen. »Form« heißt hier nicht Gattung oder Wesen oder Einheit, sondern Differenzform im Sinne George Spencer Browns. Und mit Reflexion ist infolgedessen der Wiedereintritt der Form in die Form gemeint, nämlich der Wiedereintritt der Differenz von Interaktion und Gesellschaft in die Interaktion selbst.

eigener Enttäuschungen gestattet, die nicht darauf angewiesen ist, im Augenblick der Enttäuschung selbst und in Anwesenheit dessen, dem man sie zurechnet, stattfinden zu müssen. Statt dessen beschwert man sich *nachher* und *bei anderen*. So wird einerseits die geringe Konflikttoleranz der einzelnen Interaktion, die den Konflikt nur entweder vermeiden oder selbst als Konflikt weiterlaufen, nicht aber den Konflikt in sich selbst isolieren kann, respektiert, andererseits aber keineswegs auf das ebenso heiße wie wärmende Eisen der Moralkommunikation verzichtet.[20]

Aber nicht nur die geringe Konflikttoleranz der einzelnen Interaktion, auch die geringe Konfliktfähigkeit der einzelnen Person kann durch Klatsch kompensiert werden.[21] Man mag daher vermuten, daß der Klatsch vor allem eine Strategie derjenigen ist, die sich im Falle eines Konfliktes nicht würden durchsetzen können und daher den Konflikt eher vermeiden müssen. Entsprechend hat Stephan Fuchs[22] eine Korrelation zur Bereitschaft von Moralklatsch mit gesellschaftlicher Schichtung (oder mit vergleichbaren Formen der Differenzierung von Organisationssystemen) behauptet. Das mag weiterverfolgt werden, etwa mit Fragen nach dem Zusammenhang von Moralklatsch und Ressentiment oder auch mit einer Theorie, die zu erklären versucht, warum es gerade die Laster der Reichen und Mächtigen sind, die im Themenkatalog der Alltagsmoral dominieren. Aber das soll uns hier nicht beschäftigen, denn die Bedeutung dieser zivilisatorischen Errungenschaft geht weit darüber hinaus.

IV.

An dieser Stelle angelangt, müssen wir noch einmal auf den Begriff der *Thematisierungsschwelle* zurückgreifen.[23] Der Ausgangspunkt ist, daß Themen die Negationsmöglichkeiten artiku-

---

20 »Gossip is reasonably safe; it's safer, although less heroic, than commenting on someone's behavior to his face«, heißt es dazu bei Sabini/Silver, a.a.O., S. 98.
21 »Konfliktfähigkeit der Person« – damit ist hier selbstverständlich nicht ein psychologisches Merkmal, sondern ein Effekt gesellschaftlicher Inklusion gemeint.
22 Fuchs, a.a.O.
23 Vgl. Niklas Luhmann, Kommunikation über Recht in Interaktionssystemen,

lieren, die Anwesende an sich selbst und aneinander in Rechnung stellen. Sie überführen doppelte Kontingenz in bestimmbare Formen, wobei auch Negation als Form der Bestimmung in Betracht kommt. Thematisierungsschwellen kontrollieren das darin gelegene Risiko, und sie können »gerade deshalb hoch liegen, weil man beim Akzeptieren des Themas mit zu vielen zu negierenden Beiträgen zu rechnen hätte«.[24] Folgt man dieser Überlegung, dann wird man vermuten müssen, daß gerade die explizite Kommunikation unter moralischen Vorzeichen von relativ hohen Thematisierungsschwellen umgeben ist, da sich ihre Negationen immer sogleich auf die Einheit der Person des Negierten beziehen. Man kann ihn nicht ausschnittweise mißachten.[25]
Auf den unmißverständlichen Ausdruck von Mißachtung wird man kaum mit Indifferenz reagieren können.[26] Eher schon wechselt man das Thema in der Hoffnung, daß andere Themen bessere Chancen der moralischen Integration bieten. Oder man bemüht sich von vornherein um die Vermeidung unmittelbar moralfähiger und damit streitnaher Themen und macht aus der Bereitschaft dazu ein Kriterium für den Zugang zu Interaktion.[27] Eine wieder andere Möglichkeit liegt in indirekter Kommunikation. Der Kampf um Anerkennung wird dann im Verborgenen und so geführt, daß man den Konflikt als solchen notfalls immer noch würde bestreiten können.
Man erkennt das Problem übrigens auch an der »existentiellen Betroffenheit«, die um sich greift, wenn der Ausdruck von Mißachtung einmal ohne derartige Stoßdämpfer kommuniziert wird.

---

in: ders., Ausdifferenzierung des Rechts: Beiträge zur Rechtssoziologie und Rechtstheorie, Frankfurt 1981, S. 53-73.
24 So Luhmann, Soziale Systeme (a.a.O.), S. 214.
25 Das heißt natürlich nicht, daß Achtungsbedingungen nicht spezifiziert und nicht auf bestimmtes Verhalten bezogen werden könnten. Aber auch der dadurch konditionierte Ausdruck von Achtung bzw. Mißachtung bezieht sich auf die Einheit der Person.
26 Wer es versucht, gibt damit nur zu verstehen, daß ihm an der Achtung der Anwesenden nicht liegt, aber das läuft darauf hinaus, ihnen die Anerkennung als Person zu verweigern, was das Problem nur verschärfen kann und daher nur selten gewagt wird.
27 So bekanntlich das Programm der Geselligkeit, mit der erstmals in den Oberschichten des siebzehnten und achtzehnten Jahrhunderts experimentiert wurde.

Und man erkennt es auch daran, daß solche Situationen zum letzten Mittel der physischen Gewalt tendieren. Der offiziellen Ethik, die ihre Reflexionen auf die Schokoladenseite der Moral konzentriert, sind solche Überlegungen fremd geblieben. Soziologisch dagegen drängen sie sich geradezu auf.
Man versteht also, warum die Thematisierungsschwelle in diesem Negativbereich der Moral ziemlich hoch liegt. Andererseits ist nur eine *zweiwertige Moral* eine vollständige und entwicklungsfähige Moral. Würde sie auf Binarität verzichten, dann könnte sie sich von anderen Kommunikationsweisen und von deren Codes nicht unterscheiden. Nur Codiertes kann gegen Codiertes differenziert werden. Die Dethematisierung des Negativbereichs der Moral, so nahe sie von der Interaktion her auch liegen mag, ist daher gesellschaftlich eher ein Problem als eine Lösung.
Die Institution des Klatsches macht sich vor diesem Hintergrund den Umstand zunutze, daß der Ausdruck von Mißachtung, wenn er sich gegen Abwesende richtet, sehr viel geringeren Widerständen begegnet. Die Thematisierungsschwellen können hier deutlich niedriger liegen. Es geht also um die Einrichtung und Ausnutzung der Möglichkeit, *Thematisierungsschwellen zu differenzieren*. Die Einheit des Problems tritt dann darin in Erscheinung, daß Thematisierungsschwellen zwar unterschiedlich, aber nicht ohne jeden Bezug aufeinander bestimmt werden können bzw. geändert werden müssen.
Die vielleicht wichtigste Leistung liegt, faßt man sie von der Gesellschaft aus in den Blick, in einer gewissen *Objektivierung* des moralischen Konflikts und seiner Thematik. Ob er zustande kommt oder nicht und ob er fortgesetzt werden kann oder nicht, das entscheidet sich nun nicht in einem Interaktionssystem, sondern in mehreren: in dem System, in dem gehandelt wurde, in dem System, in dem über dieses Handeln geklatscht wird, und schließlich in dem System, in dem man gegebenenfalls zu entscheiden hat, ob man sich im Anschluß daran anders verhalten oder gar den Handelnden selbst darauf ansprechen soll oder nicht. Im Übergang aus dem einen System in das andere findet eine Umverteilung der Problemlasten statt.
Die Thematisierungsschwellen sind von System zu System unterschiedlich konditioniert, und das erklärt auch, warum das Thema sich auf seinem Weg über diese Schwellen mit Komplexität anrei-

chert und zusätzliche Beschränkungen in sich aufnimmt, die nicht der einzelnen Interaktion selber entstammen. Dem Anwesenden kann man nicht sagen, wie schlecht er ist, weil er anwesend ist: »Direct confrontation is difficult and risky. Anger has a way of escalating. Expressing moral perceptions of a person to the person may disrupt intimate, profitable or merely cordial relationships and make everyone's day harder; overt confrontation recruits support and hastens factions.«[28]
Den Dritten, an die man sich daraufhin wendet, kann man es nur dann sagen, wenn es gelingt, sie davon zu überzeugen, daß es sinnvoll ist, sich gerade jetzt mit gerade diesem Abwesenden zu befassen – und nicht etwa mit anderen Personen oder mit irgendwelchen Themen anderer Art. Abwesende sind, gerade weil sie an der Interaktion nicht mitwirken können, für diese nicht automatisch von Interesse. Dafür ist ihre Zahl einfach zu groß. Im einen Falle ist die zu große Nähe, im anderen eine erwartbare Indifferenz das Schwellenproblem. Eine gewisse Übertreibung im Ausdruck der eigenen Enttäuschung, ein gewisser »Empörungsüberaufwand« (Odo Marquard), eine gewisse Präferenz für den Gebrauch sehr starker Worte mag daher hilfreich sein, um die zweite Schwelle zu nehmen. So werden Mücken zu Elefanten und kleinere Fehltritte zu größeren Skandalen aufgewertet.
Ein Moment der Eskalation wird eingebaut, das aber an der dritten Schwelle zugleich wieder neutralisiert werden kann. Diese Schwelle steht nämlich unter wieder anderen Bedingungen. Wer Anwesende über das Abträgliche informiert, das Abwesende über sie gesagt haben, gerät rasch in Verdacht, dies nur als Alibi seiner eigenen Aggression zu mißbrauchen, und hat überdies das Problem, erklären zu müssen, wie sich seine eigene Teilnahme am Klatschsystem mit seiner gegenwärtigen Rolle als guter und wohlmeinender Freund des Beklatschten verträgt.[29]
Der Klatsch ist zunächst einmal ein Verfahren, die unverkennba-

---

28 So Sabini/Silver, a.a.O., S. 103.
29 Vgl. dazu Theodor W. Adorno, Minima Moralia: Reflexionen aus dem beschädigten Leben, Frankfurt 1951, S. 235: »Ob ein Mensch es gut mit Dir meint, dafür gibt es ein fast untrügliches Kriterium: wie jener unfreundliche oder feindselige Äußerungen über Dich referiert. Meist sind solche Berichte überflüssig, nichts als Vorwände, Übelwollen ohne Verantwortung, ja im Namen des Guten durchdringen zu lassen.«

re Streitnähe der Moral mit friedlich geführter Interaktion unter zunehmend unwahrscheinlichen Bedingungen zu kombinieren. Er kombiniert friedliche Verläufe mit friedlichen Verläufen, weil der Konflikt selbst in der einen Interaktion *unterdrückt*, in der anderen dagegen nur als *Thema*, aber nicht auch als *Operationsweise* zugelassen ist. Diese Zweistufigkeit des Prozessierens mit Unterdrückung in der einen und bloßer Thematisierung in der anderen Interaktion kann freilich ihrerseits explosiv wirken, nämlich dann, wenn sie in der daran anschließenden Interaktion mit dem Betreffenden zurückgenommen wird. Der Konflikt kann dann, gerade weil er nun schon das Interesse und Urteil von Dritten in sich aufgenommen hat und reflektiert, nicht mehr einfach auf die Interaktion zugerechnet, aus ihr verständlich gemacht und mit ihr vergessen werden. Das gesellschaftliche Gewicht, das der Konflikt mit seiner Transposition aus der einen in die andere Interaktion hinzugewinnt, gibt der Rückmeldung etwas Dramatisches, das eine dann noch versuchte Bagatellisierung erschwert, wenn nicht unmöglich macht. Es ist daher kein Wunder, wenn man beobachten kann, daß die Rückmeldung selbst nur für besonders schwere Fälle ermuntert wird. Gerade weil der Klatsch die mögliche Breitenwirkung des Konfliktes *immer* vermehrt, muß er die Fortsetzung der *weitaus meisten* Konflikte zugleich auch verhindern können. Es muß dann im Normalfalle genügen, Dampf abzulassen.

Was auf diese Weise entsteht, ist ein bereits ziemlich komplexes Verfahren der Konfliktkontrolle, das die Generalisierung des Konfliktes von den Zufällen des einzelnen Interaktionssystems ablöst. Nicht das Ausmaß an Zaghaftigkeit oder Zorn, mit dem die unmittelbar Beteiligten gegeneinander vorgehen, sondern das Forum der Dritten, das sowohl zu Nachgiebigkeit als auch zu Unnachgiebigkeit raten kann, disponiert über die Differenzierung zwischen Bagatelle und ernsthaftem Konflikt. Mit all dem erfüllt der Klatsch für einfache Gesellschaften Funktionen eines *Immunsystems*, und auch insofern kann man dem funktionalen Vergleich zwischen Klatsch und ausdifferenzierter Rechtspflege nur zustimmen.

Die normale Soziologie, die dem Klatsch eine Funktion der sozialen Kontrolle bzw. Integration zuschreibt, mit der einfache Gesellschaften das Fehlen einer ausdifferenzierten Rechtsprechung kompensieren können, setzt diese Generalisierungsleistung einfach voraus, ohne sie aufzuklären. In der hier gewählten Perspektive kann man sie dagegen auf die Differenz von Interaktion und Gesellschaft beziehen und sie damit einer auch genetisch interessierten Technik der Analyse zuführen.

Wir hatten gesagt, daß die Thematisierungsschwellen nur mit Bezug aufeinander definiert werden müssen bzw. geändert werden können. Dies scheint vor allem in dem Sinne zu gelten, daß eine *hohe* Schwelle für unmittelbare Moralkonflikte und character contests[30] in der Interaktion eine um so *niedrigere* Schwelle für das Anfangen mit Klatschkommunikation verlangt (damit das Konfliktpotential nicht zu stark beschränkt wird), die aber ihrerseits nur gehalten werden kann, wenn die dritte Schwelle wiederum relativ *hoch* liegt (weil sonst die Kommunikation über den Konflikt nicht gegen die Kommunikation in ihm differenziert werden könnte). Eine niedrige Schwelle für den direkten Moralkonflikt macht den Klatsch selbstverständlich nicht unmöglich, aber sie nimmt ihm einen wichtigen Teil seiner Funktion. Der Konflikt wird dann häufig schon eine soziale Tatsache sein, noch ehe die Interaktion mit den Dritten beginnt. Diese verlieren ihre Unbefangenheit, und die Interaktion mit ihnen verliert ihre zentrale Stelle an demjenigen Ort, an dem über den Konflikt selbst noch entschieden werden kann. Eine zu niedrige Schwelle für Rückmeldung wiederum führt dazu, daß die Wendung an Dritte nur der Umleitung der eigentlichen Streitkommunikation dienen, also auch nicht unter besondere Konditionen gestellt werden kann. Wer beispielsweise die direkte Konfrontation mit dem Gegner fürchtet, der wird sie auf diese Weise nicht vermeiden können. Aber dann liegt es nahe, den Umweg einzusparen und sofort zu widersprechen.

Das Ausmaß, in dem diese Thematisierungsschwellen sich unterscheiden, hängt von der Komplexität der Gesellschaft ab und nimmt mit ihr zu. Die Differenzierung der Thematisierungsschwellen wird hier also eine Variable, die von System zu System andere Werte annehmen kann und im Laufe der gesellschaftli-

---

30 Im Sinne von Erving Goffman, Where the action is, in: ders., Interaction Rituals: Essays on Face-to-Face Behavior, New York 1967, dtsch. Übersetzung in: Interaktionsrituale: Über Verhalten in direkter Kommunikation, Frankfurt 1991, S. 164-292.

chen Entwicklung einerseits zunimmt, nämlich für das Gesellschaftssystem selbst, und andererseits abnimmt, nämlich für andere Sozialsysteme, die sich in Differenz zur Gesellschaft bilden müssen und deren Klatschverhalten daher auch gesellschaftlich weitgehend trivialisiert werden kann. Ein Minimum an Differenzierung ergibt sich jedoch aus der Differenzierung von Interaktion und Gesellschaft selbst und kann daher auch für einfache Gesellschaften unterstellt werden. Da mit den Systemen nicht nur die Partner, sondern auch die Anschlußbedingungen wechseln, kommen an jedem Knotenpunkt zusätzliche Gesichtspunkte ins Spiel, die eine komplexere Konditionierung der Moralkommunikation ermöglichen. Was dadurch gewonnen wird, ist einerseits eine gewisse Unabhängigkeit der gesellschaftlichen Kommunikation von den Zufällen des Verlaufs einzelner Interaktionen. Nicht jedes Moralproblem, das unter Anwesenden aufbricht, zieht sogleich weitere Kreise. Die Einschaltung zusätzlicher Systemreferenzen wirkt vielmehr wie ein Filter, der Bagatellen und allzu kontextabhängige Beschwerden neutralisiert. Der Versuch, Aufmerksamkeit und Unterstützung der Anwesenden gegen einen abwesenden Missetäter zu mobilisieren, wird nicht in jedem Fall unternommen, und nicht jeder Versuch in dieser Richtung ist auch erfolgreich. Auch wird man eine Rückmeldung an das Objekt des Klatsches nur in wenigen Fällen in Betracht ziehen können.[31] Andererseits haben solche Themen, die alle diese Filter durchlaufen haben, zugleich die Vermutung einer besonderen Relevanz für sich. Sie treten als eine schon geprüfte Ordnung in Erscheinung, deren Gewicht man nicht mehr der einzelnen Interaktion zurechnen kann. Niemand kommt gern ins Gerede.

Die wichtigste Vorbedingung für dieses Regime der differenzierten Schwellen liegt in einer dafür ausreichenden Unabhängigkeit der Dritten. Personen, die zu themenunspezifischer Loyalität mit dem Betreffenden verpflichtet sind, kommen für die Rolle nicht in Betracht. Sie würden jeden Hinweis auf seinen Fehltritt als Vorwurf eigenen Versagens interpretieren. In der Interaktion mit ihnen würde der Konflikt sich nicht auf das Format eines bloßen Themas begrenzen lassen, sondern sogleich in die Operations-

---

31 Siehe zu diesem Problem der Rückmeldung auch Almirol, a. a. O., S. 297: »An important rule of gossip is never to confront the person face-to-face.«

weise durchschlagen. Aber dann wäre auch auf die dritte Schwelle kein Verlaß mehr.

Was Änderungen von Thematisierungsschwellen und ihre Interdependenz betrifft, so scheint ein Grenzfall erreicht, wenn diejenigen, die man mit einem Bericht über Abwesende unterhält, gar keinen eigenen Zugang mehr zu der Person haben, um die es sich handelt. Ist es dann überhaupt noch Klatsch?[32] Etwa wenn der Vater beim gemeinsamen Abendessen in der Familie über das zumutungsreiche Verhalten seines Vorgesetzten berichtet, den doch außer ihm niemand unter den Anwesenden kennt? Oder ist es nicht vielmehr nur etwas, das man aus Respekt vor der Person des Berichterstatters mit mehr oder weniger großer Anteilnahme zur Kenntnis nimmt und dann rasch wieder vergißt, weil man im eigenen Kontaktbereich damit ohnehin wenig anfangen könnte?[33]

Im Vergleich dazu aktualisiert der Klatsch, den Kollegen über ihre Vorgesetzten oder Schüler über ihre Lehrer unterhalten, sehr viel mehr an sozialer Komplexität, denn hier ist die Person, die das Thema bildet, für alle Anwesenden möglicher Interaktionspartner und somit nicht nur Thema, sondern auch Autor und Adressat möglicher Kommunikation. Nur unter dieser Bedingung ist es möglich, pragmatisch belangvoll zu kommunizieren. Nur so hat es Sinn, Warngeschichten zu erzählen oder Geschichten, die Mut machen sollen. Für den Klatsch unter Kollegen könnte man auch heute noch sagen, daß er den Prozeß der sozialen Meinungsbildung diszipliniert und allzu idiosynkratische oder allzu situationsabhängige Urteile über die Person des Beklatschten ausscheidet.

Auch wer verärgert ist, kann hier auf die Dauer nicht einfach nur projektiv urteilen. Die anderen Anwesenden haben ihre eigenen Beobachtungen gemacht. Sie können ihm gegebenenfalls widersprechen, und das System der Interaktion kann ihn mitsamt sei-

---

32 Die Literatur verneint dies typischerweise. Siehe als ein Beispiel unter vielen anderen Sabini/Silver, a. a. O., S. 97.
33 Es mag natürlich vorkommen, daß die Erzählung besonders komisch ist oder sich aus anderen Gründen für Weitersagen und Nacherzählungen eignet. Aber wenn sie das ist, dann tut eigentlich auch die Identität der Person nichts zur Sache, und man könnte die Geschichte mit gleichem Erfolg auch dann weitererzählen, wenn man den Namen wegläßt.

ner Meinung auch dann isolieren, wenn dieser Widerspruch nicht direkt, sondern nur indirekt oder vielleicht sogar überhaupt nicht kommuniziert wird. Wer in der Familie über den Vorgesetzten berichtet, hat viel bessere Chancen, ihn lediglich nach Maßgabe eigener Selbstdarstellungsinteressen zu beschreiben. Denn hier wird der Vorgesetzte für praktisch alle Anwesenden nur als Thema relevant. Das heißt nicht, daß nicht auch hier eine gewisse Versachlichung des moralischen Urteils über Personen erreichbar wäre: nur braucht man dafür dann eine stärker abstrahierte Moral, die Regeln auf Situationen bezieht.

Man erkennt an dieser Überlegung noch einmal, daß und warum der Klatsch überhaupt nur so weit reicht, wie man sich auf das Gesetz des Wiedersehens verlassen kann. Er setzt zwar eine Differenzierung der Thematisierungsschwellen voraus, ist aber unvereinbar mit Lagen, in denen kein übergreifender Interaktionszusammenhang mehr dazu zwingt, sie mit Rücksicht aufeinander zu definieren. Daher wird der Mechanismus in dem Maße ruiniert, in dem die Anwesenden außerhalb der gerade laufenden Interaktion in überschneidungsarmen oder schließlich sogar überschneidungsfreien Kontaktnetzen agieren. Entsprechend verliert, wenn die Gesellschaft auf ihrem Evolutionsweg zu höherer Komplexität ihre Interaktionszusammenhänge entkoppelt, der Klatsch seine gesamtgesellschaftliche Funktion.

V.

Im Zuge der Entwicklung der Gesellschaft zu höherer Komplexität nimmt die Anzahl und die Verschiedenartigkeit der in ihr möglichen Interaktionen überproportional zu, und als Folge davon muß die Programmierung der Moral mehr und mehr den interaktionsabhängigen Schwankungen entzogen werden. Es entsteht eine Moral, die die Unterscheidung zwischen gutem und schlechtem Handeln von der Unterscheidung zwischen anwesender und abwesender Sozialität unterscheidet. Diese Moral postuliert die moralische Neutralität der Unterscheidung von Anwesenden und Abwesenden. Die moralische Kommunikation soll die Unterscheidung von Anwesenden und Nichtanwesenden als Nichtunterscheidung behandeln. Wenn es überhaupt dazu

kommt, daß Abwesende in der Interaktion zum Thema einer moralischen Bewertung werden, soll dies auch so geschehen, als wären sie anwesend. Grenzen dessen, was man sagen könnte, wenn man *mit ihnen* kommunizieren würde, sollen zugleich für die Kommunikation *über sie* gelten. Der Übergang aus der einen in die andere Interaktion soll nicht als solcher schon auf die moralische Situierung der Person durchgreifen. Anwesenheit selbst soll nicht zugleich schon Verdienst sein. Eben darum soll man gegen Abwesende nichts sagen, was man in ihrer Gegenwart nicht wiederholen würde. Eben darum soll man umgekehrt das, was man über Anwesende gesagt hat, auch in deren Abwesenheit durchhalten. Eben darum soll man nicht klatschen.
Hinter der Mißbilligung des Klatschens steht also eigentlich der Versuch, die gesellschaftliche Moral den interaktionsabhängigen Schwankungen des Achtungsmarktes zu entziehen. Als einen utopischen Grenzfall könnte man sich eine moralisch perfekt integrierte Gesellschaft vorstellen. In einer solchen Gesellschaft würden die gesellschaftlich institutionalisierten Achtungsbedingungen in bruchloser Kontinuität auch das Interaktionsverhalten steuern. Jedes Disponieren über den Ausdruck von Achtung oder Mißachtung in der Interaktion wäre dann eine bloße Anwendung jener Bedingungen. Unter diesen Umständen wäre die Differenz von Anwesenden und Abwesenden eine moralisch vollkommen neutrale Differenz. Anwesende und Abwesende hätten gleiche Chancen, Achtung oder Mißachtung der Anwesenden auf sich zu ziehen, und es käme allein darauf an, wer sich in welcher Weise verhält. Es gäbe also keine Vorstrukturierung der Chancen zugunsten der Anwesenden, keinen Grund, sie zu schonen, nur weil sie anwesend sind, und auch keinen Grund, ihnen in der Erwartung von Reziprozität durch positive Urteile entgegenzukommen oder sie in anderer Weise zu umschmeicheln, und umgekehrt gäbe es nicht die Neigung, über Abwesende härter und unfreundlicher zu urteilen als über Anwesende. Vorausgesetzt, daß dabei kein Fehler unterläuft, wäre dann jeder dieser elementaren Akte zugleich gesellschaftlich generalisierbar. Ego könnte alle moralischen Bewertungen, mit denen er auf das Interaktionsverhalten von Alter reagiert, in beliebigen anderen Interaktionen ohne Sinnverlust reproduzieren. Umgekehrt könnte Ego erwarten, daß auch Alter sich in dieser Weise verhält und

also nicht etwa in Abwesenheit von Ego anders über ihn spricht, als er es in dessen Gegenwart tun würde bzw. getan hat. Jedes interaktionelle Artikulieren von Moral wäre dann zugleich ein Beitrag zur gesellschaftlichen Verteilung von Achtung und Mißachtung, und dies nicht nur in dem trivialen Sinne, daß die Interaktion immer auch in der Gesellschaft stattfindet, sondern auch so, daß die Interaktionsmoral bruchlos mit dem zusammenfällt, was Durkheim vermutlich als Kollektivbewußtsein bezeichnen würde.

Eine Art von Chancengleichheit wird postuliert, die nicht verzerrt werden soll durch die Frage, ob jemand nun gerade anwesend ist oder nicht. In Textform fixiert und zum Gegenstand ethischer Reflexionen verselbständigt, ist diese Moral immer schon auf die besonderen Probleme eines Gesellschaftssystems eingestellt, das alle Kontraktionen von Sozialität auf den Kreis der gerade Anwesenden überschreitet, da es immer auch die Abwesenden einschließt und daher vor allem die Beziehungen zwischen Anwesenden und Abwesenden ordnen muß. Eine dafür adäquate Moral muß daher auf ihrer eigenen Neutralität gegenüber dieser Differenz bestehen. Sie fordert eine interaktionsindifferente Gleichverteilung der Chancen, mit gutem oder schlechtem Handeln zum Gegenstand einer sozialen, durch Moral strukturierten Meinungsbildung zu werden – eine unwahrscheinliche Generalisierung, die sich auf der Ebene ihrer eigenen Formulierung über die für Interaktion konstitutive Differenzierung hinwegsetzt, im wirklichen Leben jedoch auf zahlreiche Hindernisse stößt und den Realitätswert ihrer eigenen Festlegungen vermutlich stark überschätzt.

Die *Interaktion* nämlich benötigt die Moral vor allem zu ihrer eigenen Integration und teilt Achtung bevorzugt den Anwesenden, Mißachtung dagegen bevorzugt den Abwesenden zu. Bei starker Differenzierung von Interaktion und Gesellschaft ist daher das Klatschen ein ebenso verbreitetes wie ungern gesehenes Phänomen. Die Moral bezieht den Klatsch, der ihre Universalismen mit Aussicht auf interaktionelle Unterstützung unterläuft, in den Bereich ihrer eigenen Themen mit ein und bewertet ihn dort vorwiegend negativ. Aber die Erwartung, daß nicht geklatscht werde, ist gleichwohl nicht direkt institutionalisierbar.[34]

34 Siehe dazu Luhmann, Rechtssoziologie (a. a. O.), S. 96.

Sie wird vielmehr laufend und mit interaktioneller Unterstützung verletzt. Institutionalisierbar sind nur Regelungen, die sich auf die *Folgeprobleme* dieser Diskrepanz beziehen und deren Effekte zu entschärfen versuchen.

Eines dieser Folgeprobleme liegt darin, daß moralische Solidarität in der Interaktion nur funktioniert, wenn auf die Abwesenheit der Abwesenden auch Verlaß ist. Dies wird zunächst durch die triviale Prämisse sichergestellt, daß sich die Anwesenheit einer Person durch ihren Körper bemerkbar macht. Es genügt daher häufig, wenn man die wahrnehmbaren Körper überprüft. Aber es genügt nicht immer, denn die Person könnte ihren Körper ja versteckt halten. Ein Ausweg liegt dann in Normen, die verhindern sollen, daß der vermeintlich Abwesende trotzdem anwesend ist.[35] Wer anwesend ist, soll sich auch bemerkbar machen. Er darf sich nicht etwa verstecken. Wer unbekannt ist, hat einen Anspruch darauf, vorgestellt zu werden, damit man nicht etwa in seiner Anwesenheit über ihn oder über seinen Ehepartner klatscht. Ein anderer Ausweg liegt in der Blockierung des Zugangs zu voller Reflexivität: Das *Klatschen über das Klatschen*, das den ehemals Abwesenden gegen die dritte Thematisierungsschwelle darüber informiert, wie schlecht die ehemals Anwesenden über ihn geredet haben, muß dann eben blockiert werden, und erst *diese* Blockierung läßt sich, da sie sowohl der Interaktion als auch der Gesellschaft gerecht wird, zuverlässig erwarten. In dieser Lage weiß jeder, *daß* auch in seiner Abwesenheit über ihn gelästert wird, aber niemand weiß genau, *was* dabei gesagt wird. Eine vollständige Unterbindung der Rückmeldung an den Betroffenen setzt freilich voraus, daß der Klatsch als primäres Organ der sozialen Kontrolle nicht länger benötigt wird, und bleibt auch in dieser Hinsicht von einer Gesellschaft mit dafür ausreichender Komplexität abhängig.

---

35 Dies betont auch Luhmann, a.a.O.

VI.

Unsere These lautet, daß die gesellschaftliche Moral mit zunehmender Differenzierung von Interaktion und Gesellschaft in einen zunehmenden Widerspruch zu den interaktionell naheliegenden Formen des Umgangs mit dieser Moral gerät und daß genau dies auf der Ebene der moralfähigen Themen rekonstruiert werden kann. Die Differenz zwischen Interaktion und Gesellschaft wird auf der Ebene der gesellschaftlichen Moral reflektiert. Anwesenheit kann, wenn auch die Abwesenden zur Gesellschaft gehören, nicht schon als solche ein Verdienst sein. Die Moral nimmt ein Moment der formulierten Abwehr gegen ihren eigenen Gebrauch in der Interaktion in sich auf, und sie fordert, gleichsam als Bedingung einer auch gesellschaftlich chancenreichen Moralkommunikation, daß diese Kommunikation sich nicht lediglich an den Erfordernissen der Interaktion orientiere. Die gesellschaftliche Moral muß beanspruchen, unabhängig von der für Interaktion maßgeblichen Differenz von Anwesenden und Abwesenden zu gelten. Und jede Verzerrung ihrer Geltung durch diese Differenz erscheint ihr daher als eine Art von Defekt, der seinerseits einer moralischen Bewertung zugänglich ist. Die moralische Abwertung, die der Klatsch erfährt,[36] ist dafür ein frühes Beispiel.

Er ist aber nicht das einzige Beispiel. Denn nicht nur das allzu schlechte Reden über Abwesende wird durch die gesellschaftliche Moral entmutigt, auch das allzu gute Reden über Anwesende steht unter Verdacht. Nicht nur der Klatsch, auch die Schmeichelei geht daher als Pathologie in die elaborierte Thematisierung der Moral ein. Beide Phänomene sind komplementär. Im einen Falle werden die Abwesenden schlechter gemacht, als sie sind, im anderen überschätzen die Anwesenden einander in ihrer jeweiligen Gutheit. Beides ist mit einer gesellschaftlich generalisierten Moral schwer vereinbar, die auf Interaktionsneutralität bestehen muß, beides erscheint ihr als eine Zweckentfremdung der Moral zugunsten der Interaktion und ihrer spezifischen Systemreferenz, und beides wird daher in der ethischen Rekonstruktion der Moral verworfen.

---

36 Vgl. dazu mit reichen Belegen Patricia Spacks, Gossip, New York 1985,

Diese eigentümliche Symmetrie wird in der neueren Literatur selten berücksichtigt. Der Klatsch hat seine soziologischen Beobachter gefunden, die Schmeichelei nicht.[37] Der hier gewählte Zugang macht dagegen den Zusammenhang zwischen beiden Themen verständlich. Der Zusammenhang liegt zunächst in der Funktion der Konfliktvermeidung. Unter diesem Gesichtspunkt sind das einseitige oder wechselseitige Hochloben der Anwesenden und die Abwertung der Abwesenden funktional äquivalent. In beiden Fällen wird die Unterscheidung der Moral mit der Unterscheidung von System und Umwelt gleichgesetzt, um innerhalb der Interaktion ein positives und konfliktfernes Klima zu erzeugen. Hier wie dort besteht das Problem, daß Achtungssynthesen, da nur interaktionsspezifisch motiviert, beim Übergang aus der einen Interaktion in die andere zu zerfallen drohen. Und hier wie dort reagiert die gesellschaftliche Moral auf die interaktionelle Verformung ihres Codes, indem sie die Vermeidung dieser Verformung auf der Ebene ihrer Programme rekonstruiert und dort als Gebot ausweist. *Nicht* klatschen und *nicht* schmeicheln – das wird dann zu einer formulierbaren Bedingung der Achtbarkeit. Ein guter Fürstenberater verzichtet auf Schmeichelei und ein guter Freund darauf, sich am abträglichen Gerede der anderen über den Freund zu beteiligen.

Aber auch für die Selbstbeobachtung der Interaktion liegt der Zusammenhang von Klatsch und Schmeichelei auf der Hand. Es ist die Einheit der Unterscheidung von anwesend und abwesend, die ihn herstellt. Der explizite Klatsch über andere ist implizit ein Lob der Anwesenden, das explizite Loben der Anwesenden impliziert der Tadel von Abwesenden (denn man kann sie ja schlecht für etwas loben, das jeder beliebige ohne Anstrengungen leisten kann). Sobald auf die Form der Unterscheidung geachtet wird, wird jede ihrer Seiten zur anderen Seite der anderen Seite. Das erleichtert das dauernde Kreuzen der Grenze. Und es ermöglicht ein Verschieben von Schwerpunkten, wenn Engpässe auftreten. So kann man es, will man das Lob vermeiden, weil man den Verdacht auf Schmeichelei fürchtet, statt dessen mit

---

S. 24ff. Siehe auch Jack Levin/Arnold Arluke, Gossip: The Inside Scoop, New York 1987, S. 3.
37 Vgl. als psychoanalytische Deutung Jean Starobinski, Sur la flatterie, in: Nouvelle Revue de la psychoanalyse 4 (1971), S. 131-151.

dem Klatsch über Abwesende probieren und hoffen, daß genau dies verstanden wird. Freilich setzt auch dieses Manöver sich der Beobachtung aus. In diesen Zusammenhang gehört eine Überlegung von Balthasar Gracian,[38] die sich gleichermaßen auf Klatsch und auf Schmeichelei bezieht: Wer dauernd schlecht über Abwesende rede, der erzeuge im anderen den Verdacht, daß es auch ihm nicht anders ergehen wird, sobald er nur selbst abwesend ist. Die Möglichkeit, den Anwesenden zu tadeln, nur um vorzuführen, daß man sich durch Schmeichelei nicht motivieren läßt, wird (da zu konfliktnah?) nicht eigens erwogen. Statt dessen komme es darauf an, erst einmal Abwesende zu loben und über das Vortreffliche zu sprechen, das man anderwärts kennengelernt hat. Denn eben das lasse erkennen, daß man die moralische Unterscheidung unabhängig von der Form der Interaktion verwende, und schläfere so den Verdacht auf Schmeichelei ein mit der Folge, daß man dann auch den Anwesenden loben kann.

Die Semantik der Schmeichelei wurde vor allem am Modell asymmetrischer Kommunikation entwickelt und vornehmlich an den immanenten Gefährdungen der Rolle des Höflings diskutiert.[39] So lag ihr die Perspektive dessen zugrunde, der den Konflikt mehr fürchten muß als der andere und daher zur Nachgiebigkeit mehr disponiert ist. Für den Machthaber, der das vermeiden wollte, ergab sich daraus der Ratschlag, eigene Absichten möglichst lange im unklaren zu lassen, damit der andere sie nicht lediglich aus Schmeichelei sich zu eigen mache.[40] Seit der Wendung der europäischen

---

38 Siehe Balthasar Gracian, Handorakel und Kunst der Weltklugheit, dtsch. Übersetzung Stuttgart 1995, S. 94. Vgl. dazu auch Karl-Heinz Göttert, Kommunikationsideale: Untersuchungen zur europäischen Konversationstheorie, München 1988, S. 59.
39 Vgl. dazu Klaus Uhling, Hofkritik im England des Mittelalters und der Renaissance: Studien zu einem Gemeinplatz der europäischen Moralistik, Berlin 1973; H. Kiesel, »Bei Hof, bei Höll«: Untersuchungen zur literarischen Hofkritik von Sebastian Brandt bis Friedrich Schiller, Tübingen 1979; siehe zum Auslaufen dieses Motivs im Zuge der Modernisierung von Politik auch Niklas Luhmann, Staat und Staatsräson im Übergang von traditionaler Herrschaft zu moderner Politik, in: ders., Gesellschaftsstruktur und Semantik: Studien zur Wissenssoziologie der modernen Gesellschaft, Bd. 3, Frankfurt 1989, S. 65-149 (69, 126).
40 »Wenn ein König im Rate sitzt, so möge er sich hüten, bei seinen Anträgen seine eigene Stellungnahme zu sehr durchblicken zu lassen; sonst werden die Räte sofort wissen, woher der Wind weht, und anstatt ihm freimütige Ratschlä-

Interaktionstheorie zu symmetrischen Beziehungen[41] gewinnt das Thema auch für die Steuerung der Interaktion unter Gleichrangigen an Bedeutung. Die Mißbilligung bleibt erhalten, aber die Chancen auf Abhilfe werden geringer, wenn man die Universalität der Verbreitung zur Kenntnis nimmt.

Die Semantik der geselligen Interaktion schließlich macht aus der Schmeichelei selbst ein Erfolgsrezept und kehrt die Bewertung um: dem anderen nicht widersprechen, taktvoll auf das eingehen, was er schon gesagt hat, und es keinesfalls kritisieren, Nachgiebigkeit sowie die Bereitschaft zur Erfüllung von Wünschen, noch ehe sie kommuniziert wurden – all das gilt nun als Moment gepflegter Sozialität, während umgekehrt die klassischen Tugenden des Neinsagenkönnens und der Konfliktbereitschaft auch bei unklaren oder geringen Erfolgschancen nun zu einem Ding der interaktionellen Unmöglichkeit erklärt werden. Der Zirkel des Gefallens schließt sich – und ausgeschlossen ist nun der Konflikt selbst. Die Schmeichelei erhält einen neuen Namen: sie wird nun als Takt bezeichnet.[42] Unter den Vorzeichen der frühneuzeitlichen Anthropologie der Unruhe und Selbstreferenz[43] führt an der Eigenliebe und damit an der Schmeichelei ohnehin kein Weg vorbei.[44] Und wo sie nach wie vor als Heuchelei gilt, wird ihr

ge zu geben, ihm nach dem Munde reden«, heißt es zum Beispiel bei Francis Bacon, Essays, dtsch. Übersetzung von Levin L. Schücking, Stuttgart 1970, S. 74.
41 Die Grenzen sind unklar und nicht leicht zu bestimmen. In der Literatur wird im allgemeinen Balthasar Gracian als der erste Autor genannt, der die Themen des Scheins und der Täuschung aus dem engen semantischen Kontext einer an den Hof gebundenen Literatur über Staatsräson herausgelöst und sie zur Grundlage einer allgemeinen Sozialtheorie erhoben habe. Vgl. dazu Göttert, a.a.O. Mit Sicherheit kann man sagen, daß die wenig später einsetzende Theorie der geselligen Interaktion auf symmetrische Beziehungen konzentriert ist.
42 Daß dies eine ihrerseits taktvolle Bezeichnung für etwas ist, was man ebensogut, aber mit weniger freundlichen Aussichten, auch als paradoxe Kommunikation analysieren könnte, hat Niklas Luhmann gelegentlich angemerkt.
43 Vgl. dazu Niklas Luhmann, Frühneuzeitliche Anthropologie: Theorietechnische Lösungen für ein Evolutionsproblem der Gesellschaft, in: ders., Gesellschaftsstruktur und Semantik: Studien zur Wissenssoziologie der modernen Gesellschaft, Bd. 1, Frankfurt 1980, S. 162-235.
44 Die eigentümliche Geschlossenheit dieser selbstreferentiellen Orientierungsgrundlage wird bekanntlich vor allem von La Rochefoucault betont, siehe: Maximes et Réflexions diverses (erste französische Ausgabe: 1665), dtsch. Übersetzung Frankfurt 1976, Maximen 146, 158, 303 und 329.

doch immerhin zugestanden, daß es ohne sie auch nicht geht: sie wird zur »hypocrisie necessaire«[45]. Das setzt, wie leicht zu erkennen, die gesellschaftliche Ausdifferenzierung der gesellingen Interaktion voraus.[46]
Eine weitere Änderung kommt hinzu. Zuvor galt die Schmeichelei als Täuschung oder als Heuchelei. Man hatte zu fürchten, daß dies durchschaut wird, weil das die beabsichtigte Wirkung vereitelt. Eine Art von negativer Selbstreferenz war impliziert. Der Schein, einmal als solcher erkannt, löst sich auf. Im Zuge der semantischen Karriere von Selbstreferenzthemen wie Eigenliebe, amour propre usw. kam man zu der Einsicht, daß die Eigenliebe so groß ist, daß auch die Einsicht in das Fiktive eines Lobs nicht verhindern kann, daß es gefällt. Mit dieser Einsicht, verfügbar etwa bei Vauvenargues, wird die Schmeichelei zum Eigenwert der Interaktion erklärt.

VII.

Man wird nicht fehlgehen, wenn man annimmt, daß der Klatsch heute vor allem in Organisationen gedeiht.[47] Zwar erreichen auch Organisationen Größenordnungen, die das Gesetz des Wiedersehens sprengen. Aber die dadurch aufgebaute Komplexität des Systems wird nur durch Differenzierung des Systems be-

---

45 So die Formulierung von Geneviève Haroche-Bouzinak, Artikel Harmonie, in: Alain Montandon (Hrsg.), Dictionnaire raisonné de la politesse et du savoir-vivre: Du moyen âge à nos jours, Paris 1995, S. 469-480 (477). Wie schwer dieses Zugeständnis fällt, zeigen Autoren im selben Band anhand von Belegen S. 187, 490, 572.
46 Wo eine derart weitgehende Freistellung der Interaktion von gesellschaftlichen Funktionen, wie sie unter dem Titel der Geselligkeit praktiziert wurde, nicht möglich ist – und ausgeschlossen ist es vor allem in den asymmetrischen Interaktionen im Bereich formaler Organisationen –, dort hält sich auch der alte moralische Widerstand gegen die Schmeichelei. Die Organisationsmoral, die unter Kollegen gilt, ist dafür ein guter Beleg. Auch hier hat die Scheichelei einen neuen, nun aber ausgesprochen taktlosen, in direkter Interaktion nur als Affront verwendbaren Namen bekommen: den des *Schleimens*.
47 Siehe dazu Niklas Luhmann, Funktionen und Folgen formaler Organisation, Berlin 1964, S. 324ff; Fuchs, The Stratified Order of Gossip (a. a. O.); Theodor M. Bardmann, Wenn aus Arbeit Abfall wird: Aufbau und Abbau organisatorischer Realitäten, Frankfurt 1994, S. 397ff.

stimmbar. Die Abteilungen, Dezernate, Ressorts usw., die auf diese Weise entstehen, sind immer auch Interaktionszusammenhänge, die in sich selbst dann wieder durch Klatsch integriert sein können.[48] Diese Klatschzirkel sind im Schema der Differenzierung nicht vorgesehen, und die Selbstbeschreibung der Organisation kann zum Klatsch auch kein ausgewogenes Verhältnis gewinnen. Schon daß überhaupt geklatscht wird, erscheint ihr als Hinweis auf einen zu beseitigenden Fehler im offiziellen Prozeß der Informationsverarbeitung. Offenbar wird angenommen, daß völlige Transparenz des Entscheidungsprozesses den Klatsch beenden würde, weil er überhaupt nur angesichts unvollständiger Information erforderlich wird.[49] Das wird schon dem Moralklatsch nicht gerecht, der ja mehr als Solidaritätstest fungiert und daher auch ohne Zufuhr neuer Informationen zustande kommt. Aber auch wenn es eher um Informationen geht, bietet das Klatschen zahlreiche Vorzüge, die keine Organisation ganz ersetzen kann.

Die Organisation kann Realität nur als Korrelat ihrer eigenen Entscheidungen sehen. Das schließt etwaige Realitätszweifel sowie die Form ihrer Behebung mit ein. Auf der Ebene, auf der die Organisation sich als Entscheidungszusammenhang schließt, können auch Realitätszweifel nur zu *anderen Entscheidungen* führen. Wer Zweifel hat, muß daher den Dienstweg beschreiten, der zu solchen anderen Entscheidungen führt. Der Klatsch ist darauf nicht angewiesen. Er tritt in das Netzwerk der Entscheidungen nicht ein, und er setzt auch keine besonderen Positionen in der Stellenorganisation des Entscheidens voraus. Er kann, wenn man so will, unverantwortlich praktiziert werden. So wird verständlich, daß der Klatsch sich vor allem zu einer Beobachtung der Entscheidungen eignet, die nicht darauf angewiesen ist, als Kritik aufzutreten und damit selber Entscheidung zu werden. Der Klatsch setzt zwar die Unzufriedenheit mit den Systementscheidungen voraus, nicht aber die Bereitschaft, das System mit einer dann ihrerseits entscheidbaren Alternative zu konfrontie-

---

[48] Siehe zu diesem Dominieren der Interaktion im Alltagsleben der Organisation auch André Kieserling, Interaktion in Organisationen, in Klaus Dammann/Dieter Grunow/Klaus P. Japp (Hrsg.), Die Verwaltung des politischen Systems, Opladen 1994, S. 168-183.
[49] Die Literatur über Unternehmensberatung ist voll von solchen Naivitäten.

ren. So ist er einerseits freier gestellt, andererseits aber auch weniger effektiv als die Kritik des Systems im System.

Der Klatsch kann die Realität des Systems in einer Weise konstruieren, die so nie Entscheidung werden könnte, zum Beispiel als durch und durch von Personen und ihren Motiven beherrschte Realität. Die Organisation, die den Stellenwert der Person auf allen Ebenen unterhalb der Spitze eher herunterspielt und noch ihre Personalentscheidungen als rein sachlich motiviert darzustellen bestrebt ist, könnte sich selbst so gar nicht beobachten. Das Mitspielen persönlicher Motive tendiert denn auch, wenn es als Thema in Entscheidungsprozesse eingebracht wird, zum Vorwurf der »Unsachlichkeit«, der »Korruption« oder des »Favoritismus«. Die Organisation läßt zwar durchaus den Nachweis zu, daß eine bestimmte Entscheidung durch solche persönlichen Motive verzerrt wurde. Dann ist es Sache anderer Entscheidungen, dies festzustellen und es gegebenenfalls zu korrigieren. Aber sie definiert diesen Fall als eine strukturell belanglose Ausnahme. Die Schwelle liegt also hoch, und ehe man sich dazu entschließt, sie zu überschreiten, schaut man sich besser nach sozialer Unterstützung um. In der Regel sind es denn auch nicht einzelne Mitglieder, die solche Vorwürfe im eigenen Namen vorbringen, sondern es sind Gruppen, die dies tun, im Bereich der Personalentscheidungen beispielsweise Gruppen mit anerkannten Funktionen im Bereich der »Personalvertretung«. Die Beweislast trägt daher in jedem Falle, wer solche Behauptungen aufstellt.

Beim Übergang zum Interaktionsklatsch kommt es dagegen zu einer Umkehr der Beweislast. In dessen Perspektive muß man einen etwaigen Verdacht auf Korruption oder Favoritismus oder Unsachlichkeit nicht mehr eigens begründen, da hier ohnehin alles nach der Logik dieser Sozialmodelle begriffen wird. Der Klatsch zieht den Genuß, den er bereitet, gerade aus der Leichtigkeit, mit der er die Fassade der Unpersönlichkeit durchdringt und hinter allen Entscheidungen der Organisation, und besonders hinter ihren Personalentscheidungen, zweite und nicht eingestehbare Motive vermutet. Hier hat umgekehrt einen schweren Stand, wer sich von den sachlichen Motiven einer bestimmten Entscheidung überzeugt gibt. Und gerade »Rationalität« wird hier als eine auf Personen oder Gruppen zurechenbare Strategie gebucht. Wer sie beim Wort nimmt, gilt als naiv oder wird als

Neuling belächelt. Oder er erscheint als wenig vertrauenerweckender Kollege, in dessen Anwesenheit man gewisse Dinge besser für sich behält.

Kapitel 11
Interaktion in Organisationen

I.

Die Differenzierung von Interaktion und Gesellschaft hat komplexe Folgen. In dem Maße, in dem sich der Zugriff gesamtgesellschaftlicher Strukturen auf die Interaktion lockert, wird die Interaktion einerseits freier gestellt. Es entsteht unter den Vorzeichen von Geselligkeit ein Interaktionstyp, der gerade auf der Ablehnung der gesellschaftlichen Makrostrukturen beruht. Andererseits tritt schon wenig später ein neuartiger Typus von Sozialsystem in Erscheinung, der sich mehr oder minder erfolgreich um die Einschränkung dieser Freiheitsgrade bemüht: die Organisation. Innerhalb von Organisationen gerät die Interaktion unter den Druck bestimmter Einschränkungen und Reduktionen, die ihr ein größeres Potential für Komplexität in spezifischen Hinsichten erschließen.[1] Durch Organisation werden Interaktionen auf spezifische Funktionen wie gerichtliche Streitentscheidung, Erziehung oder Forschung hingelenkt und dadurch in bestimmten Hinsichten zu unwahrscheinlicher Sensibilität verfeinert, in anderen Hinsichten dagegen mehr oder minder abgestumpft. Unter solchen Sonderbedingungen ausdifferenziert, kann die Interaktion nicht mehr beanspruchen, Welt und Gesellschaft in sich selbst zu repräsentieren.[2]

1 Auch die konversationsanalytische Forschung behandelt institutional talk im Unterschied zu ordinary conversation als Einschränkung, nämlich als Einschränkung der normalen Bewegungsfreiheiten für turn taking. Siehe etwa, ordinary conversation mit mediation hearings vergleichend, Angela Garcia, Dispute Resolution Without Disputing: How the Interactional Organization of Mediation Hearings Minimizes Argument, in: American Sociological Review 56 (1991), S. 818-835. Die Komplexitätssteigerung liegt in diesem Fall in der Vermehrung der gegensätzlichen Positionen, die *ohne Eskalation des Konflikts* dargestellt werden können. Siehe zu institutional talk ferner auch: David Greatbatch, On the Management of Disagreement between News Interviewees, in: Paul Drew/John Heritage (Hrsg.), Talk at Work: Interaction in Institutional Settings, Cambridge Mass. 1992, S. 269-301 (269); ferner die Einleitung des Herausgebers zum selben Band, S. 3-66 (26, 40).
2 Vgl. zur klassischen Interaktionseinheit von Welt- und Gesellschaftsrepräsen-

Anders als Interaktionen und Gesellschaften sind Organisationen keine historisch universell verbreiteten Phänomene, sondern evolutionäre Errungenschaften. Sie treten mit ersten Ansätzen (wie beispielsweise der Unterscheidung von Amt und Person) erst in vorneuzeitlichen Hochkulturen hervor, die Interaktion und Gesellschaft schon differenzieren können, zum Beispiel auf der Grundlage von Schrift, und sie erreichen ihre heute geläufige Form einer Mitgliederorganisation mit eigener Programmatik erst in der modernen Gesellschaft. Zahllose Interaktionen laufen heute im Einzugsbereich solcher Organisationen ab. Die gesellschaftlich folgenreiche Kommunikation findet zu großen Anteilen in der Form solcher Interaktionen statt – als Interaktion in Gerichten und Parlamenten, Schulen und Industriebetrieben, Funkhäusern und Forschungsinstituten, Raumschiffen und politischen Parteien.

Offenbar lassen sich nur so, also nur durch Dazwischenschalten von Organisation, ausreichende Interaktionsmengen den Funktionssystemen der modernen Gesellschaft zuordnen. Die Rollen- und Interaktionsmodelle eines völlig organisationsfreien Funktionsbezugs haben sich jedenfalls nicht bewährt.[3] Die Hauslehrer sind den Schullehrern gewichen, die Gewissensfreiheit des Parlamentariers dem Fraktionszwang, dem er als Parteimitglied unterliegt;[4] und an die Stelle einer öffentlichen Meinung, die in der für jedermann zugänglichen Interaktion gebildet wird, sind im Funktionssystem der Massenmedien die Organisationen der Zeitungsverlage und Rundfunkanstalten getreten, die hinter verschlossenen Türen entscheiden.

Man wird diese organisierte Interaktion nicht gut als gesellige

---

tanz Elizabeth C. Goldsmith, Exclusive Conversations: The Art of Interaction in Seventeenth-Century France, Philadelphia 1988, S. 7: »›Le monde‹, the seventeenth-century designation for elite society, suggests a notion of restricted exclusivity that is at the same time all-encompassing, it encloses everything (of any importance) within its boundaries.«

3 Das gilt paradigmatisch für den Bereich der professionellen Arbeit. Fachgeschichtlich war der Professionsbegriff zwar als Gegenbegriff zu Organisation eingeführt worden, aber die empirischen Forschungen zeigten dann um so deutlicher, wie sehr inzwischen auch dieser Tätigkeitsbereich in Organisationsabhängigkeiten verstrickt ist.

4 Siehe dazu den Rückblick bei Carl Schmitt, Die geistesgeschichtliche Lage des Parlamentarismus, 3. Auflage, Berlin 1961.

Interaktion beschreiben können. Schon der Umstand, daß Organisationen laufend Entscheidungen zumuten, stellt den Unterschied klar. In der geselligen Interaktion kommt es gerade umgekehrt darauf an, offenen Entscheidungsdruck zu vermeiden.⁵ Gleichwohl gehört beides zusammen, denn erst die gesellschaftliche Freigabe der Interaktion ermöglicht die organisatorische Beschränkung. Erst wenn die Interaktion die Gesellschaft nicht mehr repräsentieren muß, schadet es auch nichts, wenn sich an dieser Stelle *andere* Systemreferenzen bemerkbar machen: Ohne gesellschaftliche Dekonditionierung keine organisatorische Rekonditionierung der Interaktion.

In einer Gesellschaft, die ihre Interaktionen noch unmittelbar mit gesellschaftlichen Funktionen belastete, gab es denn auch kaum Ansatzpunkte für den Zugriff von Organisationen. Vor allem die durchgängige Geltung der gesellschaftlichen Moral und ihre Hochrechnung zu interaktionsrelevanten Gesichtspunkten wie Ansehen, Ehre und Reputation war denn auch historisch gesehen ein sehr deutliches Hindernis für den Aufbau großer Organisationen. Der im weitesten Sinne zeremonielle Aspekt ließ sich weder ignorieren noch an den Grenzen der Organisation neutralisieren und durch die selbstgesetzten Prämissen einer organisationseigenen Rangordnung ersetzen.⁶

5 Das kann in Grenzfällen so weit gehen, daß selbst auf das Zumuten der Entscheidung, ob man einer Einladung zur Geselligkeit folgen oder nicht folgen will, noch verzichtet wird. Siehe dazu anhand von Fallstudien im akademischen Milieu David Riesman, Geselligkeit, Zwanglosigkeit, Egalität, in: ders., Wohlstand wofür?, Frankfurt 1966, S. 115-149 (125). Riesman berichtet von kleineren Partys, bei denen die Einladung beiläufig und mit unklarer Terminierung erfolgte und nicht eindeutig angenommen oder abgelehnt wurde mit der Folge, daß die Gäste in Abständen von mehreren Stunden eintrafen, so daß die gesamte Synchronisation des Abends mißlang. Riesman führt dies auf die Paradoxie einer Regel zurück, derzufolge es keine festen Regeln gibt. Historisch gesehen mag man dies auch darauf zurückführen, daß die Anhaltspunkte für die Unterscheidung zwischen echten und fiktiven Einladungen fehlen, die in der Oberschicht der alten Gesellschaft noch unterstellt werden konnten. Siehe dazu mit weiteren Belegen Manfred Beetz, Frühmoderne Höflichkeit: Komplimentierkunst und Gesellschaftsrituale im altdeutschen Sprachraum, Stuttgart 1990, S. 148. Die Literatur geht davon aus, daß man an Rangdifferenzen sowie an Unterschieden der sozialen Nähe ablesen könne, ob die Einladung ernst gemeint ist oder nicht.
6 Siehe dazu anhand des Nachlebens der Institution des Duells innerhalb der modernen Militärorganisation Ute Frevert, Ehrenmänner: Das Duell in der bür-

Sowohl die gesellige als auch die organisierte Interaktion sind also Erzeugnisse der modernen Gesellschaft. Gerade ihre Differenz setzt die Differenzierung von Interaktion und Gesellschaft voraus. Erst wenn die kompakte Abhängigkeit der Gesellschaft vom Schicksal bestimmter Interaktionen oder bestimmter (zum Beispiel: höfischer) Interaktionszusammenhänge sich lockert, wird es denkbar und möglich, die Interaktion entweder an selbstgewählten oder an organisatorisch vorentschiedenen Prämissen zu orientieren, denn beides setzt ja die Differenz zur Gesellschaft voraus. Man sieht dies auch an der Art und Weise, wie andere eigene Rollen berücksichtigt werden: in der geselligen (und mehr noch: in der intimen) Interaktion als Hinweis auf die individuelle Einheit der Person; und in den Organisationen nur unsystematisch und nur insofern, als dies den Zugang zu strategisch wichtigen Umweltsystemen erschließt. Um gesellschaftliche Repräsentation geht es weder hier noch dort. Beide Formen von Interaktion haben die Selbstbeschreibung der modernen Gesellschaft nachhaltig fasziniert. Im Zusammenhang mit der dafür gefundenen Semantik konnte die Geselligkeit nur idealisiert, nicht aber institutionalisiert werden.[7] Sie war nur als Wertidee, nicht als Sozialform generalisierbar. Im langen Schatten dieser Wertidee konnte kein adäquates Verständnis der organisierten Interaktion entwickelt werden. Sie wurde am Ideal der Geselligkeit gemessen und blieb in ihren eigenen Formen unsichtbar.

So blieb es bei einer bloßen Kritik der institutionell erfolgreicheren Organisation und der durch sie bestimmten Interaktionsre-

---

gerlichen Gesellschaft, München 1991. Vgl. auch Norbert Elias, Studien über die Deutschen: Machtkämpfe und Habitusentwicklung im 19. und 20. Jahrhundert (hrsg. von Michael Schröter), Frankfurt 1989, S. 61 ff. Über die Schwierigkeiten der Neutralisierung von Rangfragen an den Außengrenzen von Organisationen informiert materialreich Horst-Volker Krumrey, Entwicklungsstrukturen von Verhaltensstandarden: Eine Soziologische Prozeßanalyse auf der Grundlage deutscher Anstands- und Manierenbücher von 1870-1970, Frankfurt 1984, S. 404 ff.

7 »Das sozialethische Modell der Geselligkeit läßt sich nicht institutionalisieren«, heißt es dazu bündig bei Wolf Wucherpfennig, »Das Wort gesellig ist mir verhaßt geworden«: Freiheit und Vaterland, Natur und Familie bei Friedrich Leopold Graf zu Stollberg, in: Ortrud Gutjahr/Wilhelm Kuhlmann/Wolf Wucherpfennig (Hrsg.), Gesellige Vernunft: Zur literarischen Kultur der Aufklärung, Würzburg 1993, S. 352-376 (352).

alität der modernen Gesellschaft unter Gesichtspunkten wie dem der Entfremdung. Es blieb, auch in der Sozialtheorie, bei Unterscheidungen wie der zwischen Sozialtechnik und echter Sozialität, strategischem und verständigungsorientiertem Sprachgebrauch, Arbeit und Interaktion.[8] Diese Begrifflichkeit hat nicht nur den Nachteil, den Gesamtbereich dessen, was für sie »Interaktion« ist, auf einen relativ marginalen Sonderfall einzuschränken. Sie spielt auch den Umstand herunter, daß auch Interaktion in Organisationen Interaktion ist. So verliert sie den Kontakt zu einer soziologischen Forschung, der gerade das immer schon sehr deutlich vor Augen stand.[9] Sie kann sich halten, aber nur noch als »Philosophie«.

II.

In allen Funktionssystemen der modernen Gesellschaft muß man heute nicht nur mit Interaktionen, sondern auch mit Organisationen rechnen. Beide Begriffe bezeichnen Sozialsysteme eigener Art, die nicht durch Dekomposition des Gesamtsystems gebildet werden und also auch nicht im Wege einer Arbeitsteilung entstehen, wie man sie allenfalls innerhalb von Organisationen sich vorstellen kann, sondern jeweils *eigene* Grundlagen der Ausdifferenzierung in Anspruch nehmen. Innerhalb dieser differenzierten Gesamtordnung kommt der Organisation eine gleichsam vermittelnde Position zu. In der Begriffssprache von Parsons könnte

---

[8] Vgl. dazu Jürgen Habermas, Arbeit und Interaktion, in: ders., Technik und Wissenschaft als »Ideologie«, Frankfurt 1968, S. 48-104; Theorie des kommunikativen Handelns, Bd. 2, Frankfurt 1981 bringt demgegenüber Änderungen in der Terminologie, nicht aber in der Begrifflichkeit dieser Unterscheidung. Zur Überführung des Sozialmodells der Geselligkeit in einen Begriff für Diskurse siehe auch Gianni Vattimo, Die Hermeneutik und das Modell der Gemeinschaft, in: Joseph Vogl (Hrsg.), Gemeinschaften: Positionen zu einer Philosophie des Politischen, Frankfurt 1994, S. 208-223.
[9] Siehe dazu neuerdings Hubert Knoblauch, Arbeit als Interaktion, in: Soziale Welt 47 (1996), S. 344-362. Vgl. auch Alois Hahn, Verständigung als Strategie, in: Max Haller et al. (Hrsg.), Kultur und Gesellschaft: Verhandlungen des 24. Deutschen Soziologentages, des 11. Österreichischen Soziologentages und des 8. Kongresses der Schweizerischen Gesellschaft für Soziologie in Zürich 1988, Frankfurt 1989, S. 346-359.

man auch von Respezifikation reden. Es liegt an Organisationen, die gesellschaftliche Funktion so weit zu respezifizieren, daß das Verhalten in der unmittelbaren Interaktion daran anschließen kann. Der Gesellschaftsbezug des Interaktionsverhaltens steht dann nicht mehr als unmittelbar geltende Moral oder als standesgemäße Lebensführung, sondern als Organisationsprogramm – im Erziehungssystem zum Beispiel als Lehrplan oder als Prüfungsordnung – vor Augen. Darin liegen wichtige Möglichkeiten der Umkehr und Neutralisierung mit Bezug auf Moral und auf Schichtung. Es gibt nun auf einmal interaktionelle Durchsetzungsfähigkeit auch gegenüber ranghöheren Mitgliedern der Gesellschaft.[10] Oder es gibt Wohltaten oder programmierte Akte der Hilfsbereitschaft, die nicht mehr zu Dank verpflichten und eine persönliche Beziehung zwischen dem Wohltäter und dem dadurch Begünstigten weder voraussetzen noch schaffen.[11]

Die Interaktion gerät damit zunächst einmal unter den Druck von Erwartungen, die letztlich aus einer anderen Systemebene stammen und daher nur unter erheblichen Verzichten auf interaktionseigene Möglichkeiten der Handhabung von Sozialität realisiert werden können. Daß die Interaktion nicht alle Möglichkeiten der Fortsetzung des Kontaktes nutzen kann, die sie selbst produziert, versteht sich von selbst. Das System ist in jeder Operation zur Selektion eigener Möglichkeiten gezwungen; das folgt aus Begriff und Problem der Komplexität. Insofern gibt es gegen Selektion schlechthin auch keine operativ wirksamen Bedenken. Keine Interaktion, ja kein System kann alle eigenen Möglichkeiten zugleich realisieren. Neu dagegen ist, daß ihr zugemutet wird, diesen selektiven Zugriff auf *eigene* Möglichkeiten mit Hinblick auf eine *andere* Systemreferenz zu steuern, die gleichwohl nicht mit der Gesellschaft selbst zusammenfällt. Die strukturell erzwungene Selektivität der Interaktion, die aus ihrem Systemcharakter folgt, soll mit Hinblick auf Bedürfnisse der Organisation gehandhabt werden. *Ein* Umweltsystem der Interaktion soll deren *Gesamtverhalten* steuern. Das kann eigentlich nicht funktionieren.

10 Siehe dazu Krumrey, a.a.O.
11 Siehe dazu Niklas Luhmann, Formen des Helfens im Wandel gesellschaftlicher Bedingungen, in: ders., Soziologische Aufklärung 2: Aufsätze zur Theorie der Gesellschaft, Opladen 1975, S. 134-150.

Zunächst hatte man angenommen, daß dies doch funktionieren kann, und zwar durch *Rekonstruktion von Anwesenheit als Mitgliedschaftspflicht*. Die Anwesenden treten einander als Mitglieder einer Organisation gegenüber, die nicht aus persönlicher Zuneigung kooperieren und nicht aus Freude an der Sache selbst anwesend sind. Sie werden nicht unmittelbar durch Rücksicht aufeinander, sondern jeder für sich durch Rücksicht auf die Vorteile der Organisationsmitgliedschaft zur Zusammenkunft motiviert. Die Interaktion selbst verliert damit die Züge der Geselligkeit und nimmt den allgemeinen Charakter von »Arbeit« an – oder so jedenfalls würde man die Sache sehen müssen, wenn man sich lediglich an die Semantik der Entfremdung, der Unpersönlichkeit, des Verlustes von Solidarität hält, mit der diese organisatorisch erzeugte Transformation der Interaktion seit dem neunzehnten Jahrhundert beschrieben wird.

Die einsetzende soziologische Forschung hat diesen Eindruck einer organisatorisch vorentschiedenen Interaktion inzwischen als viel zu einfach durchschaut und ihm die Entdeckung hinzugefügt, daß nicht nur die Möglichkeiten der Interaktion durch die Organisation, sondern auch die Möglichkeiten der Organisation durch die Interaktion beschränkt werden. Ein erster Versuch in diese Richtung hatte sich im Anschluß an die Entdeckung der sogenannten *informalen Organisation* durchgesetzt.[12] Dabei war die Interaktion aber nur in sehr kompakter Weise, nämlich nur als Gruppe zum Thema gemacht worden. Andererseits konnten nur solche Forschungen, die auf der technischen Ebene von Produktionsbetrieben ansetzten, ein dafür ausreichendes Maß an Gruppenbildung beobachten. Schon für Organisationen im Bereich der öffentlichen Verwaltung war dieser Begriff entschieden zu hoch aggregiert.

Ein Festhalten am Gruppenbegriff hätte die Theorie der informalen Organisation auf eine lediglich typspezifische Variante von Organisationstheorie zurückgeschnitten, für die es Anwendungs-

---

12 Die Forschungen dazu sind unterdessen so stark vergessen, daß man die These von der Geburt des Informalen aus den psychosozialen Bedürfnissen des Mitglieds (nach »Identität«) für neu halten und dies als Entdeckung publizieren kann, ohne sich mit der schon vorliegenden Kritik zu befassen. Dies zu Peter Lothar, »Jeder irgendwie für sich allein?« Probleme und Chancen sozialer Interaktion am Arbeitsplatz, in: Zeitschrift für Soziologie 22 (1993), S. 416-432.

möglichkeiten nur in den Organisationen des Wirtschaftssystems gibt. Angesichts der seinerzeit sich verstärkenden Bemühungen um eine allgemeine Theorie formal organisierter Sozialsysteme[13] konnte dies nicht befriedigen.
Zugleich war mit der zunehmenden Forschung und dann auch mit dem Scheitern der Reformprojekte, die eine bewußtere Pflege des Gruppenwesens empfohlen hatten, das Bewußtsein von der Heterogenität der Phänomene angewachsen. Man lernte es, unterschiedliche Arten von Gruppen mit jeweils eigenen Regeln der Inklusion zu unterscheiden. Neben den Gruppen der Unzufriedenen, die sich vor allem zur Ausarbeitung und Pflege taktvoller Erklärungen für persönliche Mißerfolge und Rückschläge zusammenschließen und folglich für das ungebrochen karriereorientierte Mitglied keine Verwendung haben (außer natürlich als *Thema*, an dem man immer erneut vorführen kann, daß auch unter den Erfolgreichen nur mit Wasser gekocht wird), stehen die strategisch interessierten Cliquen, die gerade diesen zweiten Typus ansprechen, während sie den Pechvögeln und Unglücksraben, den Sitzenbleibern und Versagern verschlossen bleiben.[14] Beide Motive für Gruppenbildung stoßen sich hart an der Institution der Kollegialität, die ja stets beiden Typen von Karrieren gerecht werden und daher Extremwerte in der einen oder anderen Richtung eher vermeiden muß.[15] Diese Heterogenität machte

---

13 Siehe dazu den bekannten Versuch einer allgemeinen Theorie, die dann nach Maßgabe der primären Nutznießer der Organisation zu einer Art von Typologie respezifiziert wird, Peter M. Blau/Richard W. Scott, Formal Organizations: A Comparative Approach, San Francisco 1962.
14 Siehe dazu mit einer entsprechenden Differenzierung innerhalb eines einheitlichen Begriffs für Klatsch und Unterhaltung Stephan Fuchs, The Stratified Order of Gossip, in: Soziale Systeme 1 (1995), S. 47-73.
15 Siehe dazu Niklas Luhmann, Spontane Ordnungsbildung, in: Fritz Morstein Marx (Hrsg.), Verwaltung: Eine einführende Darstellung, Berlin 1965, S. 163-183; ders., Funktionen und Folgen formaler Organisation, Berlin 1964, S. 314 ff. Vgl. auch, Interaktionsprobleme bei der Darstellung eigener Erfolge unter Kollegen betreffend, John Sabini/Maury Silver, Envy, in: dies., Moralities of Everyday Life, Oxford 1982, S. 15-33. Die Autoren wenden sich gegen die sozialpsychologische Annahme, die Sozialität des eigenen Status liege lediglich darin, daß er immer auch der Anerkennung durch andere bedürfe. Der Status sei vielmehr »inherently comparative« in dem Sinne, daß er sich durch den Vergleich mit positiven bzw. negativen Statusänderungen innerhalb der eigenen Bezugsgruppe überhaupt erst konstituiere. Die Verbesserung im Status des einen verschlechtere daher den Status der anderen, auch wenn dieser formal unverän-

es zunehmend schwierig, an der ursprünglich positiven Bewertung festzuhalten. Und damit verloren dann auch die politischen Ambitionen, die den Gruppenbegriff zunächst mitgetragen hatten, an Bedeutung.
In dieser Situation konnte man die Analyse von Darstellungsproblemen in der Interaktion unter Anwesenden, die Goffman vorgestellt hatte, weiterführen. Man konnte nun die kleinste Ebene, auf der Informalität zu beobachten ist, sehr viel anspruchsloser definieren. Es bedarf nicht des Aufwandes der Gruppenbildung, wenn gezeigt werden kann, daß sich schon die Interaktion unter Mitgliedern nicht mehr einfach als Mittel für die Zwecke der Organisation begreifen läßt. Nicht erst die Gruppe, sondern schon die Interaktion unter Anwesenden läßt sich der Organisation nicht als »Trivialmaschine« (Heinz von Foerster) eingliedern. Als System eigener Art konfrontiert sie das Handeln und Erleben der Beteiligten immer auch mit interaktionseigenen Problemen, die sich nicht aus einer Dekomposition des Systemzwecks ergeben und mit ihrem Problemlösungsbereich weitgehend querstehen zu dem, was die Organisation als eindeutig positiven oder eindeutig negativen Beitrag qualifizieren könnte.
Entsprechend findet man bei Goffman eine deutlich veränderte Auffassung über Genese und Funktion von Informalität. Es geht nicht mehr darum, daß die Organisation mit ihren Entscheidungsprämissen nicht zu den »emotionalen Bedürfnissen« ihrer Mitglieder paßt, so daß diese Bedürfnisse sich dann eben auf die Schleichwege der Informalität begeben müssen, um dort nach Ausdrucksmöglichkeiten zu suchen. Statt dessen nimmt Goffman an, daß der *Systemcharakter der Interaktion* ihre Instrumentalisierung durch die Organisation verhindert. Die Spannung wird also darauf zurückgeführt, daß unterschiedliche Ebenen der Systembildung im Spiel sind. Der Umweg über eine implizite Anthropologie der Bedürfnisse kann eingespart werden.
Deutlich und in genau diesem Sinne unterscheidet der Aufsatz über Rollendistanz[16] zwischen zwei verschiedenartigen (wenn man so will: zwischen »personfunktionalen« und »systemfunk-

---

dert bleibe. Siehe zur darin implizierten Paradoxie der Einheit von Verbesserung und Verschlechterung auch Gilles Deleuze, Logique du sens, Paris 1969.
16 Dtsch. Übersetzung in: Erving Goffman, Interaktion, München 1973.

tionalen«) Erklärungsstrategien. Die erste läßt Goffman nur für das Beispiel der Kinder gelten, die sich mit zunehmendem Alter zunehmend weniger an den Rollenzusammenhang der Karussellfahrt gebunden fühlen. Die zweite Strategie erklärt ihm dagegen, warum man sich in bestimmten Interaktionen selbst von einer »Traumrolle« wie derjenigen des Arztes distanzieren muß. Die Bereitschaft zu Fehlertoleranz und Permissivität, die Goffman an verschiedenen Chirurgen beobachtet hat, ist von der Krankenhausorganisation her gesehen ihrerseits ein Fehler. Im Interaktionssystem eines chirurgischen Eingriffs erfüllt sie jedoch wichtige Funktionen, da das offene Ansprechen und Rügen des Fehlers die Aufmerksamkeit der Beteiligten ablenken und mindestens den Angesprochenen mit Darstellungsproblemen zurücklassen würde, bei deren Lösung er die Interaktion erst recht stören müßte.

Man erkennt diese Verschiebung auch daran, daß Goffman auch und gerade dort, wo es gar keine durch Gruppenbildung unterstützte Distanz zu den Zwecken der Organisation gibt, diejenigen Darstellungsprobleme aufspürt, die klassisch unter dem Begriff der Informalität abgebucht wurden. Ein typisches Argument in diesem Zusammenhang lautet: daß die Interaktion nicht komplex genug sei, um einer Mehrzahl von gesellschaftlich relevanten Gesichtspunkten der Differenzierung von Rang und Ansehen in sich selbst Rechnung zu tragen. Folglich konstituiere sich gerade dann, wenn die Interaktion es auf Rezeption der gesellschaftlich vorgegebenen Rangunterschiede zwischen Anwesenden anlegt, eine *interaktionseigene Rangordnung*, die Darstellungsprobleme für alle Beteiligten aufwirft, weil sie mit der sonstigen Ranglage der Personen nicht bruchlos übereinstimmen kann. Die Interaktion besitzt infolge ihrer geringen Eigenkomplexität eine Art natürlicher Autonomie gegenüber den sie einschließenden Systemen der Gesellschaft bzw. der Organisation.

Erst diese Erkenntnis hat es gestattet, den Gruppenbegriff herauszukürzen. Spätere Theorien der informalen Organisation behandeln denn auch das Ausmaß, in dem Gruppen sich bilden, als Variable. In einem weiteren Schritt, der die damit eingeleitete Entwicklung zum Abschluß bringt, hat Niklas Luhmann gerade die eigentümliche Schwäche des Gruppenprinzips sowie deutliche Grenzen der Möglichkeit seiner Entfaltung innerhalb von

Organisationen betont und dies darauf zurückgeführt, daß die Gruppe über Inklusion und Exklusion in die Organisation nicht entscheiden kann. Sie muß vielmehr akzeptieren, daß Personen als Mitglieder und gegebenenfalls als Kollegen präsent bleiben auch dann, wenn sie der Gruppe indifferent oder ablehnend gegenüberstehen. Die Gruppe kann folglich nicht zu einer Organisation in der Organisation ausgebaut werden. Sie bleibt parasitär.

Aber auch der klassische Gegenbegriff der formalen Organisation ist problematisch geworden. Teils bezog er sich auf den Inbegriff der verbindlich markierten Entscheidungsprämissen überhaupt, also auf die gesamte Stellenordnung des Systems in ihrer historisch jeweils gegebenen Spezifikation. Teils meinte er nur solche Prämissen, die formal zulässige gegen formal unzulässige Kontaktbahnen differenzieren. In jedem Fall zielte er auf die *manifesten Strukturen* des Systems. Die informale Organisation mußte folglich als latente Struktur begriffen werden. Der Zusammenhang zwischen beiden wurde zunächst noch ganz naiv, nämlich nach dem Paradigma einer Aufklärung des Systems über seinen Latenzbereich, verstanden. Das Ergebnis lag, und liegt unter immer neuen Bezeichnungen noch heute, in Konzepten für Unternehmensberatung vor, die auf Pflege von Gruppenwesen und Teamgeist abzielen, so als bedürfte es nur einer Entscheidung, um die Differenz zwischen Struktur und Gegenstruktur zum Verschwinden zu bringen. In den mehr soziologischen Versionen des Themas dagegen wurde mit strukturfunktionaler Latenz argumentiert. Auch das ist, zusammen mit dem Strukturfunktionalismus, unterdessen zur Fachgeschichte geworden. Man mag dies begrüßen, aber dem Thema Interaktion in Organisationen hat diese Entwicklung nur wenig genützt. Statt einer wie immer unklaren Theorie haben wir nun gar keine mehr. Die Theorie der Organisation und die Erforschung ihrer Interaktionen unter den zunehmend auflösestarken Perspektiven konversationsanalytischer oder ethnomethodologischer Art laufen nahezu unverbunden nebeneinander her.[17] Unter diesen Umständen könnte es sich lohnen, das systemtheoretische Instrumentarium etwas genauer auf diesen Fall einzustellen.

17 Siehe um Vermittlung bemüht, aber mit zu starken Reserven gegenüber Theoriefragen Deirdre Boden, The Business of Talk: Organizations in Action, Oxford 1994. Vgl. auch Drew/Heritage, Talk at Work (a.a.O.).

Die Alternative zur Unterscheidung von formaler und informaler Organisation lag in Organisationstheorien, die sich auf den Begriff des *rationalen Entscheidens* festgelegt hatten. Die akademische Zuständigkeit dafür lag zunächst bei der Betriebswirtschaftslehre.[18] In die Soziologie konnten solche Überlegungen nicht ohne weiteres Eingang finden, zum einen, weil die Forschungen über informale Organisation sich hier kaum hätten integrieren lassen, und zum anderen deswegen nicht, weil die Soziologie sich als dezidiert empirische Wissenschaft mit Modellabstraktionen und Idealisierungen dieser Art nicht begnügen kann.[19]

Man mag in dieser Diskussionslage zugleich ein spätes Produkt der schon seit langem sich abzeichnenden, spätestens seit Kant formulierbaren Desintegration von Zwecktheorie und Sozialtheorie sehen. Der Zweckbegriff zieht die Kontrolle über die Semantik von Rationalität an sich und wird zugleich in Anwendung auf soziale Beziehungen mehr und mehr abgelehnt. Die Soziologie beginnt folglich mit einer Distanzierung von Zweckrationalität und hat damit im großen und ganzen Erfolg. Nur an den Organisationen, in denen ja Zweckrationalität als Sozialform praktiziert wird, begegnet sie hartnäckigem Widerstand.

Nach dem Zerfall der Vorstellung einer strengen Determination der Entscheidung durch die Umwelt des Unternehmens und nach der daraufhin einsetzenden Abschwächung des Rationalitätsbegriffs auf suboptimales (aber dafür wenigstens brauchbares) Entscheiden hat sich diese Rezeptionsbarriere einerseits zunehmend gelockert. Die Rationalitätslücke, die mit der Einsicht entstand, daß die Umwelt von Organisationen auch im Falle der dafür paradigmatischen Marktumwelt von Wirtschaftsorganisationen keine eindeutige Sprache spricht, die dem System nur die Möglichkeit läßt, Fehler zu machen und daran zugrunde zu gehen, wurde durch eine genauere Durchleuchtung der »Selbstorganisation« des Systems geschlossen. Damit war zugleich klargestellt, daß Rationalität nicht das Merkmal *einer* Entscheidung

---

18 Siehe für einen Vergleich auf dieser Linie Renate Mayntz, Die Organisationssoziologie und ihre Beziehungen zur Organisationslehre, in: Erich Schnaufer/Klaus Agthe (Hrsg.), Organisation, Berlin 1961, S. 29-54.
19 Siehe dazu neuerdings Jürgen Kaube, Rationales Handeln: Probleme seiner Theorie, in: Soziale Systeme 2 (1996), S. 137-153.

sein kann, denn das würde schon aus Kapazitätsgründen eindeutige Instruktionen durch die Systemumwelt voraussetzen, sondern allenfalls durch rekursive Entscheidungs*zusammenhänge* realisierbar ist. Aber andererseits konnte die Differenz zwischen den Ausgangspunkten der soziologischen und der an Rationalität interessierten Organisationstheorien gleichwohl nicht überbrückt werden. Noch die frühen Publikationen von Luhmann laborieren an dieser letztlich nicht integrierten Paradigmenkonkurrenz. Sie unterziehen den organisationssoziologischen Grundbegriff der formalen Organisation und den entscheidungstheoretischen Grundbegriff der Zweckrationalität jeweils für sich einer systemtheoretischen Revision, ohne daß eine konsistente Vermittlung sich abzeichnete. Es ist vermutlich kein Zufall, daß das Ergebnis dieser Umbauten nicht in einer, sondern in zwei Publikationen vorliegt.[20] Das Thema Interaktion in Organisationen wurde dabei, in Übereinstimmung mit der vorgegebenen Arbeitsteilung, nur im Zusammenhang des ersten Umbaus, also nur im Zusammenhang mit der Unterscheidung zwischen formaler und informaler Organisation aufgegriffen.

Gleichwohl ist es möglich, den Zusammenhang beider Umbauten in derselben Sprache zu explizieren und beides auf Interaktion zu beziehen. *Formale Organisation* wird als Konditionierung der Inklusion, nämlich als mitgeteilte Bedingung für Mitgliedschaft verstanden. Dabei ist die jeweils in Gebrauch befindliche Konditionierung ihrerseits abhängig von weiteren Konditionierungen, so daß man sie im System ändern kann. Die Bereitschaft zur lernenden Anpassung an derartige Änderungen kann ihrerseits als Bedingung für Mitgliedschaft ausgewiesen, kann also ihrerseits formalisiert werden. *Zwecke* gelten in diesem Begriffsrahmen als Sonderfall solcher Konditionierungen, betraut mit der spezifischen Funktion, Anforderungen aus der nicht interpenetrierenden Umwelt der Nichtmitglieder in Anforderungen an die interpenetrierende, für das System besser »erreichbare« Umwelt der Mitglieder *transformierbar* zu machen.

---

20 Gemeint sind die Publikationen Funktionen und Folgen formaler Organisation (a.a.O.), und: Zweckbegriff und Systemrationalität: Über die Funktion von Zwecken in sozialen Systemen, Neuausgabe Frankfurt 1973.

Der Begriff der formalen Organisation auf der einen und der Zweckbegriff auf der anderen Seite werden mithin auf unterschiedliche Umwelten des Systems bezogen und dadurch systemtheoretisch integriert. Zugleich werden damit die Grenzen *beider* Begriffe deutlicher sichtbar.

Zwecke müssen um ihrer Transformationsfunktion willen richtiges (oder in Grenzfällen: noch vertretbares) gegen eindeutig fehlerhaftes Entscheidungsverhalten differenzieren können. Sie verlieren in dem Maße, in dem sie die dafür erforderliche Bestimmtheit erreichen, zugleich an ihrer Eignung, das letztlich ins Unbestimmte ausfließende, weil selbstreferentiell konstituierte Bestandsproblem des Systems adäquat zu reformulieren. Folglich können Zwecke dem System nicht zugleich als Programmformel und als Reflexionsformel dienen. Beides sind zu heterogene Anforderungen, als daß man sie auf einen Globalzweck zusammenziehen könnte. Für den Zugriff auf die Einheit des Systems muß daher der Zweckbegriff durch die unbestimmtere, letztlich zirkulär gebaute Differenz zwischen System und Umwelt selbst ersetzt werden. Dies jedenfalls empfiehlt sich für Zwecke der Fremdbeschreibung des Systems.

Die eigentümlichen Grenzen der Leistungsfähigkeit von Zwecken werden gerade dort sichtbar, wo sie den Kernbereich der formalisierten Erwartungen ausmachen. Sie reflektieren dann lediglich die Anforderungen der einen und nicht auch die Anforderungen der anderen Umwelt. Das Problem liegt nicht in der Instrumentalisierung des Menschen, gegen die man im Namen eines Ideals der Humanisierung zu protestieren hätte. Es liegt vielmehr im Dominieren der einen Systemgrenze auf Kosten der anderen. Diese Dominanz hat nämlich zur Folge, daß die Probleme der dadurch marginalisierten Systemgrenze in diesem formalen Rahmen nicht mehr in vollem Umfange kommunikationsfähig sind. Eben deshalb kommt es zur Absonderung einer besonderen Ebene für »informale Kommunikation«.

Diese Umbauten bringen beträchtliche Klärungsleistungen. Sie lassen vor allem erkennen, daß und warum sich die *Einheit* des Systems weder als formale Organisation noch als Zweckverband beschreiben läßt. Und sie legen damit die Frage nahe: Wie sonst? Ein Vorteil der Theorie rationalen Entscheidens besteht darin, daß sie die Organisation als ihr eigenes Erzeugnis zu denken versucht. Durch rationales Entscheiden, so die Vermutung, erhält die Organisation sich selbst. Wenn dies keine schlichte Tautologie sein soll, dann muß man sich zu der gewagten Annahme verstehen, daß jede Abweichung vom Pfade der (wie immer definierten) Rationalität durch Schäden und schließlich durch Zerstörungen sanktioniert wird. Dies aber würde eine Kosmologie der prästabilierten Harmonie unterstellen, an die heute niemand mehr glaubt. Nicht ohne Grund findet man neuerdings wieder Geschmack an fehlerfreundlichen oder robusten Organisationen,[21] die auch mit offen zutage liegenden Rationalitätsmängeln zurechtkommen und eindeutige Fehlentscheidungen überstehen können. Die Konsequenz müßte dann aber lauten, zwischen Rationalität und Reproduktion zu unterscheiden. Die Reproduktion des Systems ist nicht als solche schon rational. Weder die Erzeugung von Profiten noch gar die bloße Erhaltung von Arbeitsplätzen verdient diesen Titel. Über den Einsatz des Rationalitätsbegriffs müßte vielmehr *innerhalb* einer Theorie disponiert werden, die Rationalität und Reproduktion unterscheiden kann. Diese Unterscheidung war in der latenten Spannung zwischen Zweckbegriff und Bestandsgedanken[22] immer schon impliziert. Solange der Entscheidungsbegriff an den Rationalitätsbegriff gebunden blieb und nur von dorther interpretiert werden konnte, ließ sich die einfache Reproduktion des Systems mit seiner Hilfe nicht wirklich aufklären.

III.

Neuere Entwicklungen in der Systemtheorie haben es jedoch möglich gemacht, den Begriff der Entscheidung gegenüber dem Rationalitätsbegriff zu verselbständigen. Erst dieser Schritt gestattet die zuvor undenkbare These, *daß Organisationen soziale Systeme sind, die aus Entscheidungen bestehen.*[23] Entscheidung

21 Vgl. dazu Theodor M. Bardmann, Wenn aus Arbeit Abfall wird: Aufbau und Abbau organisatorischer Realitäten, Frankfurt 1994.
22 Siehe rückblickend Uwe Schimank, Theorien gesellschaftlicher Differenzierung, Opladen 1996, S. 90f.
23 Siehe dazu Niklas Luhmann, Funktion der Religion, Frankfurt 1977, S. 284ff.; ders., Organisation und Entscheidung, in: ders., Soziologische Aufklärung 3: Soziales System, Gesellschaft, Organisation, Opladen 1981, S. 335-389; ders., Soziale Systeme: Grundriß einer allgemeinen Theorie, Frankfurt 1984,

ist dann nichts weiter als ein emergentes Niveau der Bildung, Bestimmung und selektiven Verknüpfung von Systemelementen. Organisationen dienen der Reproduktion dieser Emergenz, und man kann eine sinnvolle Aufgabe darin sehen, die Reproduktion zu beschreiben, auch wenn man nicht weiß, wozu dies nun wieder »dienen« könnte. Nimmt man hinzu, daß Bestimmung und selektive Verknüpfung der Systemelemente operativ nur als Einheit vollzogen werden können, dann kann man auch sagen, daß Organisationen sich auf der Grundlage der Operationsweise »Entscheidung« ausdifferenzieren und schließen.

Das heißt nicht zuletzt, daß die *Herrschaft der Sachdimension* über den Entscheidungsbegriff, zu der es nur so lange keine Alternative gibt, wie man diesen Begriff von Erwartungen an Rationalität her bestimmt, fallen muß. Statt dessen wird man Entscheidungen durch Festlegungen in der Sozialdimension und in der Zeitdimension von Sinn definieren müssen.[24] Der Sachsinn des Entscheidens reflektiert nur Schranken der Kombinierbarkeit zeitlicher und sozialer Festlegungen. Was Sozialdimension und Zeitdimension für die Sachdimension bedeuten, das wird im Entscheiden selber zum Thema. Eben deshalb lassen Entscheidungen sich sachlich nicht eindeutig, sondern nur mehrdeutig, also zum Beispiel durch die (ihrerseits mehrdeutige) Semantik der Alternative darstellen.[25] Und auf die ontologisch, also rein

S. 399 ff.; ders., Organisation, in: Willi Küpper/Günther Ortmann (Hrsg.), Mikropolitik: Rationalität, Macht und Spiele in Organisationen, Opladen 1988, S. 165-185; ders., Die Paradoxie des Entscheidens, in: Verwaltungsarchiv 84 (1993), S. 287-310.

24 Siehe zu dieser Unterscheidung mehrerer Sinndimensionen Luhmann, Soziale Systeme (a. a. O.), S. 92 ff. Wichtig ist hier vor allem die Einsicht, daß Sinn und Sinndimensionen sich nicht objektanalog, sondern nur weltbezogen begreifen lassen. In der etwas umständlichen Sprache von Heidegger könnte man auch sagen: daß Sinn und Sinndimensionen sich nicht als Hinweise auf Seiendes, sondern nur als Hinweise auf Sein begreifen lassen. Jedenfalls geht es nicht um analytisch isolierbare Merkmale von Objekten. Das Wort »Dimension« hat dieses Mißverständnis freilich begünstigt und dadurch zur Verbreitung dieser Terminologie beigetragen.

25 Dasselbe gilt, leicht erkennbar, für die Semantik der funktionalen Äquivalenz, die als Theorietechnik allerdings ohne Rücksicht auf Entscheidbarkeit praktiziert werden kann. Entscheidbarkeit ist nur ein spezifischer Gesichtspunkt für die Konstruktion funktionaler Äquivalenzen. Wählt man andere Vergleichsgesichtspunkte, kann man Entscheider überfordern. Siehe dazu Niklas Luhmann, Funktionale Methode und juristische Entscheidung, in: ders., Aus-

»sachdimensional« gestellte Frage, was Entscheidungen *sind*, antworten dann zwei Paradoxien: die Entscheidung ist *vor der Entscheidung eine andere Entscheidung als nach der Entscheidung*,[26] und sie ist *für den Entscheider eine andere Entscheidung als für den davon Betroffenen.*[27] The Same is Different, um es mit einem Aufsatztitel von Ranulph Glanville (»The Same is Different«) zu sagen.[28] Organisationen müssen dann, statt als Entfaltung von Rationalität, als Entfaltung dieser beiden Paradoxien begriffen werden, wobei die *Unterscheidbarkeit* dieser beiden Paradoxien ihrerseits als Entfaltung der Paradoxie der Selbigkeit des Differenten[29] interpretiert werden kann.[30]

Der Begriff der Entscheidung tritt damit für die Organisationstheorie an die Stelle, die in der allgemeinen Sozialtheorie durch den Begriff der Kommunikation besetzt ist. Er wird zum Elementbegriff dieser Variante von Systemtheorie. Der Umstand, daß auch Organisationen soziale Einheiten sind, kann dann so ausgedrückt werden, daß auch Entscheidungen Kommunikationen sind. Alles, was für Kommunikationen gilt, gilt eben damit auch für Entscheidungen. Als Kommunikationen müssen auch sie eine Differenz zwischen Information und Mitteilung erzeugen. Und auch sie kommen nur in rekursivem Zusammenhang mit anderen Kommunikationen vor. Das auszeichnende Merkmal liegt darin, daß es sich um Kommunikationen handelt, die sich selbst als Entscheidungen beobachten bzw. unter der Erwartung stehen, daß anschließende Kommunikationen eine solche

---

differenzierung des Rechts: Beiträge zur Rechtssoziologie und Rechtstheorie, Frankfurt 1981, S. 273-308.
26 Dies wird heute vor allem in Theorien des postdecisional regret behandelt. Siehe dazu: David E. Bell, Regret in Decision Making under Uncertainty, in: Operations Research 30 (1982), S. 961-981; J. Richard Harrison/James G. March, Decision Making and Postdecision Surprises, in: Administrative Science Quarterly 29 (1984), S. 26-42.
27 Dies wird heute vor allem in Theorien riskanten Entscheidens behandelt. Siehe zusammenfassend Niklas Luhmann, Soziologie des Risikos, Berlin 1991, S. 111ff.
28 The Same is Different, in: M. Zeleny (Hrsg.), Autopoiesis: A Theory of Living Organization, New York 1981, S. 252-262, dtsch. Übersetzung in: Ranulph Glanville, Objekte (hrsg. von Dirk Baecker), Berlin 1988, S. 61-79.
29 Wie schon gesagt: The Same is Different.
30 Dazu Niklas Luhmann, Die Paradoxie der Form, in: Dirk Baecker (Hrsg.), Kalkül der Form, Frankfurt 1993, S. 197-213.

Beobachtung wählen werden. Die Deutung von *Entscheidung als Kommunikation* stellt klar, daß Entscheidungen nur in der Gesellschaft vorkommen können. Sie sind, was immer sie sonst noch sein mögen, immer auch Mitvollzug von Gesellschaft und immer auch ganz normale Kommunikation. Das heißt nicht zuletzt, daß man auch Entscheidungen ohne Verlust an Verständlichkeit ablehnen kann.

Und genau hier liegt das Problem: eine Kommunikation, die sich selbst als Entscheidung kommuniziert, bringt ja eben damit zum Ausdruck, daß auch anders oder gar nicht hätte entschieden werden können. Sie kommuniziert ihre eigene Kontingenz in zugespitzter Weise gleich mit – und fordert eben damit zu Ablehnung heraus. Unter diesen Umständen wären Erfolg und Fortsetzbarkeit einer Entscheidungskommunikation extrem unwahrscheinlich. Man kann diese Unwahrscheinlichkeit durch Anlehnung an Gesellschaftsstrukturen vermindern. Aber das vermindert dann auch die innergesellschaftliche Mobilität der Entscheidungskommunikation. Sie könnte zu den gesellschaftlich dominierenden Strukturen nicht auf Distanz gehen. Sie käme nur als deren Parasit überhaupt vor. Eine stärkere Dekonditionierung ihrer Einsatzbereitschaft wäre nicht möglich. Das würde eine stärkere Trennung von Gesellschaft und Organisation im Sinne unterschiedlicher Ebenen der Systembildung verhindern. Soll eine derartige Trennung erreicht werden, dann muß die Organisation jenes Unwahrscheinlichkeitsproblem in sich selber hineinziehen.

Formal geschieht dies durch eine *Totalisierung der Entscheidungszumutung*. Organisationen schließen sich auf der Grundlage der Zumutung von Entscheidungsverhalten. Sie zwingen jede Kommunikation, die das System reproduziert, in die Form einer Entscheidung. Damit sind sie das Problem, daß kommuniziertes Entscheidungsverhalten immer auch kommunizierte Kontingenz ist und dadurch zu Ablehnung herausfordert, zunächst einmal los. Denn auch wer die Entscheidung ablehnen wollte, müßte ja dafür nun die Form der Entscheidung wählen – oder andernfalls auf jede Mitwirkung am System verzichten. Im Alltag mag man es mit Überraschung registrieren, wenn jemand es angebracht findet, eine Entscheidung zu treffen. In Organisationen dagegen ist dies ein völlig trivialer, nicht weiter erstaunlicher Vorgang. Es wird unentwegt entschieden, und selbst eine etwaige Unterbrechung dieser Entscheidungstätigkeit, etwa wenn ein Gericht »sich vertagt«, würde sich auf eine entsprechende Entscheidung zurückführen lassen oder andernfalls eben als Störung erkennbar sein, die als solche dann weitere Entscheidungen erforderlich macht. Der an sich naheliegende Einwand, daß die Entscheidung überhaupt eine Entscheidung ist, entfällt damit. Im System ist gar nichts anderes vorgesehen. Kommunikationen, die sich selbst nicht als Entscheidung verstehen lassen, können folglich der Umwelt überlassen bleiben.

Da jedoch auch in der Umwelt der Organisation Entscheidungen vorkommen (und auch hier typisch: in organisierter Form), benötigt das System zusätzlich noch eine Vorstellung der eigenen Grenzen, die es ihm gestattet, die systeminternen Entscheidungen als solche zu bezeichnen. Das geschieht im wesentlichen durch die Identifikation einer begrenzten, aber vermehrbaren Anzahl von *Stellen*. Durch Zurechnung des Entscheidungsverhaltens auf Stellen und Stelleninhaber wird markiert, daß die Entscheidung gleichwohl dem System selbst und nicht etwa der Umwelt zugehört. Und weil dies so ist, kann dann auch Entscheidungsverhalten in der Umwelt auf Entscheidungsverhalten im System bezogen werden, ohne daß dies die Systemgrenzen verunklären würde. Die Totalisierung der Entscheidungszumutung kann also nur innerhalb von Grenzen praktiziert werden. Andererseits stehen diese Grenzen im System selbst zur Disposition. Stellen können gestrichen, können aber auch umdefiniert werden, und beides geschieht mit den Mitteln der normalen Reproduktion des Systems, nämlich durch Entscheidung.

Organisationen sind soziale Systeme, in denen man nicht kommunizieren kann, daß man nicht entscheidet. Oder anders gesagt: Nichtentscheidungen können nur als Entscheidung, nicht zu entscheiden, kommuniziert werden. Das setzt voraus, daß der Gehalt an Nichtentscheidung spezifiziert werden kann: nicht über dieses Thema; nicht zu diesem Zeitpunkt, nicht »schon wieder« etc. Eine Entscheidung gegen das Entscheiden schlechthin wäre dagegen inkommunikabel. Sie könnte im System nur so verstanden werden, daß das Mitglied sich gegen einen weiteren Verbleib in der Mitgliedschaft entschieden hat mit der Folge, daß über Räumung und gegebenenfalls über Neubesetzung seiner Stelle entschieden werden muß. Oder nochmals anders gesagt:

daß überhaupt entschieden wird, ist in Organisationen keine mögliche Information. Dadurch wird die Aufmerksamkeit auf die Sachdimension umgelenkt. Man möchte wissen, *was* entschieden wurde. Die Sozialität dieser eigentümlichen Zumutung, eigenes Verhalten in der Kommunikation nur als Entscheidung darstellen zu können, wird dabei nicht mitreflektiert.

In diesen Begriffsrahmen können nun *Strukturbegriffe* eingefügt werden. Die allgemeine Theorie operativer Schließung besagt, daß die Struktur sich nach den Operationen richten muß, damit die Operationen sich nach der Struktur richten können. Mit der Festlegung auf eine spezifische Operationsweise, die das System produziert und reproduziert, sind daher immer auch Beschränkungen hinsichtlich dessen gesetzt, was als Struktur überhaupt in Betracht kommt. Für Organisationen sind folglich nur solche Sinnformen geeignet, die sich zur Reproduktion von Entscheidungen eignen. Das bedeutet vor allem, daß die Struktur den Operationen, die sie zu bestimmen versucht, ihren Charakter als Entscheidung nicht nehmen darf. Auch ein strukturiertes Entscheiden muß noch als Entscheiden erkennbar sein.[31]

Ein dazu passender Strukturbegriff stellt auf *Entscheidungsprämissen* ab. Entscheidungsprämissen werden, auch das folgt aus der allgemeinen Vorgabe der operativen Geschlossenheit, durch ganz normale Entscheidungen erzeugt, die ihre lokal überblickbare Vorgeschichte in anderen, schon gelaufenen oder unmittelbar bevorstehenden Entscheidungen haben. Im Unterschied zu sonstigen Entscheidungen sind Entscheidungen über Entscheidungsprämissen jedoch anspruchsvoller konstituiert. Sie wollen Vorentscheidung über eine größere Anzahl von Nachentscheidungen sein. Sie werden daher in besonderer Weise markiert und unterliegen im Verhältnis zueinander besonderen, eigentümlich erhöhten Anforderungen an *Konsistenz*. Dieses Konsistenzproblem bleibt erhalten und gewinnt zugleich an Prägnanz, wenn man den Begriff der Entscheidungsprämisse weiter aufbricht und auf einer konkreteren Ebene zwischen programmatischen, organisatorischen und personellen Entscheidungsprämissen unterscheidet.

---

[31] Rationalistische Entscheidungstheorien, die jeweils nur *eine* Entscheidung (und also keine *Entscheidung*) vorsehen, wären daher als Struktur einer Organisation wenig geeignet.

IV.

Beim Übergang von einer Ebene der Systembildung zur anderen setzt in der Regel ein neuartiger Typus der Ordnungsbildung ein. Das gilt offenbar auch dann, wenn dieser Übergang innerhalb eines bestimmten Funktionssystems stattfindet. So sind, um an ein viel diskutiertes Beispiel zu erinnern, die Organisationen des Wirtschaftssystems intern gerade nicht durch geldvermittelte Tauschakte oder durch marktförmige Muster der Verknüpfung charakterisiert. Entsprechend ist die Macht, die in der öffentlichen Verwaltung ausgeübt wird, als Macht über »Staatsdiener« von der Macht über »Staatsbürger« zu unterscheiden. Auch haben Strukturentscheidungen in den Organisationen des Erziehungssystems nicht die Form einer Belehrung der Lehrer. Die Folgen, die sich daraus ergeben, liegen außerhalb unseres Themas. Hier interessiert nur, daß ein solcher Wechsel des Komplexitätsmusters sich auch dann beobachten läßt, wenn man sich innerhalb einer Organisation der Interaktion unter ihren Mitgliedern zuwendet.

Geht man vom hier vorgestellten Begriff der Organisation als (Autopoiesis der) Entscheidung aus, dann fällt auf, daß Interaktionen nicht vollständig in Entscheidungen dekomponierbar sind. Entscheidung ist der Elementbegriff der Organisationstheorie. Interaktionen bilden ihre Elemente dagegen als Kommunikation unter Anwesenden. Das setzt in allen anspruchsvolleren Fällen Reduktion auf Handlung, aber nicht notwendigerweise auch auf Entscheidung voraus. Dies muß nicht ausschließen, daß die Handlung eines Anwesenden zur Entscheidung aufgewertet wird und in der anschließenden Kommunikation so bezeichnet wird. Organisationen vermehren die Wahrscheinlichkeit, daß dies geschieht. Aber die Entscheidung steht in der Interaktion nicht unter Systematisierungszwang. Sie behält hier ihre gleichsam natürliche Künstlichkeit. Sie wird nicht zu einem kontrastlosen Modus der Identifikation von Systemelementen und der selektiven Bestimmung ihres Sinnes vereinheitlicht. Sie taucht auf – und wieder ab. Und es kann durchaus eine Regel für Interaktionen sein, auf die Zumutung von Entscheidungsdruck zu verzichten. Das Beispiel der geselligen Interaktion hatten wir oben schon einmal erwähnt. In der Tat fällt auf, daß die *Darstellung eigener*

Entschiedenheit im Sinne einer kommunikativen Selbstbindung an unwahrscheinliche Erwartungen, die den anderen in die *Entscheidung* zwingt, ob er die Erwartung erfüllen will oder nicht, nach Möglichkeit lieber vermieden wird. Man ist zuvorkommend und bemüht sich, Erwartungen zu erfüllen, noch ehe sie kommuniziert wurden.[32] Aber auch unabhängig von solchen Kunstprodukten der Oberschichteninteraktion bleibt die Entscheidung in der Interaktion ein Fremdkörper.

Schon die präkommunikative Sozialität der reflexiven *Wahrnehmung* läßt sich nicht als Entscheidung wiedergeben. Man entscheidet nicht, wie man einen Raum betritt. Und wenn man es angesichts der Bedeutung der Interaktion oder angesichts eigener Darstellungsunsicherheit doch tut, dann geschieht dies nach Möglichkeit vor der Tür und so, daß die anderen es nicht sehen können. Die ganze Emphase des natürlichen und ungezwungenen Auftretens, die eine gewisse Flüssigkeit und Selbstverständlichkeit der Bewegungen fordert, wirkt wie ein Tabu gegen die Mitdarstellung solcher Momente von Entscheidung in diesem Bereich.

Aber auch die *Kommunikation* unter Anwesenden läßt sich nicht in eine Folge von Entscheidungen auflösen. Man entscheidet normalerweise nicht, ob man auf eine Frage eine Antwort geben soll,[33] und auch nicht, ob man sich für einen Darstellungsfehler entschuldigen soll. Dafür fehlt es nicht nur an Zeit. Wichtiger ist vielmehr, daß die Darstellung der Entschuldigung als Darstellung einer Entscheidung für die Entschuldigung (und also: gegen die Nichtentschuldigung) in der Interaktion nicht überzeugen würde.[34] Das Engagement, sagt Goffman, muß *spontan* wirken; und

---

32 Vgl. dazu Niklas Luhmann, Die Wirtschaft der Gesellschaft, Frankfurt 1988, S. 294.
33 Die Entscheidung kann daher nur sein, ob man überhaupt eine Frage stellen soll. Siehe dazu den Ratschlag für Interaktion mit Ranghöheren: Statt sie offen nach ihrer Gesundheit zu befragen, solle man lieber die eigene Freude über ihre offenbar gute Verfassung zum Ausdruck bringen, bei Johann Hieronymus Lochner, Kunst zu reden in gemeinem Umgang, Nürnberg 1730, S. 319 (im Buch irrtümlich 219), zitiert nach Beetz, a.a.O., S. 224. Vgl. auch Aron Bodenheimer, Warum? Von der Obszönität des Fragens, Stuttgart 1992.
34 Wenn eine Organisation sich selber entschuldigt, ist das etwas völlig anderes. Hier ist es klar, daß dies nicht ohne einen vorgeschalteten Entscheidungsprozeß stattfinden würde. Und wie man an den Entschuldigungen von Staatsorganisa-

schon das schränkt seine Darstellbarkeit als Entscheidungsverhalten stark ein.³⁵ Das gilt erst recht, wenn das allgemeine Darstellungserfordernis der Spontaneität zum Darstellungserfordernis der *Besinnungslosigkeit* gesteigert wird. Dies betrifft vor allem die Darstellung von Passionen und Affekten. Wutausbrüche lassen sich nicht gut als Folge einer Entscheidung, in Wut auszubrechen, darstellen. Der Darstellungswert solcher Eruptionen mag psychisch sorgfältig kalkuliert sein, und der Darsteller mag auch sehr genau wissen, daß er auf diese Weise eine Selbstbindung an nicht verhandelbare Positionen markieren und dadurch den Entscheidungsspielraum der Interaktion einschränken kann.³⁶ Aber das Gebrüll würde sich selbst in Ironie zurücknehmen, wenn der Brüllende diese wohlerwogene Dosiertheit des Einsatzes seiner Darstellungsmittel mitdarstellt – und dann beispielsweise in normaler Lautstärke einschieben würde: »Ich kann auch noch lauter.«³⁷

tionen für Angriffskriege ablesen kann, kann dieser Prozeß mitunter Jahrzehnte in Anspruch nehmen.
35 Man kann natürlich auch Spontaneität zur Mitgliedschaftspflicht machen – aber dann entstehen Grimassen wie etwa das an- und abschaltbare Lächeln der Stewardeß.
36 Dazu ausgezeichnet F.G. Bailey, The Tactical Uses of Passions: An Essay on Power, Reason, and Reality, London 1983. Bailey formuliert im Anschluß an die Tradition der Rhetorik, in der die Darstellung von Affekten ja stets von ihrer Wirkung auf die Adressaten her gedacht wurde, so daß offenbleiben mußte bzw. umstritten sein konnte, ob der Redner authentisch auch selbst so empfinden müsse. Die Unterscheidung zwischen bloßer Darstellung und echtem Gefühlsausdruck wird von Bailey als Eigenwert der Interaktion selbst eingeführt. Als Darstellung des wahren Selbst gilt die unter genau diesem Gesichtspunkt erfolgreiche Darstellung – wie immer es um psychische Entsprechungen bestellt sein mag. Ähnlich John Sabini/Maury Silver, Anger, in: dies., Moralities of Everyday Life (a.a.O.), S. 163-183.
37 In der gefälligen Literatur über »Führungsstile« – dieser Plural führt irre, denn es gibt ja nach Meinung der Autoren angeblich nur jeweils einen Führungsstil, der alle Vorteile der anderen in sich vereinen und zugleich all ihre Nachteile vermeiden soll – hat der Wutausbruch des Vorgesetzten, obwohl als Führungsmittel doch offenbar nach wie vor unentbehrlich, keine gute Presse. Statt dessen idealisiert man den Vorgesetzten zum Diskursteilnehmer, der seine Entscheidungen durch möglichst gute Gründe erläutert. Darüber war schon Schleiermacher hinaus mit der Frage: »Ob es nicht am höflichsten ist, jemandem ohne Gründe abzuschlagen, weil ihm dann die schmeichelhafte Idee bleibt, er könne Recht gehabt haben« (zitiert nach Werke in vier Bänden [hrsg. von Otto Braun/Johannes Bauer], Leipzig 1927, Bd. II, S. XXV).

Die Organisation kann also die für sie maßgebliche Typik des Operierens nicht bis in die Interaktion hinein durchziehen. Es gibt hier offenbar Grenzen der Plausibilität, die dazu führen, daß stets nur sehr weniges von dem, was in der Interaktion vorkommt und an ihrer Reproduktion mitwirkt, in der Organisation auch als Entscheidung rekonstruiert werden kann: so in den Schulklassen nur die Notengebung oder auch das, was sonst noch zu Einträgen ins Klassenbuch führt, aber nicht etwa das laufende Drankommen bzw. Nichtdrankommen der Schüler oder gar die jeweils jetzt zu treffende Auswahl des passendes Wortes.

Im Rahmen der hier vorgestellten Theorie ist all dies ein sehr starkes Argument für die Differenzierung von Interaktion und Organisation im Sinne eines Unterschieds, der auch dann noch erhalten bleibt, wenn die Organisation selbst es ist, die Interaktionen veranstaltet und stattfinden läßt. In das Verhältnis der Organisation zu »ihren« Interaktionen sind jedenfalls beträchtliche Informationsverluste hineinorganisiert. Das ist nicht zuletzt die Bedingung dafür, daß die Organisation sehr wohl die Möglichkeit hat, ein Verhalten retrospektiv als Entscheidung zu lesen, das in der Interaktion so gar nicht gemeint war.[38] Wenn ein Schüler kurz mal zum Pinkeln austreten muß, kann er dies tun, ohne daß dazu eine Entscheidung erforderlich wäre. Aber wenn er bei dieser Gelegenheit die Treppe hinunterfällt, wird die Organisation selbst dazu tendieren, die vorangegangene Kurzverständigung zwischen Schüler und Lehrer als Entscheidung des Lehrers zu rekonstruieren und nach anderen Entscheidungen zu suchen, die zu entscheiden erlauben, daß es eine richtige und nicht etwa eine fehlerhafte, eine verantwortungsvolle und nicht etwa eine fahrlässige Entscheidung war.

Andererseits wird die Frage, was überhaupt als Entscheidung sichtbar wird, normalerweise in so hohem Maße von der Interaktion aus gesteuert, daß daraus nicht auf eine Art von generalisierter Dominanz geschlossen werden kann.[39] Der Umstand, daß Inter-

---

38 Zu retrospektiver Deutung in Organisationen siehe auch Karl E. Weick, Sensemaking in Organisations, Thousand Oaks Cal. 1995.
39 Luhmann, Organisation und Entscheidung (a. a. O.), S. 339, schreibt dazu: »Die Markierung bestimmter Kulminationspunkte des Verhaltens als Entscheidung – der Lehrer gibt eine Hausaufgabe auf; die Reparatur der Maschine wird

aktionen eine andere Operationsweise verwenden, besagt ja auch, daß es auf dieser Ebene auch so etwas wie Distanz zur permanenten Entscheidungszumutung der Organisation gibt. Anwesende können *über* Entscheidungen kommunizieren, ohne daß die dazu erforderliche Kommunikation ihrerseits in die Form einer Entscheidung gebracht werden müßte. Das Entscheiden ist dann nur *Thema*, aber nicht auch Vollzugsform der Interaktion.[40] Das ermöglicht eine »Vorbereitung« gerade der wichtigen Entscheidungen, die aber ihrerseits als Entscheidung nicht greifbar wird. Eben darum fällt es schwer, mit Theorien der generalisierten Dominanz zu arbeiten. Vermutlich wird es den Verhältnissen besser gerecht, wenn man mit der Möglichkeit eines *Führungswechsels* rechnet. Eine daran anschließende Hypothese, für die aber empirische Bewährung noch aussteht, könnte lauten, daß die Führung im Normalfall bei der Interaktion liegt und nur im Krisenfall auf die Organisation selbst übergeht.

V.

Trotz dieser erheblichen Unterschiede im Komplexitätsmuster von Organisationen und Interaktionen handelt es sich bei den organisatorisch gerahmten[41] Interaktionen um etwas Besonderes.

abgebrochen, weil die Arbeitszeit in einigen Minuten zu Ende ist; der Abteilungsleiter gibt einen Entwurf zur Korrektur zurück – symbolisiert den Bezug des Verhaltens auf Alternativen (...) Faktisch sind solche Entscheidungspunkte jedoch nur aufgesetzte Lichter, die den unaufhörlich laufenden Prozeß der Verhaltensbestimmung nur teilweise beleuchten, die blenden und ablenken, die vieles im dunkeln lassen und es gerade durch die Blendung dem Einblick entziehen. Über wen hatte der Lehrer sich geärgert, als er die Hausaufgabe festlegte? Wie war die Reparatur der Maschine behandelt worden, so daß sie gerade einige Minuten vor Ende der Arbeitszeit gut abgebrochen werden konnte? Hatte der Abteilungsleiter gewußt oder gar beabsichtigt, daß der Entwurf durch Einarbeitung der angeforderten Korrekturen sich so verzögern würde, daß er bestimmte Termine nicht mehr erreichen und damit bestimmte Anschlüsse verpassen würde?«
40 Im Alltag der Organisation gibt es zahlreiche Signale, die diese Distanz der Interaktion zum Entscheidungsprozeß markieren. »Informalität« ist eines von ihnen.
41 »Gerahmt« im Sinne von Erving Goffman, Rahmen-Analyse: Ein Versuch über die Organisation von Alltagserfahrungen, Frankfurt 1989.

Die Organisation macht sich in der Interaktion bemerkbar. Die Interaktion »reflektiert« die Organisation in sich selbst. Auch dafür steht in der Interaktion nur die Orientierung an Anwesenden zur Verfügung. Das Konzept der Mitgliedschaftsrolle ist besonders geeignet, den Zusammenhang von Organisation und Interaktion zu beleuchten. Mitgliedschaft konditioniert den Zugang zur Interaktion im System. Folglich sind die Anwesenden einander *als Mitglieder* bekannt, und schon dieser eigentlich triviale Sachverhalt hat eine Reihe von Konsequenzen.

(1) Die Rücksicht auf andere eigene Rollen wird limitiert auf das, was man sich an organisations*internen* Rollen des anderen vorstellen kann. Über Rollenengagements außerhalb der Organisation schuldet man keine Rechenschaft, es sei denn, daß ein spezifischer Grund für Nachfragen plausibel gemacht werden kann. Sie sind weithin unbekannt oder können fingiert werden. Die Repräsentation von Umwelt wird dadurch auf die organisationsinterne Umwelt der Interaktion beschränkt. Die organisationsexterne Umwelt läßt sich kaum thematisieren. Man kann die Interaktion natürlich nutzen, um über das neue Auto oder über die alte Ehe zu berichten, aber das sind dann entweder private Kontakte, die von der Organisation aus gesehen zur Umwelt gehören; oder es handelt sich um den Versuch, durch den Hinweis auf externe Belastungen innerhalb der Organisation eine Art von ermäßigtem Tarif durchzusetzen. Man kommt etwas später zum Dienst mit der Begründung, daß erst noch die Kinder zur Schule gebracht werden müssen, oder man geht etwas eher, weil der Zug andernfalls nicht mehr erreicht würde. In der Interaktion wird so etwas selten ohne Argwohn zur Kenntnis genommen. Es gibt Grenzen der Plausibilität, die sich nicht einer Würdigung individueller Belastungsprofile verdanken, sondern eher auf die soziale Komparatistik zurückgehen und durch hochempfindliche Gleichheitsvorstellungen strukturiert werden.[42]

---

42 In der Victimologie der populären Ratgeberliteratur zum Thema Mobbing findet man häufig den Fall des Mitglieds, das unter Berufung auf besondere Rollenbelastungen eine besondere Behandlung verlangt und sich dadurch in Abhängigkeit von informaler Unterstützung begibt, die instabil bleibt und zurückgezogen werden kann, wenn es an Entgegenkommen in anderen Hinsichten fehlt. Siehe dazu etwa Henry Walter, Mobbing: Kleinkrieg am Arbeitsplatz, Frankfurt 1993, S. 9 ff.; Heinz Leymann, Mobbing, Hamburg 1993.

(2) Unter Mitgliedern versteht sich ein gewisses Maß an *Wiederholung der Kontakte* von selbst. Daß man immer wieder erneut zur Interaktion zusammenkommt, ist durch gemeinsame Mitgliedschaft garantiert. Die Wiederholung der Interaktion hängt also nicht von der Verlaufsgeschichte der einzelnen Interaktion ab. Das Gesetz des Wiedersehens gilt unabhängig davon, ob die Beteiligten auch ohne Organisation dazu bereit wären. Ein Lehrer kann nicht gut sagen, daß er nur darum noch einmal gekommen ist, weil ihm die letzte Stunde mit der Schulklasse so gut gefallen hat, denn es ist bekannt, daß er auch ohne solche Erfolgserlebnisse anwesend sein würde. Er kann natürlich behaupten, daß er gerade mit dieser Klasse besonders gerne »zusammenarbeitet«: Aber wer unter den Schülern würde sich nicht sogleich die Frage stellen, ob er dies nicht auch den anderen Klassen versichert? Die Organisation produziert Prämissen, die in der Interaktion nicht oder nur noch durch paradoxe Kommunikation dementiert werden können. Die Motive für Anwesenheit liegen unabhängig von der Interaktion fest, und der Versuch, dies zu bestreiten, wirkt gegen die Absicht. Die gesellschaftliche Unwahrscheinlichkeit, daß gerade diese Personen wieder und immer wieder zusammentreffen (obwohl doch jeder auch zahlreiche andere Kontakte wahrnehmen könnte), wird durch Organisation in einer Weise normalisiert, die eine »Erklärung« durch gegenseitige Sympathie ausschließt. Die Interaktion kann das Faktum ihres Wiederholtwerdens nicht im Wege der Selbstzurechnung verarbeiten. Man mag persönliche Affinitäten haben, aber die Testfrage wäre dann, ob dies zu Kontakten außerhalb der Arbeitszeit führt; und oft stellt man gerade bei dieser Gelegenheit fest, wie schmalspurig die Verständigungsgrundlage ist und wie sehr selbst dann noch die Organisation mit ihren Themen die Interaktion dominiert. Das Verhältnis der Beteiligten kann durchaus ein Verhältnis der relativen Indifferenz sein – *und bleiben*. Auf diese Weise zerstört die Organisation den Zusammenhang von Kontaktverdichtung und Solidarität, wie noch Durkheim ihn durchgängig und speziell in seiner Theorie der Berufsgruppen unterstellt hatte.[43] Es entsteht auch durch noch

---

43 Zur Rekonstruktion dieses Zusammenhangs in der Form von Ideologien siehe jetzt Getraude Krell, Vergemeinschaftende Personalpolitik, München 1994.

so oft wiederholte Interaktion nicht automatisch eine persönliche Bindung, die als solche ja vom Fortbestand der Mitgliedschaft unabhängig sein und folglich ein etwaiges Ende der Mitgliedschaft überdauern müßte. Typischer dürfte der Fall sein, daß Gesichter, die man über Jahre hinweg Tag für Tag sah, nach dem Ende der Mitgliedschaft aufhören, ein aktuelles Interesse zu repräsentieren.
(3) Vor allem unterliegt der Ausdruck eines auch persönlichen Interesses am anderen zu deutlich dem Verdacht einer letztlich doch strategischen Motivation, als daß man darauf viel geben könnte. Das taktvolle Eingehen auf die Selbstdarstellung des anderen, sofern es über die zum Betrieb der Interaktion erforderlichen Minima hinausgeht, dient häufig der Vorbereitung eines günstigen Klimas, in dem man nicht erzwingbare Ansprüche auf seine Zeit oder auf seinen privilegierten Zugang zu Informationen, auf seine Fähigkeit zur Förderung und Unterstützung eigener Karriereinteressen oder auf sein Entgegenkommen in prekären Erwartungsbereichen anmelden kann, die sich einer organisatorischen Überführung in Routinevollzüge entziehen. Dies betrifft schon längst nicht mehr nur die Interaktion mit dem Vorgesetzten, sondern läßt sich angesichts hoher, aber nicht zentralisierbarer Interdependenzen auch innerhalb der ganz normalen Zusammenarbeit unter Kollegen beobachten. Das Problem des Schmeichlers, vor dem man den Fürsten warnen mußte, ist in den Organisationen allgemein und damit zugleich unsichtbar geworden. Es gilt eine Art von Umkehrung des kategorischen Imperativs, die vorsieht, daß man den anderen nicht nur als Zweck, sondern immer auch als Mittel zu behandeln habe. Und im Unterschied zur ursprünglichen Formulierung hat diese Maxime den bedeutenden Vorzug, sozial praktikabel zu sein.
Damit ist aber eigentlich nicht mehr gesagt, als daß die gesamte Interaktion auf einer Ebene der *Beobachtung zweiter Ordnung* abläuft, auf der ständig mitbedacht werden muß, wie indirekt die Interessen, Einstellungen und Handlungsbereitschaften sind, die Anwesende füreinander zum Ausdruck bringen oder aneinander zur Kenntnis nehmen. Man muß Interaktionsverhalten und Entscheidungsprozeß laufend zugleich unterscheiden und aufeinander beziehen können, um sich in Organisationen zurechtzufinden, und die Fähigkeit, so zu beobachten, kann geradezu als Be-

dingung für *vollständige* Inklusion ins System angesehen werden. Diese Fähigkeit läßt sich kaum anders als durch Anwesenheit in der Interaktion selbst erwerben. Das Recht auf wie immer abgestufte Mitwirkung am Entscheidungsprozeß reicht dafür nicht aus. Der in der Organisationssoziologie breit dokumentierte Sonderstatus von Neulingen,[44] die ja in der Regel nicht sogleich zu allen Interaktionen unter den Kollegen zugelassen sind, sondern erst auf ihre Vertrauenswürdigkeit und Kooperationsbereitschaft hin überprüft werden müssen, hängt sicher auch damit zusammen. Inklusion in Zusammenhänge der Beobachtung zweiter Ordnung braucht einfach mehr Zeit.

In der üblichen normativen Kultur der Gesellschaft, aber auch in Sozialtheorien, die sich explizit als Inspektion dieser Kultur aus der Perspektive eines kompetenten Insassen begreifen, wird diese Ebene der Beobachtung zweiter Ordnung immer noch an ontologischen Idealen wie dem der Übereinstimmung von Sein und Schein gemessen. Aber auch die Organisation hätte Schwierigkeiten, die Nichtübereinstimmung zwischen beiden als unvermeidlich zu registrieren oder sie gar in ihren positiven Funktionen zu würdigen. Hier wie dort gilt die Beobachtung zweiter Ordnung daher als instabil. Vor allem kann man sich vorstellen, daß es nur einer hinreichend entschlossenen Gruppe von Aufklärern bedürfte, um das Gebäude zum Einsturz zu bringen. Das mag die Aufklärer zum Marsch durch die Organisationen[45] veranlassen, die Organisation dagegen zum Hochmauern neuartiger Abwehrfronten. Beides ist jedoch überflüssig. In Wahrheit ist die Ebene der Beobachtung zweiter Ordnung außerordentlich stabil, da die Interaktionsrealität der Organisation sich auf dieser Ebene *schließt*. Unter diesen Umständen würde auch, ja gerade die Haltung dessen, der all dies als bloßen Schein verwirft oder sich mit moralischer Entrüstung gegen die »Machtspiele« wendet, die Abwesende spielen, demselben Verdacht unterliegen (und sich im übrigen auch als Haltung schon bei ganz normalenAnsprü-

---

44 Siehe dazu neuerdings Dirk Baecker, Die Chance des neuen Kollegen, in: ders., Postheroisches Management: Ein Vademecum, Berlin 1994, S. 92 ff.
45 An Ort und Stelle hieß es bekanntlich: durch die Institutionen. Aber genau hier liegt das Problem, wie Niklas Luhmann, Die Universität als organisierte Institution, in: ders., Universität als Milieu (hrsg. von André Kieserling), Bielefeld 1992, S. 90-100 zeigt.

chen an eigene Sicherheit und eigenes Vorankommen im System nicht durchhalten lassen). Es ist kein Wunder, wenn Beobachter den Eindruck gewinnen, daß die Moral hier bevorzugt als Heuchelei praktiziert wird.[46]

(4) Daß die Organisation ihre Mitglieder erfolgreich so behandelt, als ob sie sich für Mitgliedschaft entschieden hätten, mag es ihr erleichtern, in Grenzfällen an diese Entscheidung zu erinnern und darauf hinzuweisen, daß niemand gegen seine Entscheidung gezwungen werden kann, sein Verhalten durch die Konditionierungen des Systems spezifizieren zu lassen. Ein Dauerprotest des Mitglieds gegen die Mitgliedschaft würde unter diesem Umständen als inkonsistentes Verhalten erscheinen.[47] So kann der Anschein einer letztlich freiwilligen Mitwirkung erzeugt werden, der dann auch die Selbstdarstellung der Beteiligten bindet. Aber dieser Mechanismus läßt sich nicht auf die Ebene der Interaktion überführen. Gerade weil Anwesenheit als Respezifikation von Mitgliedschaftspflichten erscheint, kann sie in der Interaktion zunächst nicht ohne weiteres auf deren eigenes System bezogen werden.

Generell bedeutet der Umstand, daß man als Mitglied anwesend ist und dies in der Interaktion nicht gut bestreiten kann, daß die normalen Anforderungen an *dargestelltes Engagement* umgeformt werden. Man kann in Organisationen häufig beobachten, daß Anwesende sich von jeder symbolischen Bindung an das Interaktionssystem freizeichnen. Zwar können sie sich selbst schlecht als abwesend behandeln, aber sie können doch immerhin deutlich machen, daß ihre Gründe für Anwesenheit wenig mit den gerade Anwesenden oder mit der Thematik der Sitzung zu tun haben. Sie stellen dar, daß ihr Interesse sich darauf beschränkt, die Mitgliedschaft zu erhalten und größere Schwierigkeiten nach Möglichkeit zu vermeiden. Vergleicht man mit geselliger Interaktion, dann fällt ein hohes Maß an gebrochener Spontaneität und an mitdargestellter Entfremdung von der Interaktion auf.[48] Vor allem große Interaktionen, die strukturell mit

---

46 Siehe dazu Nils Brunsson, The Organization of Hypocrisy: Talk Decisions and Actions in Organizations, Chichester 1989.
47 Dies ist wichtig für den Begriff der Mitgliedschaftsrolle bei Luhmann, Funktionen und Folgen formaler Organsation (a. a. O.).
48 Siehe dazu Erving Goffman, Entfremdung in der Interaktion, in: ders., Interaktionsrituale: Über Verhalten in direkter Kommunikation, Frankfurt 1991.

einem sehr hohen Anteil an zugemuteter Passivität zurechtkommen müssen und daran auch durch ein noch so »demokratisches« turn taking nichts ändern können, setzen in ihrem Publikum häufig solche Gesten der Distanzierung frei, die bei einem anderen Modus der Zurechnung von Anwesenheit kaum darstellbar wären.

(5) Diese allgemeine Prämisse einer gewissen Indifferenz der Anwesenden schließt das Engagement selbstverständlich nicht aus, aber sie macht es sichtbar und individuell zurechnungsfähig. Wo unengagierte Anwesenheit ausreichend wäre, fällt der Gegenfall der engagierten Anwesenheit um so deutlicher auf. Gerade wer sich durch eigenes Engagement hervorwagt, unverlangbare Aufgaben übernimmt oder sich auch nur als schneller und besser informiert erweist als andere, die sich in vergleichbarer Lage befinden, wird auffällig. Er zieht das Interesse von Beobachtern in besonderer Weise auf sich, und auch hier geht es um Beobachtung zweiter Ordnung.

Als semantisches Hilfsmittel für diese Beobachtung steht seit gut zweihundert Jahren die Unterscheidung von Zwecken und Motiven zur Verfügung. Sie tritt ideengeschichtlich an die Stelle der Vorstellung, das Handeln werde durch wahrheitsfähige Zwecke motiviert, die zu verfolgen man keine besonderen Motive braucht, da ihre Verbindlichkeit für den Handelnden sich im Wege einer Kognition herstellt, die sich allenfalls irren kann. Der Handelnde ist über Zwecke an die Weltmaschine angeschlossen. Individuell zurechnungsfähige Motive sind dafür nicht erforderlich. In der Organisation unterscheidet man dagegen die Zwecke, für die der Engagierte sich als Beobachter erster Ordnung einsetzt, von den Motiven seines Engagements. Als Standardmotiv, das bei höherem Engagement wohl immer unterstellt wird, gilt dabei das Interesse an der Förderung der eigenen Karriere. Man kann nur darüber spekulieren, was die Gewöhnung an das Beobachtetwerden mit Hilfe dieses Schemas für die dann noch verbleibenden Möglichkeiten eines unmittelbaren Sachbezugs bedeutet. Auch dieser Sachverhalt wird auf der Ebene der Beobachtung zweiter Ordnung konstituiert und ist daher von konkreten Entsprechungen psychologischer Art relativ unabhängig. Der Engagierte wird es einfach finden, zu kommunizieren, daß es ihm allein um die Sache geht, denn die Organisation stellt Sachziele für legitimen Einsatz in ausreichender Zahl zur Verfügung. Daß es sich um legitime Ziele handelt, besagt vor allem, daß *Grenzen der Motivforschung* institutionalisiert sind, die ein direktes Ansprechen der Motivlage blockieren oder andernfalls dazu führen, daß man auch wenig besagende oder offen tautologische Antworten vom Typus »Ich finde das wichtig« akzeptieren muß. Aber ein volles Äquivalent für die Wahrheitsfähigkeit der Handlungszwecke von ehedem ist das nicht, und selbst wenn man dem Darsteller dies in seiner Anwesenheit abnimmt, sind die Interaktionen in seiner Abwesenheit dann um so mehr damit befaßt, den Karrierewert bestimmter Auftritte und Einlassungen zu klären, zu bestimmen, zu begrenzen. Auch sind Karrierestrukturen in der Regel so gebaut, daß die Fähigkeit zu beobachten, daß und wie andere die Karriere beobachten, von einem bestimmten Punkt an selber zur Bedingung weiterer Erfolge oder jedenfalls zur Bedingung eines rationalen Einsatzes eigener Mittel wird.[49] Als Folge dieser dauernden Rückrechnung von Sachengagements auf Karriereinteressen gewinnen weite Teile des Interaktionsverhaltens selber den Charakter eines karrierewichtigen Ereignisses. Sie gewinnen auf der Ebene der Beobachtung zweiter Ordnung nur durch das Karrieremotiv eine für Anschlüsse ausreichende Transparenz. Und ich füge hinzu: Das gilt keineswegs nur dann, wenn die Interaktion ohnehin als Station innerhalb einer Karriere ausgewiesen ist – also nicht etwa nur für Situationen, bei denen das Sinnmoment des Geprüftwerdens auf der Hand liegt oder sogar als offizieller Zweck der Zusammenkunft institutionalisiert ist.

(6) Das bisher Gesagte gilt primär für geplante ebenso wie für ad hoc anberaumte Interaktion. Neben dieser Art von Interaktion gibt es jedoch auch noch einen mehr oder minder großen Bereich von für die Organisation mehr oder minder intransparenten *Zufallskontakten*, die sich einfach aus dem ungeplanten Zusammentreffen der Personen ergeben. Man steht zusammen

---

[49] Siehe dazu am Beispiel der Karriere von Politikern und mit einer Fallstudie, die zeigt, wie viel man bei dieser Gelegenheit falsch machen kann, Ronald Hitzler, Eine Medienkarriere ohne Ende? Fallstudie zur öffentlichen Selbstdarstellung von Politikern am Beispiel von Jürgen Möllemann, in: Stefan Müller-Dohm/Klaus Neumann-Braun (Hrsg.), Öffentlichkeit, Kultur, Massenkommunikation, Oldenburg 1991, S. 231-250.

im Aufzug und beginnt ein Gespräch, das dann auch nach Verlassen des Aufzugs fortgesetzt wird. Man sieht in der Schlange, die vor der Mensa steht, ein bekanntes Gesicht und bemüht sich (mit oder ohne Sichtbarkeit der Bemühung selbst) um Kommunikation. Man geht zum Kopierer in dem Wissen, daß man nicht wissen kann, wen man dort treffen wird. In solchen Zufallskontakten stellen sich organisatorisch unvorhergesehene Verbindungen her. Sie laufen einerseits nicht ohne jede Orientierung an der Organisation ab, sind aber andererseits auch nicht einfach Vollzug eines schon Vorentschiedenen. Ein wichtiger Unterschied liegt darin, daß solche Interaktionen ihre Thematik nicht schon kraft ihrer Lokalisierung innerhalb der Organisation haben, sondern diese erst noch definieren müssen.[50] Man kann leicht erkennen, daß dadurch eine Art von präpariertem Zufall in das System hineinorganisiert wird, der in der Regel ohne Folgen bleibt, unter günstigen Umständen aber sehr wohl zu Wendungen und Weiterungen führen kann, die sich dann auch in den Entscheidungsprozessen des Systems bemerkbar machen.

Das Muster, nach dem solche Gelegenheiten sich über das System verteilen, ergibt sich normalerweise als bloßes Abfallprodukt von Planung.[51] Der Entscheidung für zentral aufgestellte Kopiergeräte liegt für gewöhnlich nicht das formulierte Interesse an der Erzeugung eines Zentrums für ungeplante Interaktion zugrunde. Entsprechend wird auch bei einer etwaigen Abschaffung dieser Einrichtung nicht miterwogen, daß dadurch das Zentrum zerstört wird. Und wenn doch, dann geht man um so mehr davon aus, daß dies ohne Folgen und folglich auch ohne Substitutionsnotwendigkeiten möglich sein wird, da es sich ja ohnehin nur um Formen von Unterhaltung, um Klatsch, um mehr oder

---

50 Das zufällige Zusammentreffen einiger Zufrühgekommener aus Anlaß einer bevorstehenden Gremiumssitzung ist nach den Beobachtungen von Bailey, The Tactical Uses of Passions (a. a. O.), schon deutlicher durch die Organisation selbst bestimmt. Die schon Anwesenden sprechen über das anstehende Thema, vermeiden es aber, reduktive Beiträge zu liefern oder sich auf bestimmte Positionen festzulegen, auch wenn man unterstellen kann, daß sie eine eigene Meinung schon haben. Statt dessen werden die Programme behandelt, unter denen die Interaktion steht, und zwar häufig unter der Fiktion, daß sie allein schon ausreichen werden, die richtige Entscheidung zu finden.
51 Planung hier verstanden als Entscheidung über Entscheidungsprämissen im oben definierten Sinn dieses Begriffs.

minder funktionslose Geschwätzigkeit handelt.⁵² Solange man Ordnung und Zufall als Gegensätze versteht, gibt es dazu kaum Alternativen. Die neuere Theorieentwicklung, die unter sehr verschiedenen Titeln dabei ist, das Verhältnis von Ordnung und Zufall als Steigerungsverhältnis zu sehen, könnte ein Anlaß sein, hier anders zu urteilen.⁵³

Der Einbau von Zufall, der damit angeregt wird, ist keineswegs so neu, wie die Formulierung es nahelegt. Organisationen haben damit durchaus Erfahrung, allerdings mehr im Bereich von Planungen, die sich auf die Interaktion unter ihren Nichtmitgliedern beziehen. So werden in Supermärkten und Lebensmittelabteilungen die Süßigkeiten stets in Griffnähe der Kinder placiert in der Hoffnung, daß die Wahrscheinlichkeit wächst, daß es daraufhin zu einem Interaktionskonflikt zwischen Mutter und Kind kommen wird, in dem die Mutter angesichts der Öffentlichkeit des Streites und vor allem angesichts der Öffentlichkeit seiner möglichen Eskalation schließlich nachgeben wird. Der Umstand, daß die dafür zuständigen Fachleute hier ganz unverblümt von »Quengelware« sprechen, zeigt an, daß der Zusammenhang bekannt ist und daß die Warenauslage ganz bewußt unter dem Gesichtspunkt der Vermehrung oder Verminderung der Wahrscheinlichkeit des Vorkommens bestimmter Arten von Interaktion durchreflektiert wird. In Organisationen, die ganz explizit der Erleichterung der Interaktion unter ihren Nichtmitgliedern dienen und dies als Systemzweck verfolgen, liegt all dies erst recht auf der Hand. Diskotheken sind häufig schon als Gebäude so geplant, daß auch ohne Überfüllung des Hauses an bestimmten Stellen des Raumes mit Gedränge, und also mit Körperkontakten, zu rechnen ist. Eine offensichtlich unzureichende Versorgung mit Kellnern führt zum Hin und Her zwischen dem Standort (oder in seltenen Fällen: dem Sitzplatz) und der Bar und damit zu einer laufenden Neuverteilung der Wahrnehmungs- und Kontaktchancen. Barhocker lassen sich drehen, so daß man

---

52 In der Organisationssoziologie dagegen spielen gerade solche ungeplanten Kontakte eine prominente Rolle. Siehe neuerdings Boden, a. a. O., zu »casual encounters«, S. 83 f.
53 Siehe dazu auch Keith Davis, The Care and Cultivation of Corporative Grapevine, in: Management Review 62 (1973), Oktoberheft, S. 53-56 mit dem Ratschlag an Manager, den »chance chats in corridors« nicht auszuweichen.

den Interaktionspartner mit einem Minimum an Bewegung wechseln kann. Komplementär dazu findet man in Kneipen, die ihren Gast nicht auf Interaktionsbereitschaft festlegen, daß Zeitschriften und andere Objekte für interaktionsloses Engagement[54] bereitgestellt werden. Hier konzentriert sich die Interaktionschance an der Bar mit der Folge, daß man dort nur wenig Leser antreffen wird. Diese Erfahrung mit organisatorischen Eingriffen in die normale Verteilung der Wahrscheinlichkeit des Zustandekommens von Zufallskontakten wird jedoch für die Interaktion unter Mitgliedern kaum ausgenutzt.

(7) Von den bisher behandelten Formen bleibt die *Interaktion mit Nichtmitgliedern* zu unterscheiden. Es gibt Sprechstunden und Öffnungszeiten, zu denen das System an ausgewählten Stellen auch für Nichtmitglieder zugänglich ist. Die Interaktion mit Nichtmitgliedern kann auch räumlich von der Interaktion unter den Mitgliedern separiert sein. Aber auch Mischformen, in denen beides zugleich vorkommt, so daß ein laufender Wechsel der Schwerpunkte und der momentanen Verdichtungen zu beobachten ist und sich der Wahrnehmung aufdrängt, sind keineswegs selten. Das System präsentiert sich an diesen Kontaktstellen von seiner besten Seite. Es bekennt sich zu Werten wie Kundenorientierung, Benutzerfreundlichkeit, Bürgernähe. Und offenbar wird erwartet, daß dies auch in der Interaktion funktioniert.

Mit Recht werden in der Literatur seit Goffman[55] vor allem die *szenischen Aspekte* solcher Zusammenkünfte an der Systemgrenze betont.[56] Niklas Luhmann hat von der Darstellung des Systems für Nichtmitglieder gesprochen und vorgeführt, daß die damit verbundenen Probleme sich einer Formalisierung entziehen. Das gilt vor allem angesichts der Bedeutung, die der *Wahrnehmung* in solchen Situationen zukommt.[57]

---

54 Umgekehrt nimmt Riesman, a.a.O., die Beobachtung der Präsenz von Zeitschriften sowie des Ausbleibens von Protesten gegen ihre Benutzung durch Partygäste als einen Indikator für den Zerfall der Geselligkeitskultur.
55 The Presentation of Self in Everyday Life, New York 1959, dtsch. Übersetzung Wir alle spielen Theater, München 1983.
56 Siehe dazu neuerdings Anthony Giddens, Konsequenzen der Moderne, Frankfurt 1995, S. 109 f.
57 Vgl. dazu Luhmann, Funktionen und Folgen formaler Organisation (a.a.O.), S. 108 ff. (121): »Es läßt sich anordnen, daß bestimmte Ansichten vertreten oder nicht vertreten werden, aber der Eindruck schläfriger Uninteressiertheit, den

Wahrnehmung ermöglicht schon ihrer Tempovorteile wegen eine durch Kommunikation nicht mehr einholbare Art der Verfremdung von Situationen. Der Umfang, in dem Organisationen sich durch wahrnehmbare Symbole für Distanz irritiert fühlen, ist selbstverständlich eine Variable. Militärorganisationen werden hier höhere Ansprüche für vertretbar halten als beispielsweise Schulen und Universitäten, und Paraden sind im allgemeinen strenger durchreglementiert als Veranstaltungen vom Typus »Tag der offenen Tür«.

Der Wert jener Variablen ändert sich jedoch nicht nur von Organisation zu Organisation. Er unterliegt vielmehr auch gesamtgesellschaftlich ausgelösten Schwankungen. So kann man beobachten, daß ein neuartiger Individualismus trotz Mitgliedschaft sich längst nicht mehr nur an den Universitäten bemerkbar macht,[58] sondern in breitenwirksamer Weise durchschlägt. Eine gewisse Lässigkeit des Auftretens, die man noch vor nicht allzu langer Zeit als Mangel an »Haltung« beargwöhnt hätte, wird zunehmend normal. Die Funktion der Kleidung als Symbol für persönliche Identität wird verstärkt respektiert mit der Folge, daß organisationseigene Kleiderordnungen zurücktreten. In vielen Fällen reicht daher Wahrnehmung allein nicht mehr aus, um Mitglieder von Nichtmitgliedern zu unterscheiden. In Warenhäusern zum Beispiel muß dies häufig erst noch durch Kommunikation geklärt werden, auch wenn man in gewissen Regionen des Hauses immer noch auf Rudimente der alten Ordnung wie den überkorrekt gekleideten Verkäufer für Herrenmode oder die aufwendig geschminkte Leiterin der Kosmetikabteilung stoßen wird. Aber auch in Universitäten hatten die teilweise in sehr jungen Jahren rekrutierten 68er auf der einen, die immer älter werdenden Studenten auf der anderen Seite zeitweise für ähnliche Diskriminierungsprobleme gesorgt. Auch gewinnt man den Eindruck, daß

man in manchen Amtsstuben erhält, läßt sich nicht verbieten. Es kann vorgeschrieben werden, daß man seinem Vorgesetzten mit Achtung und Ehrerbietung begegnet, aber es kann nicht verhindert werden, daß ein Untergebener durch die Art, wie er dies tut, dem Vorgesetzten und etwaigen Zuschauern seine wirkliche Einstellung zu erkennen gibt.«

58 Obwohl hier seine Beobachter sitzen. Siehe nur Ulrich Beck, Risikogesellschaft: Auf dem Weg in eine andere Moderne, Frankfurt 1986; ders./Elisabeth Beck-Gernsheim (Hrsg.), Riskante Freiheiten: Individualisierung in modernen Gesellschaften, Frankfurt 1994.

die zuvorkommende Behandlung von Kunden oder sonstigen Kategorien von Nichtmitgliedern auch bei einer in dieser Hinsicht eindeutigen Entscheidungslage zunehmend als eine zusätzliche Leistung angesehen wird, die nur noch interaktionsabhängig gewährt wird.[59]
Es liegt auf der Hand, daß solche Effekte, soweit es sie gibt, einer organisatorischen Regulierung nur sehr begrenzt zugänglich sein werden. Hier sind dann solche Organisationen im Vorteil, die aus Individualitätstoleranz ein Programm für Außendarstellung machen können, also zum Beispiel Computerfirmen mit ihrem Sinn für »Kreativität«, während klassische Bürokratien sich entweder aus unerfüllbaren Ansprüchen an die symbolische Geschlossenheit ihres Auftretens zurückziehen oder eine zweite Fassade aufbauen müssen, deren Pflege dann gewissen Spezialisten vorbehalten bleibt und deren Zusammenhang mit den Entscheidungsprozessen des Systems problematisch wird.

VI.

Ein besonderer Fall liegt vor, wenn Interaktionen oder Interaktionszusammenhänge ausdifferenziert werden, um Entscheidungen über Entscheidungsprämissen zu treffen.[60] Man denke an Kollegialorgane, Ausschüsse, beratende Gremien in größeren Organisationssystemen oder konkreter an so etwas wie Parteitage, Berufungskommissionen, Vorstandssitzungen etc. Jede größere Organisation produziert solche Interaktionen, sei es, weil die Spitze nicht auf nur eine Person zusammengezogen werden kann, die als Einzelentscheider tätig werden kann und Interaktion nur zur »Vorbereitung« darauf in Anspruch nimmt; sei es, weil weiter unten mehrere Zuständigkeiten berührt sind und dann nicht nur schriftliche, sondern auch mündliche Kommunikation erforderlich wird; sei es schließlich deshalb, weil man auf Einbindung und Partizipation der Betroffenen Wert legt.

59 Aber was kann man als Kunde in dieser Richtung unternehmen in Situationen, in denen kein Trinkgeld erwartet werden kann?
60 Siehe dazu F.G. Bailey, Decisions by Consensus in Councils and Committees, in: Political Systems and the Distribution of Power, ASA Monographs 2, London 1965, S. 1-20; ders., Morality and Expediency: The Folklore of Academic Politics, Chicago 1977; ders., The Tactical Uses of Passions (a.a.O.).

Die Entscheidung wird hier einerseits zur *Outputkategorie* der Interaktion erklärt. Das Produkt, das an die Umwelt abgeliefert werden soll, nimmt selber Entscheidungsform an.[61] Aber auch in sich selbst sind solche »entscheidenden« Interaktionen durch einen relativ hohen Anteil an Entscheidungen charakterisiert. Vieles von dem, was sich in der normalen Interaktion als Struktur einfach einlebt, wird hier zum Gegenstand von Entscheidungen gemacht. Daß operativ geschlossene Systeme eigene Strukturen durch eigene Operationen aufbauen, heißt ja normalerweise gerade *nicht*, daß diese Funktion selbst als Sinn spezifischer Operationen ausdifferenziert wird. Schon der hohe Anteil, den das Systemgedächtnis (und damit: das Vergessen) an diesem Prozeß der Strukturbildung hat, läßt dies deutlich erkennen.[62] Als Struktur erscheint, was nicht vergessen wurde, aber da das Vergessen selbst nicht erinnert werden kann, weiß man auch nicht genau, wie es zu dieser Selektion eigentlich kommt.[63]

In den Interaktionen, die wir hier vor Augen haben, ist das jedoch etwas anders. Strukturfragen der Interaktion werden thematisiert und ihrerseits zur Entscheidung gestellt. Die Anzahl

---

61 Der entgegengesetzte Fall liegt vor, wenn Objekte abzuliefern sind.
62 Soziologen, die den Strukturbegriff in seiner *strukturalistischen* Fassung ablehnen, tun dies in der Regel in der Hoffnung, alle Strukturen in Operationen, nämlich in Handlungen, auflösen zu können. Die in Handlung aufgelöste Struktur soll dann auch durch Handlung änderbar sein. Aber warum sollte ein operationsbezogener Strukturbegriff eine Präferenz für Änderung implizieren? Vermutlich handelt es sich nur um eine etwas umständliche Art auszudrücken, daß einem die vorhandenen Strukturen nicht passen. Man mag diese Umständlichkeit auf die Ausdifferenzierung der Soziologie als Wissenschaft zurückführen. Die Theorie operativ geschlossener Systeme, die ebenfalls nicht strukturalistisch, sondern strikt operationsbezogen denkt, hat eine ihrer Konsequenzen darin, daß sowohl Erhaltung als auch Änderung der Struktur sich einer Kontrolle durch Operationen weitgehend entziehen. Und *beides* hat seinen Grund darin, daß das Verhältnis von Operation und Struktur *zirkulär* definiert ist.
63 Das schließt Strukturkritik selbstverständlich nicht aus, aber es macht sie gedächtnisabhängig. Sie ist überhaupt nur im Anschluß an immer schon gelaufene Strukturselektion möglich und kann sich folglich nur an das halten, was das Systemgedächtnis aus welchen Gründen auch immer festgehalten hat. Sie leistet also keine »Kritik« der Unterscheidung zwischen Erinnern und Vergessen. Anders gesagt: Husserls Programm einer Aufklärung aller sinnstiftenden Leistungen ist undurchführbar. Es ist nicht nur eine unendliche, es ist überhaupt keine Aufgabe, mit der operationsfähige Systeme sich belasten könnten. Die Angewiesenheit auf Gedächtnis ist immer auch Angewiesenheit auf Technisierungen.

und Reihenfolge der zu behandelnden Themen ergibt sich zum Beispiel nicht einfach aus der laufenden Kommunikation, sondern ist Gegenstand einer Tages- bzw. Geschäftsordnung. Diese Ordnung kann vorher schon feststehen, aber auch in der Interaktion selbst können noch Anträge zur Tagesordnung gemacht werden. Häufig wird aus diesem Anlaß noch einmal über die Tagesordnung im ganzen entschieden mit der Folge, daß man später hinzukommende Ergänzungswünsche leichter ablehnen oder in andere Sitzungen verschieben kann. Auch wechselt man die Themen nicht einfach dann, wenn sie erschöpft sind oder wenn im Nebensinn von Beiträgen attraktivere Möglichkeiten der Fortsetzung von Kommunikation aufscheinen. Vielmehr ist auch dafür eine Entscheidung erforderlich, die mit der organisatorisch erwarteten Entscheidung *über das Thema* zusammenfallen kann, aber nicht muß.[64]

Aber nicht nur im Bereich der Themen, auch im Bereich der Beiträge wächst der Gehalt an zugemuteter Entscheidung stark an. Dabei geht es nicht nur um die Frage, ob man auf Beiträge mit Zustimmung oder Ablehnung reagieren soll. Selbstverständlich muß letztlich auch, ja gerade darüber entschieden werden. Aber der Beitrag wird zuvor schon zur *Wortmeldung* stilisiert, die als solche dann zugelassen oder nicht zugelassen werden kann. Über Zustimmung oder Ablehnung muß angesichts unzulässiger Wortmeldungen nicht eigens entschieden werden. Nicht alles, was als Kommunikation gelingt, ist eben damit schon Teil des Entscheidungsprozesses. Die Künstlichkeit dieses Arrangements sieht man vor allem daran, daß die Entscheidung *für* Unzulässigkeit auch *nach* der Kommunikation selbst erfolgen kann – so wenn Richter einem entsprechenden Antrag von seiten eines der Anwälte stattgeben und angesichts einer schon gelaufenen Kommunikation des anderen Parteienvertreters entscheiden, daß diese Kommunikation kein Systemelement des Verfahrens sein soll, also weder durch den Zeugen beantwortet werden muß noch durch die Jury erinnert werden darf. Häufig wird dann sogar über Unterbrechungen eigens entschieden.[65] Interaktionen

---

[64] Häufig wird ja in der jeweiligen Sitzung gar nicht über das Thema, sondern nur über seine Verschiebung in andere Interaktionen entschieden. Siehe dazu anhand von empirischer Forschung auch Boden, a.a.O.

[65] Siehe dazu Ronald Hitzler, Die Politik des Zwischenrufs: zu einer kleinen

dieser Art partizipieren mithin in besonderer Weise am allgemeinen Trend der Organisation, Entscheidungen in Entscheidungen zu dekomponieren. Damit stellt sich die Frage nach Möglichkeiten der Rekombination. Wir kommen darauf zurück.

Im Rahmen der hier gewählten Perspektive, die Interaktionen und Organisationen als unterschiedliche Arten von Systembildung trennt, besteht zunächst einmal Anlaß, auf die Unwahrscheinlichkeit solcher Interaktionen zu verweisen. Sicher findet man schon in kleinen, interaktionsnah stabilisierten Sozialsystemen – in Stammesgesellschaften zum Beispiel oder in Fakultäten älteren Stils – Zusammenkünfte vergleichbarer Funktion. Ein wichtiger Unterschied scheint darin zu liegen, daß solche Systeme ein relativ hohes Maß an Konfliktunterdrückung praktizieren, so daß die Entscheidung unter der Zumutung der Eingestimmtheit auf Einstimmigkeit steht und die Offenlegung und Darstellung gegensätzlicher Interessen blockiert ist. Der Vorteil liegt darin, daß keine binäre Schematisierung nach Gewinnern und Verlierern erforderlich ist. In Anlehnung an ethnologische Forschungen hat Johan P. Olsen diese Form einer letztlich konsensuellen Entscheidungsfindung als »sounding out« beschrieben.[66] Ein derartiges Verfahren, das mit der Dethematisierung von Widersprüchen sowie mit der moralisch verstärkten Zumutung von Nachgiebigkeit arbeitet, hat seine Grenzen darin, daß es keine generalisierte *Entscheidbarkeit* garantieren kann. Das mag erträglich sein, solange es infolge geringer Komplexität nicht viel zu entscheiden gibt und man etwaige Restposten an Unentscheidbarkeit jederzeit externalisieren kann.[67] Außerdem muß dem System im Verhältnis zur Umwelt sehr viel Zeit zur Verfügung stehen.

In Großorganisationen lassen sich solche Bedingungen typischerweise jedoch nicht (oder nur noch für einzelne Subsysteme) erfüllen. Mindestens an der Spitze des Systems muß dann eine Art von

parlamentarischen Form, in: Zeitschrift für Parlamentsfragen 21 (1990), S. 619-630.
66 Siehe dazu Voting, »Sounding Out«, and the Governance of Modern Organizations, in: Acta Sociologica 15 (1972), S. 267-283.
67 »If it is still difficult to find consensus, the participants may agree to postpone or delay the choice, or have it settled through an arbitrator, an oracle, a bureaucrat or through some randomization process«, so Olsen, a.a.O., S. 274.

»Inkompetenzkompensationskompetenz« (Odo Marquard) in Anspruch genommen werden, die sich auch eine Entscheidung des Unentscheidbaren (Heinz von Foerster) zutraut. Das wird normalerweise durch Hierarchie symbolisiert, läßt aber in dieser Form die Konflikte an der Systemspitze selbst unentscheidbar werden und bringt damit das gesamte System in die Abhängigkeit von Möglichkeiten einer Externalisierung auf »Organisationsberater«. In Systemen dieser Art ist daher zusätzlich mit der Institutionalisierung einer ganz andersartigen Regel der Entscheidungsfindung zu rechnen, die auch und gerade angesichts von Konflikten noch Resultate verspricht, nämlich mit der *Mehrheitsregel.*

Das Paradebeispiel für die Vorzüge dieser Errungenschaft ist das politische System, sofern es als Demokratie operiert.[68] Aber gerade Demokratie setzt ja eine klare Differenzierung von Gesellschaft und Organisation voraus. Die strukturellen Merkmale eines Systems mit gespaltener Spitze können nur auf der Ebene der Gesellschaft bzw. ihres politischen Teilsystems, aber nicht auch auf der Ebene der Organisation erwartet werden. Die Organisationen der politischen Parteien zum Beispiel denken gar nicht daran, sich selbst als gespalten in regierende und opponierende Gruppen darzustellen. Die Existenz einer innerparteilichen Opposition wird mehr oder minder erfolgreich bestritten, und Parteitagsbeschlüsse, die mit knapper Mehrheit ergehen, gelten als Krisensymptom. Jedes organisatorisch konsequente Praktizieren der Mehrheitsregel wird mit der internen und externen Publizität von Konflikten erkauft und schadet dadurch der Außendarstellung der Organisation und ihrer Handlungsfähigkeit.[69] Plausibel nimmt Olsen daher an, daß eine Übertragung dieser Regel auf Organisationen nur mit gewissen Einschränkungen zu erwarten sein wird. Auf der Interaktionsebene findet man typischerweise

---

68 Siehe zur evolutionären Unwahrscheinlichkeit dieser Errungenschaft eines Systems mit gespaltener Spitze nochmals Olsen, a. a. O., S. 271: »The general unwillingness of ruling elites to let opponents organize themselves is, however, reflected in the fact that while voting has a 2.500 year long history, the stable, organized opposition is a very recent and unplanned social invention.« Vgl. dazu auch Niklas Luhmann, Theorie der politischen Opposition, in: Zeitschrift für Politik 36 (1989), S. 13-26.
69 Vgl. dazu André Kieserling, Herstellung und Darstellung politischer Entscheidungen, in: Ottfried Jarren/ Bettina Knaup/Heribert Schatz (Hrsg.), Rundfunk im politischen Kommunikationsprozeß, Münster 1995, S. 125-144.

Mischformen, die mit »sounding out« beginnen, aber gleichsam im Schatten der Mehrheitsregel – oder entsprechend und funktional äquivalent: der kompetenten Entscheidung durch übergeordnete Instanzen – operieren.[70]

Die Aussicht auf Anwendung der Mehrheitsregel schließt die Bemühung um konsensuelle Lösungen nicht aus, belastet sie aber mit dem Bewußtsein, daß es letztlich auf die Zustimmung dessen, gegen den man argumentiert, insofern nicht ankommt, als man ihn notfalls auch überstimmen kann. Das Sozialmodell des »sounding out«, das zwischen Kooperation und Konflikt nicht unterscheidet, wird durch ein konfliktgünstiger gebautes Modell überlagert, das Kooperation auf die interne Abstimmung innerhalb der Fraktionen beschränkt und für Überzeugungsarbeit an Unentschlossenen so etwas wie einen Grenznutzen erkennen läßt.[71] Die Frage, wie lange man sich um Einigung bemühen und wann man auf Abstimmung zusteuern soll, hat in der Interaktion hohe taktische Relevanz. Sie trennt faktisch zwischen zwei verschiedenen Sozialmodellen, die aber nicht völlig isoliert werden können, da man vorher schon weiß oder ahnt, daß nachher das andere Modell in Geltung sein wird.

Der Konflikt wird gleichzeitig vermieden und antizipiert. Die Interaktion schließt ihn aus, muß ihn aber gerade als ausgeschlossen einschließen können in die Beobachtung dessen, was im System jeweils kommuniziert werden kann. Die streitferne Gleichsinnigkeit des Erlebens wird betont und durch Seitenblicke auf das Naheliegen von Streitigkeiten und Streitentscheidungen irritiert. Man wird nicht fehlgehen, wenn man annimmt, daß die Kommunikation daraufhin paradox wird.[72]

---

70 Ich zitiere Olsen, a.a.O., S. 268: »Although formal voting arrangements are found in many organizations, decision-makers do not always try – as assumed by the theories of bargaining and coalition building – to establish minimum winning coalitions, taking all the benefits. On the contrary, considerable energy is often used in order to reach unanimity before one eventually split into a majority and a minority.«
71 Umgekehrt kann man sich unter solchen Bedingungen dann sehr wohl auch individuell unnachgiebig zeigen und darin zu einer eigenen »Identität« finden, da es ja ohnehin nur um eine Stimme geht und der Nachweis schwerfallen dürfte, daß gerade diese Stimme (warum nicht irgendeine andere?) unentbehrlich sei.
72 Olsen spricht von »systematic use of ambiguity«, a.a.O., S. 273.

Sinngemäß kann die Mehrheitsregel nur praktiziert werden, wenn man darauf verzichtet, das Abstimmungsverhalten vorweg schon moralisch zu schematisieren etwa in dem Sinne, daß nur der Zustimmende Achtung verdient, der Dissentierende dagegen der allgemeinen Mißachtung ausgesetzt wird. Die moralische Schematisierung von Kontingenz und ihre Schematisierung in der Form erst noch zu treffender Entscheidung sind nur bedingt kompatibel. Gäbe es schon aus moralischen Gründen nur eine einzig richtige Entscheidung, dann hätte man ja moralisch gar keine Wahl. Das Thema der Entscheidung muß daher moralisch neutralisiert werden können. Hier liegt eine der wichtigen Funktionen der Kollegialität. Kollegen sind in der Interaktion immer auch damit beschäftigt, einander zu versichern, daß sie sich unabhängig vom Entscheidungsverhalten und unabhängig vom Ausgang des Entscheidungsverfahrens achten können.[73] Nur so wird man überhaupt die Bereitschaft erwarten können, mehr als eine Alternative zur Diskussion zu stellen und sich dafür einzusetzen. Auch das gelegentliche Überstimmtwerden läßt sich dann ohne Verluste an Ansehen überstehen.

Das schließt es nicht aus, in der Interaktion gleichwohl massiven moralischen Druck zugunsten bestimmter Positionen aufzubauen, da man hier davon ausgehen kann, daß auch der andere an moralischer Achtung interessiert ist oder es jedenfalls in der Interaktion nicht so leicht wagen wird, das Gegenteil mitzuteilen. Aber das wirkt dann im Effekt auf andere Variablen der Interaktion zurück und reduziert im Grenzfalle den Entscheidungsprozeß auf lediglich symbolische Funktionen. So können Fakultäten den Prozeß der selektiven Bewertung studentischer Leistungen dadurch zum Zeremoniell entwerten, daß ein etwaiges Durchfallen des Kandidaten in der Interaktion unter den Prüfern zur moralischen Unmöglichkeit erklärt wird.[74] Die spezifische Verantwortung des Prüfers, gleiche Leistungen gleich und ungleiche ungleich zu bewerten, wird unter der Hand in eine diffuse Verantwortung für konkrete Menschen und deren

---

73 Die moralischen Probleme verschieben sich dann in Kommunikationen, mit denen man zu erkennen gibt, daß man Zweifel an der Kollegialität des anderen hegt.
74 Vgl. hierfür als Fallstudie Niklas Luhmann, Wabuwabu in der Universität, in: ders., Universität als Milieu (a.a.O.), S. 30-49.

Schicksal umdefiniert,[75] auch wenn die Organisation selbst nicht im Traum daran denkt, eine derartige Verantwortungslast zu aktualisieren, also beispielsweise nicht daran denkt, den Selbstmord des durchgefallenen Kandidaten an den Prüfern, die ihn ausgelöst haben, zu sanktionieren.

Dies Beispiel legt die Hypothese nahe, daß es vor allem *Konditionalprogramme* sein könnten, bei deren Durchführung diese Diskrepanz von organisatorischer Logik und Interaktionsmoral aufbricht. Denn Konditionalprogramme sind ja mit Bezug auf Zukunft indifferent formuliert. Sie kollidieren daher in dem Maße mit der Interaktionsmoral, in dem moralische Relevanzen vor allem an möglichen *Folgen* des Handelns festgemacht werden.[76] Das Konditionalprogramm wird dann wie ein Zweckprogramm behandelt. Im Bereich von Zweckprogrammen kann sich die Interaktionsmoral eher in der Erweiterung der für beachtlich gehaltenen Nebenfolgen, also ohne stillschweigende Änderung des Programmtyps zur Geltung bringen.[77]

In Organisationen, die nicht durchgängig auf Interaktion angewiesen sind (sondern etwa auch auf Einzelentscheider zurückgreifen können), ist das Anberaumen von eigens dafür gedachter Interaktion ein eigenständiger Faktor der Vermehrung von Entscheidungslasten. Soll eine Interaktion stattfinden, dann muß entschieden werden, wer daran teilnehmen soll. Dafür gibt es Anhaltspunkte in den Entscheidungsprämissen der Organisation und speziell in der Formalisierung der zugelassenen Kontakte sowie der einzuhaltenden Kommunikationswege. Stellen, die zur Mitzeichnung befugt sind, können nicht einfach übergangen

---

[75] Siehe dazu Bailey, Morality and Expediency (a.a.O.), S. 53, mit Belegen für das Ansteigen der durchschnittlichen Abschlußnote während der Kriegszeit in Ländern, in denen man bei sehr gutem Abschneiden nicht zum Wehrdienst einberufen werden konnte.

[76] Vgl. nur Shalom H. Schwartz, Awareness of Consequences and the Influence of Moral Norms on Interpersonal Behavior, in: Sociometry 31 (1968), S. 355-369; Robert Spaemann, Nebenwirkungen als moralisches Problem, in: Philosophisches Jahrbuch 82 (1972), S. 325-335; Niklas Luhmann, Soziologie der Moral, in: ders./Stephan Pfürtner, Theorietechnik und Moral, Frankfurt 1978, S. 8-117 (95).

[77] Siehe zur Unterscheidung von Zweckprogrammen und Konditionalprogrammen Niklas Luhmann, Lob der Routine, in: ders., Politische Planung: Aufsätze zur Soziologie von Politik und Verwaltung, Opladen 1971, S. 113-143.

werden, es sei denn, daß man das Thema entsprechend umdefiniert. Wer Sitz und Stimme in einem Gremium hat, muß eingeladen werden, wenn das Gremium tagt, es sei denn, daß man Urlaubszeiten oder Zeiten der berufsbedingten Abwesenheit der Person ausnutzen kann.

Solche Anhaltspunkte verlieren jedoch rasch an Bedeutung, wenn über die *Änderung* dieser Prämissen entschieden und wenn gleichzeitig eine möglichst breite *Partizipation* erreicht werden soll. Beide Bedingungen kommen heute normalerweise vor allem aus Anlaß von Reformvorhaben zusammen.[78] Gerade bei wichtigen Änderungen wird angenommen, daß durch möglichst frühzeitige Beteiligung mehrerer Ebenen und Zuständigkeitsbereiche der andernfalls zu erwartende Widerstand minimiert werden kann. Der Gegeneinwand, daß man den Widerstand dadurch erst weckt, liegt jedoch auf der Hand. Man kann Kommunikation nicht als Programm zur Maximierung von Konsens verstehen, weil Kommunikation ja immer auch die Möglichkeit von Dissens und Ablehnung reproduziert. Ihr Effekt ist nicht Konsens, sondern die laufende Öffnung der Situation für die Entscheidung über Konsens oder Dissens.

Mehr Beteiligung wäre daher nur sinnvoll, wenn man ein möglichst frühzeitiges Kristallisieren von Widerstand und von Dissens erreichen wollte. Mögliche Gegner sollen sich melden, sich festlegen und dadurch zugleich ihre eigene Position so spezifizieren und individualisieren, daß sie als Position zurechenbar wird. Das aber würde bedeuten: die Situation auf einen Konflikt zutreiben zu lassen, der dann nur noch hierarchisch entschieden werden kann, und dies wiederum würde voraussetzen, daß die Spitze der Hierarchie sich zunächst einmal zurückhält und *abwesend bleibt*, da sie andernfalls ihre Distanz zum Konflikt verlieren und ihn nicht mehr aus der Stellung eines noch unabhängigen Dritten heraus entscheiden könnte. Aber offenbar fällt es schwer, die Spitze vom Erfordernis ihrer eigenen Abwesenheit zu überzeugen. Typischer schient daher zu sein,[79] daß man nur solche Personen

---

78 Siehe dazu generell Nils Brunsson/Johan P. Olsen, The Reforming Organization, London 1993.
79 Ich beziehe mich hier auf ausführliche Berichte über Rekrutierungsgewohnheiten in einem großen deutschen Automobilkonzern, die mir aus Anlaß eines Beratungsprojekts mitgeteilt wurden.

zur Vorbereitung der Reform einlädt, von denen angenommen werden kann, daß sie mit der geplanten Änderung schon vorweg sympathisieren. Wenn die Reformfreunde sich versammeln, dürfen die Betonköpfe nicht mitmachen. So wird das System von der Interaktion her in Anhänger und Gegner gespalten, noch ehe überhaupt feststeht, worum es eigentlich geht. Die Form der Interaktion ist dann genau diese Unterscheidung, und das Problem ist, daß die Interaktion selbst nur auf der einen Seite der Form operieren kann. Das hat vordergründig den Vorteil, daß die Interaktion ihr Thema positiv fassen und es als Symbol für Solidarität und für Gleichsinnigkeit des Erlebens verwenden kann. Auf diese Weise läßt sich eine Konzentration von Konsens in der Interaktion erreichen, und die Anwesenden können sich daraufhin den entsprechenden »Euphorieeffekten« (Dirk Baecker) überlassen, aber zugleich werden Abwesende auf die Rolle eines Gegners festgelegt, *der kommunikativ gar nicht mehr greifbar wird.* Das Scheitern der Reform, das auf diese Weise wahrscheinlicher wird, kann dann im selben Rahmen erklärt und den Gegnern zugerechnet werden.

Um ihrer Entscheidungsfunktion willen können Interaktionen nicht sehr groß werden.[80] Wenn sie gleichwohl anwachsen, etwa durch Wachstum der Organisation oder unter dem Eindruck von Forderungen in Richtung auf »mehr Partizipation«, müssen kleinere Gremien abgesondert werden, in denen die Entscheidung dann so weit vorbereitet wird, daß das Plenum selbst nur noch über Annahme oder Ablehnung des Vorschlags zu entscheiden hat.

Das hat zur Folge, daß der Entscheidungsprozeß und die Interaktionsrealität nicht notwendigerweise durch Punkt-für-Punkt-Entsprechungen integriert sind. Eine Entscheidung kann mehrere Interaktionen in Anspruch nehmen, eine Interaktion mehrere Entscheidungen nacheinander treffen. Die dramatische Vorstellung, daß die Anwesenden nach ausführlicher Diskussion eine

---

80 Siehe dazu Bailey, Morality and Expediency (a.a.O.), S. 62 ff., mit der Beobachtung, daß es in großen Interaktionen zwangsläufig zur Entstehung eines passiven Publikums kommt mit der Gefahr, daß die Aktiveren sich mit konsensfähigen Formulierungen um dessen Zustimmung statt um die Diskussion und Lösung spezifischer Probleme bemühen. Es bleibt dann bei der Rephrasierung der formulierten Werte und bei Bekenntnissen zu den Prinzipien des Systems.

Entscheidung treffen und dann auseinandergehen, bezeichnet einen Grenzfall ohne praktische Bedeutung. Die Semantik der Partizipation idealisiert diesen Grenzfall in der Hoffnung, Organisation als Interaktion praktizieren zu können. Sie unterstellt die Organisation als »face to face society«.[81] So kann sie Teilnahme an Entscheidungen in Aussicht stellen, ohne von der Teilnahme an Nichtentscheidungen reden zu müssen, obwohl dieser Fall aus der Sicht des typischen Gremienmitglieds der weitaus häufigere sein dürfte. Ausgeblendet werden dabei nicht nur die bürokratischen Umwegigkeiten und Zeitverzögerungen, ausgeblendet wird auch, was man mit Goffman die organisatorisch erzeugte *Einheit von Folgenreichtum und Spannungslosigkeit des Entscheidens* nennen kann.[82] Die Organisation selbst wird als Schauplatz von »action« mißverstanden.

Realistischer dürfte es sein, wenn man davon ausgeht, daß eine formale Plenarinteraktion mehrere Themen nacheinander abarbeitet, die zuvor jeweils für sich Gegenstand mehrerer Interaktionen informaler Art waren. Auf diese Weise verliert der Entscheidungsprozeß über weite Strecken an phänomenaler Evidenz für die Interaktion. Um es in Anlehnung an die Sprache der ästhetischen Theorie zu sagen: Die Einheit des Ortes, der Zeit und der Handlung ist durch Organisation aufgelöst worden, und Interaktion kann sie nicht restaurieren.[83] Die Unterscheidung zwi-

---

81 Diesen Begriff bildet Peter Laslett, The Face to Face Society, in: ders. (Hrsg.), Philosophy, Politics and Society, Oxford 1967, S. 157-184, um den latenten Interaktionismus von Grundbegriffen der klassischen Politiktheorie auf seine sozialstrukturellen Grundlagen zurückzuführen und auf den unterdessen eingetretenen Strukturwandel verweisen zu können.
82 Goffman konfrontiert diese Konstellation mit der für den Freizeitbereich typischen Einheit von Spannung und Folgenlosigkeit. Spannend und folgenreich geht es dann allenfalls noch dort zu, where the action is. Aber damit sind dann häufig Formen einer individuellen Selbstgefährdung nach dem Paradigma des Glücksspiels um hohe Summen gemeint, für die sich eine gesellschaftliche Funktion kaum noch identifizieren läßt und die im Zeitalter der Risikogesellschaft auch zunehmend auf den Protest derjenigen stoßen wird, die sich durch derart riskante Entscheidungen gefährdet fühlen. Vgl. Erving Goffman, Where the Action is, in: ders., Interaction Rituals: Essays on Face-to-Face Behavior, New York 1967, dtsch. Übersetzung in: Interaktionsrituale: Über Verhalten in direkter Kommunikation, Frankfurt 1991, S. 164-292.
83 Siehe dazu Dietrich Schwanitz, Systemtheorie und Literatur: Ein neues Paradigma, Opladen 1990, S. 99 ff., mit einer Analyse der Themenwahl des modernen Dramas und ihrer Entwicklung. Schwanitz sieht die vorläufig endgültigen

schen Vorbereitung und eigentlicher »Entscheidung«, aber auch die Rhetorik des »Auftrags«, den das Gremium durch das Plenum erhält, suggerieren einen hierarchischen Aufbau, der im Plenum selbst seine Spitze hat. Daß die Entscheidungen faktisch in die Gremien abwandern, ist aber gleichwohl bekannt.
Zusammen mit den Gremien wird eine Unterscheidung von öffentlicher und nichtöffentlicher Interaktion erzeugt, die auf der Seite der nichtöffentlichen Interaktion – und nur hier – in sich selbst wiedereintreten und reflektiert werden kann. In der nichtöffentlichen Interaktion wird die Rücksicht auf öffentliche Darstellbarkeit zu einem Gesichtspunkt neben anderen reduziert, auf den es vor allem bei der *Darstellung*, nicht aber bei der *Herstellung* der Entscheidung ankommt, wobei es sehr wohl der Fall sein kann, daß die Herstellung ihrerseits mitdargestellt und die Darstellung ihrerseits mithergestellt werden muß. Man kann im Plenum gefragt werden, welche Argumente es denn waren, die bei der Herstellung den Ausschlag gaben, und man muß sich daher vorher darauf einigen, welche Argumente man in dieser Funktion nachschieben will. Die Interaktion im Plenum dient dann mehr der Darstellung der Entscheidung als ihrer Herstellung, und sie kann im Hinblick auf Darstellungsfragen auch völlig anders, also beispielsweise formal oder im Hinblick auf zugelassene Argumente sehr viel strenger geregelt werden.
Durch Abspaltung von Gremien wird das Verfahren mindestens zweistufig. Es muß entschieden werden, wer an den Entscheidungen des Gremiums mitwirkt, und häufig auch noch darüber, wer dazu befugt ist, diese Personalentscheidung zu treffen. Sehr

---

Fluchtpunkte in den Stücken von Beckett, die gerade die Nichtidentität von Schauplatz und »action« betonen, und begreift dies als einen literatursoziologisch rekonstruierbaren Beleg für die Differenzierung von Interaktion und Gesellschaft. Ähnlich (und gleichfalls an Beckett belegend) schon Theodor W. Adorno, Offener Brief an Rolf Hochhuth, in: ders., Kritik: Kleine Schriften zur Gesellschaft, Frankfurt 1971. Im Zusammenhang der kritischen Theorie, die als Soziologie auftrat, aber für Interaktion keinen Begriff hatte, mußte das Thema freilich unter dem kulturkritischen Topos vom Ende des Individuums erscheinen. Der Erfolg dieser Thematisierung hat zeitweise auch die soziologisch seit langem verfügbare Einsicht über rekursive Voraussetzungs- und Steigerungszusammenhänge zwischen gesellschaftlicher Differenzierung und persönlicher Individualisierung überdeckt. Daher erscheint »Individualisierung« inzwischen als Neuheit.

viel an Entscheidung geht damit in die Vorbereitung und Vorvorbereitung der eigentlichen Interaktion. Das Abstimmen der Abstimmungen setzt eine eigene, zeitraubende Art von Mikropolitik[84] frei, die ihrerseits teils auf geplante und teils auf ungeplante Interaktionen zurückgreift. Häufig wird man dabei wissen, wer welche Interessengruppen vertritt. In anderen Fällen wird das eigens geregelt. So oder so entsteht die Figur des Vertreters, der gegenüber den Vertretenen rechenschaftspflichtig bleibt und vor allem ein etwaiges Nachgeben in der Interaktion zu vertreten hat.[85] Die Relevanz der Abwesenden in der Interaktion wird dabei gespalten, indem jeder sich an jeweils *anderen* Gruppen orientiert. Diese segmentierten Orientierungsmuster treten heute weithin an die Stelle dessen, wo man sich ehedem auf das Systeminteresse der Organisation selbst berufen hätte. Das mag es erleichtern, sich auf bloße Verständigungen zu beschränken.

Daß der Entscheidungsprozeß selbst dadurch nicht etwa transparenter wird, wie die Formeln der Partizipation es gern hätten, ist leicht zu erkennen. Interaktionen lassen sich, anders als Einzelentscheider, nicht einheitlich ansprechen. Der Versuch, Einfluß zu gewinnen, muß dann Umwege gehen, die außer für Spezialisten nicht mehr zu überblicken sind. Man kann also keineswegs davon ausgehen, daß nun wirklich mehr Entscheidungen unter den Anwesenden selbst getroffen würden. Man kann ganz im Gegenteil erkennen, daß die Interaktion als System strukturell überfordert ist. Die Einheit von System und Entscheidung läßt sich auf dieser Ebene nicht realisieren. Der Effekt wird nicht mehr Rationalität und auch nicht mehr Demokratie sein, sondern nur ein hochwahrscheinliches Abreißen der Kontakte zur Organisation. Die Entscheidung verliert ihren Adressaten und ihre Anschlüsse im System. Man kann Entscheidungsverhalten in der Interaktion sachlich und sozial immer weiter in Subentscheidungen auflösen, aber die Interaktion ist als System nicht komplex genug, um die dann erforderliche Rekombination zu leisten. So entsteht das Problem der zufälligen Rekombination und der unpassenden Aggregation. Es entsteht das Problem der Zufalls-

---

[84] Im Sinne von Tom Burns, Micropolitics: Mechanisms of Institutional Change, in: Administrative Science Quarterly 6 (1961), S. 257-281.
[85] Durch die Anwesenheit solcher Figuren definiert Bailey, Morality and Expediency (a.a.O.), S. 62 ff. seinen Begriff von committees.

mehrheiten und sachlichen Erratik von Gremienentscheidungen. Bleibt die Frage nach der Beliebtheit dieses Entscheidungstyps in einem System, das doch offensichtlich auch andere Möglichkeiten zur Verfügung hat. Vielleicht liegt es daran, daß die Entscheidung auf die Interaktion selbst zugerechnet wird (statt nur auf bestimmte Personen, die in ihrer Rolle als Organisationsmitglied anwesend waren und kraft Fachzuständigkeit oder kraft Vorgesetztenstatus an den Beratungen mitgewirkt haben). Der Zurechnungsbegriff bezieht sich dabei auf die offiziell verbindliche Darstellung des Entscheidungsverhaltens und nicht etwa auf das, was das Gedächtnis der Interaktionsteilnehmer über die faktische Verteilung von Einfluß festhält. Daß man in den Akten lesen kann, dieses oder jenes Gremium habe in dieser oder jener Sitzung entschieden, besagt daher für die faktische Lokalisierung der Entscheidung nur wenig. Aber da dies für *jede* Zurechnung der Entscheidung gilt, kann die Anschlußfrage nur lauten, wie die unterschiedlichen Zurechnungen sich voneinander unterscheiden. Zurechnungen gewinnen ihren kommunikativen Sinn erst durch Implikation eines Differenzschemas. Sie legen nicht nur fest, wer es gewesen ist, sondern auch und vor allem, wer nicht gewesen ist; und manche Zurechnungen werden überhaupt nur verständlich, wenn man sie von dieser anderen, dieser exkulpierenden Seite ihrer Form her versteht.[86]

Durch Zurechnung der Entscheidung auf eine soziale Einheit wird immerhin klargestellt, daß es *nicht* ein Einzelentscheider war. Wie entschieden wurde, kann dann festgehalten werden, auch wenn die Frage, wer entschieden hat, sich infolge der Aggregation zahlreicher Einzelentscheidungen ins organisatorisch nicht mehr Greifbare verliert. Dies hat den bedeutenden Vorzug, daß im Zweifelsfalle keine Adresse für Rückfragen und Proteste zur Verfügung steht. Die Zurechnung der Entscheidung auf soziale (statt auf personale) Einheiten erleichtert das unverantwortliche Entscheiden. Die »organisierte Unverantwortlichkeit« (Ulrich Beck) breitet sich vor allem durch Gremienentscheidungen

---

86 Prominent hierfür René Girard, Des choses cachées depuis la fondation du monde, Paris 1978; ders., Le Bouc émissaire, Paris 1982. Siehe zur Deutung von Zurechnungen als Differenzaussage statt als Kausalaussage auch Niklas Luhmann, Ökologische Kommunikation: Kann die moderne Gesellschaft sich auf ökologische Gefährdungen einstellen?, Opladen 1986, S. 27 f.

sowie durch die Forderung einer möglichst breiten Beteiligung aller Betroffenen aus. Auf der Ebene der Ideologie sind Bürokratisierung und Demokratisierung der Organisation fest als Gegensatzpaar etabliert. Eine soziologische Analyse wird vielmehr auf Steigerungszusammenhänge tippen.[87]
Typisch wird von solchen entscheidenden Interaktionen erwartet, daß es danach Protokolle gibt. Aber solche Aufzeichnungen erfassen stets nur einen Teil des Systemgeschehens in der Interaktion, als Ergebnisprotokoll zum Beispiel nur das Ergebnis der Sitzung und nicht auch ihren Verlauf und als Verlaufsprotokoll nur die deutlichen, als Entscheidung darstellbaren Zäsuren der Diskussionen und nicht auch das, was davor geschah. Auch entscheidet man in der Interaktion selbst, was protokolliert werden soll – und was nicht.[88] Und wenn die Organisation, um dies zu verhindern, stenographisches Mitschreiben anordnet, dann überfordert sie sich selbst. Sie produziert dann mehr Texte, als sie jemals wird lesen können. Der Zugriff auf den Text bleibt möglich, aber er muß so selektiv organisiert werden, daß der Zugriff selbst als weitere Entscheidung erscheint, so daß mit der Menge der Texte die Unsicherheit des Vergangenen und die Intransparenz der Interaktion eher noch zunimmt. Kein Parlament kann die Vollmitschrift seiner Plenarsitzungen auswerten.[89] Es genügt die Entscheidung selbst samt ihrer Begründung, und auch darauf kommt es nur an, wenn gegenwärtig anstehende Fälle einen solchen Rückgriff verlangen.
In zeitlicher Hinsicht findet man hier eine deutliche *Entkopplung der Gedächtnisleistungen* durchgeführt. Das Gedächtnis der Organisation erinnert sich nur an Entscheidungen und vergißt alles andere. Das Gedächtnis der Interaktion wie der Interaktionsteilnehmer ist demgegenüber ganz anders konditioniert. Sie mögen mehr den Verlauf als das Ergebnis und mehr die unterlegenen als

---

[87] Siehe dazu am gewiß naheliegenden Beispiel von Universitäten Niklas Luhmann, Zwei Quellen der Bürokratisierung in Universitäten, in: ders., Soziologische Aufklärung 4: Beiträge zur funktionalen Differenzierung der Gesellschaft, Opladen 1987, S. 212-216; Dietrich Schwanitz, Kritik des hellen Wahnsinns: Die Gruppenuniversität protegiert die Anspruchslosen, in: Frankfurter Allgemeine Zeitung, Ausgabe vom 30. 5. 1996, S. 33.
[88] Dazu Boden, a.a.O., S. 85.
[89] Vgl. dazu Hitzler, a.a.O.

die schließlich siegreichen Kandidaten erinnern. So entsteht aus der Differenz von Interaktion und Organisation die Differenz zwischen offizieller und inoffizieller Gedächtniskultur des Systems, zwischen legitimer und illegitimer Systemgeschichte.

Das Gedächtnis der Organisation ist schon in der Frage nach dem »Material«, an dem die Unterscheidung von Vergessen und Erinnerung sich abspielt, auf Entscheidungen angewiesen. Was unterhalb dieser Schwelle der Artikulation verbleibt, muß nicht einmal vergessen werden. Die Interaktion dagegen kann auch auf andere Arten von Ereignissen zurückgreifen. So kommt es entlang dieser Differenz zu einer eigentümlichen Diversifikation der Gedächtnisleistungen, die dann auch den Stil des Erinnerns (als Sonderform der Erscheinung von Gedächtnis) bestimmt. Für das Gedächtnis der Interaktion spielen Personen eine prominente Rolle. Es werden Geschichten erzählt, die durch bestimmte Personen vorangetrieben oder auch aufgehalten wurden. Die Interaktion bevorzugt eine »handlungstheoretische« Kultur des Erinnerns. Sie kann Erinnerung (im Unterschied zu Gedächtnis) nur in der Form von Narration ordnen. Was sich nicht erzählen läßt, kann auch nicht erinnert werden. Außerdem ist die Narration die Form der Reproduktion des Erinnerten, und auch dazu findet man in der Organisation keine Entsprechung.

Für das Zusammenleben wichtig wird diese allgemeine Differenz der Gedächtnisleistungen aus Anlaß von Konflikten. Die Organisation kann den Konflikt in der Regel entscheiden und muß sich danach nur noch an die Entscheidung erinnern, wenn überhaupt. Außerdem werden umstrittene Entscheidungen oft rein sachlich, nämlich als rationale Wahl unter Alternativen registriert, so daß man den Konflikt selbst kaum noch durchscheinen sieht. Das Aktenstudium vermittelt in solchen Fällen erst recht keinen adäquaten Eindruck davon, wie es eigentlich war. Auch hier spielen Protokolle die entscheidende Rolle. Der Streit wird, auch wenn er in der Interaktion unverkennbar war, allenfalls miterwähnt. Häufig lesen Protokolle sich so, als wäre die Meinung der Anwesenden in einer Art von Isolierzelle erhoben worden, in der jeder nur auf das Thema und nicht auch auf die Beiträge der anderen reagieren konnte. Die Beiträge werden zwar, oder so jedenfalls nimmt man an, in der Reihenfolge ihres Auftretens protokolliert. Aber man könnte sie ohne Verlust an Plausibilität auch in jeder anderen Reihenfolge lesen. Im Medium seiner Protokollierung findet sich der Konflikt in eine entkoppelte Menge von Stellungnahmen aufgelöst, die jede auf ihre Weise zum Wohle des Ganzen beitragen, und selbst Ausbrüche von unmißverständlicher Feindschaft werden als bloße Meinungsverschiedenheit dargestellt. Der Nahkampf der Interaktion findet sich zum Diskurs umstilisiert. In der Interaktion dagegen wird bevorzugt der Konflikt selbst festgehalten. Er wird zugleich nicht als Sachkonflikt, sondern in personalisierter Form dargestellt. Folglich erscheint jede weitere Meinungsverschiedenheit unter den Beteiligten als Reproduktion einer Gegnerschaft, die themenunspezifisch definiert ist. Für das System im ganzen heißt dies, daß es den Konflikt zugleich vergessen und erinnern kann, und beides ist möglich, weil organisatorisches und interaktionelles Gedächtnis unterschiedlich konditioniert sind.

Teil III:
Wissenssoziologische Perspektiven

Kapitel 12
Zur historischen Semantik von Sozialität und Interaktion

I.

Die Systemtheorie scheint sich immer dann zu bewähren, wenn es darauf ankommt, in die Behandlung des Themas die Geschichte des Themas miteinzubeziehen.[1] Davon wollen wir nun für den Fall des Interaktionsthemas Gebrauch machen.

Bisher haben wir die historischen Aspekte des Interaktionsthemas vorwiegend in einer Sprache behandelt, die im Wissenschaftssystem der *modernen* Gesellschaft entwickelt worden und schon damit auf *deren* Möglichkeiten eingestellt ist. Das gilt vor allem für die These, daß die Differenzierung von Interaktionssystemen und Gesellschaftssystem, wie man sie schon für segmentäre Gesellschaften unterstellen muß, sich im Laufe der soziokulturellen Evolution verstärkt hat und daß man daher mindestens für eine adäquate Darstellung der modernen Gesellschaft und ihrer Interaktionen auch begrifflich zwischen diesen beiden Formen der sozialen Ordnung genau unterscheiden muß. Wir haben außerdem zu zeigen versucht, daß es eine Reflexionsform dieser Differenzierung innerhalb der Interaktion selbst gibt, die sich primär der Rücksicht auf andere eigene Rollen bedient und daher auf gesellschaftsstrukturell ausgelöste Änderungen in diesem Bereich aus interaktionsintern schwer bestreitbaren Gründen reagieren muß.

Spätestens die Überlegungen zum Stichwort der Verbreitungsmedien stellen jedoch klar, daß und warum diese beiden Serien von Überlegungen das Thema noch längst nicht erschöpft haben. In-

---

[1] Unter den Publikationen von Niklas Luhmann könnte man hier eigentlich jeden Text nennen. Ich beschränke mich auf die vier Bände Gesellschaftsstruktur und Semantik: Studien zur Wissenssoziologie der modernen Gesellschaft, Bd. 1-4, Frankfurt 1980; 1981; 1989; 1995. Siehe im Anschluß daran auch Peter Fuchs, Vaterland, Patriotismus und Moral, in: Zeitschrift für Soziologie 24 (1991), S. 89-103; Rudolf Stichweh, Fremde, Barbaren und Menschen: Vorüberlegungen zu einer Soziologie der »Menschheit«, in: Peter Fuchs/Andreas Göbel (Hrsg.), Der Mensch – das Medium der Gesellschaft?, Frankfurt 1994, S. 72-92.

teraktion ist nicht nur eine *Vollzugsform*, sie ist auch ein mögliches *Thema* der gesellschaftlichen Kommunikation. So wie man über die Gesellschaft kommunizieren kann, so kann man auch über die Interaktion kommunizieren, und spätestens seit der Erfindung von Schrift lassen sich beide Themen im Prinzip nicht nur innerhalb, sondern auch außerhalb von Interaktion abhandeln. Dadurch wird das allgemeine Prinzip der Rekursivität von Kommunikation auf ein neuartiges Organisationsniveau gebracht, das mehr und mehr von begrifflicher Programmierung abhängig wird. Daß diese Möglichkeit ausgiebig genutzt worden ist, läßt sich angesichts der gerade in Europa außerordentlich reichhaltigen Sozialsemantik schwerlich bestreiten. Diese Semantik und ihre Entwicklung, sofern sie anhand heute datierbarer Texte rekonstruiert werden kann, ist das Thema des nun folgenden Schlußkapitels.

Wir fragen also nach der Themengeschichte von »Interaktion«. Dabei kann es nicht lediglich um die *Wort*geschichte gehen, die ja erst mit der Soziologie einsetzt und erst in der Nachkriegszeit ihre heutige Prägung empfängt. Auch ein *Begriff* für Interaktion läßt sich, legt man die heutigen Ansprüche an ihn zugrunde, kaum weiter als bis ins 18. Jahrhundert zurückprojizieren. Älteren Formen der Sozialsemantik fehlt, wie wir noch sehen werden, die dafür maßgebliche Unterscheidung von Interaktion und Gesellschaft.[2] Aber gerade diese eigentümliche *Modernität des Interaktionsbegriffs* ist ein ideengeschichtliches Faktum von kaum zu überschätzender Bedeutung.[3] Gerade einer Theorie, in

---

2 Siehe dazu nur Ernst Cassirer, Philosophie der Aufklärung, Tübingen 1959, S. 359, wonach für die französischen Autoren des achtzehnten Jahrhunderts der »Begriff der *Gemeinschaft*, nach dem sie suchen und um dessen Begründung und Rechtfertigung sie sich bemühen, nicht nur mit dem Begriff der *Gesellschaft*, sondern geradezu mit dem Begriff der *Geselligkeit* zusammenfällt. In dem französischen Ausdruck ›société‹ spielen beide Bedeutungen ständig ineinander über«; siehe ferner Fritz Schalk, Das Lächerliche in der französischen Literatur des Ancien Régime, Köln 1954, S. 8f.; Oskar Roth, Die Gesellschaft der Honnêtes Gens: Zur sozialethischen Grundlegung des honnêteté-Ideals bei La Rochefoucauld, Heidelberg 1981, S. 30ff.; Klaus Disselbeck, Geschmack und Kunst: Eine systemtheoretische Untersuchung zu Schillers Briefen »Über die ästhetische Erziehung des Menschen«, Opladen 1987; John Mullan, Sentiment and Sociability: The Language of Feeling in the Eighteenth Century, Oxford 1988.
3 Vgl. dazu auch die Überlegungen bei Peter Laslett, The Face to Face Society, in: ders. (Hrsg.), Philosophy, Politics and Society, Oxford 1967, S. 157-184.

der die Differenzierung von Interaktion und Gesellschaft in allen anspruchsvolleren Versionen als abhängig von anderen evolutionären Errungenschaften erscheint, muß dieses Faktum sich als Differenzbefund aufdrängen. Es empfiehlt sich daher, den Untersuchungszeitraum möglichst weiträumig abzustecken und ihn durch entsprechend abstrakte Prämissen zu strukturieren.

Zu diesem Zweck soll uns die globale Annahme dienen, daß die Themen- und Begriffsgeschichte die Gesellschaftsgeschichte reflektiert, und dies auch dann, wenn dies in ihr selbst nicht eigens zum Thema gemacht wird. In Anwendung auf unser Thema heißt dies, daß die Art und Weise, wie in der Gesellschaft (und das schließt ein: wie in den Interaktionen) über die Interaktion sowie über die damit zusammenhängenden Themen gesprochen wird, sich nicht unabhängig von Gesellschaftsstrukturen verständlich machen läßt. Jedes Kommunizieren über Interaktion ist als Kommunikation ein Mitvollzug von Gesellschaft und damit abhängig von Plausibilitätsbedingungen, die ihrerseits von Gesellschaftsstrukturen abhängig sind und sich mit ihnen ändern.

Das gilt auch für die semantisch und schließlich die wissenschaftlich verselbständigten Kommunikationen sowie für ihre begriffliche Programmierung und deren Entwicklungsdynamik. Wer den Begriff kennt, kann Schwerverständliches, aber nicht Unverständliches anbieten. Auch eine Kommunikation, die sich primär durch Rücksicht auf andere Texte oder primär durch Rücksicht auf eigene Theorien führen läßt, hat an der normalen Kommunikation eine letzte Bedingung ihrer eigenen Verständlichkeit, die auch durch Ausdifferenzierung nicht völlig aufgehoben wird. Sie wird nur in andere Formen gebracht, die mehr Indifferenz und mehr Nichtindifferenz zugleich ermöglichen. Die generelle Vermutung der Indifferenz, die einleuchtet, wenn die Semantik beginnt mit Texten auf Texte und damit: auf sich selbst zu reagieren, ermöglicht zugleich eine spezifische (und bei hoher semantischer Autonomie: eine durch die Texte selbst spezifizierte) Nichtindifferenz und Betreffbarkeit durch gesamtgesellschaftliche Änderungen.

Daher kann man davon ausgehen, daß die Begriffe für Interaktion und für Gesellschaft sich nicht allein nach einer begrifflich oder schließlich wissenschaftlich kontrollierbaren Eigenlogik entwickelt haben und auch nicht nur auf Systematisierungsprobleme innerhalb der Semantik reagieren, vielmehr gerade an den Bruchstellen der Entwicklung und speziell dann, wenn die Semantik selbst vorwiegend Paradoxien erzeugt (zum Beispiel: »ungesellige Geselligkeit«), immer auch von Unterstützung durch *nicht ausdifferenzierte* Plausibilitäten abhängen. (Husserl würde sagen: die Lebenswelt ist und bleibt der Boden für alle sonstigen Sondergeltungen.) Die Aufgabenstellung einer Soziologie der Interaktion, die auch noch die Geschichte ihres Themas soziologisch behandeln will, ist demnach *wissenssoziologischen* Charakters. Dabei geht es nach dem zuvor Gesagten nicht nur um die Ideengeschichte des Themas. Darüber kann man sich in einer Gesellschaft, die dafür Spezialisten bereithält, auch anderswo informieren – was wir getan haben. Auch geht es nicht um die Annahme einer unmittelbaren und gleichzeitigen Entsprechung zwischen Gesellschaftsgeschichte und Ideengeschichte. Vielmehr geht es um die Vermutung, daß man der Ideengeschichte, gerade weil sie einer *eigenen* Logik folgt, *zusätzliche* Informationen über die Gesellschaftsgeschichte entnehmen kann, wenn man sie mit Hinblick darauf befragt.

Als Leitunterscheidung der nun folgenden Überlegungen soll daher die wissenssoziologische Unterscheidung zwischen *Sozialstruktur und Semantik* dienen.[4] Diese Unterscheidung setzt voraus, daß die Sozialstruktur einer Gesellschaft und die Semantik ihrer Selbstbeschreibung differenziert werden können und dann auch in unterschiedlicher Weise an der allgemeinen soziokulturellen Evolution partizipieren können. Unter evolutionstheoretischen Prämissen kann man die Ideengeschichte als *Sonderevolution* innerhalb der ihrerseits evoluierenden Gesellschaft begreifen.[5] So kann die Semantik sich sowohl rascher als auch langsamer ändern als die Sozialstruktur der Gesellschaft, die sie beschreibt. Sie kann sozialstrukturell überholte Begriffe auch weiterhin pflegen und an ihnen festhalten, solange es Schwierigkeiten bereitet, semantische Äquivalente zu finden und einzubauen, die den geänderten Sozialstrukturen besser entsprechen;

---

[4] Siehe dazu den programmatischen Beitrag von Niklas Luhmann, Gesellschaftliche Struktur und semantische Tradition, in: ders., Gesellschaftsstruktur und Semantik, Bd. 1, Frankfurt 1980, S. 9-72.
[5] Siehe dazu das Kapitel »Ideenevolutionen« in: Niklas Luhmann, Die Gesellschaft der Gesellschaft, Frankfurt 1997, S. 536-556.

sie kann aber auch umgekehrt mit Begriffserfindungen spielen, für die noch gar kein operativer Bewährungskontext bereitsteht und so als ein preadaptive advance wirken, das an evolutionär kritischen Stellen einen beschleunigten Umbau der Gesellschaft gestattet, indem es die dafür erforderlichen Plausibilitäten bereitstellt. Es hat daher wenig Sinn, der allgemeinen These eines *cultural lag* die ebenso allgemeine Gegenthese eines utopischen Überschusses der Semantik entgegenzustellen oder generell nachlaufende gegen vorlaufende Semantikanpassungen auszuspielen, denn die Differenzierung von Sozialstruktur und Semantik ermöglicht ja *beides*. Außerdem wird man bei jeder Semantik von einiger Komplexität damit rechnen müssen, daß *beides zugleich* der Fall ist, weil dann semantische Differenzierungen hinzukommen, die auch den Interdependenzgrad und damit das mögliche Änderungstempo für Einzelbegriffe betreffen und mitdifferenzieren. Generell kann man dann allenfalls sagen, daß die Fernsynchronisation sozialstruktureller und semantischer Änderungen nun eher unwahrscheinlich wird, und das erschwert es zugleich, das Verhältnis zwischen diesen beiden Serien von Änderungen mit Hilfe eines Begriffs für lineare Kausalität darzustellen oder sich an dem offenbar immer noch laufenden Streit um die Hypostasierung von Richtungsangaben für diese Kausalität (von Materie auf Geist oder von Geist auf Materie) zu beteiligen.[6]
Nach einer Hypothese, die letztlich auf Parsons zurückgeht, entsteht die Form der Unterscheidung zwischen Sozialstruktur und Semantik erst mit der Verfügung über Schrift,[7] weil erst auf diese

6 Siehe als neueres Argument für Ideenkausalität etwa Richard Bernacki, The Fabrication of Labor: Germany and Britain 1640-1914, Berkeley 1995.
7 Vgl. dazu Talcott Parsons, Societies: Evolutionary and Comparative Perspectives, Englewood Cliffs N.J. 1966, dtsch. Übersetzung Frankfurt 1975, S. 46ff. Schrift steigert danach »die fundamentale Differenzierung zwischen dem sozialen und dem kulturellen System und erweitert erheblich den Bereich und die Macht des letzteren. Durch Schrift ist es möglich, den wichtigsten symbolischen Inhalten einer Kultur Formen zu verleihen, die unabhängig von den konkreten Kontexten der Interaktion sind (...) Gleichzeitig stellt die Schrift auch eine Quelle der Flexibilität und eine Chance für die Neuerung dar. Auch wenn ›klassische‹ Dokumente häufig die Basis eines rigiden Traditionalismus bildeten, ermöglicht doch das Vorhandensein offizieller, richtiger Dokumente eine weiterreichende und tiefere Analyse relevanter kultureller Fragen. Wenn das Doku-

Weise eine primär auf sich selbst reagierende Ideenevolution ausdifferenziert werden kann, die nur noch in einem, aber nicht mehr in allen evolutionären Mechanismen mit der sonstigen soziokulturellen Evolution zusammenhängt.[8] Aber es ist erst der Buchdruck, der zu einem Wiedereintritt dieser Form in die Form führt. Erst seither wird die Nichtidentität von Sozialstruktur und Semantik auch innerhalb der Semantik selbst reflektiert.[9] Der Ideologiebegriff, der genau diese Differenz bezeichnet und sie semantisch verfügbar macht,[10] gehört seit etwa zweihundert Jahren zur »Ideenwelt« der modernen Gesellschaft, die er unterminiert.[11]

Der Grund dafür scheint darin zu liegen, daß der Buchdruck mehr Inkonsistenzen im vorhandenen Ideengut sichtbar macht. Mit dem Buchdruck verliert die Konzentration zahlreicher Texte an einem Ort ihr Zufälliges. Man kann vielmehr unterstellen, daß auch andere über diese neuartigen Möglichkeiten der Synopse verfügen. Der Umstand, daß die Texte einander widersprechen, gewinnt dadurch an beidem zugleich: an Sichtbarkeit *und an so-*

---

ment für einen bestimmten Bereich des Handelns normativ ist, dann ergibt sich daraus die akute Frage, wie seine Vorschriften in der praktischen Situation tatsächlich zu erfüllen sind. Vor allem bilden schriftliche Dokumente die Basis einer kumulativen kulturellen Entwicklung. Sie erlauben es, die durch eine Neuerung eingeführten *Unterschiede* viel präziser zu definieren, als durch die mündliche Überlieferung allein möglich.«

8 Siehe zu dieser These auch Luhmann, Gesellschaftliche Struktur und semantische Tradition (a. a. O.), S. 45 ff.

9 Der Hauptstrom der Wissenssoziologie argumentiert bekanntlich genau umgekehrt: Die Unterscheidung von Sozialstruktur und Semantik wird zum Moment der Sozialstruktur, sobald es Berufsrollen gibt, die sich hauptsächlich mit der Auslegung und Fortschreibung heiliger oder sonstwie wichtiger Texte befassen. Aber das sind historisch frühe Errungenschaften, und der Hinweis darauf verspricht eben deshalb keinen adäquaten Zugang zu den spezifischen Problemen der modernen Gesellschaft. Diese rollentheoretische Argumentationsfigur dient vor allem dazu, sich eine Soziologie der Texte selbst zu ersparen. Auch der alte und völlig legitime Ehrgeiz der Soziologie, keine bloße »Geisteswissenschaft« zu sein, mag mitspielen. Aber soziologisch gesehen ist selbst Hegels Logik eine Hochform von Sozialität, nicht von »Geist«. Eben deshalb vermißt man eine Soziologie dieses Textes nur um so schmerzlicher.

10 Ein re-entry, wie Spencer Brown sagen würde.

11 Es gibt daher auch etwas so Paradoxes wie eine rein *ideengeschichtliche* Behandlung des *Ideologiebegriffs*. Siehe dazu nur Hans Barth, Wahrheit und Ideologie, Zürich 1945; Terry Eagleton, Ideologie, Stuttgart 1993.

zialer Relevanz. Zur Erklärung dieser Inkonsistenzen werden daher teils temporale und teils soziale Zusatzunterscheidungen erforderlich. Der *Ideologiebegriff,* der für die Sozialdimension genau dies leistet,[12] leitet über zur Wissenssoziologie und führt in deren Kontext zu der These, von der wir im folgenden ausgehen: daß durchgreifende Änderungen in der Sozialstruktur einer Gesellschaft stets auch ihre semantischen Korrelate haben und daß dies speziell für Änderungen in der Differenzierungsform der Gesellschaft gilt.

Für den Spezialfall des Übergangs zur modernen Gesellschaft sind solche semantischen Korrelate reichlich belegt. Es gehört zu den bekannten Befunden der neueren Ideengeschichte, daß die alteuropäische Semantik beim Übergang zur modernen Gesellschaft eine Art Gesamttransformation durchläuft, die den Sinn praktisch aller Begriffe verändert hat.[13] Vor allem der Zerfall der im weitesten Sinne aristotelischen Sozialsemantik gehört zu den wohl unbestrittenen Begleiterscheinungen der sozialstrukturellen Modernisierung.[14] Umstritten ist allenfalls, wie man diesen

12 Die Zusatzunterscheidungen für die Zeitdimension liegen vor allem in der Historisierung der Geschichte und speziell der Ideengeschichte. Sowohl durch historisierende als auch durch ideologisierende Beschreibungen gewinnt man einen zusätzlichen Raum für die Auflösung von Inkonsistenzen. Die historisierte Ideengeschichte erklärt Inkonsistenzen durch Verteilung des Inkonsistenten auf unterschiedliche Epochen, die unter jeweils eigenen Bedingungen des Möglichen *gedacht haben,* der Ideologiebegriff erklärt Inkonsistenzen durch die Verteilung des Inkonsistenten auf unterschiedliche Beobachter, die unter jeweils eigenen Bedingungen des Möglichen *denken.* Beides scheint für die dann noch mögliche Selbstintegration der Semantik sowie zur Reduktion der durch den Buchdruck ermöglichten Komplexität unerläßlich zu sein.
13 Vgl. die Einleitung zum ersten Band von: Otto Brunner/Werner Conze/Reinhard Koselleck (Hrsg.), Geschichtliche Grundbegriffe: Historisches Lexikon zur politisch-sozialen Sprache in Deutschland, Stuttgart 1972.
14 Siehe nur Jürgen Habermas, Die klassische Lehre von der Politik in ihrem Verhältnis zur Sozialphilosophie, in: ders., Theorie und Praxis: Sozialphilosophische Studien (1963), Neuausgabe Frankfurt 1971, S. 48-89; Joachim Ritter, Metaphysik und Politik: Studien zu Aristoteles und Hegel, Frankfurt 1969; Manfred Riedel, Der Begriff der »Bürgerlichen Gesellschaft« und das Problem seines geschichtlichen Ursprungs, in: ders., Studien zu Hegels Rechtsphilosophie, Frankfurt 1969, S. 135-167; Niklas Luhmann, Selbst-Thematisierungen des Gesellschaftssystems: Über die Kategorie der Reflexion aus der Sicht der Systemtheorie, in: ders., Soziologische Aufklärung 2: Aufsätze zur Theorie der Gesellschaft, Opladen 1975, S. 9-21; Stephen Holmes, The Anatomy of Antiliberalism, Cambridge Mass. 1993; André Kieserling, Die Unterscheidungen des

Übergang selbst zu begreifen und als Korrelat *von was* man demgemäß die semantischen Transformationen der sogenannten »Sattelzeit« (Koselleck) aufzufassen habe.
Nach der einen Lesart handelt es sich um die Neubesetzung der Spitze einer nach wie vor stratifizierten Gesellschaft, nämlich um den Aufstieg des Bürgertums und um eine dementsprechende Generalisierung des Sinnes von Traditionsbegriffen in Richtung auf gesamtgesellschaftliche Dekonditionierung der Inklusion, wie man sie vor allem an den Begriffen von Freiheit und Gleichheit und an deren historischer »Dialektik« zu illustrieren pflegt. Nach der anderen Lesart, der wir uns hier anschließen wollen, geht es um eine Umstellung in der Form der gesellschaftlichen Differenzierung selbst, nämlich um den Umbau des Gesellschaftssystems von einem primär an Schichten orientierten zu einem primär an Funktionen orientierten Gesamtaufbau.[15]
Aus dem Komplex der semantischen Änderungen, die den Umbau zur modernen Gesellschaft begleitet haben, wollen wir im folgenden zunächst zwei Fäden herausziehen und weiterverfolgen: Änderungen im Begriff der Gesellschaft und Änderungen im Begriff des Sozialen. Daß zwischen beiden Aspekten enge und dichte Zusammenhänge bestehen, liegt auf der Hand, denn die Gesellschaft ist der Begriff für die Einheit der Gesamtheit des Sozialen. Sie ist, wenn man es in Gegenstandsterminologie wiedergibt, das umfassende Sozialsystem, das alle anderen sozialen Systeme in sich einschließt. Dieses Moment der sozialen Inklusivität hatte auf seine Weise schon der aristotelische Gesellschaftsbegriff betont. Dieser Begriff ist jedoch beim Übergang zur modernen Gesellschaft zerfallen, und das hat mit Folgen, die andauern, auch den Begriff des Sozialen erfaßt und ihn in seiner

politischen Liberalismus, in: Forschungsjournal Neue Soziale Bewegungen, Heft 1/1994, S. 108-114.
15 Ein Vorzug dieses zweiten Ansatzes liegt nicht zuletzt darin, daß auf diese Weise ein theoretisches Vokabular in Griffnähe kommt, das sich von den historisch benutzten Begriffen hinreichend unterscheiden kann. Solange man an der Vorstellung hängt oder leidet (oder auch: hängt *und* leidet), in einer »bürgerlichen Gesellschaft« zu leben, wird man sich von den älteren Belegstellen für die Verwendung dieses Vokabulars nicht leicht distanzieren können. Begreift man die Semantik der Bürgerlichkeit dagegen als den angestrengten Versuch, die funktionale Differenzierung mit den semantischen Mitteln einer stratifizierten Gesellschaft zu beschreiben, wird die Distanznahme beträchtlich erleichtert.

Beziehung zum Gesellschaftsbegriff unklar gemacht. Noch heute hat die Soziologie ersichtliche Mühe, das Verhältnis von Sozialtheorie und Gesellschaftstheorie zu bestimmen.

II.

Um mit dem Gesellschaftsbegriff zu beginnen, so gehört es zu den erstaunlichen Merkmalen seiner modernen Entwicklung, daß er spätestens seit der Wende zum neunzehnten Jahrhundert mit Hilfe von Unterscheidungen bestimmt wird, in deren Rahmen er nur noch die eine (und nicht auch die andere Seite) bezeichnet. Die Gesellschaft kommt, statt Einheitsbegriff zu sein, auf die eine Seite der Unterscheidung, und nach der Einheit der Unterscheidung selbst wird nicht mehr gefragt.[16] Aber auf die eine Seite welcher Unterscheidung?
Genau hier liegt das Problem, denn offenbar kommen sogleich mehrere Gegenbegriffe zu Gesellschaft in Betracht. Viel diskutierte Kandidaten dafür sind: das *Individuum*,[17] der *Staat*, die *Gemeinschaft*. In allen drei Fällen fällt auf, daß es sich um zuvor undenkbare, um aristotelisch völlig unplausible Gegenbegriffe handelt. Wir zeigen dies zunächst für die Begriffe von Individuum und Staat und stellen die Behandlung des Gemeinschaftsbegriffs noch zurück.
Aristotelisch verdankte man seine Individualität der Art und Weise, in der man der Gesellschaft angehörte.[18] Die Möglichkeit, das Individuum als eine extrasoziale Gegebenheit zu denken, mit

---

16 Die erste soziologische Reflexion darauf findet sich bei Ernst Manheim, Die Träger der öffentlichen Meinung: Studien zur Soziologie der Öffentlichkeit, Brünn 1933, Neuausgabe Aufklärung und öffentliche Meinung (hrsg. von Norbert Schindler), Stuttgart 1979, S. 20, der hier die »moderne Paradoxie des Gesellschaftlichen« lokalisiert, die darin bestehe, daß der Begriff der Gesellschaft nun offenbar sowohl mit als auch ohne Gegenbegriff benutzt werden müsse.
17 Dazu knapp, aber präzise Niklas Luhmann, Die gesellschaftliche Differenzierung und das Individuum, in: ders., Soziologische Aufklärung 6: Die Soziologie und der Mensch, Opladen 1995, S. 125-142.
18 Siehe Niklas Luhmann, Individuum, Individualität, Individualismus, in: ders., Gesellschaftsstruktur und Semantik: Studien zur Wissenssoziologie der modernen Gesellschaft, Bd. 3, Frankfurt 1989, S. 149-259.

der schon im Naturzustand zu rechnen sei, gewinnt erst in der modernen Gesellschaft an Plausibilität.

Nichts anderes gilt für die Unterscheidung von Staat und Gesellschaft.[19] Dem antiken Denken ist diese Unterscheidung bekanntlich ganz fremd. Der Mensch gehört der Gesellschaft als Bürger an, wird erst als Bürger recht eigentlich zum Menschen, und die Gesellschaft selbst ist eine wesentlich politische Einheit. Erst im Mittelalter wird angesichts der sich abzeichnenden Differenzierung politischer und religiöser Ansprüche an den Menschen das zoon politicon zum animal sociale generalisiert. Aber das Vertrauen auf die integrative Kraft der Religion hält nicht an. Nach den Bürgerkriegen stellt Hobbes das Problem der sozialen Ordnung erneut so, daß als Lösung nur Herrschaft in Betracht kommt. Erst das achtzehnte Jahrhundert beginnt auf die Ausdifferenzierung der Wirtschaft zu reagieren und ersetzt die wesentlich politische durch eine wesentlich wirtschaftlich konstituierte Gesellschaft. Spätestens das neunzehnte Jahrhundert muß darum zwischen Staat und Gesellschaft unterscheiden. Diese Unterscheidung reagiert einerseits auf einen Prozeß, der das politische System stärker ausdifferenziert und damit die Rückprojektion von dessen Funktionsprimat auf die Gesamtgesellschaft unterbricht. Andererseits tritt derselbe Vorgang nun auch an anderen Funktionsbereichen auf und läßt speziell die Wirtschaft als Ordnung eigenen Rechts sichtbar werden.

Das Problem, das die Explosion des alteuropäischen Gesellschaftsbegriffs hinterläßt, liegt in der Frage nach der Einheit (und damit: nach der Rationalitätsgarantie) der Unterscheidung. Es ist in jedem Fall ein Vorteil, daß es nun mehrere Unterscheidungen gibt, denn das erspart es, diese Frage zu stellen. Wenn man nicht mehr weiterweiß, kann man die Unterscheidung auswechseln. Das kann, wie wir wissen und wie in ideengeschichtlichen Kontexten vor allem die Untersuchungen von Stephen Holmes immer wieder gezeigt haben, auch dadurch geschehen, daß man nur

---

19 Vgl. dazu Adalbert von Unruh, Dogmengeschichtliche Untersuchungen über den Gegensatz von Staat und Gesellschaft vor Hegel, Leipzig 1928; Erich Angermann, Das Auseinandertreten von Staat und Gesellschaft im Denken des 18. Jahrhunderts, in: Zeitschrift für Politik 10 (1963); Ernst Wolfgang Böckenförde (Hrsg.), Staat und Gesellschaft, Darmstadt 1976.

den Gegenbegriff zu Gesellschaft auswechselt. Im Alltag, in der Interaktion funktioniert das wie von selbst:

A: Die Gesellschaft nimmt auf die Individuen keine Rücksicht.
B: Genau, sie ist eigentlich keine richtige Gemeinschaft!
C: Der Staat sollte etwas dagegen tun!
B: Stimmt!
A: Na, ich weiß nicht ...

Drei Möglichkeiten, die Gesellschaft zu unterscheiden; drei Gesellschaftsbegriffe mithin, aber nur eine Interaktion. Ein soziologischer Alptraum, gewiß! Aber welche Verwirrung würde nicht D (der Soziologe) anrichten, wenn er versuchen würde, dies A, B und C beizubringen. Er müßte dann ja schon über den Begriff der Gesellschaft sprechen, müßte also Prämissen der Kommunikation zum Thema von Kommunikation machen, und in welcher Interaktion (wenn man von Soziologentagen hier einmal absieht) würde das schon akzeptiert? Als Beobachter kann man daher nur sagen (und in jeder Seminarinteraktion aufs neue erfahren), daß Interaktionen nur wenig theoretische Komplexität aufbringen.
Aber zum Glück gibt es ja den Buchdruck und damit die Möglichkeit, die Frage nach der Einheit der Unterscheidung ohne Wechsel des Gegenbegriffs weiterzuverfolgen. Das führt auf die zweite Lösungsvariante für unser Problem: man bemüht sich, die Einheit der Unterscheidung durch Theorie zu konstruieren. Aber das hat nur zur Folge, daß die Paradoxie in den Begriff, der dies leisten soll, durchschlägt; so zum Beispiel in den Vertragsbegriff im Falle der Unterscheidung von Individuum und Gesellschaft: Das Pacta-sunt-servanda muß schon im Naturzustand vorausgesetzt werden. Oder in den doppelten Staatsbegriff, mit dem Hegel auf die Unterscheidung von Staat und Gesellschaft zu reagieren versucht.
Eine dritte Möglichkeit neben Konfusion und Theoriebildung macht sich eine selten bemerkte Analogie von Weltbegriff und Gesellschaftsbegriff zunutze. Jeder bestimmte Weltbegriff muß andere Weltbegriffe ausschließen. Denkt man die Welt als Lebenswelt, muß man zum Beispiel den Weltbegriff der Wissenschaften ausschließen. Anderseits wird ja auch der Weltbegriff

der Wissenschaft in der Welt selbst gebildet.[20] Und wenn man die Welt als Lebenswelt begreift, dann muß auch der wissenschaftliche Weltbegriff in dieser Lebenswelt wieder vorkommen. Dasselbe aber kann man nun auch für den Gesellschaftsbegriff behaupten. Jeder bestimmte Gesellschaftsbegriff muß andere Begriffe ausschließen. Aber er muß sie zugleich einschließen in das, was mit seiner Hilfe bezeichnet wird. Denn auch die anderen Gesellschaftsbegriffe können ja nur in der Gesellschaft gebildet werden, und jede vollständige Beschreibung der Gesellschaft müßte sie daher als ein Moment in der Gesellschaft neben anderen mitbeschreiben. Dem exklusiven Verhältnis der Begriffe zueinander entspricht mithin für jeden von ihnen die Zumutung, auch die anderen Begriffe inkludieren zu können in das, was er selbst als Gesellschaft beschreibt.

Daher ist es kein Zufall, wenn mit der raschen Vermehrung möglicher Gegenbegriffe zum Gesellschaftsbegriff und mit der dadurch erzeugten Aufspaltung des Gesellschaftsbegriffs selbst zugleich auch die Gewohnheit aufkommt, die Anhänger anderer Gesellschaftsbegriffe in der Gesellschaft selbst zu placieren und sie sodann unter zunächst ideologiekritischen und dann wissenssoziologischen Vorzeichen zu beobachten.

Wer zwischen Staat und Gesellschaft unterscheidet, wird im Marxismus nur eine staatsfeindliche Beschreibung der Gesellschaft erblicken können. Für den Marxismus dagegen ist jene Unterscheidung jedoch eher wirtschaftsfreundlich als staatsfreundlich zu nennen, da sie nur zur Ablenkung vom funktionalen Primat der Wirtschaft eingesetzt ist. So kommt es zu verständlichen Mißverständnissen und zu einer nicht abreißenden Kette von Ideologiekritik, die schließlich den Gesellschaftsbegriff selbst als Ruine erscheinen läßt, die man nur noch auf eigene Gefahr betreten kann.

---

20 »Le monde me comprend, mais je le comprend«, heißt es dazu in einem leider ohne Beleg präsentierten Pascal-Zitat bei Pierre Bourdieu/Loic J. D. Wacquant, Reflexive Anthropologie, Frankfurt 1996, S. 161. Das Zitat stellt klar, daß an Weltbegriffen ebenso wie an Gesellschaftsbegriffen – und die Semantik von *le monde* bezeichnet den Indifferenzpunkt zwischen beidem – Inklusionsverhältnisse nur paradox dargestellt werden können. Siehe dazu auch Elizabeth C. Goldsmith, Exclusive Conversations: The Art of Interaction in Seventeenth-Century France, Philadelphia 1988, S. 7.

Die Soziologie wählt daher, um sich angesichts dieser Lage gleichwohl als Wissenschaft behaupten zu können, zweitbeste Lösungen. Entweder sie verzichtet auf den Gesellschaftsbegriff und spricht statt dessen nur von Differenzierung. Oder sie bildet den Gesellschaftsbegriff in der Annahme, darin in vollem Umfange durch Tatsachen gedeckt zu sein. Oder sie versteht sich ganz explizit nicht als Theorie der Gesellschaft, sondern als Theorie des Sozialen schlechthin oder gar nur: der Interaktion unter Anwesenden. Aber diese Lösungen, mit denen Weber,[21] Durkheim und Simmel experimentiert haben, haben das Problem nur reproduziert. Vor allem aber haben die unterschiedlichen Ausgangspunkte bei Gesellschaft (Weber/Durkheim) und bei Interaktion (Simmel) inzwischen dazu geführt, daß die Reinklusion des exkludierten Begriffs in sein Begriffenes und die daran anschließende Ideologiekritik auch innerhalb der Soziologie selbst wiederholt wird.

Facheinheitliche Theorien, die entweder von Gesellschaft oder von Interaktion ausgehen (und den jeweiligen Gegenbegriff zu eliminieren trachten), tendieren denn auch von sich aus zu einer ideologiekritischen oder wissenssoziologischen Konstruktion ihres jeweiligen Gegners. Die Theorie nimmt dann gleichsam von selbst die allgemeine Form einer Supertheorie[22] an. Sie entwickelt totalisierende Begriffsstrategien, die auch noch den eigenen Gegner zu erfassen und auch noch das eigene Abgelehntwerden zu erklären versuchen. Für makrosoziologisch denkende Soziologen erscheinen die mikrosoziologischen Theorien immer auch als eine Ideologie der Unmittelbarkeit, die innerhalb der Gesellschaft so etwas wie Trostfunktionen übernimmt und von der objektiv herrschenden Entfremdung ablenkt. Für mikrosoziologisch denkende Soziologen dagegen erscheinen Begriffe wie Entfremdung, Verselbständigung, Emergenz als eine fatalistische Semantik, die das, was sie als Faktum beschreibt, selber zu reproduzieren hilft. Die These der Unerreichbarkeit der Gesellschaft

---

21 Siehe dazu Hartmann Tyrell, Max Webers Soziologie – eine Soziologie ohne »Gesellschaft«, in: G. Wagner/H. Zipprian (Hrsg.), Max Webers Wissenschaftslehre: Interpretation und Kritik, Frankfurt 1994, S. 390-414.
22 Siehe zu diesem Begriff Niklas Luhmann, Soziologie der Moral, in: ders./Stephan Pfürtner (Hrsg.), Theorietechnik und Moral, Frankfurt 1978, S. 8-117 (9ff.).

ist nichts anderes als eine self fulfilling prophecy. Die eine Theorie beschreibt die andere als Aberglauben an den Akteur. Die andere sieht in der Gesellschaft als System bloße Akteursfiktionen (Schimank) oder bloße Imagination der Interaktion selbst (Knorr-Cetina).

In der Systemtheorie gibt es sowohl für die Unterscheidung von Individuum und Gesellschaft als auch für die Unterscheidung von Staat und Gesellschaft ein relativ gut ausgearbeitetes Verständnis, das sich aber von den semantischen Vorlagen des achtzehnten und neunzehnten Jahrhunderts beträchtlich unterscheidet. Mit Hilfe der Unterscheidung von Sozialstruktur und Semantik kann man die Auflösung der alteuropäischen Sozialsemantik als Folge sozialstruktureller Umbrüche begreifen. So kann man versuchen, den Zerfall der aristotelischen Sozialsemantik mit dem Umbau der Gesellschaft von stratifikatorischer zu funktionaler Differenzierung zu korrelieren. Man kann dann etwa sagen: Die moderne Gesellschaft verwendet eine Differenzierungsform, die sich nicht mehr (nicht einmal mehr symbolisch) in die Umwelt der Gesellschaft projizieren läßt. Sie verzichtet zum Beispiel darauf, Individuen auf eines und nur eines ihrer Teilsysteme zu verteilen. Sie verzichtet auf demographische Entsprechungen. Und schon das zwingt auf der Ebene der Semantik dazu, die alte Semantik der Inklusionsindividualität auf die neue Semantik der Exklusionsindividualität umzustellen, und erzeugt eben damit die Unterscheidung von Individuum und Gesellschaft.

Die Unterscheidung von Individuum und Gesellschaft wird fortgesetzt unter der Annahme, daß psychische und soziale Systeme jeweils für sich selbstreferentiell geschlossene Systeme sind, und zwar die einen auf der Grundlage von wahrnehmendem Bewußtsein und die anderen auf der Grundlage von Kommunikation. Psychische Systeme lassen sich nicht als Teile des sozialen Systems begreifen. Auch bilden sich nicht neben dem sozialen System eigene Teilsysteme eines noch umfassenderen Handlungssystems, wie Parsons es wollte. Vielmehr handelt es sich um Systeme, die füreinander Umwelten sind – und bleiben. Daß es sich auf beiden Seiten um konstitutiv unerläßliche Umwelt handelt, muß dann mit anderen Begriffen, zum Beispiel mit dem der strukturellen Kopplung, ausgedrückt werden. Dieser Begriff bezeichnet Zusammenhänge, aber eben nicht auch Systeme. All das gilt auch für die Gesellschaft, verstanden als umfassendes Sozialsystem, und für deren Beziehung zu den psychischen Systemen in ihrer Umwelt. Daß in der Gesellschaft selbst etwas anderes behauptet werden kann, daß in ihr eine Semantik angefertigt und erfolgreich tradiert werden kann, die Individuen als Teile der Gesellschaft ansieht, gehört von dieser Theorie aus gesehen zur Selbstbeschreibung der Gesellschaft. Es wird damit ein Thema der Wissenssoziologie.

Ebenso wird mit der Unterscheidung von Staat und Gesellschaft verfahren. Die Hypothese lautet hier, daß diese Unterscheidung mit der stärkeren Ausdifferenzierung des politischen Systems in der modernen Gesellschaft korreliert und insofern ihrerseits Korrelat funktionaler Differenzierung ist. Es handelt sich also zwar um eine Beschreibung der modernen Gesellschaft, aber um eine Beschreibung, die nur aus der Perspektive ihres politischen Systems sinnvoll ist, das sich selber mit Hilfe von Verfassungen auf genau diese Unterscheidung festgelegt hat.[23]

Aber was wird aus der dritten Unterscheidung: aus der Unterscheidung von Gemeinschaft und Gesellschaft? Auch sie zeichnet sich im Laufe des neunzehnten Jahrhunderts ab und steht an seinem Ende (und am Beginn der Soziologie) auch begrifflich ausgereift zur Verfügung.[24] Und auch dies ist eine Neuheit, denn der alteuropäische Begriff für Gesellschaft war ein Begriff für Gemeinschaften.[25] Daß man eine Gesellschaft bilden könne, ohne Gemeinschaft zu sein, wäre als undenkbar erschienen. Aber die Einheit der modernen Gesellschaft kann nicht mehr als Einheit einer Gemeinschaft garantiert sein. Die Gesellschaft ist dafür nicht nur zu groß. Sie ist auch in wichtigen Hinsichten zu sehr

---

23 Siehe Niklas Luhmann, Die Unterscheidung von Staat und Gesellschaft, in: ders., Soziologische Aufklärung 4: Beiträge zur funktionalen Differenzierung der Gesellschaft, Opladen 1987, S. 67-74.
24 Dazu klassisch Ferdinand Tönnies, Gemeinschaft und Gesellschaft (1887), Neudruck der 8. Auflage von 1935, Darmstadt 1963; siehe zu den Konfusionen des Klassikers auch René König, Die Begriffe Gemeinschaft und Gesellschaft bei Ferdinand Tönnies, in: Kölner Zeitschrift für Soziologie und Sozialpsychologie 7 (1955), S. 348-420.
25 Siehe dazu mit weiteren Hinweisen Niklas Luhmann, Funktion der Religion, Frankfurt 1977, S. 274f.

auf Unterbrechung (statt auf Pflege) von Reziprozität angewiesen.

Die Unterscheidung von Staat und Gesellschaft hat noch einen weiteren Aspekt, an den wir erinnern wollen, um diese Frage zu beantworten. Er betrifft das Verhältnis der Begriffe von Ordnung und Organisation, die nun stärker als zuvor differenziert werden müssen, da man die Wirtschaft als Ordnung nur begreifen kann, wenn man darauf verzichtet, sie als Organisation begreifen zu wollen. Daß sie Organisationen enthält und zugleich über den Geldmechanismus die Organisationsbildung auch in anderen Funktionssystemen in präzedenzloser Weise vermehrt hat, steht dem nicht entgegen. Die Einheit der Wirtschaft ist keine Organisation – so wie man das für die Einheit von Staaten (nicht: von *politischen Systemen* im Sinne des heutigen Sprachgebrauchs) immerhin sagen könnte. Insofern reagiert die Unterscheidung von Staat und Gesellschaft auch darauf, daß zusammen mit dem Übergang zur funktionalen Differenzierung des Gesellschaftssystems auch die Differenzierung von Gesellschaft und Organisation schärfer hervortritt. Die bisher genannten Beispiele betrafen zunächst semantische Korrelate für die Ausdifferenzierung und für die Binnendifferenzierung der Gesellschaft. Der Hinweis auf die Unterscheidung von Ordnung und Organisation zeigt außerdem an, daß nicht nur die gesellschaftliche, sondern auch die soziale Differenzierung ihre semantischen Entsprechungen hat.[26]

Diese Zwischenüberlegung verhilft zu einem genaueren Verständnis der Unterscheidung von Gemeinschaft und Gesellschaft. Das, was hier unterschieden wird, läßt sich weder nach

---

26 Nur zur Erinnerung: Der Begriff der gesellschaftlichen Differenzierung bezieht sich auf Formen der Differenzierung des Gesellschaftssystems. Der Begriff der sozialen Differenzierung faßt außerdem andere Arten der Systembildung in den Blick, darunter vor allem Organisationen und Interaktionen. Die Unterscheidung zwischen gesellschaftlicher und sozialer Differenzierung wird benötigt für die These, daß beide Formen von Differenzierung korrelieren: Unwahrscheinlichere Differenzierungsformen der Gesellschaft erzwingen zugleich eine deutlichere Differenzierung sowohl von Organisationen als auch von Interaktion sowohl gegenüber der Gesellschaft im ganzen als auch gegenüber ihren jeweiligen Teilsystemen. Oben im Text geht es um die semantischen Korrelate dieser Entkopplung am Beispiel der modernen, funktional differenzierten Gesellschaft.

dem Muster einer System/Umwelt-Differenzierung begreifen (so der Vorschlag für Individuum/Gesellschaft), noch handelt es sich um ein Korrelat der funktionalen Binnendifferenzierung der modernen Gesellschaft innerhalb der Selbstbeschreibungskultur ihrer Teilsysteme (wie es für die Unterscheidung Staat/Gesellschaft plausibel ist). Vielmehr hat es den Anschein, den wir im folgenden prüfen wollen, daß diese Unterscheidung samt allen ihren Derivaten und Zweitausgaben in veränderter Terminologie ein Korrelat der zunehmenden Differenzierung von Interaktion und Gesellschaft ist.[27]

III.

Stellt man die Frage, warum die semantische Differenzierung von Interaktion und Gesellschaft so vergleichsweise spät erfolgt ist und erst zusammen mit der modernen Gesellschaft aufgebaut wird, dann kann man zunächst eine Vergleichsüberlegung heranziehen, die sich auf ältere semantische Korrelate für gesellschaftliche und soziale Differenzierung bezieht. Eines dieser Korrelate ist die Unterscheidung zwischen dem Ganzen und den Teilen des Ganzen, die aber zunächst noch nicht im Sinne einer Ebenendifferenzierung nach dem Sprachgebrauch heutiger Logiker begriffen, sondern als Ebenendifferenzierung zugleich respektiert und verletzt wurde – und verletzt dadurch, daß man die eigentlich verbotene Frage nach der Präsenz des Ganzen auf der Ebene der Teile doch zu stellen und doch zu beantworten versuchte, und zwar zu beantworten durch den Begriff der *Repräsentation*. Die Ausstrahlung dieser Semantik der Repräsentation auf zahl-

---

27 Die ideengeschichtlichen Zusammenhänge und Überleitungen wurden schon häufig bemerkt. Siehe etwa die Kontroverse zwischen Eugen Lerch, »Gesellschaft« und »Gemeinschaft«, und Fritz Schalk, Societas und société, ausgetragen mit einem Abstand von sechs Jahren in: Deutsche Vierteljahresschrift für Literaturwissenschaft 1944 und 1951; Gianni Vattimo, Die Hermeneutik und das Modell der Gemeinschaft, in: Joseph Vogl (Hrsg.), Gemeinschaften: Positionen zu einer Philosophie des Politischen, Frankfurt 1994, S. 208-223. Eine wissenssoziologische Nachzeichnung findet sich bei Niklas Luhmann, Die Differenzierung von Interaktion und Gesellschaft: Probleme der sozialen Solidarität, in: Robert Kopp (Hrsg.), Solidarität in der Welt der 80er Jahre: Leistungsgesellschaft und Sozialstaat, Basel 1984, S. 79-96.

reiche Bereiche der in Alteuropa gepflegten Semantik ist bekannt. Hier interessiert nur die Feststellung, *daß auch Interaktionen nach diesem Muster behandelbar waren.* Stratifizierte Gesellschaften können sich repräsentative Interaktion vorstellen, und die Sozialstruktur dieser Gesellschaften ließ wenig Zweifel darüber aufkommen, an welcher Stelle man danach zu suchen hatte. Es konnte sich nur um Oberschichteninteraktion handeln.[28] Daß es überhaupt um *Interaktion* gehen mußte, verstand sich insofern von selbst, als es andere Möglichkeiten der Bündelung gesellschaftlich folgenreicher Kommunikation noch nicht gab. Die Technologien weder des Buchdrucks noch der Telekommunikation waren in ausreichendem Umfang verfügbar. Und daß es um Interaktion *in Oberschichten* gehen mußte, hatte den Grund seiner Plausibilität darin, daß nur hier und nicht etwa in der Unterschicht (und auch nicht in den Häusern, die Angehörige verschiedener Schichten zusammenführten) die dafür erforderliche Konzentration des Zugriffs auf Ressourcen und der Entscheidung über Kontrolle und Breitenwirkung möglicher Konflikte gegeben war.[29]

Zahlreiche Beispiele für diese Semantik der repräsentativen Interaktion finden sich in der Literatur über Hof und höfisches Leben.[30] Diese Texte liefern eine Beschreibung der Gesellschaft aus der Perspektive von deren Oberschicht und sind zugleich als deren Selbstbeschreibung zu lesen.[31] Deutlich wird dies zum einen

---

28 Siehe dazu auch Niklas Luhmann, Interaktion in Oberschichten: zur Transformation ihrer Semantik im 17. und 18. Jahrhundert, in: ders., Gesellschaftsstruktur und Semantik: Studien zur Wissenssoziologie der modernen Gesellschaft, Bd. 1, Frankfurt 1980, S. 72-162.
29 Vgl. Luhmann, Interaktion in Oberschichten (a.a.O.), S. 74f.: »die evolutionären Risiken der Erhaltung des Entwicklungsstandes und der weiteren Entwicklung konzentrieren sich im Kontaktnetz der Oberschicht. Hier sind Evolutionsbedingungen noch interaktionsfähig. Und genau das wird anerkannt, wenn die Gesellschaft sich selbst als Hierarchie akzeptiert.«
30 Siehe dazu John E. Mason, Gentlefolk in the Making: Studies in the History of English Courtesy Literature and Related Topics from 1531-1774, New York 1971; Ruth Kelso, The Doctrine of the English Gentleman in the Sixteenth Century, Urbana Ill. 1929; Klaus Uhlig, Hofkritik im England des Mittelalters und der Renaissance: Studien zu einem Gemeinplatz der europäischen Moralistik, Berlin 1973; H. Kiesel, »Bei Hof, bei Höll«: Untersuchungen zur literarischen Hofkritik von Sebastian Brandt bis Friedrich Schiller, Tübingen 1979.
31 Ich folge hier den Ausführungen von Kiesel, a.a.O.

an der Zurechnung alles Kritikwürdigen auf die Höflinge und nicht auf den Fürsten (und das in einer Literatur, die in der Kritik der Schmeichelei eines ihrer zentralen Motive hat!). Deutlich wird dies aber auch daran, wie Inklusion und Anerkennung des Autors an das Erfordernis eigener Erfahrung mit Hofleben gebunden bleibt. Wer lediglich Angelesenes von sich gibt, wird als Beobachter nicht ernst genommen.[32] Die Standardisierung und der vielfach noch weitgehend orale Stil der Texte[33] läßt zwar kein sicheres Urteil in dieser Frage zu. Auch die Versicherung, man habe alles selbst erlebt, die schon auf den Verdacht einer von Interaktionserfahrungen abgehängten und semantisch ausdifferenzierten Beobachtungspraxis reagiert, ist ihrerseits Topos und als solcher viel zu geläufig, als daß man ihr trauen könnte. Zunächst hilft der Umstand, daß die Autoren auch als *Personen* bekannt sind und andere Rollen nicht einfach fingieren können. Erst der Buchdruck wird dies ändern – aber für eine Gesellschaft, in der es *darauf* ohnehin nicht mehr ankommt.

Der Hof wird als Mikrokosmos der Gesellschaft behandelt, die hier laufenden Interaktionen erscheinen als eine extreme und eben darin paradigmatische Verdichtung von Sozialität schlechthin. Das Interaktionswissen und die Sozialsemantik dieser Gesellschaft werden gleichsam am Ernstfall geeicht.[34] All dies geschieht keineswegs »willkürlich« oder in bloßer Selbstüberschätzung einer Elite, auch wenn *für uns* solche Züge deutlich hervortreten. Vielmehr gilt: Hier und nur hier können strukturelle Probleme, an denen die Gesellschaft selbst laboriert, in Interaktion umgesetzt werden.[35] Das gilt zum Beispiel für die Spannung zwischen einer auf Rollenebene schon anlaufenden funktionalen Differenzierung und der damit ganz unvereinbaren Relevanz des hohen und speziell des höchsten Ranges in *allen* Interaktionen. Die Komplementärrollen des Patienten, des Schülers, des geistlichen Laien usw. lassen sich nicht ausdifferenzie-

---

32 Dazu Kiesel, a.a.O., S. 7 u.ö.
33 So Kiesel, a.a.O., S. 44.
34 Auf die eigentümliche Ambivalenz von Glanz und Gefährdung, die sich daraus ergibt, hat Luhmann, Interaktion in Oberschichten (a. a. O.), S. 76 ff. aufmerksam gemacht.
35 Die Interaktion kann schon darum nicht *als Interaktion* perfektioniert werden.

ren, wenn ihr Träger zu hochrangig ist. Umgekehrt fehlt es in den Leistungsrollen des Arztes, des Lehrers, des Geistlichen an einer Autorität, die nicht nur rollenspezifisch, sondern gerade durch die Komplexität der anderen Rollen ihres Trägers gesichert wäre.[36] Gerade in der Interaktion mit dem Fürsten läßt sich daher funktionale Differenzierung auf der Rollenebene kaum durchhalten.[37]

Innerhalb dieser Literatur war es ein Topos, daß über das Schicksal der Gesellschaft in den Interaktionen an ihrer Spitze entschieden wird. Jede Interaktion mit dem Fürsten habe unabsehbare Konsequenzen für abwesende Dritte.[38] Da das Interesse dieser

36 Siehe dazu Niklas Luhmann, Die Differenzierung von Interaktion und Gesellschaft (a.a.O.), S. 79-96 (83): »Alle Autorität beruht auf Rollenbündelungen. Sie ist damit ausgewogen und begrenzt durch das, was der Autoritätsträger in *anderen* Interaktionen sein und erreichen kann. Ärzte und Schullehrer bzw. Privatlehrer hatten bis in die Neuzeit eben deshalb keine Autorität. Sie hatten sich zu früh spezialisiert und hatten für die damalige Zeit nicht genügend Deckung in eigenen anderen Rollen.«

37 »Die Schmeichelei«, liest man dazu bei Erasmus von Rotterdam, Fürstenerziehung: Institutio principis christiani (hrsg. von A.J. Gail), Paderborn 1968, S. 228 f., »ist allgemein. Sie tritt dem jungen Prinzen entgegen in Gestalt der Ammen, der Spielkameraden und Diener, bedauerlicherweise auch der Erzieher, der Ärzte, der Beichtväter und Priester.« Die Schmeichelei der Redner und Dichter sei demgegenüber »weniger schädlich, weil bekannt ist, daß sie Fürsten nicht nach dessen Verdienst, sondern nach ihrer Begabung loben«. Zur Bedeutung der Ausdifferenzierung von Komplementärrollen in der modernen Gesellschaft siehe statt anderer Rudolf Stichweh, Inklusion in Funktionssysteme der modernen Gesellschaft, in: Renate Mayntz et al., Differenzierung und Verselbständigung: Zur Entwicklung gesellschaftlicher Teilsysteme, Frankfurt 1988, S. 261-293.

38 Kiesel, a.a.O., S. 29, spricht von einer *Dreierkonstellation*, die aus dem Fürsten, seinen Beratern und schließlich den zahllosen Drittbetroffenen innerhalb und außerhalb des Hofes besteht, und sieht darin eine Art von Erzeugungsregel für diese Art von Literatur. In soziologischer Sprache handelt es sich bei dieser Dreierkonstellation um einen interaktionsspezifischen Ausdruck für die Differenzierung zwischen Interaktion und Gesellschaft, und zwar um einen Ausdruck, der noch auf so etwas wie Integration dieser Differenzierung durch Interaktion hofft. In der modernen Gesellschaft dominieren dagegen Interaktionstypen, die gerade auf der Indifferenz gegenüber der Frage beruhen, was Dritte davon halten würden: Die passionierte Liebe, aber auch der geldvermittelte Tausch sind prominente Beispiele dafür. Siehe dazu auch John Dewey, The Public and its Problems, New York 1927, mit dem Vorschlag eines Politikbegriffs, der auf gesellschaftliche Folgeprobleme dieser Rücksichtslosigkeit gegen Dritte eingestellt ist.

Abwesenden unter den Anwesenden nur durch Moral repräsentiert werden könne, gelte die normale Moral der Gesellschaft für die Berater des Fürsten mit um so größerer Strenge. Der Höfling finde sich aufgrund seiner Stellung sehr großen Versuchungen ausgesetzt, darunter vor allem der Versuchung zur Schmeichelei, aber eben deshalb müsse er auch mit um so größerem Nachdruck ermahnt werden. Denn wenn er den Fürsten enttäusche, könne dieser melancholisch und darüber vielleicht sogar zum Tyrannen werden. Überlegungen dieser Art entsprechen präzise dem Aufbau einer Gesellschaft, die nicht nur in ihren Entwicklungsmöglichkeiten, sondern auch in der Erhaltung schon erreichter Niveaus von Oberschichteninteraktion abhing.

Diese knappe Skizze läßt sich auf den Befund bringen, daß die repräsentative Interaktion in Übereinstimmung mit dem Schema der gesellschaftlichen Differenzierung identifiziert wurde. Sie erreicht das für sie Mögliche in diesem Schema, nicht gegen es.[39] Spätestens seit der Wende zum achtzehnten Jahrhundert wird dies anders. Spätestens seit dieser Zeit kann man sich vorstellen, daß die Interaktion unter Anwesenden etwas sein könnte, worauf das Schema der gesellschaftlichen Differenzierung nicht zutrifft. Die Interaktion, die in dieser Zeit fasziniert, fasziniert nicht deshalb, weil sie in den Teilsystemen der Gesellschaft oder an deren Grenzen stattfindet. Sie beschreibt sich selbst in einer Sprache, derzufolge sie weder auf Mitvollzug eines dieser Systeme angewiesen ist noch der strukturellen Kopplung einer Mehrzahl von ihnen dient. Sie beruht vielmehr auf der *Ablehnung solcher Anlehnungen*. Interaktionen dieser Art werden in reflektierter Distanz von den beiden Hauptformen der gesellschaftlichen Differenzierung beschrieben und praktiziert, die seinerzeit zu beobachten waren. Weder die Asymmetrien des Ranges noch die Asymmetrien der Rollendifferenzierung werden akzeptiert, und die Interaktion zieht ihr Selbstbewußtsein und ihre »Eigen-

---

39 Nur darum blieb die Unwahrscheinlichkeit einer solchen Interaktion in dieser Gesellschaft latent. Siehe als Beispiel für das Hervortreten und Formulierbarwerden dieser Unwahrscheinlichkeit das Diktum von Vauvenargues (1746): »Ein paar Narren sagten bei Tisch zueinander: Nur wir gehören zur guten Gesellschaft, und man glaubte ihnen«, zitiert nach der dtsch. Übersetzung von Fritz Schalk (Hrsg.), Französische Moralisten: La Rochefoucauld – Vauvenargues – Montesquieu – Chamfort, Zürich 1995, S. 149.

werte« daraus, daß dies gelingt. Die Gesellschaft geht von eher stratifikatorischen zu eher funktionalen Formen der Systemdifferenzierung über, aber die Interaktion unter Anwesenden ordnet sich in ihren semantisch gepflegten Hochformen weder dem einen noch dem anderen Differenzierungsprinzip unter, auch wenn sie faktisch selbstverständlich innerhalb der alten und neuen Oberschichten abläuft. Sie läßt sich weder nach dem Paradigma der höfischen noch nach dem Paradigma der häuslichen Interaktion verstehen. Aber es handelt sich auch nicht um funktionsspezifische Interaktionen.[40] Eine der wichtigsten Konsequenzen dieser Distanzierung besteht darin, daß das Schema der gesellschaftlichen Differenzierung von der Interaktion aus *beobachtet* werden kann.[41] Ich nenne drei Interaktionsmodelle, die nahezu gleichzeitig auftreten: die gesellige, die öffentliche und die geheimgehaltene Interaktion.

Die gesellige Interaktion,[42] um mit ihr zu beginnen, erklärt sämtliche spezifischen Rollenengagements der Beteiligten zu deren Privatsache, die in der Interaktion nichts zu suchen habe, und führt vor, daß Interaktion unter den Anwesenden gleichwohl möglich ist – und sogar »gefällt«.[43] Das schließt das für außerhäusliche Interaktion zuvor Undenkbare ein, auch und gerade die *politischen* Rollen und Bindungen von der Interaktion her zu neutralisieren und sie der gesellschaftlichen Umwelt zu überlas-

---

40 Siehe dazu die Betonung der »Nichtgeschäftsmäßigkeit« bei Peter Burke, Die Kunst des Gesprächs: zur Geschichte sprachlicher Identität, Berlin 1994, S. 33-63 (35).
41 »Bisher war die Gesellschaft das Gegebene: die gleiche Schicht der aristokratischen Welt (...) Jetzt tritt das Problem der Gesellschaft selbst in den Vordergrund: ihre Differenzierung«, heißt es dazu bündig bei Hermann Nohl, Vom deutschen Ideal der Gesellligkeit, in: ders., Pädagogische Aufsätze, Berlin 1918, S. 121-135 (125).
42 Siehe zur soziologischen Tradition dieses Begriffs Georg Simmel, Die Gesellligkeit, in: ders., Grundfragen der Soziologie, Berlin 1917, 4. Auflage 1984, S. 48 ff.; David Riesman, Geselligkeit, Zwanglosigkeit, Egalität, in: ders., Wohlstand wofür?, Frankfurt 1966, S. 115-149; Friedrich Bülow, Art. Geselligkeit, in: Wilhelm Bernsdorf (Hrsg.), Wörterbuch der Soziologie, 2. Auflage Stuttgart 1969, S. 345 f.; Luhmann, Interaktion in Oberschichten (a.a.O.).
43 Vgl. dazu David Bensoussan, Art. Plaire, in: Alain Montandon (Hrsg.), Dictionnaire raisonné de la politesse et du savoir-vivre: Du moyen âge à nos jours, Paris 1995, S. 689-708.

sen. Gleichwohl soll gerade hier das Modell liegen, nach dem die Gesellschaft im ganzen begriffen wird.[44]

Die öffentliche Interaktion,[45] die an den dadurch ausgelösten Wechsel in der Semantik von Privatheit dann bereits anschließen kann, faßt die Privatleute zum Publikum der Politik zusammen und nimmt an, daß gerade die Indifferenz gegen andere eigene Rollen, einmal in Interaktion unter Anwesenden umgesetzt, zu vernünftigen Urteilen führen wird, die dann auch für Abwesende unter Einschluß der abwesenden Machthaber verbindlich sind.[46] Auf die Ausdifferenzierung der Interaktion unter dem Gesichtspunkt von plaire folgt der Versuch ihrer Reintegration unter dem Gesichtspunkt von Vernunft.

Die geheime Interaktion[47] teilt diese nach außen gerichtete, vom bloßen Selbstgenuß der Geselligkeit schon unterschiedene Intention, pflegt aber andererseits Zweifel an ihrer gesamtgesellschaftlichen Realisierbarkeit und erklärt daher die externen Rollenengagements und die dadurch definierte Personalität nicht nur zur Privatsache, sondern zum Geheimnis der Teilnehmer. Was in der Interaktion unter Anwesenden kommuniziert wird, mag an sich

---

44 »But why, in the greater society or confederacy of mankind, should not be the case the same as in particular clubs or companies«, fragt beispielsweise David Hume, Enquiry Concerning the Principles of Morals (1751), zitiert nach der Ausgabe von L.A. Selly-Bigge, Oxford 1988, S. 281.
45 Vgl. dazu Ernst Manheim, Die Träger der öffentlichen Meinung (a. a. O.); Jürgen Habermas, Strukturwandel der Öffentlichkeit, Neuwied 1962; Lucian Hölscher, Art. Öffentlichkeit, in: Brunner/Conze/Koselleck, Geschichtliche Grundbegriffe (a. a. O.), Bd. 4, Stuttgart 1978, S. 413-469; John A. McCarthy, Art. Öffentlichkeit, in: Werner Schneiders (Hrsg.), Lexikon der Aufklärung: Deutschland und Europa, München 1995, S. 292-294; Mona Ozouf, Art. Esprit publique, in: François Furet/Mona Ouzuf (Hrsg.), Dictionnaire critique de la Révolution française, dtsch. Übersetzung Frankfurt 1996, S. 1369-1384.
46 So die berühmte Charakterisierung bei Habermas, Strukturwandel der Öffentlichkeit (a. a. O.).
47 Siehe dazu generell Georg Simmel, Das Geheimnis und die geheime Gesellschaft, in: ders., Soziologie: Untersuchungen über die Formen der Vergesellschaftung (1908), Neuausgabe Frankfurt 1992 (hrsg. von Otthein Rammstedt), S. 383-455; speziell das 17. und 18. Jahrhundert behandelt Reinhard Koselleck, Kritik und Krise: Eine Studie zur Pathogenese der bürgerlichen Welt (1959), Ausgabe Frankfurt 1979; siehe ferner Peter Christian Lutz, Überlegungen zu einer soziologischen Analyse geheimer Gesellschaften des späten 18. und frühen 19. Jahrhunderts, in: ders. (Hrsg.), Geheime Gesellschaften, Heidelberg 1979, S. 89-121.

richtig sein, bleibt aber den Abwesenden gleichwohl verborgen und kann auch dann, wenn Teilnehmer der geheimen Interaktion sich bei anderer Gelegenheit wiedersehen, ignoriert werden.
Die gemeinsame Ablehnung der gesellschaftlichen Differenzierung erklärt auch, warum die Übergänge fließend sind und jeder dieser Interaktionstypen sich selbst in der Sprache des anderen beschreiben konnte.[48] Die Geselligkeit beobachtet sich selbst mit Hilfe der moralischen Wochenschriften, die sich an diejenigen wenden, die nicht anwesend sein konnten.[49] Die öffentliche Interaktion wird bei Friedrich Schlegel als »gesellige Mitteilung« beschrieben[50] und von anderen Autoren zur geheimen Macht erklärt. Fichte wiederum benutzt die Sprache der geselligen Interaktion, um für die geheime zu werben.[51]
Keines dieser drei Sozialmodelle hat den vollständigen Übergang zur modernen Gesellschaft überstanden. Die semantische Emphase wurde zersetzt, und die Hochformen von damals haben einen Prozeß der Trivialisierung durchlaufen, von dem man nicht recht weiß, ob er sie bis zur Unkenntlichkeit entstellt hat oder nicht vielmehr zur Kenntlichkeit. Aus der Geselligkeit wurde die Party, wie David Riesman sie beschrieben hat,[52] an die Stelle der öffentlichen Interaktion trat das interaktionsfrei operierende System der Massenmedien, und die Freimaurerloge von ehedem sank zu einer Art von »Trachtenverein« (Adorno) ab. Es fällt gleichwohl schwer, das Thema zu den Akten zu legen.
Das historisch Neuartige dieser Interaktionen und ihrer Semantik ist leicht zu erkennen. Zum ersten Mal wird die Sonderstel-

---

48 Siehe dazu auch die Bemerkungen zur Begriffskarriere von »Gruppe« im neunzehnten Jahrhundert bei Jürgen Frese, Dialektik der Gruppe, in: Gruppendynamik im Bildungsbereich 9 (1982), S. 5-33 (11 ff.).
49 Siehe dazu Wolfgang Martens, Die Botschaft der Tugend: Die Aufklärung im Spiegel der deutschen moralischen Wochenschriften, Stuttgart 1968; Habermas, Strukturwandel der Öffentlichkeit (a.a.O.), S. 59; Hölscher, a.a.O., S. 432f.; Wolfgang Ruppert, Bürgerlicher Wandel: Die Geburt der modernen Gesellschaft im 18. Jahrhundert, Frankfurt 1984, S. 115.
50 So im Essay über Georg Forster, in: Werke, 2 Bde., Berlin 1980, Bd. 1, S. 101.
51 So in Johann Gottlieb Fichte, Vorlesungen über die Freimaurerei (1802), in: ders., Ausgewählte politische Schriften (hrsg. von Zwi Batscha und Richard Saage), Frankfurt 1977, S. 189-217. Siehe dazu auch Nohl, Ideal der Geselligkeit (a.a.O.), S. 130.
52 Vgl. Riesman, Geselligkeit, Zwanglosigkeit, Egalität (a.a.O.).

lung eines sozialen Systems nicht aus seiner Positionierung innerhalb der gesellschaftlichen Systemdifferenzierung abgeleitet. Die Interaktion kommt vielmehr mit einer Art von Gegendifferenzierung zu diesem Schema in Gang und erzeugt gerade in dieser Nichtidentität einen neuartigen Begriff des Sozialen. Zum ersten Mal entsteht eine zirkulär gebaute Sozialtheorie, zum ersten Mal wird das Problem der doppelten Kontingenz relativ unabhängig von moralischen Schematisierungen zum Thema gemacht. Zum ersten Mal kommt es zu Ansätzen einer Theorie, die soziale Reflexivität konzeptualisieren kann. Vor allem aber, und das ist für alles Weitere entscheidend, wird das Andere der gesellschaftlichen Systemdifferenzierung seinerseits als System begriffen (oder jedenfalls auf Einheiten bezogen, auf die der Systembegriff paßt). Genau diese Option geht mit der Trivialisierung der Formen im Laufe des neunzehnten Jahrhunderts zunächst wieder verloren.

Die Zusammenstellung dieser drei Typen in einer Untersuchung, die sich für die Inkubationszeit der modernen Gesellschaft interessiert, ist in der Literatur nichts Ungewöhnliches. Auch die Frage, wie man den internen Zusammenhang der Typen zu verstehen und die Nichtbeliebigkeit gerade dieser Selektion zu erklären habe, ist aufgegriffen worden. Eine besonders einflußreiche Deutung verwendet ein quasi entwicklungslogisches Argument, das sich auf die Formel von der *Dialektik des Unpolitischen* bringen läßt. Danach führt die Konzession einer Privatsphäre, mit der das politische System auf die religiös ausgelösten Bürgerkriege reagiert hatte, zu einer durchaus ironischen Konsequenz. Die Kommunikationen innerhalb dieser Privatsphäre halten sich nicht auf den dafür vorgezeichneten Bahnen, sondern bewegen sich auf einer Stufenleiter der abnehmenden Harmlosigkeit erneut in Richtung auf Politik zu. An die Stelle der unpolitischen und geselligen Kommunikation sei zunächst die schon politische, aber noch geheimgehaltene Kommunikation und schließlich die aus der Öffentlichkeit heraus formulierte, sich direkt an die Politik wendende Kommunikation getreten. Die gesellige Interaktion habe sich noch als politikfernes Geschehen begriffen, die geheime Interaktion habe hinter geschlossenen Türen bereits an der Vorbereitung des gesellschaftlichen Umsturzes gearbeitet, und vollends die öffentliche Interaktion überziehe seit dem Ende des achtzehnten Jahrhunderts das politische System der Gesellschaft mit einer ganz neuartigen Form von Kritik. Die Dialektik der politischen Neutralisierung und Privatisierung von Interaktionsbereichen besteht also darin, daß innerhalb dieser für unpolitisch erklärten Zonen ein neuer Stil der Vergesellschaftung heranreift, der sich selber zunächst als das *Gegenteil,* dann aber mehr und mehr als der *Gegenspieler* der eigentlichen Politik begreift und unter dieser Beschreibung schließlich dazu übergeht, die »Herrschaft« sei es zu übernehmen, sei es abzuschaffen.

Wir befinden uns in der Welt von Carl Schmitt, Reinhard Koselleck und Jürgen Habermas.[53] Wie für »dialektische« Denkfiguren seit Hegel üblich, findet man auch hier eine rechte und eine linke Fassung. Den einen gilt als Hinweis auf die »Pathogenese der modernen Welt« (Koselleck), was die anderen als deren besten Teil festhalten wollen. Die einen sehen in der Freisetzung einer öffentlichen Supervision der Politik, die aber ihrerseits keinerlei politische Verantwortung übernimmt, eine Art von Unheil. Die anderen sehen gerade in dieser Distanz zum eigentlich politischen Geschäft ein sinnvolles Korrektiv für die Ausdifferenzierung dieses Geschäfts und für die damit verbundenen Verluste an gesamtgesellschaftlicher »Rationalität«. Die einen neigen zur Kritik des modernen Intellektuellen, die anderen sehen darin nur einen performativen Selbstwiderspruch.

Diese Deutung ist systemtheoretisch unzureichend aus verschiedenen Gründen. Gesellschaftstheoretisch handelt es sich um den Versuch, das keineswegs unverständliche Unbehagen an der Unterscheidung von Staat und Gesellschaft *innerhalb* dieser Unterscheidung selbst zu artikulieren.[54] Der Umweg

---

53 Siehe nur Carl Schmitt, Der Leviathan in der Staatslehre des Thomas Hobbes, Hamburg 1938; Koselleck, Kritik und Krise (a. a. O.); Jürgen Habermas, Zur Kritik an der Geschichtsphilosophie, in: ders., Kultur und Kritik: Verstreute Aufsätze, Frankfurt 1973, S. 355-365; ders., Strukturwandel der Öffentlichkeit (a. a. O.). Eine Anwendung dieser Figur der Dialektik des Unpolitischen auf die Geschichte des Vereinswesens findet sich bei Thomas Nipperdey, Verein als soziale Struktur im späten 18. und frühen 19. Jahrhundert, in: H. Bookmann et al., Geschichtswissenschaft und Vereinswesen im 19. Jahrhundert, Göttingen 1976, S. 1-44 (30ff.; siehe auch S. 5 für Hinweise auf die Anleihen bei der Semantik der Geselligkeit, die das frühe Vereinswesen prägen).

54 Siehe dazu auch die Kritik bei Andreas Göbel, Paradigmatische Erschöp-

über eine Gesellschaftstheorie wird eingespart. Sozialtheoretisch läßt unbefriedigt, daß die eigentümliche *Interaktionsabhängigkeit* all dieser Kommunikationsformen nicht ausdrücklich berücksichtigt wird. Schon die Unterscheidung von Interaktion und Gesellschaft steht nicht zur Verfügung.[55] Daher unterbleibt auch die Frage, ob nicht vielleicht der spektakuläre Erfolg dieser Modelle ebenso wie die zeitlichen Grenzen dieses Erfolges etwas mit den Schwierigkeiten und Paradoxien einer *zugleich ausdifferenzierten und repräsentativen* Interaktion zu tun haben könnten.[56]

Angesichts der Umstrittenheit und Bedeutung dieser Frage sollen zunächst einige genauere Angaben über die Formen der autonomen Interaktion nachgetragen werden. Wir konzentrieren uns dabei zunächst auf die gesellige und dann auf die öffentliche Interaktion, weil es nur hier deutliche Kontinuitäten gibt, die bis in die Soziologie hineinreichen.

---

fung: Wissenssoziologische Bemerkungen zum Fall Carl Schmitt, in: ders./Dirk van Laak/Ingeborg Villinger (Hrsg.), Metamorphosen des Politischen: Grundfragen politischer Einheitsbildung, Berlin 1995, S. 267-287.

55 Auch nicht bei Habermas, der in seinen *Beschreibungen* dem Problem doch am nächsten kommt. Die Folge ist eine letztlich interaktionistische Konzeption der Öffentlichkeit selbst, die schon deshalb die später einsetzende Gewöhnung an die interaktionsfrei operierenden Massenmedien nur nach einer Logik des Zerfalls rekonstruieren kann. Siehe auch die Habermas-Kritik bei John B. Thompson, Social Theory and the Media, in: David Crowley/David Mitchell (Hrsg.), Modern Communication Theory, Cambridge 1994, S. 27-50 (42): »Habermas's argument is based on a notion of publicness which is essentially spatial and dialogical in character: it is the traditional publicness of co-presence, in which publicness is linked to the conduct of dialogue in a shared locale. This notion is derived from the assemblies of the classical Greek city-states, and it could still be applied with some degree of plausibility to the salons and coffeehouses of early modern Europe. But in adhering to this traditional notion of publicness, Habermas has deprived himself of the means of understanding the new kind of publicness created by mass communication.«

56 Roth, Gesellschaft der Honnêtes Gens (a.a.O.), S. 15, spricht von der Paradoxie »eines angeblich gesellschaftsfreien Raums reiner Gesellschaftlichkeit«. Man könnte rein formulierungstechnisch natürlich auch abschwächen und sagen: reiner Sozialität. Aber dann läge die Konsequenz nahe, die Gesellschaft im Maße ihrer Differenz zur Interaktion für etwas Unsoziales zu halten. Daß es in der weiteren Entwicklung der Sozialsemantik an Beispielen für diese Konsequenz nicht fehlt, wird uns noch ausführlich beschäftigen.

IV.

Die klassische Semantik der geselligen Interaktion, die nahezu gleichzeitig mit dem Interaktionstyp entsteht, auf den sie sich richtet, ist ungefähr so alt wie die moderne Gesellschaft.[57] Sie entwickelt sich in den etwa einhundert Jahren zwischen der Mitte des siebzehnten und der Mitte des achtzehnten Jahrhunderts und kommt gegen Ende des achtzehnten Jahrhunderts zu einem gewissen Abschluß. In der Zwischenzeit gilt sie als fraglose Perfektionsform des Sozialen schlechthin.[58] Sie ist »Abbild, Vorbild und Beispiel des Sozialganzen«.[59] Danach wird sie nicht weiter-

---

[57] Es versteht sich, daß die Differenzierung gegen andere Interaktionstypen und speziell gegen die höfische Interaktion zahlreiche Übergänge kennt und daß es semantische Komplexe gibt, die ohne klare Markierung der Differenz durchtradiert werden. Daran ist nichts Erstaunliches, denn auch Semantiken stehen unter Anschlußzwang, und eine *synchronisierte* Umstellung *aller* Begriffe würde die Kategorie des Übergangs aufheben. Aber der Wechsel von asymmetrischer zu symmetrischer Interaktion, der mit dem Wechsel des primär beleuchteten Schauplatzes vom Hof zum Salon einhergeht, ist gleichwohl deutlich ausgeprägt.

[58] Vgl. nur Christian Thomasius, Kurtzer Entwurff der politischen Klugheit (1710), Neuausgabe Frankfurt 1971, S. 108: »Der Grund aller Gesellschaften ist die Konversation«; Daniel Defoe, Of the Immorality of Conversation, and the Vulgar Errors of Behavior, in: ders., Serious Reflections during the Live and Surprising Adventures of Robinson Crusoe (1720), zitiert nach der von G.A. Aitken besorgten Ausgabe London 1895, S. 66-104 (66): »Conversation is the brightest and most beautiful part of live«; Der Gesellige: Eine moralische Wochenschrift (1748-1750), zitiert nach Nachdruck in drei Bänden (hrsg. von Wolfgang Martens), Hildesheim 1987, Bd. I, S. 145: »Dem Menschen ist nichts natürlicher, und keine Neigung wesentlicher als die Geselligkeit«; Friedrich Schleiermacher, Versuch einer Theorie des geselligen Betragens, in: Werke in vier Bänden (hrsg. von Otto Braun/Johannes Bauer), Bd. 2, S. 1-33 (1): »Freie, durch keinen äußeren Zweck gebundene Geselligkeit wird von allen gebildeten Menschen als eines ihrer ersten und edelsten Bedürfnisse laut gefordert.«

[59] Diese Formulierung bei Wilhelm Roessler, Die Entstehung des modernen Erziehungswesens in Deutschland, Stuttgart 1961, S. 200. Siehe auch den Rückblick bei E. de Goncourt/J. de Goncourt, Die Frau im achtzehnten Jahrhundert (Original 1862), München 1986, S. 118: »Hier wurde die bedeutendste Institution der Zeit begründet, die einzige, die bis zur Revolution ihren Stolz bewahrte und bei Mißachtung aller sittlichen Gesetze die Autorität einer Regel aufrechterhielt: hier entstand, was man die vollkommen gute Gesellschaft nannte, d. h. eine Art von Vereinigung der beiden Geschlechter, deren Ziel war, sich von der schlechten Gesellschaft, von den vulgären Vereinigungen, von den provinziellen Gesellschaften zu unterscheiden, und zwar durch die Vollendung der gefälligen

entwickelt und nimmt keine neuen Erfahrungen mehr auf, sondern wird als ein relativ unbeweglicher Komplex von Vorstellungen und Maximen nur noch tradiert.[60] Spätestens seit dem neunzehnten Jahrhundert verliert dieser Typus von Literatur an Bedeutung, weil er nach der auch semantisch durchgeführten Unterscheidung von Interaktion und Gesellschaft nicht mehr der Schauplatz der Weiterentwicklung der Sozialtheorie selbst sein kann. In der Sozialtheorie geht zunehmend der Begriff der Gesellschaft selbst in Führung, der dann freilich um so mehr an Interaktionserwartungen gemessen wird. Der letzte Versuch einer *vorsoziologischen* Behandlung dieses Themenkreises, die höhere Ansprüche stellt als nur die eines »Manierenbuchs«,[61] findet sich im zweiten Band von Jherings »Der Zweck im Recht«. Die Vermutung liegt nahe, daß die Selektion des Geselligkeitsthemas für eine derartige Karriere kein Zufall ist, sondern auf bestimmte Probleme in der Selbstbeschreibung der modernen Gesellschaft zurückverweist, die auch und gerade den Beitrag der Soziologie zu dieser Selbstbeschreibung mitbestimmt haben. Dieser Vermutung wollen wir jetzt nachgehen.

Formen, durch die Feinheit der Liebenswürdigkeit, die angenehmen Manieren, die Kunst der Rücksichten, der Freundlichkeit und der Lebensart, durch alle Bestrebungen und Verfeinerungen jenes gesellschaftlichen Geistes, den ein Buch der Zeit mit dem Geist der Nächstenliebe vergleicht. Das Aussehen und das Verhalten, das Gebaren und die Etikette des Äußeren wurde von der guten Gesellschaft fixiert; sie gab den Ton des Gesprächs an; sie lehrte ohne Angeschmacktheit und Übertreibung loben, ein Lob zu beantworten, ohne es zu verschmähen oder anzunehmen; die anderen gelten zu lassen, ohne als ihr Protektor zu scheinen; sie führte die Formen ein und ließ sie einführen, die sich in jenen tausend Feinheiten der Rede, der Wendung, des Gedankens und sogar des Empfindens entwickelten, die niemals eine Diskussion bis zum Streit kommen ließen, die alles in Leichtigkeit hüllten, sich nur auf ihren Geist verließen und dadurch verhinderten, daß üble Nachrede in schwärzeste Schlechtigkeit ausartete. Wenn sie nicht Bescheidenheit verlieh, Zurückhaltung, Güte, Nachsicht, Freundlichkeit und Vornehmheit der Gefühle, die Kraft, seinen Egoismus zu vergessen, so prägte sie wenigstens die Form dieser Tugenden ein, forderte den entsprechenden Schein, zeigte ihr Bild und erinnerte an ihre Pflichten.«
60 Siehe zur Übergangsstellung von Knigge Karl-Heinz Göttert, Knigge oder: von den Illusionen des anständigen Lebens, München 1995.
61 Siehe zu deren Tradition ohne Berücksichtigung der Vorgeschichte Horst-Volker Krumrey, Entwicklungsstrukturen von Verhaltensstandarden: Eine soziologische Prozeßanalyse auf der Grundlage deutscher Anstands- und Manierenbücher von 1870-1970, Frankfurt 1984.

Zunächst sollen einige strukturelle Merkmale der geselligen Interaktion im Anschluß an diese semantische Tradition und an ihre soziologische oder schließlich wissenssoziologische Reformulierung zusammengestellt werden.[62] Die Merkmale sind so ausgewählt, daß verständlich wird, inwiefern es sich um einen besonderen Fall von *ausdifferenzierter Interaktion* handelt. Dabei geht es nicht nur darum, daß jede Interaktion ein System für sich ist, das sich durch einen Beobachter (der auch das System

---

62 Siehe als weitere Vorlagen für diese Rekonstruktion Nohl, Ideal der Geselligkeit (a.a.O.); Wolfgang Mauser, Geselligkeit: Zu Chancen und Scheitern einer sozialethischen Utopie um 1750, in: Aufklärung 4 (1989), S. 87-120; Wolf Wucherpfennig, »Das Wort gesellig ist mir verhaßt geworden«: Freiheit und Vaterland, Natur und Familie bei Friedrich Leopold Graf zu Stollberg, in: Ortrud Gutjahr/Wilhelm Kühlmann/Wolf Wucherpfennig: Gesellige Vernunft: Zur literarischen Kultur der Aufklärung, Würzburg 1993, S. 352-367; Helmut Anton, Gesellschaftsideal und Gesellschaftsmoral im ausgehenden 17. Jahrhundert: Studien zur französischen Moralliteratur im Anschluß an Morvan de Bellegarde, Breslau 1935; Barbara Zaehle, Knigges Umgang mit Menschen und seine Vorläufer, Heidelberg 1933; Christoph Strosetzki, Konversation: Ein Kapitel gesellschaftlicher und literarischer Pragmatik im Frankreich des 17. Jahrhunderts, Frankfurt 1978; Oskar Roth, Gesellschaft der Honnêtes Gens (a.a.O.); Manfred Beetz, Frühmoderne Höflichkeit: Komplimentierkunst und Gesellschaftsrituale im altdeutschen Sprachraum, Stuttgart 1990; Dieter A. Berger, Die Konversationskunst in England 1660-1740: Ein Sprechphänomen und seine literarische Gestaltung, München 1978; Gerhart Schröder, Logos und List: Zur Entwicklung der Ästhetik in der frühen Neuzeit, Frankfurt 1985; Karl-Heinz Göttert, Kommunikationsideale: Untersuchungen zur europäischen Kommunikationstheorie, München 1988; ders., Art. Anstandsliteratur, in: Gerd Ueding (Hrsg.), Historisches Wörterbuch der Rhetorik, Bd. 1, Tübingen 1992, Sp. 658-541; ders., Knigge oder: Von den Illusionen des anständigen Lebens (a.a.O.); Mullan, Sentiment and Sociability (a.a.O.); Goldsmith, Exclusive Conversations (a.a.O.); Ulrike Döcker, Die Ordnung der bürgerlichen Welt: Verhaltensideale und soziale Praktiken im 19. Jahrhundert, Frankfurt 1995; Alain Montandon (Hrsg.), Über die deutsche Höflichkeit: Entwicklungen der Kommunikationsvorstellungen in den Schriften über Umgangsformen in den deutschsprachigen Ländern, Bern 1991; ders. (Hrsg.), Dictionnaire raisonné (a.a.O.); Ursula Geitner: Die Sprache der Verstellung: Studien zum rhetorischen und anthropologischen Wissen im 17. und 18. Jahrhundert, Tübingen 1992; Claudia Schmölders, Einleitung zu: dies., Die Kunst des Gesprächs: Texte zur europäischen Konversationstheorie, München 1979, S. 9-69; dies., Ars conversationis: Zur Geschichte des sprachlichen Umgangs, Arcadia 10 (1975), S. 16-33; Friedrich Vollhardt, Art. Geselligkeit, in: Werner Schneiders (Hrsg.), Lexikon der Aufklärung: Deutschland und Europa, München 1995, S. 152-154; Burke, Kunst des Gesprächs (a.a.O.).

selbst sein kann) von der Gesellschaft im übrigen unterscheiden läßt. Diese Feststellung gilt im Rahmen des hier gewählten Ansatzes ohnehin. Gemeint ist vielmehr, daß die üblichen strukturellen und operativen Kopplungen an Segmente der gesellschaftlichen Umwelt des Interaktionssystems bewußt vermieden wurden. Man praktiziert Interaktion pur, oder jedenfalls ist dies der Eindruck, den man gewinnt, wenn man den Rückspiegel einer heute geschriebenen Sozialtheorie auf diesen Fall einstellt.[63] Es ist geläufig, die gesellige Interaktion als *Selbstzweck* zu charakterisieren. Das ist eine Spätphase in der semantischen Entwicklung dieses Motivs.[64] Schon zuvor aber gilt sie auch als *müßig* in einem neuartigen Sinne des Wortes.[65] Der klassische Begriff der Muße, der aus der Antike stammt und im Mittelalter nur angepaßt wurde, hatte die dauerhafte Freistellung von allen handfesten Aufgaben der Selbsterhaltung als Vorbedingung jeglicher Konzentration auf anspruchsvollere Aufgaben betont.[66] Spezifische Funktionen wie Politik oder Theorie, schöne Kunst oder Religion konnten nur unter der Bedingung solcher Freistellungen bedient werden und waren eben darin von Schichtungsstrukturen abhängig.[67] Insofern kodifiziert die Semantik der Muße auch das Dominieren der Oberschicht in allen Funktionsbereichen und damit den Primat der stratifikatorischen vor der funktionalen Differenzierung. Innerhalb der Oberschichten konnte Muße als kontrastlose Selbstverständlichkeit vorausgesetzt werden.[68] Es gilt die Prämisse: Die Arbeit tun die anderen, und deshalb werden die höheren Lebensvollzüge auch keineswegs als Arbeit begriffen.[69] Sie konnten nur mit dem

---

63 Auch Goldsmith, a.a.O., S. 12, sieht hier »a closed system of self-referentiality, generating its own self-sufficient content«.
64 Nohl, a.a.O., S. 129, nennt als den ersten Beleg dafür Schleiermacher.
65 Siehe zur Tradition des Begriffs N. Martin, Art. Muße, in: J. Ritter/K. Gründer (Hrsg.), Historisches Wörterbuch der Philosophie, Bd. 6, Darmstadt 1984, Sp. 257-260.
66 Vgl. dazu Wolfgang Asholt/Walter Fähnders (Hrsg.), Arbeit und Müßiggang 1789-1914: Dokumente und Analysen, Frankfurt 1991. Die Einleitung der Herausgeber betont die Kontinuität dieses Motivs: Noch das *Reich der Freiheit*, das Marx imaginierte, soll primär der humanen Perfektion dienen und kommt darin mit dem *Recht auf Faulheit* überein, das sein Schwiegersohn proklamiert hatte.
67 Siehe dazu Ian Watt, The Rise of the Novel (1957), dtsch. Übersetzung Frankfurt 1974, S. 47 ff.
68 Siehe zu dieser Unterscheidung von otium/negotium Martin, a.a.O.
69 Vgl. dazu Werner Conze, Art. Arbeit, in: Brunner/Conze/Koselleck, Ge-

intransitiven, nicht mit dem transitiven Handlungsbegriff der aristotelischen Tradition beschrieben werden; es handelte sich also um praxis und nicht um poiesis.[70] Unter diesen Umständen kann auf eine begriffliche Differenzierung zwischen müßiger und funktional spezifischer Interaktion verzichtet werden. Statt dessen wird die Muße vom *Müßiggang* unterschieden, wobei diese Unterscheidung selbst als Anwendungsfall der allgemeineren Unterscheidung zwischen Perfektion und Korruption der Natur (des Adeligen) gilt. Erst die Moderne läßt diese Differenz von Muße und Müßiggang kollabieren und zieht beides auf einen Gegenbegriff für Arbeit zusammmen,[71] der dann zur Protestformel gegen funktionale Differenzierung schlechthin ausgebaut werden kann.

Innerhalb dieser Begriffsgeschichte besetzt die Geselligkeit den Platz, an dem erstmals über müßige Interaktion *als solche* zu disponieren war.[72] Der moderne Gegenbegriff der Arbeit beginnt sich abzuzeichnen. Damit rückt zugleich das Thema der zu vermeidenden *Langeweile* in den Blick der Zeitgenossen.[73] Der Begriff scheint der Zeiterfahrung des ruhelosen Selbstbezugs zu korrespondieren. Er drückt das Unbefriedigende einer reinen Selbstreferenz aus, die auf Unerwartetes nur warten kann und darüber an sich selbst irre wird. In dem Maße, in dem Selbstreferenz anthropologisch generalisiert wird,[74] kann Vermeidung von Langeweile zum *Universalmotiv* stilisiert werden, das alle sonstigen Einteilungen des Handelns samt den dafür erfundenen Codes unterläuft. An den Spitzen der Gesell-

---

schichtliche Grundbegriffe (a.a.O.), Bd. 1, Stuttgart 1972, S. 154-215; Manfred Riedel, Art. Arbeit, in: Manfred Krings/Hans Michael Baumgarten/Christoph Wild (Hrsg.), Handbuch philosophischer Grundbegriffe, Bd. 1, München 1973, S. 125-141.
70 Ein dazu passendes Verständnis von Arbeit als Herstellung schlechthin belegt (an Autoren wie Thomasius) Conze, a.a.O., S. 170ff.
71 Siehe dazu Gabriele Stumpp, Müßiggang als Provokation, in: Asholt/Fähnders, a.a.O. S. 181-191.
72 Vgl. dazu Luhmann, Interaktion in Oberschichten (a.a.O.), S. 128f.
73 So auch Luhmann, Interaktion in Oberschichten (a.a.O.), S. 129.
74 Siehe zu diesem Trend Niklas Luhmann, Frühneuzeitliche Anthropologie: Theorietechnische Lösungen für ein Evolutionsproblem der Gesellschaft, in: ders., Gesellschaftsstruktur und Semantik: Studien zur Wissenssoziologie der modernen Gesellschaft, Bd. 1, Frankfurt 1980, S. 162-235.

schaft werden selbst Kriege aus Langeweile begonnen, meint Montesquieu.[75] Allen anderen wird statt dessen (gesellige) Unterhaltung empfohlen, da nur sie Leiden und Freuden zu kombinieren gestattet.[76] Dem entspricht die Geselligkeit, indem sie den Wechsel selbst zum Prinzip macht. Das schließt Spezialisierungen aus – und wirkt schon damit als Kontrast gegen funktionale Differenzierung.

Die Distanz zu den gesellschaftlichen Makrostrukturen läßt sich denn auch mit besonderer Deutlichkeit am Beispiel der funktionalen Differenzierung ablesen. Interaktionen, die sich unter diese Beschreibung bringen lassen, werden explizit als Gegenbegriff zu Geselligkeit geführt.[77] Noch ehe die neue Form völlig durchgesetzt ist, geht die Interaktion zu ihr auf Distanz, um sich zunächst als Kontrastprogramm und schließlich als mögliche *Kompensation* der dadurch forcierten »Einseitigkeiten« zu verstehen.[78] Einseitigkeit im Sinne rollenspezifischer Engagements und Bindungen wird gegen Ende des achtzehnten Jahrhunderts zugleich als Normalform der gesellschaftlichen Inklusion und als eine ausgleichsbedürftige Verengung beschrieben, die zusammen mit der »bürgerlichen Gesellschaft« an Verbreitung gewinnt. Man befürchtet: Die funktional spezifisch in Anspruch genommene Interaktion wird weder dem Individuum noch der Gesell-

---

75 Zitiert nach Schalk, Französische Moralisten (a.a.O.), S. 296f.
76 Siehe zu dieser anspruchsvollen Fassung von Selbstreferenz, die von binären Codierungen wie angenehm/unangenehm schon unterschieden wird und folglich auch mit dem Positiven solcher Unterscheidungen nicht mehr zusammenfällt, sondern davon unabhängige Kriterien (oder in heutiger Sprache: Programme) benötigt, um sich zu entscheiden, Niklas Luhmann, Selbstreferenz und binäre Codierung, in: ders., Gesellschaftsstruktur und Semantik, Bd. 1, Frankfurt 1980, S. 301-314.
77 So etwa bei Madeleine de Scudéry, Conversation sur la Conversation, in: dies., Conversations sur divers sujets, 5. Auflage Amsterdam 1686, S. 1-20, hier zitiert nach der dtsch. Übersetzung in: Schmölders, Kunst des Gesprächs (a.a.O.), S. 166-176; Christian Garve, Über Gesellschaft und Einsamkeit, 3 Bde., Breslau 1797/1800, zitiert nach dem einbändigen Nachdruck (hrsg. von Kurt Wölfel), Hildesheim 1985, S. 3: »Eine große Verschiedenheit ist zwischen dem Umgange, den die Geschäfte des bürgerlichen Lebens von selbst veranlassen, und dem, welchen die Menschen, des geselligen Vergnügens willen, veranstalten.« Diese »Verschiedenheit« ist dann zugleich das Schema, nach dem Garve den Stoff gliedert.
78 So ganz deutlich bei Schleiermacher, Theorie des geselligen Betragens (a.a.O.). Siehe auch Nipperdey, Verein als gesellige Struktur (a.a.O.), S. 16f.

schaft gerecht. Der Protest gegen diese Spezialisierung definiert bei Garve, bei Schiller, bei Fichte, bei Schleiermacher die Hoffnungen, die man auf eine Interaktion setzt,[79] die sich auf Nichtspezialisiertsein spezialisiert. Vergleiche zwischen Adel und Bürgertum, wie sie mehr und mehr üblich werden, wecken jedoch zugleich Zweifel an der Haltbarkeit dieser Hoffnungen, und je mehr die Beschreibung sich auf strukturelle Variablen richtet (und damit protosoziologische Züge annimmt), um so unsicherer ist der Kurswert der geselligen Interaktion. Bei Christian Garve[80] findet man einen Vergleich der alten mit der neuen Gesellschaft,[81] der vor allem die anwachsende Differenzierung von Interaktion und Gesellschaft betont. Der Autor hebt hervor, daß der Adel noch klein genug war, um Interaktionszusammenhänge zu bilden, während das Bürgertum diese Möglichkeit infolge veränderter Größenordnungen nicht mehr besitzt. Auch werde es mehr und mehr üblich, bei zu großem Gegensatz der Interessen auf weitere Interaktion schlicht zu verzichten, und auch dazu habe es in der Welt des Hofes keine Entsprechung gegeben. Am Adel wird retrospektiv hervorgehoben, daß er gesellschaftliche Komplexität noch in der Interaktion erfahren habe und an dieser Erfahrung zu jenem Interaktionsgeschick und zu jener Gewandtheit des Betragens gereift sei,[82] die man ihm neidlos und unter Offenhaltung der Frage bescheinigt, ob man selbst dergleichen je werde errei-

---

79 Siehe dazu auch die Kommentare zum schon paradoxen Begriff der »arbeitenden Geselligkeit«, den man im ideengeschichtlichen Rückblick gebildet hat, um jene Hoffnung auf Geselligkeit als Korrektiv von Arbeitsteilung und gesellschaftlicher Differenzierung zu treffen, bei Nipperdey, a.a.O., S. 16, 24ff.
80 der von heutigen Beobachtern gern zum Protosoziologen schlechthin stilisiert wird. Siehe nur Lutz Geldsetzer, Zur Frage des Beginns der deutschen Soziologie, in: Kölner Zeitschrift für Soziologie und Sozialpsychologie 15 (1963), S. 529-541.
81 Siehe dazu Christian Garve, Über die Maxime Rochefoucaults: »Das bürgerliche Air verliehrt sich zuweilen bey der Armee, niemals am Hofe« (1792), in: ders., Popularphilosophische Schriften, 2 Bde. (hrsg. von Kurt Wölfel), Stuttgart 1974, Bd. 1.
82 So Garve, a.a.O., S. 372: »Am Hofe müssen Personen täglich mit einander umgehen, die in ihren Absichten, Entwürfen und Glücksaussichten einander in den Weg kommen. Das ist also eine große Schule zur Beobachtung andrer, zur behutsamen Achtsamkeit auf seine Worte und Handlungen, – selbst zur Überwindung seiner Leidenschaften.«

chen können. Argumente dieses Typs lassen sich auch unter dem Gesichtspunkt von *Inklusion* verstehen. An Bruchstellen der gesellschaftlichen Entwicklung, die mit deutlichen Inklusionsschüben verbunden sind, kann es nicht schlicht um die Exklusion des Alten und seiner Repräsentanten gehen, denn dann wäre der Übergang zu unwahrscheinlich. Vielmehr muß auch und gerade für die Inklusion des Alten gesorgt sein, und Begriffe, die dies leisten, werden bevorzugt reproduziert.[83] Die Semantik der Geselligkeit scheint sich an dieser Funktionsstelle zu eignen. Sie beschreibt die Welt des Adels als entspezialisierte Interaktion und bietet zugleich einen Ort, an dem die daran gewonnenen Tugenden auch in der sich ändernden Gesellschaft unvermindert geschätzt werden können.[84] Das Interaktionsgeschick der alten Oberschicht wird honoriert – aber nur in solchen Interaktionen, in denen es genau darauf ankommt.[85] Was ehedem die Gesellschaft selbst integrierte, das ist jetzt ein Beitrag zu Interaktionen, an denen gerade ihre Ausdifferenzierung und gesellschaftliche Folgenlosigkeit zu betonen ist.[86]

---

83 Siehe dazu auch, die Semantik der honnêteté betreffend, Erich Auerbach, La cour et la ville, in: ders., Vier Untersuchungen zur Geschichte der französischen Bildung, Bern 1951, S. 12-50 (38): Es handele sich um »ein reines Persönlichkeitsideal, und im Laufe des Jahrhunderts wird der Kreis der Personen, die daran teilhaben können, immer größer. Es ist sogar bezeichnend für die honnêteté, daß sie nicht nur von allen ständischen, sondern auch von allen lebensmäßigen Bindungen absieht. Jeder konnte sie erwerben (...) und das Resulat war eben dieses, daß der Betreffende von jeder besonderen Qualität gereinigt wurde, nicht mehr Zugehöriger eines Standes, eines Berufs, eines Bekenntnisses war, sondern eben honnête homme.« Siehe zu honnêteté/honnête homme auch die Registereinträge bei Montandon, Dictionnaire raisonné (a.a.O.).
84 Statt von entspezialisierter Interaktion könnte man auch, und historisch wohl zutreffender, von einer integrativen, die sich schon abzeichnenden Spezialisierungen noch zusammenhaltenden Interaktion sprechen. Siehe dazu auch C. Wright Mills, Introduction, in: Thorstein Veblen, Theory of the Leisure Class, London 1953, S. VI-XX (XI).
85 Siehe dazu am Beispiel der geheimen sowie der durch Vereine geordneten Interaktionszusammenhänge auch Nipperdey, a.a.O., S. 14 f. Es versteht sich, daß es angesichts dieser Inklusionstendenzen nicht sehr weit führt, wenn man die Frage nach der Verbürgerlichung des Adels bzw. nach der Feudalisierung des Bürgertums als *Alternative* begreift.
86 Siehe zu dieser »necessary separation of polite society from society at large« und zu den Problemen, die sich daraus für die Sozialtheorie ergeben, auch Mullan, Sentiment and Sociability (a.a.O.), S. 29.

Ähnlich könnte man die immer wieder auflebende Begeisterung für das Ideal der natürlichen und kunstlosen Selbstdarstellung deuten. Auch hier geht es nicht einfach darum, daß das Raffinement (als Bedingung für Interaktionserfolge) in seiner Abhängigkeit von Erziehung und Sozialisation im Adel durchschaut und im Interesse an Inklusion des Neuen verworfen wird.[87] Denn es ist bekannt und kann formuliert werden, daß gerade Natürlichkeit und Ungezwungenheit des Betragens ein Höchstmaß an Kunstfertigkeit implizieren und darin wiederum nicht auf Exklusion, sondern auf Inklusion des Adels und auf Anerkennung seiner Überlegenheit in spezifischen Hinsichten hinauslaufen oder damit jedenfalls keineswegs inkompatibel sind.[88]

Aber schon zuvor, und noch vor der »Verbürgerlichung« des Themas, verstand sich der Gegensatz dieser Hochform von Interaktion zu den Zumutungen der funktionalen Differenzierung von selbst. Die Unterscheidung von geschäftlicher und gesellinger Interaktion ist älter als die bürgerlichen Versuche, sich von den Entbehrungen der einen in der anderen zu erholen. Dieser Distanz zu funktionaler Differenzierung entspricht es, daß die operative Kopplung durch Themen,[89] in denen sich das Interesse abwesender Dritter repräsentiert, vermieden wird. Die Themen sollen nach Möglichkeit so gewählt werden, daß nicht die Rücksicht auf Abwesende und auf das, was man ihnen in anderen Rollen schuldet, im Vordergrund steht. Zu meiden sind Themen mit gesellschaftlicher Relevanz, wie man das in heutiger Sprache ausdrücken könnte.[90] Beiträge zu Themen dieser Art könnten

---

87 So eine verbreitete Deutung. Siehe nur Berger, Konversationskunst (a.a.O.), S. 176 ff.
88 Dazu gut Göttert, Kommunikationsideale (a.a.O.).
89 Siehe zu diesem Begriff der *operativen Kopplung* auch Niklas Luhmann, Closure and Openness: On Reality in the Word of Law, in: Günther Teubner (Hrsg.), Autopoietic Law: A New Approach to Law and Society, Berlin–New York 1988, S. 335-348 (343).
90 Dieser sprachliche Anachronismus macht zugleich auf einen Wechsel in der Negationsrichtung aufmerksam. Damals lag die Schwierigkeit darin, Themen von gesamtgesellschaftlicher Relevanz zu vermeiden, denn schließlich war die Oberschichteninteraktion auf das Prozessieren solcher Themen *festgelegt*. Heute liegt sie umgekehrt darin, solche Themen zu finden und in der Interaktion durchzusetzen. Damals mußte man um die Unabhängigkeit der Themenentwicklung von gesellschaftlichen Vorgaben noch kämpfen, heute leidet man unter zu viel small talk; siehe dazu auch Berger, Konversationskunst (a.a.O.), S. 177.

nicht primär auf die gerade laufende Interaktion selbst reagieren. Über die Antwort auf die Frage, ob man an Gott glaubt, wird man kaum mit Rücksicht auf die gerade Anwesenden entscheiden wollen – und zwar auch dann nicht, wenn entgegenstehende Meinungen schon geäußert wurden und man folglich den Trägern der Meinung widersprechen müßte, um dem gerecht zu werden, als was man sich selbst erwartet. Themen dieses Typs, Themen mit Tiefgang müßten Möglichkeiten der Interaktion reprimieren in einer Weise, die unter den Anwesenden nur dadurch verständlich wird, daß man Bindungen durch Abwesendes in Rechnung stellt. Statt dessen bevorzugt man das thematisch Leichtgängige und Unverbindliche.[91] Die Nähe zur Semantik des Spiels, die noch Simmel betont, ist der geselligen Interaktion nicht äußerlich.[92] Der gesamte Prozeß der Themenwahl wird auf die Erfordernisse einer möglichst ungehemmten Fortsetzung der Interaktion bezogen.

Die großen Kontroversthemen der Zeit, vor allem die politischen und die religiösen Themen, sind daher zu vermeiden.[93] Die entsprechenden Regeln waren formulierbar, wurden formuliert und konnten danach als bekannt unterstellt werden.[94] Die Liste ließe

Wir sehen in dieser Änderung eine Folge der stärkeren Differenzierung von Interaktion und Gesellschaft.
91 Siehe zu »rejet des sujets sérieux« auch Alain Montandon, Art. Conversation, in: ders., Dictionnaire raisonné (a. a. O.), S. 125-151 (130).
92 Vgl. dazu die Liste der typischen Themen und Engagements, die Goncourt/Goncourt, a. a. O., S. 139 ff. zusammengetragen haben: Nachstellen von Kaffeehausszenen mit der Hausherrin in der Kleidung der Wirtin und dem Personal in der Rolle von Kellnern; Pantomime von Sprichwörtern, deren Wortlaut zu erraten ist; Erfindung von Synonymen; Improvisation von Gedichten bei Vorgabe des Endreims; Erzählung trauriger Geschichten mit dem Ziele gemeinsamen Weinens. (Die Interaktionsmode der physiognomischen Deutung herumgereichter Scherenschnitte nach dem Profil bekannter und unbekannter Personen wäre ein weiteres Beispiel; siehe dazu Claudia Schmölders: Das Vorurteil im Leibe: Eine Einführung in die Physiognomik, Berlin 1995.)
93 Siehe etwa Johann Wolfgang Goethe, Unterhaltungen deutscher Ausgewanderten, in: Werke in 14 Bdn. (hrsg. von Erich Trunz), Hamburg 1965, S. 934-942, hier zitiert nach Schmölders, Kunst des Gesprächs (a. a. O.), S. 219: »Der Protestant vermied in Gegenwart des Katholiken, irgendeine Zeremonie lächerlich zu finden; der eifrigste Katholik ließ den Protestanten nicht spüren, daß die alte Religion eine größere Sicherheit ewiger Seligkeit gewähre.«
94 Siehe dazu Mason, Gentlefolk in the Making (a. a. O.), S. 293 (Religion betreffend); Montandon, Conversation (a. a. O.), S. 127 (Politik betreffend).

sich verlängern: Wissenschaftsnahe Themen, die Gelehrsamkeit voraussetzen und damit Unterschiede in dieser Hinsicht in die Interaktion hineinkopieren, sind ebenfalls zu vermeiden.[95] Die Differenz zur Wissenschaft wird aber auch daran deutlich, daß man Wahrheiten dissimulieren und Verstellung praktizieren muß, um die leichtgängige Fortsetzung der Konversation nicht zu gefährden.[96] Das Verständnis, mit dem man den Techniken der Simulation und Dissimulation begegnet, wächst an.[97] Die moralischen Widerstände nehmen ab,[98] und dies vor allem wohl deshalb, weil mit der Ausdifferenzierung der Interaktion die Folgen und Rückwirkungen der Unaufrichtigkeit für Abwesende minimiert werden können.[99] Auch hat die Orientierung an den

95 Siehe nur Garve, Gesellschaft und Einsamkeit (a.a.O.), S. 33.
96 Siehe dazu auch Niklas Luhmann, Die Ausdifferenzierung von Erkenntnisgewinn: Zur Genese von Wissenschaft, in: Nico Stehr/Volker Meja (Hrsg.), Wissenssoziologie, Sonderheft 22 der Kölner Zeitschrift für Soziologie und Sozialpsychologie, Opladen 1982, S. 103-148 (106).
97 Siehe dazu Adelin-Charles Fiorato, Simulation/Dissimulation, in: Montandon, Dictionnaire raisonné (a.a.O.), S. 801-842.
98 Dies belegt ausführlich Göttert, Kommunikationsideale (a.a.O.).
99 Wir berühren uns hier mit der Soziologie der Lüge von Georg Simmel, der bekanntlich die These vertreten hatte, daß mit zunehmender gesellschaftlicher Differenzierung der Anteil an *fremdreduzierter* Komplexität, auf den man sich in *eigenen Reduktionen* muß stützen können, anwächst und daß daher die normative Mißbilligung von Lüge und Unaufrichtigkeit ihrerseits anwachsen müsse, wenn die Gesellschaft sich zu höherer Komplexität entwickelt. Damit werde »die Lüge in modernen Verhältnissen zu etwas viel verheerenderem, die Grundlagen des Lebens mehr in Frage stellendem, als es früher der Fall war«, zitiert nach Soziologie (a.a.O.), S. 388ff. (389). Die Alternative dazu wäre eine stärkere Differenzierung von Interaktion und Gesellschaft, in der die gesellschaftlichen Risiken der Kettenbildung durch gegen Moral differenzierte Kommunikationsmedien aufgefangen und umgeformt werden, während die Kommunikation unter Anwesenden in *selbstreferentieller Perspektive* entscheiden kann, ob sie ihre eigene Fortsetzung mehr über wahre oder mehr über unwahre Kommunikation laufen läßt, und darin über eine Art von cartesischer Autonomie verfügt – denn *beides* kann zur Selbstreproduktion der Interaktion benutzt werden. Nur diese zweite Deutung scheint mit der Geschichte der Sozialsemantik kompatibel zu sein, von der oben im Text die Rede ist. Die schlichte Moral der Aufrichtigkeit ist keineswegs jener eindeutige Gewinner im Modernisierungsprozeß (von Gracian bis Goffman), der sie nach der Auskunft von Simmel eigentlich sein müßte. Interessant dazu auch die (sehr differenzierungsaffine) Erklärung der Lüge nicht aus gesellschaftlichem Ehrgeiz, sondern aus dem (davon schon unterschiedenem) Bedürfnis nach Interaktionserfolgen bei Montesquieu, zitiert nach Schalk, Französische Moralisten (a.a.O.), S. 323.

Interessen (und speziell: an den Selbstdarstellungsinteressen) *des anderen*, mit denen man dies eigentümlich gebrochene Verhältnis zur Wahrheit nun legitimieren kann, sehr viel weniger Gegeneinwände zu fürchten als die Orientierung an den *eigenen* Interessen, die bei einer im engeren Sinne politischen Situation kaum zu bestreiten wäre.[100]

Ferner gilt das Belehren der Anwesenden als ein Ding der Unmöglichkeit. Man beschreibt zwar die Geselligkeit als angenehme Schule,[101] aber gedacht ist dabei offenbar an Sozialisation und nicht an Erziehung.[102] Ganz deutlich wird dies an der Wendung gegen Pedanterie.[103] Pedanterie wird so etwas wie der Exklusionsbegriff schlechthin der geselligen Interaktion. Die Befürchtungen lauten: Buchgelehrsamkeit, die sich ohne Rücksicht auf Anwesende exhibiert; Neigung zur Verweisung auf externe Autoritäten, die in der Interaktion nicht geprüft werden kann; Spitzfindigkeit bis hin zur Streitlust in an sich belanglosen Fragen; fehlende Gewandtheit im Umgang (vor allem: Umgang mit Frauen).[104] Auch versteht es sich, daß eigene Interessen zu de-

100 Siehe dazu Beetz, Frühmoderne Höflichkeit (a. a. O.), S. 151, der genau hier die Differenz zwischen politischer und geselliger Verstellung sieht, aber die Legitimationsvorteile, die in der Berufung auf den anderen liegen, nicht ausreichend betont.
101 Dazu weitere Belege bei Ruppert, Bürgerlicher Wandel (a.a.O.), S. 114.
102 Deutlich wird dieser sozialisatorische Aspekt auch bei Garve, der den Buchdruck unter dem Aspekt einer Duplikation aller Themen der Interaktion würdigt und die Erweiterung der Möglichkeiten interaktionsfreien Lernens betont, dann aber für den Sonderfall des Erlernens erfolgreicher Darstellungen in der Interaktion um so entschiedener darauf beharrt, daß dazu Teilnahme an Interaktion unerläßlich sei. Siehe dazu Gesellschaft und Einsamkeit (a. a. O.), S. 13. Ähnlich John Locke, Some Thoughts Concerning Education, dtsch. Übersetzung Stuttgart 1970, S. 174.
103 Siehe dazu nur Locke, a.a.O., S. 181. Allgemein dazu Klaus Breiding, Untersuchungen zum Typus des Pedanten in der französischen Literatur des 17. Jahrhunderts, Dissertation Frankfurt 1970. Das Wort war demnach ursprünglich eine neutrale Bezeichnung für die Rolle des Schullehrers, das dann auf die Absolventen der Artistenfakultät sowie auf Professionen wie Mediziner und Juristen erweitert wurde und erst damit eigentlich den Sinn und die Funktion eines Abwertungsbegriffes gewann, der den Umschlag von Spezialisierungsgewinnen in Pathologien bezeichnet und den Pedanten als »Trivialmaschine« (im Sinne Henri Bergsons) der Lächerlichkeit preisgibt. Siehe dazu auch Fichte, Freimaurerei (a.a.O.), S. 177 mit der These, jeder Stand habe seine eigene Pedanterie.
104 Garve, Gesellschaft und Einsamkeit (a.a.O.), S. 40, führt dies direkt auf die interaktionslose Beschäftigung des Gelehrten zurück.

thematisieren sind,[105] und das differenziert gegen Wirtschaft.[106] Die Liste dieser Dethematisierungen suggeriert eine *vollständige* Ablehnung der Anlehnung an das, was man im heutigen Rückblick als funktionsspezifische Codierung von Semantiken und Teilsystemen der modernen Gesellschaft ansehen könnte. Um so interessanter ist die Ausnahme, die für Liebe und Intimität gilt. Es ist bekannt, daß die Anwesenheit von Frauen zu den großen Attraktionen der geselligen Interaktion gehört.[107] Nach einer Hypothese, die von Christoph Strosetzki stammt, hat die schon am Hofe anlaufende Inklusion der Frauen sogar maßgeblichen Anteil daran gehabt, daß die Semantik des Gefallens von asymmetrischen auf *symmetrische Modelle* umgestellt wurde, denn nun müssen nicht mehr nur die Frauen den Männern, sondern auch und gerade die Männer den Frauen gefallen.[108]

Ist dies ein Einwand gegen die These, daß Geselligkeit alle spezifischen Interessen als inkompatibel ausscheidet? Ich würde sagen: nicht unbedingt; und ich würde sagen: nein, wenn gezeigt werden kann, daß Intimität mit der eigentümlichen Logik dieses Interaktionstyps besser kompatibel ist als andere Interessenrichtungen oder Funktionszusammenhänge, denn dann wäre es ja die Interaktionslogik selbst und nicht eine vorausgesetzte Rangdifferenz der Funktionen, die diesen Unterschied produziert. Für ein solches Gefälle an Kompatibilität spricht deutlich, daß der Code der Liebe dem Erleben der/des Geliebten das Handeln des/der Liebenden gegenüberstellt.[109] Als Artikulations- und Erkenntnishilfe für Liebe kommt daher stets auch das (individuell

---

105 Beetz, Frühmoderne Höflichkeit (a.a.O.), S. 151, 212.
106 Siehe dazu mit Bezug auf Salons auch Auerbach, La cour et la ville (a.a.O.), S. 37.
107 »Es bedarf in einem Hause nur einer zu Liebesabenteuern aufgelegten Frau, um es bekannt zu machen und um ihm den Rang der ersten Häuser zu verschaffen«, urteilt beispielsweise Montesquieu, zitiert nach Schalk, Französische Moralisten (a.a.O.), S. 337.
108 Siehe dazu Strosetzki, Konversation (a.a.O.), S. 95. Vgl. dazu auch Berger, Konversationskunst (a.a.O.), S. 189 ff., mit Hinweisen auf Programme der ersten (englischen) Wochenschriften, die die interaktionelle Segregation der Geschlechter und auch die dementsprechende Ventilsitte des weiblichen Kicherns und Flüsterns in Anwesenheit anderer kritisieren und für eine Art von Co-Interaktion eintreten.
109 Siehe dazu generell Niklas Luhmann, Liebe als Passion: Zur Codierung von Intimität, Frankfurt 1982.

zurechnungsfähige, also mehr als nur konventionelle) *Zuvorkommen* in Betracht. Die Erwartungen des anderen werden erfüllt, noch ehe sie kommuniziert wurden. Die Wünsche werden von den Augen abgelesen. Aber genau das war ja unter den Gesichtspunkten von Takt ohnehin zur Maxime der geselligen Interaktion erhoben worden. Den Zusammenhang zwischen beiden Typen von Interaktion konnte man daher eine Zeitlang auch in der Institution der *Galanterie* sehen.[110]

Vor dem Hintergrund dieser Dethematisierungen ist die *Themenentwicklung* in der geselligen Konversation auf raschen Wechsel angelegt.[111] Sich vom Thema nicht lösen zu können gilt als Überengagement für Generalisierungen, die das Prinzip ihrer Identifikation in der Sachdimension haben und daher auf die sozialen und zeitlichen Erfordernisse der Anwesenheit zu wenig Rücksicht nehmen.[112] Zugleich wird damit auf die Erfahrung reagiert, daß Interaktionsthemen immer auch Teilnahmechancen unterschiedlich verteilen.[113] (Um diese Erfahrung zu machen, mußte man freilich in dieser Hinsicht bereits sensibilisiert sein.) Diese diskriminierende Wirkung ist auf der Aggregationsebene des einzelnen Themas nicht vermeidbar. Auf der Ebene eines Systems, das mehrere Themen nacheinander behandeln kann, lassen sich die Schlagseiten des Einzelthemas jedoch kompensieren. Dem entspricht die Regel, nach der das Thema so zu wählen und *so zu wechseln ist*, daß nach Möglichkeit jedem eine Chance für eigene Beteiligungen und Darstellungen geboten wird.[114]

110 «In der Form der Galanterie kann die Werbung unter den Augen Dritter, gewissermaßen unverbindlich, durchgeführt werden. Galantes Verhalten ist nach beiden Seiten, zur Intimität und zur Geselligkeit hin, anschlußfähig. Es kann Rangunterschiede überbrücken. Galanterie will nur gefallen, ohne sich und den anderen zu engagieren; das ist in Gesellschaft möglich und erscheint zugleich als unerläßliches Ingrediens der Liebe, die nur mit dieser Zutat zivilisierend, erziehend, sozialisierend wirkt», heißt es dazu bei Luhmann, Liebe als Passion (a.a.O.), S. 97 ff. Siehe auch Emmanuel Bury, Art. Galanterie, in: Montandon (Hrsg.), Dictionnaire raisonné (a.a.O.), S. 417-424.
111 Vgl. Francis Bacon, Of Discourse, in: ders., Essays, dtsch. Übersetzung Stuttgart 1970, S. 113-116 (113); Schleiermacher, a.a.O., S. 18.
112 Vgl. dazu Art. Conversation, in: Encyclopédie ou Dictionnaire raisonné des sciences, des arts et des métiers, Bd. IV, Paris 1754, zitiert nach dem Neudruck Stuttgart 1966, S. 165.
113 Siehe zu den entsprechenden Empfindlichkeiten auch Berger, Konversationskunst (a.a.O.), S. 203.
114 Vgl. dazu mit weiteren Belegen Göttert, Kommunikationsideale (a.a.O.),

Dasselbe Prinzip der Entkopplung, das wir damit am Bereich der Themen belegt haben, gilt auch mit Bezug auf die anderen eigenen Rollen der Anwesenden und speziell mit Bezug auf die Rangdifferenzen zwischen ihnen, die mit Unterschieden in der Komplexität ihrer sonstigen Rollenengagements korrelieren. Das Interesse am anderen soll kein Interesse an dem sein, was er in seinen anderen Rollen zur Förderung oder Behinderung der eigenen Karriere tun kann. Die Chancen, aber auch die Risiken, die von ihm kraft seiner gesellschaftlicher Existenz ausgehen, werden in der Interaktion neutralisiert. Nur so wird man das, was man sich von der Geselligkeit erwartete, von dem unterschieden haben können, was man von der Interaktion am Hofe her bereits kannte. Nur so gelingt die Differenzierung gegen die Mikropolitik der Intrige.[115] Im Bereich der hier zuständigen Maximen wird die Differenz gegen Stratifikation als Form der gesellschaftlichen Differenzierung erkennbar.

Die gesellige Interaktion setzt zwar eine stratifizierte Gesellschaft voraus und findet zunächst in deren *Oberschicht* statt. Auf der Grundlage einer vorausgesetzten Schichtungsdifferenz, die mögliche gegen unmögliche Teilnehmer differenziert, konnte in der Interaktion selbst unter *Prämissen der Gleichheit* kommuniziert werden. Da aber gesellschaftlich das Schema der Rangdifferenzierung innerhalb der Oberschicht wiederholt wurde, ist Gleichheit der Teilnehmer auch unter den exklusiven Prämissen einer Interaktion, die nur Angehörige der Oberschicht zuläßt, keine Selbstverständlichkeit, für die es gesamtgesellschaftliche Deckung gibt, sondern das Ergebnis einer interaktionellen Systemstrategie der Neutralisierung. Die gesellige Interaktion beruht darauf, daß für die Dauer der Zusammenkunft alle Rangdifferenzen neutrali-

---

S. 82; Berger, Konversationskunst (a. a. O.), S. 191. Man erkennt die soziale Intention dieser für die Sachdimension des prozessierten Sinnes entwickelten Maxime im übrigen auch daran, daß ein laufender Themenwechsel *ohne Sprecherwechsel* und Umverteilung der Redechancen ganz explizit verworfen wird, so von de Scudéry, a. a. O., S. 169.

115 Ein anderes, auch wichtiges Abgrenzungsmoment liegt in den *Freiheiten der Partnerselektion*. Siehe dazu Monique Vigouroux, Le thème de la retraite et de la solitude chez quelques épistoliers du XVIIe siècle, Paris 1972, S. 175: »La solitaire essaie de reconstituer, grâce à la liberté d'inviter qui il veut dans sa compagne, une petite société idéale, débarrasée des contraintes de la grande où l'on ne peut pas choisir ceux qui vous entourant.«

siert werden, die sich aus den unterschiedlichen Positionen der Beteiligten im System der gesellschaftlichen Stratifikation ergeben. Die Anwesenden haben einander als gleich zu behandeln.[116] Schon in den Kriterien, die den Vorgang der Partnerselektion steuern, steckt mithin eine Rücksicht auf das System der Schichtung, die sich aber von selbst versteht und daher auch in den klassischen Texten nicht problematisiert wird, solange die Strukturen einer primär geschichteten Gesellschaft überhaupt intakt sind. Die Neutralisierung, die das System der geselligen Interaktion ausdifferenziert und in seiner Differenz zur Gesellschaft bewußt werden läßt, erstreckt sich daher zunächst nur auf die Binnendifferenzierung der Oberschicht dieses Teilsystems der Gesellschaft. Bei der Empfindlichkeit, mit der gerade in Oberschichteninteraktionen auf Rangdifferenzen zu achten war,[117] muß dieser Umstand jedoch ausdrücklich erwähnt werden.

Diese Neutralisierung schließt es nicht aus, daß es im System der Interaktion dann zu eigenen Differenzierungen kommt. Einige der Anwesenden mögen es leichter finden als andere, durch eigene Beiträge die Aufmerksamkeit der anderen zu fesseln und diese zu eigenen Beiträgen anzuregen, so daß ihnen mehr Redezeit konzediert wird. Aber die Semantik der Geselligkeit sieht vor, daß solche Ungleichheiten sich aus der Geschichte der Interaktion selbst ergeben und nicht einfach die Reproduktion einer gesellschaftlich vorgefundenen Struktur sind. Das setzt voraus, daß die operativen Gesichtspunkten, unter denen die Interaktion selbst wertet, sich von den Gesichtspunkten der gesellschaftlichen Umwelt deutlich unterscheiden, denn andernfalls wäre es kaum zu verhindern, daß die gängige Schematik der Rangdifferenzierung maßstabsgetreu wiederholt wird. Dabei ist postuliert, daß etwaige Statusinkongruenzen nicht sogleich zum Problem werden, das dann Konflikte auslöst, die im System selbst nicht ignoriert werden können. Eine entsprechend elastische Einstellung kann jedoch erwartet werden, wenn sichergestellt ist, daß aus den situa-

---

116 Siehe dazu noch einmal die Brüder Goncourt, a. a. O., S. 141: Der Herzog von Orleans läßt sich für die Dauer der Interaktion mit dem Namen der Gastgeberin ansprechen.
117 Dazu prominent Norbert Elias, Die höfische Gesellschaft: Untersuchungen zur Soziologie des Königtums und der höfischen Aristokratie (1969), Ausgabe Frankfurt 1992.

tiven Verschiebungen der Ranglage keine strukturellen Konsequenzen gezogen werden, die dann auch in anderen Situationen alles durcheinanderbringen. Auch unter diesem Gesichtspunkt ist das System mithin auf Ausdifferenzierung angewiesen.

In der historischen Semantik findet man diese Beschränkung auf die jeweils eigene Schicht nur in den *Anfangsphasen* ihrer Entwicklung. Aber schon hier ist das Thema der Behandlung von Aufsteigern präsent, und es gibt thematisch ausdifferenzierte Aufmerksamkeit für gerade diese Frage. Mehr und mehr wird es denn auch möglich, daß Bürgerliche sich an der geselligen Interaktion beteiligen.[118] Wichtiger als dieser Aspekt des Inklusionsproblems ist jedoch ein anderes Phänomen: nämlich die *Inklusion der Frauen*.[119] Die Prominenz ihrer Stellung in Interaktionen und Interaktionszusammenhängen dieses Typs ist bekannt, aber es fehlt eine soziologisch überzeugende Erklärung dafür.

Wir sehen sie darin, daß die Ausdifferenzierung von Interaktionssystemen unter den Vorzeichen von Geselligkeit zugleich zu vermehrter *Autonomie in Rekrutierungsfragen* geführt hat.[120] Es handelt sich also nicht um einen frühen Fall von gesellschaftspolitischer »Gleichstellung« im Sinne des heutigen Feminismus und seiner Rückprojektionen. Vielmehr wird umgekehrt betont, daß die Frau gerade aufgrund ihrer gesellschaftlichen Stellung, die ihr den Zugang zu wirtschaftlichen und politischen Kommunikationen verstellt und sie mit wenigen Ausnahmen an die Ord-

---

118 Siehe dazu Auerbach, a.a.O., der an den französischen Inklusionsformeln schon des 17. Jahrhunderts deren Nichtidentität mit den Schichtungsstrukturen und Machtverhältnissen hervorhebt und dies einerseits auf die schon fortgeschrittene Entmachtung des Adels, der nach wie vor die Modelle liefere, und andererseits auf neuartige Formen von ausdifferenzierter Interaktion mit Zentrierung um das Theater und auf die dem entsprechende Kategorie des Publikums zurückführt.
119 Siehe dazu die Warnung vor der Überschätzung der höfischen Vorgeschichte dieser Inklusion bei Burke, Kunst des Gesprächs (a.a.O.), S. 55f: »Das Niveau einer Konversation am Hofe von Ludwig XIV. sollte allerdings nicht überschätzt werden. Ein italienischer Beobachter berichtet im Jahre 1680, daß die Männer über nichts anderes als über Jagen und Pferde redeten, die Frauen über Kleider. Die eigentlichen Arenen, in denen die Theorien des gepflegten Gesprächs in die Praxis umgesetzt wurden, waren die Salons.«
120 Vgl. dazu auch Ortrud Gutjahr, Gesellschaftsfähigkeit und gesellige Rolle der Schauspielerin im achtzehnten Jahrhundert, in: Gutjahr/Kühlmann/Wucherpfennig, a.a.O., S. 83-109.

nung des Hauses bindet, in besonderer Weise zur Führung einer Interaktion berufen sei, die sich ihrerseits nicht in Übereinstimmung mit dem Schema der gesellschaftlichen Differenzierung, sondern in Abweichung davon vollzieht. Die Exklusion ist die Inklusion, und die Differenz von Interaktion und Gesellschaft gestattet es, diese Paradoxie zu entfalten.[122]
Die thematische Enge der Interaktion unter Frauen ist ein älteres Motiv.[123] Sie hatte ihren Grund nicht zuletzt in der Forderung an den Mann, ihnen gegenüber Stillschweigen über alle wichtigen Angelegenheiten außerhalb des Hauses zu bewahren, so daß selbst indirekte Teilnahme blockiert wurde.[124] Schleiermacher sieht gerade darin den Grund für die Bereicherung und Entkonkretisierung des thematischen Repertoires einer Geselligkeit, die »sich unter den Augen und auf Betrieb der Frauen bildet«.[125] Er geht aus von einer Regel oder »Maxime« der Themenwahl, die das Allgemeine im Überschneidungsbereich der rollenspezifischen Interessen von Anwesenden aufsucht. Dies führe bei homogener Zusammensetzung zu Themen, die zu spezifisch seien und keinerlei Distanzierung der Interaktion gegenüber den anderen Rollen der Beteiligten möglich machten, bei heterogener Zusammensetzung dagegen zu Themenwahlen politischer Art, da ein Interesse an diesen Angelegenheiten auch bei noch so großer Verschiedenheit der sonstigen Stellung vorausgesetzt werden

122 Göttert, Kommunikationsideale (a. a. O.), S. 36 führt dieses Motiv bis auf Castiglione zurück. Dort findet man aber nur eine Ergänzung des Pflichtenkatalogs von Hausfrauen, die zugleich als Hofdamen fungieren, in dieser Eigenschaft an weiterer Interaktion teilnehmen können und auch dabei das übliche Tugendschutzprogramm anwenden sollen. Die Einheit der Differenz von gesellschaftlicher Stellung und Interaktionserfolg wird hier noch nicht formuliert. Vermutlich setzt die Formulierung eine stärkere Differenzierung von Interaktion und Gesellschaft voraus.
123 de Scudéry, a. a. O., S. 169 ff.
124 Siehe nur Thomasius, Kurtzer Entwurff der politischen Klugheit (a. a. O.), S. 180 f.: Der Mann könne der Frau nur private, nicht aber solche Geheimnisse anvertrauen, die mit seinem öffentlichen Amt zusammenhängen; Geheimnisse, welche die Frau vor dem Manne hüten könnte, sind in jedem Falle illegitim; Anwesenden etwas ins Ohr zu flüstern, ist niemals richtig, aber erst wer sich in dieser Weise an die Frau eines gleichfalls anwesenden Mannes wendet, verhält sich »höchst unanständig«. Vgl. dazu auch Volker Roloff, Reden und Schweigen: Zur Tradition und Gestaltung eines mittelalterlichen Themas in der französischen Literatur, München 1973; Particia Spacks, Gossip, New York 1985.
125 Siehe Schleiermacher, a. a. O., S. 20 ff. (22).

könne. Auch dies wird als mit Geselligkeit inkompatibel verworfen – offenbar deshalb, weil auch die politische Kommunikation nun lediglich als Unterfall von Differenzierung und nicht mehr als Kandidat für die Repräsentation der Gesellschaft in Betracht gezogen wird. Die Verbreitung dieser Pathologie einer an anderen Rollen (wirtschaftlicher oder politischer Art) entlanggeführten Suche nach Themen wird in Ansehung der Interaktion unter *Männern* dadurch erklärt, daß dies für sie immerhin die Distanz zur Ordnung des Hauses impliziere. Sie können auswählen, *welche* anderen Rollen den Leitfaden der Themenwahl bilden und erzeugen, so daß in jedem Falle eine Differenz zwischen ihrer momentanen Interaktionsbereitschaft und ihrer übrigen gesellschaftlichen Existenz entsteht. Den Frauen dagegen sei dieser Weg versperrt, da es *andere Rollen* außerhalb des Hauses für sie gar nicht gebe. Die rollenabhängige läuft für sie auf die statusabhängige Kommunikationspraxis hinaus, bei der sie »alle ihre Fesseln fühlen: Das treibt sie dann weg unter die Männer, bei denen sie denn, weil sie mit dem bürgerlichen Leben nichts zu tun haben, und die Verhältnisse der Staaten sie nicht interessieren, jener Maxime nicht mehr folgen können, und eben dadurch, daß sie mit ihnen keinen Stand gemein haben, als den des gebildeten Menschen, die Stifter der besseren Gesellschaft werden«.[126]

V.

Die bisher behandelten Gesichtspunkte betreffen die *gesellschaftliche* Ausdifferenzierung der geselligen Interaktion. Als Folge dieser Ausdifferenzierung bekommt man es im System zunehmend mit *interaktionsspezifischer*, nämlich gesellschaftlich noch undefinierter *Komplexität* zu tun. Der Zirkel der doppelten Kontingenz wird stärker von Makrostrukturen abgelöst, die normalerweise seiner Unterbrechung dienen. Die Unterbrechung ist daher verstärkt in der Interaktion selbst zu leisten. Eben dadurch geht die Sozialdimension in neuartiger Weise in Führung.[127] Sozialität wird zunehmend als zirkulär konstituiert gehandhabt und beschrieben. Die Beschreibung der Sozialdimension als Zirkel

---

126 A.a.O., S. 22.
127 Das betrifft vor allem die Semantik des Gefallens, auf die wir noch zurückkommen weden. Siehe hier nur Berger, Konversationskunst (a.a.O.), S. 191.

differenziert sie mehr und mehr gegen die Sachdimension, bis zuletzt alle sachlichen Identifikationen unter dem Gesichtspunkt ihrer Funktion für die Aufrechterhaltung der Interaktion selbst in den Blick treten und damit zugleich fungibel werden in einer Weise, die nicht mehr als Anwendung gesellschaftseinheitlich fungierender Regeln interpretiert werden kann. An der Mobilisierung und sozialen Funktionalisierung der Interaktionsthemen sind wir diesem Sachverhalt schon einmal begegnet. Er reicht jedoch weit darüber hinaus und revolutioniert in seinen Folgen vor allem das Verständnis von Sozialität selbst.

Die Sozialsemantik wird von linearen auf zirkuläre und von asymmetrischen auf symmetrische Grundannahmen umgestellt.[128] Lineare und asymmetrische Strukturen können von hier aus neu, nämlich als Unterbrechung von Selbstreferenz interpretiert werden. Da aber auch die Unterbrechung von Selbstreferenz selbstreferentiell eingeführt werden muß, wird die Stabilität des so Eingeführten zugleich erklärungsbedürftig. Warum wird der Versuch der Unterbrechung von Selbstreferenz nicht selbstreferentiell unterbrochen? Warum gelingt er überhaupt? Und wie kann er in seinen Resulaten stabil sein? An dieser Theoriestelle rasten Überlegungen ein, die bereits vollständig auf der Ebene einer Beobachtung zweiter Ordnung liegen und genau darin ihre eigentümliche Modernität haben.

Die Anthropologie der Eigenliebe hatte all dies am Falle des Bewußtseins vorexerziert: Die Eigenliebe wird generalisiert zu einer nicht (oder besser: nur selbstreferentiell) negierbaren Grundverfassung des Menschen, die jeder moralischen Bewertung nach gut oder schlecht bzw. böse vorausliegt und sich daher (erkennbar für einen Beobachter zweiter Ordnung) auch und gerade mittels der Abwertung, Ablehnung, Verwerfung und Bekämpfung von Eigenliebe nur fortsetzen kann.[129] Nach dieser Wen-

---

128 Im deutschen Sprachraum ist die Karriere der Semantik von *Wechselwirkung* dafür ein Beleg; siehe dazu Petra Christian, Einheit und Zwiespalt: Zum hegelianisierenden Denken in der Philosophie und Soziologie Georg Simmels, Berlin 1978, S. 110ff.
129 So bekanntlich La Rochefoucauld. Siehe als wohl radikalste Darstellung dieser Konzeption die erste der »unterdrückten Maximen« bei Schalk, Französische Moralisten (a.a.O.), S. 127ff. (129f.). Die Eigenliebe »ist in allen Lebensumständen und Lebenslagen; sie lebt überall und von allem, sie lebt von nichts und findet sich in die Dinge und findet sich mit deren Mangel ab, sie gleitet

dung der Dinge scheidet Kritik der Eigenliebe als Form der Beobachtung von Eigenliebe aus (als Kritiker würde der Beobachter sich selbst widersprechen), und statt dessen entsteht eine inklusive Universalform, so daß auch und gerade die Beobachtung der Eigenliebe nur als deren eigenes Werk möglich ist.
In sozialen Situationen kommt als Schema dieser Beobachtung die Differenz von eigener und fremder Eigenliebe in Betracht – und genau diese Differenz scheint sozial produktiv zu wirken. Die Verdopplung der Selbstreferenz und die Differenzierung ihrer Reflexionsform nach Maßgabe der Differenzierung und operativen Geschlossenheit der psychischen Systeme, an der gerade unter den Bedingungen eines differenzlosen Begriffs für Eigenliebe nicht mehr zu rütteln ist, führt weiter. Sie führt nicht etwa zu einer Kumulation von Eigenliebe, sondern zum Aufbau einer sozialen Ordnung – und zwar einer Ordnung, die man nun nicht mehr einfach als *altruistisch motiviert* ausgeben kann. Vielmehr bleibt offen, ob es nicht das Interesse an Achtungsgewinn selbst ist, was zu sozial gefälligem Verhalten motiviert.
Die Paradoxie der *ungeselligen Geselligkeit*[130] beschreibt all dies auch unabhängig von Kant, auf den man sie heute zumeist zurechnet.[131] Sie bildet so etwas wie den Kern aller weiteren Sozialparadoxien, die sich zunächst noch ungeschieden in ihr versam-

sogar in die Partei der Leute hinüber, die ihr den Krieg erklärt haben, sie schleicht sich in ihre Absichten hinein, und, was wunderbar ist, sie haßt mit ihnen sich selber, zettelt Verschwörungen an zu ihrem Untergang und arbeitet an ihrem Sturz. Sie ist im Grunde nur darauf aus, zu sein, und wenn sie nicht kann, will sie gerne auch ihr eigener Feind sein. Es darf einen also nicht wundern, wenn sie sich mitunter mit der äußersten Strenge verbündet, und sich kühn zu ihrer eigenen Vernichtung mit ihr zusammenschließt, weil sie sich stets, wenn sie sich hier zerstört hat, dort einnistet.« Siehe unter dem Aspekt der Beobachtung von Asymmetrisierung auch die These S. 128 f., wonach die Eigenliebe »nur hinter sich selbst herläuft, wenn sie die Dinge verfolgt, die ihr zusagen«.
130 Vgl. dazu Hartmann Tyrell, Vergesellschaftung und Subjektivität: Studien zum subjektiven Erfahrungszusammenhang, Dissertation Bielefeld 1971, S. 1 ff.
131 Siehe beispielsweise Montesquieu, zitiert nach Schalk, Französische Moralisten (a. a. O.), S. 310: »Die Sucht zu gefallen ist der Kitt der Gesellschaft; das Glück für das Menschengeschlecht bestand darin, daß die Eigenliebe, die bestimmt war, die Gesellschaft aufzulösen, sie geradezu stärkt und unerschütterlich macht.« Im Rahmen der aristotelischen Semantik der naturalen Sozialität des Menschen hätte dies gar nicht als Unwahrscheinlichkeit formuliert werden können; siehe dazu auch die Belege bei Bensoussan, Plaire (a. a. O.), S. 690.

meln. Spezialparadoxien wie Wohlfahrt als Folge von Eigennutz (Wirtschaft) oder Terror als Folge guten Willens (Politik) lassen sich unter diesem Aspekt als Dekompositionen der Paradoxie der ungeselligen Geselligkeit lesen,[132] die Teile des Problems der sozialen Ordnung bereits aus dem Interaktionsbereich herausdefinieren und damit für diesen eine engere, dafür aber auch interaktionsgünstiger definierte Fassung zurücklassen, die sich mit der Semantik des *Gefallens* verbindet.[133]

Die Weisung, eigene Bedürfnisse zurückzustellen, um anderen zu gefallen, ist keineswegs neu. Nun aber wird sie im Rahmen einer radikalisierten Konzeption von *sozialer Reflexivität* neu konzipiert. Man gefalle am besten, indem man dem anderen die Gelegenheit biete, seinerseits zu gefallen.[134] Das bietet dem anderen zunächst die Möglichkeit, diese Höflichkeit zu mißbrauchen. Er kann die Gefallenschancen, die man ihm bietet, ohne Rücksicht auf Interaktion praktizieren. Daß dies allein noch nicht ausreicht, kann man bei Chamfort nachlesen: »Man glaubt, daß die Kunst zu Gefallen ein Mittel sei, sein Glück zu machen. Sich langweilen zu lassen verspricht noch mehr Gewinn, und das Talent, sein Glück zu machen oder Erfolg bei Frauen zu haben, beruht fast ganz auf dieser Kunst.«[135] Dem liegt aber noch eine die Interaktion transzendierende Teleologie zugrunde. Langeweile wird erträglich gemacht, weil Aussicht auf Belohnung in *anderen Situationen* besteht. Mit der Ablehnung jeder Instrumentalisierung der Geselligkeit wird es schwieriger, so zu denken. Die als Selbstzweck sich behauptende Interaktion kann das Problem nicht in die Zukunft auslagern[136] und für die Gegenwart konzedieren, daß Gefallenschancen nur in sozial exklusiver Weise und

---

132 Siehe zum Zusammenhang dieser beiden Spezialparadoxien unter dem Gesichtspunkt von Nebenfolgen und »perversen Effekten« Albert O. Hirschman, Denken gegen die Zukunft: Die Rhetorik der Reaktion, Frankfurt 1995, S. 23, 44 ff.; Luhmann, Die Unterscheidung von Staat und Gesellschaft (a. a. O.), S. 68 ff.
133 Als Überblick dazu Bensoussan, Plaire (a. a. O.).
134 Siehe dazu mit weiteren Belegen Luhmann, Interaktion in Oberschichten (a. a. O.), S. 134.
135 zitiert nach Schalk, Französische Moralisten (a. a. O.), S. 366.
136 Man erkennt die Folgen dieser Zuspitzung auch daran, daß das Motiv der erotischen Werbung schon bei Schleiermacher eliminiert wird und auch Simmel von ihr nur noch die folgenlose Spielform, nur noch die Koketterie gelten läßt.

also nur unter Mitproduktion von Langeweile maximiert werden können. Vielmehr geht es nun gerade um die soziale Optimierung der Gefallenschancen *innerhalb* der Interaktion selbst. Und genau dafür ist Reflexivität der Orientierung erforderlich. Innerhalb dieses semantischen Rahmens kann man dann Sozialität als steigerungsfähig formulieren. Der Gefallenszirkel sprengt alle Summenkonstanzannahmen. Die als Wirtschaft ausdifferenzierte Ordnung der Knappheit erscheint dann um so mehr als Beschränkung nicht nur der Güter, sondern auch der Gelegenheiten zu unwahrscheinlicher Sozialität. Das muß es erleichtert haben, Wirtschaft von der Interaktion her als desozialisiert und schließlich als verdinglicht zu beschreiben.[137] Man findet ein spätes Echo dieser Einstellung noch in Georg Simmels Soziologie der Mahlzeit[138] und in ihrer Differenzierung gegen die Geselligkeit, mit der sie nur »angeblich«[139] sich kombinieren lasse: Während an Kommunikation alle Anwesenden teilhaben können, sei der Anspruch auf Nahrung in jedem Falle sozial exklusiv. Auch die noch so zivilisierte Tischgemeinschaft, die sich als Sozialform über die schlechte Unmittelbarkeit des Hungers sowie über »das egoistisch Ausschließende jedes Essens«[140] erhebt und beides mit eigenen Verteilungsregeln sowie mit einer für alle Esser identischen Ordnung der Zeit (und des Zugriffs) überformt, bleibt Simmel zufolge an diesen Erdenrest ihrer organischen Basis gebunden. An der »Banalität der gewöhnlichen Tischgespräche«[141] findet er daher nichts auszusetzen: Sie reflektiere nur die Banalität des Bedürfnisses und bringe sie innerhalb der sozial verfeiner-

---

137 Siehe für eine merkwürdige Übergangsfigur, die den Gefallenszirkel direkt auf die Wirtschaft anzuwenden versucht, Ludwig Buchwitz, Betrachtung über die Liebe, Berlin 1754, S. 22 f., zitiert nach Gerhard Hay, Darstellung des Menschenhasses in der deutschen Literatur des 18. und 19. Jahrhunderts, Frankfurt 1970, S. 70: Das Vergnügen an dem Vergnügen, das andere an ihren eigenen Gütern finden, mache die Gesamtmenge des in der Gesellschaft realisierbaren Vergnügens einerseits unabhängig von der Menge der Güter und andererseits abhängig davon, daß die Beteiligten sich als Menschenfreunde und nicht etwa als Menschenfeinde verhalten.
138 Hier zitiert nach dem Neudruck in Georg Simmel, Das Individuum und die Freiheit (ursprünglich: Brücke und Tür), Frankfurt 1993, S. 205-215.
139 A. a. O., S. 207.
140 A. a. O., S. 206.
141 A. a. O., S. 210.

ten Form seiner Befriedigung nochmals zur Geltung. Das Tischgespräch darf daher nicht hoffen, sich zur Perfektionsform der gleichsam freischwebenden Geselligkeit aufzurunden. Die Konzeption von Sozialität, die auf diese Weise entsteht, trägt ausgesprochen symbolische Züge. Alles Diabolische wird externalisiert.[142] Man zieht die positiven Aspekte von Sozialität heraus und unternimmt den Versuch, sie in reiner Form zu verwirklichen. Damit war nicht nur »Herrschaftsfreiheit« im Sinne einer Neutralisierung extern begründeter Rangunterschiede innerhalb der Interaktion, sondern auch und vor allem die *Vermeidung von Konflikten* gemeint.

Die Sensibilität für dieses Problem ist in der Literatur über Oberschichteninteraktion nichts Neues. Die gesellschaftsweiten Folgen, die ein Konflikt haben kann, der hier ausbricht, legten es immer schon nahe, dem Problem der Konfliktvermeidung mit besonderer Aufmerksamkeit zu begegnen. Andererseits konnte die Interaktion nicht schlechthin darauf festgelegt werden, den Konflikt zu vermeiden, denn dafür war die Gesellschaft schon viel zu komplex.[143] Eine dem Konflikt *nur* entgegengesetzte Interaktion wäre zugleich außerstande gewesen, ihn zu kontrollieren. Daran war, solange *andere* Mittel der Konfliktkontrolle nicht zur Verfügung standen, schwerlich zu denken.

Die gesellige Interaktion dagegen scheint sich in genau diesem Gegensatz einzurichten.[144] Geläufige Postulate waren: Vermeidung des offenen Widersprechens, nachdem entgegenstehende Meinungen schon geäußert wurden; Entspannung und Modalisierung der Kommunikation unter den Vorzeichen von Scherz, wenn der Konflikt anders nicht zu vermeiden ist; ferner etwa Takt im Sinne einer Bereitschaft zur Validierung fremder Selbstdarstellungen, deren Brüchigkeit man kennt und durchschaut;

---

142 Vgl. zu dieser Unterscheidung Niklas Luhmann, Geld als Kommunikationsmedium: Über symbolische und diabolische Generalisierungen, in: ders., Die Wirtschaft der Gesellschaft, Frankfurt 1988, S. 230-272.
143 Es genügt hier vielleicht die Erinnerung an die Institution des Duells, die ja Konfliktanfänge geradezu vorgeschrieben und eben damit auch provozierbar gemacht hatte.
144 Siehe dazu nur die Belege bei Beetz, a. a. O., S. 223 ff. sowie die Übersicht über entsprechende Taktiken S. 232 f.: »Indirekte Sprechakte, Umdefinitionen, Selbstbezichtigungen, Referentenverschiebungen, Adressatenausweitungen oder der abschwächende Konjunktiv nehmen den Angriffen ihre Spitze.«

schließlich die Vermeidung der Moralisierung von Themen und Beiträgen aus Furcht vor dem dann unausweichlichen Persönlichwerden eines etwaigen Konflikts. Das Motiv des zu vermeidenden Konflikts wird damit in einer Weise betont, die voraussetzt, daß die gesellschaftlich unvermeidlichen Konflikte dann eben auf andere Weise, vor allem in Rechtsform, ausgetragen werden können. Niklas Luhmann hat daher im temporären Erfolg dieser Semantik einen Beleg dafür gesehen, daß die Oberschichten in dieser Zeit ihre Zentralstellung im Konflikthaushalt der Gesellschaft verlieren und sie teils an das politische und teils an das Rechtssystem abgeben.[145] Gleichzeitig lösen diese beiden Systeme sich zunehmend aus allen älteren Zusammenhängen mit Schichtung heraus und leiten dadurch zur modernen Gesellschaft über, in der dann zusammen mit der Schichtungsstruktur und ihren Problemen zugleich auch die in deren Rahmen erfundene Sozialform der Geselligkeit merklich zurücktritt.

VI.

Die Semantik der Eigenliebe, von der wir ausgegangen waren, ist eine traditionsabhängige und insofern auch kontingente Beschreibung für die operative Geschlossenheit des Bewußtseins. Ein semantisches Äquivalent bietet der Begriff der *Einsamkeit*. Traditionell bezeichnete er das Fehlen oder die Ausdünnung sozialer Kontakte und Interaktionsmöglichkeiten.[146] Einsamkeit war *der* Gegenbegriff zu Interaktion, und auch deshalb mußte zwischen Interaktion und Gesellschaft nicht unterschieden werden.[147] Zwischen Einsamkeit und Interaktion konnte ein Ver-

---

145 Luhmann, Interaktion in Oberschichten (a. a. O.), S. 136 ff.
146 Siehe dazu ideengeschichtlich Leo Maduschka, Das Problem der Einsamkeit im 18. Jahrhundert, München 1932; Wolf Lepenies, Melancholie und Gesellschaft, Frankfurt 1969, S. 88 ff.
147 Noch heute wird zuweilen in dieser Schematik gedacht, so beispielsweise von Odo Marquard, Plädoyer für die Einsamkeitsfähigkeit, in: ders., Skepsis und Zustimmung: Philosophische Studien, Stuttgart 1994, S. 110-123. Marquard spricht von »symptomatischen Gegengeselligkeiten«, in welche die Flucht vor der Einsamkeit führe, und er belegt dies unter anderem am Kultus der Gruppe, wie ihn zuletzt die Studentenbewegung forcierte. Der Traditionsbruch kommt

hältnis der Summenkonstanz postuliert werden. Mehr Einsamkeit hieß dann: weniger Interaktion, und perfekte Einsamkeit war nur im Exklusionsbereich der Gesellschaft möglich. Das Paradigma dafür lag in der Einsamkeit der Mönche und in den Schweigegeboten des klösterlichen Lebens.[148] Mit der Wendung der Anthropologie zur Aufwertung von Selbstreferenz, die sich in der Form ihrer Umdeutung zu einer *metamoralischen* Größe vollzieht, ändert sich dies. Einsamkeit wird zu einem anderen Ausdruck für die Geschlossenheit der Selbstreferenz des Bewußtseins, der die Differenz zwischen Interaktionsteilnahme und Absonderung unterläuft, da das Bewußtsein in *beiden* Lagen als geschlossenes System operiert.[149] Das führt zum einen zu einem inklusiven Begriff der Einsamkeit, der auch und gerade in den Bedingungen seiner Steigerbarkeit keinen Gegensatz mehr zu einer gesellschaftlich komplex beanspruchten Lebensführung bildet.[150] Auch darum können die Modelle für exklusive Einsamkeit nun für Kritik und Ablehnung freigegeben werden.[151]

---

dann in Wendungen wie der von der »Tribunalsucht moderner Geselligkeiten« (119) zum Vorschein.

148 Siehe speziell dazu Peter Fuchs, Die Weltflucht der Mönche: Anmerkungen zur Funktion des monastisch-asketischen Schweigens, in: Niklas Luhmann/Peter Fuchs, Reden und Schweigen, Frankfurt 1989, S. 21-46.

149 Dazu das hier übliche Zitat aus Daniel Defoe, On Solitude, in: ders., Serious Reflexions (a.a.O.), S. 1-16: »the whole world« erscheint als »one universal act of solitude (...) Everything revolves in our minds by innumerable circular motions (...) The world, I say, is nothing to us but as it is more or less to relish. All reflection is carried home, and our dear self is, in one respect, the end of living. Hence man may be properly said to be alone in the midst of the crowds and hurry of men and business. All the reflections which he makes are to himself; all that is pleasant he embraces for himself; all that is irksome and grievous is tasted but by his own palate (...) What are the sorrows of other men to us, and what their joy? Something we may be touched indeed with by the power of sympathy, and a secret turn of affections; but all the solid reflection is directed to ourselves. Our meditations are all solitude in perfection; our passions are all exercised in retirement; we love, we hate, we convet, we enjoy, all in privacy and solitude. All that we communicate of those things to any other is used for their assistance in the pursuit of our desires; the end is at home (...) it is for ourselves we enjoy, and for ourselves we suffer.«

150 So ganz deutlich bei Defoe, a.a.O.

151 Siehe neben Defoe auch den Art. Solitaire in der Encyclopédie, zitiert nach der dtsch. Übersetzung in: Artikel aus der von Diderot und d'Alembert herausgegebenen Enzyklopädie (hrsg. von Manfred Naumann), Leipzig 1972, S. 945 f.

Das zerstört die semantische Möglichkeit, Einsamkeit als Korruption der naturalen Sozialität des Menschen zu deuten, die nur angesichts einer denkbarerweise *noch größeren* Korruption bestehender Sozialverhältnissen zu legitimieren sei. Zugleich wird auf diese Weise die *Differenzierung der ethischen Reflexion der Moral gegen Interaktionsfragen* eingeleitet, die seit Kant die Geschichte der Ethik bestimmt hat und inzwischen wohl irreversibel ist. Wenn an der Selbstreferenz des Bewußtseins kein Weg vorbeiführt und folglich auch Interaktionsteilnahme daran nichts ändern kann, liegt es nahe, die moralische Konditionierung als reflexive *Selbstkonditionierung des Bewußtseins* zu denken und jede Rücksicht auf Interaktionserfahrung, auf Meinung und Urteil der anderen, als heteronome Zumutung abzuwehren.

Die Adäquität der Kantischen Ethik in dieser Lage liegt aus mindestens zwei Gründen auf der Hand. Sie entlastet zum einen von der für Motivmoralen unerträglichen Paradoxie, daß moralisches Handeln lediglich durch die Aussicht auf jenen Achtungsgewinn motiviert sein könnte, die es dem Handelnden im Normalfalle einträgt. Und sie suggeriert eine Grundlage für Geltung und Sanktionierung der Moral, die von Interaktionskontrollen unabhängig ist und gerade darin einer Gesellschaft entgegenkommt, in der diese Kontrollen sich aus strukturellen Gründen zu lockern beginnen und schließlich in Selbstkontrollen interaktionseigener Komplexität überführt werden, die auch ohne Garantie gesellschaftlicher Unterstützung und Anschlußfähigkeit operationsfähig sind.

Die *Inadäquität* liegt darin, daß der kategorische Imperativ letztlich nur die Erfahrung der Geselligkeit selbst auf den Begriff bringt. (Deren eigener Begriff kann daher bei Kant in die Anthropologie und damit auf eine theoriesystematisch eher zweitrangige Position abwandern.) Die Rejektion der Unterscheidung von Zwecken und Mitteln in Anwendung auf Sozialverhältnisse, die er formuliert, setzt die Deutung der Geselligkeit als Selbstzweck nur fort. So entsteht eine von Interaktion auf Bewußtsein umgeschriebene (und *darin* auch mit stärkerer Differenzierung von Interaktion und Gesellschaft besser vereinbare) Theorie sozialer Verhältnisse, die aber auf symmetrische Sozialverhältnisse als auf ihr Modell fixiert bleibt und so an dem zunehmenden Gewicht der Asymmetrie in allen funktional spezifisch beanspruchten Interaktionen vorbeigreift. In den Reflexionstheorien von Funktionssystemen, die vorwiegend asymmetrische Interaktionen zu ordnen haben, wird dies rasch bemerkt und durch Deflationierung der zunächst inflationär rezipierten Theoriesymbole des Kantianismus sowie durch Bemühung um stärkere Distanz zur ethischen Reflexionsform der Moral quittiert.[152] (Das Recht beispielsweise wird als Freiheit zu unmoralischem Verhalten *definiert.*)

Diese für die Moderne klassische Semantik der autonomen Interaktion hatte sich noch ganz und gar an der älteren Logik der Repräsentation orientiert. Sie diente zur Auszeichnung einiger weniger Interaktionen als repräsentativ für die Gesellschaft im ganzen. Kulminationspunkte des Sozialen, an denen es nicht weiter verbessert werden kann, wurden gesucht. Die Logik der Perfektion wurde nicht verlassen, sondern fortgesetzt. Aber zusammen mit der stratifizierten Gesellschaft, die Anhaltspunkte für solche Auszeichnungen vorgab, hatte sich auch die Möglichkeit einer repräsentativen Interaktion aufgelöst. Sozialmodelle vom Typus der Geselligkeit wurden in Abweichung von der Form der gesellschaftlichen Differenzierung geschätzt. Sie wurden spätestens seit der Verbürgerlichung des Themas, die es an funktionale Differenzierung anpaßt, gerade aufgrund ihrer Differenz zur sonst überall praktizierten Ordnung empfohlen. Aber die Änderung greift zu tief, als daß man darauf mit einem bloßen Wechsel von Repräsentation zu Gegenrepräsentation reagieren könnte. Sie betrifft nicht die makrostrukturelle Einbettung bzw. Ausbettung der repräsentativen Interaktion, sondern das Prinzip der Repräsentation selbst. Man kann eine in Schichten differenzierte Gesellschaft durch ihren Spitzen oder durch ein genau davon sich abwendendes Kontrastprogramm der geselligen Interaktion zu repräsentieren hoffen. In der modernen Gesellschaft fehlt es an dieser Möglichkeit. Weder die funktionsspezifischen Interaktionen in den Schulen, den Gerichten, den Fabriken und Kran-

---

152 Siehe dazu die Rekonstruktion der zunächst emphatischen, dann aber sehr rasch nachlassenden Begeisterung für das Sittengesetz in den Reflexionstheorien des Rechts ebenso wie der Erziehung bei Niklas Luhmann, Theoriesubstitution in der Erziehungswissenschaft: Von der Philanthropie zum Neuhumanismus, in: ders., Gesellschaftsstruktur und Semantik: Studien zur Wissenssoziologie der Gesellschaft, Bd. 2, Frankfurt 1981, S. 105-195.

kenhäusern noch die in den Freizeitbereich abgedrängten Kontrastprogramme dazu,[153] weder die Arbeit noch der Kneipenbesuch repräsentieren die moderne Gesellschaft. Und selbst die Interaktionen der Protestbewegungen nehmen an, daß die Gesellschaft als Adressat des Protestes außerhalb der Interaktion stattfindet.

Eben deshalb überzeugt erst jetzt eine *Semantik* der Gesellschaft, die aus der Perspektive aller Interaktionen etwas Interaktionsfernes und Ungreifbares, etwas Entfremdetes und Anonymes meint und es damit ausschließt, daß irgendeine Interaktion *sich selbst* damit identifiziert. Die moderne Gesellschaft kann in ihren Interaktionen nicht mehr repräsentiert werden. Die Entwicklung der Sozialsemantik, die es ausschließt, sich die Gesellschaft nach Maßgabe der guten Gesellschaft vorzustellen und diese wiederum nach Interaktionsmodellen zu denken, war insofern kein semantischer Betriebsunfall, sondern das Korrelat zur stärkeren Differenzierung von Interaktion und Gesellschaft.

VII.

Wir folgen hier der Hypothese, daß die moderne Hochsemantik für Soziales an Erfahrungen mit freigesetzter Interaktion anschließt und deshalb für die Sozialität der modernen Gesellschaft und ihrer Funktionssysteme zunächst keine adäquaten Begriffe oder allenfalls Abwehrbegriffe bereithält. Wir wollen zeigen, daß diese letztlich interaktionistische Sozialsemantik kein zureichendes Verständnis der modernen Gesellschaft ermöglicht, aber auch als Integrationsformel für die Selbstkritik dieser Gesellschaft zu kurz greift. Ein weiteres, aber unter diesem Gesichtspunkt zu wenig rekonstruiertes Beispiel dafür ist neben der Semantik der geselligen auch die Semantik der *öffentlichen Interaktion*. Da dieser Interaktionstyp in vielen Hinsichten nach dem Paradigma der geselligen Interaktion begriffen wird und seinerseits als Gegenstruktur zu gesellschaftlicher Differenzierung fungiert, können wir uns hier kürzer fassen.

153 Vgl. Theodor M. Bardmann, Die mißverstandene Freizeit: Freizeit als soziales Zeitarrangement in der modernen Organisationsgesellschaft, Stuttgart 1986.

Gewiß ändert sich beim Übergang vom einem zum anderen Interaktionstyp das Verständnis von Repräsentation. Repräsentativ ist die öffentliche Interaktion nicht als exemplarische Vollzugsform von Sozialität. Repräsentativ sollen vielmehr die *Meinungen* sein, die aus diesem Anlaß gebildet werden. Meinungen können aber, wenn publiziert, auch außerhalb der Interaktion wichtig werden. Sie können vor allem in Interaktionen *anderer Art* relevant sein, weil der Träger der Meinung – öffentlich schon gebunden – dabei derselbe bleibt.[154] Die Selbstsinngebung der öffentlichen Interaktion greift denn auch deutlich über den Kreis der gerade Anwesenden hinaus. Sie beansprucht eine Verbindlichkeit, die auch und gerade für Abwesende gelten soll. Das Verhältnis zur Gesellschaft wird nicht nach dem Muster einer *in operativer Hinsicht* paradigmatischen Realisierung, es wird vielmehr nach dem Muster einer kompetenten *Beobachtung* gedacht. Der Schwerpunkt wird dabei aus der Sozialdimension in die Sachdimension verschoben, und die bis heute anhaltende Assoziation der Begriffe für Öffentlichkeit und für Vernunft ist davon nur das semantische Echo. Im Begriff der Vernunft ist die Differenz zwischen Anwesenden und Abwesenden aufgehoben. Er gilt auf beiden Seiten dieser Unterscheidung. Er bezeichnet eine Generalisierung, die ihren Problembezug auf der Ebene des Gesellschaftssystems hat, und findet sich insofern mit der Ausdifferenzierung und gesellschaftlichen Folgenlosigkeit der ihn tragenden Interaktion keineswegs ab.

Schon die gesellige Interaktion hatte Modelle für spezifisch soziale Rationalität ausgearbeitet, die aber nur in reflektierter Differenz zur Gesellschaft im übrigen praktiziert werden konnten. Mit der Semantik des Nutzens, die zunächst noch so etwas wie Anschlußfähigkeit außerhalb der Interaktion suggeriert hatte,

---

154 Daß dies auch ohne öffentliche Selbstfestlegung möglich sei, ist die These bei Fichte, Freimaurerei (a. a. O.), S. 191 f. In der inklusiven Interaktion unter den »Brüdern« sollen die Angehörigen der Oberschicht ihre Anmaßung, die Angehörigen der Unterschicht ihre Scheu, die Gelehrten ihre Herablassung und die Nichtgelehrten ihre Vorurteile gegen Pedanterie abstreifen, zunächst im Verhältnis zu den jeweils Anwesenden und dann auch bei Wiederholung ähnlicher Konstellationen außerhalb der geheimen Interaktion. Diese Idee zehrt noch ganz von der Vorstellung, daß die Person beim Übergang aus der einen Interaktion in die andere dieselbe bleibt. Aber wie realistisch ist diese Erwartung, wenn die eine der beiden Interaktionen geheimgehalten wird und in der anderen folglich ohne Sichtbarwerden von Inkonsistenzen auch ignoriert werden kann?

ging jeglicher über die Interaktion selbst hinausweisende Gehalt verloren. Die als »Selbstzweck« (Schleiermacher) praktizierte Geselligkeit kennt nichts dergleichen mehr. Es handelt sich um Inseln für perfekte Sozialität. Der darin implizierte Gehalt an Exklusion fand zunächst wenig Aufmerksamkeit, weil er sich im Kontext einer stratifizierten Gesellschaft ohnehin von selbst verstand. Repräsentation hing in jeder Hinsicht davon ab, daß nicht alle daran teilhaben können. Nur durch Abweichung vom Allgemeinen (das unter diesem Aspekt dann auch als das allzu »Gemeine« erschien) konnte eine Oberschicht Oberschicht sein.

Die am Beispiel der Geselligkeit abgelesene Semantik läßt sich aber, gerade weil sie zuletzt den Begriff des Sozialen (oder in der Sprache der Zeit: des Menschen als Menschen) erfaßt und schon darin etwas denkbar Inklusives hat, auf solchen Punkten einer nur insulären Verwirklichung nicht sistieren. Sie ist als Semantik notwendig allgemeiner, als die Oberschichteninstitution der Geselligkeit es jemals sein könnte. Sie schießt als Idee über die Sozialform, an der sie gewonnen wurde, hinaus und läßt am Ende diese Sozialform selbst als unvollständige Institutionalisierung erkennbar werden.[155] Die Semantik bringt zum Beispiel, je mehr sie Sozialität von den Individuen her begreift, um so weniger Verständnis für Exklusion auf.[156] Niklas Luhmann schreibt hierzu:[157] »Eine Zeitlang noch kann auf der Ebene der Interaktion eine Art sozialer Rationalität durchgehalten werden, die letztlich einer geschichteten Gesellschaftsformation entstammt und nicht ›für alle ist‹. Wird diese Herkunft negiert und wird die Idee der Interaktion hochstilisiert in Richtung auf interpersonale Interpenetration anspruchsvoller und interessierter Individuen, verliert der Begriff seinen gesellschaftlichen Halt. Eine Interaktion dieser

---

155 In genau diesem Sinne heißt es denn auch bei Wucherpfennig, Freiheit und Vaterland (a.a.O.), S. 352: »Das sozialethische Modell der Geselligkeit läßt sich nicht institutionalisieren.«
156 Deutlich wird auch dies bei Fichte, a.a.O., S. 187: Inklusion in die Logen sei Inklusion in humane Perfektion (im Unterschied zu den Einseitigkeiten und sonstigen Unvollkommenheiten eines nur bürgerlichen Daseins). Aber die »elitäre« Konsequenz, die darin liegt, wird abgewehrt mit der These, daß gerade die Absonderung der Logen einer beschleunigten Inklusion der gesamten Bevölkerung in den Zustand der perfekten Humanität dienen und sie durch ihre Rückwirkungen auf den Alltag der Gesellschaft herbeiführen soll.
157 Interaktion in Oberschichten (a.a.O.), S. 155.

Typik überschreitet das, was man im Gesellschaftssystem institutionalisieren könnte.«

So entsteht eine neuartige Spannung zwischen Sozialsemantik und Sozialstruktur, auf die man in verschiedenen Richtungen reagieren kann. *Entweder* man generalisiert den Begriff des Sozialen, so daß er die Differenz zwischen Interaktion und Gesellschaft übergreift. Aber dann muß man Angaben über Steigerbarkeit mitdifferenzieren mit der Folge, daß es unwahrscheinliche Möglichkeiten der Strukturierung von Gesellschaftssystemen gibt, die kein direktes Interaktionskorrelat mehr besitzen, das sie repräsentieren könnte, ebenso wie es umgekehrt unwahrscheinlich strukturierte Interaktionen gibt, die sich nicht mehr (oder nur noch im Wege der Ideologisierung) zu einer Beschreibung der Gesellschaft hochrechnen lassen. Innerhalb dieses Begriffsrahmens – und es ist derjenige, den wir hier wie auch sonst innerhalb dieser Untersuchung verwenden – wird aber unerfindlich, warum ausgerechnet die gesellige Interaktion ausgerechnet die moderne Gesellschaft sollte repräsentieren können – irgend mehr als die funktional spezifisch in Anspruch genommenen Interaktionen, ganz zu schweigen von den über alles Interaktionsmögliche hinausreichenden Synthesen im Bereich der Kommunikationsmedien oder des Organisationswesens der modernen Gesellschaft.

Oder man hält am interaktionistischen Begriff des Sozialen fest, läßt als dessen Perfektionsform nur Interaktionsmodelle gelten und beschreibt die moderne Gesellschaft von dort aus in einer (soziologisch wenig sinnvollen) Sprache der Desozialisierung, die zur Kritik aufruft. Dieser Begriffsrahmen wird erst mit der Gewöhnung an die Differenzierung von Interaktion und Gesellschaft in Führung gehen. Er wird erst mit dem Scheitern der interaktionistischen Sozialutopien[158] und erst mit der darauf reagierenden Unterscheidung von Gemeinschaft und Gesellschaft aktuell.

Eine *dritte Möglichkeit* besteht darin, die von der Interaktion her gewonnene Semantik gesellschaftsweit zu institutionalisieren. Das setzt aber voraus, daß ein Respezifikationsmechanismus mitinstitutionalisiert werden kann, der sicherstellt, daß die semanti-

---

158 Vgl. dazu Mauser, Geselligkeit (a.a.O.).

schen Vorgaben nicht in der unpraktischen Höhe einer bloßen Idealisierung hängenbleiben. Und genau dies scheint die öffentliche Interaktion zu versuchen. Sie setzt die evolutionäre Errungenschaft einer mindestens dem Anspruch nach makrostrukturfrei verlaufenden Interaktion voraus und versucht von dort aus zu *reproduzierbaren Reduktionen* zu gelangen, die auch Abwesende engagieren und genau darin gesamtgesellschaftlich folgenreich sind.

Zunächst ist das in diesem Zusammenhang vielleicht etwas Ungewöhnliche an der Betonung ausgerechnet von *Interaktion* zu erläutern. Selbstverständlich setzt das, was seit dem achtzehnten Jahrhundert mit Begriffen wie öffentliche Meinung oder schließlich sogar mit dem Kollektivsingular der Öffentlichkeit schlechthin belegt wird, den Buchdruck voraus, der eine alles Bisherige überbietende Form der interaktionsfreien Kommunikation etabliert und damit ein neuartiges Niveau der Differenzierung von Interaktion und Gesellschaft normal werden läßt. Während dies für einen heutigen Beobachter auf der Hand liegt,[159] hat man im historischen Rückblick auf das Selbstverständnis von Zeitgenossen den Eindruck, daß dies noch im achtzehnten Jahrhundert keineswegs so gesehen wurde. Bei Öffentlichkeit war zunächst an eine besondere Art von Interaktion unter Anwesenden gedacht. Das Öffentliche wird nach dem Muster einer inklusiven Interaktion verstanden. Es erscheint als »totale Anwesenheit«.[160] Das neue Verbreitungsmedium wurde nach Maßgabe dessen begriffen, was man schon kannte, und man kann von heute aus

---

159 Dazu neuerdings David Zaret, Printing and the »Invention« of Public Opinion in the English Revolution, in: American Journal of Sociology 101 (1996), S. 1497-1555.
160 Diesen Ausdruck wählt Manheim, Öffentliche Meinung (a. a. O.), S. 53, um die thematische Inklusivität der öffentlichen Interaktion zu bezeichnen. Eigentlich geht es um die Anwendung von Weltbegriffen auf die Interaktion, weil nur so klargestellt werden kann, daß Spezifikation und Universalismus zugleich realisiert werden sollen. Vielleicht kann man sagen: Solange man soziale Systeme, die so etwas leisten, im konkurrenzlosen Singular sich vorstellen kann, solange gibt es Repräsentation. Vgl. dazu auch die auf davorliegende Traditionen gemünzte Bemerkung bei Goldsmith, Exclusive Conversations (a. a. O.), S. 7: »›Le monde‹, the seventeenth-century designation for elite society, suggests a notion of restricted exclusivity that is at the same time all-encompassing, it encloses everything (of any importance) within its boundaries.«

leicht erkennen, daß diese Unterschätzung der Neuheit und ihrer Folgen eine der Vorbedingungen für die Einführung der Neuheit selbst war. Die Evolution bevorzugt, wie üblich, den Umweg. Dementsprechend fehlt jeder Begriff, der nicht nur mündliche, sondern auch schriftliche und gedruckte Kommunikation einschließen würde. Statt dessen hält man in vielen Hinsichten an den semantischen Vorgaben einer älteren Gesellschaft fest, die schon über Schrift verfügte, aber gleichwohl in ihren Alltagsvollzügen weitgehend durch mündliche Kommunikation bestimmt war. Auch nach dem Zerfall der Rhetorik hält man fest an der Auszeichnung (die aber als Auszeichnung nicht reflektiert wird und nicht reflektiert werden kann) von Interaktion. Der Strukturwandel der Öffentlichkeit, über den im Anschluß an Habermas viel diskutiert wird, besteht nicht zuletzt darin, daß diese Fixierung auf mündliche Kommunikation im Übergang zum neunzehnten Jahrhundert zerbricht und daß man dann auch über Öffentlichkeit anders denken und kommunizieren muß als zuvor.

Zunächst aber blieb die klassische Beschreibung der schriftlichen und gedruckten Kommunikation als sekundär im Vergleich mit der Interaktion trotz aller Revisionen noch intakt. Man sah zwar, daß der Buchdruck die Indifferenz gegen eigene andere Rollen in technischer Weise sicherstellt und dadurch das Abstreifen von partikularen Gruppeninteressen oder persönlichen Vorurteilen erleichtert. Die rhetorische Abwertung des Interaktionsunterbrechers Schrift wird daraufhin revidiert.[161] Auch mit Hinblick auf diesen Vorteil der Neutralisierung anderer Rollen (und also nicht nur aus Furcht vor der politischen Zensur) wurde das anonyme Publizieren gepflegt.[162] *Anonymität* ist hier noch ein deutlich

---

161 Siehe dazu Gisbert Ter-Nedden, Das Ende der Rhetorik und der Aufstieg der Publizistik: Ein Beitrag zur Kulturgeschichte der Aufklärung, in: Hans-Georg Soeffner (Hrsg.), Kultur und Alltag, Göttingen 1988, S. 171-191 (177): »Die Abwesenheit des Lesers beim Schreiben und des Schreibers beim Lesen, in der rhetorischen Tradition negativ als zu kompensierender Mangel bestimmt, erfährt in der Aufklärungspublizistik eine emphatische Positivierung, und zwar als Angebot eines von allen persongebundenen Rücksichten und Vorurteilen freien Sachbezugs.«
162 Siehe dazu Discourse der Mahlern, Zürich 1721, S. 8, zitiert nach Ter-Nedden, a. a. O., S. 177: Anonymität ermögliche es, daß der Leser sich »von allen Vorurtheilen entfernet, welches des Autors Nahme, Farbe, Habit, Statur, Alter,

positiv besetztes Wort, das so etwas wie die Jedermann-Sozialität bezeichnet und darin mit politischen Hoffnungen auf Inklusion konvergiert. Die Konnotation des Unpersönlichen und Unansprechbaren, des Unverantwortlichen und des Inauthentischen (im Sinne der Heideggerschen Kulturkritik an der Sphäre des »Man«) scheint das Wort erst seit der zweiten Hälfte des neunzehnten Jahrhunderts zu beherrschen.

Auch sah man, was die Entlastung von Interaktion für die *Freisetzung von Urteilsvermögen und Kritik* bedeutet. Die Kritik muß über Zustimmung oder Ablehnung nun nicht mehr sofort urteilen. Über Hunderte von Seiten hinweg, schreibt etwa Christian Garve,[163] könne man dem Autor des Buches folgen, ohne doch ein einziges Mal selber zu urteilen. Ein Gespräch dagegen falle auseinander, wenn nicht jeder, »nachdem er die Begriffe und Meinungen anderer angehört hat, zu erkennen giebt, daß auch er über den Gegenstand etwas gedacht habe«.[164]

Andererseits orientiert sich schon das Gedruckte selbst nach wie vor am *Modell der Interaktion unter Anwesenden*. Die Texte beschreiben sich, auch wo sie nicht in Dialogform vorliegen, als Fortsetzung der Interaktion mit anderen Mitteln.[165] Deutlich gilt dies für die moralischen Wochenschriften, wie sie von England her an Verbreitung gewinnen.[166] Teils verstehen sie sich als nachträgliche Berichterstattung an diejenigen, die nicht anwesend sein konnten (so als könnte das Interaktionsgedächtnis der Teilnehmer dadurch ersetzt werden), teils erteilen sie Ratschläge für ge-

---

Verwandtschaft, Autoritaet einem blöden Gehirne einspinnen könnte. Der Scribent sei ein Grieche, ein Römer, oder ein Phenizier; er nenne sich einen Philosophen, einen Rhetor oder einen Grammaticum, er habe seinen Namen von einem Ritter-Sitz oder von einem Handwerk. Für all dieses muß er (der Leser, A.K.) nicht die geringste Consideration haben. Er hat keine Relation, als mit der Evidenz.«

163 Über Gesellschaft und Einsamkeit (a.a.O.), S. 79f.
164 Aber auch Garve denkt die Lektüre ganz traditionell immer noch als »Umgang« – wenn auch natürlich mit Abwesenden und möglicherweise sogar mit Toten; so a.a.O., S. 55. Daß dieses Verständnis von Kommunikation jeden genaueren Begriff von Interaktion und damit auch von Buchdruck blockiert, liegt auf der Hand.
165 »All of the writers studied here viewed their own texts as conversations«, liest man etwa bei Goldsmith, a.a.O., S. 2.
166 So auch Hölscher, Öffentlichkeit (a. a. O.), S. 432. Siehe ferner Martens, Botschaft der Tugend (a.a.O.).

fälliges Interaktionsverhalten. Und selbst wo man sich das Lesen schon nicht mehr nach dem Muster des Vorlesens[167] vorstellt und sich statt dessen an das Paradigma einer einsamen Aktivität hält, die den Rückzug aus der Interaktion verlangt,[168] wird der Text noch für Verbreitung durch und Anwendung in der Interaktion publiziert. Zutreffend hat Dieter A. Berger die dazu passenden Publikationsformen als »konversational« charakterisiert.[169] Selbst das Ereignis der Publikation wird ja zunächst noch, von den Akademien bis zu den Salons, als Vortrag des Textes unter Anwesenden inszeniert. Die Interaktion hält, um es mit Habermas zu sagen, »das Monopol auf Erstveröffentlichung«.[170] Was an öffentlicher Interaktion *noch* vor Augen stand, trübte so den Blick für das, was sich als Realität der Massenmedien *schon* abzuzeichnen begann.[171]

Auch wird das Publikum vorerst noch vorwiegend in Interaktionsbegriffen gedacht.[172] Als Zeitschriftenherausgeber will Wieland zum Beispiel einen Bund mit dem Publikum schließen, und Lessing hält es sogar für angebracht (und also für möglich), das Publikum zu seinem Vertrauten zu machen.[173] Aber die Kategorie des Bundes schließt ein, daß man andere ausschließen kann, und Vertrauen setzt Diskretion voraus. Beides ist mit »Öffentlichkeit« nicht gut kompatibel. Hölscher spricht daher auch vom

167 Zur Prominenz des öffentlichen Vorlesens speziell in der französischen Revolution und zum Zusammenhang mit fehlender Literalität in Unterschichten und in der Provinz siehe Brigitte Schlieben-Lange, Mündlichkeit und Schriftlichkeit in der Französischen Revolution, in: A. Assmann/J. Assmann/Chr. Hardmeier (Hrsg.), Schrift und Gedächtnis: Archäologie der literarischen Kommunikation, Bd. I, München 1983, S. 194-211 (204 ff.).
168 So ganz deutlich bei Garve, a.a.O. Siehe zur Parallelkonstruktion des einsamen, seine Einsamkeit betonenden Autors auch John Sitter, Literary Loneliness in Mid-Eighteenth-Century England, London 1982.
169 Konversationskunst (a.a.O.), S. 209.
170 Strukturwandel der Öffentlichkeit (a.a.O.), S. 49. Das interaktionistische Publikationsverständnis auch der Akademien und wissenschaftlichen Gesellschaften ist behandelt bei Rudolf Stichweh, Zur Entstehung des Systems wissenschaftlicher Disziplinen: Physik in Deutschland 1740-1890, Frankfurt 1984, S. 394 ff. (406 f.).
171 Schlieben-Lange, a.a.O., spricht hier auch von Semi-Oralität.
172 Siehe zur Orientierung am Interaktionsparadigma des Theaterpublikums in frühen französischen Belegen für die Verwendung des Begriffs Auerbach, La cour et la ville (a.a.O.), S. 12.
173 Siehe dazu die Belege bei Hölscher, Öffentlichkeit (a.a.O.), S. 436 ff.

Publikum als »fiktivem Partner«.[174] Solche Belege zeigen an, wie ungebrochen die Tradition einer in ihrem Alltag weitgehend oral prozessierenden Schriftkultur war, und sie lassen zugleich erkennen, wie wenig das, was wir heute mit Öffentlichkeit verbinden, im Horizont der Zeitgenossen von damals, die der Erfindung dieses Kollektivsingulars beistanden, präsent war.

Die vielleicht deutlichste Kontinuität im Verhältnis von geselliger und öffentlicher Interaktion liegt darin, daß es sich in beiden Fällen um *Gegendifferenzierungen* handelt. An der Tradition von Sozialstruktur und Semantik des Öffentlichen läßt sich das Neuartige dieser spezifisch modernen Wendung gegen die Differenzierungsform der Gesellschaft gut ablesen.

In der segmentären Gesellschaft fehlt jeder Bedarf dafür, das Öffentliche als solches zu bezeichnen und es gegen andere, auch mögliche Arten von Sozialität zu differenzieren.[175] Die interaktionstypische Erfahrung einer gleichen Teilhabe aller an dem, was geschieht, läßt sich noch über Interaktion hinaus verlängern und geht in dieser Form in die Erfahrung der Gesellschaft selbst ein. Dem entspricht der in der Ethnologie häufig wiederholte Befund, wonach es unter diesen Umständen keine oder so gut wie keine Privatheit gibt.[176] Sich absondernde Zweierbeziehungen werden ungern gesehen und haben nicht viele Möglichkeiten, sich zu entfalten. Intimität und Privatheit kommen damit als mögliche Gegenbegriffe zu Öffentlichkeit nicht in Betracht. Aber auch die Unterscheidung von geheim und öffentlich, die hier von der für Religion konstitutiven Unterscheidung von sakral und profan kaum zu unterscheiden ist, wird eben dadurch blockiert und steht innerhalb des Profanbereichs nicht zur Verfügung. Beide Gegenbegriffe zu Öffentlichkeit, Privatheit und Geheimnis, entstehen erst unter komplexeren Bedingungen und erst

---

174 In systemtheoretischer Reformulierung besagt dies, daß der Publikumsbegriff nicht auf Systemumwelten, sondern auf (möglicherweise interaktionsfähige) Umweltsysteme bezogen wird.

175 Vgl. dazu Klaus E. Müller, Die Apokryphen der Öffentlichkeit geschlossener Gesellschaften, in: Sociologia Internationalis 29 (1991), S. 189-205; ders., Das magische Universum der Identität: Ein ethnologischer Grundriß, Frankfurt 1987.

176 Vgl. dazu Joshua Meyrowitz, Media Theory, in: David Crowley/David Mitchell (Hrsg.), Communication Theory Today, Cambridge 1994, S. 50-178 (62 ff.).

auf evolutionären Niveaus, auf denen dann auch die Unterscheidung von Interaktion und Gesellschaft wichtiger wird. Mit dem Wechsel der Differenzierungsform und mit den dadurch ermöglichten Anfängen der Ausdifferenzierung eines politischen Systems, das sich selbst von der Ordnung der Familien und Haushalte unterscheidet und gerade dies als evolutionäre Errungenschaft feiert, spielt sich die Unterscheidung zwischen oikos und polis ein. Das ermöglicht es, den Begriff des Politischen vor allem durch den Unterschied zur Sphäre des Hauses zu bestimmen. Als Folge davon entsteht jener von heute aus gesehen außerordentlich weite, noch zu Beginn des achtzehnten Jahrhunderts durchaus gebräuchliche Begriff des Politischen,[177] der das Verhalten außerhalb des Hauses schlechthin meint und dieses zugleich als öffentlich einstuft.[178] Die Semantik des Öffentlichen befindet sich in dieser (wenn man so will: »republikanischen«) Phase ihrer Entwicklung in Übereinstimmung mit der Form der gesellschaftlichen Differenzierung. Sie ist nicht als Gegensemantik dazu gebildet, und will man ihr überhaupt einen polemischen Richtungssinn unterlegen, dann zielt er innerhalb der Unterscheidung von oikos und polis gegen das Haus und gegen die Zumutung einer unmittelbar politischen Relevanz der von dorther in die Politik hineinragenden Ansprüche, Rollenengagements und sonstigen Vorgaben. Das öffentliche und somit politische Verhalten soll dadurch nicht konkret bestimmt werden, weil es nur unter Abstreifen derartiger Bindungen möglich ist, die Politik als einen begrenzt eigenständigen Handlungsbereich zu organisieren, der nicht einfach ein Anhang der Häuser ist, sondern aus der Distanz zu deren Ordnungen prozessiert.[179]

177 Siehe nur Christian Thomasius, Kurtzer Entwurff der politischen Klugheit (a. a. O.).
178 Siehe auch Hölscher, a. a. O., S. 420.
179 Vgl. dazu die Deutung bei Niklas Luhmann, Öffentliche Meinung, in: ders., Politische Planung: Aufsätze zur Soziologie von Politik und Verwaltung, Opladen 1971, S. 1-33, 21: »Ganz deutlich zielt der politische Öffentlichkeitsbegriff der Antike auf die Stadt im Sinne der Plätze, Themen und Anlässe, die allen gemeinsam sind, und neutralisiert damit all das, was Sache der Häuser und Familien ist. Berücksichtigt man die Evolutions- und Denkgeschichte, die den Übergang von archaischen zu hochkultivierten Gesellschaften herbeigeführt hat, wird klar, daß Öffentlichkeit nicht gegen die Einzelpersönlichkeit mit ihrem Bedarf für privaten Intimbereich gezielt war – gerade seine Individualität als Mensch gewinnt der einzelne ja erst in der politischen Öffentlichkeit –, sondern

Vor diesem Hintergrund fällt auf, daß der moderne Umbau der Semantik des Öffentlichen und vor allem der noch heute gebräuchliche Kollektivsingular der Öffentlichkeit unter völlig anderen Bedingungen anlief. Vor allem muß man sehen, daß es nun nicht mehr möglich scheint, die Semantik des Öffentlichen durch Einordnung des damit Gemeinten in das Schema der gesellschaftlichen Differenzierung zu bestimmen. Der moderne Begriff der Öffentlichkeit bezieht sein Pathos gerade aus der Differenz zur Hauptform der gesellschaftlichen Differenzierung, und dies sowohl dann, wenn man dabei an die alte Ordnung der Schichten denkt, als auch mit Blick auf die sich herausbildende Ordnung der Funktionssysteme. Er stellt in seiner entwickelten Form eine Art von Vernunftkontrolle dieser Funktionssysteme (und darunter vor allem: der Politik) in Aussicht, die ihre eigene Rationalität nun gerade nicht mehr aus der Einordnung der sie tragenden Kommunikationen in das Schema der gesellschaftlichen Differenzierung, sondern umgekehrt durch die Abweichung davon erhalten soll.

Mit der ehemals paradigmatischen Stellung des Politischen ist es spätestens seit dem Übergang zur Moderne vorbei. Das politische System wird zu höherer Autonomie ausdifferenziert, und damit entfallen die externen Bindungen, die ehedem in der strukturellen Kopplung an Schichtung gelegen hatten. Der Glaube an die gesamtgesellschaftliche Rationalität der Politik zerfällt, und statt dessen wird die Eigenlogik des Politischen stärker betont, aber auch deutlicher als zuvor in ihren Grenzen bewußt. Die Diskussion über Staatsräson ist dafür ein Beispiel neben vielen anderen. Der Begriff der Öffentlichkeit behält jedoch seinen gesamtgesellschaftlichen Problemhintergrund und muß sich daher auch und gerade gegen die Politik wenden. Das Verhältnis zwischen beiden wird nicht mehr als Einheit, sondern als Differenz begriffen. Entsprechend wird der Begriff nun mit einer bewußt vollzogenen Distanzierung auch und gerade gegenüber den politischen Rollenzusammenhängen sowie der mit ihnen assoziierten Tendenz zur Geheimhaltung weiterverwendet.[180] Der moderne

---

daß die Rollenbindungen der archaischen Geschlechterverbände getroffen und eingeschränkt werden sollten«.
180 So auch Luhmann, a.a.O., S. 21.

Begriff der Öffentlichkeit gehört insofern in die Reihe der Gegenbegriffe zu funktionaler Differenzierung. Und es ist kein Zufall, daß er noch heute vor allem mit der Kritik dieser Gesellschaft befaßt ist. Er gehört nicht ohne Grund zu den Lieblingsbegriffen der kritischen Theorie, richtet sich hier inzwischen auch und gerade gegen das Funktionssystem der Massenmedien und stellt die hier anfallenden Unzufriedenheiten unter Gesichtspunkten wie Manipulation oder Vermachtung zusammen. Das führt dann in das Schisma zwischen kritischer und manipulativer Öffentlichkeit und in die daran anschließende Suche nach Transformationsregeln. Im achtzehnten Jahrhundert konnte von einer solchen Wendung des Begriffs gegen die Massenmedien noch keine Rede sein. Der Buchdruck wurde schon praktiziert, aber noch nicht reflektiert – und bei Öffentlichkeit dachte man eher an eine fortgeschrittene Variante dessen, was ehedem als Geselligkeit praktiziert wurde, als an ein durchorganisiertes Funktionssystem, das zur Durchführung eigener Operationen gerade auf Unterbrechung von Interaktion angewiesen ist. Auch Begriff und Kritik der Masse selbst sind ja deutlich späteren Datums.[181]

All dies aber leuchtet ein auf der Grundlage von Interaktion. Die »Träger der öffentlichen Meinung« (Manheim) – das sind im achtzehnten Jahrhundert vor allem kleine, diskutierende Zirkel, die in vielen Hinsichten an das Paradigma der Geselligkeit erinnern. Hier wird die öffentliche Meinung durch Diskussion erzeugt, und es sind die strukturellen Merkmale dieses sozialen Systems der Interaktion, die die Vermutung tragen, daß das, was hier überzeugt, auch in beliebigen anderen Kontexten überzeugend sein müßte. Die Garantie für die Bestimmbarkeit gesamtgesellschaftlicher Rationalität liegt in der Ausdifferenzierung von Diskussion als Interaktionssystem. Mit Ausdifferenzierung ist hier vor allem eine Leistung der Neutralisierung gemeint. Neutralisiert werden die anderen eigenen Rollen der Beteiligten. Das heißt nicht, daß man sie nicht thematisieren könnte, wohl aber, daß sie nicht einfach als Gleitschiene für rollenspezifische Ansprüche und Gewißheiten in die Interaktion hineinwirken, son-

---

181 Vgl. dazu Benno Wagner, Von Massen und Menschen: zum Verhältnis von Medium und Form in Musils *Mann ohne Eigenschaften*, in: Fuchs/Göbel, Der Mensch – das Medium der Gesellschaft? (a.a.O.), S. 264-297.

dern in ihr zur Diskussion stehen. Die diskutierenden Zirkel verzichten, wie man das auch nennen könnte, auf strukturelle Kopplung an gesellschaftliche Teilsysteme. Sie fühlen sich keinem bestimmten Sozialsystem und keinem spezifischen Rollenzusammenhang in besonderer Weise verpflichtet. Das Ergebnis der Diskussion soll rational sein nicht deshalb, weil die Interaktion der Struktur der Gesellschaft entspricht, sondern umgekehrt deshalb, weil sie als Abweichung davon organisiert ist.

Faktisch mögen die Zirkel nur den Oberschichten (oder wie man dann auch sagte: den »gebildeten Ständen«) offengestanden haben. Aber das eigentlich Interessante liegt nicht in diesem Zusammenhang mit Schichtung, der ja ohnehin zu erwarten ist, sondern darin, daß er nicht als Argument in die Diskussion eingeführt wird. Nicht in der mehr oder minder schichthomogenen Zusammensetzung des Teilnehmerkreises liegt das historisch Neue, sondern in der Absicht auf Neutralisierung dieser wie jeder anderen vorgezeichneten Bindung an die Gesellschaft. Wenn die diskutierenden Zirkel eine Oberschichteninstitution waren, dann waren sie doch eine Oberschichteninstitution, die den Glauben daran verloren hatte, daß die Schichtung der Gesellschaft zugleich auch die Erkenntnispotentiale differenziert. Wer oben steht, sieht nicht unbedingt weiter oder besser, als wer sich eine Stufe darunter befindet.

Man kann sich über die Unwahrscheinlichkeit dieser Idee gar nicht genug wundern. Die Vermutung einer positiven Korrelation zwischen Gesellschaftsstruktur und Kognition, die in stratifizierten Gesellschaften so selbstverständlich ist, daß sie gar nicht erwähnt werden muß, wird durch die Vermutung einer negativen Korrelation ersetzt: Jede spezifische Art, in der ein Mensch an Gesellschaft mitwirken kann, steht unter dem Verdacht, seine Optik zu verzerren. Jedes Teilsystem, das in Rollenkategorien unterschieden und bezeichnet werden kann, macht sich des Partikularismus verdächtig. Die Differenzierung der Inklusion führt zu einer Vielzahl von Perspektiven, von denen keine plausibel beanspruchen kann, daß sie die gesamtgesellschaftlich einzig richtige sei. Nicht die Art und Weise, wie man der Gesellschaft angehört, soll den Zugang zum gesellschaftlich Allgemeinen eröffnen und damit ungleich verteilen. Vielmehr ist ein Zugang zum gesellschaftlich Allgemeinen überhaupt nur noch dort mög-

lich, wo jeder spezifische Zusammenhang mit der gesellschaftlichen Differenzierung erfolgreich neutralisiert werden kann.
Die Wissenssoziologie wird später von der freischwebenden Intelligenz sprechen – und sich dafür viel Kritik einhandeln. Aber der Konstruktionsplan dieses paradoxen Begriffs liegt schon dem System der diskutierenden Interaktion zugrunde, das dann die Semantik der öffentlichen Meinung aus sich hervortreibt.[182] Hier wie dort wird das Schema der gesellschaftlichen Differenzierung als ein *epistemologisches Hindernis* eingeschätzt, und hier wie dort kann die trotzdem noch mögliche Darstellung der Gesellschaft daher nur in Abweichung vom Schema der Differenzierung erreicht werden. Es unterliegt keinem Zweifel, daß dies eine genuin moderne Figur ist. Aber wie kann die differenzierte Gesellschaft in der differenzierten Gesellschaft ohne Rücksicht auf Differenzierung beobachtet werden? Wie lassen sich die »Entzweiungen«, als deren Inbegriff sich die bürgerliche Gesellschaft beschreibt, in der Perspektive einer Versöhnung sehen, wenn das Versöhnende doch nicht außerhalb, sondern nur innerhalb des Entzweiten lokalisiert sein kann und dies wissen müßte?
Die heute übliche Wissenssoziologie der Semantik von Öffentlichkeit nimmt an, daß dies nur in der alten Form einer Hypostasierung von Teilsystemen der Gesellschaft geschehen kann: Das Bürgertum kann seinen Standpunkt und sein Klasseninteresse noch nicht reflektieren und rundet sich statt dessen zur Menschheit auf. Dieser Denkstil hat sich inzwischen mit seinen eigenen Argumentationsmitteln und Evidenzen versorgt. Er ist damit aber auch als Beobachtung erkennbar geworden, und man könnte heute nach den Trägern dieser Vorstellung von den Trägern der öffentlichen Meinung fragen. Im Rahmen der hier gewählten Perspektive läge es näher, diese Paradoxie dadurch aufzulösen, daß man zwischen gesellschaftlicher und sozialer Differenzie-

---

182 Das erklärt auch, warum Manheim, Öffentliche Meinung (a. a. O.) seine Darstellung des Strukturwandels der Öffentlichkeit so schreiben kann, daß dabei deutlich wird, inwiefern die Einsicht in die soziale Kontingenz allen Wissens, die der Wissenssoziologie als Ausgangspunkt und Problemformel dient, unterschwellig schon die klassische Semantik von Öffentlichkeit charakterisiert. Die Abhängigkeit des Wissens vom Standort seines Trägers in der Gesellschaft wird nicht bestritten, sondern gerade betont, aber man nimmt noch an, daß dies durch öffentliche Diskussion kuriert werden kann.

rung unterscheidet. Die Frage nach der gesellschaftlichen Differenzierung bezieht sich immer auf die Differenzierung des Gesellschaftssystems. Sie fragt nach der Form, die soziale Systeme respektieren müssen, um Teilsystem der Gesellschaft selbst sein zu können. Die Frage nach der sozialen Differenzierung zielt dagegen auf soziale Systeme, die gar nicht den Anspruch erheben, Teilsystem der Gesellschaft zu sein. Interaktionen und Organisationen sind prominente Beispiele dafür. Systeme dieser Art entstehen nicht durch Differenzierung des Gesellschaftssystems und auch nicht durch Wiederholung dieser Differenzierung innerhalb von Subsystemen oder von Subsubsubsystemen der Gesellschaft. Sie entstehen vielmehr aufgrund einer eigenständigen Lösung für das Problem der doppelten Kontingenz. Sie hängen zwar, da auch dies nur durch Kommunikation möglich ist und also nur in der Gesellschaft geschehen kann, vom System der Gesellschaft und insofern auch von der Form seiner Systemdifferenzierung ab, sind aber nicht darauf angewiesen, sich selber im Schema dieser Differenzierung zu verorten, sondern können auch ohne derartige Anlehnungen gebildet werden. Beide Unterscheidungen hängen insofern zusammen, als der Wechsel der Differenzierungsform zugleich das Ausmaß der sozialen Differenzierung anwachsen läßt: In der funktional differenzierten Gesellschaft sind Interaktionen und Organisationen mehr denn je auf Selbstorganisation mit Eigenmitteln verwiesen.

Stellt man sich demgemäß Interaktionen in mehr oder minder großer Differenz zum Schema der gesellschaftlichen Differenzierung vor, dann versteht man besser, wie das achtzehnte Jahrhundert auf die Idee kommen konnte, gerade die Kritik der modernen Gesellschaft von freigesetzter Interaktion zu erwarten. Die Unabhängigkeit vom Schema der gesellschaftlichen Differenzierung, die man in unterschiedlichen Akzenten sowohl an der geselligen wie auch an der öffentlichen Interaktion hervorhebt, ist nicht einfach erschlichen, sondern hat ihre Realität in der Trennung zwischen gesellschaftlicher und sozialer Differenzierung.[183]

183 Auch Luhmann, Öffentliche Meinung (a. a. O.), S. 11, verwendet die Theorie der Systemdifferenzierung (und nicht etwa die sehr viel konkreter ansetzende Theorie der bürgerlichen Gesellschaft), um den sozialstrukturellen Ort zu beleuchten, an dem die Semantik der Öffentlichkeit produziert wurde. Aber er differenziert nicht zwischen sozialer und gesellschaftlicher Differenzierung und

Eine Oberschicht könnte zum System der Stratifikation gar nicht auf die Distanz gehen, die man sich von der Interaktion her gesehen immerhin vorstellen kann.
Aber wie wurde diese Distanz realisiert?
Ein wichtiges Merkmal der diskutierenden Zirkel war die fehlende Differenzierung von Konflikt und Kooperation.[184] Man argumentierte gegen den, dessen Zustimmung man damit gewinnen wollte. Der Gegner ist also nicht strukturell als Gegner definiert, sondern seine Gegnerschaft wird als abhängig vom Verlauf der Diskussion selber gesehen und kann sich im Prinzip jederzeit in Zustimmung verwandeln. Umgekehrt sind die Zustimmenden nicht schlechthin zur Fortsetzung ihrer Unterstützung verpflichtet, sie können sich vielmehr nach einem Wechsel (oder nach einer Wendung) des Themas auf die andere Seite schlagen, *ohne den Vorwurf der mangelnden Loyalität fürchten zu müssen*. Es gehört mit zu diesem Verständnis von Öffentlichkeit, daß jeder Diskussionsteilnehmer sowohl mit Zustimmung als auch mit Ablehnung erwartet wird, und daß beides allein von der Sachdi-

---

versucht im übrigen, mit nur zwei Formen von gesellschaftlicher Differenzierung auszukommen: mit segmentärer und mit funktionaler Differenzierung. Die diskutierenden Zirkel erscheinen dann zwar als segmentär differenziert. Aber dies wird gleichsam direkt als Widerspruch zur funktionalen Differenzierung und daher als chancenlos angesehen. Oben im Text wird versucht herauszubekommen, was geschieht, wenn man statt dessen zwischen gesellschaftlicher und sozialer Differenzierung unterscheidet. Und meine Vermutung wäre, daß der vermeintliche Widerspruch zwischen segmentärer und funktionaler Differenzierung sich auf diese Weise umgehen und zugleich normalisieren läßt: Interaktionen (und ebenso: Organisationen) sind im Verhältnis zueinander immer segmentär differenziert. Das heißt freilich nicht, daß wir der Diagnose der Chancenlosigkeit widersprechen. Wir ändern nur die Begründung dafür.
184 Siehe dazu Manheim, a.a.O. Für Manheim liegt hier der Gesichtspunkt, an dem man die »transzendentale« Öffentlichkeit des achtzehnten von der »pluralistischen« Öffentlichkeit des neunzehnten Jahrhunderts unterscheiden kann. Vgl. auch Luhmann, Öffentliche Meinung (a. a. O.), S. 11. Die grundsätzliche Bedeutung der Nichtunterscheidung dieser beiden Sozialmodelle und ihre Angewiesenheit auf eine Umwelt von schon reduzierter Komplexität (garantierbar zum Beispiel durch Verwendung nur innerhalb der Interaktionszusammenhänge von Oberschichten) wird herausgearbeitet bei Niklas Luhmann, Legitimation durch Verfahren, Neudruck der 2. Auflage Frankfurt 1983, S. 50f., 185f.; siehe ferner ders., Diskussion als System, in: Jürgen Habermas/Niklas Luhmann, Theorie der Gesellschaft oder Sozialtechnologie: Was leistet die Systemforschung?, Frankfurt 1971, S. 316-342.

mension, also vom Thema der Diskussion abhängen soll. Was damit vermieden werden soll, ist eine strukturelle Verfestigung der Gegnerschaft in dem Sinne, daß man vom Gegner immer nur Ablehnung, von den eigenen Leuten dagegen immer nur Zustimmung erwartet (so daß Kooperation nur gruppenintern praktiziert werden muß). Das setzt eine im Verhältnis zu schon etablierten Konfliktfronten abweichend strukturierte Interaktion, also Ausdifferenzierung ihres Systems voraus. Auf diese Weise werden Sachthemen und Sozialbeziehung als lose gekoppelt vorgestellt. Auf diese Weise war es möglich, die auf Konfliktvermeidung spezialisierte Geselligkeit in ein System für Diskussion kontroverser Meinungen zu überführen, ohne sie eben damit auf einen Konflikt zulaufen zu lassen, an dem sie zerbrochen wäre. Der Konflikt wurde unter der Ideologie gemeinsamer Wahrheitssuche betrieben, und die polemogenen Implikationen gerade des Buchdrucks wurden nicht reflektiert.[185]

Die Idee der Öffentlichkeit beruht auf der Ausdifferenzierung eines diskutierenden Sozialsystems, das alle strukturellen Kopplungen an die Gesellschaft ausschaltet. Dadurch entsteht im System hohe, noch unbestimmte Eigenkomplexität. Diese Komplexität wird symbolisiert durch die Vorstellung, alles könne Thema werden und jeder nur denkbare Standpunkt sei an Diskussion zu beteiligen. Diese Idee der Öffentlichkeit beschreibt die Interaktion bereits als geschlossenes und nur dadurch offenes System. Die Geschlossenheit liegt darin, daß nur öffentliche Kommunikation öffentliche Kommunikation soll bestimmen können. Was immer den Anspruch darauf erhebt, einen Unterschied für die Diskussion zu machen, muß sich in der Diskussion selbst bewähren oder bewährt haben. Der Hinweis auf Bewährungserfolge in nichtöffentlicher Kommunikation reicht nicht aus. Brauchtum und Sitte, Herkommen und Überlieferung – all das wird zur Diskussion gestellt. Im Prinzip wird damit beansprucht, daß alle etwaigen Strukturen der öffentlichen Kommunikation ihrerseits auf öffentliche Kommunikation zurückgeführt werden können.

---

185 Vgl. dazu Hay, Darstellung des Menschenhasses (a. a. O.), S. 92, der die Befürchtung von Zeitgenossen wie Lichtenberg wiedergibt, wonach der zum Publizieren erforderliche Interaktionsverzicht die Streitlust weit über das hinaus steigere, was in der Interaktion zu erwarten sei.

Was als Struktur akzeptiert werden soll, ist entweder das Kondensat der öffentlichen Diskussion oder ein bloßes Vorurteil, das erst noch zu prüfen wäre. Was in der gesellschaftlichen Umwelt des diskutierenden Systems als Struktur fungiert, kann innerhalb der Diskussion selbst bestenfalls Thema sein.[186] Die Struktur wird in einen Horizont versetzt, der sehr viel mehr andere Möglichkeiten enthält. Sie ändert dadurch ihren Sinn, nämlich ihre Selektivität. Sie gerät unter völlig neuartige Bedingungen der Reproduzierbarkeit dieses Sinnes. Und es wird zum Test für den Wert der Struktur, ob es ihr auch unter diesen Bedingungen gelingt, sich zu halten. Mit dem Übergang in die Öffentlichkeit verwandeln sich Strukturen in Themen und Latenzen in Kontingenzen. Daß alles auch anders sein könnte, wird als operative Prämisse benutzt, die die Interaktion selbst steuert. Die dementsprechende Offenheit liegt darin, daß unter dieser Bedingung im Prinzip alles behandelt werden kann. Keine mit der Einrichtung der Welt oder der Gesellschaft schon festliegende Schranke der Zugänglichkeit möglicher Themen wird akzeptiert. Eben deshalb enthält der Begriff eine polemische Spitze gegen das Motiv der Geheimhaltung, ja er wird durch deren Ablehnung geradezu definiert.

Nach der Gewöhnung an Massenmedien tritt auch diese Form der repräsentativen Interaktion deutlich zurück. Hoffnungen werden von Enttäuschungen abgelöst in dem Maße, in dem man zu begreifen lernt, daß die Massenmedien sich auf der Grundlage von interaktionsfreier und hochgradig organisierter Kommunikation reproduzieren müssen und dabei mehr und mehr die üblichen Merkmale eines ganz normalen Funktionssystems hervortreten, Merkmale von Interaktion dagegen zurücktreten. Dies betonen zum Beispiel die »Zwölf Reden über Beredsamkeit und über deren Verfall in Deutschland«, die Adam Müller 1816 publizieren läßt.[187] Der Text folgt der seinerzeit gängigen Mode, auch anspruchsvolle Texte zunächst in öffentlichem Vortrag zu erproben und sie sodann unter Titeln wie »Vorlesungen« oder »Reden« drucken zu lassen. Er tut dies in der Meinung, daß

---

186 Man erkennt die Radikalität dieser Wendung auch an der Ablehnung von Gedächtnis; siehe dazu mit weiteren Belegen Manheim, a.a.O., S. 103.
187 Zitiert nach der Ausgabe Stuttgart 1983 (hrsg. von Jürgen Wilke).

die Wissenschaft dabei sei, »endlich gesellig zu werden«.[188] Die Semantik der Geselligkeit, die doch gerade durch Differenzierung gegenüber der Rhetorik erzeugt wurde,[189] ist dabei so tief in Müllers eigene Konzeption des Rhetorischen eingewandert, daß er das asymmetrische Sozialmodell der Rede umstandslos zur Perfektionsform einer Symmetrie stilisieren kann,[190] die durch den Buchdruck gefährdet, wenn nicht zerstört worden sei. Die Asymmetrie der Interaktion, die immerhin noch durch Reziprozität gehalten wird, sei der Asymmetrie ohne Reziprozität vorzuziehen, die allein der Buchdruck zu bieten habe.

Die Kulturkritik, die der Text übt,[191] registriert denn auch den Zerfall der repräsentativen Interaktion und rechnet ihn auf den Buchdruck zu.[192] Er spielt rhetorische gegen publizistische Formen der öffentlichen Wirksamkeit aus und begründet dies unter anderem mit einer Kritik an den *konstruktivistischen Effekten* der Druckpresse. Die über den Buchdruck als »Zaubermittel der Öffentlichkeit«[193] laufende Kommunikation wird hier schon als eine Art der Erzeugung von Eigenwerten begriffen, die sich gegenüber jeder Deckung durch faktischen Konsens verselbständigt habe. So beruhe die revolutionäre Wirkung der französi-

---

188 A.a.O., S. 9. Da es sich um eine gedruckte Kritik der Folgen des Buchdrucks handelt, kann man in dieser interaktionistischen Stilisierung auch eine Blockiertechnik gegen autologische Rückschlüsse sehen.
189 Siehe dazu Göttert, Kommunikationsideale (a.a.O.).
190 Begriffstechnisch läuft dies über eine allgemeine Beschreibung der Kommunikation vom *Verstehen* her, in dem die Interessen der Beteiligten konvergieren; siehe dazu vor allem die dritte Rede. Die Voraussetzungen für Verstehbarkeit, die man am Ende des neunzehnten Jahrhunderts wohl als soziales Apriori bezeichnet hätte und heute vielleicht als Kultur bezeichnen würde, werden bei Müller als fundamentale »Einigkeit über eine gewisse Grundform« (a.a.O., S. 22 f.) sei es der geselligen, sei es der öffentlichen Interaktion begriffen, die zugleich *nur* durch Interaktion reproduziert werden könne und die der Buchdruck daher in Frage stelle.
191 Vgl. dazu Claudia Henn-Schmölders, Sprache und Geld oder »Vom Gespräch«: Über Adam Müller, in: Jahrbuch der Schillergesellschaft 21 (1977), S. 327-351.
192 Siehe dazu die Rückblicke auf »das große französische Gespräch über die höheren Angelegenheit des Lebens, welches im Jahrhundert Ludwigs des XIV. begann«, aber »seit etwa zwanzig Jahren allmählich zu verlöschen und in ein totes Formenwesen zu zerfallen scheint«, a.a.O., S. 22.
193 A.a.O., S. 130.

schen Schriftsteller vom Typ Voltaire nicht sowohl auf der Lektüre ihrer Bücher als vielmehr darauf, daß diese Wirkung ihrerseits zum Thema der öffentlichen Kommunikation gemacht wurde und dabei folgenreich überschätzt werden konnte,[194] offenbar weil Interaktionserfahrungen nicht mehr mithalten konnten und damit auch als mögliche Revisionsinstanz suspendiert waren. Die öffentliche Kommunikation schließe sich durch Rekursivität, während »alle anderen Wege, in den Gang des öffentlichen Lebens einzugreifen, mit Beschwerden und Mühseligkeiten überladen sind«.[195]
Es fehlt nur noch die Einsicht, daß Rekursivität auch noch diese Einsicht in das Artifizielle der Medienereignisse verkraften kann. Es fehlt noch die Einsicht in die volle, nämlich konstruktivistische Autonomie der Massenkommunikation, die *alle* ihre gesellschaftlichen Folgen selbst konstruieren muß und daher auch etwaige Überschätzungen oder Unterschätzungen nur selbst identifizieren und gegebenenfalls korrigieren kann.[196] Müller dagegen nimmt umgekehrt an, daß die Faszination, die solche Medienereignisse immer noch ausüben, zusammen mit der (doch wohl nicht: gesprächsweisen) Verbreitung der Einsicht in ihr Fiktives abklingen werde. Daher sei die politische Zensur ebenso überholt,[197] wie es umgekehrt lachhaft sei, den in keiner Interaktion mehr zu bewährenden »Mut« von Schriftstellern zu rühmen.[198] Die Zukunft gehöre vielmehr einem Modell der öffentlichen (und zugleich geselligen) Rede, das den Buchdruck lediglich zur Kodifikation von Interaktionserfolgen benötigt und keine davon unabhängige, sich selbst stabilisierende Karriere der »Publizisten« und ihrer Themen mehr kennt.[199] Müller hat dem Re-

194 A.a.O., S. 124f.
195 A.a.O., S. 124.
196 Siehe zum heute verfügbaren Korrekturmechanismus der »Meinungsforschung« die Deutung bei Luhmann, Die Realität der Massenmedien, 2., erweiterte Auflage, Opladen 1996, S. 160f.
197 A.a.O., S. 128.
198 A.a.O., S. 123. Das Gegenmodell ist offenbar jene Ehre, die sich zur Abwehr ihrer Gefährdung auf den Waffengang schicken läßt.
199 Müller betont (S. 125), daß es hier eine »Laufbahn ganz außerhalb der bürgerlichen Verhältnisse und ihrer Beschwerden« gebe. Das nimmt die Muster der später einsetzenden Kritik des Intellektuellen als überdeterminiert durch Semantiken und unterdeterminiert durch Sozialstrukturen vorweg und zeigt zugleich an, daß das klassische Öffentlichkeitsmodell der Rollenneutralisierung

alitätsgehalt dieser Imagination vertraut. Er wähnt sich selbst am Beginn einer Epoche, in der die Ausdifferenzierung der Massenkommunikation rückgängig gemacht werden wird. Er träumt von einer Rückkehr zur halben Oralität des Vorlesens (und sogar: des Abschreibens) von Texten, in der die Differenzierung von Interaktion und Gesellschaft zurückgenommen sei. Daß dies ein Irrtum war, ist von heute aus leicht zu erkennen, denn »das eigentliche Zeitalter von Massendruck und Massenpresse stand noch bevor«.[200]

VIII.

Was die Interaktion in Verlängerung ihrer selbst als Gesellschaft in Aussicht gestellt hatte, das wird an der modernen Gesellschaft nur vermißt werden können. Die Interaktion wird an der Gesellschaft gesucht – und nicht gefunden. Spätestens im Laufe des neunzehnten Jahrhunderts hat die Semantik des Gesellschaftsbegriffs die Konnotationen des Fernen und Ungreifbaren, des Unpersönlichen und des Überabstrakten in sich aufgenommen. Spätestens seit dieser Zeit versteht es sich von selbst, daß man die Gesellschaft nicht *wahrnehmen* kann, so daß man theoretischer Unterstützung bedarf, wenn man sie gleichwohl bestimmen will. Spätestens seit dieser Zeit wendet man sich an Intellektuelle in der Hoffnung, daß sie einem noch *sagen* können, was offenbar schon nicht mehr zu sehen ist, wenn man die Einheit der Gesellschaft als unanschauliche Einheit zu erfahren und zu begreifen hat.[201] Und spätestens seither unterliegt jede Aussage über die

---

nun nicht mehr als Korrektiv, sondern als Unterfall von Spezialisierung begriffen wird.
200 a.a.O., S. 209 (Nachwort des Herausgebers).
201 Vgl. dazu auch die Kritik an der Unterscheidung zwischen konkreter und abstrakter Sozialität bei Martin Albrow, Globalization: Myth and Reality, London (Roehampton Institute) 1994, S. 8: Die Unterscheidung sei ihrerseits konkretistisch, da sie als konkret nur eine solche Sozialordnung gelten lasse, die sich innerhalb wahrnehmbarer Grenzen hält und dabei verkenne, »that it is meaning, sustained over both presence and absence, that grounds social relationships, rather than the senses alone«. In der Gleichsetzung der abstrakten mit der wahrnehmungsfern konstituierten Sozialität steckt für Albrow nicht nur der latente Interaktionismus der Sozialsemantik, sondern auch ein spezifisch

Gesellschaft dem Ideologieverdacht, gerade weil es an in der Interaktion verfügbaren Anhaltspunkten zur ihrer Überprüfung zu fehlen scheint.

In engem Zusammenhang damit beginnt die Karriere dessen, was man die großen *Protestbegriffe gegen funktionale Differenzierung* nennen könnte. Ich denke dabei an Begriffe wie »Gemeinschaft« oder »Lebenswelt« oder »Alltag«. Die Soziologie hat keinen dieser Begriffe je wirklich geklärt. Nicht einmal terminologisch werden sie strikt unterschieden. In dem dafür zuständigen Jargon würde man zum Beispiel sagen können (auch wenn es nicht zutrifft): Die lebensweltlichen Vollzüge des Alltags entsprechen eher dem Sozialmodell der Gemeinschaft als dem Sozialmodell der Gesellschaft. Gerade an der eigentümlichen Redundanz solcher Formulierungen kann man erkennen, daß es sich in allen drei Fällen um Gegenbegriffe zu funktionaler Differenzierung handelt. Eben deshalb kommt es auf die Definition der Begriffe nicht an. Sie ziehen ihren Gehalt ohnehin aus dem Gegenbegriff und aus der polemischen Beziehung zu dem, was er bezeichnet. Das hat es der Soziologie erleichtert, sie zu verschmelzen. Die dadurch erzeugte Semantik bezeichnet das, was an der modernen Gesellschaft (und zunehmend auch an der Theorie dieser Gesellschaft) vermißt wird – und dies nicht nur im Falle des Gemeinschaftsbegriffs, der ja seit dem neunzehnten Jahrhundert als Gegenbegriff zu Gesellschaft fungiert, sondern auch in den anderen beiden Fällen: So kann man die Lebenswelt vom System der Gesellschaft und ihre Alltagsvollzüge von deren Verunstaltung durch die Experten und ihre »Rationalität« unterscheiden.

Alle diese Begriffe scheinen daran erinnern zu wollen, daß die gesellschaftliche Differenzierung immer auch einen Bereich des dadurch nicht Mitdifferenzierten produziert und nur so überhaupt möglich ist. Das Unbehagen an der Form der gesellschaftlichen Differenzierung kann sich in dieses Undifferenzierte zurückziehen und daraus eine Art von Gegenterminologie gewinnen, die dann aber mehr oder weniger romantische Züge annimmt.[202] Es wird versucht, eine Position zu markieren, von

wissenschaftliches Erkenntnishindernis, das mit der empiristischen Wissenschaftstheorie und ihrer Wahrnehmungsüberschätzung zusammenhänge.
202 Als Vorteil mag man immerhin buchen, daß auf diese Weise eine strukturel-

der aus man die Gesellschaft und ihre Funktionssysteme gleichsam von außen oder doch jedenfalls ohne Selbstsubsumtion unter die dadurch erzeugten »Systemzwänge« beobachten kann. Dazu paßt der Befund, daß die Semantik der Protestbewegungen bevorzugt auf diese Konzepte zurückgreift: Man denkt »kommunitaristisch«. Man stellt sich vor, die Lebenswelt könne eine Welt und gleichwohl bedrohbar sein. Oder man läßt sich auf die Suche nach einer Politik schicken, die nicht mehr in den Zentralen und eigentlich überhaupt nicht mehr innerhalb des politischen Systems gemacht wird, sondern im Alltag.[203]

Man darf die wissenschaftliche Bedeutung solcher Gegenbegriffe nicht überschätzen: Sie organisieren nicht viel an Theoriebildung. Aber ebenso falsch wäre es, wenn man ihre gesellschaftliche Bedeutung unterschätzt, denn sie sind hochplausibel,[204] wirken allein dadurch in komplexer Weise auf die Wissenschaft zurück und können hier sogar für den Prozeß der Theoriesubstitution relevant werden.

Es ist unter diesem Gesichtspunkt aufschlußreich, daß Parsons, der von allen jenen Gegenbegriffen nur den der Gemeinschaft kannte, ihn ohne Rückstand im analytischen System der funktionalen Differenzierung aufgehen ließ. Das hat ihm die Kritik eingetragen, die Reichweite funktionaler Differenzierung maßlos zu überschätzen. Es ist nicht unwahrscheinlich, daß diese Zweckentfremdung von Begriffen, die in ohnmächtiger Weise auf ein Jenseits der Differenzierungsform deuten oder sie jedenfalls zu unterscheiden versuchen, am Rezeptionsschicksal der Parsonsschen Theorie mitbeteiligt war. Nach der oben vorgetragenen Überlegung ist es leicht zu sehen, wo der Theoriedefekt liegt. Parsons geht zwar über alle repräsentationslogischen Vorstellungen von gesellschaftlicher Differenzierung hinaus. Die Einheit des Systems liegt in der Form seiner Differenzierung. Aber Par-

---

le Kopplung von Wissenschaftssystem und Protestbewegung (und insofern auch: eine Nachfolgesemantik für den Marxismus) zustande kommt, die aber vermutlich auch nicht alle Möglichkeiten der wechselseitigen Irritation ausnutzt, sondern ihrerseits zur »Verschmelzung« tendiert.
203 Dazu prominent Ulrich Beck, Die Erfindung des Politischen, Frankfurt 1993.
204 Der Begriff der Plausibilität wird hier selbstverständlich in wissenssoziologischer Absicht gebraucht.

sons kann diese Form nicht von ihrer anderen Seite unterscheiden. Er muß sie als Form ohne Außenseite praktizieren und schließlich auf die Welt selbst projizieren. Alles, was funktionale Differenzierung in Frage stellen könnte, wird in ihr untergebracht.
Die Entwicklung der Sozialsemantik führte die Soziologie vor eine Alternative, von der sie sich bis heute nicht erholt hat. Sie kann entweder die Gegenbegriffe rückstandslos in das analytische System funktionaler Differenzierung auflösen. Dann wird die Gemeinschaft zu einem Teilsystem der Gesellschaft neben anderen erklärt. Oder man hält daran fest, daß hier etwas bezeichnet wird, was im System der funktionalen Differenzierung nicht aufgeht, und beschreibt es sodann als Nichtsystem. Und ich vermute: Solange die Systemtheorie sich auf die erste Alternative festlegt, wird man auch die zweite nicht loswerden. Aber kann all dies überhaupt anders sein? Und wie muß man über den Begriff der gesellschaftlichen Differenzierung disponieren, damit es anders wird? Kann, wer die funktionale Differenzierung nicht fetischisieren will, nur das Undifferenzierte gegen sie ausspielen? Oder das »Interpenetrierende«? Oder das »Hybride«?
Der Begriff des Nichtsystems ist keineswegs unsinnig. Aber ein Systemtheoretiker würde das Nichtsystem immer als Umwelt eines anderen Systems interpretieren und dann wissen wollen, um wessen Umwelt es jeweils geht. Den Kritikern bleibt die Konsequenz dieser Überlegung verschlossen. Sie müssen die Unterscheidung zwischen System und Umwelt von der Unterscheidung zwischen System und Nichtsystem unterscheiden. Nur so können sie sich selbst als Nichtsystem beschreiben und sich zugleich die Einsicht ersparen, daß das, was sie selbst als »System« kritisieren, Teil ihrer eigenen Umweltsicht ist. Nur so können sie übersehen, daß sie selbst ein Nichtsystem nur in der Perspektive eines anderen Systems sind, und auch dies nur dann, wenn dieses System sie lediglich auf der Ebene einer Beobachtung erster Ordnung identifiziert. Nur so können sie als freischwebende Intelligenz oder als selbsternannter Retter der Lebenswelt auftreten. Dadurch geraten sie aber, so oder so, in Gegensatz zu biologisch, psychologisch und soziologisch längst verfügbarem Wissen. So entsteht eine merkwürdige Konstellation: Systeme werfen Syste-

men vor, daß sie Systeme sind. Wollen sie den autologischen Rückschluß vermeiden, daß ihre Kritik auch auf sie selbst zutrifft, müssen sie sich selbst als Nichtsysteme begreifen.
Die Gesellschaft beschreibt Sozialität immer noch primär interaktionsbezogen und kann sich selbst daher nur in Differenz dazu erfassen. Man benutzt Interaktionsbegriffe, um die Gesellschaft zu kritisieren.[205] Oder man idealisiert die Einheit von Interaktion und Gesellschaft und kommentiert von dort aus die Realitäten. Oder man futurisiert diese Einheit und bringt sie auf die Vorstellung eines vernünftigen Konsenses unter freiwillig Anwesenden, auf den gegenwärtig – zu warten sei. Wie immer das gemacht wird, ob als Theorie der Entfremdung oder als Unterscheidung von Ideal und Wirklichkeit oder schließlich als Wiedereintritt dieser Unterscheidung in die Wirklichkeit selbst unter der Doppelform der immer schon erhobenen (immer schon wirklichen) Geltungsansprüche und des Wartenmüssens auf ihre Einlösung – an der Einheit der Ausgangsunterscheidung von Interaktion und Gesellschaft ändert dies gar nichts. Die zusätzlichen Unterscheidungen von Kritiker/Kritisiertes, Ideal/Wirklichkeit, Geltungsanspruch/Einlösung des Geltungsanspruchs werden eingesetzt, um die Ausgangsunterscheidung zugleich benutzen und die Frage nach ihrer Einheit – vermeiden zu können. Alle diese Strategien kommen darin überein, daß sie eine soziologische Aufklärung ihrer selbst abwehren müssen. Der Versuch dazu erscheint dann als Soziologismus. Die Soziologie habe zu akzeptieren, daß es hier um etwas Höheres geht – so wie ehedem gegenüber der Religion.
Solche Strategien mögen als Selbstbeschreibung der Gesellschaft überzeugen oder auch nicht. Die Frage ist nur, ob sie sich auch als Soziologie eignen. Und hier kann man einerseits Zweifel haben und andererseits Alternativen anbieten. Um mit den Zwei-

---

205 Siehe hierfür auch Martin Albrow, The Age of Globality, MS 1994, S. 265: »In the late modern period there has been an overriding emphasis on the primacy of presence, face to face and physical contact as the fundamental constituents of social relationship. It has been the counterpart of the myth of the primordial rural community contrasting with modern structures remote from human feeling. It has been the basis of the dominant internal critiques of modern society. But distance in time and space, discontinuity in presence and contact, is constitutive of relationships in general and it is this which gives them the quality of being in the mind.«

feln zu beginnen: Wenn man Sozialität von der Interaktion her begreift und sie von der Gesellschaft als System unterscheidet, dann liegt der blinde Fleck darin, *daß der Begriff des sozialen Systems unkonstruierbar wird.* An den Funktionsbereichen der modernen Gesellschaft kann der Systemcharakter nur um den Preis ihrer Sozialität, an den sonstigen Bereichen die Sozialität nur um den Preis ihres Systemcharakters betont werden. Und Systembildung selbst muß dann als eine Art von innergesellschaftlicher Desozialisierung begriffen werden. Soziale Einheiten, auf die der Systembegriff anwendbar ist, erscheinen damit automatisch als verdinglicht, als entfremdet, als den Menschen und ihren Intentionen entrückt – so als ob etwas anderes überhaupt möglich wäre.

Zum Beweis dafür, daß etwas anderes möglich sei, wird dann die Interaktion selbst aufgerufen. Die Interaktion unter Anwesenden wird unter dem Vorzeichen ihrer systemischen Unschuld zum Thema. Sie wird als Nichtsystem begriffen: als unmittelbare Begegnung zwischen Menschen, als echtes Gespräch, als herrschaftsfreier Diskurs. Man muß dann behaupten: Die Schwelle, von der an man psychische und soziale Systeme getrennt sehen muß, sei hier noch nicht überschritten. Nur unter dieser Bedingung kann man auf die Idee kommen, Interaktionstheorien gegen Systemtheorien auszuspielen. Nur unter dieser Bedingung kann man Interaktionsmodelle in einer Begriffssprache entwickeln, in der von Menschen und ihren Beziehungen die Rede ist. Aber all das paßt nicht zu der in der Soziologie seit langem verfügbaren Einsicht, daß auch Interaktionen soziale Systeme sind und nur so überhaupt vorkommen.[206] Es wäre eine ganz willkürliche Beschränkung und ein Verzicht auf heute schon möglichen Erkenntnisgewinn, wollte man Interaktionen von einer systemtheoretischen Analyse ausnehmen. Die Unterscheidung von System und Sozialität mag dazu zwingen. Aber dann wäre es vermutlich an der Zeit, die Unterscheidung selber zu wechseln. Auf dem heutigen Stand des soziologischen Wissens gibt es keinen Grund mehr zu glauben, die Interaktion unter Anwesenden sei in ir-

---

206 Siehe zu Interaktion als »little system« mit einem »human and physical environment« Karin Knorr-Cetina, The micro-social order: Towards a reconception, in: Nigel G. Fielding (Hrsg.), Actions and Structure, London 1988, S. 20-54 (28).

gendeinem Sinne »sozialer« als beispielsweise die Wirtschaft oder das Recht oder die nach Parteien differenzierte Politik. Für die Entscheidung, den Begriff des Sozialen derart einzuengen (oder auch nur: mit Richtung auf Perfektionspunkte derart zu straffen), gibt es heute keine wissenschaftlichen Gründe mehr, sondern allenfalls »politische« Gründe oder auch solche, die in der Rücksicht auf Massenmedien liegen.

In der Theorie von Habermas ist das auf die Spitze getrieben: Er stellt sich vor, daß die Gesellschaft differenziert ist in einen Bereich des eigentlich Sozialen und in einen anderen Bereich, der gerade umgekehrt aus Enklaven für desozialisiertes Handeln besteht. Die Konsequenz besteht unter anderem darin, daß diese vorgeblich desozialisierten Bereiche *abgeschrieben* werden. Ihre Beschreibung obliegt anderen Theorien, die das Entfremdete in einer entfremdeten Begriffssprache erfassen und ihm so, durch Ähnlichkeit gleichsam, gerecht werden. Die eigene Theorie wird *daneben* entwickelt. Schon damit ist nicht nur auf eine facheinheitliche Theorie, sondern auch auf einen spezifisch soziologischen Beitrag zur Theorie beispielsweise der Wirtschaft vorab verzichtet.[207]

Daß dies unbefriedigend ist, liegt auf der Hand und wird hier nicht zum ersten Mal registriert. Wir fragen daher noch einmal: Gibt es andere Möglichkeiten? Kann man all das an der Gesellschaft, worauf ihre funktionale Systemdifferenzierung nicht zutrifft, nur entweder ignorieren oder es zum Nichtsystem erklären? Oder könnte man nicht auch für das, was nicht mitdifferenziert wird, einen systemtheoretischen Begriff etablieren? Nicht als Begriff natürlich, soviel ist klar, für ein Gesamtsystem des Nichtdifferenzierten. Aber vielleicht als Begriff für Systeme, die unabhängig von der Form der gesellschaftlichen Systemdifferenzierung entstehen und nur so überhaupt möglich sind?

---

207 Siehe als Kodifikation dieser Verzichte Jürgen Habermas, Theorie des kommunikativen Handelns, 2 Bde., Frankfurt 1981.

IX.

Um diese Frage zu beantworten, müssen wir ganz zum Schluß noch ein letztes Mal auf die Geselligkeitssemantik zurückkommen. In unserem Jahrhundert kommt es zunächst zu einer *soziologischen Rekonstruktion dieser Semantik*, die damit rechnet, daß Gelegenheiten zu entsprechender Interaktion immer noch vorkommen und daß man daher auch Aussagen über die moderne Gesellschaft an diesen Typ binden kann. In dem Maße, als der Zweifel daran zunimmt, muß auch diese Stufe der semantischen Entwicklung verlassen werden.[208] Die einstweilen letzte Fassung des Problems der Geselligkeit nimmt daher eine wissenssoziologische Gestalt an.[209] So verläuft die Karriere des Themas auf einer Stufenleiter der zunehmenden Distanzierung: von einer Literatur, die sich noch unmittelbar an eine Einheit aus Lesebereitschaft und möglicher Anwesenheit wandte und in der Interaktion selbst als bekannt unterstellt werden konnte, über eine Soziologie, die immerhin noch mit der Realität des Phänomens rechnet, bis hin zu einer historisch gerichteten Behandlung im Kontext einer Wissenssoziologie, die sich für Korrelationen zwischen Sozialstruktur und Semantik interessiert.

Dabei fällt auf, daß der Begriff der Geselligkeit das Thema der Interaktion aus der vorsoziologischen in die soziologische Phase seiner Geschichte begleitet. *Von keinem anderen Interaktionstyp läßt sich Vergleichbares sagen.* Dies wird besser verständlich, sobald man die hier skizzierte Geschichte mit Namen belegt. Historisch gesehen kommt der Begriff der Geselligkeit von Schleiermacher, der die vorangegangene Diskussion zusammengefaßt und dabei zugleich an die unterdessen eingetretene Verbürgerlichung des Zeitgeistes angepaßt hat,[210] auf Georg Simmel, der ihm eine Zentralstellung im Aufbau seiner formalen Soziologie zuweist.[211] Und es ist genau dieser Text, an den Goffman anschließt, um seinen eigenen Begriff von Interaktion zu erläu-

---

208 Siehe etwa, schon zurückblickend, Riesman, Geselligkeit, Zwanglosigkeit, Egalität (a.a.O.). Vgl. auch ders./Robert J. Potter/Jeanne Watson, The Vanishing Host, in: Human Organization 19 (1960), S. 17-27.
209 So paradigmatisch bei Luhmann, Interaktion in Oberschichten (a.a.O.).
210 Siehe dazu Schleiermacher, Theorie des geselligen Betragens (a.a.O.).
211 Siehe dazu Simmel, Geselligkeit (a.a.O.).

tern.²¹² Selbstverständlich sind die Beziehungen zwischen Schleiermacher und Simmel ebenso wie die Beziehungen zwischen Simmel und Goffman durch Intentionen der Kritik vermittelt und insofern kein Zeugnis von unmittelbarer Kontinuität. Während Schleiermacher der geselligen Interaktion noch die Entfaltung aller spezifisch sozialen Paradoxien zutraut und von ihr so etwas wie die Versöhnung zwischen Individuum und Gesellschaft erwartet, kommen bei Simmel bereits ideologiekritische Töne hinzu. Und wo Simmel immerhin noch an der klassischen Auszeichnung gerade dieses Interaktionstyps festhält, da meldet sich bei Goffman bereits das Interesse an einer *allgemeinen Theorie der Interaktion*. Aber gerade die Bruchstellen dieser Traditionslinie machen sie für uns interessant. Gerade ihre Fortsetzbarkeit über sehr verschiedenartige Kontexte ist das Faszinierende an ihr.

Um hier weiterzukommen, muß zunächst eine Röntgenaufnahme der Theorie Simmels angefertigt werden. Dies soll hier durch die Behauptung geschehen, daß Simmel seine Soziologie vor allem durch die folgenden Begriffsentscheidungen strukturiert:

Er behandelt Soziales als zwischenmenschliche Interpenetration und führt soziale Interpenetration als abgeleiteten Fall von imperfekter Wechselwirkung ein. Schon dadurch wird seine Aufmerksamkeit auf Interaktionsfragen gelenkt – ähnliches gilt übrigens auch für die anderen Gegenklassiker einer nicht primär gesellschaftstheoretisch argumentierenden Soziologie.

Er wendet sich gegen die Begriffsstrategie des herausgegriffenen und dann generalisierten Sozialmodells, wie sie etwa von Vertragstheorien oder Konflikttheorien praktiziert wird.²¹³ Den Begriff des Sozialmodells hat Niklas Luhmann eingeführt, um eine von mehreren Grundstrategien zur Beantwortung der Frage »Wie

---

212 Vgl. Erving Goffman, Fun in Games, in: ders., Encounters: Two Studies in the Sociology of Interaction, Indianapolis 1961, dtsch. Übersetzung in Interaktion: Spaß am Spiel, Rollendistanz, München 1993.
213 Die Formulierung suggeriert hier vermutlich höhere Freiheitsgrade, als wirklich vorhanden sind. Ist der Begriff der Wechselwirkung erst einmal so spezifiziert, daß er das Spannungsverhältnis von Sozialdimension und Zeitdimension als solches artikuliert, dann können sachliche Identifikationen nur noch *innerhalb* der dadurch erzeugten Theorie aufgegriffen werden. Wir kommen darauf sogleich noch einmal zurück.

ist soziale Ordnung möglich?« zu bezeichnen.[214] Eine funktional äquivalente Grundstrategie liegt in der Metaphorisierung, die unklar werden läßt, worüber sie redet. Herausgegriffene Sozialmodelle können ihrerseits zur Metapher werden, und gerade bei starker Generalisierung ist ihnen der entsprechende Verdacht sicher – wie man vor allem an den Einwänden gegen das Metaphorischwerden des Tauschbegriffs in der Medientheorie von Parsons ablesen kann.[215] In dem Maße, in dem die Frage »Wie ist soziale Ordnung möglich?« nicht mehr nur semantische, sondern auch spezifisch wissenschaftliche Begriffsentscheidungen zu stimulieren hat (und dann auch *als Frage* formuliert und gegen die *jeweiligen* Antworten differenziert werden kann), werden solche Begriffsstrategien problematisch, und speziell für die Soziologie ergibt sich daraus ein neuartiger Bedarf an Abstraktion.

Simmel reagiert auf diesen Abstraktionsbedarf, indem er auf den Begriff der *Wechselwirkung* zurückgreift, der spätestens seit Schleiermacher eine neuartige Kombination von Sozialität und Zeit formuliert. Das Konzept reagiert auf das an der Geselligkeit entdeckte Spannungsverhältnis zwischen sozialer Symmetrie und zeitlicher Asymmetrie des Kommunikationsprozesses, indem diese zugunsten jener suspendiert bleiben soll und daher auch Kausalität inhibiert werden muß.[216] Der Vorteil liegt unter anderem darin, daß soziale Selbstreferenz nun nicht mehr nach dem Muster zirkulärer Kausalität gedacht werden muß.

214 Vgl. Niklas Luhmann, Wie ist soziale Ordnung möglich?, in: ders., Gesellschaftsstruktur und Semantik: Studien zur Wissenssoziologie der modernen Gesellschaft, Bd. 2, Frankfurt 1981, S. 195-287 (210).
215 Die Metaphorisierung des Sozialmodells Kapitalbildung durch Bourdieu begegnet deutlich geringeren Widerständen. Eine Wissenssoziologie, die sich für Aufbau und Destruktion soziologischer Theorien interessiert, hätte zu fragen, warum das so ist. Die Hypothese, daß Unterschiede in der politischen Erwünschtheit von Theoriedefekten sich auswirken, ist naheliegend.
216 Siehe dazu Luhmann, Interaktion in Oberschichten (a.a.O.), S. 160: »Kausalität wird zwar postuliert, wird zugleich aber ausgeschaltet, soweit sie asymmetrisch und irreversibel den Zeitlauf ordnet und dem Vorher und Nachher einen unumkehrbaren Sinn gibt. Die Zeit läuft weiter, ohne daß Kausalität in Anspruch genommen wird, um sie irreversibel zu machen. Die Synthese von ›Wechselwirkung‹ und ›Geselligkeit‹ setzt voraus, daß die Zeit nur chronologisch irreversibel ist; sie beruht damit auf einer vorher begrifflich nicht faßbaren Differenz von Kausalität und Zeit, also auf einer Abstraktion des Temporalbewußtseins, für die es ihrerseits gesellschaftsstrukturelle Gründe gibt.«

Im Rahmen einer Theorie der Wechselwirkung kann Simmel auf jede Hypostasierung eines Sozialmodells verzichten. Seine Soziologie hat ihren spezifischen Reichtum gerade darin, daß sie mehrere Sozialmodelle, und zwar im Prinzip gleichrangig behandeln kann. Das differenziert sie zugleich gegen die Ideologien des neunzehnten Jahrhunderts, die sich in ihren liberalistischen ebenso wie in ihren marxistischen Versionen an jeweils eines dieser Sozialmodelle (Vertrag bzw. Konflikt) gehalten hatten.[217] Zugleich wird es auf diese Weise für Simmel möglich, die Frage nach der *evolutionären Differenzierung* dieser Sozialmodelle zu stellen und sie innerhalb der eigenen Theorie zu beantworten (statt sie durch Kritik des Gegners und Dekonstruktion des von ihm bevorzugten Modells zu verleugnen). Diese Möglichkeit hat vor allem die an Simmel anschließende Kleingruppenforschung genutzt,[218] die den wohl deutlichsten Schwerpunkt seiner amerikanischen Rezeption bildet.[219]

In diesem Theorierahmen kann auch die Geselligkeit zunächst nicht mehr sein als ein Sozialmodell *neben anderen*. Gleichwohl wird sie von Simmel mit einer besonderen Auszeichnung versehen und in direktem Anschluß an jene semantische Tradition behandelt, in der sie als soziales System par excellence eingestuft worden und zur Repräsentation der Gesellschaft in der Gesellschaft erklärt worden war. Die Nähe zu dieser Tradition scheint es denn auch zu verhindern, daß sie *als solche* bei Simmel noch einmal zum Thema wird. Er sieht zwar die Entstehungsgeschichte der Geselligkeit zutreffend als Folge des Funktionsverlustes

---

217 An diesem Problem der Abdichtung gegenüber den ideologischen Selbstbeschreibungen der Gesellschaft haben wohl alle Klassiker des Faches laboriert. Die Schwerpunkte konnten mehr in methodischen Postulaten wie Wertfreiheit oder mehr in theoretischen Beiträgen liegen, wie es für Durkheim und seine Umdeutung des vorgeblichen Gegensatzes von Individuum und Gesellschaft in einen Steigerungszusammenhang, aber eben auch für die Anerkennung der Pluralität möglicher Sozialmodelle bei Simmel der Fall ist.

218 Innerhalb der Systemtheorie, die sich ihrerseits aus der Bindung an Sozialmodelle emanzipiert, müßte man die Frage nach der Differenzierung und Entkopplung einer Mehrheit von Sozialmodellen im Zusammenhang mit der Differenzierung von Interaktion und Gesellschaft zu sehen und zu beantworten suchen.

219 Diesen Eindruck vermittelt auch Heinz-Jürgen Dahme, Soziologie als exakte Wissenschaft: Georg Simmels Ansatz und seine Bedeutung in der gegenwärtigen Soziologie, Stuttgart 1981.

der Oberschichteninteraktion,[220] aber er fragt nicht, ob die unter diesen Umständen erzeugte Semantik der Repräsentation überhaupt kontinuieren kann, nachdem das System der Schichtung selber zusammengebrochen ist. An der Selektion gerade dieses Systemtyps als repräsentativ ist insofern zunächst nichts Originelles. Aber sie versteht sich nun nicht mehr von selbst, da jetzt der theoretisch ausdifferenzierte Rahmen einer Soziologie dazwischentritt, der die Selektivität selbst zu kontrollieren hat.

In der Tat ist die Sonderstellung, die Simmel der geselligen Interaktion zuweist, nicht nur Fortsetzung von Tradition im Rahmen einer ohnehin laufenden Ideenevolution. Sie ist auch theorieintern komplex motiviert. Sie ergibt sich zum einen daraus, daß Simmel seinen Grundbegriff für zwischenmenschliche Interpenetration mit Hilfe einer Unterscheidung respezifiziert, die ihre Herkunft aus der ästhetischen Theorie nicht verleugnet. Der Begriff der Wechselwirkung wird mit Hilfe der Unterscheidung von Form und Inhalt bestimmt. Dabei steht Form für die Selbstreferenz, Inhalt für die Fremdreferenz sozialer Prozesse. Die Selbstreferenz dieser Unterscheidung von Selbstreferenz und Fremdreferenz bleibt zunächst unaufgeklärt, ähnlich wie in der ästhetischen Theorie und ähnlich auch wie in der Rechtstheorie, sofern sie zwischen formalem und materialem Recht oder zwischen Begriffsjurisprudenz und Interessenjurisprudenz unterscheidet. Selbstreferenz wird in einer Form zur Kenntnis genommen, in der sie von Fremdreferenz schon unterschieden ist, und die Einsicht, daß gerade diese Unterscheidung nur selbstreferentiell eingeführt werden kann, wird umgangen und ausgespart. Das erlaubt es dann, selbstreferentielle und fremdreferentielle Orientierungsprimate zu unterscheiden und in dieser Unterscheidung einen Leitfaden für Typenbildung zu sehen.[221] So hatte man bekanntlich schon zwischen Moral und Recht zu unterscheiden versucht; oder zwischen Autonomie und Heteronomie (Kant); oder zwischen Begriffen und Wahrnehmungen (Locke, Hume).

Sämtliche Sozialmodelle können daraufhin als *soziale Formen* be-

---

220 Siehe Simmel, Geselligkeit (a.a.O.), S. 65.
221 Siehe dazu kritisch André Kieserling, Die Autonomie der Interaktion, in: Günter Küppers (Hrsg.), Chaos und Ordnung: Formen der Selbstorganisation in Natur und Gesellschaft, Stuttgart 1996, S. 257-290.

schrieben und von ihren wechselnden Inhalten unterschieden werden. Aber sie *müssen* auch unterschieden werden, da sie real nicht ohne Vermischung mit Inhaltlichem vorkommen. Die Einheit des Sozialen ist insofern die Leistung eines Beobachters, der zwischen Formen und Inhalten unterscheiden und sich gegebenenfalls auch von der keineswegs untypischen Dominanz des Inhaltlichen im Bewußtsein der Beteiligten freimachen kann.

Das wäre noch mit einem *nur analytischen* Begriff für die Einheit des Sozialen kompatibel, der dann aber in Anwendung auf sich selbst nicht entscheiden könnte, ob er selbst (oder auch nur: *was an ihm* selbst) Form bzw. Inhalt sein soll, und daher die eigene Sozialität wegplatonisieren müßte. Diese Option ist für Simmel jedoch blockiert durch die Annahme, daß soziale Systeme den Beobachter, der sie synthetisiert, als Moment ihrer eigenen Konstitution schon enthalten.[222] Die Beobachtung sozialer Systeme ist zunächst als deren Selbstbeobachtung zu denken, und auch die Sozialwissenschaft müßte demnach als unter Sonderkonditionen ausdifferenzierte Selbstbeobachtung der Gesellschaft in der Gesellschaft begriffen werden. Für Simmel liegt darin bekanntlich *das* Abgrenzungsmerkmal zwischen Sozialwissenschaft und kantisch begriffener Naturwissenschaft. Für jede Theorie, die so optiert, gibt es die Möglichkeit, zwischen wissenschaftlich ausdifferenzierter und sonstiger Reflexion des Sozialen zu unterscheiden und beides miteinander zu vergleichen.[223] Man kann dann fragen, wo in der Gesellschaft die Einheit der Gesellschaft beobachtet wird, ohne sich schon durch die Frage selbst auf die Antwort festzulegen: in der Wissenschaft. In der Systemtheorie ist zum Beispiel auch die zusätzliche Antwort möglich: in den Massenmedien.[224]

---

222 So der Exkurs über die Frage »Wie ist Gesellschaft möglich?«, zu finden in Simmel, Soziologie (a.a.O.), S. 42-61.
223 Vor allem kann auf diese Weise Reflexion an Reflexion anschließen (und in diesem Sinne: reflexiv werden), ohne daß dies mit der traditionellen Figur einer Reflexion der Reflexion konzeptualisiert werden müßte, die mit einem Wechsel der Systemreferenz nicht vereinbar ist, während Reflexivität der Reflexion genau dies zu denken gestattet. Das setzt freilich, wie die Formulierakrobatik schon absehen läßt, eine zunächst unwahrscheinliche, dann aber systemtheoretisch durchaus normalisierbare Unterscheidung zwischen Reflexivität und Reflexion voraus.
224 Siehe dazu Luhmann, Realität der Massenmedien (a.a.O.).

Bei Georg Simmel lautet die zusätzliche Antwort: in der geselligen Interaktion. Die gesellige Interaktion schüttelt alle Inhalte ab und stellt die Form des Sozialen als nunmehr »reine« Form auf sich selbst.²²⁵ Sie ist eben damit, um es mit Hegel zu sagen, die Wirklichkeit des Begriffs der Sozialität selbst. Diese starke, sozusagen reflexionslogisch motivierte Auszeichnung der geselligen Interaktion macht verständlich, warum Simmels Begriff von ihr zugleich die beiden konstitutiven Merkmale des aristotelischen Gesellschaftsbegriffs kopieren kann: nämlich (1) *Autarkie* im Sinne der Unabhängigkeit von anderem bei der Realisierung eigener Perfektionsziele und (2) *Inklusivität mit Bezug auf Soziales* schlechthin.

Was das Merkmal der Autarkie betrifft, so folgt die Anwendbarkeit dieses Begriffs für Simmel offenbar daraus, daß er sich den *Gegenbegriff* dazu vor allem anhand einer extern motivierten Sozialität unter Personen vor Augen führt, die mit »inhaltlichen« Interessen in Interaktion treten. An solchen Interessen, deren Finalität die Interaktion selbst transzendiert, fehle es im Fall der Geselligkeit. Und man kann hinzufügen: Sollte es sie geben, werden sie kommunikativ selten greifbar, so daß mindestens die Fiktion ihres Fehlens durchhaltbar wird. Autarkie ist dann die Unabhängigkeit der Interaktion von einer gesellschaftlichen Umwelt, die Kontinuitätsmotive oder Grundlagensicherheiten für die Fortsetzung der Interaktion bereitstellen müßte. Dies aber hätte, seit man gesellige Interaktion als Selbstzweck verstand, eigentlich immer schon so formuliert werden können.

Interessanter, weil unwahrscheinlicher, ist demgegenüber das Merkmal der Inklusivität mit Bezug auf Soziales. Man kann nur fragen: Wie soll das möglich sein, wenn es sich um eine Interaktion handelt, die doch historisch durch den Ausschluß funktional spezifischer Interaktion charakterisiert war und die bei Simmel durch den Ausschluß aller anderen Sozialformen charakterisiert sein müßte? Die Antwort auf *diese Frage* erzeugt einen Begriff, der die Emphase der repräsentativen Interaktion zugleich auf die Spitze treibt und beendet. Die Antwort liegt darin, daß die Geselligkeit einen *Wiedereinschluß des Ausgeschlossenen* leistet. Die anderen sozialen Formen, in deren Vermeidung das Konstruk-

---

225 Siehe dazu Simmel, Geselligkeit (a. a. O.).

tionsprinzip der geselligen Interaktion liegt, kommen in ihr selbst noch einmal vor, nun aber nach deren eigenen Regeln gehandhabt und folglich zur bloßen Spielform ihrer selbst sublimiert. Aus der erotischen Werbung wird auf diese Weise zum Beispiel die Koketterie,[226] und aus dem Streit über Wahrheitsfragen wird der nicht ernst gemeinte Schlagabtausch in ironischer (oder sonstwie uneigentlicher) Rede.[227] Dies wird generalisiert zu einer These, die sich auf schlechterdings alle »Wechselwirkungs- oder Vergesellschaftungsformen zwischen den Menschen« bezieht und »das Übertreffenwollen und den Tausch, die Parteibildung und das Abgewinnenwollen, die Chancen der zufälligen Begegnung und Trennung, den Wechsel zwischen Gegnerschaft und Kooperation, das Überlisten und die Revanche« einschließt: all dies komme in der Spielform der Geselligkeit noch einmal vor.[228]

226 »Die Koketterie, wie sie gerade auf den Höhen der geselligen Kultur ihre Anmut entfaltet, hat die Wirklichkeit des erotischen Begehrens, Gewährens oder Versagens hinter sich gelassen und ergeht sich in dem Wechselspiele der Silhouetten dieser Ernsthaftigkeiten«; a.a.O., S. 63. Siehe ferner Georg Simmel, Psychologie der Koketterie (1909), in: Schriften zur Philosophie und Soziologie der Geschlechter (hrsg. von Heinz Jürgen Dahme/Klaus Christian Köhnke), Frankfurt 1985, S. 187-200.

227 »Die *Form* des gemeinsamen Suchens des Richtigen, die *Form* des Streites mag bestehen; aber sie darf den Ernst des jeweiligen Inhaltes so wenig zu ihrer Substanz werden lassen, wie man in ein perspektivisch wirkendes Gemälde ein Stück der dreidimensionalen Wirklichkeit seines Gegenstandes einfügen dürfte.« An dieser Formulierung ist nicht sowohl die Ahnungslosigkeit vor den Kühnheiten und Experimenten der bildenden Kunst dieses Jahrhunderts als vielmehr das Kollabieren von Simmels eigener Terminologie aufschlußreich: Denn gerade nach dieser würde es sich, wenn schon die *Form* des Streites benutzt wird, dann auch um einen Streit handeln müssen. Im Bereich der reinen Form und Selbstreferenz aber wird die Unterscheidung von Form und Inhalt offenbar ihrerseits ambivalent. Simmel kaschiert dies, indem er die Zweierunterscheidung von Form und Inhalt zur Dreierunterscheidung erweitert und zusätzlich auch noch, terminologisch offenbar schon in nachhaltiger Weise verunsichert, einmal von »Zweck«, dann wieder von »Substanz« redet und beides sowohl vom Inhalt als auch von der Form des Konflikts unterscheidet.

228 Der Kontext dieser Formulierung (a.a.O., S. 59) läßt freilich absichtsvoll offen, ob die Inklusion all dieser Formen schon in der Form der Geselligkeit oder erst nach nochmaliger Ausdifferenzierung und folglich nur in der Form von »Gesellschaftsspielen« zu erwarten sei. Von den drei eindeutigen Ausnahmen, die es von dieser Ambivalenz gibt, wurden die ersten beiden mit dem Hinweis auf die Möglichkeiten der Koketterie und des Pseudokonflikts schon erwähnt. Von der dritten Ausnahme ist oben im Text die Rede.

Der logische Höhepunkt dieser inklusiven Liste wird erreicht, wenn es zum Wiedereintritt der Differenz von Interaktion und Gesellschaft in die Interaktion selbst kommt. Auch das wird der Geselligkeit zugetraut. Simmel hat sich die Differenz von Interaktion und Gesellschaft anhand der Differenz von flüchtiger und dauerhafter Vergesellschaftung vor Augen geführt. Dahinter steht die aristotelische Unterscheidung zwischen politisch vorgegebener und als Freundschaft wählbarer Sozialität, nun aber umgeschrieben von primär sozialen auf primär zeitliche Leitunterscheidungen. Soll auch noch *diese* Differenz, die für die (ihrerseits »flüchtige«) Geselligkeit konstitutiv ist, in ihr selbst wieder vorkommen, dann setzt dies den Bruch mit einem Motiv voraus, das noch Schleiermacher in Ehren gehalten hatte, indem er die Absonderung kleinerer, aber dafür auch wählbarer Gesprächsgruppen ausdrücklich als Pathologie mißbilligte, die legitim sei nur dann, wenn dem Gastgeber gravierende Fehler bei der Rekrutierung seiner Gäste unterlaufen sind. Simmel dagegen scheint von dieser Absonderung als dem Normalfall geselliger Interaktion auszugehen, wenn er von der Art und Weise, »wie sich in einer ›Gesellschaft‹ (gemeint hier: wie sich in einer Geselligkeit, A.K.) Gruppen bilden und sich spalten, wie das Zwiegespräch in ihr sich rein nach Impuls und Gelegenheit entspinnt, vertieft, lockert, abschließt«, sagt: »Dies ist ein Miniaturbild des Gesellschaftsideales, das man die Freiheit der Bindung nennen könnte.« Die Interaktion wird letztlich als Episode ihrer selbst perfektioniert, und mit der Differenz von Episode und Gesamtsystem tritt auch die Differenzierung von Interaktion und Gesellschaft selbst in die Interaktion wieder ein.

Wir fassen zusammen: Simmel beschreibt an der Interaktion deren Fähigkeit, kraft eigener Ausdifferenzierung zugleich eine Rekonstruktion der Gesellschaft zu leisten. Aber er legt sich auf die Vorstellung einer *perfekten* Rekonstruktion fest, die alles und sich selbst in sich selbst einschließt. Löscht man diesen Bezug auf Perfektion, dann wird zugleich die Beschränkung auf den Spezialfall der geselligen Interaktion problematisch.

An genau dieser Stelle setzt die Revision von Goffman an,[229]

---

229 Siehe dazu die Auseinandersetzung mit der Geselligkeitskonzeption Simmels bei Goffman, Fun in Games (a.a.O.), S. 23 ff.

die zugleich die grundbegriffliche Auszeichnung der geselligen Interaktion innerhalb der Soziologie und mit ihr das perfektionslogische Denken beendet. Goffman übernimmt die Idee einer Realitätsverdopplung, die Simmel mit dem Begriff des Spiels eingeführt hatte. Er übernimmt auch die Einsicht, daß von der gespielten Realität her die reale Realität als Realität erst zugänglich wird, und hält sie bis in die Rahmenanalysen des Spätwerks hinein fest. Aber er generalisiert das Moment einer durch Grenzen strukturierten Reflexion der Gesellschaft zu einer *Bestimmung von Interaktion schlechthin*. Für ihn bildet *jede* Interaktion ein soziales System, das durch pauschale Neutralisierung der gesellschaftlichen Umwelt die Freiheit gewinnt, Externa in selektiver Weise mit interner Beachtlichkeit auszustatten.[230]

Die Terminologie bei Goffman ist, trotz der gelegentlichen Verwendung des Systembegriffs, uneinheitlich. Sie läßt sich keineswegs auf Systemtheorie festlegen.[231] Aber gerade systemtheoretisch ist seine Konzeption überzeugend: Ausdifferenzierung ermöglicht Indifferenz und Indifferenz ermöglicht Spezifikation derjenigen Hinsichten, in denen es in der Kommunikation unter den Anwesenden auf Abwesendes ankommen soll. So kann die am Beispiel der Geselligkeit gewonnene Semantik der autonomen Interaktion überführt werden in eine Gesellschaft, die *generell* durch stärkere Freisetzung und Dekonditionierung ihrer Interaktionen charakterisiert ist.

Damit wird jene Unabhängigkeit von den Formen der gesellschaftlichen Differenzierung, die das achtzehnte Jahrhundert sich an den evolutionär chancenlosen Beispielen der geselligen, der öffentlichen und der geheimen Interaktion klargemacht hatte, zu einem Merkmal von Interaktionen schlechthin generalisiert. Die Interaktion muß alles, was für sie an Gesellschaft relevant wird, in sich selbst konstruieren, und das betrifft dann auch die Frage

---

230 Der entscheidende Satz lautet: »Simmels peinliches Bemühen, die Geselligkeit als eine Art ›bloßen‹ Spiels scharf abgegrenzt von den Verwicklungen des ernsten Lebens zu behandeln, mag zum Teil für das Versagen des Soziologen verantwortlich sein, die Regeln der Irrelevanz in der Geselligkeit mit ähnlichen Regeln auf ernsten Lebensgebieten zu identifizieren«, a.a.O., S. 24.

231 Die Verständnislosigkeit, mit der die seinerzeit übliche Fassung von soziologischer Systemtheorie in der Gestalt von Talcott Parsons auf Goffman reagiert hatte, mag zur Erklärung von dessen Zurückhaltung beitragen.

einer etwaigen Anlehnung an gesellschaftliche Funktionsbereiche. Eine Interaktion ist nicht in dem Sinne »rechtlich«, wie das Rechtssystem der Gesellschaft es ist. Sie kann sich nämlich auch ohne Verlust ihrer Systemeinheit in das Rechtssystem hinein und aus ihm wieder herausbewegen. Die Prozesse der Thematisierung und Dethematisierung des Rechtscodes laufen innerhalb der Interaktion ab, sind also für sie nicht identitätsbestimmend. Sie liegen für die Interaktion, anders als für das Rechtssystem selbst, auf der Ebene einer bloßen Strukturwahl – mit wie immer gravierenden Folgen.

Die dazu passende Gesellschaft kann aber nicht mehr durch Interaktion repräsentiert werden, auch die Geselligkeit ist repräsentativ allenfalls noch für die Interaktionsebene selbst in dem Sinne, daß man an Interaktionen dieser Art die allgemeinen Probleme dieses Systemtyps leichter als an anderen Interaktionen ablesen kann, in denen die strukturellen Kopplungen deutlicher ausgeprägt vorliegen.[232] Aber auch dann liegt der Unterschied zwischen geselliger und sonstiger Interaktion auf der Ebene der Struktur, nicht auf der Ebene der Autopoiesis selbst. Es handelt sich um unterschiedliche Möglichkeiten, Interaktionssysteme zu strukturieren, und die Fusion sei es der allgemeinen Sozialtheorie, sei es gar der Gesellschaftstheorie mit Angaben über gesellige Interaktion kann aufgegeben werden.

Die soziologisch vorherrschende Reaktion auf diesen Entwicklungstrend ist bekannt: Sie liegt in der Ausdifferenzierung mikrosoziologischer Forschungen, die ihr Verhältnis zur Gesellschaftstheorie des Faches schon nicht mehr im Rahmen einer Semantik der Repräsentation klären können, andererseits aber auch noch nicht im Rahmen einer allgemeinen, Interaktion und Gesellschaft übergreifenden Sozialtheorie zu argumentieren bereit sind. Statt dessen hält man sich an das Paradigma einer Ebenenunterscheidung, die aber zugleich als unbefriedigend empfunden wird und zu immer neuen Versuchen ihrer Überwindung den Anlaß gibt.[233]

---

232 Die konversationsanalytische Unterscheidung zwischen ordinary conversation und institutional talk beruht ersichtlich auf dieser Prämisse.
233 Nicos P. Mouzelis, Back to Sociological Theory: The Construction of Social Orders, New York 1991, schlägt vor, zum Begriff der repräsentativen Interaktion zurückzukehren – nun allerdings unter neokorporatistischen Vorzeichen

Im Unterschied dazu haben wir versucht, ohne Ebenendifferenzierung nach Mikro und Makro auszukommen. Wir sind der Gesellschaft primär anhand der Interaktion selbst nachgegangen. Und wir legen Wert auf die Feststellung, daß man als Modell dafür zwei Namen zitieren kann: den von Erving Goffman und den von Niklas Luhmann.

---

und am Paradigma nicht etwa der Geselligkeit, sondern der Interaktion an den Spitzen einer oder mehrerer Großorganisationen der modernen Gesellschaft sich orientierend.

Literatur

Adorno, Theodor W.: Offener Brief an Rolf Hochhuth, in: ders., Kritik: Kleine Schriften zur Gesellschaft, Frankfurt 1971.
Adorno, Theodor W.: Anmerkungen zum sozialen Konflikt heute, in: ders., Soziologische Schriften, Bd. 1, Frankfurt 1979, S. 177-196.
Adorno, Theodor W.: Minima Moralia: Reflexionen aus dem beschädigten Leben, Frankfurt 1951.
Albrow, Martin: Globalization: Myth and Reality, London (Roehampton Institute) 1994.
Albrow, Martin: The Age of Globality, MS 1994.
Alexander, Jeffrey C. et al. (Hrsg.): The Micro-Macro-Link, Berkeley 1987.
Almirol, Edwin B.: Chasing the Elusive Butterfly: Gossip and the Pursuit of Reputation, in: Ethnicity 8 (1981), S. 293-304.
Angermann, Erich: Das Auseinandertreten von Staat und Gesellschaft im Denken des 18. Jahrhunderts, Zeitschrift für Politik 10 (1963).
Anton, Helmut: Gesellschaftsideal und Gesellschaftsmoral im ausgehenden 17. Jahrhundert: Studien zur französischen Moralliteratur im Anschluß an Morvan de Bellegarde, Breslau 1935.
Argyris, Chris: Crafting a Theory of Practice: The Case of Organizational Paradoxes, in: Robert E. Quinn/Kim S. Cameron (Hrsg.), Paradox and Transformation: Towards a Theory of Change in Organisation and Management, Cambridge Mass. 1988, S. 255-278.
Art. Conversation, in: Encyclopédie ou Dictionnaire raisonné des sciences, des arts et des métiers, Bd. IV, Paris 1754, Neudruck Stuttgart 1966, S. 165.
Asch, Solomon E.: Effects of Group Pressure upon the Modification and Distortion of Judgements, in: H. Guetkow (Hrsg.), Groups, Leadership, and Men; Neudruck in: Dorwin Cartwright/Alwin Zander (Hrsg.), Group Dynamics: Research and Theory, New York 1953, S. 151-162.
Asholt, Wolfgang/Fähnders, Walter (Hrsg.): Arbeit und Müßiggang 1789-1914: Dokumente und Analysen, Frankfurt 1991.
Auerbach, Erich: La cour et la ville, in: ders., Vier Untersuchungen zur Geschichte der französischen Bildung, Bern 1951, S. 12-50.

Bacon, Francis: Essays, dtsch. Übersetzung von Levin L. Schücking, Stuttgart 1970.
Bacon, Francis: Of Counsel, in: ders., a.a.O.
Bacon, Francis: Of Discourse, in: ders., a.a.O.

Baecker, Dirk: Gewalt im System, in: Soziale Welt 47 (1996), S. 92-110.
Baecker, Dirk (Hrsg.): Kalkül der Form, Frankfurt 1993.
Baecker, Dirk (Hrsg.): Probleme der Form, Frankfurt 1993.
Baecker, Dirk: Die Chance des neuen Kollegen, in: ders., Postheroisches Management: Ein Vademecum, Berlin 1994, S. 92 ff.
Baecker, Dirk: Nichttriviale Transformation, in: Soziale Systeme 1 (1995), S. 100-117.
Bahrdt, Hans Paul: Grundformen sozialer Situationen: Eine kleine Grammatik des Alltagslebens, München 1996.
Bahrdt, Hans Paul: Soziologische Überlegungen zum Begriff der Distanz, in: ders., Himmlische Fehlplanung: Essays zu Kultur und Gesellschaft, München 1996, S. 179-216.
Barth, Hans: Wahrheit und Ideologie, Zürich 1945.
Bailey, F.G.: Decisions by Consensus in Councils and Committees, in: Political Systems and the Distribution of Power, ASA Monographs 2, London 1965, S. 1-20.
Bailey, F.G.: Morality and Expediency: The Folklore of Academic Politics, Chicago 1977.
Bailey, F.G.: The Tactical Uses of Passions: An Essay on Power, Reason, and Reality, London 1983.
Bardmann, Theodor M.: Die mißverstandene Freizeit: Freizeit als soziales Zeitarrangement in der modernen Organisationsgesellschaft, Stuttgart 1986.
Bardmann, Theodor M.: Wenn aus Arbeit Abfall wird: Aufbau und Abbau organisatorischer Realitäten, Frankfurt 1994.
Baumeister, W.: Art. Asoziale, in: Staatslexikon des Görres-Gesellschaft, 6. Auflage 1957, Bd. 1, S. 628-631.
Beck, Ulrich: Risikogesellschaft: Auf dem Weg in eine andere Moderne, Frankfurt 1986.
Beck, Ulrich: Die Erfindung des Politischen, Frankfurt 1993.
Beck, Ulrich/Beck-Gernsheim, Elisabeth (Hrsg.): Riskante Freiheiten: Individualisierung in modernen Gesellschaften, Frankfurt 1994.
Beck, Ulrich/Giddens, Anthony/Lash, Scott: Reflexive Modernisierung, Frankfurt 1996.
Becker, Howard/Useem, Ruth Hill: Sociological Analysis of the Dyad, in: American Sociological Review 7 (1942), S. 13-26.
Beetz, Manfred: Frühmoderne Höflichkeit: Komplimentierkunst und Gesellschaftsrituale im altdeutschen Sprachraum, Stuttgart 1990.
Bell, David E.: Regret in Decision Making under Uncertainty, in: Operations Research 30 (1982), S. 961-981.
Bensman, Joseph/Gerver, Isreal: Crime and Punishment in the Factory: The Function of Deviance in Maintaining the Social System, in: American Sociological Review 28 (1963), S. 588-593.

Bensoussan, David: Art. Plaire, in: Montandon (Hrsg.), Dictionnaire raisonné (a. a. O.), S. 689-708.
Berger, Dieter A.: Die Konversationskunst in England 1660-1740: Ein Sprechphänomen und seine literarische Gestaltung, München 1978.
Berger, Peter A.: Anwesenheit und Abwesenheit: Raumbezüge sozialen Handelns, in: Berliner Journal für Soziologie 5 (1995), S. 99-111.
Bergmann, Jörg R.: Klatsch: Zur Sozialform der diskreten Indiskretion, Berlin 1987.
Bergmann, Jörg R.: Haustiere als kommunikative Ressourcen, in: Hans-Georg Soeffner (Hrsg.), Kultur und Alltag, Sonderband 6 der Sozialen Welt, Göttingen 1988, S. 299-312.
Bernacki, Richard: The Fabrication of Labor: Germany and Britain 1640-1914, Berkeley 1995.
Blau, Peter M./Scott, Richard W.: Formal Organizations: A Comparative Approach, San Francisco 1962.
Blumenberg, Hans: Das Lachen der Thrakerin: eine Urgeschichte der Theorie, Frankfurt 1987.
Bock, Cornelia: Warum der grüne Rasen rot wird: Farbenblinde haben manche Schwierigkeiten zu meistern, in: Frankfurter Allgemeine Zeitung, Ausgabe vom 5. Juni 1996, S. 14.
Boden, Deirdre: The Business of Talk: Organizations in Action, Oxford 1994.
Bodenheimer, Aron: Warum? Von der Obszönität der Fragens, Stuttgart 1992.
Böckenförde, Ernst Wolfgang (Hrsg.): Staat und Gesellschaft, Darmstadt 1976.
Bourdieu, Pierre: La distinction: Critique sociale du jugement de goût, Paris 1975.
Bourdieu, Pierre: Meinungsforschung – eine »Wissenschaft« ohne Wissenschaftler, in: ders., Rede und Antwort, Frankfurt 1992, S. 208-218.
Bourdieu, Pierre: Soziologische Fragen, Frankfurt 1993.
Bourdieu, Pierre: Die öffentliche Meinung gibt es nicht, in: ders., Soziologische Fragen (a. a. O.), S. 212-224.
Bourdieu, Pierre/Wacquant, Loic J.D.: Reflexive Anthropologie, Frankfurt 1996.
Breiding, Klaus: Untersuchungen zum Typus des Pedanten in der französischen Literatur des 17. Jahrhunderts, Dissertation Frankfurt 1970.
Brunner, Otto/Conze, Werner/Koselleck, Reinhard (Hrsg.): Geschichtliche Grundbegriffe: Historisches Lexikon zur politisch-sozialen Sprache in Deutschland, Stuttgart 1972.
Brunsson, Nils: The Organization of Hypocrisy: Talk Decisions and Actions in Organizations, Chichester 1989.
Brunsson, Nils/Olsen, Johan P.: The Reforming Organization, London 1993.

Bülow, Friedrich: Art. Geselligkeit, in: Wilhelm Bernsdorf (Hrsg.), Wörterbuch der Soziologie, 2. Auflage Stuttgart 1969, S. 345 f.
Burke, Peter: Die Kunst des Gesprächs: Zur Geschichte sprachlicher Identität, Berlin 1994.
Burns, Tom: Micropolitics: Mechanisms of Institutional Change, in: Administrative Science Quarterly 6 (1961), S. 257-281.
Burns, Tom: Public Service and Private World, in: Paul Halmos (Hrsg.), The Sociology of Mass Media (The Sociological Review Monographs 13), Keele Staffordshire 1969, S. 53-74.
Bury, Emmanuel: Art. Galanterie, in: Montandon (Hrsg.), Dictionnaire raisonné (a. a. O.), S. 417-424.

Carey, James W.: Harold Innis and Marshall McLuhan, in: The Antioch Review 27 (1967).
Cassirer, Ernst: Philosophie der Aufklärung, Tübingen 1959.
Cavan, Sherry: Liquor License: An Ethnography of Bar Behavior, Chicago 1966.
Christian, Petra: Einheit und Zwiespalt: Zum hegelianisierenden Denken in der Philosophie und Soziologie Georg Simmels, Berlin 1978.
Cicourel, Aaron V.: Three Models of Discourse Analysis, in: Discourse Processes 3 (1980), S. 101-131.
Collins, Randall: Conflict Sociology: Towards an Explanatory Science, New York 1975.
Collins, Randall: On the Micro-Foundations of Macro-Sociology, in: American Journal of Sociology 86 (1981), S. 984-1014.
Collins, Randall: Micro-Translation as a Theory-Building Strategy, In: Karin Knorr-Cetina/Aaron V. Cicourel (Hrsg.), Advances in Social Theory and Methodology, London 1981, S. 81-101.
Colson, Elisabeth: A Redundancy of Actors, in: Fredrik Barth (Hrsg.), Scale and Social Organization, Oslo 1978, S. 150-162.
Conze, Werner: Arbeit, in: Brunner/Conze/Koselleck (Hrsg.), Geschichtliche Grundbegriffe (a. a. O.), Bd. 1, S. 154-215.
Coser, Lewis A.: The Functions of Social Conflict, Glencoe Ill. 1956.

Dahme, Heinz-Jürgen: Soziologie als exakte Wissenschaft: Georg Simmels Ansatz und seine Bedeutung in der gegenwärtigen Soziologie, Stuttgart 1981.
Dahrendorf, Ralf: Konflikt und Freiheit: Auf dem Wege zur Dienstklassengesellschaft, München 1972.
Daub, Claus-Heinrich: Intime Systeme: Eine soziologische Analyse der Paarbeziehung, Basel 1996.
Davis, Fred: The Cabdriver and His Fare: Facets of a Fleeting Relationship, in: American Journal of Sociology 65 (1959), S. 158-165.

Davis, Keith: The Care and Cultivation of Corporative Grapevine, in: Management Review 62 (1973), Oktoberheft, S. 53-56.
Davis, Murray S.: Intimate Relations, New York 1973.
Defoe, Daniel: Serious Reflections during the Live and Surprising Adventures of Robinson Crusoe (1720), zitiert nach der von G.A. Aitken besorgten Ausgabe London 1895.
Defoe, Daniel: On Solitude, in: ders., a.a.O., S. 2f.
Defoe, Daniel: Of the Immorality of Conversation, and the Vulgar Errors of Behavior, in: ders., a.a.O., S. 66-104.
Deleuze, Gilles: Logique du sens, Paris 1969.
Der Gesellige: Eine moralische Wochenschrift (1748-1750), zitiert nach Nachdruck in drei Bänden (hrsg. von Wolfgang Martens), Hildesheim 1987.
Dewey, John: The Public and its Problems, New York 1927.
Disselbeck, Klaus: Geschmack und Kunst: Eine systemtheoretische Untersuchung zu Schillers Briefen »Über die ästhetische Erziehung des Menschen«, Opladen 1987.
Döcker, Ulrike: Die Ordnung der bürgerlichen Welt: Verhaltensideale und soziale Praktiken im 19. Jahrhundert, Frankfurt 1995.
Drew, Paul/Heritage, John (Hrsg.): Talk at Work: Interaction in Institutional Settings, Cambridge Mass. 1992.
Dux, Günther: Geschlecht und Gesellschaft: Warum wir lieben, Frankfurt 1994.

Eagleton, Terry: Ideologie, Stuttgart 1993.
Eco, Umberto: Wie man nicht über Fußball spricht, in: ders., Wie man mit einem Lachs verreist und andere nützliche Ratschläge, Frankfurt 1992, S. 163-165.
Elias, Norbert: Die höfische Gesellschaft: Untersuchungen zur Soziologie des Königtums und der höfischen Aristokratie (1969), Ausgabe Frankfurt 1992.
Elias, Nobert: Was ist Soziologie?, München 1970.
Elias, Norbert: On the Sociogenesis of Sociology, in: Sociologisch Tijdschrift 11 (1984), S. 14-52.
Elias, Norbert: Studien über die Deutschen: Machtkämpfe und Habitusentwicklung im 19. und 20. Jahrhundert (hrsg. von Michael Schröter), Frankfurt 1989.
Elias, Norbert: Etablierte und Außenseiter, Frankfurt 1990.
Erasmus von Rotterdam: Fürstenerziehung: Institutio principis christiani (hrsg. von A.J. Gail), Paderborn 1968.

Faret, Nicolas: L'Honneste Homme ou l'art de plâire, Paris 1634, zitiert nach der dtsch. Übersetzung in: Schmölders, Kunst des Gesprächs (a.a.O.), S. 148-153.

Fichte, Johann Gottlieb: Vorlesungen über die Freimaurerei (1802), in: ders., Ausgewählte politische Schriften (hrsg. von Zwi Batscha/Richard Saage), Frankfurt 1977, S. 189-217.

Fiorato, Adelin-Charles: Simulation/Dissimulation, in: Montandon (Hrsg.), Dictionnaire raisonné (a. a. O.), S. 801-842.

Frese, Jürgen: Dialektik der Gruppe, in: Gruppendynamik im Bildungsbereich 9 (1982), S. 5-33.

Frevert, Ute: Ehrenmänner: Das Duell in der bürgerlichen Gesellschaft, München 1991.

Friedrich, Carl J.: Authority, Reason and Discretion, in: ders., Authority (Nomos I), New York 1957, S. 28-48.

Fuchs, Peter: Die Weltflucht der Mönche: Anmerkungen zur Funktion des monastisch-asketischen Schweigens, in: Niklas Luhmann/Peter Fuchs, Reden und Schweigen, Frankfurt 1989, S. 21-46.

Fuchs, Peter: Vaterland, Patriotismus und Moral, in: Zeitschrift für Soziologie 24 (1991), S. 89-103.

Fuchs, Peter: Die Erreichbarkeit der Gesellschaft: Zur Konstruktion und Imagination gesellschaftlicher Einheit, Frankfurt 1992.

Fuchs, Peter: Moderne Kommunikation: Zur Theorie des operativen Displacements, Frankfurt 1993.

Fuchs, Peter: Die Form beratender Kommunikation: Zur Struktur einer kommunikativen Gattung, in: ders./Eckart Pankoke (Hrsg.), Beratungsgesellschaft, Veröffentlichungen der katholischen Akademie Schwerte, Bd. 42, Schwerte 1994, S. 13-27.

Fuchs, Peter: Die Umschrift, Frankfurt 1995.

Fuchs, Peter: Kommunikation – Japanisch, in: ders., Die Umschrift (a. a. O.), S. 47-119.

Fuchs, Peter: Die archaische Second-Order-Society: Paralipomena zur Konstruktion der Grenze der Gesellschaft, in: Soziale Systeme: Zeitschrift für soziologische Theorie 2 (1996), S. 113-130.

Fuchs, Stephan: The Stratified Order of Gossip: Informal Communications in Organizations and Science, in: Soziale Systeme: Zeitschrift für soziologische Theorie 1 (1995), S. 47-73.

Galtung, Johan: Expectations and Interaction Processes, in: Inquiry 2 (1959), S. 213-234

Garcia, Angela: Dispute Resolution Without Disputing: How the Interactional Organization of Mediation Hearings Minimizes Argument, in: American Sociological Review 56 (1991), S. 818-835.

Garve, Christian: Über die Maxime Rochefoucaults: »Das bürgerliche Air verliehrt sich zuweilen bey der Armee, niemals am Hofe« (1792), in: ders., Popularphilosophische Schriften, 2 Bd. (hrsg. von Kurt Wölfel), Stuttgart 1974.

Garve, Christian: Über Gesellschaft und Einsamkeit, 3 Bd., Breslau 1797/1800, zitiert nach dem einbändigen Nachdruck (hrsg. von Kurt Wölfel) Hildesheim 1985.

Geck, L.H.A.: Über das Eindringen des Wortes »sozial« in die deutsche Sprache, Göttingen 1963.

Geitner, Ursula: Die Sprache der Verstellung: Studien zum rhetorischen und anthropologischen Wissen im 17. und 18. Jahrhundert, Tübingen 1992.

Geldsetzer, Lutz: Zur Frage des Beginns der deutschen Soziologie, in: Kölner Zeitschrift für Soziologie und Sozialpsychologie 15 (1963), S. 529-541.

Geller, Daniel M. et al.: On Being Ignored: The Effects of Violation of Implicit Rules of Social Interaction, in: Sociometry 37 (1974), S. 541-556.

Gerhards, Jürgen/Schmidt, Bernd: Intime Kommunikation: Eine empirische Studie über Wege der Annäherung und Hindernisse für »safer sex«, Baden-Baden 1992.

Gerhardt, Uta: Rollentheorie und gesundheitsbezogene Interaktion in der Medizinsoziologie von Talcott Parsons, in: dies., Gesellschaft und Gesundheit: Begründung der Medizinsoziologie, Frankfurt 1991, S. 162-203.

Geser, Hans: Kleine Sozialsysteme: Strukturmerkmale und Leistungskapazitäten, in: Kölner Zeitschrift für Soziologie und Sozialpsychologie 32 (1980), S. 205-239

Giddens, Anthony: The Nation-State and Violence, Cambridge 1985.

Giddens, Anthony: Konsequenzen der Moderne, Frankfurt 1995.

Giddens, Anthony: The Constitution of Society: Outline of the Theory of Structuration, Berkeley 1984.

Giesen, Bernhard: Die Konflikttheorie, in: G. Endruweit (Hrsg.), Moderne Theorien der Soziologie, Stuttgart 1993, S. 87-134.

Girard, René: La violence et le sacré, Paris 1972.

Girard, René: Des choses cachées depuis la fondation du monde, Paris 1978.

Girard, René: Le Bouc émissaire, Paris 1982.

Girard, René: La route antique des hommes pervers, Paris 1985.

Girtler, Roland: Die Prostituierte und ihre Kunden, in: Kölner Zeitschrift für Soziologie und Sozialpsychologie 36 (1984), S. 293-322.

Glanville, Ranulph: The Same is Different, in: M. Zeleny (Hrsg.), Autopoiesis: A Theory of Living Organization, New York 1981, S. 252-262, dtsch. Übersetzung in: Ranulph Glanville, Objekte (hrsg. von Dirk Baecker), Berlin 1988, S. 61-79.

Gluckman, Max: Gossip and Scandal, in: Current Anthropology 4 (1963), S. 307-315.

Göbel, Andreas: Paradigmatische Erschöpfung: Wissenssoziologische Bemerkungen zum Fall Carl Schmitt, in: ders./Dirk van Laak/Ingeborg Villinger (Hrsg.), Metamorphosen des Politischen: Grundfragen politischer Einheitsbildung, Berlin 1995, S. 267-287.

Goethe, Johann Wolfgang: Unterhaltungen deutscher Ausgewanderten, in: Werke in 14 Bdn. (hrsg. von Erich Trunz), Bd. 8, Hamburg 1965, S. 934-942, zitiert nach Schmölders, Kunst des Gesprächs (a. a. O.), S. 219.

Göttert, Karl-Heinz: Legitimationen für das Kompliment: Zu den Aufgaben einer historischen Kommunikationsforschung, in: Deutsche Vierteljahresschrift 61 (1987).

Göttert, Karl-Heinz: Kommunikationsideale: Untersuchungen zur europäischen Kommunikationstheorie, München 1988.

Göttert, Karl-Heinz: Art. Anstandsliteratur, in: Gerd Ueding (Hrsg.), Historisches Wörterbuch der Rhetorik, Bd. 1, Tübingen 1992, Sp. 658-541.

Göttert, Karl-Heinz: Knigge oder: von den Illusionen des anständigen Lebens, München 1995.

Goffman, Erving: On Cooling the Mark out, in: Psychiatry 15 (1952), S. 451-63.

Goffman, Erving: Encounters: Two Studies in the Sociology of Interaction, Indianapolis 1961, dtsch. Übersetzung Interaktion: Spaß am Spiel – Rollendistanz, München 1973.

Goffman, Erving: Fun in Games, in: ders., Encounters: Two Studies in the Sociology of Interaction, Indianapolis 1961, dtsch. Übersetzung in: Interaktion: Spaß am Spiel, Rollendistanz, München 1993.

Goffman, Erving: The Presentation of Self in Everyday Life, New York 1959, dtsch. Übersetzung Wir alle spielen Theater, München 1970.

Goffman, Erving: Asylums: Essays on the Social Situation of Mental Patients and Other Inmates, Garden City N.Y. 1961, dtsch. Übersetzung Asyle. Über die soziale Situation psychiatrischer Patienten und anderer Insassen, Frankfurt 1973.

Goffman, Erving: Das Individuum im öffentlichen Austausch: Mikrostudien zur öffentlichen Ordnung, Frankfurt 1974.

Goffman, Erving: Stategic Interaction, Philadelphia 1969, dtsch. Übersetzung Strategische Interaktion, Frankfurt 1981.

Goffman, Erving: Rahmen-Analyse: Ein Versuch über die Organisation von Alltagserfahrungen, Frankfurt 1989.

Goffman, Erving: Entfremdung in der Interaktion, in: ders., Interaktionsrituale: Über Verhalten in direkter Kommunikation, Frankfurt 1991.

Goffman, Erving: Relations in Public (1971), dtsch. Übersetzung Das

Individuum im öffentlichen Austausch: Mikrostudien zur öffentlichen Ordnung, Frankfurt 1991.

Goffman, Erving: Interaktion und Geschlecht, Frankfurt 1994.

Goffman, Erving: Die Interaktionsordnung, in: ders., Interaktion und Geschlecht (hrsg. von Hubert Knoblauch), Frankfurt 1994, S. 50-105.

Goffman, Erving: Where the action is, in: Interaction Rituals: Essays on Face-to-Face Behavior, New York 1967, dtsch. Übersetzung in: Interaktionsrituale: Über Verhalten in direkter Kommunikation, Frankfurt 1991, S. 164-292.

Goldsmith, Elizabeth C.: Exclusive Conversations: The Art of Interaction in Seventeenth-Century France, Philadelphia 1988.

de Goncourt, E./de Goncourt, J.: Die Frau im achtzehnten Jahrhundert (Original 1862), München 1986.

Goody, Jack/Watt, Ian: The Consequences of Literacy, in: Comparative Studies in Society and History 5 (1963), S. 304-345, dtsch. Übersetzung in: dies./Kathleen Gough (Hrsg.), Entstehung und Folgen der Schriftkultur, Frankfurt 1981, S. 63-123.

Goody, Jack: The Logic of Writing and the Organization of Society, Cambridge 1986, dtsch. Übersetzung Die Logik der Schrift und die Organisation von Gesellschaft, Frankfurt 1990.

Gouldner, Alwin: The Norm of Reciprocity, in: American Sociological Review 25 (1960), S. 161-178.

Gracian, Balthasar: Handorakel und Kunst der Weltklugkeit (1647), dtsch. Übersetzung Stuttgart 1995.

Greatbatch, David: On the Management of Disagreement between News Interviews, in: Paul Drew/John Heritage (Hrsg.), Talk at Work: Interaction in Institutional Settings, Cambridge Mass. 1992, S. 269-301.

Grundmann, Reiner: Wo steht die Risikosoziologie?, in: Zeitschrift für Soziologie 28 (1999), S. 44-60

Günther, Gotthard: Beiträge zur Grundlegung einer operationsfähigen Dialektik, Bd. I, Hamburg 1976

Guggenberger, Bernd: Einfach Schön: Schönheit als soziale Macht, Berlin 1995.

Gutjahr, Ortrud: Gesellschaftsfähigkeit und gesellige Rolle der Schauspielerin im achtzehnten Jahrhundert, in: dies./Wilhelm Kuhlmann/ Wolf Wucherpfennig (Hrsg.), Gesellige Vernunft: Zur literarischen Kultur der Aufklärung, Würzburg 1993, S. 83-109.

Habermas, Jürgen: Strukturwandel der Öffentlichkeit, Neuwied 1962.

Habermas, Jürgen: Arbeit und Interaktion, in: ders., Technik und Wissenschaft als »Ideologie«, Frankfurt 1968, S48-104.

Habermas, Jürgen: Die klassische Lehre von der Politik in ihrem Verhältnis zur Sozialphilosophie, in: ders., Theorie und Praxis: Sozialphilosophische Studien (1963), Neuausgabe Frankfurt 1971, S. 48-89.

Habermas, Jürgen: Legitimationsprobleme im Spätkapitalismus, Frankfurt 1973.
Habermas, Jürgen: Zur Kritik an der Geschichtsphilosophie, in: ders., Kultur und Kritik: Verstreute Aufsätze, Frankfurt 1973, S. 355-365.
Habermas, Jürgen: Theorie des kommunikativen Handelns, Bd. 2, Frankfurt 1981.
Habermas, Jürgen: Faktizität und Geltung: Beiträge zur Diskurstheorie des Rechts und des demokratischen Rechtstaats, Frankfurt 1992.
Hahn, Alois: Kann der Körper ehrlich sein?, in: H.U. Gumbrecht/K.L. Pfeiffer (Hrsg.), Materialität der Kommunikation, Frankfurt 1988, S. 666-679.
Hahn, Alois: Verständigung als Strategie, in: Max Haller et al. (Hrsg.), Kultur und Gesellschaft: Verhandlungen des 24. Deutschen Soziologentages, des 11. Österreichischen Soziologentages und des 8. Kongresses der Schweizerischen Gesellschaft für Soziologie in Zürich 1988, Frankfurt 1989, S. 346-359.
Hahn, Alois/Jacob, Rüdiger: Der Körper als soziales Bedeutungssystem, in: Peter Fuchs/Andreas Göbel (Hrsg.), Der Mensch – das Medium der Gesellschaft?, Frankfurt 1994, S. 146-189.
Haroche-Bouzinak, Geneviève: Art. Harmonie, in: Montandon (Hrsg.), Dictionnaire raisonné (a. a. O.), S. 469-480.
Harrison, J. Richard/March, James G.: Decision Making and Postdecision Surprises, in: Administrative Science Quarterly 29 (1984), S. 26-42.
Hasse, Raimund/Krücken, Georg/Weingart, Peter: Laborkonstruktivismus: Eine wissenschaftssoziologische Reflexion, in: Gebhard Rusch/Siegfried J. Schmidt (Hrsg.), Konstruktivismus und Sozialtheorie, Frankfurt 1994, S. 220-263.
Hausendorf, Heiko: Gespräch als System: Linguistische Aspekte einer Soziologie der Interaktion, Opladen 1992.
Hausendorf, Heiko: Das Gespräch als selbstreferentielles System: Ein Beitrag zum empirischen Konstruktivismus der ethnomethodologischen Konversationsanalyse, in: Zeitschrift für Soziologie 21 (1992), S. 83-95.
Havelock, Eric A.: A Preface to Plato, Cambridge Mass. 1963.
Havelock, Eric A.: The Literate Revolution in Greece and its Cultural Consequences, Princeton N.J. 1982.
Hay, Gerhard: Darstellung des Menschenhasses in der deutschen Literatur des 18. und 19. Jahrhunderts, Frankfurt 1970.
Heider, Fritz: Wahrnehmung und Attribution, in: Dietmar Görlitz/Wulf-Uwe Meyer/Bernhard Weiner (Hrsg.), Bielefelder Symposium über Attribution, Stuttgart 1978, S. 13-19.
Hellmann, Kai-Uwe: Systemtheorie und neue soziale Bewegungen: Identitätsprobleme in der Risikogesellschaft, Opladen 1996.

Heidenescher, Mathias: Zurechung als soziologische Kategorie, in: Zeitschrift für Soziologie 21 (1992), S. 440-455.

Heinrich, Klaus: Antike Kyniker und Zynismus in der Gegenwart, in: ders., Vernunft und Mythos: Ausgewählte Texte, Frankfurt 1983, S. 27-50.

Henn-Schmölders, Claudia: Sprache und Geld oder »Vom Gespräch«: Über Adam Müller, in: Jahrbuch der Schillergesellschaft 21 (1977), S. 327-351.

Henrich, Dieter: Fichtes ursprüngliche Einsicht, Frankfurt 1967.

Hettlage, Robert: Erving Goffman, in: Dirk Käsler, (Hrsg.), Klassiker der Soziologie, Bd. 2, München 1999, S. 188-206 (191).

Hirschman, Albert O.: Exit, Voice, Loyalty: Responses to Decline in Firms, Cambridge 1970.

Hirschman, Albert O.: Denken gegen die Zukunft: Die Rhetorik der Reaktion, Frankfurt 1995.

Hitzler, Ronald: Die Politik des Zwischenrufs: Zu einer kleinen parlamentarischen Form, in: Zeitschrift für Parlamentsfragen 21 (1990), S. 619-630.

Hitzler, Ronald: Eine Medienkarriere ohne Ende? Fallstudie zur öffentlichen Selbstdarstellung von Politikern am Beispiel von Jürgen Möllemann, in: Stefan Müller-Dohm/Klaus Neumann-Braun (Hrsg.), Öffentlichkeit, Kultur, Massenkommunikation, Oldenburg 1991, S. 231-250.

Hoefnagels, H.: Soziologie des Sozialen, Essen 1966.

Hölscher, Lucian: Art. Öffentlichkeit, in: Brunner/Conze/Koselleck (Hrsg.): Geschichtliche Grundbegriffe (a. a. O.), Bd. 1, S. 413-469.

Holdcroft, David: Forms of Indirect Communication: An Outline, in: Philosophy and Rhetoric 9 (1976), S. 147-161.

Holmes, Stephen: Differenzierung und Arbeitsteilung im Denken des Liberalismus, in: Niklas Luhmann (Hrsg.), Soziale Differenzierung: Zur Geschichte einer Idee, Opladen 1985, S. 42-68.

Holmes, Stephen: Poesie der Indifferenz, in: Dirk Baecker et al. (Hrsg.), Theorie als Passion, Frankfurt 1987, S. 15-46.

Holmes, Stephen: The Anatomy of Antiliberalism, Cambridge Mass. 1993.

Hume, David: Inquiry Concerning the Principles of Morals (1751), zitiert nach der Ausgabe von L.A. Selly-Bigge, Oxford 1972.

Husserl, Edmund: Logische Untersuchungen (1901/1921), Nachdruck der 2. Auflage, Tübingen 1980, Bd. 3.

Institut für Sozialforschung (Hrsg.): Soziologische Exkurse, Frankfurt 1956.

Jackal, Robert: Moral Mazes: The World of Corporate Managers, Oxford 1988.
Jäckel, Michael: Interaktion: Soziologische Anmerkungen zu einem Begriff, in: Rundfunk und Fernsehen 43 (1995), S. 463-475.
Joas, Hans: Die Kreativität des Handelns, Frankfurt 1992.
Jones, Edward E./Nisbett, Richard E.: The Actor and the Observer: Divergent Perceptions of the Causes of Behavior, in: Edward E. Jones et al. (Hrsg.), Attribution: Perceiving the Causes of Behavior, Morristown N.J. 1971, S. 79-74.

Katz, Elihu/Eisenstadt, S.N.: Some Sociological Observations to the Response of Israeli Organizations to New Immigrants, in: Administrative Science Quarterly 5 (1960), S. 113-133.
Kaube, Jürgen: Rationales Handeln: Probleme seiner Theorie, in: Soziale Systeme: Zeitschrift für soziologische Theorie 2 (1996), S. 137-153.
Kaufmann, Franz-Xaver: Macht die Zivilisation das Opfer überflüssig?, in: Richard Schenk (Hrsg.), Zur Theorie des Opfers: Ein interdisziplinäres Gespräch, Stuttgart 1995, S. 173-188.
Kaufmann, Franz-Xaver: Familiäre Konflikte und gesellschaftliche Spannungsfelder, in: Der Mensch in den Konfliktfeldern der Gegenwart (hrsg. von der Landeszentrale für politische Bildung des Landes Nordrhein-Westfalen), Köln 1975, S. 165-189.
Kaufmann, Jean-Claude: Schmutzige Wäsche: Zur ehelichen Konstruktion von Alltag, Konstanz 1994
Kaufmann, Jean-Claude: Frauenkörper – Männerblicke, Konstanz 1995.
Kelso, Ruth: The Doctrine of the English Gentleman in the Sixteenth Century, Urbana Ill. 1929.
Keppler, Angela: Tischgespräche: Über Formen kommunikativer Vergemeinschaftung am Beispiel der Konversation in Familien, Frankfurt 1994.
Kiesel, H.: »Bei Hof, bei Höll«: Untersuchungen zur literarischen Hofkritik von Sebastian Brandt bis Friedrich Schiller, Tübingen 1979.
Kieserling, André: Die Unterscheidungen des politischen Liberalismus, in: Forschungsjournal Neue Soziale Bewegungen, Heft 1/1994, S. 108-114.
Kieserling, André: Familien in systemtheoretischer Perspektive, in: A. Herlth/E.J. Brunner/H. Tyrell/J. Kriz (Hrsg.), Abschied von der Normalfamilie? Partnerschaft kontra Elternschaft, Berlin-Heidelberg 1994, S. 16-30.
Kieserling, André: Interaktion in Organisationen, in: Klaus Dammann/Dieter Grunow/Klaus P. Japp (Hrsg.), Die Verwaltung des politischen Systems, Opladen 1994, S. 168-183.
Kieserling, André: Konstruktion als interdisziplinärer Begriff. Zum

Theorieprogramm der Geschlechterforschung, in: Ursula Pasero/Frederike Braun (Hrsg.), Konstruktion von Geschlecht, Pfaffenweiler 1995, S. 89-115.
Kieserling, André: Herstellung und Darstellung politischer Entscheidungen, in: Ottfried Jarren/Bettina Knaup/Heribert Schatz (Hrsg.), Rundfunk im politischen Kommunikationsprozeß, Münster 1995, S. 125-144.
Kieserling, André: Die Autonomie der Interaktion, in: Günter Küppers (Hrsg.), Chaos und Ordnung: Formen der Selbstorganisation in Natur und Gesellschaft, Stuttgart 1996, S. 257-290.
Knoblauch, Hubert: Arbeit als Interaktion, in: Soziale Welt 47 (1996), S. 344-362.
Knorr-Cetina, Karin: Die Fabrikation von Erkenntnis: Zur Anthropologie der Naturwissenschaft, Frankfurt 1984.
Knorr-Cetina, Karin: The micro-social order: Towards a reconception, in: Nigel G. Fielding (Hrsg.), Actions and Structure, London 1988, S. 20-54.
Knospe, H.: Art. Sozial, das Soziale, in: Wilhelm Bernsdorf (Hrsg.), Wörterbuch der Soziologie, 2. Auflage Stuttgart 1969, S. 948 ff.
König, René: Die Begriffe Gemeinschaft und Gesellschaft bei Ferdinand Tönnies, in: Kölner Zeitschrift für Soziologie und Sozialpsychologie 7 (1955), S. 348-420.
Koselleck, Reinhart: Kritik und Krise: Eine Studie zur Pathogenese der bürgerlichen Welt (1959), Ausgabe Frankfurt 1979.
Kounin, Jacob S.: Techniken der Klassenführung, Bern 1976.
Krell, Gertraude: Vergemeinschaftende Personalpolitik, München 1994.
Krumrey, Horst-Volker: Entwicklungsstrukturen von Verhaltensstandarden: Eine Soziologische Prozeßanalyse auf der Grundlage deutscher Anstands- und Manierenbücher von 1870-1970, Frankfurt 1984.
Krysmanski, Hans Jürgen: Soziologie des Konflikts, Reinbek 1971.

Laing, Ronald D./Phillipson, H./Lee, A.R.: Interpersonelle Wahrnehmung, Frankfurt 1971
La Rochefoucauld, De la conversation, in: ders., Œuvres (hrsg. von M.D.L. Gilbert), Bd. 1, Paris 1868.
La Rochefoucauld, Maximes et Réflexions diverses (erste französische Ausgabe: 1665), dtsch. Übersetzung Frankfurt 1976.
Laslett, Peter: The Face to Face Society, in: ders. (Hrsg.), Philosophy, Politics and Society, Oxford 1967, S. 157-184.
Latour, Bruno: Wir sind nie modern gewesen: Versuch einer symmetrischen Anthropologie, Berlin 1995.
Latour, Bruno: Der Berliner Schlüssel: Erkundungen eines Liebhabers der Wissenschaften, Berlin 1996.

Lee, Raymond L.M.: Malaysian Queue Culture: an Ethnography of Urban Public Behavior, in: Southeast Asian Journal of Social Science 12 (1984), S. 36-50.
Lepenies, Wolf: Melancholie und Gesellschaft, Frankfurt 1969.
Lerch, Eugen: »Gesellschaft« und »Gemeinschaft«, in: Deutsche Vierteljahresschrift für Literaturwissenschaft 1944.
Levin, Jack/Arluke, Arnold: Gossip: The Inside Scoop, New York 1987.
Leymann, Heinz: Mobbing, Hamburg 1993.
Lichtenberg, Georg Christoph: Über Physiognomik, wider die Physiognomen (1778), in: ders., Schriften und Briefe (hrsg. von Mautner), Frankfurt 1995, S. 88-132.
Locke, John: Some Thoughts Concerning Education, dtsch. Übersetzung Stuttgart 1970.
Lodge, David: Die Kunst des Erzählens, Zürich 1993.
Loriot: Feierabend, in: ders., Menschen, Tiere, Katastrophen, Stuttgart 1992, S. 42-46.
Lothar, Peter: »Jeder irgendwie für sich allein«? Probleme und Chancen sozialer Interaktion am Arbeitsplatz, in: Zeitschrift für Soziologie 22 (1993), S. 416-432.
Luckmann, Thomas: On the Boundaries of the Social World, in: Maurice Natanson (Hrsg.), Phenomenology and Social Reality: Essays in Memory of Alfred Schutz, Haag 1970, S. 73-100.
Luckmann, Thomas: Das Gespräch, in: Karlheinz Stierle/Rainer Warning (Hrsg.), Das Gespräch, München 1984, S. 49-63.
Luhmann, Niklas: Funktionen und Folgen formaler Organisation, Berlin 1964.
Luhmann, Niklas: Grundrechte als Institution: Ein Beitrag zur politischen Soziologie, Berlin 1965.
Luhmann, Niklas: Spontane Ordnungsbildung, in: Fritz Morstein Marx (Hrsg.), Verwaltung: Eine einführende Darstellung, Berlin 1965, S. 163-183.
Luhmann, Niklas: Recht und Automation in der öffentlichen Verwaltung: Eine verwaltungswissenschaftliche Untersuchung, Berlin 1966.
Luhmann, Niklas: Funktion und Kausalität, in: ders., Soziologische Aufklärung 1: Aufsätze zur Theorie sozialer Systeme (1970), 6. Auflage 1991, S. 9-30.
Luhmann, Niklas: Funktionale Methode und Systemtheorie, in: ders., a.a.O., S. 31-53.
Luhmann, Niklas: Reflexive Mechanismen, in: ders., a.a.O., S. 92-112.
Luhmann, Niklas: Sinn als Grundbegriff der Soziologie, in: ders./Jürgen Habermas: Theorie der Gesellschaft oder Sozialtechnologie: Was leistet die Systemforschung?, Frankfurt 1971, S. 25-101.

Luhmann, Niklas: Diskussion als System, in: ders./Jürgen Habermas, a. a. O., S. 316-342.
Luhmann, Niklas: Öffentliche Meinung, in: ders., Politische Planung: Aufsätze zur Soziologie von Politik und Verwaltung, Opladen 1971, S. 1-33.
Luhmann, Niklas: Lob der Routine, in: ders., a. a. O., S. 113-143.
Luhmann, Niklas: Die Knappheit der Zeit und die Vordringlichkeit des Befristeten, in: ders., a. a. O., S. 143-165.
Luhmann, Niklas: Rechtssoziologie, 2 Bd., Hamburg 1972.
Luhmann, Niklas: Vertrauen: Ein Mechanismus der Reduktion sozialer Komplexität, 2. Auflage Stuttgart 1973.
Luhmann, Niklas: Zweckbegriff und Systemrationalität: Über die Funktion von Zwecken in sozialen Systemen, Neuausgabe Frankfurt 1973.
Luhmann, Niklas: Interaktion, Organisation, Gesellschaft: Anwendungen der Systemtheorie, in: ders., Soziologische Aufklärung 2: Aufsätze zur Theorie der Gesellschaft, Opladen 1975, S. 9-21.
Luhmann, Niklas: Einfache Sozialsysteme, in: ders., a. a. O., S. 21-39.
Luhmann, Niklas: Selbst-Thematisierungen des Gesellschaftssystems: Über die Kategorie der Reflexion aus der Sicht der Systemtheorie, in: ders., a. a. O., S. 72-102.
Luhmann, Niklas: Formen des Helfens im Wandel gesellschaftlicher Bedingungen, in: ders., a. a. O., S. 134-150.
Luhmann, Niklas: Einführende Bemerkungen zu einer Theorie symbolisch generalisierter Kommunikationsmedien, in: ders., a. a. O., S. 170-193.
Luhmann, Niklas: Komplexität, in: ders., a. a. O., S. 204-221.
Luhmann, Niklas: Über die Funktion der Negation in sinnkonstituierenden Systemen, in: Harald Weinrich (Hrsg.), Positionen der Negativität, München 1975, S. 208-218.
Luhmann, Niklas: Negierbarkeit, in: Harald Weinrich (Hrsg.), a. a. O., S. 460-462.
Luhmann, Niklas: Negation und Perfektion, in: Harald Weinrich (Hrsg.), a. a. O., S. 469.
Luhmann, Niklas: Konfliktpotentiale in sozialen Systemen, in: Der Mensch in den Konfliktfeldern der Gegenwart (hrsg. von der Landeszentrale für politische Bildung des Landes Nordrhein-Westfalen), Köln 1975, S. 65-75.
Luhmann, Niklas: Funktion der Religion, Frankfurt 1977.
Luhmann, Niklas: Soziologie der Moral, in: ders./Stephan Pfürtner, Theorietechnik und Moral, Frankfurt 1978, S. 8-117.
Luhmann, Niklas: Gesellschaftliche Struktur und semantische Tradition, in: ders., Gesellschaftsstruktur und Semantik: Studien zur Wissenssoziologie der modernen Gesellschaft, Bd. 1, Frankfurt 1980, S. 1-71.

Luhmann, Niklas: Interaktion in Oberschichten: zur Transformation ihrer Semantik im 17. und 18. Jahrhundert, in: ders., a.a.O., S. 72-162.
Luhmann, Niklas: Frühneuzeitliche Anthropologie: Theorietechnische Lösungen für ein Evolutionsproblem der Gesellschaft, in: ders., a.a.O., S. 162-235.
Luhmann, Niklas: Erleben und Handeln, in ders., Soziologische Aufklärung 3: Soziales System, Gesellschaft, Organisation, Opladen 1981, S. 67-81.
Luhmann, Niklas: Temporalstrukturen des Handlungssystems: Zum Zusammenhang von Handlungs- und Systemtheorie, in: ders., a. a. O., S. 126-151.
Luhmann, Niklas: Symbiotische Mechanismen, in: ders., a.a.O., S. 228-245.
Luhmann, Niklas: Selbstreferenz und binäre Codierung, in: ders., a.a.O., S. 301-314.
Luhmann, Niklas: Organisation und Entscheidung, in: ders., a. a. O., S. 335-389.
Luhmann, Niklas: Vorbemerkungen zu einer Theorie sozialer Systeme, in: ders., a.a.O., S. 11-25, S. 81-101.
Luhmann, Niklas: Ausdifferenzierung des Rechts: Beiträge zur Rechtssoziologie und Rechtstheorie, Frankfurt 1981.
Luhmann, Niklas: Kommunikation über Recht in Interaktionssystemen, in: ders., a.a.O., S. 53-73.
Luhmann, Niklas: Funktionale Methode und juristische Entscheidung, in: ders., a.a.O., S. 273-308.
Luhmann, Niklas: Die Funktion der »subjektiven Rechte«, in: ders., a.a.O., S. 360-373.
Luhmann, Niklas: Selbstreferenz und Teleologie in gesellschaftstheoretischer Perspektive, in: ders., Gesellschaftsstruktur und Semantik: Studien zur Wissenssoziologie der modernen Gesellschaft, Bd. 2, Frankfurt 1981, S. 9-45.
Luhmann, Niklas: Subjektive Rechte: Zum Umbau des Rechtsbewußtseins für die moderne Gesellschaft, in: ders., a.a.O., S. 45-105.
Luhmann, Niklas: Theoriesubstitution in der Erziehungswissenschaft: Von der Philanthropie zum Neuhumanismus, in: ders., a.a.O., S. 105-195.
Luhmann, Niklas: Wie ist soziale Ordnung möglich?, in: ders., a.a.O., S. 195-287.
Luhmann, Niklas: Liebe als Passion: Zur Codierung von Intimität, Frankfurt 1982.
Luhmann, Niklas: Die Ausdifferenzierung von Erkenntnisgewinn: Zur Genese von Wissenschaft, in: Nico Stehr/Volker Meja (Hrsg.), Wis-

senssoziologie, Sonderheft 22 der Kölner Zeitschrift für Soziologie und Sozialpsychologie, Opladen 1982, S. 103-148.

Luhmann, Niklas/Schorr, Karl Eberhard (Hrsg.), Zwischen Technologie und Selbstreferenz: Fragen an die Pädagogik, Frankfurt 1982

Luhmann, Niklas: Legitimation durch Verfahren, Neudruck der 2. Auflage Frankfurt 1983.

Luhmann, Niklas: Ordine e conflitto: Un confronto impossibile, in: Centauro 8 (1983), S. 3-11.

Luhmann, Niklas: Soziale Systeme: Grundriß einer allgemeinen Theorie, Frankfurt 1984.

Luhmann, Niklas: Die Differenzierung von Interaktion und Gesellschaft: Probleme der sozialen Solidarität, in: Robert Kopp (Hrsg.), Solidarität in der Welt der 80er Jahre: Leistungsgesellschaft und Sozialstaat, Basel 1984, S. 79-96.

Luhmann, Niklas: Ökologische Kommunikation: Kann die moderne Gesellschaft sich auf ökologische Gefährdungen einstellen?, Opladen 1986.

Luhmann, Niklas: Systeme verstehen Systeme, in: ders./Karl Eberhard Schorr (Hrsg.), Zwischen Intransparenz und Verstehen: Fragen an die Pädagogik, Frankfurt 1986, S. 72-118.

Luhmann, Niklas: »Distinctions directrices«: Über Codierung von Semantiken und Systemen, in: ders., Soziologische Aufklärung 4: Beiträge zur funktionalen Differenzierung der Gesellschaft, Opladen 1987, S. 13-32.

Luhmann, Niklas: Die Unterscheidung von Staat und Gesellschaft, in: ders., a.a.O., S. 67-74.

Luhmann, Niklas: Codierung und Programmierung: Bildung und Selektion im Erziehungssystem, in: ders., a.a.O., S. 182-202;

Luhmann, Niklas: Zwischen Gesellschaft und Organisation: Zur Situation der Universitäten, in: ders., a.a.O., S. 202-212.

Luhmann, Niklas: Zwei Quellen der Bürokratisierung in Universitäten, in: ders., a.a.O., S. 212-216.

Luhmann, Niklas: Läßt unsere Gesellschaft Kommunikation mit Gott zu?, in: ders., a.a.O., S. 227-236.

Luhmann, Niklas: Die Wirtschaft der Gesellschaft, Frankfurt 1988.

Luhmann, Niklas: Geld als Kommunikationsmedium: Über symbolische und diabolische Generalisierungen, in: ders., a.a.O., S. 230-272.

Luhmann, Niklas: Organisation, in: Willi Küpper/Günther Ortmann (Hrsg.), Mikropolitik: Rationalität, Macht und Spiele in Organisationen, Opladen 1988, S. 165-185.

Luhmann, Niklas: Closure and Openness: On Reality in the Word of Law, in Günther Teubner (Hrsg.), Autopoietic Law: A New Approach to Law and Society, Berlin-New York 1988, S. 335-348.

Luhmann, Niklas: Staat und Staatsräson im Übergang von traditionaler Herrschaft zu moderner Politik, in: ders., Gesellschaftsstruktur und Semantik: Studien zur Wissenssoziologie der modernen Gesellschaft, Bd. 3, Frankfurt 1989, S. 65-149.
Luhmann, Niklas: Individuum, Individualität, Individualismus, in: ders., a.a.O., S. 149-259.
Luhmann, Niklas: Ethik als Reflexionstheorie der Moral, in: ders., a.a.O., S. 358-449.
Luhmann, Niklas: Theorie der politischen Opposition, in: Zeitschrift für Politik 36 (1989), S. 13-26.
Luhmann, Niklas: Die Wissenschaft der Gesellschaft, Frankfurt 1990.
Luhmann, Niklas: Der medizinische Code, in: ders., Soziologische Aufklärung 5: Konstruktivistische Perspektiven, Opladen 1990, S. 183-196.
Luhmann, Niklas: Sozialsystem Familie, in: ders., a.a.O., S. 196-218.
Luhmann, Niklas: Verfassung als evolutionäre Errungenschaft, in: Rechtshistorisches Journal 9 (1990), S. 176-220.
Luhmann, Niklas: Soziologie des Risikos, Berlin 1991.
Luhmann, Niklas: Wabuwabu in der Universität, in: ders., Universität als Milieu (hrsg. von André Kieserling), Bielefeld 1992, S. 30-49.
Luhmann, Niklas: Die Universität als organisierte Institution, in: ders., a.a.O., S. 90-100.
Luhmann, Niklas: Das Recht der Gesellschaft, Frankfurt 1993.
Luhmann, Niklas: Die Paradoxie der Form, in: Dirk Baecker (Hrsg.), Kalkül der Form, Frankfurt 1993, S. 197-213.
Luhmann, Niklas: Die Paradoxie des Entscheidens, in: Verwaltungsarchiv 84 (1993), S. 287-310.
Luhmann, Niklas: Die Kunst der Gesellschaft, Frankfurt 1995.
Luhmann, Niklas: Gesellschaftsstruktur und Semantik: Studien zur Wissenssoziologie der modernen Gesellschaft, Bd. 4, Frankfurt 1995.
Luhmann, Niklas: Wie ist Bewußtsein an Kommunikation beteiligt?, in: ders., Soziologische Aufklärung 6: Die Soziologie und der Mensch, Opladen 1995, S. 37-55.
Luhmann, Niklas: Die Autopoiesis des Bewußtseins, in: ders., a.a.O., S. 55-113.
Luhmann, Niklas: Die gesellschaftliche Differenzierung und das Individuum, in: ders., a.a.O., S. 125-142.
Luhmann, Niklas: Die Form »Person«, in: ders., a.a.O., S. 142-155.
Luhmann, Niklas: Intersubjektivität oder Kommunikation? Unterschiedliche Ausgangspunkte soziologischer Theoriebildung, in: ders., a.a.O., S. 169-189.
Luhmann, Niklas: Wahrnehmung und Kommunikation sexueller Interessen, in: ders., a.a.O., S. 189-204.
Luhmann, Niklas: Inklusion und Exklusion, in: ders., a.a.O., S. 237-265.

Luhmann, Niklas: Kausalität im Süden, in: Soziale Systeme: Zeitschrift für soziologische Theorie 1 (1995), S. 7-29.

Luhmann, Niklas: Geschlecht – und Gesellschaft?, in: Soziologische Revue 18 (1995), S. 314-319.

Luhmann, Niklas: Organisation und Entscheidung, MS Bielefeld 1995.

Luhmann, Niklas: Die Realität der Massenmedien, 2., erweiterte Auflage, Opladen 1996.

Luhmann, Niklas: Die neuzeitlichen Wissenschaften und die Phänomenologie, Wien 1996.

Luhmann, Niklas: Protest: Systemtheorie und soziale Bewegungen (hrsg. von Kai-Uwe Hellmann), Frankfurt 1996.

Luhmann, Niklas: Frauen, Männer und George Spencer Brown, in: ders., a. a. O., S. 107-156.

Luhmann, Niklas: Takt und Zensur im Erziehungssystem, in: ders./Karl Eberhard Schorr (Hrsg.), Zwischen System und Umwelt: Fragen an die Pädagogik, Frankfurt 1996.

Luhmann, Niklas: Zeit und Gedächtnis, in: Soziale Systeme: Zeitschrift für soziologische Theorie 2 (1996), S. 307-331.

Luhmann, Niklas: Die Gesellschaft der Gesellschaft, Frankfurt 1997.

Lundberg, Georg A.: The Foundations of Sociology, New York 1939.

Lutz, Peter Christian: Überlegungen zu einer soziologischen Analyse geheimer Gesellschaften des späten 18. und frühen 19. Jahrhunderts, in: ders. (Hrsg.), Geheime Gesellschaften, Heidelberg 1979, S. 89-121.

Maduschka, Leo: Das Problem der Einsamkeit im 18. Jahrhundert, München 1932.

Malinowski, Bronislaw: Das Problem der Bedeutung in primitiven Sprachen, in: C. K. Odgen/I. A. Richards, Die Bedeutung der Bedeutung, Frankfurt 1974, S. 348 ff.

Manheim, Ernst: Die Träger der öffentlichen Meinung: Studien zur Soziologie der Öffentlichkeit, Brünn 1933, Neuausgabe Aufklärung und öffentliche Meinung (hrsg. von Norbert Schindler), Stuttgart 1979.

Mann, Leon: Queue Culture: The Waiting Line as a Social System, in: American Journal of Sociology 75 (1969), S. 340-354.

Markowitz, Jürgen: Die soziale Situation, Frankfurt 1980.

Marquard, Odo: Art. Moralische Imputation, in: J. Ritter/K. Gründer (Hrsg.), Historisches Wörterbuch der Philosophie, Bd. 4, Darmstadt 1976, Sp. 275 f.

Marquard, Odo: Zur Geschichte des philosophischen Begriffs »Anthropologie« seit dem Ende des 18. Jahrhunderts, in: Collegium Philosophicum: Studien Joachim Ritter zum 60. Geburtstag, Basel 1965, S. 209-239.

Marquard, Odo: Plädoyer für die Einsamkeitsfähigkeit, in: ders., Skepsis und Zustimmung: Philosophische Studien, Stuttgart 1994, S. 110-123.

Martens, Wolfgang: Die Botschaft der Tugend: Die Aufklärung im Spiegel der deutschen moralischen Wochenschriften, Stuttgart 1968.

Martin, N.: Art. Muße, in: J. Ritter/K. Gründer (Hrsg.), Historisches Wörterbuch der Philosophie, Bd. 6, Darmstadt 1984, Sp. 257-260.

Mason, John E.: Gentlefolk in the Making: Studies in the History of English Courtesy Literature and Related Topics from 1531-1774, New York 1971.

Mauser, Wolfgang: Geselligkeit: Zu Chancen und Scheitern einer sozialethischen Utopie um 1750, in: Aufklärung 4 (1989), S. 87-120.

Mayntz, Renate: Die Organisationssoziologie und ihre Beziehungen zur Organisationslehre, in: Erich Schnaufer/Klaus Agthe (Hrsg.), Organisation, Berlin 1961, S. 29-54.

McCarthy, John A.: Art. Öffentlichkeit, in: Werner Schneiders (Hrsg.), Lexikon der Aufklärung: Deutschland und Europa, München 1995, S. 292-294.

McQuail, Denis: Uncertainty about the Audience, in: Paul Halmos (Hrsg.), The Sociology of Mass Media (The Sociological Review Monographs 13), Keele Staffordshire 1969, S. 75-85.

Merten, Klaus: Kommunikation: Eine Begriffs- und Prozeßanalyse, Opladen 1977.

Meyrowitz, Joshua: No Sense of Place: The Impact of Electronic Media on Social Behavior (1985), dtsch. Übersetzung Die Fernsehgesellschaft, Weinheim 1987/1990.

Meyrowitz, Joshua: Media Theory, in: David Crowley/David Mitchell (Hrsg.), Communication Theory Today, Cambridge 1994, S. 50-78.

Mills, C. Wright: Situated Actions and Vocabularies of Motives, in: American Sociological Review 5 (1940), S. 904-913.

Mills, C. Wright: Introduction, in: Thorstein Veblen, Theory of the Leisure Class, London 1953, S. VI-XX.

Montandon, Alain (Hrsg.): Über die deutsche Höflichkeit: Entwicklungen der Kommunikationsvorstellungen in den Schriften über Umgangsformen in den deutschsprachigen Ländern, Bern 1991.

Montandon, Alain (Hrsg.): Dictionnaire raisonné de la politesse et du savoir-vivre: Du moyen âge à nos jours, Paris 1995.

Montandon, Alain: Conversation, in: ders. (Hrsg.), Dictionnaire raisonné (a.a.O.), S. 125-151.

Mouzelis, Nicos P.: Back to Sociological Theory: The Construction of Social Orders, New York 1991.

Müller, Adam: »Zwölf Reden über Beredsamkeit und über deren Verfall in Deutschland« (1816), Ausgabe Stuttgart 1983 (hrsg. von Jürgen Wilke).

Müller, Klaus E.: Das magische Universum der Identität: Ein ethnologischer Grundriß, Frankfurt 1987.
Müller, Klaus E.: Die Apokryphen der Öffentlichkeit geschlossener Gesellschaften, in: Sociologia Internationalis 29 (1991), S. 189-205.
Münch, Richard: Theorie des Handelns: Zur Rekonstruktion der Beiträge von Talcott Parsons, Emile Durkheim und Max Weber, Frankfurt 1988.
Mullan, John: Sentiment and Sociability: The Language of Feeling in the Eighteenth Century, Oxford 1988.

Nadel, Siegfried F.: Social Control and Self-Regulation, in: Social Forces 31 (1953), S. 265-273.
Nadel, Siegfried F.: The Theory of Social Structure, Glencoe Ill. 1957.
Naumann, Manfred (Hrsg.): Artikel aus der von Diderot und d'Alembert herausgegebenen Enzyklopädie, Leipzig 1972.
Nipperdey, Thomas: Verein als soziale Struktur im späten 18. und frühen 19. Jahrhundert, in: H. Bookmann et al., Geschichtswissenschaft und Vereinswesen im 19. Jahrhundert, Göttingen 1976, S. 1-44.
Nohl, Hermann: Vom deutschen Ideal der Geselligkeit, in: ders., Pädagogische Aufsätze, Berlin 1918, S. 121-135.

Offe, Claus: Arbeit als soziologische Schlüsselkategorie?, in: ders., »Arbeitsgesellschaft« – Strukturprobleme und Zukunftsperspektiven, Frankfurt 1984, S. 13-44.
Olsen, Johan P.: Voting, »Sounding Out«, and the Governance of Modern Organizations, in: Acta Sociologica 15 (1972), S. 267-283.
Ong, Walter J.: Orality and Literacy: The Technologizing of the Word. London 1982, dtsch. Übersetzung Opladen 1987.
Ortmann, Günther/Sydow, Jörg/Türk, Klaus (Hrsg.), Theorien der Organisation, Opladen 1997.
Ozouf, Mona: Art. Esprit publique, in: François Furet/Mona Ouzuf (Hrsg.), Dictionnaire critique de la Révolution française, dtsch. Übersetzung Frankfurt 1996, S. 1369-1384.

Parsons, Talcott: Illness and the Role of the Physician, in: American Journal of Orthopsychiatry 21 (1951), S. 452-460.
Parsons, Talcott/Shils, Edward (Hrsg.), Towards a General Theory of Action, Cambridge Mass. 1951.
Parsons, Talcott: The Principal Structures of Community: A Sociological View, in: Carl J. Friedrich (Hrsg.), Community, New York 1959, wiederabgedruckt in: Talcott Parsons, Structure and Process in Modern Society, Glencoe Ill. 1960, S. 250-297.

Parsons, Talcott: Societies: Evolutionary and Comparative Perspectives, Englewood Cliffs 1966, dtsch. Übersetzung Frankfurt 1975.
Payne, Stanley L.: The Art of Asking Questions, Princeton 1951.
Peters, Bernhard: Die Integration moderner Gesellschaften, Frankfurt 1993.
Pollack, Detlev: Das Ende einer Organisationsgesellschaft: Systemtheoretische Überlegungen zum gesellschaftlichen Umbruch in der DDR, in: Zeitschrift für Soziologie 19 (1990), S. 292-307.
Popitz, Heinrich: Prozesse der Machtbildung, Tübingen 1968.

Radcliffe-Brown, Alfred R.: On Joking Relationships, in: Africa 13 (1940), S. 195-210, auch in: ders., Structure and Funktion in Primitive Society, Glencoe Ill. 1952.
Radcliffe-Brown, Alfred R.: A Further Note on Joking Relationships, in: Africa 19 (1949), S. 133-140, auch in: ders., Structure and Funktion in Primitive Society, Glencoe Ill. 1952.
Riedel, Manfred: Der Begriff der »Bürgerlichen Gesellschaft« und das Problem seines geschichtlichen Ursprungs, in: ders., Studien zu Hegels Rechtsphilosophie, Frankfurt 1969, S. 135-167.
Riedel, Manfred: Art. Arbeit, in: Manfred Krings/Hans Michael Baumgarten/Christoph Wild (Hrsg.), Handbuch philosophischer Grundbegriffe, Bd. 1, München 1973, S. 125-141.
Riesman, David/Potter, Robert J./Watson, Jeanne: The Vanishing Host, in: Human Organization 19 (1960), S. 17-27.
Riesman, David/Watson, Jeanne: The Sociability Project: A Chronicle of Frustration and Achievement, in: Phillip E. Hammond (Hrsg.), Sociologists at Work: Essays on the Craft of Sociological Research, New York 1964, S. 235-231.
Riesman, David: Geselligkeit, Zwanglosigkeit, Egalität, in: ders., Wohlstand wofür?, Frankfurt 1966, S. 115-149.
Riesman, David: The Oral Tradition, the Written Word and the Screen Image, Yellow Springs Ohio 1956, dtsch. Übersetzung in: ders., Wohlstand wofür?, a.a.O. S. 377-411.
Ritter, Joachim: Metaphysik und Politik: Studien zu Aristoteles und Hegel, Frankfurt 1969.
Rössel, Jörg: Konflikttheorie und Interaktionsrituale: Randall Collins Mikrofundierung der Konflikttheorie, in: Zeitschrift für Soziologie 28 (1999), S. 23-44.
Roessler, Wilhelm: Die Entstehung des modernen Erziehungswesens in Deutschland, Stuttgart 1961.
Roloff, Volker: Reden und Schweigen: Zur Tradition und Gestaltung eines mittelalterlichen Themas in der französischen Literatur, München 1973.

Rost, Martin: Das Spiel mit dem Feuer: Zur Soziologie des Flirts, MS 1994.

Roth, Oskar: Die Gesellschaft der Honnêtes Gens: Zur sozialethischen Grundlegung des honnêteté-Ideals bei La Rochefoucauld, Heidelberg 1981.

Rousseau, Jean-Jacques: Émile ou de l'Éducation (1762), dtsch. Übersetzung Paderborn 1989.

Ruppert, Wolfgang: Bürgerlicher Wandel: Die Geburt der modernen Gesellschaft im 18. Jahrhundert, Frankfurt 1984.

Sabini, John/Silver, Maury: Moralities of Everyday Life, Oxford 1982.
Sabini, John/Silver, Maury: Envy, in: dies., a.a.O., S. 15-33.
Sabini, John/Silver, Maury: A Plea for Gossip, in: dies., a.a.O., S. 89-107.
Sabini, John/Silver, Maury: Flirtation and Ambiguity, in: dies., a.a.O., S. 107-125.
Sacks, Harvey: Lectures on Conversation, Oxford 1995.
de Sales, François: Introduction à la vie dévote (1609/1619), zitiert nach der dtsch. Übersetzung in: Claudia Schmölders (Hrsg.), Die Kunst des Gesprächs: Texte zur Geschichte der europäischen Konversationstheorie, München 1979, S. 143 ff.
Schalk, Fritz: Societas und société, in: Deutsche Vierteljahresschrift für Literaturwissenschaft 1951.
Schalk, Fritz: Das Lächerliche in der französischen Literatur des Ancien Régime, Köln 1954.
Schalk, Fritz (Hrsg.): Französische Moralisten: La Rochefoucauld – Vauvenargues – Montesquieu – Chamfort, Zürich 1995.
Schenk, Michael: Soziale Netzwerke und Massenkommunikation: Untersuchungen zum Einfluß der persönlichen Kommunikation, Tübingen 1995.
Scheuch, Erwin K.: Die Sichtbarkeit politischer Einstellungen im täglichen Verhalten, in: ders./Rudolf Wildenmann (Hrsg.), Zur Soziologie der Wahl, Sonderheft 9 der Kölner Zeitschrift für Soziologie und Sozialpsychologie, Köln-Opladen 1965, S. 169-214.
Schimank, Uwe: Identitätsbehauptung in Arbeitsorganisationen: Individualität in der Formalstruktur, Frankfurt 1981.
Schimank, Uwe: Die Entwicklung des Sports zum gesellschaftlichen Teilsystem, in: Renate Mayntz et al., Differenzierung und Verselbständigung: Zur Entwicklung gesellschaftlicher Teilsysteme, Frankfurt 1988, S. 181-232.
Schimank, Uwe: Theorien gesellschaftlicher Differenzierung, Opladen 1996.
Schivelbusch, Wolfgang: Geschichte der Eisenbahnreise: Zur Industrialisierung von Raum und Zeit im 19. Jahrhundert, Frankfurt 1984.

Schlegel, Friedrich: Georg Forster, in: Werke, 2 Bd., Berlin 1980.
Schleiermacher, Friedrich: Theorie des geselligen Betragens, in: Werke in vier Bänden (hrsg. von Otto Braun/Johannes Bauer), Leipzig 1927, Bd. 2, S. 1-31.
Schleiermacher, Friedrich: Über das Gesellige in der Religion oder über die Kirche und das Priestertum, in: ders., Über die Religion: Reden an die gebildeten unter ihren Verächtern (1799), Ausgabe Stuttgart 1980, S. 117-156.
Schlieben-Lange, Brigitte: Mündlichkeit und Schriftlichkeit in der Französischen Revolution, in: A. Assmann/J. Assmann/Chr. Hardmeier (Hrsg.), Schrift und Gedächtnis: Archäologie der literarischen Kommunikation, Bd. 1, München 1983, S. 194-211.
Schmitt, Carl: Der Leviathan in der Staatslehre des Thomas Hobbes, Hamburg 1938.
Schmitt, Carl: Die geistesgeschichtliche Lage des Parlamentarismus, 3. Auflage Berlin 1961.
Schmölders, Claudia: Ars conversationis: Zur Geschichte des sprachlichen Umgangs, in: Arcadia 10 (1975), S. 16-33.
Schmölders, Claudia (Hrsg.): Die Kunst des Gesprächs: Texte zur Geschichte der europäischen Konversationstheorie, München 1979.
Schmölders, Claudia: Einleitung zu: dies., a. a. O., S. 9-69.
Schmölders, Claudia: Das Vorurteil im Leibe: Eine Einführung in die Physiognomik, Berlin 1995.
Schneider, Wolfgang Ludwig: Die Beobachtung von Kommunikation: Zur kommunikativen Konstruktion sozialen Handelns, Opladen 1994.
Schneider, Wolfgang Ludwig: Objektive Hermeneutik als Forschungsmethode der Systemtheorie, in: Soziale Systeme: Zeitschrift für soziologische Theorie 1 (1995), S. 129-152.
Schröder, Gerhart: Logos und List: Zur Entwicklung der Ästhetik in der frühen Neuzeit, Frankfurt 1985.
Schwanitz, Dietrich: Systemtheorie und Literatur: Ein neues Paradigma, Opladen 1990.
Schwanitz, Dietrich: Kritik des hellen Wahnsinns: Die Gruppenuniversität protegiert die Anspruchslosen, in: Frankfurter Allgemeine Zeitung, Ausgabe vom 30. 5. 1996, S. 33.
Schwartz, Shalom H.: Awareness of Consequences and the Influence of Moral Norms on Interpersonal Behavior, in: Sociometry 31 (1968), S. 355-369.
de Scudéry, Madeleine: Conversation sur la conversation, in: dies., Conversations sur divers sujets, 5. Auflage Amsterdam 1686, S. 1-20, zitiert nach der dtsch. Übersetzung in: Schmölders (Hrsg.), Kunst des Gesprächs (a. a. O.), S. 166-179.

Sennett, Richard: Verfall und Ende des öffentlichen Lebens: Die Tyrannei der Intimität, Frankfurt 1983.
Serres, Michel: Le parasite, Paris 1980.
Simmel, Georg: Soziologie: Untersuchungen über die Formen der Vergesellschaftung (1908), Neuausgabe Frankfurt 1992 (hrsg. von Otthein Rammstedt).
Simmel, Georg: Das Geheimnis und die geheime Gesellschaft, in: ders., a.a.O., S. 383-455.
Simmel, Georg: Der Raum und die räumlichen Ordnungen, in: ders., a.a.O., S. 687ff.
Simmel, Georg: Psychologie der Koketterie (1909), in: Schriften zur Philosophie und Soziologie der Geschlechter (hrsg. von Heinz-Jürgen Dahme/Klaus Christian Köhnke), Frankfurt 1985, S. 187-200.
Simmel, Georg: Grundfragen der Soziologie, Berlin 1917.
Simmel, Georg: Die Geselligkeit, in: ders., a.a.O., S. 48ff.
Simmel, Georg: Das Individuum und die Freiheit (ursprünglich: Brücke und Tür), Frankfurt 1993.
Sitter, John: Literary Loneliness in Mid-Eighteenth-Century England, London 1982.
Slater, Philip E.: On Social Regression, American Sociological Review 28 (1963), S. 339-364.
Spacks, Patricia: Gossip, New York 1985.
Spaemann, Robert: Nebenwirkungen als moralisches Problem, Philosophisches Jahrbuch 82 (1972) S. 325-335.
Spandl, Oskar Peter: Die mündliche Prüfung: Eine methodische und psychologische Anleitung, Geretsried 1971.
Speier, Hans: The Communication of Hidden Meaning, in: Social Research 44 (1977), S. 471-501.
Spencer Brown, George: Laws of Form, London 1969.
Starobinski, Jean: Sur la flatterie, in: Nouvelle Revue de la psychoanalyse 4 (1971), S. 131-151.
Stegbauer, Christian: Die virtuelle Organisation und die Realität elektronischer Kommunikation, in: Kölner Zeitschrift für Soziologie und Sozialpsychologie 47 (1995), S. 535-550.
Stichweh, Rudolf: Zur Entstehung des Systems wissenschaftlicher Disziplinen: Physik in Deutschland 1740-1890, Frankfurt 1984, S. 394ff.
Stichweh, Rudolf: Inklusion in Funktionssysteme der modernen Gesellschaft, in: Renate Mayntz et al., Differenzierung und Verselbständigung: Zur Entwicklung gesellschaftlicher Teilsysteme, Frankfurt 1988, S. 261-293.
Stichweh, Rudolf: Fremde, Barbaren und Menschen: Vorüberlegungen zu einer Soziologie der »Menschheit«, in: Peter Fuchs/Andreas Göbel

(Hrsg.), Der Mensch – das Medium der Gesellschaft?, Frankfurt 1994, S. 72-92.

Strosetzki, Christoph: Konversation: Ein Kapitel gesellschaftlicher und literarischer Pragmatik im Frankreich des 17. Jahrhunderts, Frankfurt 1978.

Stumpp, Gabriele: Müßiggang als Provokation, in: Asholt/Fähnders (Hrsg.), Arbeit und Müßiggang (a. a. O.), S. 181-191.

Ter-Nedden, Gisbert: Das Ende der Rhetorik und der Aufstieg der Publizistik: Ein Beitrag zur Kulturgeschichte der Aufklärung, in: Hans-Georg Soeffner (Hrsg.), Kultur und Alltag, Göttingen 1988, S. 171-191.

Thomasius, Christian: Kurtzer Entwurff der politischen Klugheit (1710), Neuausgabe Frankfurt 1971.

Thompson, John B.: Social Theory and the Media, in: David Crowley/David Mitchell (Hrsg.), Modern Communication Theory, Cambridge 1994, S. 27-50.

Tönnies, Ferdinand: Gemeinschaft und Gesellschaft (1887), Neudruck der 8. Auflage von 1935, Darmstadt 1963.

Turner, Bryan S.: Regulating Bodies: Essays in Medical Sociology, London 1992.

Tyrell, Hartmann: Vergesellschaftung und Subjektivität: Studien zum subjektiven Erfahrungszusammenhang, Dissertation Bielefeld 1971.

Tyrell, Hartmann: Konflikt als Interaktion, in: Kölner Zeitschrift für Soziologie und Sozialpsychologie 28 (1976), S. 255-271.

Tyrell, Hartmann: Familienalltag und Familienumwelt: Überlegungen aus systemtheoretischer Perspektive, Zeitschrift für Sozialisationsforschung und Erziehungssoziologie 2 (1982), S. 167-188.

Tyrell, Hartmann: Zwischen Interaktion und Organisation: Gruppe als Systemtyp, in: Friedhelm Neidhard (Hrsg.), Gruppensoziologie: Perspektiven und Materialien, Sonderheft 25 der Kölner Zeitschrift für Soziologie und Sozialpsychologie, Opladen 1983.

Tyrell, Hartmann: Romantische Liebe – Überlegungen zu ihrer quantitativen Bestimmtheit, in: Dirk Baecker et al. (Hrsg.), Theorie als Passion, Frankfurt 1987, S. 570-599.

Tyrell, Hartmann: Probleme des Familienlebens angesichts von Konsummarkt, Schule und Fernsehen, in: Hans-Joachim Schulze/Tilmann Mayer (Hrsg.), Familie: Zerfall oder neues Selbstverständnis?, Würzburg 1987, S. 55-66.

Tyrell, Hartmann: Max Webers Soziologie – eine Soziologie ohne »Gesellschaft«, in: G. Wagner/H. Zipprian (Hrsg.), Max Webers Wissenschaftslehre: Interpretation und Kritik, Frankfurt 1994, S. 390-414.

Uhlig, Klaus: Hofkritik im England des Mittelalters und der Renaissance: Studien zu einem Gemeinplatz der europäischen Moralistik, Berlin 1973.

von Foerster, Heinz: Wissen und Gewissen: Versuch einer Brücke, Frankfurt 1993, S. 233-268
von Unruh, Adalbert: Dogmengeschichtliche Untersuchungen über den Gegensatz von Staat und Gesellschaft vor Hegel, Leipzig 1928.
Vauvenargues (1746): Französische Moralisten: La Rochefoucauld – Vauvenargues – Montesquieu – Chamfort, Zürich 1995, dtsch. Übersetzung von Fritz Schalk (Hrsg.).
Vattimo, Gianni: Die Hermeneutik und das Modell der Gemeinschaft, in: Joseph Vogl (Hrsg.), Gemeinschaften: Positionen zu einer Philosophie des Politischen, Frankfurt 1994, S. 208-223.
Vigouroux, Monique: Le thème de la retraite et de la solitude chez quelques épistoliers du XVIIe siècle, Paris 1972.
Vollhardt, Friedrich: Art. Geselligkeit, in: Werner Schneiders (Hrsg.), Lexikon der Aufklärung: Deutschland und Europa, München 1995, S. 152-154.

Wagner, Benno: Von Massen und Menschen: zum Verhältnis von Medium und Form in Musils *Mann ohne Eigenschaften*, in: Peter Fuchs/ Andreas Göbel (Hrsg.), Der Mensch – das Medium der Gesellschaft?, Frankfurt 1994, S. 264-297.
Waldenfels, Bernhard: Antwortregister, Frankfurt 1994.
Walter, Henry: Mobbing: Kleinkrieg am Arbeitsplatz, Frankfurt 1993.
Walum, Laurel Richardson: The Changing Door Ceremony: Notes on the Operation of Sex Roles in Everyday Live, in: John Lofland (Hrsg.), Interaction in Everyday Live, Beverly Hills 1978, S. 51-60.
Washington, George: Regeln der Höflichkeit in der Konversation, zitiert nach der dtsch. Übersetzung in: Schmölders (Hrsg.), Kunst des Gesprächs (a. a. O.), S. 208 ff.
Watson, Jeanne: A Formal Analysis of Sociable Interaction, in: Sociometrie 21 (1958), S. 269-280.
Watt, Ian: The Rise of the Novel (1957), dtsch. Übersetzung Frankfurt 1974.
Weick, Karl E.: Der Prozeß des Organisierens, Frankfurt 1995.
Weick, Karl E.: Sensemaking in Organisations, Thousand Oaks Cal. 1995.
Werber, Niels: Nur Kunst ist Kunst, in: Soziale Systeme: Zeitschrift für soziologische Theorie 2 (1996), S. 166-177.
Willke, Helmut: Systemtheorie, 2. Auflage Stuttgart 1987.
Wolff, A.: Die frauenfeindlichen Dichtungen des Mittelalters, Halle 1914.
Wucherpfennig, Wolf: »Das Wort gesellig ist mir verhaßt geworden«:

Freiheit und Vaterland, Natur und Familie bei Friedrich Leopold Graf zu Stollberg, in: Ortrud Gutjahr/Wilhelm Kuhlmann/Wolf Wucherpfennig (Hrsg.), Gesellige Vernunft: Zur literarischen Kultur der Aufklärung, Würzburg 1993, S. 352-376.

Zaehle, Barbara: Knigges Umgang mit Menschen und seine Vorläufer, Heidelberg 1933.

Zaret, David: Printing and the »Invention« of Public Opinion in the English Revolution, in: American Journal of Sociology 101 (1996), S. 1497-1555.

Zimmermann, Waldemar: Das »Soziale« im geschichtlichen Sinn- und Begriffswandel, in: Studien zur Soziologie: Festgabe für Leopold von Wiese, Mainz 1948, S. 173-191.

Register

Abschied 65
Adel s. Oberschichten
Affekt
- Darstellung von 357
Anomie/Abweichung 272
Anonymität 451
Anspielungen 38 f.
Anwesenheit 64 ff.
- als Selbstdarstellung 121
- als Mitgliedschaftspflicht 341
- Konventionen für 67 f.
- nichtlegitime 126
- »totale« 450
- von Frauen 430
- von Kindern 43, 66, 72, 116, 228, 368
- Zurechnung von 365
ärztliche Untersuchung 143, 207 f., 250
Asymmetrisierung 190 ff., 438
- soziale 192 f.
- Resymmetrisierung von 193, 194
s. Historisierung, Externalisierung
Attribution s. Zurechnung
Aufmerksamkeit
- Zentrierung von 136
s. Unaufmerksamkeit

Begründung
- Ablehnung ohne 357
Begrüßung 65
Beobachtung
- von Handlung 45 f.
- von Personen 120 f.
- von Entscheidungen 351 ff.
- zweiter Ordnung 362 f.
Bewußtsein 111, 139 ff., 442 f.
Bildungsthemen 206

Bitte 274
Bote 233
Brief 282
Buchdruck 209, 240 ff., 396, 450 f., 464
bürgerliche Gesellschaft 398, 423

Codierung 79 ff., 278
- der Sprache 266
- Wechsel der 80 ff.

Dankbarkeit 96 f., 169 ff., 340
Dialektik des Unpolitischen 415 f.
Dethematisierung
- von Interessen 429 f.
- von Kontroversthemen 427
Desozialisierung
- innergesellschaftliche 21
- der Umwelt des Gesellschaftssystems 225
- von Wissen 292
Differenzierung 32 ff.
- gesellschaftliche/soziale 214 ff., 254 ff., 460 f., 459 f.
- von Interaktion und Gesellschaft 12, 213 ff., 288 f., 407 ff.
- von Konflikt und Kooperation 461 ff.
- von Sinnformen 32 ff.
- von Themen 194 f.
- von Verstehen und Annahme/Ablehnung 236 f.
Differenzierungsform
- Autonomie der 72 f.
- funktionale 227 ff., 456 ff.
- segmentäre 223 ff., 454 f.
- stratifikatorische 226 ff., 455 f.
- und Interaktion 220 ff.
- als evolutionäre Errungenschaft 200 ff.

Diskothek 162, 368
Diskurs (Habermas) 101, 192, 253, 339
Dissimulation
- von Kontrolliertheit 141
doppelte Kontingenz 86 ff., 119 ff.
- artikulierte 89 ff., 195
- reflexive Wahrnehmung als 119 ff.
- und Normen 92 ff.
- und Konflikt 264 f.
Dritte, Dritter 48 f., 276 f., 306, 318, 410 f., 430

Eigenliebe 436 ff.
Einladung 337
Einsamkeit 442 ff.
Entscheidungen 346 ff.
- Auflösung in Subentscheidungen 382 ff.
- als Elemente von Organisation 349 ff.
- als Interaktionsthema 359
- Darstellung/Herstellung von
- rationale 346
- retrospektive Deutung als 358
- über Entscheidungsprämissen 370 ff.
Entscheidungsdruck 336
- Vermeidung von 278, 336
Entschuldigungen 103, 172 ff., 356
- von Organisationen 356
erotische Werbung 161, 439
erwiderter Blick 119, 163
Ethik 444, s. Moral
Evolution 58, 395 f.
evolutionäre Errungenschaft 218
- Differenzierungsformen als 200 ff.
- Verbreitungsmedien als 229 ff.
- Organisation als 336
Externalisierung 132, 191 f., 194, 199 ff.

- /Reinternalisierung 202
  s. Asymmetrisierung

Fehler 172 f.
Familien
- Interaktion in 228
Fangfragen 170
Festpreise 174
Flüstergespräche 38 f.
Frauen
- im Hause 435
- in der geselligen Interaktion 430, 434 ff.
- Geheimhaltung vor 435
Führung, Führungsstil 357
funktionale Differenzierung
  s. Differenzierungsform, Codierung
Funktionalismus 182, 307 f.

Galanterie 430
Gastgeber
- als Rolle 192
Gedächtnis 115, 385 f.
Gefallen 430, 438 ff.
Geheimgesellschaft
- als geheime Interaktion 413 ff.
Gemeinplätze 206
Gemeinschaft 219, 392
- /Gesellschaft 405 ff., 449
Geschlechterdifferenz 73, 116
gesellige Interaktion 145, 184 ff., 412 ff., 473 ff.
- als Konfliktvermeidung 441 f.
- als Perfektionsform von Sozialität 418 ff.
- als Schule 429
- /geschäftliche Interaktion 426
- /organisierte Interaktion 341
- Themenwahl in 185 ff., 427 f.
- und Intimität 291, 430
- und Konflikt 285 f.
- und Selbstreferenz 188

Gesellschaft
- /Freundschaft 16
- /Geselligkeit 392
- /Gemeinschaft 405 ff.
- /Individuum, 399f, 404.
- /Staat 400, 402, 404f., 416
Gesprächspause 41 ff.,
Gleichheit/Ungleichheit
- von gesellschaftlichen Teilsystemen 220f., 432
Gleichzeitigkeit
- /Synchronisation 40f.
- von Reden und Schweigen 40
Gottesdienst 126
Großdemonstration 299
Gruppe 17, 223, 229, 341 ff.
Grüßen 68

Hilfe 167f.
Historisierung
- als Asymmetrisierung 191, 196, 202f.
Hof 409f., 424
Höfling 329, 409
honnêteté 425

Ideologie 242, 293, 397
Ignorieren
- von Anwesenden 64
- geflissentliches 162
indirekte Kommunikation 147ff., 158ff.
- und Anschlußfähigkeit 156f.
Individuum
- als Enttäuschungserklärung 103
- als Generator von Ansprüchen 289
- /Subjekt 291f.
Individualismus 370
informale Organisation 341 ff.
Informalität 295 ff., 359
Information 140 ff.
mitgeteilte/nichtmitgeteilte 141 ff., 144, 153

Initiativen 161f.
Inklusion
- gesellschaftliche 219, 424
- in die Interaktion 47ff.
- in die Organisation 345, 363
Inkommunikabilität
- von Totaldetermination 86f.
- von Absichten auf indirekte Kommunikation 147f.
- von Nichtentscheidungen in Organisationen 353
Interaktion
- Autopoiesis von 181, 190
- erreichbare Größe 44ff., 226, 380
- als nichttriviale Maschine 189f., 234
- als selbstreferentielles System 187 ff.
- als System direkter Kommunikation 160f.
- Ausdifferenzierung von 73 ff., 122 ff., 159 ff., 243 f., 433
- Autonomie der, innergesellschaftliche 79ff., 99ff., 473 ff., 481 ff.
- Autonomie der, gegenüber Wahrnehmung 73, 139 ff.
- Begriff 15 ff., 24 ff.,
- Entfremdung in 364
- in Funktionssystemen 167f., 174 ff.
- in Oberschichten 408f.
- Inklusion in 47 ff., 63 ff.
- Konflikte in 57f., 257 ff., 303 ff.,
- repräsentative 20f., 335, 407ff., 417, 445, 450
- Selbstbeobachtung 60f, 83 ff.
- Selbstselektion 99 ff.
- und Entscheidung 355 ff.
- und Gesellschaft 86 ff.
- und gesellschaftliche Differenzierung 77ff., 220ff., 407ff.

- und funktionale Differenzierung 174 ff.
Interaktionsstörungen 56 f., 135 ff.; 300 ff.;
s. Unterbrechungen, Gesprächspausen
Interaktionsunterbrecher
- Schrift als 235 f.
Interaktionsvermeidung 104 ff., 123, 145 f., 235
Interaktionszusammenhänge 221 ff., 338
Interaktionismus
- als Sozialtheorie 21, 28 f, 89 ff.
- symbolischer 173;
s. Sozietalismus
intime Kommunikation 161 ff., 208
- in Organisationen 162
- Differenzierung gegen Geselligkeit 291, 439

Karriere
- als Motiv 365
Klatsch 303 ff.
- in Organisationen 331 ff.
- Mißbilligung von 323 ff.
- Theorien über 307 f.
- Thematisierungsschwellen für 315 ff.
- und Schmeichelei 327 ff.
Kleidung 370
Körper, Körperbezug 73 ff., 125, 138 ff., 167 f.
körperliche Schönheit 74
Knappheit
- als Artikulation doppelter Kontingenz 102, 268
- Aufhebung von 440;
Kollegialität 377
kollektives Handeln 54 f., 233
Kollektivphänomene 137
Kommunikation 154 ff.

- Ablehnung von 233 f.; s. Konflikt
- als Erzeugung von Redundanz 48 f.
- direkte/indirekte 147 ff., 286
- /Handlung 150 ff., 153 ff.
- interaktionsfreie 230 f.; s. Schrift, Buchdruck
- Konflikt als 265 ff.
- Materialität der 150
- sprachliche/nichtsprachliche 156 ff.
- unter Anwesenden 58, 108 ff., 365
- über Abwesendes 129 ff.
- /Wahrnehmung 24 f., 73 ff., 112 f., 117 ff.
Komplexität 69 ff., 122 f.
- gesellschaftlich undefinierte 436

Konflikt 57 f., 122 f., 257 ff.
- als Kommunikation 265 ff.
- als Sozialsystem 267 ff.
- Aufwertung von 262
- Erinnerung an 385
- in Oberschichten 275 f.
- in segmentären Gesellschaften 284
- in Familien 294 f.
- in Organisationen 374 ff.
- latenter 261
- Sozialität des 260 ff.
- und doppelte Kontingenz 264 f.
- und Moral 304 ff.
- und Recht 276 f.
- und Struktur 270 ff.
- Vermeidung von 261;
s. Klatsch
Konfliktpotential 257 f., 281, 304 f.
Konflikttheorien 259 ff.
Konkurrenz 102
- um Redezeit 43

Latenz 8 ff., 245
- von Konflikten, s. Inkommunikabilität
Lüge 428

Mahlzeiten 75, 440 f.
Massenmedien 48, 206, 292 f.
Mehrheitsregel 375 ff.
Mikro/Makro-Unterscheidung 215 f., 483 f.; s. Interaktionismus, Sozietalismus
Mitgliedschaft 341
- von Anwesenden 360 ff.
- Wahrnehmbarkeit von 370
Mobbing 360
Moral 21, 196, 286, 303 ff.
- interaktionseigene 57
- in Organisationen 377 f.
Moralisierung
- von Systemproblemen 138 f.
- von Themen 196
Motive 142 ff., 365 f.
mündliche Prüfung 167 ff.
Muße/Müßiggang 421 f.

Naturzustand/Zivilisationszustand 88 ff.,
Nichtmitglieder
- Interaktion mit 369
Nichtsystem
- als Systemumwelt 469
Normen, normative Erwartungen
- als Form 95 f.
- interaktionseigene 93 ff.
- Steuerung von Interaktion durch 189
- und Abweichungen 52 ff., 172 ff.
- und kognitive Erwartungen 53 f.
- und doppelte Kontingenz 92 ff.
- Unterlaufen von 173

Oberschichten
- Gleichheit/Ungleichheit 432

- Interaktion in 408 f.
- Primat in Funktionsbereichen 421
- als Interaktionszusammenhang 226 f., 424; s. Hof
öffentliche Interaktion 413 ff., 446 ff.
Öffentlichkeit 196, 241
- als öffentliche Interaktion 450 f.
- der Interaktion 47 f.
- in segmentären Gesellschaften 454 f.
- in stratifizierten Gesellschaften 455
- »republikanische« 455
- und Konflikt 292 ff., 461 ff.
öffentliche Verkehrsmittel 127
Organisation 34, 209,
- als Autopoiesis des Entscheidens 349 ff.
- Interaktion in 282, 335 ff.
- formale 345, 347; s. Entscheidung

Paradoxie 394
- der Entscheidung 350 f.
- der geforderten Spontaneität 95
- der Konfliktvermeidung 376
- der Moral 21
- der Regellosigkeit 337
- der ungeselligen Geselligkeit 438
- im Gesellschaftsbegriff 399
- im Begriff der Geselligkeit 417
Partizipation 379 ff.
Party 39 f., 192, 369
s. gesellige Interaktion
Pedanterie 429
Personen 71, 120 ff., 311 ff.
Plausibilität 393 f.
political correctness 196
Prämissen 162, 174 ff.
- artifizielle 175
s. Selbstverständlichkeiten

Protestbegriffe
- gegen funktionale Differenzierung 467
Protestbewegungen
- Interaktionsverhalten von 80f., 297ff.
Protokolle 385 f.
Psychiatrisierung 141, 144

Quengelware 368

Rangdifferenzen 55, 249 f., 337, 344, 356, 432 f.
Realitätskontinuum
- gesellschaftliches 244
Recht 276 ff.
Reformen
- als Interaktionsproblem 379
Redundanz 48 ff.
Reflexion 60 f., 192 f., 197 ff.
- als Leistung von Teilsystemen 197 f.
- und Systembegriff 60 f.
Reflexivität
- der Kommunikation 155 ff.
- der Wahrnehmung 117
- der Reflexion 478
- soziale 287
repräsentative Interaktion 20 f., 335, 407 ff., 417, 445, 450
Reversibilität/Irreversibilität 164 ff.
Rollen
- andere eigene 241, 246 ff., 360, 410, 436, 457 f.
- und Personen 250; s. Leistungsrollen/Komplementärrollen
Langeweile 422, 439
Leistungsrollen/Komplementärrollen 251, 409 f.
Rollendifferenzierung
- interaktionseigene 55 f.
Rollendistanz 62 f., 121, 343 f.

Sitzungen 370 ff.
Schmeichelei 327 ff., 362, 410
Schrift 209, 232 ff., 395
Sehtest 128
Selbstbeobachtung
- von Kommunikation 153 ff.
Selbstdarstellung 119 ff.
- als Fremdbeobachtung von Personen 120 f.
- in Organisationen 356 f., 362, 364
- in Prüfungen 167 f.
Selbstreferenz
- der Interaktion 187 ff.
- Semantik von 187 f., 423, 436 f., 442 ff.
Selbstreferenz/Fremdreferenz 111, 132, 477
Selbstsimplifikation 155
Selbstverständlichkeiten 90 f., 194, 245
Selektion 99 ff.
Seminar 41, 201
Serialität 37 ff.
Sexualität 145 f.
Sezession 39 f.
Simulation
- von Nichtverstandenhaben 119
- von Spontaneität 141
sounding out 374 ff.
soziale Kontrolle 51 f.
Sozialität
- kommunikative/präkommunikative 118 ff.
- Semantik für 417, 436 f.
- von Konflikten 260 ff.
Sozialmodelle
- symmetrische/asymmetrische 192 f.
Sozialstruktur/Semantik 242, 392 ff.
Sozietalismus 29, 89 ff.; s. Interaktionismus

Soziometrie 50
Sprache 156 ff.
- Codierung der 266
Spontaneität
- Darstellung von 95, 141, 356, 364
- als Mitgliedschaftspflicht 357
Sport 145 f., 280
- als Interaktionsthema 207
Staat/Gesellschaft 400, 402, 404, 416
Stadtbildung 219
Strukturen 180 ff.
- und Konflikte 271 ff.
Strukturalismus
- Kritik an 372
strukturelle Kopplung
- durch Interaktion 78
Summenkonstanz s. Knappheit
symbiotische Mechanismen 74 f.
System
- selbstreferentielles 184 ff.
- soziales 21, 112 f.
- /Struktur 270 ff.
- undifferenziertes 32 ff.
Systemgrenzen 62 ff.
- der Gesellschaft 76
- der Funktionssysteme 79 ff.
- der Interaktion 62 ff., 79 ff.
- der Organisation 82 f., 353, 369
- Wahrnehmbarkeit von 126 ff.
Systemdifferenzierung 32 ff., 72 ff.; s. Differenzierung, Differenzierungsformen

Tagesordnungen 372 f.
Takt 121, 145, 286, 441
Tanz 146 f.
Technik
- Rückwirkung auf Interaktion 127
- als Umwelt des Kommunikationssystems 151

Teilsystem
- in Interaktionen 37 ff.,
Telefongespräch 125, 151, 162 f.
Telefonklingeln 149
Themen 71, 101, 136, 179 ff., 426 f.
- /Beiträge 195 f.
- erschöpfte 197
- Funktion von 193 ff.
- gesellschaftliche Differenzierung von 194
- /Funktionen der Kommunikation 181 f.
- Substituierbarkeit von 184
Themenwahl 185 ff.
Themenwechsel 185 f., 300, 431 f.
Thematisierung
- von Rechtsfragen 278 f.
s. Dethematisierung
Thematisierungsschwellen 116, 205 ff.
- Differenzierung von 315 ff.
Trinkgeld 370
triviale/nichttriviale Maschinen 189 f.
Typenprogramme
- für Interaktion 18 f.
- Vielfalt der 77

Umweltdifferenzierung 71 f.
Unaufmerksamkeit 135 ff.
Unterbrechungen 41 ff., 222
- technisch bedingte 151
Unterstellungen 128 ff.
- Befugnis zu 129
Unwahrscheinlichkeit
- Symbolisierung von 97
- der Kommunikation unter Anwesenden 106 ff.
- des wiederholten Kontaktes 361

Variation
- Interaktion als 59
Vereine 416

Verstehen 239
Vertrauen/Mißtrauen 141 ff., 144, 175 ff.
Vertragstheorie 88 ff., 97 f.
Vorderbühne/Hinterbühne 49 f.

Wahrnehmung 110 ff.
- als Regulativ für Themenwahl 164
- /Denken 110 f.
- Funktion von 123 ff.
- in der Wissenschaft 111
- /Kommunikation 24 f., 73 ff., 112 f, 117 ff.
- sozialisatorische Prägung der 113 f.
- Störung durch 135 ff.
- und Entscheidung 356
- und Werte 129 ff.
Wahrnehmbarkeit
- von Gesellschaft 466
- von Interaktionssystemen 113
- von Mitgliedschaft 370
- von Systemgrenzen 126
Wechselwirkung (Simmel) 475
Weltbegriff 245, 400
Weltgesellschaft 217, 256
Werte 131 ff.
wissenschaftliche Diskussion 174, 177
Wochenschriften 452 f.

Wortmeldung 373
Wutausbruch 357

Zeitdruck 253
Zufall
- Übereinstimmung mit Umwelt als 181
- präparierter 367
Zufallskontakte 366 f
Zurechnung 45 f.
- auf Stellen 353
- von Anwesenheit 365
- von Engagement 365
- von Zurechnung 154
- von Handlung 155 ff.
- von Initiativen 162
- von Interaktionsvermeidung 105 f.
- von Mitteilungsabsichten 156 f.
- von Wahrnehmung 124
- von Entscheidungen auf Interaktionen 384 f.
Zumutung von Passivität 44 f., 300, 364
Zuvorkommen 287, 430
Zwecke 346 f.
- in der Sozialtheorie 444
- /Motive 365
Zweckprogramme/Konditionalprogramme 378
Zweierbeziehungen 454